涉企
刑事犯罪
重点罪名精解

Key Crimes Involving Enterprises
an Analysis of Key Charges

邢 辉 ● 著

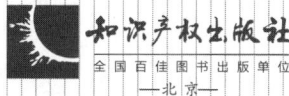

知识产权出版社
全国百佳图书出版单位
—北京—

图书在版编目（CIP）数据

涉企刑事犯罪重点罪名精解 / 邢辉著 . —北京：知识产权出版社，2025.6.
ISBN 978-7-5130-9579-2
Ⅰ.D924.114
中国国家版本馆 CIP 数据核字第 202477H47L 号

策划编辑：庞从容　　　　　**责任校对**：王　岩
责任编辑：赵利肖　　　　　**责任印制**：刘译文

涉企刑事犯罪重点罪名精解
邢　辉　著

出版发行：	知识产权出版社有限责任公司	网　　址：	http://www.ipph.cn
社　　址：	北京市海淀区气象路 50 号院	邮　　编：	100081
责编电话：	010-82000860 转 8725	责编邮箱：	2395134928@qq.com
发行电话：	010-82000860 转 8101/8102	发行传真：	010-82000893/82005070/82000270
印　　刷：	天津嘉恒印务有限公司	经　　销：	新华书店、各大网上书店及相关专业书店
开　　本：	720mm×1000mm　1/16	印　　张：	35.25
版　　次：	2025 年 6 月第 1 版	印　　次：	2025 年 6 月第 1 次印刷
字　　数：	670 千字	定　　价：	148.00 元
ISBN 978-7-5130-9579-2			

出版权专有　侵权必究
如有印装质量问题，本社负责调换。

PERFACE

序

邢辉律师的最新作品《涉企刑事犯罪重点罪名精解》一书即将付梓，请我代为书序，我欣然接受。

党的十八大以来，在习近平新时代中国特色社会主义思想科学指引下，民营经济持续发展壮大，已经成为推动我国发展不可或缺的重要力量。《国务院关于促进民营经济发展情况的报告》显示，2012年到2023年，民营企业占全国企业总量由79.4%提高至92.3%、达5300余万户，个体工商户由4000余万户增加至1.24亿户。公开数据显示，民营经济在我国贡献了50%以上的税收，60%以上的国内生产总值，70%以上的技术创新成果，80%以上的城镇劳动就业，90%以上的企业数量，是推进中国式现代化的生力军，是高质量发展的重要基础，是推动我国全面建成社会主义现代化强国、实现第二个百年奋斗目标的重要力量。

然而，民营经济的充分发展在当下仍面临着一些困难和挑战。比如：民营企业产权和企业家权益保护还不够充分；保障民营经济发展的法律法规尚不完善，行政执法、刑事司法有待优化；政策落实和服务供给还存在短板，平等保护有待进一步加强；等等。因此，为促进民营经济发展壮大，有必要从发展环境、政策支持、法治保障等方面提出举措并狠抓落实。

党的二十届三中全会通过的《中共中央关于进一步全面深化改革、推进中国式现代化的决定》指出，法治是中国式现代化的重要保障。法治固根本、稳预期、利长远的保障作用将得到有效发挥。因此，促进民营经济的高质量发展，根本路径还是要靠法治。法治既包括历时性的立法、执法、司法、守法的全过程法治，也包括共时性的民事法治、行政法治、刑事法治的全领域法治。刑法作为全领域法治的后盾，刑事手段作为全过程法治的最后手段，在法治建设中具有重要地位。在刑事法治领域，我们既要对侵犯各种所有制经济产权和合法利益的行为实行同责同罪同罚，又要严格落实罪刑法定、疑罪从无、法不溯及既往等法律原则，严格区分罪与非罪，防范不当立案，还要加强产权司法保护，防止和纠正利用刑事手段干预经济纠纷。可以说，伴随着各类所有制经济平等保护理念的逐步落实、国家刑事法治建设的不断完善以及《刑法修正案（十一）》《刑法修正案（十二）》等刑事法律的颁布实施，民营经济发展的法治保障将会更加坚实有力，民营企业产权和企业家权益的保护水平将会不断提高。

律师是中国特色社会主义法治工作者，是全面依法治国的一支重要力量。长期以来，广大律师通过法治宣传、"法治体检"、助力企业合规治理、风险防范与化解、诉讼代理与辩护等多种方式，在服务保障民营经济健康发展和保护民营企业、民营企业家合法权益等方面发挥了不可替代的重要作用，充分体现了新时代律师的使命和担当。上述成绩的取得，既是由于我们的时代给广大律师提供了展现才华、贡献智慧的舞台，也是由于新一代律师中的大多数已经具备了良好的学科背景、坚实的基础理论、系统的专业知识、丰富的执业经验和强大的业务能力。这其中，律师的专业化具有决定性意义。可以说，律师的专业化程度决定了律师的服务能力。我一直鼓励和引导青年律师走专业化发展道路，只有在某一专业领域进行长期的深耕，才能在此领域举重若轻、游刃有余，才能在分工日益精细的现代社会找准自己的定位并且在合适的位置上做出更大的成绩。所以，专业是律师的立身之本，专业化是律师行业的发展趋势。司法部党组在对广大律师提出的"五点希望"中明确要求，"提升专业服务能力，做高质量发展的推动者"，这足以说明律师专业化建设的重要性。

本书的作者邢辉就是一名刑事专业律师。邢辉毕业于西北政法大学，后到高校任教，具有坚实的理论功底和良好的专业素养。作为一名刑事律师，他努力把每起案件都办成精品，先后成功办理了多起具有重大社会影响的案件和疑难复杂新型案件。执业16年来，邢辉一步一个脚印，从未懈怠。从"常州市第二届优秀青年法学人才""常州市优秀刑辩律师""常州市优秀律师"，到"江苏省优秀青年律师""江苏省律师行业优秀党员律师""江苏省司法行政为民先进个人"，再到"全国律师行业优秀党员律师"，这些沉甸甸的荣誉背后，承载的更多的是责任、汗水和担当。他尤其善于实现从实务到理论的总结提炼，先后在《中国律师》等法律期刊以及各级法学论坛发表专业论文近50篇。邢辉不仅担任中国法学会会员、江苏省法学会刑法学研究会常务理事、江苏省法学会廉政法制研究会常务理事、江苏省法学会执行法学研究会理事等学术职务，还担任中华全国律师协会企业合规法律专业委员会委员、江苏省律师协会理事、江苏省律师协会刑事业务委员会副主任、常州市律师协会副会长等行业职务。2020年6月，邢辉在江苏人民出版社出版了第一本个人专著《新时代律师的使命与担当》，后凭借该著作获得"常州市第十七届哲学社会科学优秀成果奖"。作为老师，我为邢辉的辛勤努力点赞，为他的丰硕成果欣慰，也希望他百尺竿头，更进一步。

当邢辉把60余万字的书稿交给我审阅时，我既欣喜又感慨。欣喜的是，邢辉在繁忙办案之余还能写出如此宏大精深的专业之作，付出的艰辛值得钦佩，取得的成绩值得肯定，从书稿中也能感受到作者对专业的孜孜以求、对法治的绵绵情怀；感慨的是，如果每一个优秀律师都能像邢辉那样抽出时间进行经验总结、理论思辨和专业探索，那么我国的刑事法治水平必将大幅度提升。

在我看来，本书具有以下三个特点：

一是主题鲜明。保护民营企业产权和民营企业家合法权益，不仅涉及平等保护理念和方针政策层面，还涉及立法执法司法问题。我们说法治是最好的营商环境，是指良法善治是最好的营商环境。在刑事立法不断完善的背景下，如何优化执法司法环境、贯彻正确的执法司法理念就显得尤为重要，特别是在办理涉民营企业、民营企业家刑事案件中，要切实遵守刑法原则，严格执行刑事法律，贯彻落实刑事政策，严格区分罪与非罪、此罪与彼罪，严禁以刑事手段插手经济纠纷。为明确罪与非罪的界限、帮助民营企业有效防范刑事法律风险，本书从《刑法》483个罪名中选择了100个与民营企业、民营企业家密切相关的重点罪名，从法理和实务的双重视角进行了深度解析。

二是实务导向。本书在写作中，虽有对具体罪名的概念解读和构成要件分析，但重点则放在罪与非罪界限、追诉标准、升格刑适用以及风险提示等方面，突出了本书的实用性，确保了本书的实务价值。本书既可以为从事刑法工作的人员特别是刑事律师的办案提供参考，也可以为企业特别是民营企业防范刑事风险提供指引。

三是创新思维。由于涉及刑法具体罪名解析，难免要对有关概念和犯罪构成进行剖析，但与同类书籍相比，本书不仅增加了"注意事项"和"风险提示"的内容，还把类案裁判规则以及具体罪名涉及的关联规定一一列明，以便读者在研习个罪时能够全面、快速地掌握相关知识。

本书就涉企刑事犯罪中的100个重点罪名，结合刑法理念、刑法理论、刑事政策，对刑法条文和规范性文件进行了详细的梳理和深度的解析，体系完整、重点突出、特色鲜明、实务性强，有助于法科生、司法人员、律师和企业高管深入理解有关罪名。

总之，本书是努力解决司法实务问题的一部专业实用之作，也是一部青年律师如何著书立说的借鉴参考之作。我相信本书会带给你满载而归的阅读体验，值得我推荐，值得你拥有。

霍姆斯曾言："法律的生命不在于逻辑，而在于经验。"法律来源于生活，也服务于生活。新时代赋予新使命，新征程要有新作为。借此机会，我诚挚希望青年法律人坚持以习近平法治思想为指导，坚定法治信仰，坚守为民初心，既要读万卷书，又要行万里路，用法治守护人民群众美好生活。

是为序。

中国刑法学研究会副会长
王政勋
2025 年 4 月 30 日

PUBLICATION INSTRUCTIONS

出版说明

本书共分为十二章，每章聚焦一类犯罪，且均按照《刑法》分则规定的罪名先后顺序进行排列。同时，考虑到本书体系的完整性、合理性、新颖性与实务性，笔者在对每章中的具体罪名进行解读时，又统一从刑法规定、罪名解读、罪与非罪、注意事项、风险提示、参阅案例、关联规定等七个方面进行了全面分析和深度研究。

第一章是危害公共安全类犯罪。具体罪名包括：非法制造、买卖、运输、储存危险物质罪；交通肇事罪；危险驾驶罪；重大责任事故罪；强令、组织他人违章冒险作业罪；危险作业罪；重大劳动安全事故罪；危险物品肇事罪；工程重大安全事故罪；消防责任事故罪；不报、谎报安全事故罪。

第二章是生产、销售伪劣商品类犯罪。具体罪名包括：生产、销售伪劣产品罪；生产、销售、提供假药罪；生产、销售、提供劣药罪；妨害药品管理罪；生产、销售不符合安全标准的食品罪；生产、销售有毒、有害食品罪；生产、销售伪劣农药、兽药、化肥、种子罪。

第三章是妨害对公司、企业的管理秩序类犯罪。具体罪名包括：虚报注册资本罪；虚假出资、抽逃出资罪；欺诈发行证券罪；违规披露、不披露重要信息罪；妨害清算罪；隐匿、故意销毁会计凭证、会计账簿、财务会计报告罪；虚假破产罪；非国家工作人员受贿罪；对非国家工作人员行贿罪；非法经营同类营业罪；为亲友非法牟利罪；签订、履行合同失职被骗罪；国有公司、企业、事业单位人员失职罪；国有公司、企业、事业单位人员滥用职权罪；徇私舞弊低价折股、出售公司、企业资产罪；背信损害上市公司利益罪。

第四章是破坏金融管理秩序类犯罪。具体罪名包括：高利转贷罪；骗取贷款、票据承兑、金融票证罪；非法吸收公众存款罪；擅自发行股票、公司、企业债券罪；内幕交易、泄露内幕信息罪；利用未公开信息交易罪；操纵证券、期货市场罪；逃汇罪；洗钱罪。

第五章是金融诈骗类犯罪。具体罪名包括：集资诈骗罪；贷款诈骗罪；票据诈骗罪；信用证诈骗罪；信用卡诈骗罪；保险诈骗罪。

第六章是危害税收征管类犯罪。具体罪名包括：逃税罪；逃避追缴欠税罪；骗取出口退税罪；虚开增值税专用发票、用于骗取出口退税、抵扣税款发票罪；虚开发票罪；伪造、出售伪造的增值税专用发票罪；非法出售增值税专用发票罪；非法购买增值税专用发票、购买伪造的增值税专用发票罪；非法制造、出售非法制造的发票罪；持有伪造的发票罪。

第七章是侵犯知识产权类犯罪。具体罪名包括：假冒注册商标罪；销售假冒注册商标的商品罪；非法制造、销售非法制造的注册商标标识罪；假冒专利罪；侵犯商业秘密罪；为境外窃取、刺探、收买、非法提供商业秘密罪。

第八章是扰乱市场秩序类犯罪。具体罪名包括：损害商业信誉、商品声誉罪；虚假广告罪；串通投标罪；合同诈骗罪；组织、领导传销活动罪；非法经营罪；强迫交易罪；提供虚假证明文件罪；出具证明文件重大失实罪；逃避商检罪。

第九章是侵犯公民人身权利类犯罪。具体罪名包括：强迫劳动罪；雇用童工从事危重劳动罪；侵犯公民个人信息罪；打击报复会计、统计人员罪。

第十章是侵犯财产类犯罪。具体罪名包括：职务侵占罪；挪用资金罪；故意毁坏财物罪；拒不支付劳动报酬罪。

第十一章是妨害社会管理秩序类犯罪。具体罪名包括：伪造公司、企业、事业单位、人民团体印章罪；虚假诉讼罪；扰乱法庭秩序罪；掩饰、隐瞒犯罪所得、犯罪所得收益罪；拒不执行判决、裁定罪；非法处置查封、扣押、冻结的财产罪；污染环境罪；非法占用农用地罪；破坏自然保护地罪；非法采矿罪；破坏性采矿罪。

第十二章是贪污贿赂类犯罪。具体罪名包括：行贿罪；对有影响力的人行贿罪；对单位行贿罪；介绍贿赂罪；单位行贿罪；私分国有资产罪。

CONTENTS

目　录

第一章　危害公共安全类犯罪 / 001
　　非法制造、买卖、运输、储存危险物质罪 / 001
　　交通肇事罪 / 006
　　危险驾驶罪 / 012
　　重大责任事故罪 / 021
　　强令、组织他人违章冒险作业罪 / 027
　　危险作业罪 / 031
　　重大劳动安全事故罪 / 037
　　危险物品肇事罪 / 042
　　工程重大安全事故罪 / 047
　　消防责任事故罪 / 051
　　不报、谎报安全事故罪 / 055

第二章　生产、销售伪劣商品类犯罪 / 061
　　生产、销售伪劣产品罪 / 061
　　生产、销售、提供假药罪 / 067
　　生产、销售、提供劣药罪 / 074
　　妨害药品管理罪 / 079
　　生产、销售不符合安全标准的食品罪 / 084
　　生产、销售有毒、有害食品罪 / 092
　　生产、销售伪劣农药、兽药、化肥、种子罪 / 098

第三章　妨害对公司、企业的管理秩序类犯罪 / 105

虚报注册资本罪 / 105

虚假出资、抽逃出资罪 / 110

欺诈发行证券罪 / 116

违规披露、不披露重要信息罪 / 121

妨害清算罪 / 127

隐匿、故意销毁会计凭证、会计账簿、财务会计报告罪 / 130

虚假破产罪 / 135

非国家工作人员受贿罪 / 139

对非国家工作人员行贿罪 / 145

非法经营同类营业罪 / 150

为亲友非法牟利罪 / 158

签订、履行合同失职被骗罪 / 164

国有公司、企业、事业单位人员失职罪 / 169

国有公司、企业、事业单位人员滥用职权罪 / 174

徇私舞弊低价折股、出售公司、企业资产罪 / 178

背信损害上市公司利益罪 / 183

第四章　破坏金融管理秩序类犯罪 / 189

高利转贷罪 / 189

骗取贷款、票据承兑、金融票证罪 / 192

非法吸收公众存款罪 / 198

擅自发行股票、公司、企业债券罪 / 206

内幕交易、泄露内幕信息罪 / 210

利用未公开信息交易罪 / 218

操纵证券、期货市场罪 / 224

逃汇罪 / 232

洗钱罪 / 236

第五章　金融诈骗类犯罪 / 246

　　集资诈骗罪 / 246

　　贷款诈骗罪 / 251

　　票据诈骗罪 / 256

　　信用证诈骗罪 / 261

　　信用卡诈骗罪 / 265

　　保险诈骗罪 / 271

第六章　危害税收征管类犯罪 / 278

　　逃税罪 / 278

　　逃避追缴欠税罪 / 285

　　骗取出口退税罪 / 289

　　虚开增值税专用发票、用于骗取出口退税、抵扣税款发票罪 / 294

　　虚开发票罪 / 302

　　伪造、出售伪造的增值税专用发票罪 / 306

　　非法出售增值税专用发票罪 / 310

　　非法购买增值税专用发票、购买伪造的增值税专用发票罪 / 313

　　非法制造、出售非法制造的发票罪 / 316

　　持有伪造的发票罪 / 320

第七章　侵犯知识产权类犯罪 / 324

　　假冒注册商标罪 / 324

　　销售假冒注册商标的商品罪 / 331

　　非法制造、销售非法制造的注册商标标识罪 / 336

　　假冒专利罪 / 340

　　侵犯商业秘密罪 / 345

　　为境外窃取、刺探、收买、非法提供商业秘密罪 / 351

第八章　扰乱市场秩序类犯罪 / 355

损害商业信誉、商品声誉罪 / 355

虚假广告罪 / 359

串通投标罪 / 364

合同诈骗罪 / 368

组织、领导传销活动罪 / 375

非法经营罪 / 380

强迫交易罪 / 391

提供虚假证明文件罪 / 396

出具证明文件重大失实罪 / 402

逃避商检罪 / 406

第九章　侵犯公民人身权利类犯罪 / 411

强迫劳动罪 / 411

雇用童工从事危重劳动罪 / 415

侵犯公民个人信息罪 / 419

打击报复会计、统计人员罪 / 425

第十章　侵犯财产类犯罪 / 429

职务侵占罪 / 429

挪用资金罪 / 436

故意毁坏财物罪 / 443

拒不支付劳动报酬罪 / 447

第十一章　妨害社会管理秩序类犯罪 / 454

伪造公司、企业、事业单位、人民团体印章罪 / 454

虚假诉讼罪 / 458

扰乱法庭秩序罪 / 466

掩饰、隐瞒犯罪所得、犯罪所得收益罪 / 470

拒不执行判决、裁定罪 / 477

非法处置查封、扣押、冻结的财产罪 / 484

污染环境罪 / 487

非法占用农用地罪 / 497

破坏自然保护地罪 / 502

非法采矿罪 / 506

破坏性采矿罪 / 513

第十二章　贪污贿赂类犯罪 / 518

行贿罪 / 518

对有影响力的人行贿罪 / 525

对单位行贿罪 / 530

介绍贿赂罪 / 534

单位行贿罪 / 538

私分国有资产罪 / 544

后　记 / 549

第一章　危害公共安全类犯罪

非法制造、买卖、运输、储存危险物质罪

一、刑法规定

第一百二十五条：非法制造、买卖、运输、邮寄、储存枪支、弹药、爆炸物的，处三年以上十年以下有期徒刑；情节严重的，处十年以上有期徒刑、无期徒刑或者死刑。

非法制造、买卖、运输、储存毒害性、放射性、传染病病原体等物质，危害公共安全的，依照前款的规定处罚。

单位犯前两款罪的，对单位判处罚金，并对其直接负责的主管人员和其他直接责任人员，依照第一款的规定处罚。

二、罪名解读

非法制造、买卖、运输、储存危险物质罪，是指违反法律规定，非法制造、买卖、运输、储存毒害性、放射性、传染病病原体等物质，危害公共安全的行为。本罪的具体构成要件如下所述：

（一）主体要件

本罪的主体为一般主体，自然人和单位均可构成本罪。实践中，构成本罪的主体是依照国家规定，不具有制造、买卖、运输、储存毒害性、放射性、传染病病原体等危险物质资质的自然人或者单位。

（二）客体要件

本罪侵犯的客体是公共安全和国家对毒害性、放射性、传染病病原体等危险物质的管理制度。公共安全，是指多数人的生命、健康和公私财产安全，包括信息安全、食品安全、公共卫生安全、公众出行安全等，其核心在于"多数"，而不在于空间的封闭与否。本罪的行为对象为毒害性、放射性、传染病病原体等危险物质。

这里的"毒害性物质"，是指能够对人或者动物产生毒害的物质，包括化学性

有毒物质和生物性有毒物质。"放射性物质"，主要是指铀、镭、钴等能够对人或者动物产生严重辐射危害的物质，包括可以产生裂变反应或者聚合反应的核材料。"传染病病原体"是指可能导致《传染病防治法》规定的各种传染病传播的传染性菌种和毒种。

（三）主观要件

本罪的主观方面只能是故意，即明知是危险物质而故意违反法律规定进行非法制造、买卖、运输、储存。犯罪动机多种多样，有的是为了牟利，有的是为了实施其他犯罪活动，但无论动机如何，均不影响本罪成立。如果行为人确实不知自己制造、买卖、运输、储存的是法律禁止的危险物质，则不能构成本罪，因为过失不构成本罪。

（四）客观要件

本罪的客观方面表现为违反法律规定，非法制造、买卖、运输、储存毒害性、放射性、传染病病原体等物质，危害公共安全的行为。本罪在客观方面的构成要素有三：一是必须有制造、买卖、运输、储存的行为；二是制造、买卖、运输、储存的对象必须是危险物质；三是制造、买卖、运输、储存的行为具有非法性。

这里的"非法"，是指违反法律和国家有关主管部门规定，未经批准许可，擅自制造、买卖、运输、储存危险物质，即本身不具有法定的主体资格，而实施了法律所禁止的行为。"非法制造"，是指违反法律和国家有关主管部门规定，未经批准许可，私自加工、生产危险物质的行为。"非法买卖"，是指违反法律和国家有关主管部门规定，未经批准许可，擅自购买或者出售危险物质的行为，且不需要兼有买进和卖出的行为。

这里的"非法运输"，是指违反法律和国家有关主管部门规定，未经批准许可，运输危险物质的行为，至于运输的目的和方式均不影响本罪的成立。"非法储存"，是指违反法律和国家有关主管部门规定，未经批准许可，保管、存放危险物质的行为。这里的"情节严重"，主要是指非法制造、买卖、运输、储存危险物质数量大、种类多，或者发生了泄漏事故致使人员重伤、死亡或者造成较大公私财产损失后果等情形。

司法实践中，本罪实际上为选择性罪名，行为人只要具有非法制造、买卖、运输、储存上述危险物质的行为之一，就构成犯罪。行为人同时实施了两种以上犯罪行为的，仍为一罪，不实行数罪并罚。罪名则需要根据具体的行为方式进行确定，比如行为人既制造又买卖的，罪名就依法认定为非法制造、买卖危险物质罪，以此类推。

三、罪与非罪

本罪在犯罪形态上属于行为犯。只要行为人实施了非法制造、买卖、运输、储存毒害性、放射性、传染病病原体等物质的行为，就构成本罪，而不论行为的动机、目的，数量多少以及是否造成了实际后果。但并非一经实施非法买卖、运输、储存危险物质的行为，就会无一例外地构成犯罪，对于情节显著轻微的非法买卖、运输、储存危险物质的行为，依照《刑法》第13条的规定，则不宜按照犯罪论处。区分罪与非罪的关键在于行为人行为是否危害公共安全。

此外，值得关注的是，根据最高人民法院、最高人民检察院、公安部等十部门联合印发的《关于依法惩治涉枪支、弹药、爆炸物、易燃易爆危险物品犯罪的意见》第13条规定，确因正常生产、生活需要，以及因从事合法的生产经营活动而非法生产、储存、使用、经营、运输易燃易爆危险物品，依法构成犯罪，没有造成严重社会危害，并确有悔改表现的，可以从轻处罚。

关于本罪的刑事立案追诉标准，《最高人民检察院、公安部关于公安机关管辖的刑事案件立案追诉标准的规定（一）》（以下简称《立案追诉标准（一）》）第2条规定，非法制造、买卖、运输、储存毒害性、放射性、传染病病原体等物质，危害公共安全，涉嫌下列情形之一的，应予立案追诉：（1）造成人员重伤或者死亡的；（2）造成直接经济损失10万元以上的；（3）非法制造、买卖、运输、储存毒鼠强、氟乙酰胺、氟乙酸钠、毒鼠硅、甘氟原粉、原液、制剂50克以上，或者饵料2千克以上的；（4）造成急性中毒、放射性疾病或者造成传染病流行、暴发的；（5）造成严重环境污染的；（6）造成毒害性、放射性、传染病病原体等危险物质丢失、被盗、被抢或者被他人利用进行违法犯罪活动的；（7）其他危害公共安全的情形。

四、注意事项

1.关于本罪既遂与未遂的认定问题。对此，应当区分不同的行为方式分别讨论，不能一概而论。对于独自实施的非法制造行为，行为人虽然实施了制造行为，但尚未制造成功的，应认定为犯罪未遂；对于存在犯罪分工的非法制造行为，行为人只要完成了自己分工负责的环节，而不管其他人是否已经完成，均应当认定为犯罪既遂。对于非法买卖行为，应当以双方达成口头或者书面的买卖协议，并实际交付货物为既遂标准，至于是否实际付款并不影响犯罪既遂的认定；行为人未完成交易即被查获的，以犯罪未遂论处。对于运输和存储行为，只要行为人着手实施，即构成犯罪既遂，故不存在未遂的情形。

2.关于本罪与其他犯罪的界限问题。本罪与危险物品肇事罪及传染病菌种、毒种扩散罪的主要区别在于犯罪主观方面的不同。本罪的主体是依照国家规定不具备制造、买卖、运输、储存上述危险物质资格的自然人或者单位，主观上表现为故意。而危险物品肇事罪和传染病菌种、毒种扩散罪的主体是依照国家规定取得制造、买卖、运输、储存毒害性、放射性、传染病病原体等危险物质资格的自然人或单位，主观上表现为过失。如医疗机构、科研单位、生产厂家，在制造、买卖、运输、储存的过程中因违反国家规定，发生重大事故，造成严重后果的，应认定为危险物质肇事罪或者传染病菌种、毒种扩散罪。

五、风险提示

众所周知，毒害性、放射性、传染病病原体等物质，对人体、环境具有极大的危险性，且极易对环境和人的生命健康造成重大威胁与危害。现实生活中，有毒有害危险物质在存储和运输中发生的一系列重大事故，对人民群众的生命财产和社会公共安全造成了现实威胁与实际危害，这些案例给我们敲响了警钟，也时刻提醒我们严格依法管控危险物质的重要意义。可以说，危险物质的使用对人类的生产生活而言是把"双刃剑"，合理利用会造福于民，反之则祸害于民。鉴于此，为充分发挥危险物质的经济社会价值，同时有效保护人民群众的生命财产安全，国家对危险物质进行严格监督管理，并通过完善立法的形式对其进行有效规制，比如制定了《危险化学品安全管理条例》。根据有关法律法规的规定，制造、买卖、运输、储存毒害性、放射性、传染病病原体等危险物质必须经过有关主管部门批准，并取得法定的经营资格和许可条件，否则，任何单位和个人擅自经营与处理危险物质的行为都是违法的，即使为了生产、生活需要而自用危险物质，也是不允许的，一经发现，将受到行政法规的严厉制裁，触犯刑法的，还将被依法追究刑事责任。

需要说明的是，根据《刑法》第125条和有关司法解释的规定，非法制造、买卖、运输、储存毒害性、放射性、传染病病原体等物质，危害公共安全，情节严重的，处10年以上有期徒刑、无期徒刑或者死刑。单位犯本罪的，对单位判处罚金，并对其直接负责的主管人员和其他直接责任人员，依照《刑法》第125条第1款的规定进行处罚。关于"情节严重"的具体认定标准，《最高人民法院、最高人民检察院关于办理非法制造、买卖、运输、储存毒鼠强等禁用剧毒化学品刑事案件具体应用法律若干问题的解释》第2条规定，非法制造、买卖、运输、储存毒鼠强等禁用剧毒化学品，具有下列情形之一的，属于《刑法》第125条规定的"情节严重"，处10年以上有期徒刑、无期徒刑或者死刑：(1)非法制造、买卖、运输、储存原粉、原液、制剂500克以上，或者饵料20千克以上的；(2)在非法制造、买卖、运输、储存过程中致3人以上重伤、死亡，或者造成公私财产损失20万元以上的；（3）非法制造、买卖、运输、储存原粉、原药、制剂50克以上不满500克，或者饵料2千克以上不满20千克，并具有其他严重情节的。同时，该司法解释第5条还规定：2003年10月1日之前，对于行为人确因生产、生活需要而非法制造、买卖、运输、储存毒鼠强等禁用剧毒化学品饵料自用，没有造成严重社会危害的，可以依照《刑法》第13条的规定，不作为犯罪处理；自2003年10月1日起，对于行为人确因生产、生活需要而非法制造、买卖、运输、储存毒鼠强等禁用剧毒化学品饵料自用，构成犯罪，但没有造成严重社会危害，经教育确有悔改表现的，可以依法从轻、减轻或者免除处罚。

六、参阅案例

最高人民法院指导案例13号：王召成等非法买卖、储存危险物质案。该案裁判要旨为：（1）国家严格监督管理的氰化钠等剧毒化学品，易致人中毒或者死亡，对人体、环境具有极大的毒害性和危险性，属于《刑法》第125条第2款规定的"毒害性"物质。（2）"非法买卖"毒害性物质，是指违反法律和国家主管部门规定，未经有关主管部门批准许可，擅自购买或者出售毒害性物质的行为，并不需要兼有买进和卖出的行为。

七、关联规定

1.《中华人民共和国安全生产法》（2021年）第100条；

2.《中华人民共和国核材料管制条例》（1987年）第2条、第21条；

3.《最高人民检察院、公安部关于公安机关管辖的刑事案件立案追诉标准的规定（一）》（2008年，公通字〔2008〕36号）第2条；

4.《最高人民法院、最高人民检察院、公安部、司法部关于依法严厉打击传播艾滋病病毒等违法犯罪行为的指导意见》（2019年，公通字〔2019〕23号）第2条第9款；

5.《最高人民法院、最高人民检察院关于办理非法制造、买卖、运输、储存毒鼠强等禁用剧毒化学品刑事案件具体应用法律若干问题的解释》（2003年，法释〔2003〕14号）第1条、第2条、第3条、第5条、第6条；

6.最高人民法院、最高人民检察院、公安部等十部门《关于依法惩治涉枪支、弹药、爆炸物、易燃易爆危险物品犯罪的意见》（2021年，法发〔2021〕35号）第12条、第13条。

交通肇事罪

一、刑法规定

第一百三十三条：违反交通运输管理法规，因而发生重大事故，致人重伤、死亡或者使公私财产遭受重大损失的，处三年以下有期徒刑或者拘役；交通运输肇事后逃逸或者有其他特别恶劣情节的，处三年以上七年以下有期徒刑；因逃逸致人死亡的，处七年以上有期徒刑。

二、罪名解读

交通肇事罪，是指违反交通运输管理法规，因而发生重大事故，致人重伤、死亡或者使公私财产遭受重大损失的行为。本罪的具体构成要件如下所述：

（一）主体要件

本罪的主体为一般主体，交通运输人员和非交通运输人员都可以作为本罪的主体。单位主管人员、机动车辆所有人或者机动车辆承包人指使、强令他人违章驾驶造成重大交通事故的，以本罪定罪处罚。

（二）客体要件

本罪侵犯的客体是交通运输安全和公共安全。这里的"交通运输"，主要是指海上、内河、公路、城市道路的交通运输。需要关注的是，由于《刑法》已经规定了重大飞行事故罪和铁路运营安全事故罪，因此航空和铁路交通运输中发生的重大事故不适用本罪。

（三）主观要件

本罪的主观方面为过失，包括疏忽大意的过失和过于自信的过失，即行为人应当预见自己违反交通运输管理法规的行为可能造成致人重伤、死亡或者使公私财产遭受重大损失的严重后果，因为疏忽大意而没有预见，或者已经预见但轻信能够避免，以致发生严重后果的心理态度。这里的过失是指肇事者对所造成严重后果的心理态度，至于其违反交通运输管理法规，则可能是明知故犯。

（四）客观要件

本罪的客观方面表现为违反交通运输管理法规，因而发生重大事故，致人重伤、死亡或者使公私财产遭受重大损失的行为。本罪的客观要件有三：一是行为人违反了交通运输管理法规；二是发生的重大事故致人重伤、死亡或者使公私财产遭受重大损失；三是行为人违反交通运输管理法规的行为与所发生的重大事故之间具有因果关系。

这里的"交通运输管理法规"，是指国家有关交通运输管理方面的一切法律法规，包括《道路交通安全法》《海上交通安全法》《内河交通安全管理条例》等。这里的"重大事故"，是指造成车辆、船只碰撞、倾覆、毁损或者其他事故。关于"重大事故"的认定标准，具体可以参见《最高人民法院关于审理交通肇事刑事案件具体应用法律若干问题的解释》（以下简称《审理交通肇事刑事案件解释》）第2条的规定。这里的"交通运输肇事后逃逸"，是指行为人交通肇事构成犯罪，在发生交通事故后，为逃避法律追究而逃跑的行为。

这里的"因逃逸致人死亡"，是指行为人在交通肇事后为逃避法律追究而逃跑，致使被害人因得不到救助而死亡的情形。这里的"有其他特别恶劣情节"，根据《审理交通肇事刑事案件解释》第4条的规定，具体包括以下三种情形：（1）死亡2人以上或者重伤5人以上，负事故全部或者主要责任的；（2）死亡6人以上，负事故同等责任的；（3）造成公共财产或者他人财产直接损失，负事故全部或者主要责任，无能力赔偿数额在60万元以上的。

三、罪与非罪

作为过失犯，本罪成立要求发生重大交通事故，且交通肇事行为致人重伤、死亡或者使公私财产遭受重大损失。如果行为人虽然违反了交通运输管理法规，但未造成法定的严重危害后果，则不构成本罪，可由有关交通运输主管部门作出行政处理。需要说明的是，虽然刑法未对本罪的适用范围作出限制，但从司法实践来看，本罪以在道路上交通肇事的情形为主。所谓"道路"，是指公路、城市道路和虽在单位管辖范围但允许社会机动车通行的地方，包括广场、公共停车场等用于公众通行的场所。所谓"交通事故"，是指车辆在道路上因行为人过错或者意外造成的人身伤亡或者财产损失事件。

关于本罪的刑事立案追诉标准，《审理交通肇事刑事案件解释》第2条规定，交通肇事具有下列情形之一的，处3年以下有期徒刑或者拘役：（1）死亡1人或者重伤3人以上，负事故全部或者主要责任的；（2）死亡3人以上，负事故同等责任的；（3）造成公共财产或者他人财产直接损失，负事故全部或者主要责任，无能力赔偿数额在30万元以上的。交通肇事致1人以上重伤，负事故全部或者主要责任，并具有下列情形之一的，以交通肇事罪定罪处罚：（1）酒后、吸食毒品后驾驶机动车辆的；（2）无驾驶资格驾驶机动车辆的；（3）明知是安全装置不全或者安全机件失灵的机动车辆而驾驶的;(4)明知是无牌证或者已报废的机动车辆而驾驶的;(5)严重超载驾驶的;(6)为逃避法律追究逃离事故现场的。

四、注意事项

1. 关于"交通肇事后逃逸"的认定问题。根据《刑法》第133条的规定,"交通运输肇事后逃逸"属于本罪的加重处罚情节,因此如何合理认定该情节对于准确定罪量刑意义重大。逃逸,是指行为人主观上基于逃避法律追究的目的而逃跑。交通肇事后的逃逸行为绝不是单纯客观的离开肇事现场,它之所以成为法定加重处罚事由,根本原因在于逃逸行为会造成法律规定的行为人在肇事后应当承担对伤者和财产进行抢救义务的缺失及事故责任认定的困难,使肇事责任的归结无法落实。从行为人的动机考察,逃避抢救义务和逃避责任追究是逃逸者的两个根本动机。实践中,对于行为人交通肇事逃离现场后立即投案的,由于其具有接受法律追究的主观意愿,故不应以"肇事后逃逸"论处。但是,对于行为人交通肇事后逃逸,后又自动投案,构成自首的,则应以交通肇事后逃逸的法定刑为基准,视情况决定是否从宽处罚。关于"因逃逸致人死亡"的正确理解,从时间上看,死亡必然发生在逃逸行为过程中或者逃逸之后。如果先前的交通肇事行为发生时已经致被害人死亡或者被害人因伤情严重即便被及时送医救助也无法避免死亡后果出现的,那么即使肇事者实施逃逸行为,也仍然属于"交通肇事后逃逸",而不能据此认定为"因逃逸致人死亡"。

2. 关于违章行为与事故责任的认定问题。司法实践中,违反交通管理法规的行为都可以被界定为违章行为。但是,对于交通肇事罪中的违章行为只能理解为直接关系到交通运输安全的违章行为,违章行为人触犯的是交通管理法规的具体操作规范,而不能只是违反交通管理法规的原则性规定。根据道路交通法律法规,交通事故责任分为全部责任、主要责任、同等责任、次要责任。交通事故认定书属于处理交通事故的一种民事证据,但并非判定行为人是否承担刑事责任的直接依据。违章行为人是否应当承担交通肇事罪的刑事责任,判定的关键在于违章行为与危害结果之间是否存在因果关系。只有行为人存在违章行为,并造成了致人伤亡或者财产重大损失等严重后果,且违章行为与危害结果之间具有因果关系,才能认定为犯罪成立。换言之,如果违章行为与危害结果之间没有因果关系,则不构成交通肇事罪,可按照一般交通违法处理,由违章行为人承担相应的行政责任或者民事赔偿责任。

3. 关于交通肇事后找人"顶包"的处理问题。司法实践中,肇事行为人为了逃避法律追究,在发生重大事故后选择逃逸,并找他人顶罪、作伪证的,此种情形下，对相关涉案人员应如何定性？现结合有关法律规定，逐一评析如下：首先，对肇事行为人而言，如果其以暴力、威胁、贿买等方法阻止证人作证或者指使他人作伪证的，还涉嫌妨害作证罪，应当与交通肇事罪实行数罪并罚。其次，对"顶包者"而言，其行为涉嫌包庇罪。所谓包庇罪，指明知是犯罪的人而为其作假证明包庇的行为。需要说明的是，包庇行为可以发生在刑事诉讼之前、之中、之后。如果"顶包者"明知肇事行为人涉嫌交通肇事犯罪，而谎称是自己驾车造成的事故，并故意向司法机关提供虚假证词包庇犯罪的，依法构成包庇罪。最后，对目击证人而言，其行为涉嫌伪证罪。所谓伪证罪，是指在刑事诉讼中，证人、鉴定人、记录人、翻译人对与案件有重要关系的情节，故意作虚假证明、鉴定、记录、翻译，意图陷害他人或者隐匿罪证的行为。需要说明的是，作伪证必须发生在刑事诉讼过程之中。如果目击证人对与案件有重要关系的情节，故意向司法机关作虚假证明，意图帮助他人隐匿罪证的，则依法构成伪证罪。

4. 关于本罪自首的准确认定问题。根据《道路交通安全法》的有关规定，在道路上发生交通事故，车辆驾驶人应当立即停车，保护现场；造成人身伤亡的，车辆驾驶人应当立即抢救受伤人员，并迅速报告执勤的交通警察或者公安机关交通管理部门。由此可知，交通肇事后报警并保护好事故现场，是肇事者必须履行的法定义务。那么，肇事者履行上述法定义务的行为能否被认定为刑法意义上的"自动投案"，进而被认定为构成自首？对此，理论界和实务界曾存在较大争议。笔者认为，肇事者履行法定义务的行为与认定其构成刑法上的自动投案并不矛盾，反而有利于鼓励肇事者及时救助被害人，从而减少肇事逃逸发生的概率。为解决现实争议和统一适用法律，最高人民法院《关于处理自首和立功若干具体问题的意见》明确规定，交通肇事后保护现场、抢救伤者，并向公安机关报告的，应认定为自动投案，构成自首的，因上述行为同时系犯罪嫌疑人的法定义务，对其是否从宽、从宽幅度要适当从严掌握。交通肇事逃逸后自动投案，如实供述自己罪行的，应认定为自首，但应依法以较重法定刑为基准，视情决定对其是否从宽处罚以及从宽处罚的幅度。上述司法解释颁布实施后，从裁判视角看，认定肇事者履行法定义务的行为属于自动投案，构成自首的，仍然应当依法认定，只是在个案处理中要从严掌握从宽处罚的问题。

5. 关于本罪中共同犯罪的认定问题。众所周知，交通肇事罪为过失犯罪，而共同犯罪则必须有犯罪故意。因此，一般情况下，本罪不存在共犯情形。但是，出于保护被害人生命安全的考虑，《审理交通肇事刑事案件解释》第5条特别规定，交通事故发生后，单位负责人、机动车所有人、机动车承包人或者乘客教唆行为人逃逸，致使受害人因得不到救助而死亡的，以交通肇事罪的共犯论处。此外，该司法解释第 7 条又规定，单位主管人员、机动车辆所有人或者机动车辆承包人指使、强令他人违章驾驶造成重大交通事故，具有本解释第 2 条规定情形之一的，以交通肇事罪定罪处罚。目前，刑法理论界和司法实务界虽然对上述第 7 条规定的情形是否应被认定为交通肇事罪的共同犯罪仍存有争议，但对于以本罪论处并无不同意见。对此，笔者认为，尽管从实质意义上讲，共同过失犯罪已不属于共同犯罪之范畴，但它与共同犯罪仍然有着千丝万缕的客观联系。基于刑法的实用主义导向考虑，在刑法修订或者新的司法解释出台之前，笔者认为仍然可以沿用《审理交通肇事刑事案件解释》第 7 条规定处理实践中发生的有关案例。

6. 关于本罪与以危险方法危害公共安全罪的界限问题。司法实践中，两罪名在犯罪客体、犯罪主体以及犯罪客观方面基本一致，二者区分的关键在于主观方面。交通肇事罪的主观方面是过失，这里的"过失"是指行为人对所造成的严重后果的心理态度，至于违反交通运输管理法规，则可能是明知故犯；而以危险方法危害公共安全罪的主观方面是故意。在醉驾造成重大伤亡案件中，判断行为人的主观罪过应重点考察事故是否属于一次性撞击、行为人是否采取紧急制动措施及是否在繁华人多路段高速行驶等关键因素，还要结合行为人的驾驶技能、醉驾程度等辅助性因素进行综合判定。根据最高人民法院《关于醉酒驾车犯罪法律适用问题的意见》的规定，行为人明知酒后驾车违法、醉酒驾车会危害公共安全，却无视法律醉酒驾车，特别是在肇事后继续驾车冲撞，造成重大伤亡，说明行为人主观上对持续发生的危害结果持放任态度，具有危害公共安全的故意。对此类醉酒驾车造成重大伤亡的，应认定为以危险方法危害公共安全罪。由此可知，对于醉酒驾车肇事，仅发生一次性冲撞的，一般不构成以危险方法危害公共安全罪，但交通肇事后继续冲撞造成重大伤亡的，可以认定为以危险方法危害公共安全罪。上述意见的规定，实际上也是认定醉酒驾车肇事在何种情形下构成以危险方法危害公共安全罪的标准。

五、风险提示

众所周知，随着我国机动车保有量和驾驶人数量的逐年增加，道路交通安全形势也变得十分严峻，交通事故频发，特别是一些重大交通事故的发生对社会敲响了安全警钟。现实生活中，交通肇事对受害人的生命财产以及社会公共安全造成了极大危害，很多人因事故而离世，很多人因事故而判刑，很多家庭因事故而破碎。有效破解道路交通领域面临的突出问题，不断提升防范和化解事故隐患水平，是摆在全社会面前的重大课题。为此，2022 年 7 月，国务院安全生产委员会办公室专门印发了《"十四五"全国道路交通安全规划》，并采取切实措施建立健全道路交通安全现代化治理体系。事实上，任何交通违章行为都构成违法，对于一般违法行为采用行政处罚和民事追责手段进行解决；而对于严重违法行为则需要动用刑法追究行为人的刑事责任，并辅之以刑事附带民事诉讼解决被害人的民事赔偿问题。目前，在我国道路交通安全形势整体不乐观的情况下，确有必要对超速、超载、酒驾、毒驾、闯红灯、占用应急车道、不礼让斑马线等典型交通违法行为进行专项整治，并综合运用经济、行政、法律、技术等一系列手段进行规范、指引和治理，以便让全社会牢固树立"文明驾驶，安全出行"的交通理念，最大限度地防范和化解交通安全风险，保护人民群众的生命财产安全。

根据《道路交通安全法》的规定，"车辆"包括机动车和非机动车。所谓"非机动车"，是指以人力或者畜力驱动，上道路行驶的交通工具，以及虽有动力装置驱动但设计最高时速、空车质量、外形尺寸符合有关国家标准的残疾人机动轮椅车、电动自行车等交通工具。实践中，非机动车的违法行为包括闯红灯、逆行、不按规定车道行驶、越线停车等多种形式，而且很多事故的发生与非机动车的违章行为是密不可分的。事实上，非机动车与机动车造成的社会危害并无实质性区别。因此，驾驶非机动车造成交通事故不仅仅是一种交通行政违法或者民事侵权，对于行为人造成重大事故并负有主要责任或者全部责任的，还可能涉嫌交通肇事犯罪。根据《刑法》第133条的规定，另结合《审理交通肇事刑事案件解释》第1条和第8条的规定可知，非机动车驾驶人和非机动车本身均属于交通肇事罪所规制和调整的范围。此外，从现实情况看，非机动车在我国保有量巨大，发生事故的概率较机动车也更大，若对非机动车肇事不以交通肇事罪论处，则会在处罚上出现轻重不一的现象，反而不利于维护交通秩序和公共安全。

六、参阅案例

人民法院案例库参考案例：周某和交通肇事案（入库编号2023-02-1-054-007）。该案裁判要旨为：（1）交通肇事罪与危险驾驶罪的区分。二者主观内容不同，后者主观为直接或间接故意，而前者主观仅为过失；后者系情节犯、行为犯，不要求造成实际危害结果，前者则要求发生重大事故，致重大人员伤亡或财产损失。（2）交通肇事罪与以危险方法危害公共安全罪的区分。二者的区别在于行为人主观上是故意还是过失。前者主观上明显抱有过失态度，后者主观上则持间接或直接故意态度。（3）危险驾驶罪与以危险方法危害公共安全罪的区分。危险驾驶罪的危险驾驶行为是否属于以危险方法危害公共安全罪中的"其他危险方法"，是二者区分的关键。一般认为,"其他危险方法"仅限于与放火、决水、爆炸、投放危险物质相当的方法,不泛指所有具备危害公共安全性质的方法。

七、关联规定

1.《中华人民共和国道路交通安全法》(2021年)第91条、第101条、第119条;

2.《中华人民共和国道路交通安全法实施条例》(2017年)第91条、第92条;

3.《最高人民法院、最高人民检察院、公安部关于依法办理"碰瓷"违法犯罪案件的指导意见》(2020年,公通字〔2020〕12号)第6条、第10条;

4.《最高人民法院关于审理交通肇事刑事案件具体应用法律若干问题的解释》(2000年,法释〔2000〕33号)第1条、第2条、第3条、第4条、第5条、第6条、第7条、第8条、第9条;

5.最高人民法院《关于醉酒驾车犯罪法律适用问题的意见》(2009年,法发〔2009〕47号)第3条;

6.最高人民法院《关于处理自首和立功若干具体问题的意见》(2010年,法发〔2010〕60号)第1条;

7.《最高人民法院研究室关于交通肇事刑事案件附带民事赔偿范围问题的答复》(2014年,法研〔2014〕30号);

8.《最高人民法院、最高人民检察院关于常见犯罪的量刑指导意见(试行)》(2021年,法发〔2021〕21号)第4条第1项。

危险驾驶罪

一、刑法规定

第一百三十三条之一:在道路上驾驶机动车,有下列情形之一的,处拘役,并处罚金:

(一)追逐竞驶,情节恶劣的;

(二)醉酒驾驶机动车的;

(三)从事校车业务或者旅客运输,严重超过额定乘员载客,或者严重超过规定时速行驶的;

（四）违反危险化学品安全管理规定运输危险化学品，危及公共安全的。

机动车所有人、管理人对前款第三项、第四项行为负有直接责任的，依照前款的规定处罚。

有前两款行为，同时构成其他犯罪的，依照处罚较重的规定定罪处罚。

二、罪名解读

危险驾驶罪，是指违反法律法规，在道路上驾驶机动车追逐竞驶，情节恶劣；或者醉酒驾驶机动车；或者从事校车业务或旅客运输，严重超过额定乘员载客、严重超过规定时速行驶；或者违反危险化学品安全管理规定运输危险化学品，危及公共安全的行为。本罪的具体构成要件如下所述：

（一）**主体要件**

本罪的主体为一般主体，年满16周岁，具有刑事责任能力的自然人均可成为本罪的主体。司法实践中，对危险驾驶行为具有指使、组织作用，或者强迫、强令进行危险驾驶的管理者、车主或者其他人，也可以构成本罪，既可以作为本罪的主犯，也可以作为本罪的协助犯。

（二）**客体要件**

本罪侵犯的客体是交通运输安全和公共安全，客观上对不特定多数人的生命、健康及公私财产造成威胁，本质上是对公共安全的侵害。

（三）**主观要件**

本罪的主观方面为故意，且一般是直接故意。在特定情况下，也可以是间接故意，如机动车的车主强令行为人进行危险驾驶。在醉酒驾驶的场合，只要行为人知道自己饮酒后可能达到醉酒的程度，仍然驾驶机动车的，就可以认定其具有犯罪故意，而对于血液中酒精含量的多少并不要求行为人有具体明确的认知。需要说明的是，过失不构成本罪。

（四）**客观要件**

本罪的客观方面表现为在道路上危险驾驶机动车的行为。本罪的具体行为方式有四：一是追逐竞驶，情节恶劣；二是醉酒驾驶机动车；三是从事校车业务或者旅客运输，严重超过额定乘员载客，或者严重超过规定时速行驶；四是违反危险化学品安全管理规定运输危险化学品，危及公共安全。机动车所有人、管理人对前述三、四项行为负有直接责任的，也成立本罪。根据《道路交通安全法》的规定，"道路"是指公路、城市道路和虽在单位管辖范围但允许社会机动车通行的地方，包括广场、公共停车场等用于公众通行的场所；"机动车"是指以动力装置驱动或者牵引，上道路行驶的供人员乘用或者用于运送物品以及进行工程专项作业的轮式车辆。

这里的"追逐竞驶",是指以竞技、追求刺激、斗气等为目的,在道路上竞相超速行驶。需要说明的是,追逐竞驶并不以超限速为必要。追逐竞驶可能是二人以上基于意思联络而实施,也可能是一个人单方面实施。"情节恶劣",主要是指行为人的驾驶方式或者造成的后果危害程度较高,危险较大。实践中,对于追逐竞驶,情节恶劣的行为,俗称"飙车"。"醉酒驾驶"即"醉驾",是指驾驶人员在醉酒状态下驾驶机动车的行为。实践中,判断醉酒的标准是血液中的酒精含量,血液酒精含量达到80mg/100mL及以上的,属于醉酒驾驶机动车。需要说明的是,醉酒驾驶不需要具备"情节恶劣"的条件,只要是醉酒驾驶机动车,无论情节严重与否均可构成本罪。

这里的"校车",是指专门为运送学生上学、放学所使用的车。根据《校车安全管理条例》的有关规定,载有学生的校车在高速公路上行驶的最高时速不得超过80公里,在其他道路上行驶的最高时速不得超过60公里。这里的"旅客运输",是指专门从事客运业务的交通运输。公安部颁布的《严重超员、严重超速危险驾驶刑事案件立案标准(试行)》(以下简称《危险驾驶刑事案件立案标准》)第1条和第2条对在道路上驾驶机动车从事校车业务或者公路客运、旅游客运、包车客运严重超过额定乘员载客、严重超过规定时速行驶的立案标准分别作出了详细规定。同时,该文件第3条规定,机动车所有人、管理人强迫、指使机动车驾驶人实施本标准第1条、第2条所列行为或者有其他负有直接责任情形的,可以立案侦查。上述立案标准可供办案实践参考。

这里的"危险化学品",是指具有毒害、腐蚀、爆炸、燃烧、助燃等性质,对人体、设施、环境具有危害的剧毒化学品和其他化学品。

根据《危险化学品安全管理条例》的有关规定,从事危险化学品道路运输应当取得危险货物道路运输许可,并配备专职安全管理人员。危险化学品道路运输企业的驾驶人员应当经交通运输主管部门考核合格,取得从业资格。运输危险化学品,应当根据危险化学品的危险特性采取相应的安全防护措施,并配备必要的防护用品和应急救援器材。通过道路运输危险化学品的,应当按照运输车辆的核定载质量装载危险化学品,不得超载。此外,未经公安机关批准,运输危险化学品的车辆不得进入危险化学品运输车辆限制通行的区域。这里的"危及公共安全",是指违规运输危险化学品的行为,对不特定多数人的生命、健康或者重大公私财产的安全造成重大威胁。这里的"机动车所有人、管理人",是指对肇事车辆具有所有权或者支配权的人员。

三、罪与非罪

危险驾驶罪属于抽象危险犯，只需考察行为人所实施的行为有无发生严重后果的危险即可，并不以造成实际危害后果为构成要件。对于追逐竞驶行为，必须达到"情节恶劣"的标准才构成本罪。对于醉驾行为，只要行为人血液酒精含量大于或者等于 80mg/100mL，无须具体判断行为人的醉驾行为是否具有公共危险，也不论情节轻重，即构成本罪。对于从事校车业务或者旅客运输行为，必须达到"严重超过额定乘员载客"或者"严重超过规定时速行驶"的标准才构成本罪。对于违规从事危险化学品运输的行为，必须达到"危及公共安全"的程度才构成本罪，如擅自进入危险化学品运输车辆限制通行的区域从而危及公共安全。司法实践中，准确认定危险驾驶罪，首先要区分本罪与一般危险驾驶行为。对于虽然行为人违反有关法律法规，但案件经审查属于"情节显著轻微危害不大的"，应当适用《刑法》第 13 条的但书条款，依法可不作为犯罪处理。

关于本罪的刑事立案追诉标准，具体可以参见《危险驾驶刑事案件立案标准》《最高人民法院、最高人民检察院、公安部、司法部关于办理醉酒危险驾驶刑事案件的意见》（以下简称《醉酒驾驶刑事案件的意见》）以及《关于依法惩治涉枪支、弹药、爆炸物、易燃易爆危险物品犯罪的意见》等司法解释的规定内容。

四、注意事项

1. 关于如何依法认定"醉酒"的问题。司法实践中，科学认定"醉酒"问题需要严格依照有关法律法规和司法解释进行。根据《车辆驾驶人员血液、呼气酒精含量阈值与检验》的规定，酒精含量是指车辆驾驶人员血液或呼气中的酒精浓度；饮酒后驾车是指车辆驾驶人员血液酒精含量大于或者等于 20mg/100mL、小于 80mg/100mL；醉酒驾车是指车辆驾驶人员血液酒精含量大于或者等于 80mg/100mL。有关此点，《醉酒驾驶刑事案件的意见》第 4 条明确规定，认定犯罪嫌疑人是否醉酒，主要以血液酒精含量鉴定意见作为依据。犯罪嫌疑人经呼气酒精含量检测，显示血液酒精含量达到 80mg/100mL 以上，在提取血液样本前脱逃或者找人顶替的，可以呼气酒精含量检测结果作为认定其醉酒的依据。犯罪嫌疑人在公安机关依法检查时或者发生道路交通事故后，为逃避法律追究，在呼气酒精含量检测或者提取血液样本前故意饮酒的，可以查获后血液酒精含量鉴定意见作为认定其醉酒的依据。由此可知，关于行为人是否醉酒的认定，原则上以血液酒精含量鉴定意见为判断依据，只有在特定的情形下，才允许以呼气酒精含量检验结果为依据。同时，该意见第 16 条还明确规定，醉驾同时构成交通肇事罪、过失以危险方法危害公共安全罪、以危险方法危害公共安全罪等其他犯罪的，依照处罚较重的规定定罪，依法从严追究刑事责任。醉酒驾驶机动车，以暴力、威胁方法阻碍公安机关依法检查，又构成妨害公务罪、袭警罪等其他犯罪的，依照数罪并罚的规定处罚。

2. 关于特定醉驾行为能否成立紧急避险的问题。对此，笔者认为，不能排除以紧急避险作为违法阻却性事由。在醉驾案件的处理中，存在适用紧急避险制度进行出罪的空间。醉驾行为只有在符合紧急避险的各项成立条件之时才能成立紧急避险，从而具备出罪的正当性。比如，行为人在醉酒后发现孩子生病高烧不退，在出租车、救护车均无法及时到达的情况下，为及时护送孩子去医院治疗，不得已自己驾车前往医院就诊，在驾车途中被公安机关查获，但未造成实际损害后果。在上述情形中，行为人为了保护孩子的生命健康法益，不得已损害了法律保护的另一种法益，且没有造成实际危害后果，其行为应被评价为紧急避险行为，因此完全可以适用紧急避险制度，不能认定行为人构成危险驾驶罪。在具体办案实践中，行为人醉酒驾驶但能够成立紧急避险从而排除犯罪的情形除前述"送子就医"之外，还有受追杀、威逼后醉酒驾车逃生以及为给生病的亲人购药、为处理紧急公务或者事务而醉酒驾车等，对此还需要结合《刑法》第21条的规定作出具体分析和判断。有关此点，《醉酒驾驶刑事案件的意见》第12条第2款明确规定，醉酒后出于急救伤病人员等紧急情况，不得已驾驶机动车，构成紧急避险的，依照《刑法》第21条的规定处理。因此，在办理醉驾型危险驾驶案件的过程中，经审查基本事实和有关细节，只要符合法定情形，司法机关就可以考虑适用紧急避险制度。

3. 关于醉驾案件中"道路"的认定问题。有关此点，《醉酒驾驶刑事案件的意见》第5条明确规定，醉驾案件中"道路""机动车"的认定适用道路交通安全法有关"道路""机动车"的规定。对机关、企事业单位、厂矿、校园、居民小区等单位管辖范围内的路段是否认定为"道路"，应当以其是否具有"公共性"，是否"允许社会机动车通行"作为判断标准。只允许单位内部机动车、特定来访机动车通行的，可以不认定为"道路"。根据《道路交通安全法》的有关规定，"道路"是指公路、城市道路和虽在单位管辖范围但允许社会机动车通行的地方，包括广场、公共停车场等用于公众通行的场所。由此可知，"道路"不包括居民小区、校园、机关等单位管辖范围不允许社会机动车随意通行的公共通道。在具体办案实践中，对于道路属性认定存在争议的，司法机关应当收集相关管理人员、业主等知情人员证言，管理单位或者有关部门出具的证明等证据材料。

4. 关于醉驾案件中自首的认定问题。判断行为人是否具有自首情节，首先要解决是否存在自动投案的问题。司法实践中，醉驾案件的发生大多来源于公安机关例行检查或者群众报警，而行为人主动向司法机关投案自首的情形并不多见。在发生交通事故的情况下，行为人主动报警并接受处理的，属于典型的自动投案。对于行为人明知他人已经报警，仍自愿留在现场等候警方处理的，应当视为自动投案；但对于行为人不知他人已经报警而留在现场或者虽明知他人已经报警但因被群众围堵、控制而留在现场的，则不能认定为自动投案。而且，对于行为人醉驾被现场查获后，经允许离开，又经公安机关通知到案或者主动到案的，亦不能认定为自动投案。此外，对于行为人在得知他人报警后逃离现场，事后又主动到公安机关投案的，亦可以认定为自动投案。关于是否存在如实供述自己罪行的审查，主要考虑以下两个方面：第一，是否如实交代"基本犯罪构成事实"，比如在驾车之前是否饮酒、是否驾车上路行驶以及驾驶的车型等；第二，是否如实交代"重大量刑事实"，主要指构成从重处罚的各种情形。需要说明的是，具有下列情形之一的，不能认定为如实供述自己的罪行：（1）共同犯罪案件中，未能如实供述所知同案犯的；（2）隐瞒自己的真实身份等情况，影响对其定罪量刑的；（3）如实交代的犯罪情节轻于未交代的犯罪情节的；（4）虽然承认饮酒的事实，但拒不配合呼气酒精含量检测或者血液酒精含量鉴定的；（5）交通肇事后逃逸，待血液中酒精含量极低或者检测不出酒精含量后再予以投案，并否认醉酒驾驶的。

5. 关于醉驾可不作为犯罪处理的有关情形。有关此点，《醉酒驾驶刑事案件的意见》第12条第1款明确规定，醉驾具有下列情形之一，且不具有本意见第10条规定情形的，可以认定为情节显著轻微、危害不大，依照《刑法》第13条、《刑事诉讼法》第16条的规定处理：（1）血液酒精含量不满150mg/100mL的；（2）出于急救伤病人员等紧急情况驾驶机动车，且不构成紧急避险的；（3）在居民小区、停车场等场所因挪车、停车入位等短距离驾驶机动车的；（4）由他人驾驶至居民小区、停车场等场所短距离接替驾驶停放机动车的，或者为了交由他人驾驶，自居民小区、停车场等场所短距离驶出的；（5）其他情节显著轻微的情形。需要说明的是，根据法律和司法解释的规定，对于情节显著轻微、危害不大，不认为是犯罪的醉驾行为，不追究刑事责任；已经追究的，应当撤销案件、不起诉或者宣告无罪。但考虑到醉驾本身的社会危害性，不仅要给予行为人吊销机动车驾驶证的行政处罚，还应当视不同情形，给予行为人罚款、行政拘留等行政处罚。换言之，对于因"情节显著轻微、危害不大"而不予追究刑事责任的醉驾行为，并不代表行为人不承担相应的行政责任。

6. 关于醉驾从重处罚的有关情形。有关此点，《醉酒驾驶刑事案件的意见》第10条明确规定，醉驾具有下列情形之一，尚不构成其他犯罪的，从重处理：

（1）造成交通事故且负事故全部或者主要责任的；（2）造成交通事故后逃逸的；（3）未取得机动车驾驶证驾驶汽车的；（4）严重超员、超载、超速驾驶的；（5）服用国家规定管制的精神药品或者麻醉药品后驾驶的；（6）驾驶机动车从事客运活动且载有乘客的；（7）驾驶机动车从事校车业务且载有师生的；（8）在高速公路上驾驶的；（9）驾驶重型载货汽车的；（10）运输危险化学品、危险货物的；（11）逃避、阻碍公安机关依法检查的；（12）实施威胁、打击报复、引诱、贿买证人、鉴定人等人员或者毁灭、伪造证据等妨害司法行为的；（13）2年内曾因饮酒后驾驶机动车被查获或者受过行政处罚的；（14）5年内曾因危险驾驶行为被判决有罪或者作相对不起诉的；（15）其他需要从重处理的情形。由上可知，行为人醉驾具有上述情形之一，但尚不构成其他犯罪的，依法予以从重处理。如果行为人醉驾具有上述情形之一，但同时构成交通肇事罪等其他犯罪的，则需要依照处罚较重的规定进行定罪并从严处理。

7. 关于醉驾不宜适用缓刑的有关情形。有关此点，《醉酒驾驶刑事案件的意见》第14条明确规定，对符合《刑法》第72条规定的醉驾被告人，依法宣告缓刑。具有下列情形之一的，一般不适用缓刑：（1）造成交通事故致他人轻微伤或者轻伤，且负事故全部或者主要责任的；（2）造成交通事故且负事故全部或者主要责任，未赔偿损失的；（3）造成交通事故后逃逸的；（4）未取得机动车驾驶证驾驶汽车的；（5）血液酒精含量超过180mg/100mL的；（6）服用国家规定管制的精神药品或者麻醉药品后驾驶的；（7）采取暴力手段抗拒公安机关依法检查，或者实施妨害司法行为的；（8）5年内曾因饮酒后驾驶机动车被查获或者受过行政处罚的；（9）曾因危险驾驶行为被判决有罪或者作相对不起诉的；（10）其他情节恶劣的情形。需要说明的是，"一般不适用缓刑"不等于"不得适用缓刑"，具体是否适用缓刑尚需结合案件的其他情节作出综合考量。比如，行为人虽然血液酒精含量超过180mg/100mL，但由于具有自首、立功、认罪认罚、赔偿谅解等法定或者酌定从宽处罚情节，仍然可以考虑适用缓刑。

8. 关于醉驾超标电动车是否构成本罪的问题。司法实践中，针对醉酒驾驶超标电动车的行为评价不一，入罪和出罪的判决都大量存在。究其原因，争议焦点在于超标电动车是否属于刑法意义上的机动车。有关此点，笔者认为，根据罪刑法定原则和公众普遍认知，不宜认定醉驾超标电动车构成危险驾驶罪，主要理由如下：首先，刑法意义上的"机动车"具有特定含义，不能随意扩大解释。根据《道路交通安全法》的有关规定，"机动车"是指以动力装置驱动或者牵引，上道路行驶的供人员乘用或者用于运送物品以及进行工程专项作业的轮式车辆；"非机动车"是指以人力或者畜力驱动，上道路行驶的交通工具，以及虽有动力装置驱动但设计最高时速、空车质量、外形尺寸符合有关国家标准的残疾人机动轮椅车、电动自行车等交通工具。在行政法规或者部门规章明确规定超标电动车属于机动车之前，鉴定机构无权作出超标电动车属于机动车的鉴定意见，否则，会严重违反罪刑法定原则。其次，驾驶人不具有危险驾驶机动车的违法性认识。在相关法规规章未明确规定超标电动车属于机动车，有关部门也未将其作为机动车进行统一管理的情况下，公众普遍认为超标电动车不属于机动车，根据"无犯意则无犯人"规则，不能将不具有违法性认识和犯罪故意的行为评价为犯罪。因此，在"醉驾"普遍入罪和相关法律规范尚未明确的大背景下，笔者认为更应当秉持刑法的谦抑性原则并兼顾天理国法人情的办案理念，坚持惩治与预防相结合，采取多种方式强化综合治理、诉源治理，合理引导社会公众培养规则意识，养成自觉守法习惯，而不是采取"一刀切"的做法，将该类行为一概作为犯罪处理。应注重法律效果与社会效果的统一，以避免打击面过大。

9.关于本罪与交通肇事罪的界限问题。两罪属于关联罪名，在犯罪主体和犯罪客体方面确有共同之处。实践中，两罪的主要区别有二：一是犯罪的主观方面不同。本罪的主观方面为故意；而交通肇事罪的主观方面为过失。二是犯罪的客观方面不同。本罪属于危险犯，构成本罪并不以发生交通事故为必要条件，只要可能对道路上不特定多数人的生命健康和财产安全造成危险即可；而交通肇事罪的客观方面要求行为人违反交通运输管理法规，因而发生重大交通事故，并且出现致人重伤、死亡或者造成公私财产重大损失的严重后果，以发生重大交通事故作为犯罪构成的必备要件。需要强调的是，行为人因危险驾驶行为同时构成其他犯罪的，依照处罚较重的规定处罚。办案实践中，危险驾驶行为造成重大交通事故时，致人重伤、死亡或者造成重大公私财产损失，同时构成交通肇事罪的，此时应择一重罪处罚，即按照交通肇事罪进行定罪量刑。

五、风险提示

据报道，近年来，中国机动车和驾驶人保持高速增长态势，截至2024年5月底，全国机动车保有量达4.4亿辆，其中汽车达3.4亿辆，驾驶人达5.3亿人，10年来汽车年均上牌超过2000万辆，新领证驾驶人超过2800万人，总量和增量均位居世界第一。[1]可以说，我国已经成为名副其实的汽车大国。但与此同时，全国每

---

[1]《中国机动车保有量达4.4亿辆 驾驶人达5.3亿人》，载央广网2024年6月13日，https://news.cnr.cn/native/gd/20240613/t20240613_526743841.shtml。

年有数万人丧生于交通事故，几乎平均每 8 分钟就有 1 人因车祸死亡。数据显示，除了酒驾醉驾、飙车、"三超一疲劳"等违法违规行为，一些不文明驾驶行为也严重威胁着道路安全。之前出现的一些震惊全国的特大恶性交通事件，如四川成都孙伟铭无证醉驾案、浙江杭州胡斌飙车案等引发了全社会高度关注。在危险驾驶罪入刑之前，在交通运输领域主要依靠行政法规进行调控，而对于普遍存在甚至泛滥成灾的高度危险驾驶行为却苦于没有刑罚制裁条款，因此一直也无法得到有效预防和治理。为回应社会对道路交通安全的关切，2011 年 5 月 1 日起施行的《刑法修正案（八）》增设危险驾驶罪，并将飙车、醉驾等违法行为纳入刑事打击范围。为进一步推动文明安全驾驶，预防和减少事故发生，2015 年 11 月 1 日起施行的《刑法修正案（九）》又对危险驾驶罪作出补充规定，增加了特定机动车的危险驾驶行为，并将"超载""超速""违反危险化学品规定运输"等行为进行犯罪化处理。伴随着《民法典》的颁布实施，我国对危险驾驶行为的社会治理，从之前单纯的行政手段，逐步发展到综合运用民事、行政和刑事等法律手段进行"三位一体"式治理，而且在"民行""行刑"领域的法律衔接方面基本实现了无缝对接，已经取得了良好的社会治理效果。

实践中，任何人都切不可因危险驾驶罪"处罚轻"而"掉以轻心"，殊不知，被告人在被判刑后会留有"案底"，即犯罪前科，这将对个人未来的工作和生活造成很多麻烦。如前所述，行为人因危险驾驶行为同时构成其他犯罪的，依照处罚较重的规定处罚，比如构成交通肇事罪。此外，需要引起重视的是，行为人因危险驾驶致人重伤、死亡或者使公私财产遭受重大损失的，还可能触犯更严重的罪名，比如以危险方法危害公共安全罪（最高刑为死刑）。在醉驾案件处理中，行为人明知酒后驾车违法、醉酒驾车会危害公共安全，却无视法律醉酒驾车，特别是在肇事后继续驾车冲撞，造成重大伤亡的，说明行为人主观上对持续发生的危害结果持放任态度，有危害公共安全的故意，故对该类行为应依法按照以危险方法危害公共安全罪定罪处罚。最高人民法院《关于醉酒驾车犯罪法律适用问题的意见》第 3 条第 1 款明确规定，为依法严肃处理醉酒驾车犯罪案件，遏制酒后和醉酒驾车对公共安全造成的严重危害，警示、教育潜在违规驾驶人员，今后，对醉酒驾车，放任危害结果的发生，造成重大伤亡的，一律按照本意见规定，并参照附发的典型案例，依法以危险方法危害公共安全罪定罪量刑。我国《刑法》第 18 条第 4 款明确规定，醉酒的人犯罪，应当负刑事责任。因此，醉酒不是逃脱法律责任的理由。"喝酒不开车，开车不喝酒"，这不仅仅是一个口号，也是行车安全的重要保障，更是珍爱生命的切实行动，切不可因醉驾而一失足成千古恨。

六、参阅案例

最高人民法院指导案例32号：张某某、金某危险驾驶案。该案裁判要旨为：（1）机动车驾驶人员出于竞技、追求刺激、斗气或者其他动机，在道路上曲折穿行、快速追赶行驶的，属于《刑法》第133条之一规定的"追逐竞驶"。（2）追逐竞驶虽未造成人员伤亡或财产损失，但综合考虑超过限速、闯红灯、强行超车、抗拒交通执法等严重违反道路交通安全法的行为，足以威胁他人生命、财产安全的，属于危险驾驶罪中"情节恶劣"的情形。

七、关联规定

1.《中华人民共和国道路交通安全法》（2021年）第2条、第91条、第119条；

2.《校车安全管理条例》（2012年）第2条、第25条、第26条、第27条、第35条、第58条；

3.《危险化学品安全管理条例》（2013年）第3条、第33条、第43条、第87条、第88条；

4.公安部《严重超员、严重超速危险驾驶刑事案件立案标准（试行）》（2015年，公传发〔2015〕708号）第1条、第2条、第3条；

5.最高人民法院《关于醉酒驾车犯罪法律适用问题的意见》（2009年，法发〔2009〕47号）第1条、第2条、第3条；

6.《最高人民法院、最高人民检察院关于常见犯罪的量刑指导意见（试行）》（2021年，法发〔2021〕21号）第4条第2项；

7.最高人民法院、最高人民检察院、公安部等十部门《关于依法惩治涉枪支、弹药、爆炸物、易燃易爆危险物品犯罪的意见》（2021年，法发〔2021〕35号）第5条、第13条、第14条；

8.《最高人民法院、最高人民检察院、公安部、司法部关于办理醉酒危险驾驶刑事案件的意见》（2023年，高检发办字〔2023〕187号）第4条至第20条。

重大责任事故罪

一、刑法规定

第一百三十四条第一款：在生产、作业中违反有关安全管理的规定，因而发生重大伤亡事故或者造成其他严重后果的，处三年以下有期徒刑或者拘役；情节特别恶劣的，处三年以上七年以下有期徒刑。

二、罪名解读

重大责任事故罪，是指在生产、作业过程中违反有关安全管理的规定，因而发生重大伤亡事故或者造成其他严重后果的行为。本罪的具体构成要件如下所述：

（一）主体要件

本罪的主体为一般主体，包括对生产、作业负有组织、指挥或者管理职责的负责人、管理人员、实际控制人、投资人等，以及直接从事生产、作业的人员。单位不能成为本罪的主体。

（二）客体要件

本罪侵犯的客体是生产、作业的安全，即从事生产、作业的不特定或者多数人的生命健康安全和重大公私财产安全。实践中，生产安全也是公共安全的重要组成部分，危害生产安全同样会导致不特定多数人的生命健康或者公私财产遭受重大损失。

（三）主观要件

本罪的主观方面只能是过失，既可以是疏忽大意的过失，也可以是过于自信的过失。这里的"过失"，是特指行为人对所发生的重大责任事故的后果而言的，而行为人对于违反有关安全管理规定则是明知故犯。司法实践中，行为人的主观方面如果不是出于过失，而是故意，则不能构成本罪，应该结合案件实际情况进行分析和综合评价，一般可以认定为破坏生产经营罪、故意毁坏财物罪或者其他犯罪。

（四）客观要件

本罪的客观方面表现为在生产、作业过程中违反有关安全管理的规定，因而发生重大伤亡事故或者造成其他严重后果的行为。本罪在客观方面的构成要素有三：一是行为人违反了有关安全管理的规定；二是违反有关安全管理规定的行为发生在生产、作业的过程中；三是因违反有关安全管理规定的行为发生了重大伤亡事故或者造成其他严重后果。

这里的"违反有关安全管理的规定"，既包括国家制定的关于安全管理的法律法规，也包括行业或者管理部门制定的关于安全生产、作业的规章制度、操作规范等。司法实践中，认定相关人员是否违反有关安全管理规定，应当根据相关法律、行政法规，参照地方性法规、规章及国家标准、行业标准，必要时可参考公认的惯例和生产经营单位制定的安全生产规章制度、操作规程。

需要说明的是，违反有关安全管理的规定多表现为不服管理或者违反规章制度。所谓"不服管理"，是指从事生产、施工、作业等工作的人员不服从本单位管理人员的管理，或者不服从本单位领导出于安全方面考虑对工作的安排。所谓"违反规章制度"，是指违反国家颁布的与安全生产有关的法律法规，本单位和上级管理部门制定的反映安全生产客观规律的规章制度（如关于工艺技术、生产操作、劳动保护、安全管理等的规定），以及虽无明文规定，但在实践中被公认的行之有效的操作习惯和惯例。

三、罪与非罪

本罪属于结果犯。行为人在生产、作业过程中实施了违反有关安全管理规定的行为，但是如果没有发生重大伤亡事故或者没有造成其他严重后果，则只属于一般责任事故，不构成犯罪。实践中，应严格把握危害生产安全犯罪与以其他危险方法危害公共安全犯罪的界限，不应将生产经营中违章违规的故意不加区别地视为对危害后果发生的故意。

关于本罪的刑事立案追诉标准，《最高人民法院、最高人民检察院关于办理危害生产安全刑事案件适用法律若干问题的解释》（以下简称《危害生产安全解释》）第6条第1款规定，发生安全事故，具有下列情形之一的，应当认定为《刑法》第134条第1款规定的"发生重大伤亡事故或者造成其他严重后果"：（1）造成死亡1人以上，或者重伤3人以上的；（2）造成直接经济损失100万元以上的；（3）其他造成严重后果或者重大安全事故的情形。需要说明的是，重大责任事故案件的案情往往比较复杂，所造成经济损失的数额只是定罪量刑的重要依据之一，不能作为定罪的唯一依据。实践中，重大责任事故所造成的严重后果，除经济损失、人身伤亡外，有的还会造成政治上的不良影响等，这些是无法用经济数额来衡量的。

四、注意事项

1.关于本罪与自然事故、技术事故的界限问题。自然事故，是指不能预见或者不能抗拒的自然条件所引起的事故。纯属自然事故，不构成犯罪。技术事故，是指由于技术条件、设备条件的限制而发生的、无法避免的事故。对于技术事故不能以犯罪论处，否则会阻碍科技进步与人类发展。自然事故、技术事故与本罪的主要区别在于：前两者行为人主观上既无故意也无过失，事故的发生完全是不能预见或者不能抗拒的原因引起的，在当时的情况下是不可避免的，故不构成犯罪。而后者行为人在主观上存在过失，在客观上亦没有履行正常的注意义务，以致本来不该发生的事故发生了，因此其本质上属于一种犯罪行为。

2. 关于本罪从重处罚情节的认定问题。根据《危害生产安全解释》第 12 条第 1 款的规定，行为人具有下列情形之一的，予以从重处罚：(1) 未依法取得安全许可证件或者安全许可证件过期、被暂扣、吊销、注销后从事生产经营活动的；(2) 关闭、破坏必要的安全监控和报警设备的；(3) 已经发现事故隐患，经有关部门或者个人提出后，仍不采取措施的；(4) 1 年内曾因危害生产安全违法犯罪活动受过行政处罚或者刑事处罚的；(5) 采取弄虚作假、行贿等手段，故意逃避、阻挠负有安全监督管理职责的部门实施监督检查的；(6) 安全事故发生后转移财产意图逃避承担责任的；(7) 其他从重处罚的情形。该解释第 14 条还规定，国家工作人员违反规定投资入股生产经营，构成本解释规定的有关犯罪的，或者国家工作人员的贪污、受贿犯罪行为与安全事故发生存在关联性的，从重处罚；同时构成贪污、受贿犯罪和危害生产安全犯罪的，依照数罪并罚的规定处罚。此外，根据相关指导意见和宽严相济政策精神，对于危害后果较轻，在责任事故中不负主要责任，符合刑法有关缓刑适用条件的，依法可以适用缓刑，但可以根据犯罪情况，禁止其在缓刑考验期限内从事与安全生产相关的特定活动。而对于属于情节特别恶劣或者具有法定从重处罚情形以及数罪并罚的，原则上不得适用缓刑。

3. 关于本罪加重处罚事由的认定问题。根据《刑法》的规定，"情节特别恶劣"是本罪的加重处罚事由，处 3 年以上 7 年以下有期徒刑。对此，《危害生产安全解释》第 7 条规定，发生安全事故，具有下列情形之一的，应当认定为《刑法》第 134 条第 1 款规定的"情节特别恶劣"：(1) 造成死亡 3 人以上或者重伤 10 人以上，负事故主要责任的；(2) 造成直接经济损失 500 万元以上，负事故主要责任的；(3) 其他造成特别严重后果、情节特别恶劣或者后果特别严重的情形。

此外，需要说明的是，根据最高人民法院《关于进一步加强危害生产安全刑事案件审判工作的意见》（以下简称《危害生产安全意见》）第 14 条的规定，造成重大伤亡事故或者其他严重后果，同时具有下列情形之一的，也可以认定为《刑法》第 134 条第 1 款规定的"情节特别恶劣"：(1) 非法、违法生产的；(2) 无基本劳动安全设施或未向生产、作业人员提供必要的劳动防护用品，生产、作业人员劳动安全无保障的；(3) 曾因安全生产设施或者安全生产条件不符合国家规定，被监督管理部门处罚或责令改正，1 年内再次违规生产致使发生重大生产安全事故的；(4) 关闭、故意破坏必要安全警示设备的；(5) 已发现事故隐患，未采取有效措施，导致发生重大事故的；(6) 事故发生后不积极抢救人员，或者毁灭、伪造、隐藏影响事故调查的证据，或者转移财产逃避责任的；(7) 其他特别恶劣的情节。

4. 关于本罪与交通肇事罪的界限问题。一般而言，两罪不容易混淆，但在特定的环境条件下，也会出现争议。比如，厂矿区内机动车在作业过程中发生伤亡事故，该如何定性？根据《最高人民法院关于审理交通肇事刑事案件具体应用法律若干问题的解释》第8条的规定，应区分不同情形处理：在实行公共交通管理的范围内发生重大交通事故的，应当认定为交通肇事罪。在公共交通管理的范围外，驾驶机动车辆或者使用其他交通工具致人伤亡或者致使公共财产或者他人财产遭受重大损失，构成犯罪的，应当分别依照《刑法》第134条、第135条、第233条等规定定罪处罚；如果符合本罪构成要件的，则以本罪论处。

五、风险提示

根据最高人民法院《危害生产安全意见》的有关规定，对于多个行为导致生产安全事故发生的，在区分直接原因与间接原因的同时，应当根据行为在引发事故中所起作用的大小，分清主要原因与次要原因，确认主要责任和次要责任，合理确定罪责。因此，在具体办案过程中，司法机关不能简单地将直接、间接责任与主、次责任等同对待。

一般情况下，对生产、作业负有组织、指挥或者管理职责的负责人、管理人员、实际控制人、投资人，违反有关安全生产管理规定，对重大生产安全事故的发生起决定性、关键性作用的，应当承担主要责任。

对于直接从事生产、作业的人员违反安全管理规定，发生重大生产安全事故的，要综合考虑行为人的从业资格、从业时间、接受安全生产教育培训情况及现场条件、是否受到他人强令作业、生产经营单位执行安全生产规章制度的情况等因素认定责任，不能将直接责任简单等同于主要责任。司法实践中，直接从事生产、作业的人员为了省事、省时、省力而故意违法违规操作的，仍应承担主要责任。

对于负有安全生产管理、监督职责的工作人员，应根据其岗位职责、履职依据、履职时间等，综合考察其工作职责、监管条件、履职能力、履职情况等，合理确定罪责。如果此类人员工作不认真、不仔细，导致事故发生的，应认定其承担主要责任；反之，如果其认真履行职责，因客观因素无法充分履职的，可以考虑认定其承担次要责任。

对于安全事故发生之后，直接负责的主管人员和其他直接责任人员故意阻挠开展抢救，导致人员死亡或者重伤，或者为了逃避法律追究，对被害人进行隐藏、遗弃，致使被害人因无法得到救助而死亡或者重度残疾的，分别依照《刑法》第232条、第234条的规定，以故意杀人罪或者故意伤害罪定罪处罚。

实践中，本罪认定的复杂之处在于实际控制人和负责生产经营管理投资人的刑事责任问题。考虑到现实中投资人的情况较为复杂，有大股东、小股东之分，而且其实际参与企业经营管理的程度不同、岗位不同，若一概加以追究，则显然范围过于宽泛，因此应适当予以限缩。司法实践中，对于企业的实际控制人和负责生产经营管理的投资人在生产、作业中违反有关安全管理规定的，应依法追究相关责任人的刑事责任。如果行为人在安全事故发生后，积极组织、参与事故抢救，或者积极配合调查、主动赔偿损失的，则一般均可以酌情从轻处罚。

六、参阅案例

最高人民检察院指导性案例第 94 号：余某某等人重大劳动安全事故、重大责任事故案。该案裁判要旨为：办理危害生产安全刑事案件，要根据案发原因及涉案人员的职责和行为，准确适用重大责任事故罪和重大劳动安全事故罪。两罪的主体均为生产经营活动的从业者，法定最高刑均为 7 年以下有期徒刑。两罪的差异主要在于行为特征不同：重大责任事故罪是行为人"在生产、作业中违反有关安全管理的规定"；重大劳动安全事故罪是生产经营单位的"安全生产设施或者安全生产条件不符合国家规定"。实践中，如果安全生产事故发生的原因仅为在生产、作业中违反有关安全管理的规定，或者提供的安全生产设施或条件不符合国家规定，则罪名较易确定；如果事故发生系上述两方面混合所致，则两罪会出现竞合，此时应当根据相关涉案人员的工作职责和具体行为来认定其罪名。具体而言，对企业安全生产负有责任的人员，在生产、作业过程中违反安全管理规定的，应认定为重大责任事故罪；对企业安全生产设施或者安全生产条件不符合国家规定负有责任的人员，应认定为重大劳动安全事故罪；行为人的行为同时构成在生产、作业中违反有关安全管理的规定和提供安全生产设施或条件不符合国家规定的，为全面评价其行为，应认定为重大责任事故罪。

七、关联规定

1.《中华人民共和国港口法》(2018 年) 第 2 条、第 3 条、第 32 条、第 52 条；

2.《中华人民共和国建筑法》(2019 年) 第 2 条、第 41 条、第 71 条；

3.《中华人民共和国安全生产法》(2021 年) 第 93 条、第 94 条、第 96 条、第 98 条、第 100 条、第 107 条；

4.《使用有毒物品作业场所劳动保护条例》(2024 年) 第 4 条、第 5 条、第 60 条、第 61 条、第 62 条、第 63 条；

5.《最高人民检察院、公安部关于公安机关管辖的刑事案件立案追诉标准的规定（一）》(2008 年，公通字〔2008〕36 号) 第 8 条；

6.《最高人民法院关于审理交通肇事刑事案件具体应用法律若干问题的解释》（2000年，法释〔2000〕33号）第8条；

7.最高人民法院《关于进一步加强危害生产安全刑事案件审判工作的意见》（2011年，法发〔2011〕20号）第6条、第7条、第8条、第9条、第10条、第13条、第15条、第16条、第17条、第18条、第19条；

8.《最高人民法院关于充分发挥审判职能作用切实维护公共安全的若干意见》（2015年，法发〔2015〕12号）第6条、第7条、第8条；

9.《最高人民法院、最高人民检察院关于办理危害生产安全刑事案件适用法律若干问题的解释》（2015年，法释〔2015〕22号）第1条、第6条、第7条、第12条、第13条、第16条；

10.《最高人民法院关于依法妥善审理高空抛物、坠物案件的意见》（2019年，法发〔2019〕25号）第5条、第7条；

11.《最高人民法院、最高人民检察院、公安部关于办理涉窨井盖相关刑事案件的指导意见》（2020年，高检发〔2020〕3号）第5条、第12条；

12.《最高人民法院、最高人民检察院关于办理危害生产安全刑事案件适用法律若干问题的解释（二）》（2022年，法释〔2022〕19号）第2条、第3条、第11条。

强令、组织他人违章冒险作业罪

一、刑法规定

第一百三十四条第二款：强令他人违章冒险作业，或者明知存在重大事故隐患而不排除，仍冒险组织作业，因而发生重大伤亡事故或者造成其他严重后果的，处五年以下有期徒刑或者拘役；情节特别恶劣的，处五年以上有期徒刑。

二、罪名解读

强令、组织他人违章冒险作业罪，是指强令他人违章冒险作业，或者明知存在重大事故隐患而不排除，仍冒险组织作业，因而发生重大伤亡事故、造成其他严重后果的行为。本罪的具体构成要件如下所述：

（一）主体要件

本罪的主体为一般主体，包括对生产、作业负有组织、指挥或者管理职责的负责人、管理人员、实际控制人、投资人等。单位不能成为本罪的主体。实践中，对于行为人所从事的生产经营活动是否属于合法活动，法律并未作出特别限制。

（二）客体要件

本罪侵犯的客体是生产、作业的安全，即从事生产、作业的不特定或者多数人的生命健康安全和重大公私财产安全。

（三）主观要件

本罪的主观方面为过失，既可以是疏忽大意的过失，也可以是过于自信的过失，即行为人对发生的重大伤亡事故或者造成的其他严重后果存在过失心态。而对于违反安全管理规定本身，可以是过失，也可以是故意，这对认定本罪没有影响，但可以作为量刑情节予以考虑。

（四）客观要件

本罪的客观方面表现为强令他人违章冒险作业，或者明知存在重大事故隐患而不排除，仍冒险组织作业，因而发生重大伤亡事故、造成其他严重后果的行为。本罪在客观方面的构成要素有三：一是必须发生在生产、作业的过程中，与生产作业活动具有直接关系；二是行为人实施了强令他人冒险作业或者明知存在重大事故隐患而不排除，仍冒险组织作业的行为；三是必须因上述行为发生重大伤亡事故或者上述行为造成其他严重后果。

这里的"违章"，是指违反有关安全管理的规定。司法实践中，认定相关人员是否违反有关安全管理规定，应当根据相关法律、行政法规，参照地方性法规、规章及国家标准、行业标准，必要时可参考公认的惯例和生产经营单位制定的安全生产规章制度、操作规程。

这里的"重大事故隐患"，应当依照法律、行政法规、部门规章、强制性标准以及有关行政规范性文件进行认定。需要说明的是，重大事故隐患既包括可能直接导致、引发重大事故发生的隐患，也包括属于管理培训制度、项目建设规范等方面的间接隐患。"明知"是指行为人虽然对危害结果的发生不是积极追求的故意，但对重大隐患的存在是明知的。换言之，行为人持有完全凭借侥幸或者为了生产作业而不管不问的心态。所谓"不排除"，是指对重大隐患未采取有效措施予以消除。

三、罪与非罪

本罪属于结果犯，以发生重大伤亡事故或者造成其他严重后果为犯罪成立的前提条件。实践中，行为人在生产、作业过程中实施了违反有关安全管理规定的行为，但是如果没有发生重大伤亡事故或者没有造成其他严重后果，则只属于一般安全责任事故，不构成犯罪。

关于本罪的刑事立案追诉标准，《危害生产安全解释》第 6 条规定，发生安全事故，具有下列情形之一的，应当认定为《刑法》第 134 条第 2 款规定的"发生重大伤亡事故或者造成其他严重后果"，对相关责任人员，处 5 年以下有期徒刑或者拘役：（1）造成死亡 1 人以上，或者重伤 3 人以上的；（2）造成直接经济损失 100 万元以上的；（3）其他造成严重后果或者重大安全事故的情形。

关于"情节特别恶劣"的具体认定标准，《危害生产安全解释》第 7 条规定，发生安全事故，具有下列情形之一的，应当认定为《刑法》第 134 条第 2 款规定的"情节特别恶劣"，对相关责任人员，处 5 年以上有期徒刑：（1）造成死亡 3 人以上或者重伤 10 人以上，负事故主要责任的；（2）造成直接经济损失 500 万元以上，负事故主要责任的；（3）其他造成特别严重后果、情节特别恶劣或者后果特别严重的情形。

四、注意事项

1. 关于"强令他人违章冒险作业"和"冒险组织作业"的认定问题。此处的"强令"，不一定表现为态度的恶劣或者语言的强硬，行为人只要利用组织、指挥、管理职权，能够对工人产生精神强制，使其不敢违抗命令，不得不违章冒险作业，均属于"强令"。对此，《最高人民法院、最高人民检察院关于办理危害生产安全刑事案件适用法律若干问题的解释（二）》（以下简称《危害生产安全解释（二）》）第 1 条规定，明知存在事故隐患，继续作业存在危险，仍然违反有关安全管理的规定，有下列情形之一的，属于《刑法》第 134 条第 2 款规定的"强令他人违章冒险作业"：（1）以威逼、胁迫、恐吓等手段，强制他人违章作业的；（2）利用组织、指挥、管理职权，强制他人违章作业的；（3）其他强令他人违章冒险作业的情形。明知存在重大事故隐患，仍然违反有关安全管理的规定，不排除或者故意掩盖重大事故隐患，组织他人作业的，属于《刑法》第 134 条第 2 款规定的"冒险组织作业"。需要说明的是，组织冒险作业的主体是组织者和指挥者，因此对一般从事、参与冒险作业的人员不适用本条款的规定。

办案实践中，需要重点关注的是，部分生产经营单位的管理人员在明知存在事故隐患，继续作业存在危险的情况下，采用关闭、破坏相关的安全监控和报警设备等方式，故意掩盖工作环境中存在事故隐患的事实，使一线作业人员失去进行理性选择的机会，放松心理戒备而违章作业，这些看似未强迫、威胁、恐吓、强制的行为与采取强制手段或者利用自身的职务身份要求他人违章冒险作业的行为实际上并不存在本质区别，故依法亦应认定为"冒险组织作业"行为。

2. 关于本罪与重大责任事故罪的界限问题。两罪在罪过方面具有一致性，但也存在以下明显区别：一是犯罪主体不完全相同。本罪的犯罪主体不包括直接从事生产、作业的人员；而后者则包括直接从事生产、作业的人员。二是罪过轻重不同。本罪行为人的罪过要重于后罪行为人的罪过，换言之，本罪行为人的主观恶性大于后者。三是行为的社会危害程度不同。强令他人违章冒险作业，或者明知存在重大事故隐患而不排除，仍冒险组织作业，这比一般的不服从管理、违反规章制度行为的性质更恶劣，社会危害性也更大。本罪的最高刑期为 15 年有期徒刑，而后者的最高刑期仅为 7 年有期徒刑，从刑罚的严厉程度上可知，本罪的社会危害性较之后者更大。

五、风险提示

《刑法修正案（十一）》对《刑法》第 134 条进行了修改，并在本条第 2 款中增加"明知存在重大事故隐患而不排除，仍冒险组织作业"的犯罪情形。在冒险组织作业与强令违章冒险作业的认定中，二者的区别主要在于是否具有"强令"行为。对于企业负责人、管理人员利用组织、指挥、管理职权，强制他人违章作业，或者采取威逼、胁迫、恐吓等手段，强制他人违章作业的情形，应当认定为"强令违章冒险作业"。《刑法修正案（十一）》增加"冒险组织作业"的主要考虑是加大对安全生产领域造成重大事故、情节特别严重情形的处罚力度，但没有提高本罪的刑罚。在工程建设和危险物品生产经营等领域，如果符合明知有重大隐患而不排除，仍然冒险组织作业的情形，则可适用本条款进行处罚。

本罪属于安全生产领域的犯罪，且属于过失犯罪。一般情况下，过失犯罪的刑罚相对较轻，如重大责任事故罪和过失致人死亡罪的最高刑期均为 7 年，而本罪的最高刑期为 15 年。由此可知，与其他过失致人伤亡的犯罪相比，本罪属于重罪。此外，本罪重罚条款的适用空间较为广泛，不管是工程建设领域，还是危险物质使用领域，如果行为人明知存在重大事故隐患而不排除，仍冒险组织作业的，均可能适用本罪条款进行处罚，而且最高刑期可达 15 年有期徒刑。需要注意的是，本罪与过失致人死亡罪存在法条竞合关系。司法实践中，行为人强令他人违章冒险作业，或者明知存在重大事故隐患而不排除，仍冒险组织作业，因而造成死亡后果的，依据特别法优于一般法的原则，应以本罪进行定罪量刑，而不能适用过失致人死亡罪。

六、参阅案例

贾某某强令违章冒险作业案［四川省成都市中级人民法院（2019）川 01 刑终

1163号〕。该案裁判要旨为：强令违章冒险作业罪是重大责任事故罪的特别规定，对前者的认定除了要把握行为主体和对象，更重要的是对强令行为和主观方面的认定。对于强令行为，不能以形式判断，应从实质角度出发，将其理解为行为人的行为内容所产生的影响，足以达到使他人不得不违心继续生产、作业的心理强制程度。主观方面要明确本罪是过失犯罪，判断行为人的主观方面心理状态是故意还是过失，不是看行为本身，而是看行为人对自己行为的结果持何态度。强令行为人虽然积极地追求经济利益而强令违章冒险作业，但对这种行为所造成的重大伤亡或其他严重后果却并不追求，甚至想极力避免。

七、关联规定

1.《中华人民共和国煤炭法》（2016年）第2条、第64条；

2.《中华人民共和国劳动法》（2018年）第2条、第93条；

3.《中华人民共和国建筑法》（2019年）第2条、第44条、第47条、第71条第2款；

4.《最高人民检察院、公安部关于公安机关管辖的刑事案件立案追诉标准的规定（一）》（2008年，公通字〔2008〕36号）第9条；

5.《最高人民法院、最高人民检察院关于办理危害生产安全刑事案件适用法律若干问题的解释》（2015年，法释〔2015〕22号）第2条、第5条、第6条、第7条、第12条、第13条、第14条、第16条；

6.《最高人民法院、最高人民检察院关于办理危害生产安全刑事案件适用法律若干问题的解释（二）》（2022年，法释〔2022〕19号）第1条、第4条、第11条。

危险作业罪

一、刑法规定

第一百三十四条之一：在生产、作业中违反有关安全管理的规定，有下列情形之一，具有发生重大伤亡事故或者其他严重后果的现实危险的，处一年以下有期徒刑、拘役或者管制：

（一）关闭、破坏直接关系生产安全的监控、报警、防护、救生设备、设施，或者篡改、隐瞒、销毁其相关数据、信息的；

（二）因存在重大事故隐患被依法责令停产停业、停止施工、停止使用有关设备、设施、场所或者立即采取排除危险的整改措施，而拒不执行的；

（三）涉及安全生产的事项未经依法批准或者许可，擅自从事矿山开采、金属冶炼、建筑施工，以及危险物品生产、经营、储存等高度危险的生产作业活动的。

二、罪名解读

危险作业罪，是指在生产、作业中违反有关安全管理的规定，实施刑法规定的特定危险作业情形，具有发生重大伤亡事故或者其他严重后果的现实危险的行为。本罪的具体构成要件如下所述：

（一）主体要件

本罪的主体为一般主体，包括对生产、作业负有组织、指挥或者管理职责的负责人、管理人员、实际控制人、投资人等，以及直接从事生产、作业的人员，但单位不能成为本罪的主体。

（二）客体要件

本罪侵犯的客体是生产、作业的安全，即从事生产、作业的不特定或者多数人的生命健康安全和重大公私财产安全。

（三）主观要件

本罪的主观方面为故意，行为人对自身的行为属于危险作业以及行为具有现实危险有明确认知。换言之，行为人认识到作业行为具有现实危险性，仍故意在生产、作业中违反有关安全管理的规定，包括违反国家关于安全生产的法律、法规、规章，以及生产经营单位依法制定的安全生产规章制度、工作流程和操作规范等。

（四）客观要件

本罪的客观方面表现为在生产、作业中违反有关安全管理规定的特定情形，具有发生重大伤亡事故或者其他严重后果的现实危险的行为。本罪的具体行为方式包括以下三种：一是关闭、破坏直接关系生产安全的监控、报警、防护、救生设备、设施，或者篡改、隐瞒、销毁其相关数据、信息；二是因存在重大事故隐患被依法责令停产停业、停止施工及停止使用有关设备、设施、场所或者立即采取排除危险的整改措施，而拒不执行；三是涉及安全生产的事项未经依法批准或者许可，擅自从事矿山开采、金属冶炼、建筑施工，以及危险物品生产、经营、储存等高度危险的生产作业活动。

这里的"现实危险"，是指已经出现了重大险情，或者出现了"冒顶""渗漏"等小事故，虽然没有造成重大严重后果，但没有发生事故的原因，有的是开展了有效救援，有的则是偶然性的客观因素。因此，危险作业只有造成迫在眉睫的重大危险，才能被认定为"现实危险"，而不能将一般性的、数量众多的违反安全生产管理规定的行为作为本罪的处罚对象。当然，关于"现实危险"的具体判断标准，尚需司法实践进一步总结经验，并通过相关司法解释予以明确，防止将该类过失危险行为的打击面不当扩大，避免对企业的正常生产经营活动造成不必要的干预和不利影响。

实践中，与生产安全存在直接关系的监控、报警、防护、救生设备、设施及相关数据、信息，是有效防止生产安全事故发生的重要保障。行为人如果关闭、破坏相关设备、设施或者篡改、隐瞒销毁相关数据、信息，会致使相关设备、设施不能发挥应有的预防和保护功能，从而导致生产安全事故发生或者扩大事故后果，因此安全生产法和刑法对此作出禁止性规定。这里的"设备、设施"，属于直接关系生产安全的设备、设施，被关闭、破坏后可能直接导致事故发生，具有客观现实危险性。这里的"数据、信息"，是指与生产安全存在直接关系的设备、设施的数据、信息，如果被篡改、隐瞒、销毁，无疑会影响生产安全，也会妨碍有关部门的监督管理。所谓"直接关系生产安全"，是指设备、设施可以直接检测安全环境数据，被关闭、破坏后可能直接导致事故发生，具有重大危险。实践中，对于关闭、破坏与安全生产事故发生不具有直接因果关系的设备、设施的，则不能认定为本罪。

这里的"重大事故隐患"，应当依照法律、行政法规、部门规章、强制性标准以及有关行政规范性文件进行认定。这里的"危险物品"，是指易燃易爆物品、危险化学品、放射性物品等能够危及人身安全和财产安全的物品。办案实践中，对于是否属于"重大事故隐患"或者"危险物品"难以确定的，可以依据司法鉴定机构出具的鉴定意见、地市级以上负有安全生产监督管理职责部门或者其指定机构出具的意见，结合其他证据综合审查，依法作出认定。

所谓"依法责令整改"，强调的是监管部门必须严格依照安全生产法律法规等规定要求整改，而不能超越职权或者随意责令采取停产停业等措施。实践中，责令整改具体包括两种情形：一是被执法部门依法责令停产停业、停止施工，以及停止使用有关设备、设施、场所；二是被执法部门依法责令采取排除危险的整改措施，即监管部门虽未责令停产停业，但对采取排除危险的整改措施、期限等事项作出明确规定。

"拒不执行"具体包括三种情形：一是无正当理由故意不执行各级人民政府或者负有安全生产监督管理职责的部门依法作出的要求整改的行政决定、命令。二是虚构重大事故隐患已经排除的事实，规避、干扰执行各级人民政府或者负有安全生产监督管理职责的部门依法作出的要求整改的行政决定、命令。三是以行贿等不正当手段，规避、干扰执行各级人民政府或者负有安全生产监督管理职责的部门依法作出的要求整改的行政决定、命令。司法实践中，认定行为人是否属于"拒不执行"，还应当综合考虑行政决定、命令是否具有法律、行政法规等依据，行政决定、命令的内容和期限要求是否明确、合理，行为人是否具有按照要求执行的能力等进行综合判断。

此外，需要说明的是，本罪对危险作业的实行行为采用一一列举的方式予以明确，并没有作出"具有其他危险作业行为"的兜底规定，因此，非《刑法》第134条之一中所明确规定的行为方式，均不属于本罪规制和调整的范围。从刑法条文的系统性考量，危险作业罪是安全生产犯罪的基本犯，重大责任事故罪则是结果加重犯，危险作业罪实际上是重大责任事故罪的前置化处罚。实践中，对危险作业罪中违反安全管理规定、发生重大伤亡事故或者其他严重后果的认定，可以参照适用《危害生产安全解释》关于重大责任事故罪的有关规定。

三、罪与非罪

本罪属于具体危险犯。如何准确理解具有发生重大伤亡事故或者其他严重后果的现实危险，事关罪与非罪，关乎行为人的重大合法权益。行为人在生产、作业过程中实施了违反有关安全管理规定的行为，达到重大责任事故罪等入罪标准的，适用重大责任事故罪等罪名处罚；反之，应考虑是否具有造成重大伤亡事故或者其他严重后果的现实危险，符合本罪构成要件的，则适用危险作业罪进行定罪处罚。

关于本罪的刑事立案追诉标准，目前并无法律和司法解释作出明确规定。笔者认为，考虑到本罪的立法本意及其属于具体危险犯的实际情况，对于行为人在生产、作业中违反有关安全管理规定，实施了《刑法》第134条之一所规定的三种情形之一的行为，且具有发生重大伤亡事故或者其他严重后果的现实危险的，依法应予以立案。

关于"重大伤亡事故或者其他严重后果"的具体认定标准，可参照《危害生产安全解释》第6条第1款规定执行：（1）造成死亡1人以上，或者重伤3人以上的；（2）造成直接经济损失100万元以上的；（3）其他造成严重后果或者重大安全事故的情形。

四、注意事项

1. 关于罪与非罪的界限问题。在对危险作业行为进行依法治理的过程中，应首先以行政法律规范进行规制调整，将其作为监管和治理的第一道防线。实践中，对于一般违章危险生产、作业的行为，适用行政法律规范进行处理即可，只有行为人的行为客观上造成重大伤亡事故或者其他严重后果的现实危险可能性非常高，具有明显的紧迫性，以行政处罚手段或行政措施不足以抑制时，才能启动刑事处罚手段，以防止刑法的打击面过宽。因此，在准确认定本罪时，办案机关还要考量重大安全隐患的具体情况、是否经责令整改而拒不执行、是否属于具有现实危险的行为等因素进行综合判断。司法实践中，构成危险作业罪，行为必须发生在生产、作业的特定时间段内，如果在非生产、作业过程中，即使客观上实施的某种行为存在现实紧迫危险，也不能构成本罪。比如，经营者购买的生产设备因不符合安全规定而存在重大安全隐患，由于尚未进入生产作业工作，故不能认定为本罪。办案实践中，本罪可能与违章冒险作业等其他犯罪产生想象竞合，在这种情况下，可结合具体案情，按照想象竞合犯择一重罪进行处罚。

2. 关于本罪的从宽处罚问题。对此，《危害生产安全解释（二）》第10条规定：有《刑法》第134条之一行为，积极配合公安机关或者负有安全生产监督管理职责的部门采取措施排除事故隐患，确有悔改表现，认罪认罚的，可以依法从宽处罚；犯罪情节轻微不需要判处刑罚的，可以不起诉或者免予刑事处罚；情节显著轻微危害不大的，不作为犯罪处理。

3. 关于本罪与其他关联犯罪的认定问题。《危害生产安全解释（二）》第5条规定，在生产、作业中违反有关安全管理的规定，有《刑法》第134条之一规定情形之一，因而发生重大伤亡事故或者造成其他严重后果，构成刑法第134条、第135条至第139条等规定的重大责任事故罪、重大劳动安全事故罪、危险物品肇事罪、工程重大安全事故罪等犯罪的，依照该规定定罪处罚。此外，《关于依法惩治涉枪支、弹药、爆炸物、易燃易爆危险物品犯罪的意见》第5条规定，在易燃易爆危险物品生产、经营、储存等高度危险的生产作业活动中违反有关安全管理的规定，有下列情形之一，具有发生重大伤亡事故或者其他严重后果的现实危险的，依照《刑法》第134条之一第3项的规定，以危险作业罪定罪处罚：（1）委托无资质企业或者个人储存易燃易爆危险物品的；（2）在储存的普通货物中夹带易燃易爆危险物品的；（3）将易燃易爆危险物品谎报或者匿报为普通货物申报、储存的；（4）其他涉及安全生产的事项未经依法批准或者许可，擅自从事易燃易爆危险物品生产、经营、储存等活动的情形。

五、风险提示

近年来，一些重特大事故，如江苏响水"3·21"特大爆炸事故，使社会公众认识到，等事故发生后再进行安全治理就为时已晚。为了有效消除安全隐患，避免重大安全事故发生，有必要将生产经营过程中极易导致重大安全事故的违法行为列入刑法规制和调整的范围。鉴于此，《刑法修正案（十一）》增加了本条规定，并对重大危险作业行为进行了明确列举，对一般违反安全生产经营管理的情况不作为犯罪处理。需要说明的是，鉴于构成本罪并不要求造成实际危害后果，而是以是否具有"现实危险"作为入罪判断标准，本罪实际上属于较轻的犯罪，故将法定刑设置为1年以下有期徒刑、拘役或者管制。

此外，需要说明的是，对于行为人被不起诉或者免予刑事处罚，需要给予行政处罚、政务处分或者其他处分的，由司法机关依法移送有关主管机关进行处理。实践中，对该类犯罪的司法处理，还应准确把握宽严相济的刑事政策。对于犯罪情节较轻，符合法律有关缓刑适用条件的，可依法适用缓刑，但应注意根据案件具体情况区别对待，严格控制，避免适用不当造成的负面影响。对于实施危害生产安全犯罪适用缓刑的犯罪分子，可以根据犯罪情况，禁止其在缓刑考验期限内从事与安全生产相关的特定活动；对于被判处刑罚的犯罪分子，可以根据犯罪情况和预防再犯罪的需要，禁止其自刑罚执行完毕之日或者假释之日起3年至5年内从事与安全生产相关的职业。

六、参阅案例

人民法院案例库参考案例：李某远危险作业案（入库编号2023-05-1-058-002）。该案裁判要旨为：根据《刑法》第134条之一规定，危险作业罪中"具有发生重大伤亡事故或者其他严重后果的现实危险"，是指客观存在的、紧迫的危险，这种危险未及时消除、持续存在，将可能随时导致发生重大伤亡事故或者其他严重后果。司法实践中，对于是否属于"具有发生重大伤亡事故或者其他严重后果的现实危险"，应当结合行业属性、行为对象、现场环境、违规行为严重程度、纠正整改措施的及时性和有效性等具体因素，进行综合判断。司法机关在办理具体案件过程中要准确把握立法原意，对于行为人关闭、破坏直接关系生产安全的监控、报警、防护、救生设备、设施，已经出现重大险情，或者发生了"小事故"，由于偶然性的客观因素而未造成重大严重后果的情形，可以认定为"具有发生重大伤亡事故或者其他严重后果的现实危险"。

七、关联规定

1.《中华人民共和国安全生产法》（2021年）第98条、第99条、第117条；
2.最高人民法院、最高人民检察院、公安部等十部门《关于依法惩治涉枪支、弹药、爆炸物、易燃易爆危险物品犯罪的意见》（2021年，法发〔2021〕35号）第5条、第9条；

3.《最高人民法院、最高人民检察院关于办理危害生产安全刑事案件适用法律若干问题的解释（二）》（2022年，法释〔2022〕19号）第2条、第3条、第4条、第5条、第10条。

重大劳动安全事故罪

一、刑法规定

第一百三十五条：安全生产设施或者安全生产条件不符合国家规定，因而发生重大伤亡事故或者造成其他严重后果的，对直接负责的主管人员和其他直接责任人员，处三年以下有期徒刑或者拘役；情节特别恶劣的，处三年以上七年以下有期徒刑。

二、罪名解读

重大劳动安全事故罪，是指安全生产设施或者安全生产条件不符合国家规定，因而发生重大伤亡事故或者造成其他严重后果的行为。本罪的具体构成要件如下所述：

（一）主体要件

本罪的主体是一般主体，即直接负责的主管人员和其他直接责任人员。这里的"直接负责的主管人员和其他直接责任人员"，是指对安全生产设施或者安全生产条件不符合国家规定负有直接责任的生产经营单位负责人、管理人员、实际控制人、投资人，以及其他对安全生产设施或者安全生产条件负有管理、维护职责的人员。

（二）客体要件

本罪侵犯的客体是生产、作业场所中不特定多数人的人身安全和公私财产安全。保护劳动者在生产过程中的安全与健康，是用人单位的法定义务和责任。对于无视劳动者安全、忽视安全生产规定的行为，必须依法严惩。

（三）主观要件

本罪的主观方面为过失，即行为人应当预见安全生产设施或者安全生产条件不符合国家规定所产生的严重后果，由于疏忽大意而没有预见或者虽已预见但轻信能够避免。究其原因无非有二：一是一味追求经济效益；二是对工作缺乏基本的责任心。

（四）客观要件

本罪的客观方面表现为安全生产设施或者安全生产条件不符合国家规定，因而发生重大伤亡事故或者造成其他严重后果的行为。本罪在客观方面的具体构成要素有二：一是安全生产设施或者安全生产条件不符合国家规定；二是由于安全生产设施或者安全生产条件不符合国家规定，因而发生重大伤亡事故或者造成其他严重后果。如果安全生产设施和安全生产条件符合国家规定的标准，其他因素导致了重大安全事故的发生，则不成立本罪，构成其他犯罪的，按照刑法有关规定处理。

这里的"安全生产设施"，是指用于保护劳动者人身安全的各种设施、设备，包括但不限于防护装置、保险装置、信号装置以及危险标识牌等。这里的"安全生产条件"，是指安全防护用品和措施，比如用于防毒、防爆、防火等的用品和措施。"不符合国家规定"，主要是指用于劳动生产的安全生产设施或者安全生产条件，不符合国家有关安全生产设施或者有关安全要求的规定。具体包括：全国人民代表大会及其常务委员会在安全生产方面颁布实施的法律和决定，国务院在安全生产方面颁布实施的行政法规、规定的行政措施、发布的决定和命令，等等。

这里的"重大伤亡事故"，是指造成死亡 1 人以上或者重伤 3 人以上的情形。"造成其他严重后果"，是指危害性类似或者相当于重大伤亡事故的严重后果，比如造成直接经济损失 100 万元以上、造成多人轻伤、造成多名职工的健康受到严重损害等。

三、罪与非罪

本罪属于结果犯，以造成严重后果为犯罪成立要件。如果直接负责的主管人员和其他直接责任人员针对安全生产设施或者安全生产条件不符合国家规定的情形没有采取预防或者补救措施，但没有发生劳动安全事故，或者只发生了轻微的安全事故的，则不构成本罪。如果安全生产设施或安全生产条件仅仅不符合本单位内部规章制度，但没有违反国家规定的，那么即便发生重大事故，也不构成本罪。此外，非本单位负责安全生产的主管人员和直接责任人员也不构成本罪。

根据最高人民法院研究室有关答复意见，用人单位违反职业病防治法的规定，职业病危害预防设施不符合国家规定，因而发生重大伤亡事故或者造成其他严重后果的，对直接负责的主管人员和其他直接责任人员，可以依照《刑法》第 135 条的规定，以重大劳动安全事故罪定罪处罚。

关于本罪的刑事立案追诉标准，《危害生产安全解释》第 6 条第 1 款规定，实施《刑法》第 135 条规定的行为，因而发生安全事故，具有下列情形之一的，应当认定为"发生重大伤亡事故或者造成其他严重后果"，对相关责任人员，处 3 年以下有期徒刑或者拘役：（1）造成死亡 1 人以上，或者重伤 3 人以上的；（2）造成直接经济损失 100 万元以上的；（3）其他造成严重后果或者重大安全事故的情形。

关于"情节特别恶劣"的具体认定标准，《危害生产安全解释》第 7 条第 1 款规定，实施《刑法》第 135 条规定的行为，因而发生安全事故，具有下列情形之一的，对相关责任人员，处 3 年以上 7 年以下有期徒刑：（1）造成死亡 3 人以上或者重伤 10 人以上，负事故主要责任的；（2）造成直接经济损失 500 万元以上，负事故主要责任的；（3）其他造成特别严重后果、情节特别恶劣或者后果特别严重的情形。

四、注意事项

1. 本罪与一般劳动安全事故的界限。实践中，两者的主要区别如下：一是考察生产经营单位的安全生产设施或安全生产条件是否符合国家规定的标准。安全生产设施或安全生产条件不符合国家规定的标准，是成立本罪的前置条件；如果符合国家规定的标准，但还是发生了安全事故的，则可能属于意外事故或者其他情形。二是考察行为人是否意识到本单位存在安全隐患。如果行为人已经意识到存在安全隐患，只是轻信能够避免安全事故的，则可以说明行为人存在罪过。三是考察行为人是否对安全隐患采取了整改措施。实践中，行为人对存在的安全事故隐患及时采取了整改措施，但仍然发生了安全事故的，说明事故的发生与劳动安全措施之间不存在刑法上的因果关系。四是考察行为所造成的危害后果是否达到了法定的立案追诉标准。

2. 本罪与过失致人死亡罪的界限。两者实际上存在法条包容竞合关系。本罪的构成要件内容涵盖了后者的构成要件内容，属于整体法条和部分法条的竞合关系，即包容竞合。因此，在安全生产设施或安全生产条件不符合国家规定的标准，因而发生重大伤亡事故时，对行为人直接以本罪论处即可。两者的主要区别还体现在过失的形态方面：本罪属于业务过失，违反的是特定职业领域的安全注意义务；而后者属于普通过失，违反的是日常生活领域的安全注意义务。

此外，值得注意的是，在公共交通管理范围外，职工驾驶机动车辆或者使用其他交通工具致人伤亡或者致使公共财产或者他人财产遭受重大损失，构成犯罪的，往往会涉及三个罪名的选择适用问题，即重大责任事故罪、重大劳动安全事故罪和过失致人死亡罪。原则上讲，一般应首先考虑以过失致人死亡罪追究刑事责任，如该行为同时符合重大责任事故罪或重大劳动安全事故罪的构成要件，则应按特别法优于一般法的适用原则，以重大责任事故罪或重大劳动安全事故罪追究刑事责任。笔者认为，实践中，应区分不同情形进行妥善认定。第一种情形：在单位内部交通范围内，该单位职工使用交通工具违章生产作业，因而发生重大伤亡事故或者造成其他严重后果的，应以重大责任事故罪论处。第二种情形：如该职工虽使用交通工具但并非从事单位的生产作业，发生重大伤亡事故或者造成其他严重后果的，应以过失致人死亡罪论处。第三种情形：在单位内部交通范围内，该单位用于生产、运输的交通工具不符合国家劳动安全规定，经有关部门或人员提出后，仍未采取整改措施，因而发生重大伤亡事故或者造成其他严重后果的，应以重大劳动安全事故罪论处。第四种情形：如不符合上述三种情况，虽因使用交通工具发生重大伤亡事故或者造成其他严重后果的，仍应以过失致人死亡罪论处。

五、风险提示

关于生产经营单位的安全生产保障义务，《安全生产法》第20条规定："生产经营单位应当具备本法和有关法律、行政法规和国家标准或者行业标准规定的安全生产条件；不具备安全生产条件的，不得从事生产经营活动。"同时，《安全生产法》专门对生产经营单位的主要负责人、内设安全生产管理机构、安全生产管理人员和从业人员的安全生产职责作出了统一规定，并建议生产经营单位设置专职安全生产分管负责人，以协助本单位主要负责人履行安全生产管理职责。此外，《安全生产法》还明确了有关人员因未履行安全生产法定职责所应承担的行政责任，如构成犯罪的，依照刑法追究刑事责任。

需要说明的是，本罪实际上是从重大责任事故罪中剥离出来的，故两者之间存在重合之处。比如，两者都要求发生了重大伤亡事故或者造成了其他严重后果。实践中，两者的区别在于：本罪仅指在劳动过程中发生的责任事故，而不包括其他方面的责任事故。因此，在具体适用刑法的过程中，要把职工在劳动中出现的安全事故从一般的重大责任事故中剥离出来，单独进行刑法评价。此外，精准区分两罪名，还必须牢牢把握两者之间的本质差异：本罪是由于安全生产设施或者安全生产条件不符合国家规定，因而发生重大伤亡事故或者造成其他严重后果，属于不作为犯罪；而重大责任事故罪中虽然具备安全生产设施或者安全生产条件，但是由于行为人在生产和作业过程中违反了有关安全管理的规定，因而发生重大伤亡事故或者造成其他严重后果，一般都表现为作为的方式。

六、参阅案例

人民法院案例库参考案例：尚某国等重大劳动安全事故案（入库编号2023-04-1-060-003）。该案裁判要旨为：司法实践中，当工厂、矿山、林场、建筑企业或者其他企业、事业单位发生重大伤亡事故或者造成其他严重后果，重大责任事故罪与重大劳动安全事故罪的客观方面和主体都出现上述竞合时，应当按照下列原则处理：

1. 在完全由于安全生产设施或者安全生产条件不符合国家规定的情形下进行生产、作业，因而发生重大伤亡事故或者造成其他严重后果的情况下，应当以重大劳动安全事故罪定罪量刑。因为这是立法规定的典型重大劳动安全事故犯罪，即使这种行为本身也是一种违反有关安全管理规定的行为，但从罪名评价的最相符合性考虑，一般不以重大责任事故罪认定。

2. 在安全生产设施或者安全生产条件不符合国家规定的情况下，又在生产、作业中违反具体的安全管理规定，因而发生重大伤亡事故或者造成其他严重后果的，应区分不同情况选择较为妥当的罪名定罪量刑。（1）当两罪中某一罪的情节明显重于另一罪时，应按情节较重的罪名定罪量刑。（2）在两罪的情节基本相当的情况下，对于实际控制人、投资人，他们对安全生产设施或者安全生产条件是否符合国家规定负有直接责任，在无法查清其对生产、作业是否负有组织、指挥或者管理职责时，以重大劳动安全事故罪定罪量刑；如果其对生产、作业同时负有组织、指挥或者管理职责，那么为了司法实践的统一，一般仍以重大劳动安全事故罪定罪为宜，而将"在生产、作业中违反有关安全管理的规定"行为作为从重处罚的情节。对于负责人、管理人员，他们既对生产、作业负有组织、指挥或者管理职责，又对安全生产设施或者安全生产条件是否符合国家规定负有直接责任，出于同样的考虑，对他们一般也以重大劳动安全事故罪定罪为宜，而将"在生产、作业中违反有关安全管理的规定"行为作为从重处罚的情节。对于"对安全生产设施或者安全生产条件负有管理、维护职责的电工、瓦斯检查工等人员"，亦参照上述原则处理。

上述情况处理的考虑是，对于在构成重大劳动安全事故罪的前提下又构成重大责任事故罪，由于两罪的法定刑是相同的，"安全生产设施或者安全生产条件不符合国家规定"和"在生产、作业中违反有关安全管理的规定"的罪责也不好区分轻重，无法实现重罪吸收轻罪，而审判中只能定一个罪名，因此，从维护司法统一的角度考虑提出上述原则。再则，如果以重大责任事故罪定罪就无法全面评价"安全生产设施或者安全生产条件不符合国家规定"的罪责，因为重大责任事故罪并不以"安全生产设施或者安全生产条件不符合国家规定"为前提。而以重大劳动安全事故罪定罪，将"在生产、作业中违反有关安全管理的规定"行为作为从重处罚的情节，可以做到两种罪责兼顾评价。但是，当出现法律规定的"强令他人违章冒险作业"情况时，由于法律有特别规定且法定刑较重，应以强令他人违章冒险作业罪定罪量刑。

七、关联规定

1.《中华人民共和国劳动合同法》（2012年）第88条；

2.《中华人民共和国劳动法》（2018年）第92条；

3.《中华人民共和国职业病防治法》（2018年）第78条、第84条；

4.《中华人民共和国安全生产法》（2021年）第93条、第94条、第96条、第98条、第99条、第101条、第102条、第103条、第105条；

5.《使用有毒物品作业场所劳动保护条例》（2024年）第60条、第65条；

6.《最高人民检察院、公安部关于公安机关管辖的刑事案件立案追诉标准的规定（一）》（2008年，公通字〔2008〕36号）第10条；

7.《最高人民法院关于审理交通肇事刑事案件具体应用法律若干问题的解释》（2000年，法释〔2000〕33号）第8条；

8.《最高人民法院、最高人民检察院关于办理危害生产安全刑事案件适用法律若干问题的解释》（2015年，法释〔2015〕22号）第3条、第6条、第7条、第12条、第13条、第14条、第16条；

9.《最高人民法院、最高人民检察院关于办理危害生产安全刑事案件适用法律若干问题的解释（二）》（2022年，法释〔2022〕19号）第5条、第11条。

危险物品肇事罪

一、刑法规定

第一百三十六条：违反爆炸性、易燃性、放射性、毒害性、腐蚀性物品的管理规定，在生产、储存、运输、使用中发生重大事故，造成严重后果的，处三年以下有期徒刑或者拘役；后果特别严重的，处三年以上七年以下有期徒刑。

二、罪名解读

危险物品肇事罪，是指违反爆炸性、易燃性、放射性、毒害性、腐蚀性物品的管理规定，在生产、储存、运输、使用中发生重大事故，造成严重后果的行为。

本罪的具体构成要件如下所述：

（一）主体要件

本罪的主体为特殊主体，即从事生产、储存、运输、使用爆炸性、易燃性、放射性、毒害性、腐蚀性物品的人员，主要是生产经营单位的职工，其他人员也可以成为本罪主体。

（二）客体要件

本罪侵犯的客体是社会的公共安全，即不特定多数人的生命健康和重大公私财产的安全。本罪的行为对象具有特定性，即能够引起重大事故的发生，致人重伤、死亡或使公私财产遭受重大损失的危险物品，包括爆炸性、易燃性、放射性、毒害性、腐蚀性物品。

（三）主观要件

本罪的主观方面为过失，即行为人对违反危险物品管理规定的行为可能造成重大事故，具有疏忽大意或者过于自信的主观心态。行为人对违反危险物品管理规定本身，既可以是故意，也可以是过失。

（四）客观要件

本罪的客观方面表现为在生产、储存、运输、使用危险物品的过程中，违反危险物品管理规定，发生重大事故，造成严重后果的行为。本罪在客观方面的具体构成要素有三：一是行为人必须具有违反危险物品管理规定的行为。行为人违反《民用爆炸物品安全管理条例》《危险化学品安全管理条例》《烟花爆竹安全管理条例》等管理规定是构成本罪的前提条件。二是违反危险物品管理规定的行为必须发生在生产、储存、运输、使用危险物品的过程中。行为人只有在生产、储存、运输、使用危险物品的过程中，违反危险物品的管理规定，才能构成本罪。如果行为人在其他场合造成与危险物品有关的重大事故，则依法不构成本罪。三是必须因违反危险物品管理规定而发生重大事故，并且实际造成了严重后果。这是构成本罪的结果条件。

这里的"危险物品"，是指易燃易爆物品、危险化学品、放射性物品等能够危及人身安全和财产安全的物品。"造成严重后果"，是指致人重伤、死亡或者致使公私财产遭受重大损失。

三、罪与非罪

本罪属于结果犯，必须是行为已经造成了严重的危害后果，犯罪才能成立。如果行为人在生产、储存、运输、使用危险物品过程中，违反危险物品管理规定，尚未造成任何危害后果，或者所造成的危害后果并不严重，则不能构成本罪。当然，如果符合其他罪名犯罪构成要件的，则应以其他犯罪依法论处。同样，对于虽然发生重大事故，也造成了严重后果，但不是行为人在生产、储存、运输、使用危险物品过程中违反危险物品管理规定造成的，也不构成本罪。

关于本罪的刑事立案追诉标准，《危害生产安全解释》第6条第1款规定，实施《刑法》第136条规定的行为，因而发生安全事故，具有下列情形之一的，应当认定为"造成严重后果"，对相关责任人员，处3年以下有期徒刑或者拘役：（1）造成死亡1人以上，或者重伤3人以上的；（2）造成直接经济损失100万元以上的；（3）其他造成严重后果或者重大安全事故的情形。

关于"后果特别严重"的具体认定标准，《危害生产安全解释》第7条第1款规定，实施《刑法》第136条规定的行为，因而发生安全事故，具有下列情形之一的，对相关责任人员，处3年以上7年以下有期徒刑：（1）造成死亡3人以上或者重伤10人以上，负事故主要责任的；（2）造成直接经济损失500万元以上，负事故主要责任的；（3）其他造成特别严重后果、情节特别恶劣或者后果特别严重的情形。

四、注意事项

1. 关于本罪的正确认定问题。《关于依法惩治涉枪支、弹药、爆炸物、易燃易爆危险物品犯罪的意见》第6条规定，在易燃易爆危险物品生产、储存、运输、使用中违反有关安全管理的规定，实施本意见第5条前两款规定以外的其他行为，导致发生重大事故，造成严重后果，符合《刑法》第136条等规定的，以危险物品肇事罪等罪名定罪处罚。此外，对于通过邮件、快件夹带易燃易爆危险物品，或者将易燃易爆危险物品谎报为普通物品交寄，导致发生重大事故，造成严重后果，符合危险物品肇事罪构成要件的，依法以危险物品肇事罪进行定罪处罚。因此，为正确认定和把握本罪与关联罪名，还应充分结合《关于依法惩治涉枪支、弹药、爆炸物、易燃易爆危险物品犯罪的意见》第5条至第9条的有关规定内容。

2. 关于本罪的具体行为模式认定问题。本罪中，虽然行为人违反了危险物品的管理规定，但由于危险物品的种类各不相同，有关管理规范也不尽相同，再加上本罪的行为模式中涵盖了生产、储存、运输、使用等多个环节，因此行为人违反危险物品管理规定的具体表现形式也各不相同。在生产方面，主要表现为不按照规定的要求设置防火、防爆、防毒、防潮、防静电、避雷、隔离等安全措施。在储存方面，主要表现为不按照规定的要求进行专人专门管理，不设置相应的泄压、防火、灭火、除静电等安全设施。在运输方面，主要表现为违反规定进行客货混装、没有安全防护、没有限速行驶、不配备专人看管等。在使用方面，主要表现为不按照规定的剂量、范围、方法使用，未采取必要的防护措施，等等。

3. 关于本罪与重大责任事故罪的界限问题。两者都属于过失犯罪的范畴，都可能出现违反有关国家规定造成火灾、爆炸、中毒等严重后果，因此两者之间存在一定的交叉和关联。实践中，两者的主要区别如下：一是犯罪主体不同。本罪的主体既可以是从事生产、储存、运输、使用危险物品的职工，也可以是其他人员；而后者的主体为对生产、作业负有组织、指挥或者管理职责的负责人、管理人员、实际控制人、投资人等，以及直接从事生产、作业的人员。二是犯罪的时空环境不同。本罪只能发生在生产、储存、运输、使用危险物品的过程中；而后者发生在单位的生产、作业全过程中。三是犯罪对象不同。本罪的犯罪对象为爆炸性、易燃性、放射性、毒害性、腐蚀性等危险物品；而后者可以是与危险物品无关的其他事物。四是客观行为表现不同。本罪表现为违反爆炸性、易燃性、放射性、毒害性、腐蚀性物品的管理规定，在生产、储存、运输、使用中发生重大事故，造成严重后果的行为；而后者表现为行为人在生产、作业中违反有关安全管理的规定，因而发生重大伤亡事故或者造成其他严重后果的行为。鉴于危险物品肇事罪属于重大责任事故犯罪的特别规定，因此在生产中违反危险物品管理规定，发生重大事故，造成严重后果的，应当依照危险物品肇事罪进行定罪处罚。

五、风险提示

关于"危险物品"的法律含义，《安全生产法》第117条规定，危险物品，是指易燃易爆物品、危险化学品、放射性物品等能够危及人身安全和财产安全的物品。需要说明的是，作为本罪的犯罪对象，此处的危险物品，包括爆炸性、易燃性、放射性、毒害性、腐蚀性等各类危险物品。对危险物品的生产经营活动，国家历来本着"安全第一、预防为主、综合治理"的工作方针，不仅进行严格立法，而且实行严格监管，严格落实安全防范措施，严防重特大事故和安全事件的发生。从立法要求来看，任何单位生产、经营、运输、储存、使用危险物品，都必须经法定程序审核和批准，并取得相应的许可资质，否则，一经发现，将依法被严惩。《安全生产法》第100条规定：未经依法批准，擅自生产、经营、运输、储存、使用危险物品或者处置废弃危险物品的，依照有关危险物品安全管理的法律、行政法规的规定予以处罚；构成犯罪的，依照刑法有关规定追究刑事责任。

司法实践中，本罪与非法制造、买卖、运输、储存危险物质罪具有一定的相似性，往往容易出现混淆。两者的主要区别如下：一是主观方面表现不同。本罪的主观方面为过失；而后者的主观方面为故意，即行为人明知自己在非法制造、买卖、运输、储存危险物质而故意为之。二是客观方面表现不同。本罪中的危险物品本身属于合法制造的物品；而后者中的危险物品必须是非法制造的危险品。三是对犯罪后果的要求不同。本罪以造成严重后果为构成要件；而后者为行为犯，不论行为是否造成实际危害后果，均可构成犯罪，造成严重后果只是法定的升格刑情节。实践中，对于行为人出于牟利或者其他目的，违反危险物品管理规范的规定，驾驶无危险化学品运输资质的货车运输危险物品，造成危险物品泄漏等重大事故的，其行为应当构成危险物品肇事罪，而不属于非法制造、买卖、运输、储存危险物质罪。

六、参阅案例

《最高人民法院公报》（2006年第8期）案例：康兆永、王刚危险物品肇事案。该案裁判要旨为：（1）有危险货物运输从业资格的人员，明知使用具有安全隐患的机动车超载运输剧毒化学品有可能引发危害公共安全的事故，却轻信能够避免，以致这种事故发生并造成严重后果的，构成《刑法》第136条规定的危险物品肇事罪。（2）从事剧毒化学品运输工作的专业人员，在发生交通事故致使剧毒化学品泄漏后，有义务利用随车配备的应急处理器材和防护用品抢救对方车辆上的受伤人员；有义务在现场附近设置警戒区域；有义务及时报警并在报警时主动说明危险物品的特征、可能发生的危害，以及需要使用何种救助工具、采取何种救助方式才能防止、减轻甚至消除危害；有义务在现场等待抢险人员的到来，利用自己对剧毒危险化学品的专业知识以及对运输车辆构造的了解，协助抢险人员处置突发事故。从事剧毒化学品运输工作的专业人员若不履行这些义务，则应当对由此造成的特别严重后果承担责任。

七、关联规定

1.《中华人民共和国铁路法》（2015年）第2条、第60条；

2.《中华人民共和国民用航空法》（2021年）第5条、第101条、第194条、第195条；

3.《中华人民共和国安全生产法》（2021年）第100条、第101条；

4.《危险化学品安全管理条例》（2013年）第3条、第75条、第80条、第82条、第86条、第87条；

5.《使用有毒物品作业场所劳动保护条例》（2024年）第62条、第64条、第

65 条；

6.《最高人民检察院、公安部关于公安机关管辖的刑事案件立案追诉标准的规定（一）》（2008 年，公通字〔2008〕36 号）第 12 条；

7.《最高人民法院、最高人民检察院关于办理危害生产安全刑事案件适用法律若干问题的解释》（2015 年，法释〔2015〕22 号）第 6 条、第 7 条、第 12 条、第 13 条、第 14 条、第 16 条；

8. 最高人民法院、最高人民检察院、公安部等十部门《关于依法惩治涉枪支、弹药、爆炸物、易燃易爆危险物品犯罪的意见》（2021 年，法发〔2021〕35 号）第 5 条、第 6 条、第 7 条、第 9 条、第 23 条；

9.《最高人民法院、最高人民检察院关于办理危害生产安全刑事案件适用法律若干问题的解释（二）》（2022 年，法释〔2022〕19 号）第 5 条、第 11 条。

工程重大安全事故罪

一、刑法规定

第一百三十七条：建设单位、设计单位、施工单位、工程监理单位违反国家规定，降低工程质量标准，造成重大安全事故的，对直接责任人员，处五年以下有期徒刑或者拘役，并处罚金；后果特别严重的，处五年以上十年以下有期徒刑，并处罚金。

二、罪名解读

工程重大安全事故罪，是指建设单位、设计单位、施工单位、工程监理单位违反国家规定，降低工程质量标准，造成重大安全事故的行为。本罪的具体构成要件如下所述：

（一）主体要件

本罪的主体为特殊主体，即建设单位、设计单位、施工单位、工程监理单位。本罪属于实行单罚制的单位犯罪，刑法只处罚直接责任人员。所谓"直接责任人员"，是指对建筑工程质量安全负有直接责任的人员。对直接责任人员范围的掌握，应本着直接因果关系的原则，进行合理确定。需要说明的是，其他单位不能成为本罪的犯罪主体。

根据建筑法律法规和有关规定，所谓"建设单位"，是指建筑物的所有人或者使用人。所谓"设计单位",主要是指对建筑工程专门进行设计的单位。所谓"施工单位",是指根据建设单位的要求和设计单位的设计,承担具体施工的单位。所谓"工程监理单位",是指对建筑工程进行监督管理,负责工程质量监督工作的单位。

(二)客体要件

本罪侵犯的客体是国家对建筑工程质量标准的管理制度以及社会公众的生命健康和重大公私财产的安全。

(三)主观要件

本罪的主观方面为过失,即建设单位、设计单位、施工单位、工程监理单位的直接责任人员,应当预见违反国家规定、降低工程质量可能造成的严重后果,由于疏忽大意没有预见或者已经预见但轻信可以避免,从而导致重大安全事故的发生。

(四)客观要件

本罪的客观方面表现为建设单位、设计单位、施工单位、工程监理单位违反国家规定,降低工程质量标准,造成重大安全事故的行为。这里的"工程",是指建设工程,包括土木工程、建筑工程、线路管道和设备安装工程以及装修工程。

这里的"违反国家规定",是指违反国家关于建筑工程质量监督管理的法律法规。这里的"降低工程质量标准",一般是指违反法律、行政法规和建筑工程质量、安全标准,降低工程勘测、设计、施工的质量标准,提供、使用不合格的建筑材料、建筑配件,不按照建筑工程质量标准进行设计或者施工,降低标准进行监理和验收,等等。这里的"重大安全事故",是指建设工程在建设中或者交付使用之后,工程质量不达标,从而导致楼房倒塌、桥梁断裂、铁路塌陷等安全事故发生,并造成人员伤亡或者重大经济损失。

三、罪与非罪

本罪属于结果犯。只有造成重大安全事故,才可能构成本罪,而并非违反国家规定或者降低工程质量标准即构成本罪。因此,本罪与一般工程安全事故的区别在于:是否造成了重大安全事故的发生。实践中,即便建设单位、设计单位、施工单位、工程监理单位违反国家规定,降低工程质量标准,但没有造成重大安全事故的,也不构成本罪。

关于本罪的刑事立案追诉标准,《危害生产安全解释》第6条规定,实施《刑法》第137条规定的行为,因而发生安全事故,具有下列情形之一的,应当认定为

"造成重大安全事故"，对直接责任人员，处 5 年以下有期徒刑或者拘役，并处罚金：（1）造成死亡 1 人以上，或者重伤 3 人以上的；（2）造成直接经济损失 100 万元以上的；（3）其他造成严重后果或者重大安全事故的情形。

关于"后果特别严重"的具体认定标准，《危害生产安全解释》第 7 条规定，实施《刑法》第 137 条规定的行为，因而发生安全事故，具有下列情形之一的，应当认定为"后果特别严重"，对直接责任人员，处 5 年以上 10 年以下有期徒刑，并处罚金：（1）造成死亡 3 人以上或者重伤 10 人以上，负事故主要责任的；（2）造成直接经济损失 500 万元以上，负事故主要责任的；（3）其他造成特别严重后果、情节特别恶劣或者后果特别严重的情形。

四、注意事项

1. 关于本罪刑事追责的正确理解问题。本罪实际上为实行单罚制的单位犯罪，犯罪主体为建设单位、设计单位、施工单位、工程监理单位。但是，根据《刑法》第 137 条的规定，本罪在追究刑事责任时，追责的对象仅限定为在上述单位中对建筑工程质量安全负有直接责任的人员，而不是单位的领导者或者管理者。这也是刑法对本罪作出的一个特别规定之处，应当引起充分关注。对于在工程建设过程中，由于建设单位、施工单位的职工不服从管理、违反规章制度，或者强令工人违章冒险作业，因而发生重大伤亡事故或者造成其他严重后果的，涉嫌重大责任事故罪。对于建筑企业的劳动安全设施不符合国家规定，经有关部门或者单位提出整改意见后，对事故隐患仍然视而不见，未能及时采取有效措施的，则涉嫌重大劳动安全事故罪。

2. 关于涉窨井盖犯罪的定性问题。近年来，盗窃、破坏窨井盖等行为导致人员伤亡事故多发，严重危害公共安全和人民群众生命财产安全，社会各界反映强烈。所谓"窨井盖"，包括城市、城乡接合部和乡村等地的窨井盖以及其他井盖。事实上，"小井盖"关系着"大民生"，甚至直接关乎人民群众的获得感、幸福感、安全感。为维护人民群众"脚底下的安全"，则需要推动窨井盖问题的社会综合治理。为此，《最高人民法院、最高人民检察院、公安部关于办理涉窨井盖相关刑事案件的指导意见》颁布实施。该指导意见第 5 条规定，在生产、作业中违反有关安全管理的规定，擅自移动窨井盖或者未做好安全防护措施等，发生重大伤亡事故或者造成其他严重后果的，依照《刑法》第 134 条第 1 款的规定，以重大责任事故罪定罪处罚。窨井盖建设、设计、施工、工程监理单位违反国家规定，降低工程质量标准，造成重大安全事故的，依照《刑法》第 137 条的规定，以工程重大安全事故罪定罪处罚。

3.关于本罪与重大责任事故罪的界限问题。本罪和重大责任事故罪都属于过失犯罪，都以发生法定的严重后果为构成犯罪的必备条件，但二者也存在如下明显区别：一是犯罪主体不同。本罪的主体是建设单位、设计单位、施工单位、工程监理单位；而后者的主体则是对生产、作业负有组织、指挥或者管理职责的负责人、管理人员、实际控制人、投资人等，以及直接从事生产、作业的人员。二是客观方面表现不同。本罪在客观方面表现为建设单位、设计单位、施工单位、工程监理单位违反国家规定，降低工程质量标准，因而造成重大安全事故；而后者在客观方面表现为在生产、作业中违反有关安全管理的规定，因而发生重大伤亡事故或者造成其他严重后果。三是犯罪对象不同。本罪的犯罪对象为各类工程及其建设；而后者的行为对象为经营单位的生产和作业活动。四是行为方式不同。本罪的行为方式为降低工程质量标准；而后者的行为方式为违反有关安全管理规定，不服从统一管理。

五、风险提示

众所周知，"豆腐渣工程"对于人民群众的生命健康和财产安全是一个极大的隐患和威胁。近年来，随着新闻媒体的不断曝光，一大批建筑工程的质量和安全隐患问题被暴露在公众视野之中。社会各界对工程安全的关注度也日渐高涨，由此带来的调查、惩治和问责也日益严格。"豆腐渣工程"究竟是谁之过？如何追究工程安全事故背后"肇事者"的法律责任？实践中，《建筑法》《建设工程质量管理条例》等法律法规均有明确罚则。政府主管部门对建设单位、设计单位、施工单位、工程监理单位违反国家规定，降低工程质量标准的违法行为可以责令改正、罚款或者予以其他行政处罚，构成犯罪的，依法追究刑事责任。

建设工程安全关乎人民群众的生命和公私财产安全，因此不管是政府主管部门还是建设单位、设计单位、施工单位、工程监理单位，都担负着重大责任，丝毫不能松懈。在发生重大安全事故的情况下，虽然《刑法》第137条只追究建设单位、设计单位、施工单位、工程监理单位中对工程质量安全负有直接责任人员的刑事责任，但这并不等于有关单位可以被免除民事赔偿和行政责任。根据《建筑法》《建设工程质量管理条例》等法律法规的规定，上述单位必须对建设工程的质量安全负责。而且，在建设工程发生质量事故后，有关单位应当在24小时内向当地建设行政主管部门和其他有关部门报告。行政主管部门给予单位罚款处罚的，对单位直接负责的主管人员和其他直接责任人员处单位罚款数额5%以上10%以下的罚款。此外，有关主管部门还可以区分情形依法作出没收违法所得、降低资质等级、吊销资格证书等行政处罚。对于造成的经济损失，有关单位还应当承担赔偿责任。

六、参阅案例

郝某某、张某某工程重大安全事故案［河南省新乡市中级人民法院（2020）豫07刑终211号］。该案裁判要旨为：（1）建设单位、设计单位、施工单位、工程监理单位违反国家规定，降低工程质量标准，造成重大安全事故的，对直接责任人员，以工程重大安全事故罪定罪处罚。（2）直接责任人员，是指对工程重大安全事故负有直接责任的人，应结合其在本单位的具体职责、有无严格依法履职、是否违反国家规定、对降低工程质量标准是否负有直接责任等因素综合认定。

七、关联规定

1.《中华人民共和国防震减灾法》（2008年）第85条、第87条、第91条；

2.《中华人民共和国老年人权益保障法》（2018年）第82条；

3.《中华人民共和国建筑法》（2019年）第69条、第72条、第73条、第74条；

4.《建设工程质量管理条例》（2019年）第2条、第3条、第74条、第80条；

5.《最高人民检察院、公安部关于公安机关管辖的刑事案件立案追诉标准的规定（一）》（2008年，公通字〔2008〕36号）第13条；

6.《最高人民法院、最高人民检察院关于办理危害生产安全刑事案件适用法律若干问题的解释》（2015年，法释〔2015〕22号）第6条、第7条、第12条、第13条；

7.《最高人民法院、最高人民检察院、公安部关于办理涉窨井盖相关刑事案件的指导意见》（2020年，高检发〔2020〕3号）第5条、第12条；

8.《最高人民法院、最高人民检察院关于办理危害生产安全刑事案件适用法律若干问题的解释（二）》（2022年，法释〔2022〕19号）第5条、第11条。

消防责任事故罪

一、刑法规定

第一百三十九条：违反消防管理法规，经消防监督机构通知采取改正措施而拒绝执行，造成严重后果的，对直接责任人员，处三年以下有期徒刑或者拘役；后果特别严重的，处三年以上七年以下有期徒刑。

二、罪名解读

消防责任事故罪，是指违反消防管理法规，经消防监督机构通知采取改正措施而拒绝执行，造成严重后果的行为。本罪的具体构成要件如下所述：

（一）主体要件

本罪的主体是特殊主体，即负有消防安全责任的人员，包括单位负责人、主管人员或者其他直接责任人员。实践中，多为机关、团体、企业、事业等单位中对本单位的消防安全负有直接责任的人员。

（二）客体要件

本罪侵犯的客体是国家的消防监督制度和社会公共安全。任何单位和个人都有维护消防安全、保护消防设施、预防火灾、报告火警的义务。任何单位和成年人都有参加有组织的灭火工作的义务。根据法律有关规定，单位的主要负责人是本单位的消防安全责任人。

（三）主观要件

本罪的主观方面表现为过失，既可以是疏忽大意的过失，也可以是过于自信的过失。这里的"过失"，是指行为人对其所造成的危害结果的心理状态，行为人主观上并不希望火灾事故发生。但就其违反消防管理法规，经消防监督机构通知采取改正措施而拒绝执行而言，则是明知故犯的心理状态。

（四）客观要件

本罪的客观方面表现为违反消防管理法规，经消防监督机构通知采取改正措施而拒绝执行，造成严重后果的行为。本罪在客观方面的具体构成要素有四：一是违反了消防管理法规；二是经消防监督机构通知采取改正措施而拒绝执行；三是造成了严重后果；四是违反消防管理法规与所造成的严重后果之间存在刑法上的因果关系。需要说明的是，造成的严重后果，必须发生在消防监督管理的过程中，即发生在消防监督机构通知其行为违法并发出责令整改通知书之后。

这里的"消防管理法规"，是指国家有关消防安全管理的法律、法规以及有关主管部门为保障消防安全作出的有关规定，比如《消防法》《森林防火条例》《草原防火条例》等。行为人违反这些法律法规，就具备了本罪的前提条件。当然，违反规定的行为表现可以多种多样，包括作为与不作为。这里的"消防监督机构"，是指依法负责消防监督管理工作的机构，包括公安机关消防机构和公安派出所。这里的"造成严重后果"，是指发生重大火灾、造成人员伤亡或者使公私财产遭受严重损失等情形。

三、罪与非罪

本罪属于结果犯。如果没有造成严重后果，或者虽然导致火灾事故的发生，但后果并不严重的，则不构成犯罪。此外，需要说明的是，如果在消防监督管理机构执行消防监督职责之前，有关单位就已经发生了火灾事故的，则不能以本罪进行论处。

关于本罪的刑事立案追诉标准，《危害生产安全解释》第6条第1款规定，实施《刑法》第139条规定的行为，因而发生安全事故，具有下列情形之一的，应当认定为"造成严重后果"，对相关责任人员，处3年以下有期徒刑或者拘役：（1）造成死亡1人以上，或者重伤3人以上的；（2）造成直接经济损失100万元以上的；（3）其他造成严重后果或者重大安全事故的情形。

关于"后果特别严重"的具体认定标准，《危害生产安全解释》第7条第1款规定，实施《刑法》第139条规定的行为，因而发生安全事故，具有下列情形之一的，对相关责任人员，处3年以上7年以下有期徒刑：（1）造成死亡3人以上或者重伤10人以上，负事故主要责任的；（2）造成直接经济损失500万元以上，负事故主要责任的；（3）其他造成特别严重后果、情节特别恶劣或者后果特别严重的情形。

四、注意事项

1.关于罪与非罪的界限问题。实践中，准确认定是否构成本罪，首先需要把消防责任事故罪和自然事故、技术事故区分开。自然事故指的是不可抗力因素（比如雷电等）造成的事故，这些都不以人的意志为转移。技术事故则是技术、设备等因素导致的事故。不论是自然事故还是技术事故，由于欠缺犯罪的基本罪过，因此都不能追究行为人的刑事责任。此外，本罪与一般消防事故的区别在于：虽然两者都违反了消防管理法规，但事故发生所造成的损害后果和严重性根本不同。如果事故造成了严重后果，则按本罪进行处理；反之，则属于一般消防事故，不能以犯罪论处。

实践中，关于罪与非罪的界限：一是看行为人主观上是否存在过失。有关此点，主要是考察是否违反消防管理法规、是否按照要求采取消防安全措施、是否能够预见消防事故发生等。二是看事故是人为事件还是意外事件。有关此点，主要是考察起火的原因，如果起火的原因是在采取消防安全措施后仍然无法避免的，则属于意外事件。三是看危害后果是否严重。有关此点，主要是考察事故造成的人员伤亡或者公私财产损失是否已经达到了法定的追诉标准。

2.关于本罪与失火罪的界限问题。两罪同属危害公共安全犯罪范畴,具有一定的关联性。实践中,两者的主要区别有三：一是犯罪主体不同。本罪的主体严格限定在对本单位的消防安全负有直接责任的人员范围,但行为人并未因自己的行为直接引发火灾;而失火罪的主体并没有特别限制,其追责的对象为用火不当直接导致火灾发生的人。二是客观方面表现不同。本罪中行为人有违反消防管理法规的行为,且在收到消防监督机构要求采取改正措施的通知后拒绝执行,从而造成严重后果;而失火罪中行为人不会也不可能收到消防监督机构发出的消防安全改正措施通知,一般表现为因过失引起火灾,从而造成严重后果。三是立案追诉标准不同。本罪的立案标准为造成直接经济损失 100 万元以上;而失火罪的立案标准为造成直接经济损失 50 万元以上。

五、风险提示

俗话说："水火无情。"火灾对人民群众的生命财产及生态环境造成的危害十分严重,已成为全世界共同面临的一个灾难性问题。可以说,消防安全涉及千家万户,事关人民群众的生命财产安全。常言道："隐患险于明火,防范胜于救灾,责任重于泰山。"火灾预防必然成为消防工作的基础和前提,而火灾预防的中心环节和主要内容则在于如何通过各种制度的设置与执行来消除火灾隐患。任何单位都不可能没有火灾危险或不存在火灾隐患,只不过是多与少、大与小的差别而已。所以,全社会一定要在思想上树立防患于未然的安全意识。可以说,消除隐患是最好的防范。我国消防立法的宗旨是：为了预防火灾和减少火灾危害,加强应急救援工作,保护人身、财产安全和维护公共安全。《消防法》第 16 条规定,机关、团体、企业、事业等单位应当履行下列消防安全职责：(1)落实消防安全责任制,制定本单位的消防安全制度、消防安全操作规程,制定灭火和应急疏散预案；(2)按照国家标准、行业标准配置消防设施、器材,设置消防安全标志,并定期组织检验、维修,确保完好有效；(3)对建筑消防设施每年至少进行 1 次全面检测,确保完好有效,检测记录应当完整准确,存档备查；(4)保障疏散通道、安全出口、消防车通道畅通,保证防火防烟分区、防火间距符合消防技术标准；(5)组织防火检查,及时消除火灾隐患；(6)组织进行有针对性的消防演练；(7)法律、法规规定的其他消防安全职责。单位的主要负责人是本单位的消防安全责任人。

实践中,部分消防责任单位因安全意识缺失和法律意识不强,对于自身存在的安全隐患未能充分重视或者视而不见,甚至在消防监督机构发出整改通知后,仍不及时采取有效整改措施,盲目轻信能够避免火灾事故。殊不知,这种行为不仅为消防安全埋下了严重隐患，还触犯了消防管理法规，特别是在发生消防事故并造成严重后果的情形下，还可能涉嫌消防责任事故犯罪。根据《刑法》第139条的规定，行为人触犯本罪，造成严重后果的，对直接责任人员，处3年以下有期徒刑或者拘役；后果特别严重的，处3年以上7年以下有期徒刑。

六、参阅案例

《人民法院案例选》（2005年第2辑，总第52辑）案例：王华伟、孙志军消防责任事故案。该案裁判要旨为：重大责任事故发生后，如何认定《刑法》第139条规定的直接责任人员是消防责任事故罪认定的关键。消防责任事故罪中的直接责任人员与火灾事故责任认定中的直接责任人员并非完全一致。前者对火灾事故负直接责任，后者虽然在火灾事故中被认定负有间接责任，但只要能认定行为人的确实施了违反消防法规的行为而拒绝改正，并且火灾的发生、扩大、蔓延与行为人的违规行为之间具有因果关系，就可以认定行为人属于消防责任事故罪中的直接责任人员。

七、关联规定

1.《中华人民共和国消防法》（2021年）第54条、第55条、第70条、第72条；

2.《草原防火条例》（2008年）第43条、第44条、第45条、第46条、第47条；

3.《森林防火条例》（2008年）第48条、第49条、第50条、第51条、第52条、第53条；

4.《最高人民检察院、公安部关于公安机关管辖的刑事案件立案追诉标准的规定（一）》（2008年，公通字〔2008〕36号）第15条；

5.《最高人民法院、最高人民检察院关于办理危害生产安全刑事案件适用法律若干问题的解释》（2015年，法释〔2015〕22号）第6条、第7条、第12条、第13条、第14条、第16条；

6.《最高人民法院、最高人民检察院关于办理危害生产安全刑事案件适用法律若干问题的解释（二）》（2022年，法释〔2022〕19号）第5条、第11条。

不报、谎报安全事故罪

一、刑法规定

第一百三十九条之一：在安全事故发生后，负有报告职责的人员不报或者谎报事故情况，贻误事故抢救，情节严重的，处三年以下有期徒刑或者拘役；情节特别严重的，处三年以上七年以下有期徒刑。

二、罪名解读

不报、谎报安全事故罪，是指负有报告职责的人员，在安全事故发生后，不报或者谎报事故情况，贻误事故抢救，情节严重的行为。本罪的具体构成要件如下所述：

（一）主体要件

本罪的主体是特殊主体，即负有报告职责的人员。这里的"负有报告职责的人员"，是指负有组织、指挥或者管理职责的负责人、管理人员、实际控制人、投资人，以及其他负有报告职责的人员，但并不包括没有法定或者职务要求报告义务的普通工人。

（二）客体要件

本罪侵犯的客体是国家对安全事故的监管制度和公民的人身、财产安全。本罪的设立主要是为了遏制对安全事故的发生负有报告职责的人员，在事故发生后弄虚作假、贻误抢救时机的行为。

（三）主观要件

本罪的主观方面只能是故意，即在安全事故发生后，负有报告职责的人员明知不报或者谎报事故情况的行为可能会贻误事故抢救，造成事故后果扩大或致使不能及时有效开展事故抢救，而希望或者放任该危害后果的发生。

（四）客观要件

本罪的客观方面表现为在安全事故发生后，负有报告职责的人员不报或者谎报事故的情况，贻误事故抢救，情节严重的行为。本罪在客观方面的具体构成要素有二：一是行为人在事故发生后，不报或者谎报事故情况；二是行为人不报或者谎报事故情况而贻误事故抢救，且已经达到了情节严重的程度。

这里的"不报事故情况"，是指没有依照规定向有关机关或者部门报告安全事故的情况，也包括向有关机关或者部门隐瞒发生安全事故。"谎报事故情况"，是指虽然向有关机关或者部门报告了安全事故发生的事实，但是作了不真实的报告。司法实践中，对于"只报告了安全事故的部分情况而没有报告事故的全部情况"，应认定为"谎报"，而非"不报"。总之，行为人只要有不报、谎报行为之一，造成严重后果的，即可构成本罪。这里的"贻误事故抢救"，既包括贻误对受伤人员的救治，也包括贻误对财产的抢救。

所谓"安全事故"，除了生产、作业安全事故，还包括大型群众活动安全事故、工程安全事故、劳动安全事故、消防安全事故、食品安全事故、药品安全事故、公共卫生安全事故、重大环境污染事故等，但涉及丢失枪支不报、交通肇事、教育设施重大安全事故的除外，因为关于这些情况，《刑法》中有具体罪名已经将不报或者逃逸作为犯罪构成或者法定升格刑的条件之一。

三、罪与非罪

不报、谎报安全事故罪为情节犯，而不是危险犯。构成本罪必须达到"情节严重"程度，即必须具备"贻误事故抢救"的严重危害结果。不报或者谎报安全事故，贻误事故抢救的行为，如果没有达到"情节严重"的程度，则属于一般违法行为，依法不构成本罪。

关于本罪的刑事立案追诉标准，《危害生产安全解释》第8条第1款规定，在安全事故发生后，负有报告职责的人员不报或者谎报事故情况，贻误事故抢救，具有下列情形之一的，应当认定为《刑法》第139条之一规定的"情节严重"：1.导致事故后果扩大，增加死亡1人以上，或者增加重伤3人以上，或者增加直接经济损失100万元以上的。2.实施下列行为之一，致使不能及时有效开展事故抢救的：（1）决定不报、迟报、谎报事故情况或者指使、串通有关人员不报、迟报、谎报事故情况的；（2）在事故抢救期间擅离职守或者逃匿的；（3）伪造、破坏事故现场，或者转移、藏匿、毁灭遇难人员尸体，或者转移、藏匿受伤人员的；（4）毁灭、伪造、隐匿与事故有关的图纸、记录、计算机数据等资料以及其他证据的。3.其他情节严重的情形。

关于"情节特别严重"的具体认定标准，《危害生产安全解释》第8条第2款规定，具有下列情形之一的，应当认定为《刑法》第139条之一规定的"情节特别严重"：（1）导致事故后果扩大，增加死亡3人以上，或者增加重伤10人以上，或者增加直接经济损失500万元以上的；（2）采用暴力、胁迫、命令等方式阻止他人报告事故情况，导致事故后果扩大的；（3）其他情节特别严重的情形。

四、注意事项

1.关于本罪与漏报、错报安全事故行为的界限问题。实践中，准确认定本罪，首先要将其与漏报、错报安全事故进行合理区分。现实中，漏报、错报安全事故行为在客观表现上与不报、谎报安全事故的行为存在相似性，同样可能导致贻误事故抢救，并造成十分严重的后果。但漏报、错报安全事故行为与本罪的关键区别在于：前者行为人对于漏报、错报的安全事故并不知情，或者尽管知道，但由于信息统计、传输等技术性失误，从而产生了错误认识，导致没有能够准确报告安全事故；而后者则是行为人已经真实掌握安全事故发生的状况，故意掩盖、隐瞒事实真相，意图使主管机关不掌握或者不能准确掌握安全事故发生的真实情况。

2. 关于本罪的主体范围界定问题。如前所述，"负有报告职责的人员"，是指负有组织、指挥或者管理职责的负责人、管理人员、实际控制人、投资人，以及其他负有报告职责的人员。本罪主体中事故现场有关人员的范围应严格限定为事故现场的单位负责人、主管人员和实际控制人，而不应扩大理解为全部在场的有关人员。"负有报告义务"不等于"负有报告职责"，职责本身就包含着一定的职务要求和责任，行为人应当根据其职务承担相应的职责。普通工人虽然根据法律或者职务要求负有报告义务，但并不具有相应的报告职责，不能将其认定为"其他负有报告职责的人员"。因此，对于只负有报告义务但不具有报告职责的普通工人，应该被排除在本罪主体范围之外。

3. 关于本罪的共犯认定问题。虽然不报、谎报安全事故罪为身份犯，但是在特殊情况下，不负有报告职责的人员也可以构成本罪的共犯。对此，《危害生产安全解释》第9条规定，在安全事故发生后，与负有报告职责的人员串通，不报或者谎报事故情况，贻误事故抢救，情节严重的，依照《刑法》第139条之一的规定，以共犯论处。司法实践中，安全事故发生后，负有报告职责的国家工作人员不报或者谎报事故情况，贻误事故抢救，情节严重的，可以构成本罪，同时构成职务犯罪或其他危害生产安全犯罪的，依照数罪并罚的规定进行处罚。

4. 关于本罪中行为与后果之间因果关系的认定问题。实践中，认定是否构成本罪，应重点审查谎报事故的行为与贻误事故抢救结果之间是否存在刑法上的因果关系。只有谎报事故的行为造成贻误事故抢救的后果，即造成事故后果扩大或致使不能及时有效开展事故抢救，才可能构成本罪。如果事故已经完成抢救，或者没有抢救时机，即危害结果不可能进一步加重或扩大，则不构成本罪。此外，如果出于其他原因，即使行为人及时报告也不能避免损失的，也不构成本罪。需要特别说明的是，在发生重大安全事故后，单位有关负责人不报或者谎报事故的行为导致危害后果扩大、贻误事故抢救的，应认定同时构成重大责任事故罪和本罪，依法实行数罪并罚。

五、风险提示

为了规范生产安全事故的报告和调查处理，落实生产安全事故责任追究制度，防止和减少生产安全事故，国务院制定颁布了《生产安全事故报告和调查处理条例》（以下简称《安全事故条例》）。根据《安全事故条例》的规定，依照生产安全事故造成的人员伤亡或者直接经济损失,事故一般分为以下等级:(1)特别重大事故,是指造成30人以上死亡,或者100人以上重伤(包括急性工业中毒,下同),或者1亿元以上直接经济损失的事故;(2)重大事故,是指造成10人以上30人以下死亡,或者50人以上100人以下重伤,或者5000万元以上1亿元以下直接经济损失的事故;(3)较大事故,是指造成3人以上10人以下死亡,或者10人以上50人以下重伤,或者1000万元以上5000万元以下直接经济损失的事故;(4)一般事故,是指造成3人以下死亡,或者10人以下重伤,或者1000万元以下直接经济损失的事故。同时,《安全事故条例》还规定,事故报告应当及时、准确、完整,任何单位和个人对事故不得迟报、漏报、谎报或者瞒报。任何单位和个人不得阻挠和干涉对事故的报告和依法调查处理。

此外,《安全事故条例》还明确要求,对于生产经营活动中发生的造成人身伤亡或者直接经济损失的生产安全事故,事故发生后,事故现场有关人员应当立即向本单位负责人报告;单位负责人接到报告后,应当于1小时内向事故发生地县级以上人民政府安全生产监督管理部门和负有安全生产监督管理职责的有关部门报告。情况紧急时,事故现场有关人员可以直接向事故发生地县级以上人民政府安全生产监督管理部门和负有安全生产监督管理职责的有关部门报告。

近年来,频繁发生的各类安全事故给国家和社会带来了巨大损失。然而,令人更加痛心的是,当安全事故发生以后,事故责任人出于种种考虑并未及时向有关机关进行汇报,而是隐瞒事故真相,致使事故发生后不能及时采取有效救援措施,这种不负责任的态度不仅给人民群众的生命、财产安全带来了巨大损失,也在社会上造成了十分恶劣的影响,社会危害性非常严重。为进一步遏制这一现象,依法制裁安全事故发生后,事故单位负责人和对安全事故负有监管职责的人员弄虚作假,贻误事故抢救,造成人员伤亡和财产损失进一步扩大的行为,包括《刑法修正案(六)》在内的相关法律和规范性文件陆续颁布实施。《国务院关于特大安全事故行政责任追究的规定》第16条第1款规定,特大安全事故发生后,有关县(市、区)、市(地、州)和省、自治区、直辖市人民政府及政府有关部门应当按照国家规定的程序和时限立即上报,不得隐瞒不报、谎报或者拖延报告,并应当配合、协助事故调查,不得以任何方式阻碍、干涉事故调查。

六、参阅案例

最高人民检察院指导性案例第96号:黄某某等人重大责任事故、谎报安全事故案。该案裁判要旨为:检察机关要充分运用行政执法和刑事司法衔接工作机制,通过积极履职，加强对线索移送和立案的法律监督。认定谎报安全事故罪，要重点审查谎报行为与贻误事故抢救结果之间的因果关系。一是本罪主体为特殊主体，是指对安全事故负有报告职责的人员，一般为发生安全事故的单位中负有组织、指挥或者管理职责的负责人、管理人员、实际控制人、投资人以及其他负有报告职责的人员，不包括没有法定或者职务要求报告义务的普通工人。二是重点审查谎报事故的行为与贻误事故抢救结果之间是否存在刑法上的因果关系。只有谎报事故的行为造成贻误事故抢救的后果，即造成事故后果扩大或致使不能及时有效开展事故抢救，才可能构成本罪。如果事故已经完成抢救，或者没有抢救时机（危害结果不可能加重或扩大），则不构成本罪。构成重大责任事故罪，同时又构成谎报安全事故罪的，应当数罪并罚。

七、关联规定

1.《中华人民共和国防震减灾法》（2008年）第89条、第91条；

2.《中华人民共和国食品安全法》（2021年）第128条、第149条；

3.《中华人民共和国消防法》（2021年）第62条、第72条；

4.《中华人民共和国安全生产法》（2021年）第83条、第84条、第110条、第111条；

5.《国务院关于特大安全事故行政责任追究的规定》（2001年）第2条、第3条、第16条；

6.《生产安全事故报告和调查处理条例》（2007年）第2条、第3条、第4条、第32条、第35条、第36条、第37条、第38条；

7.《最高人民检察院、公安部关于公安机关管辖的刑事案件立案追诉标准的规定（一）的补充规定》（2017年，公通字〔2017〕12号）第1条；

8.最高人民法院《关于进一步加强危害生产安全刑事案件审判工作的意见》（2011年，法发〔2011〕20号）第11条、第12条；

9.《最高人民法院、最高人民检察院关于办理危害生产安全刑事案件适用法律若干问题的解释》（2015年，法释〔2015〕22号）第4条、第8条、第9条；

10.最高人民法院、最高人民检察院、公安部等十部门《关于依法惩治涉枪支、弹药、爆炸物、易燃易爆危险物品犯罪的意见》（2021年，法发〔2021〕35号）第7条、第9条。

第二章 生产、销售伪劣商品类犯罪

生产、销售伪劣产品罪

一、刑法规定

第一百四十条：生产者、销售者在产品中掺杂、掺假，以假充真，以次充好或者以不合格产品冒充合格产品，销售金额五万元以上不满二十万元的，处二年以下有期徒刑或者拘役，并处或者单处销售金额百分之五十以上二倍以下罚金；销售金额二十万元以上不满五十万元的，处二年以上七年以下有期徒刑，并处销售金额百分之五十以上二倍以下罚金；销售金额五十万元以上不满二百万元的，处七年以上有期徒刑，并处销售金额百分之五十以上二倍以下罚金；销售金额二百万元以上的，处十五年有期徒刑或者无期徒刑，并处销售金额百分之五十以上二倍以下罚金或者没收财产。

第一百四十九条：生产、销售本节第一百四十一条至第一百四十八条所列产品，不构成各该条规定的犯罪，但是销售金额在五万元以上的，依照本节第一百四十条的规定定罪处罚。

生产、销售本节第一百四十一条至第一百四十八条所列产品，构成各该条规定的犯罪，同时又构成本节第一百四十条规定之罪的，依照处罚较重的规定定罪处罚。

第一百五十条：单位犯本节第一百四十条至第一百四十八条规定之罪的，对单位判处罚金，并对其直接负责的主管人员和其他直接责任人员，依照各该条的规定处罚。

二、罪名解读

生产、销售伪劣产品罪，是指生产者、销售者在产品中掺杂、掺假，以假充真，以次充好或者以不合格产品冒充合格产品，销售金额在5万元以上的行为。本罪的具体构成要件如下所述：

（一）主体要件

本罪的主体为一般主体，即伪劣产品的生产者和销售者。生产者，即产品的制造者，包括加工者。销售者，包括对产品从事批发和零售的经销人员。本罪的犯罪主体包括自然人和单位。

（二）客体要件

本罪侵犯的客体是国家对产品质量的监督管理制度、市场管理制度以及广大用户和消费者的合法权益，故属于复杂客体。本罪的行为对象是伪劣产品。这里的"产品"，是指经过加工、制作，用于销售的产品。《产品质量法》第2条第2款和第3款规定：本法所称产品是指经过加工、制作，用于销售的产品。建设工程不适用本法规定；但是，建设工程使用的建筑材料、建筑构配件和设备，属于前款规定的产品范围的，适用本法规定。这里的"伪劣产品"，是指违反国家法律法规规定生产、销售的产品，产品质量低劣或者失去了使用价值。关于"伪劣产品"的具体范围，一般限于除特定种类伪劣产品如药品、食品、医疗器械等之外的普通伪劣产品。这里的"不合格产品"，是指不符合《产品质量法》第26条第2款规定的质量要求的产品。

（三）主观要件

本罪的主观方面为故意，包括直接故意和间接故意，即行为人明知生产、销售的是伪劣产品而仍然予以生产或者销售。至于行为人犯罪的动机和目的，并不影响本罪的成立。需要说明的是，行为人主观上出于过失不构成本罪。

（四）客观要件

本罪的客观方面表现为生产者、销售者在产品中掺杂、掺假，以假充真，以次充好或者以不合格产品冒充合格产品，销售金额在5万元以上的行为。总体而言，本罪的具体行为方式有四：一是"在产品中掺杂、掺假"，指在产品中掺入杂质或者异物，致使产品质量不符合国家法律、法规或者产品明示质量标准规定的质量要求，使产品降低、失去应有使用性能的行为。二是"以假充真"，指以不具有某种使用性能的产品冒充具有该种使用性能的产品的行为。对于按照国家法律规定的标准生产产品，但假冒他人知名商标的，也属于以假充真。三是"以次充好"，指以低等级、低档次产品冒充高等级、高档次产品，或者以残次、废旧零配件组合、拼装后的产品冒充正品或者新产品的行为。四是"以不合格产品冒充合格产品"，指以不符合产品质量标准的产品冒充符合质量要求的产品。《产品质量法》第26条第2款规定，产品质量应当符合下列要求：（1）不存在危及人身、财产安全的不合理的危险，有保障人体健康和人身、财产安全的国家标准、行业标准的，应当符合该标准;(2)具备产品应当具备的使用性能,但是,对产品存在使用性能的瑕疵作出说明的除外;(3)符合在产品或者其包装上注明采用的产品标准,符合以产品说明、实物样品等方式表明的质量状况。换言之,生产者所生产的产品只要不符合上述法律明确规定的产品质量要求,即属于不合格产品。需要说明的是,对于上述情形难以确定的,应当委托法律、行政法规规定的产品质量检验机构进行鉴定。这里的"销售金额",是指生产者、销售者出售伪劣产品后所得和应得的全部违法收入。对于行为人多次实施生产、销售伪劣产品行为,未经处理的,伪劣产品的销售金额累计计算。

根据刑法规定,行为人只要具有上述四种行为中的任何一种就可能构成犯罪,即使行为人同时具有两种或者两种以上行为的,也只视为一种犯罪,不实行数罪并罚。在满足前述条件的前提下,销售金额还必须达到5万元以上,才能成立本罪。由此可见,行为特征和违法销售金额标准是构成本罪在客观方面必须同时具备的两个要件。

三、罪与非罪

本罪的犯罪构成,除要求行为人在产品中掺杂、掺假,以假充真,以次充好或者以不合格产品冒充合格产品以外,还需同时具备销售金额达到5万元以上,或者未销售的货值金额达到《刑法》第140条规定的销售金额3倍以上,否则不构成本罪。此处的"货值金额"以违法生产、销售产品的标价计算;没有标价的,按照同类产品的市场价格计算。货值金额难以确定的,按照《扣押、追缴、没收物品估价管理办法》的规定,委托指定的估价机构确定。

关于本罪的刑事立案追诉标准,《立案追诉标准(一)》第16条规定,生产者、销售者在产品中掺杂、掺假,以假充真,以次充好或者以不合格产品冒充合格产品,涉嫌下列情形之一的,应予立案追诉:(1)伪劣产品销售金额5万元以上的;(2)伪劣产品尚未销售,货值金额15万元以上的;(3)伪劣产品销售金额不满5万元,但将已销售金额乘以3倍后,与尚未销售的伪劣产品货值金额合计15万元以上的。对本条规定的上述行为难以确定的,应当委托法律、行政法规规定的产品质量检验机构进行鉴定。

四、注意事项

1.关于"伪劣产品"的正确理解问题。如前所述,本罪的犯罪对象为伪劣产品。实践中,伪劣产品有广义和狭义之分。广义的伪劣产品包括假冒他人品牌但本身质量合格的产品,即所谓"伪而不劣"的产品。狭义的伪劣产品则仅指《刑法》第 140 条规定的"在产品中掺杂、掺假，以假充真，以次充好或者以不合格产品冒充合格产品"。根据《最高人民法院、最高人民检察院关于办理生产、销售伪劣商品刑事案件具体应用法律若干问题的解释》（以下简称《生产、销售伪劣商品解释》）的有关规定，本罪的犯罪对象并不包括"伪而不劣"的产品。所谓"伪而不劣"，是指假冒他人产品名称、商标、专利、包装标识、形状样式等，但产品质量本身符合《产品质量法》的要求，具备被冒充产品的基本使用性能的产品。实践中，判断产品质量是否"劣"的具体标准，应当按照《产品质量法》《标准化法》等法律法规规定，包括确定产品质量的国际标准、国家标准、行业标准、地方标准和企业标准。因此，生产、销售"伪而不劣"的产品，依法不构成本罪。

2. 关于销售金额的正确理解问题。如前所述，"销售金额"是指生产者、销售者出售伪劣产品后所得和应得的全部违法收入。由此可知，全部违法收入不应扣除成本及各种费用，并包括"所得"和"应得"两种情形。"所得"，是指行为人出售伪劣产品后已经得到的违法收入；"应得"，是指行为人出售伪劣产品后根据双方约定将要得到的违法收入。办案实践中，应特别注意以下问题：一是交易合同约定的货款就是销售金额。行为人与交易对手以口头或者书面形式，就伪劣产品的交易价格形成的货款应当被认定为销售金额，而不管该款项是否已经实际获取。二是销售金额中同时包含合格产品和伪劣产品，且无法准确区分时，应当将不可分割的全部金额认定为销售伪劣产品的犯罪金额。三是销售金额在 5 万元以上是本罪成立的必备要件。凡是销售金额不满 5 万元的，均不得以本罪论处。四是关于销售金额的计算问题。对于一次性实施的生产、销售伪劣产品行为，按照查明的销售金额计算；对于多次实施生产、销售伪劣产品行为，未经处理的，伪劣产品的销售金额累计计算。

3. 关于本罪与诈骗犯罪的界限问题。对于在生产、销售伪劣产品过程中，行为人使用欺骗的方法隐瞒掺杂掺假、产品质量低劣等事实骗取交易财物，考虑到欺骗行为包含于生产、销售行为之中，不再单独进行评价，故只能构成本罪，而不能以诈骗罪或者合同诈骗罪追究刑事责任。当然，如果行为人以"伪劣产品"为幌子，根本不存在真实的商品交易或者以虚拟交易骗取他人财物的，则应以诈骗犯罪论处。

4. 关于本罪与其他犯罪的认定问题。本罪与刑法规定的生产、销售特殊伪劣产品（如假药、劣药等）犯罪之间存在法条竞合关系，根据刑法基本原理，原则上应适用特别法优于一般法的规则进行处理，除非在法律有特别规定的情况下，才可以适用重法优于轻法的规则处理。鉴于此，《刑法》第 149 条规定，生产、销售本节第 141 条至第 148 条所列产品，不构成各该条规定的犯罪，但是销售金额在 5 万元以上的，依照本节第 140 条的规定定罪处罚。生产、销售本节第 141 条至第 148 条所列产品，构成各该条规定的犯罪，同时又构成本节第 140 条规定之罪的，依照处罚较重的规定定罪处罚。

5. 关于生产、销售伪劣烟草专卖品的处理问题。根据《最高人民法院、最高人民检察院关于办理非法生产、销售烟草专卖品等刑事案件具体应用法律若干问题的解释》的规定，生产、销售伪劣卷烟、雪茄烟等烟草专卖品，销售金额在 5 万元以上的，依照《刑法》第 140 条的规定，以生产、销售伪劣产品罪定罪处罚；伪劣卷烟、雪茄烟等烟草专卖品尚未销售，货值金额达到《刑法》第 140 条规定的销售金额定罪起点数额标准的 3 倍以上的，或者销售金额未达到 5 万元，但与未销售货值金额合计达到 15 万元以上的，以生产、销售伪劣产品罪（未遂）定罪处罚；行为人实施非法生产、销售烟草专卖品犯罪，同时构成生产、销售伪劣产品罪及侵犯知识产权犯罪、非法经营罪的，依照处罚较重的规定定罪处罚；办理非法生产、销售烟草专卖品等刑事案件，需要对伪劣烟草专卖品鉴定的，应当委托国务院产品质量监督管理部门和省、自治区、直辖市人民政府产品质量监督管理部门指定的烟草质量检测机构进行。

五、风险提示

实践中，对于虽然已经生产完毕，但尚未进行销售的伪劣产品该如何处理？由于仅生产伪劣产品而未进行销售的行为并未给社会造成实质性危害，故本罪原则上并不处罚"只生产而未销售"的行为，但如果查明生产者具有销售伪劣产品的犯罪故意，且尚未销售的伪劣产品的货值金额已经达到法定的倍数标准，则其行为便已具备了严重的社会危害性，仍应以本罪论处。对此，《生产、销售伪劣商品解释》第 2 条第 2 款规定，伪劣产品尚未销售，货值金额达到《刑法》第 140 条规定的销售金额 3 倍以上的，以生产、销售伪劣产品罪（未遂）定罪处罚。此外，需要说明的是，如果行为人知道或者应当知道他人实施生产、销售伪劣商品犯罪，而为其提供贷款、资金、账号、发票、证明、许可证件，或者提供生产、经营场所或者运输、仓储、保管、邮寄等便利条件，或者提供制假生产技术的，则应当以本罪的共犯论处。

关于销售金额与货值金额的司法认定问题。销售金额，是指行为人出售伪劣产品后没有扣除成本、税收等的全部违法收入。销售金额与获利金额不同，获利金额是指扣除了成本之后的违法收入。销售金额与经营数额存在相同之处，在行为人将伪劣产品全部售出的情况下，销售金额就是经营数额；如果行为人没有将伪劣产品全部售出或者根本没有售出，则不存在销售金额，但客观上存在经营数额，社会危害性相对较小。换言之，如果销售金额与经营数额相同，说明行为的社会危害性较大；如果只有经营数额而没有销售金额或者销售金额小于经营数额，则说明行为的社会危害性较小。关于此点，在认定本罪既遂与未遂方面具有重要的意义。货值金额，是指现有商品的应有价格，包括定价、标价和估价。根据《生产、销售伪劣商品解释》第2条第3款和第4款的规定，货值金额以违法生产、销售的伪劣产品的标价计算；没有标价的，按照同类合格产品的市场中间价格计算。货值金额难以确定的，则应当按照《扣押、追缴、没收物品估价管理办法》的规定，委托指定的估价机构确定。对于多次实施生产、销售伪劣产品行为，未经处理的，伪劣产品的销售金额或者货值金额累计计算。

六、参阅案例

最高人民检察院指导性案例第12号：柳立国等人生产、销售有毒、有害食品，生产、销售伪劣产品案。该案裁判要旨为：明知对方是食用油经销者，仍将用餐厨废弃油（俗称"地沟油"）加工而成的劣质油脂销售给对方，导致劣质油脂流入食用油市场供人食用的，构成生产、销售有毒、有害食品罪；明知油脂经销者向饲料生产企业和药品生产企业等单位销售豆油等食用油，仍将用餐厨废弃油加工而成的劣质油脂销售给对方，导致劣质油脂流向饲料生产企业和药品生产企业等单位的，构成生产、销售伪劣产品罪。

七、关联规定

1.《中华人民共和国消费者权益保护法》（2013年）第18条、第19条、第56条、第57条；

2.《中华人民共和国节约能源法》（2018年）第2条、第3条、第69条、第85条；

3.《中华人民共和国产品质量法》（2018年）第13条、第26条、第32条、第39条、第49条、第50条、第52条、第61条；

4.《中华人民共和国农产品质量安全法》（2022年）第2条、第36条、第37条、第38条、第39条、第78条；

5.《特种设备安全监察条例》（2009年）第2条、第3条、第10条、第73条、第75条、第79条；

6.《最高人民检察院、公安部关于公安机关管辖的刑事案件立案追诉标准的规

定（一）》（2008年，公通字〔2008〕36号）第16条；

7.《最高人民法院、最高人民检察院关于办理生产、销售伪劣商品刑事案件具体应用法律若干问题的解释》（2001年，法释〔2001〕10号）第1条、第2条、第9条、第10条、第11条、第12条；

8.《最高人民法院关于审理生产、销售伪劣商品刑事案件有关鉴定问题的通知》（2001年，法〔2001〕70号）第1条、第2条、第3条；

9.《最高人民法院、最高人民检察院关于办理妨害预防、控制突发传染病疫情等灾害的刑事案件具体应用法律若干问题的解释》（2003年，法释〔2003〕8号）第2条、第17条、第18条；

10.《最高人民法院、最高人民检察院关于办理非法生产、销售烟草专卖品等刑事案件具体应用法律若干问题的解释》（2010年，法释〔2010〕7号）第1条、第2条、第5条、第6条、第9条；

11.《最高人民法院、最高人民检察院、公安部、司法部关于依法惩治妨害新型冠状病毒感染肺炎疫情防控违法犯罪的意见》（2020年，法发〔2020〕7号）第2条第3项、第10项；

12.《最高人民法院、最高人民检察院关于办理危害食品安全刑事案件适用法律若干问题的解释》（2021年，法释〔2021〕24号）第15条、第22条、第23条；

13.《最高人民法院关于进一步加强涉种子刑事审判工作的指导意见》（2022年，法〔2022〕66号）第3条、第6条、第7条。

生产、销售、提供假药罪

一、刑法规定

第一百四十一条：生产、销售假药的，处三年以下有期徒刑或者拘役，并处罚金；对人体健康造成严重危害或者有其他严重情节的，处三年以上十年以下有期徒刑，并处罚金；致人死亡或者有其他特别严重情节的，处十年以上有期徒刑、无期徒刑或者死刑，并处罚金或者没收财产。

药品使用单位的人员明知是假药而提供给他人使用的，依照前款的规定处罚。

第一百五十条：单位犯本节第一百四十条至第一百四十八条规定之罪的，对单位判处罚金，并对其直接负责的主管人员和其他直接责任人员，依照各该条的规定处罚。

二、罪名解读

生产、销售、提供假药罪，是指违反国家药品管理法规，生产、销售假药，或者将假药提供给他人使用的行为。本罪的具体构成要件如下所述：

（一）主体要件

本罪的主体为一般主体，自然人和单位均可构成本罪，具体包括假药的生产者、销售者、提供者等三类主体。其中，提供假药的犯罪主体包括药品使用单位及其工作人员。

（二）客体要件

本罪侵犯的客体是复杂客体，即国家对药品的监督管理制度和不特定多数人的身体健康、生命安全。药品，是指用于预防、治疗、诊断人的疾病，有目的地调节人的生理机能并规定有适应证或者功能主治、用法和用量的物质，包括中药、化学药和生物制品等。本罪的行为对象是假药。假药，是指成分虚假，完全无法发挥其应有功效的药品。国家严令禁止生产（含配制）、销售、使用假药。《药品管理法》第98条第2款规定，有下列情形之一的，为假药：（1）药品所含成分与国家药品标准规定的成分不符；（2）以非药品冒充药品或者以他种药品冒充此种药品；（3）变质的药品；（4）药品所标明的适应证或者功能主治超出规定范围。司法实践中，关于假药的认定应当严格依照《药品管理法》的有关规定进行。

（三）主观要件

本罪的主观方面只能是故意，即明知是国家禁止的假药仍予以生产、销售、提供。行为人的动机一般是牟利，但刑法并未规定牟利之目的为构成本罪的要件。过失不构成本罪。

（四）客观要件

本罪的客观方面表现为违反国家药品管理法规，生产、销售、提供假药的行为。本罪中的"药品"仅限于人用药品，不包括兽用药品。

这里的"生产假药"，是指违反药品生产质量管理规范，非法加工、制造假药的行为。以生产、销售假药为目的，实施下列行为之一的，应当认定为《刑法》第141条规定的"生产"：（1）合成、精制、提取、储存、加工炮制药品原料的行为；（2）将药品原料、辅料、包装材料制成成品过程中，进行配料、混合、制剂、储存、包装的行为；（3）印制包装材料、标签、说明书的行为。

这里的"销售假药"，是指将自己生产或者他人生产的假药非法出售的行为，包括批发和零售。医疗机构及其工作人员明知是假药而有偿提供给他人使用，或者为出售而购买、储存的，应当认定为《刑法》第141条规定的"销售"。这里的"提供假药"，是指医疗机构等药品使用单位的人员明知是假药而提供给他人使用的行为。所谓"药品使用单位的人员"，主要是指医院、防疫站、保健院等可能向病人提供药品的工作人员。这里的"提供"仅限于无偿提供，如果是有偿提供，则成立销售假药罪。

实践中，行为人只要具备生产、销售或者提供任一行为，就构成本罪既遂。即使行为人同时具有生产、销售或者提供行为，也不实行数罪并罚。行为人如果存在对人体造成严重危害或其他严重情节的，则构成结果加重犯或者情节加重犯，对行为人依法判处较重的刑罚。根据有关司法解释的规定，对于生产、提供药品的金额，以药品的货值金额计算；对于销售药品的金额，以所得和可得的全部违法收入计算。

三、罪与非罪

本罪属于行为犯，并不以足以严重危害人体健康或者致人死伤的实害后果为犯罪成立要件。实践中，行为人只要实施了生产、销售、提供假药的行为，即可构成本罪。本罪在具体认定中，凭借行为即可定罪判刑，但如果情节显著轻微，危害不大的，则属于一般违法行为。对于单位犯本罪的，实行"双罚制"，对单位判处罚金，并对其直接负责的主管人员和其他直接责任人员，依照《刑法》第141条的规定进行处罚。

关于本罪的刑事立案追诉标准，《最高人民检察院、公安部关于公安机关管辖的刑事案件立案追诉标准的规定（一）的补充规定》（以下简称《立案追诉标准（一）的补充规定》）第2条第1款规定，生产、销售假药的，应予立案追诉。但销售少量根据民间传统配方私自加工的药品，或者销售少量未经批准进口的国外、境外药品，没有造成他人伤害后果或者延误诊治，情节显著轻微危害不大的除外。根据《刑法》第141条第2款的规定，药品使用单位的人员明知是假药而提供给他人使用的，亦应予立案追诉。

关于"对人体健康造成严重危害"的具体认定标准，《最高人民法院、最高人民检察院关于办理危害药品安全刑事案件适用法律若干问题的解释》（以下简称《危害药品安全解释》）第2条规定，生产、销售、提供假药，具有下列情形之一的，应当认定为《刑法》第141条规定的"对人体健康造成严重危害"：（1）造成轻伤或者重伤的；（2）造成轻度残疾或者中度残疾的；（3）造成器官组织损伤导致一般功能障碍或者严重功能障碍的;(4)其他对人体健康造成严重危害的情形。

关于"其他严重情节"的具体认定标准,《危害药品安全解释》第3条规定,生产、销售、提供假药,具有下列情形之一的,应当认定为《刑法》第141条规定的"其他严重情节":(1)造成较大突发公共卫生事件的;(2)生产、销售、提供假药的金额20万元以上不满50万元的;(3)生产、销售、提供假药的金额10万元以上不满20万元,并具有本解释第1条规定情形之一的;(4)根据生产、销售、提供的时间、数量、假药种类、对人体健康危害程度等,应当认定为情节严重的。

关于"其他特别严重情节"的具体认定标准,《危害药品安全解释》第4条规定,生产、销售、提供假药,具有下列情形之一的,应当认定为《刑法》第141条规定的"其他特别严重情节":(1)致人重度残疾的;(2)造成3人以上重伤、中度残疾或者器官组织损伤导致严重功能障碍的;(3)造成5人以上轻度残疾或者器官组织损伤导致一般功能障碍的;(4)造成10人以上轻伤的;(5)引发重大、特别重大突发公共卫生事件的;(6)生产、销售、提供假药的金额50万元以上的;(7)生产、销售、提供假药的金额20万元以上不满50万元,并具有本解释第1条规定情形之一的;(8)根据生产、销售、提供的时间、数量、假药种类、对人体健康危害程度等,应当认定为情节特别严重的。

四、注意事项

1.关于本罪犯罪故意的认定问题。对此,《危害药品安全解释》第10条规定,办理生产、销售、提供假药案件,应当结合行为人的从业经历、认知能力、药品质量、进货渠道和价格、销售渠道和价格以及生产、销售方式等事实综合判断认定行为人的主观故意。具有下列情形之一的,可以认定行为人有实施相关犯罪的主观故意,但有证据证明确实不具有故意的除外:(1)药品价格明显异于市场价格的;(2)向不具有资质的生产者、销售者购买药品,且不能提供合法有效的来历证明的;(3)逃避、抗拒监督检查的;(4)转移、隐匿、销毁涉案药品、进销货记录的;(5)曾因实施危害药品安全违法犯罪行为受过处罚,又实施同类行为的;(6)其他足以认定行为人主观故意的情形。

2.关于生产、销售、提供假药金额的认定问题。对此,《危害药品安全解释》第20条规定,对于生产、提供药品的金额,以药品的货值金额计算;销售药品的金额,以所得和可得的全部违法收入计算。所得违法收入,是指所售出药品已经实际收取的货款。可得违法收入,是指已售出药品待收取的货款和尚未售出药品货值金额。实践中,对于所得违法收入和已售出药品待收取货款的可得违法收入,一般以交易记录、转账凭证、财务账册等客观书证为依据，结合被告人供述和辩解、证人证言等证据，综合予以认定。对于尚未售出药品的可得违法收入，按照已售出药品的销售单价乘以未售出药品数量进行计算。

3. 关于本罪共犯的认定问题。对此，《危害药品安全解释》第9条规定，明知他人实施危害药品安全犯罪，而有下列情形之一的，以共同犯罪论处：（1）提供资金、贷款、账号、发票、证明、许可证件的；（2）提供生产、经营场所、设备或者运输、储存、保管、邮寄、销售渠道等便利条件的；（3）提供生产技术或者原料、辅料、包装材料、标签、说明书的；（4）提供虚假药物非临床研究报告、药物临床试验报告及相关材料的；（5）提供广告宣传的；（6）提供其他帮助的。

4. 关于本罪从重处罚情形的认定问题。对此，《危害药品安全解释》第1条规定，生产、销售、提供假药，具有下列情形之一的，应当酌情从重处罚：（1）涉案药品以孕产妇、儿童或者危重病人为主要使用对象的；（2）涉案药品属于麻醉药品、精神药品、医疗用毒性药品、放射性药品、生物制品，或者以药品类易制毒化学品冒充其他药品的；（3）涉案药品属于注射剂药品、急救药品的；（4）涉案药品系用于应对自然灾害、事故灾难、公共卫生事件、社会安全事件等突发事件的；（5）药品使用单位及其工作人员生产、销售假药的；（6）其他应当酌情从重处罚的情形。

5. 关于本罪与生产、销售伪劣产品罪的界限问题。因本罪侵害的客体受法律特殊保护，故立法将其从生产、销售伪劣产品罪中分离出来独立成罪，二者构成特别法与一般法的关系。实践中，区分两罪的关键在于：第一，侵犯的客体不同。本罪的客体是国家对药品的监督管理制度和不特定多数人的身体健康、生命安全；而生产、销售伪劣产品罪的客体是国家对产品质量的监督管理制度、市场管理制度以及广大用户和消费者的合法权益。第二，犯罪对象不同。本罪的犯罪对象仅限于假药；而生产、销售伪劣产品罪包括所有产品。第三，入罪的标准不同。本罪只要有生产、销售、提供假药的行为，就可构成犯罪；而生产、销售伪劣产品罪则需要同时具备销售金额在5万元以上的条件，才构成犯罪。如果行为人生产、销售假药，其销售金额又在5万元以上的，则可按照《刑法》第149条第2款规定的原则处理，即以处罚较重的规定定罪处罚。此外，对于行为人以提供给他人生产、销售、提供药品为目的，违反国家规定，生产、销售不符合药用要求的原料、辅料，符合《刑法》第140条规定的，以生产、销售伪劣产品罪从重处罚；同时构成其他犯罪的，依照处罚较重的规定定罪处罚。

6. 关于本罪的法定出罪事由问题。一般认为，犯罪构成是认定犯罪的唯一标准。符合犯罪构成的构成犯罪，反之，则不构成犯罪。对此，《危害药品安全解释》

第 18 条第 1 款规定，根据民间传统配方私自加工药品或者销售上述药品，数量不大，且未造成他人伤害后果或者延误诊治的，或者不以营利为目的实施带有自救、互助性质的生产、进口、销售药品的行为，不应当认定为犯罪。由此可知，上述行为没有造成他人伤害后果或者延误诊治，由于不存在严重的社会危害性，也符合人民群众的一般认知和预期，故均不应以犯罪论处。对于是否属于民间传统配方难以确定的，根据地市级以上药品监督管理部门或者有关部门出具的认定意见，结合其他证据作出认定。

五、风险提示

为了加大对民生领域的保护力度并体现科学立法要求，《刑法修正案（十一）》对本条进行了修改，同时出于与《药品管理法》相衔接的考虑，直接删除了"本条所称假药，是指依照《中华人民共和国药品管理法》的规定属于假药和按假药处理的药品、非药品"的规定，缩小了假药定义范围（即删除了按照假药论处的情形）。需要说明的是，对于假药，还是应依照《药品管理法》的相关规定进行认定。根据修订后《药品管理法》的规定，"未经批准生产、进口"的药品已经不属于"按假药论处"的情形，对其不再直接适用生产、销售、提供假药罪进行处罚。根据《刑法修正案（十一）》第 7 条的规定，对于未取得药品相关批准证明文件生产、进口药品的行为，符合《刑法》第 142 条之一规定的妨害药品管理罪构成要件的，应当以妨害药品管理罪进行处罚。

需要说明的是，本罪与其他关联罪名的界限问题应引起关注。一是与非法经营罪的界限。行为人违反国家药品管理法律法规，未取得或者使用伪造、变造的药品经营许可证，非法经营药品，情节严重的，应以非法经营罪定罪处罚。此外，行为人以提供给他人生产、销售药品为目的，违反国家规定，生产、销售不符合药用要求的非药品原料、辅料，情节严重的，仍以非法经营罪定罪处罚。二是与以危险方法危害公共安全罪的界限。如果行为人生产、销售、提供假药，其直接目的就是对他人的生命健康、财产安全造成损害，则属于危害公共安全行为，依法应当被评价为以危险方法危害公共安全罪。三是与过失以危险方法危害公共安全罪的界限。如果行为人对生产、销售、提供假药和严重危害人体健康均系过失，且其行为对人体健康实际造成了严重危害的，则依法应当被评价为过失以危险方法危害公共安全罪。

此外，需要说明的是，对于行为人犯生产、销售、提供假药罪，应当依照刑法规定的条件，严格控制缓刑、免予刑事处罚的适用。对于被判处刑罚的，可以根据犯罪情况和预防再犯罪的需要，依法宣告职业禁止或者禁止令。对于被不起诉或者免予刑事处罚的行为人，需要给予行政处罚、政务处分或者其他处分的，还应当依法移送有关主管机关处理。

六、参阅案例

《最高人民法院公报》（2010年第12期）案例：申东兰生产、销售假药，赵玉侠等销售假药案。该案裁判要旨为：《刑法》第141条规定了生产、销售假药罪。行为人主观上有无生产、销售假药的故意，是认定生产、销售假药罪成立与否的主观要件，在审理时，被告人供述虽然重要但不是唯一的依据。对于行为人主观故意的判断，可以根据涉案药品交易的销售渠道是否正规、销售价格是否合理、药品包装是否完整、药品本身是否存在明显瑕疵，结合行为人的职业、文化程度等因素，进行全面分析。

七、关联规定

1.《中华人民共和国疫苗管理法》（2019年）第2条、第79条、第80条、第97条；

2.《中华人民共和国药品管理法》（2019年）第2条、第98条、第113条、第114条；

3.《中药品种保护条例》（2018年）第2条、第5条、第23条；

4.《中华人民共和国药品管理法实施条例》（2024年）第63条、第73条、第75条、第77条；

5.《最高人民检察院、公安部关于公安机关管辖的刑事案件立案追诉标准的规定（一）的补充规定》（2017年，公通字〔2017〕12号）第2条；

6. 国家药品监督管理局、国家市场监督管理总局、公安部、最高人民法院、最高人民检察院《药品行政执法与刑事司法衔接工作办法》（2023年，国药监法〔2022〕41号）第2条、第15条、第20条、第25条、第26条、第27条；

7.《最高人民法院、最高人民检察院关于办理生产、销售伪劣商品刑事案件具体应用法律若干问题的解释》（2001年，法释〔2001〕10号）第3条、第9条、第10条、第11条、第12条；

8.《最高人民法院关于审理生产、销售伪劣商品刑事案件有关鉴定问题的通知》（2001年，法〔2001〕70号）第2条、第3条；

9.《最高人民法院、最高人民检察院关于办理妨害预防、控制突发传染病疫情等灾害的刑事案件具体应用法律若干问题的解释》（2003年，法释〔2003〕8号）第2条、第17条、第18条；

10.《最高人民检察院法律政策研究室对〈关于具有药品经营资质的企业通过非法渠道从私人手中购进药品后销售的如何适用法律问题的请示〉的答复》(2015年，高检研〔2015〕19号)第1条、第2条、第3条；

11.《最高人民法院、最高人民检察院、公安部、司法部关于依法惩治妨害新型冠状病毒感染肺炎疫情防控违法犯罪的意见》(2020年，法发〔2020〕7号)第2条第3项、第10项；

12.《最高人民法院、最高人民检察院关于办理危害药品安全刑事案件适用法律若干问题的解释》(2022年，高检发释字〔2022〕1号)第1条、第2条、第3条、第4条、第6条、第9条、第10条、第11条、第15条、第16条、第17条、第18条、第19条、第20条。

生产、销售、提供劣药罪

一、刑法规定

第一百四十二条：生产、销售劣药，对人体健康造成严重危害的，处三年以上十年以下有期徒刑，并处罚金；后果特别严重的，处十年以上有期徒刑或者无期徒刑，并处罚金或者没收财产。

药品使用单位的人员明知是劣药而提供给他人使用的，依照前款的规定处罚。

第一百五十条：单位犯本节第一百四十条至第一百四十八条规定之罪的，对单位判处罚金，并对其直接负责的主管人员和其他直接责任人员，依照各该条的规定处罚。

二、罪名解读

生产、销售、提供劣药罪，是指违反国家药品管理法规，生产、销售劣药，或者将劣药提供给他人使用的行为。本罪的具体构成要件如下所述：

（一）主体要件

本罪的主体为一般主体，自然人和单位均可构成本罪，具体包括劣药的生产者、销售者、提供者等三类主体。其中，提供劣药的犯罪主体包括药品使用单位及其工作人员。

（二）客体要件

本罪侵犯的客体是复杂客体，即国家对药品的监督管理制度和不特定多数人的身体健康、生命安全。本罪的行为对象是劣药。劣药，是指成分劣质，无法发挥其应有功能的药品。国家严令禁止生产（含配制）、销售、使用劣药。根据《药品管理法》第98条第3款的规定，有下列情形之一的，为劣药：（1）药品成分的含量不符合国家药品标准；（2）被污染的药品；（3）未标明或者更改有效期的药品；（4）未注明或者更改产品批号的药品；（5）超过有效期的药品；（6）擅自添加防腐剂、辅料的药品；（7）其他不符合药品标准的药品。司法实践中，关于劣药的认定应当严格依照《药品管理法》的有关规定进行。

（三）主观要件

本罪的主观方面只能是故意，即明知是国家禁止的劣药仍予以生产、销售、提供。行为人的动机一般是牟利，但刑法并未规定牟利之目的为构成本罪的要件。司法实践中，对于行为人在捐赠、义诊等活动中将劣药无偿提供给他人使用的情形，也构成本罪。

（四）客观要件

本罪的客观方面表现为违反国家药品管理法规，生产、销售、提供劣药的行为。本罪中的"药品"仅限于人用药品，不包括兽用药品。

这里的"对人体健康造成严重危害"，是指生产、销售的劣药被使用后，造成被害人轻伤、重伤或者其他严重后果。"后果特别严重"，是指致人死亡或者对人体健康造成特别严重危害的情况。需要说明的是，由于本罪属于实害犯，因此行为人不仅要实施生产、销售、提供劣药的行为，还要对人体健康造成现实的严重危害后果，才能构成犯罪。所谓"提供劣药"，是指医疗机构等药品使用单位的工作人员明知是劣药而提供给他人使用的行为。这里的"提供"仅限于无偿提供，如果是有偿提供的，则成立销售劣药罪。

关于特定行为属于生产、销售劣药犯罪的具体情形如下：一是生产劣药的特定情形。以生产、销售劣药为目的，实施下列行为之一的，应当认定为本罪的"生产"：（1）合成、精制、提取、储存、加工炮制药品原料的行为；（2）将药品原料、辅料、包装材料制成成品过程中，进行配料、混合、制剂、储存、包装的行为；（3）印制包装材料、标签、说明书的行为。二是销售劣药的特定情形。医疗机构及其工作人员明知是劣药而有偿提供给他人使用，或者为出售而购买、储存的行为，应当认定为本罪的"销售"。

三、罪与非罪

本罪属于结果犯，以"对人体健康造成严重危害"为犯罪构成要件。行为人虽然实施了生产、销售劣药的行为，但没有造成危害或者危害较轻的，不构成本罪。司法实践中，对于根据民间传统配方私自加工药品或者销售上述药品，数量不大，且未造成他人伤害后果或者延误诊治的，或者不以营利为目的实施带有自救、互助性质的生产、进口、销售药品的行为，不应当认定为犯罪。

关于本罪的刑事立案追诉标准，《立案追诉标准（一）》第18条规定，生产（包括配制）、销售劣药，涉嫌下列情形之一的，应予立案追诉：（1）造成人员轻伤、重伤或者死亡的；（2）其他对人体健康造成严重危害的情形。根据《刑法》第142条第2款的规定，药品使用单位的人员明知是劣药而提供给他人使用的，对人体健康造成严重危害的，亦应予立案追诉。

关于"对人体健康造成严重危害"的具体认定标准，根据《危害药品安全解释》第5条第2款的规定，生产、销售、提供劣药，具有下列情形之一的，应当认定为《刑法》第142条规定的"对人体健康造成严重危害"：（1）造成轻伤或者重伤的；（2）造成轻度残疾或者中度残疾的；（3）造成器官组织损伤导致一般功能障碍或者严重功能障碍的；（4）其他对人体健康造成严重危害的情形。

关于"后果特别严重"的具体认定标准，根据《危害药品安全解释》第5条第3款的规定，生产、销售、提供劣药，致人死亡，或者具有下列情形之一的，应当认定为《刑法》第142条规定的"后果特别严重"：（1）致人重度残疾以上的；（2）造成3人以上重伤、中度残疾或者器官组织损伤导致严重功能障碍的；（3）造成5人以上轻度残疾或者器官组织损伤导致一般功能障碍的；（4）造成10人以上轻伤的；（5）引发重大、特别重大突发公共卫生事件的。

四、注意事项

1. 关于本罪与利用封建迷信骗取财物的区别问题。司法实践中，本罪与神汉、巫婆等利用封建迷信手段骗取公私财物的行为存在本质上的区别。两者的主要区别在于客观方面和犯罪手段方面，神汉、巫婆往往利用迷信手段，把根本不具备药品效能、外观和包装的物品当作"神药"进行出售以骗取他人财物，其所利用的不是人们认为药品可以治病的科学心理，而是人们的迷信、愚昧心理。因此，神汉、巫婆的该种行为触犯的罪名多为诈骗罪，而不是本罪。

2. 关于具有药品经营资质的企业通过非法渠道从私人手中购进药品后销售应如何处理的问题。有关此点，《最高人民检察院法律政策研究室对〈关于具有药品经营资质的企业通过非法渠道从私人手中购进药品后销售的如何适用法律问题的请示〉的答复》中指出，对此应区分不同情况，分别定性处理：一是对于经认定属于假药、劣药,且达到销售假药罪、销售劣药罪的定罪量刑标准的,应当以销售假药罪、销售劣药罪依法追究刑事责任。二是对于经认定属于劣药,但尚未达到销售劣药罪的定罪量刑标准的,可以销售伪劣产品罪追究刑事责任。三是对于无法认定属于假药、劣药的,可以由药品监督管理部门依照《药品管理法》的规定给予行政处罚,不宜以非法经营罪追究刑事责任。

3. 关于本罪罚金刑的正确适用问题。《刑法》第 52 条规定,判处罚金,应当根据犯罪情节决定罚金数额。对此,《危害药品安全解释》第 15 条、第 17 条规定,对于犯生产、销售、提供劣药罪的,应当结合被告人的犯罪数额、违法所得,综合考虑被告人缴纳罚金的能力,依法判处罚金。罚金一般应当在生产、销售、提供的药品金额 2 倍以上;共同犯罪的,对各共同犯罪人合计判处的罚金一般应当在生产、销售、提供的药品金额 2 倍以上。单位犯本罪的,对被告单位及其直接负责的主管人员、其他直接责任人员合计判处的罚金一般应当在生产、销售、提供的药品金额 2 倍以上。

五、风险提示

为了加大对民生领域的保护力度并体现科学立法要求,《刑法修正案(十一)》对本条进行了修改,同时出于与《药品管理法》相衔接的考虑,直接删除了原条文第 2 款,即"本条所称劣药,是指依照《中华人民共和国药品管理法》的规定属于劣药的药品",增加了"药品使用单位的人员明知是劣药而提供给他人使用的,依照前款的规定处罚"内容。《刑法修正案(十一)》对本条的修改主要涉及以下三个方面:一是删除了限额罚金,修改为"并处罚金",与生产、销售、提供假药罪同等处罚。二是删除了有关"劣药"认定依据的规定,如前所述,不再赘述。三是扩大打击范围至药品的使用环节,将非法提供劣药的行为规定为犯罪。需要说明的是,对于刑法中规定的"劣药",要严格依照修订后《药品管理法》的规定,并且要以药品功效作为判断标准。司法实践中,对于是否属于《刑法》第 142 条规定的"劣药"难以确定的,司法机关可以根据地市级以上药品监督管理部门出具的认定意见等相关材料进行认定;必要时,可以委托省级以上药品监督管理部门设置或者确定的药品检验机构进行检验。

在此,需要说明的是,国家对危害食品药品安全的犯罪一直秉持依法严惩的态度,因此司法实践中,对犯本罪的犯罪分子,应当依照刑法规定的条件,严格控制缓刑、免予刑事处罚的适用。对于被判处刑罚的,可以根据犯罪情况和预防再犯罪的需要,依法宣告职业禁止或者禁止令。对于被不起诉或者免予刑事处罚的行为人，需要给予行政处罚、政务处分或者其他处分的，还应当依法移送有关主管机关处理。

六、参阅案例

人民法院案例库参考案例：闫某销售伪劣产品案（入库编号 2023-02-1-067-005）。该案裁判要旨为：以抽取原液的方式，将足量的疫苗拆分成多支不足量疫苗，导致疫苗成分的含量不符合国家药品标准的，涉案疫苗应被认定为劣药。销售涉案劣药，未对人体健康造成严重危害的，不构成销售劣药罪；销售金额在 5 万元以上的，根据《刑法》第 149 条第 1 款的规定，以销售伪劣产品罪定罪处罚。

七、关联规定

1.《中华人民共和国疫苗管理法》（2019 年）第 2 条、第 79 条、第 80 条、第 97 条；

2.《中华人民共和国药品管理法》（2019 年）第 2 条、第 98 条、第 113 条、第 114 条；

3.《中华人民共和国药品管理法实施条例》（2024 年）第 63 条、第 73 条、第 75 条、第 77 条；

4.《最高人民检察院、公安部关于公安机关管辖的刑事案件立案追诉标准的规定（一）》（2008 年，公通字〔2008〕36 号）第 18 条；

5.《最高人民法院、最高人民检察院关于办理妨害预防、控制突发传染病疫情等灾害的刑事案件具体应用法律若干问题的解释》（2003 年，法释〔2003〕8 号）第 2 条、第 17 条、第 18 条；

6.《最高人民检察院法律政策研究室对〈关于具有药品经营资质的企业通过非法渠道从私人手中购进药品后销售的如何适用法律问题的请示〉的答复》（2015 年，高检研〔2015〕19 号）第 1 条、第 2 条、第 3 条；

7.《最高人民法院、最高人民检察院、公安部、司法部关于依法惩治妨害新型冠状病毒感染肺炎疫情防控违法犯罪的意见》（2020 年，法发〔2020〕7 号）第 2 条第 3 项、第 10 项；

8.《最高人民法院、最高人民检察院关于办理危害药品安全刑事案件适用法律若干问题的解释》（2022 年，高检发释字〔2022〕1 号）第 1 条、第 2 条、第 3 条、第 4 条、第 5 条、第 6 条。

妨害药品管理罪

一、刑法规定

第一百四十二条之一：违反药品管理法规，有下列情形之一，足以严重危害人体健康的，处三年以下有期徒刑或者拘役，并处或者单处罚金；对人体健康造成严重危害或者有其他严重情节的，处三年以上七年以下有期徒刑，并处罚金：

（一）生产、销售国务院药品监督管理部门禁止使用的药品的；

（二）未取得药品相关批准证明文件生产、进口药品或者明知是上述药品而销售的；

（三）药品申请注册中提供虚假的证明、数据、资料、样品或者采取其他欺骗手段的；

（四）编造生产、检验记录的。

有前款行为，同时又构成本法第一百四十一条、第一百四十二条规定之罪或者其他犯罪的，依照处罚较重的规定定罪处罚。

第一百五十条：单位犯本节第一百四十条至第一百四十八条规定之罪的，对单位判处罚金，并对其直接负责的主管人员和其他直接责任人员，依照各该条的规定处罚。

二、罪名解读

妨害药品管理罪，是指违反药品管理法规，妨害药品管理，足以严重危害人体健康的行为。本罪的具体构成要件如下所述：

（一）主体要件

本罪的主体为一般主体，自然人和单位均可构成本罪。

（二）客体要件

本罪侵犯的客体是复杂客体，即国家对药品的监管秩序和不特定多数人的身体健康、生命安全。本罪的行为对象具有一定的特殊性，既可能是真药，也可能是假药或者劣药。因此，本罪中"药品"的范围更为广泛。

（三）主观要件

本罪的主观方面只能是故意，即行为人明知申请、生产、销售、进口药品的行为违反药品管理法规，且足以严重威胁人体健康，而希望或者放任这种结果的发生。过失不构成本罪。

（四）客观要件

本罪的客观方面表现为违反药品管理法规，妨害药品管理，足以严重危害人体健康的行为。本罪的具体行为方式包括以下四个方面：一是生产、销售国务院药品监督管理部门禁止使用的药品的；二是未取得药品相关批准证明文件生产、进口药品或者明知是上述药品而销售的；三是药品申请注册中提供虚假的证明、数据、资料、样品或者采取其他欺骗手段的；四是编造生产、检验记录的。

这里的"违反药品管理法规"，是指违反了国家有关药品监督管理方面的法律法规，不仅包括《药品管理法》，也包括《中医药法》、《药品管理法实施条例》以及其他有关药品监管的法律法规。这里的"足以严重危害人体健康"，既是本罪的构成要素，也是限制本罪适用范围的罪量要素。考虑到本罪属于具体危险犯，因此行为人行为不仅违反了药品管理法规，而且在客观上需具有"足以严重危害人体健康"的性质，才能构成本罪。所谓"禁止使用的药品"，包括依照《药品管理法》第 83 条的规定，因疗效不确切、不良反应大或者其他因素危害人体健康，被依法注销药品注册证书、禁止使用的药品。需要说明的是，国家禁止使用的药品与限制使用的药品是不同的，如果违反规定使用限制使用的药品，则属于一般行政违法行为，不能以犯罪论处。

根据《刑法》第 142 条之一第 2 款的规定，在法条存在竞合的情况下，应当择一重罪进行定罪处罚。换言之，如果行为构成妨害药品管理罪，同时又构成《刑法》第 141 条、第 142 条或者其他犯罪的，则依照处罚较重的规定定罪处罚。

三、罪与非罪

如前所述，本罪属于具体危险犯，需要以"足以严重危害人体健康"作为入罪条件，如果不具备这一条件，则不能认定为本罪。司法实践中，对于根据民间传统配方私自加工药品或者销售上述药品，数量不大，且未造成他人伤害后果或者延误诊治的，或者不以营利为目的实施带有自救、互助性质的生产、进口、销售药品的行为，不应当认定为犯罪。

关于本罪的刑事立案追诉标准，《危害药品安全解释》第 7 条规定，实施妨害药品管理的行为，具有下列情形之一的，应当认定为《刑法》第 142 条之一规定的"足以严重危害人体健康"：（1）生产、销售国务院药品监督管理部门禁止使用的药品，综合生产、销售的时间、数量、禁止使用原因等情节，认为具有严重危害人体健康的现实危险的；（2）未取得药品相关批准证明文件生产药品或者明知是上述药品而销售，涉案药品属于本解释第1条第1项至第3项规定情形的；（3）未取得药品相关批准证明文件生产药品或者明知是上述药品而销售，涉案药品的适应证、功能主治或者成分不明的；（4）未取得药品相关批准证明文件生产药品或者明知是上述药品而销售，涉案药品没有国家药品标准，且无核准的药品质量标准，但检出化学药成分的；（5）未取得药品相关批准证明文件进口药品或者明知是上述药品而销售，涉案药品在境外也未合法上市的；（6）在药物非临床研究或者药物临床试验过程中故意使用虚假试验用药品，或者瞒报与药物临床试验用药品相关的严重不良事件的；（7）故意损毁原始药物非临床研究数据或者药物临床试验数据，或者编造受试动物信息、受试者信息、主要试验过程记录、研究数据、检测数据等药物非临床研究数据或者药物临床试验数据，影响药品的安全性、有效性和质量可控性的；（8）编造生产、检验记录，影响药品的安全性、有效性和质量可控性的；（9）其他足以严重危害人体健康的情形。对于涉案药品是否在境外合法上市，应当根据境外药品监督管理部门或者权利人的证明等证据，结合犯罪嫌疑人、被告人及其辩护人提供的证据材料综合审查，依法作出认定。对于"足以严重危害人体健康"难以确定的，根据地市级以上药品监督管理部门出具的认定意见，结合其他证据作出认定。

关于"对人体健康造成严重危害"和"有其他严重情节"的具体认定标准，《危害药品安全解释》第8条规定，实施妨害药品管理的行为，具有本解释第2条规定情形之一的，应当认定为《刑法》第142条之一规定的"对人体健康造成严重危害"。实施妨害药品管理的行为，足以严重危害人体健康，并具有下列情形之一的，应当认定为《刑法》第142条之一规定的"有其他严重情节"：（1）生产、销售国务院药品监督管理部门禁止使用的药品，生产、销售的金额50万元以上的；（2）未取得药品相关批准证明文件生产、进口药品或者明知是上述药品而销售，生产、销售的金额50万元以上的；（3）药品申请注册中提供虚假的证明、数据、资料、样品或者采取其他欺骗手段，造成严重后果的；（4）编造生产、检验记录，造成严重后果的；（5）造成恶劣社会影响或者具有其他严重情节的情形。实施《刑法》第142条之一规定的行为，同时又构成生产、销售、提供假药罪，生产、销售、提供劣药罪或者其他犯罪的，依照处罚较重的规定定罪处罚。

四、注意事项

1.关于"进口药品"的认定问题。对此，《危害药品安全解释》第7条第1款第5项规定，"未取得药品相关批准证明文件进口药品或者明知是上述药品而销售，涉案药品在境外也未合法上市的",属于"足以严重危害人体健康"的情形。此外,司法实践中,对于涉案药品是否在境外合法上市,应当根据境外药品监督管理部门或者权利人的证明等证据,结合犯罪嫌疑人、被告人及其辩护人提供的证据材料综合审查,依法作出认定。

当涉案药品为境外药品时,需依法查明其是真正的境外生产药品,还是国内生产的冒充境外生产药品,并区分以下不同情形作出处理:(1)如果该药品确为境外生产的未获批准进口的药品,认定构成妨害药品管理罪尚需证明其"未在境外合法上市",若相关证据不足的,则不构成该种情形下的妨害药品管理罪。(2)如果该药品为国内生产的冒充境外生产药品,则要根据药品的检验、鉴定情况,考虑适用生产、销售假药罪,生产、销售劣药罪或者其他情形的妨害药品管理罪。

2. 关于涉麻醉药品、精神药品的定性问题。有关此点,《全国法院毒品案件审判工作会议纪要》第2条第3款作出如下规定:(1)确有证据证明出于治疗疾病等相关目的,违反药品管理法规,未取得药品相关批准证明文件,生产国家规定管制的麻醉药品、精神药品,进口在境外也未合法上市的国家规定管制的麻醉药品、精神药品,或者明知是上述未经批准生产、进口的国家规定管制的麻醉药品、精神药品而予以销售,构成妨害药品管理罪的,依法定罪处罚。(2)确有证据证明出于治疗疾病等相关目的,违反有关药品管理的国家规定,未经许可经营国家规定管制的、具有医疗等合法用途的麻醉药品、精神药品的,不以毒品犯罪论处;情节严重,构成其他犯罪的,依法处理。实施带有自救、互助性质的上述行为,一般可不作为犯罪处理;确须追究刑事责任的,应依法充分体现从宽。(3)因治疗疾病需要,在自用、合理数量范围内携带、寄递国家规定管制的、具有医疗等合法用途的麻醉药品、精神药品进出境的,不构成犯罪。

3. 关于未经许可经营药品的行为定性问题。有关此点,实践中存在此罪与彼罪的争议,其焦点在于:究竟应以非法经营罪还是妨害药品管理罪进行定罪处罚?从《刑法》第142条之一的规定中可以看出,对于实施"生产、销售国务院药品监督管理部门禁止使用的药品"或者"未取得药品相关批准证明文件生产、进口药品或者明知是上述药品而销售"的行为,已经明确规定为妨害药品管理罪。而且,并没有刑事法律或者司法解释将上述行为规定为非法经营罪。因此,在《刑法修正案(十一)》对药品犯罪的罪名体系作出重大调整之后以及随着2022年《危害药品安全解释》的出台,除非法经营法律、行政法规规定实施特殊管理的药品外,对于未取得许可经营普通药品和未经许可经营其他药品的行为,均难以构成非法经营罪。当然,如果行为人符合妨害药品管理罪构成要件的,应以妨害药品管理罪论处。需要强调的是，对于同一行为，如果不符合妨害药品管理罪的构成要件，更不能以非法经营罪论处，否则，会违反罪刑均衡原则。

五、风险提示

妨害药品管理罪是《刑法修正案（十一）》所增设的罪名，但并不是完全新增的犯罪。可以说，本罪中的部分行为是从生产、销售假药罪中分离出来的。具体而言，妨害药品管理罪共包括四种行为（详见《刑法》第142条之一的规定内容），其中前两种行为，即"生产、销售国务院药品监督管理部门禁止使用的药品"和"未取得药品相关批准证明文件生产、进口药品或者明知是上述药品而销售"，在《刑法修正案（十一）》实施之前是以生产、销售假药罪论处的，而后两种行为则属于新增的犯罪行为。由此可知，在《刑法修正案（十一）》实施之后，行为人实施《刑法》第142条之一规定的四种行为中任一行为的，应当以妨害药品管理罪定罪处罚。

食品药品安全直接关系人民群众的身体健康和生命安全，党中央和国务院历来高度重视。就食品药品安全问题，2024年3月8日，最高人民检察院在工作报告中指出，2023年检察机关依法严惩制售有毒有害食品、假药劣药犯罪，起诉1.3万人，同比上升31.5%；办理食药安全领域公益诉讼2.4万件，同比上升16.8%。[1] 2020年7月28日，最高人民检察院与国家市场监督管理总局等部门共同制定了《关于在检察公益诉讼中加强协作配合依法保障食品药品安全的意见》，该意见旨在加强各方协作配合，以更好地保障食品药品安全。2022年12月26日，《最高人民法院关于为促进消费提供司法服务和保障的意见》发布实施，就妨害药品管理罪和关联罪名的认定及责任追究明确规定如下："未取得药品相关批准证明文件而生产药品或者明知是该类药品而销售，药品的适应症、功能主治或者成分不明的，按妨害药品管理罪惩处；药品被依法认定为假劣药，生产经营者同时构成生产、销售假药罪或者生产、销售劣药罪的，依照处罚较重的规定定罪处罚。既要依法追究生产者责任，也要依法追究经营者责任，坚决斩断'黑作坊'食品、药品的生产经营链条。"

六、参阅案例

人民法院案例库参考案例：朱某华妨害药品管理案（入库编号2024-02-1-070-001）。该案裁判要旨为：未取得药品相关批准证明文件进口药品或者明知是上述药

---

[1] 应勇：《最高人民检察院工作报告——2024年3月8日在第十四届全国人民代表大会第二次会议上》，载最高人民检察院网2024年3月15日，https://www.spp.gov.cn/spp/jcjgxxgc2024lh/202403/t20240315_650040.shtml。

品而销售，涉案药品在境外是否合法上市，关系到能否直接认定为妨害药品管理罪构成要件的"足以严重危害人体健康"，进而关系到能否认定行为人构成该罪。对于涉案药品在境外是否合法上市，可以根据在案证据并结合境外药品监督管理部门提供的证据材料依法作出认定。

七、关联规定

1.《中华人民共和国中医药法》（2016年）第2条、第32条、第56条、第59条、第60条；

2.《中华人民共和国药品管理法》（2019年）第2条、第83条、第114条、第115条、第123条、第124条、第125条；

3.《中华人民共和国药品管理法实施条例》（2024年）第35条、第73条、第75条、第77条；

4.《最高人民法院、最高人民检察院关于办理危害药品安全刑事案件适用法律若干问题的解释》（2022年，高检发释字〔2022〕1号）第1条、第2条、第7条至第11条、第15条至第20条；

5.《最高人民法院关于为促进消费提供司法服务和保障的意见》（2022年，法发〔2022〕35号）第1条、第2条、第3条；

6.《全国法院毒品案件审判工作会议纪要》（2023年，法〔2023〕108号）第2条第3款。

生产、销售不符合安全标准的食品罪

一、刑法规定

第一百四十三条：生产、销售不符合食品安全标准的食品，足以造成严重食物中毒事故或者其他严重食源性疾病的，处三年以下有期徒刑或者拘役，并处罚金；对人体健康造成严重危害或者有其他严重情节的，处三年以上七年以下有期徒刑，并处罚金；后果特别严重的，处七年以上有期徒刑或者无期徒刑，并处罚金或者没收财产。

第一百五十条：单位犯本节第一百四十条至第一百四十八条规定之罪的，对单位判处罚金，并对其直接负责的主管人员和其他直接责任人员，依照各该条的规定处罚。

二、罪名解读

生产、销售不符合安全标准的食品罪,是指违反国家食品安全管理法规,生产、销售不符合食品安全标准的食品,足以造成严重食物中毒事故或者其他严重食源性疾病的行为。本罪的具体构成要件如下所述:

(一)主体要件

本罪的主体是一般主体,自然人和单位均可构成本罪。实践中,本罪的犯罪主体既包括合法的经营者,也包括非法经营者。

(二)客体要件

本罪侵犯的客体是国家对食品安全的管理制度以及不特定多数人的身体健康和生命安全。本罪的行为对象为不符合食品安全标准的食品。根据《食品安全法》第150条的规定,食品是指各种供人食用或者饮用的成品和原料以及按照传统既是食品又是中药材的物品,但是不包括以治疗为目的的物品。食品安全,是指食品无毒、无害,符合应当有的营养要求,对人体健康不造成任何急性、亚急性或者慢性危害。食品安全标准,是指国家食品安全管理法规对生产经营食品所规定的总体要求以及生产、销售某一类食品所必须达到的具体食品安全指标。由此可知,食品安全标准是必须强制执行的标准。

(三)主观要件

本罪的主观方面只能是故意,即明知自己生产、销售的食品不符合食品安全标准,会造成严重食物中毒事故或者其他严重食源性疾病的后果发生,而希望或者放任这种危害结果的发生。

(四)客观要件

本罪的客观方面表现为生产、销售不符合食品安全标准的食品,足以造成严重食物中毒事故或者其他严重食源性疾病的行为。

这里的"严重食物中毒",是指细菌性、化学性、真菌性和有毒动植物等引起的严重暴发性中毒。这里的"食源性疾病",是指食品中致病因素进入人体引起的感染性、中毒性等疾病,包括食物中毒。这里的"不符合食品安全标准的食品",是指除掺入有毒有害非食品原料制作的食品之外,所有毒素和营养素含量均超过了卫生标准允许范围,足以造成人体健康损害的食品,包括不符合国家食品安全标准、地方食品安全标准以及主管部门、企业食品安全标准的食品。如果生产、销售不符合食品安全标准的食品对人体健康造成了严重危害,则属于本罪的结果加重犯,需要按照相应的法定升格刑进行处罚。

三、罪与非罪

本罪属于具体危险犯，并不要求以危害后果的发生作为犯罪构成的必要条件，只要生产、销售的不符合食品安全标准的食品有足以造成严重食物中毒事故或者其他严重食源性疾病的危险，就可以认定构成犯罪既遂。生产、销售不符合食品安全标准的食品，无充分证据证明足以造成严重食物中毒事故或者其他严重食源性疾病，不构成生产、销售不符合安全标准的食品罪，但是构成生产、销售伪劣产品罪等其他犯罪的，依照该其他犯罪定罪处罚。

关于本罪的刑事立案追诉标准，《最高人民法院、最高人民检察院关于办理危害食品安全刑事案件适用法律若干问题的解释》（以下简称《危害食品安全解释》）第1条规定，生产、销售不符合食品安全标准的食品，具有下列情形之一的，应当认定为《刑法》第143条规定的"足以造成严重食物中毒事故或者其他严重食源性疾病"：（1）含有严重超出标准限量的致病性微生物、农药残留、兽药残留、生物毒素、重金属等污染物质以及其他严重危害人体健康的物质的；（2）属于病死、死因不明或者检验检疫不合格的畜、禽、兽、水产动物肉类及其制品的；（3）属于国家为防控疾病等特殊需要明令禁止生产、销售的；（4）特殊医学用途配方食品、专供婴幼儿的主辅食品营养成分严重不符合食品安全标准的；（5）其他足以造成严重食物中毒事故或者严重食源性疾病的情形。此外，需要补充说明的是，"足以造成严重食物中毒事故或者其他严重食源性疾病"等专门性问题难以确定的，司法机关可以依据鉴定意见、检验报告、地市级以上相关行政主管部门组织出具的书面意见，结合其他证据作出认定；必要时，专门性问题由省级以上相关行政主管部门组织出具书面意见。

关于"对人体健康造成严重危害"的具体认定标准，《危害食品安全解释》第2条规定，生产、销售不符合食品安全标准的食品，具有下列情形之一的，应当认定为《刑法》第143条规定的"对人体健康造成严重危害"：（1）造成轻伤以上伤害的；（2）造成轻度残疾或者中度残疾的；（3）造成器官组织损伤导致一般功能障碍或者严重功能障碍的；（4）造成10人以上严重食物中毒或者其他严重食源性疾病的；（5）其他对人体健康造成严重危害的情形。

关于"其他严重情节"的具体认定标准，《危害食品安全解释》第3条规定，生产、销售不符合食品安全标准的食品，具有下列情形之一的，应当认定为《刑法》第143条规定的"其他严重情节"：（1）生产、销售金额20万元以上的；（2）生产、销售金额10万元以上不满20万元，不符合食品安全标准的食品数量较大或者生产、销售持续时间6个月以上的；（3）生产、销售金额10万元以上不满

20万元，属于特殊医学用途配方食品、专供婴幼儿的主辅食品的；（4）生产、销售金额10万元以上不满20万元，且在中小学校园、托幼机构、养老机构及周边面向未成年人、老年人销售的；（5）生产、销售金额10万元以上不满20万元，曾因危害食品安全犯罪受过刑事处罚或者2年内因危害食品安全违法行为受过行政处罚的；（6）其他情节严重的情形。此处所称"2年内"，以第一次违法行为受到行政处罚的生效之日与又实施相应行为之日的时间间隔计算确定。

关于"后果特别严重"的具体认定标准，《危害食品安全解释》第4条规定，生产、销售不符合食品安全标准的食品，具有下列情形之一的，应当认定为《刑法》第143条规定的"后果特别严重"：（1）致人死亡的；（2）造成重度残疾以上的；（3）造成3人以上重伤、中度残疾或者器官组织损伤导致严重功能障碍的；（4）造成10人以上轻伤、5人以上轻度残疾或者器官组织损伤导致一般功能障碍的；（5）造成30人以上严重食物中毒或者其他严重食源性疾病的；（6）其他特别严重的后果。

四、注意事项

1.关于"不符合食品安全标准的食品"的具体认定问题。根据《食品安全法》的有关规定，不符合食品安全标准的食品，主要是指：（1）用非食品原料生产的食品或者添加食品添加剂以外的化学物质和其他可能危害人体健康物质的食品，或者用回收食品作为原料生产的食品；（2）致病性微生物，农药残留、兽药残留、生物毒素、重金属等污染物质以及其他危害人体健康的物质含量超过食品安全标准限量的食品、食品添加剂、食品相关产品；（3）用超过保质期的食品原料、食品添加剂生产的食品、食品添加剂；（4）超范围、超限量使用食品添加剂的食品；（5）营养成分不符合食品安全标准的专供婴幼儿和其他特定人群的主辅食品；（6）腐败变质、油脂酸败、霉变生虫、污秽不洁、混有异物、掺假掺杂或者感官性状异常的食品、食品添加剂；（7）病死、毒死或者死因不明的禽、畜、兽、水产动物肉类及其制品；（8）未按规定进行检疫或者检疫不合格的肉类，或者未经检验或者检验不合格的肉类制品；（9）被包装材料、容器、运输工具等污染的食品、食品添加剂；（10）标注虚假生产日期、保质期或者超过保质期的食品、食品添加剂；（11）无标签的预包装食品、食品添加剂；（12）国家为防病等特殊需要明令禁止生产经营的食品；（13）其他不符合法律、法规或者食品安全标准的食品、食品添加剂、食品相关产品。

2.关于滥用食品添加剂、农药、兽药等的定性问题。对此，《危害食品安全解释》第 5 条规定，在食品生产、销售、运输、贮存等过程中，违反食品安全标准，超限量或者超范围滥用食品添加剂，足以造成严重食物中毒事故或者其他严重食源性疾病的，依照《刑法》第 143 条的规定以生产、销售不符合安全标准的食品罪定罪处罚。在食用农产品种植、养殖、销售、运输、贮存等过程中，违反食品安全标准，超限量或者超范围滥用添加剂、农药、兽药等，足以造成严重食物中毒事故或者其他严重食源性疾病的，适用前款的规定定罪处罚。

3. 关于实施"地沟油"犯罪活动的定性问题。"地沟油"犯罪，是指用餐厨垃圾、废弃油脂、各类肉及肉制品加工废弃物等非食品原料，生产、加工"食用油"，以及明知是利用"地沟油"生产、加工的油脂而作为食用油销售的行为。因此，依法严惩"地沟油"犯罪行为，对于切实维护人民群众的食品安全具有重要意义。根据《最高人民法院、最高人民检察院、公安部关于依法严惩"地沟油"犯罪活动的通知》的规定，对于利用"地沟油"生产"食用油"的，依照《刑法》第 144 条生产有毒、有害食品罪的规定处罚；明知是利用"地沟油"生产的"食用油"而予以销售的，依照《刑法》第 144 条销售有毒、有害食品罪的规定处罚。此外，需要强调的是，虽无法查明"食用油"是否系利用"地沟油"生产、加工，但行为人明知该"食用油"来源可疑而予以销售的，应区分不同情形分别处理：经鉴定，检出有毒、有害成分的，依照《刑法》第 144 条销售有毒、有害食品罪的规定处罚；属于不符合食品安全标准的食品的，依照《刑法》第 143 条销售不符合安全标准的食品罪的规定处罚；属于以假充真、以次充好、以不合格产品冒充合格产品或者假冒注册商标，构成犯罪的，依照《刑法》第 140 条销售伪劣产品罪、第 213 条假冒注册商标罪、第 214 条销售假冒注册商标的商品罪的规定处罚。

4. 关于在食品中非法使用"兴奋剂"的定性问题。根据《反兴奋剂条例》第 2 条的规定，兴奋剂是指兴奋剂目录所列的禁用物质等；兴奋剂目录由国务院体育主管部门会同国务院药品监督管理部门、国务院卫生主管部门、国务院商务主管部门和海关总署制定、调整并公布。据此，无论是禁用物质（药物）还是禁用方法，都应当依据兴奋剂目录加以认定。《2021 年兴奋剂目录公告》明确列举的物质共七类 358 种，明确列举的禁用方法主要包括 3 种。事实上，我国关于兴奋剂犯罪的刑法规制，正是从《体育法》《反兴奋剂条例》等前置规定起步，再通过《最高人民法院关于审理走私、非法经营、非法使用兴奋剂刑事案件适用法律若干问题的解释》（以下简称《兴奋剂刑事案件解释》）对刑法中相关规定加以明确，最终经过《刑法修正案（十一）》增设妨害兴奋剂管理罪得以形成完整的刑事法网。根据《兴奋剂刑事案件解释》第 5 条的规定，生产、销售含有兴奋剂目录所列物质的食品，符合

《刑法》第143条、第144条规定的，以生产、销售不符合安全标准的食品罪或者生产、销售有毒、有害食品罪定罪处罚。

5.关于本罪与生产、销售伪劣产品罪的界限问题。从广义上讲，食品也是一种普通产品，因此不符合食品安全标准的食品也是一种特殊的伪劣产品。为加大对食品安全的保护和打击危害食品安全犯罪行为，刑法将本罪独立出来，并规定了不同的量刑幅度。考虑到两者属于特别法与一般法的关系，因此对于生产、销售不符合食品安全标准的食品，足以造成严重食物中毒事故或者其他严重食源性疾病的行为，原则上应以本罪论处。但是，如果行为人的行为同时构成生产、销售伪劣产品罪的，则依照处罚较重的规定定罪处罚。生产、销售不符合食品安全标准的食品，无证据证明足以造成严重食物中毒事故或者其他严重食源性疾病，不构成本罪，但是构成生产、销售伪劣产品罪等其他犯罪的，依照该其他犯罪定罪处罚。

《危害食品安全解释》第15条规定，生产、销售不符合食品安全标准的食品添加剂，用于食品的包装材料、容器、洗涤剂、消毒剂，或者用于食品生产经营的工具、设备等，符合《刑法》第140条规定的，以生产、销售伪劣产品罪定罪处罚。生产、销售用超过保质期的食品原料、超过保质期的食品、回收食品作为原料的食品，或者以更改生产日期、保质期或改换包装等方式销售超过保质期的食品、回收食品，适用前款的规定定罪处罚。实施前两款行为，同时构成生产、销售不符合安全标准的食品罪，生产、销售不符合安全标准的产品罪等其他犯罪的，依照处罚较重的规定定罪处罚。此外，根据《危害食品安全解释》第17条第2款的规定，对畜禽注水或者注入其他物质，足以造成严重食物中毒事故或者其他严重食源性疾病的，依照《刑法》第143条的规定以本罪定罪处罚；虽不足以造成严重食物中毒事故或者其他严重食源性疾病，但符合《刑法》第140条规定的，以生产、销售伪劣产品罪定罪处罚。

6.关于本罪与非法经营罪的界限问题。对此，《危害食品安全解释》第16条规定，以提供给他人生产、销售食品为目的，违反国家规定，生产、销售国家禁止用于食品生产、销售的非食品原料，情节严重的，依照《刑法》第225条的规定以非法经营罪定罪处罚。以提供给他人生产、销售食用农产品为目的，违反国家规定，生产、销售国家禁用农药、食品动物中禁止使用的药品及其他化合物等有毒、有害的非食品原料，或者生产、销售添加上述有毒、有害的非食品原料的农药、兽药、饲料、饲料添加剂、饲料原料，情节严重的，依照前款的规定定罪处罚。此外，《危害食品安全解释》第17条第1款规定，违反国家规定，私设生猪屠宰厂（场），从事生猪屠宰、销售等经营活动，情节严重的，依照《刑法》第225条的规定以非法经营罪定罪处罚。需要说明的是，行为人实施《危害食品安全解释》规定的非法经营行为，同时构成生产、销售不符合安全标准的食品罪的，依照处罚较重的规定定罪处罚。

7. 关于本罪与生产、销售有毒、有害食品罪的界限问题。对此，《危害食品安全解释》第11条规定，在食品生产、销售、运输、贮存等过程中，掺入有毒、有害的非食品原料，或者使用有毒、有害的非食品原料生产食品的，依照《刑法》第144条的规定以生产、销售有毒、有害食品罪定罪处罚。在食用农产品种植、养殖、销售、运输、贮存等过程中，使用禁用农药、食品动物中禁止使用的药品及其他化合物等有毒、有害的非食品原料，适用前款的规定定罪处罚。在保健食品或者其他食品中非法添加国家禁用药物等有毒、有害的非食品原料的，以生产、销售有毒、有害食品罪定罪处罚。此外，根据《危害食品安全解释》第17条第2款的规定，在畜禽屠宰相关环节，对畜禽使用食品动物中禁止使用的药品及其他化合物等有毒、有害的非食品原料，依照《刑法》第144条的规定以生产、销售有毒、有害食品罪定罪处罚。

8. 关于本罪与其他犯罪的界限问题。这里主要涉及本罪与虚假广告、诈骗等犯罪的区别问题。对此，《危害食品安全解释》第19条规定：违反国家规定，利用广告对保健食品或者其他食品作虚假宣传，符合《刑法》第222条规定的，以虚假广告罪定罪处罚；以非法占有为目的，利用销售保健食品或者其他食品诈骗财物，符合《刑法》第266条规定的，以诈骗罪定罪处罚。同时构成生产、销售伪劣产品罪等其他犯罪的，依照处罚较重的规定定罪处罚。

五、风险提示

根据《食品安全法》的有关规定，"食品"是指各种供人食用或者饮用的成品和原料以及按照传统既是食品又是中药材的物品，但是不包括以治疗为目的的物品。由此可知，本罪中的"食品"既包括一般食物，也包括食品添加剂、调味品、色素、保鲜剂、酒类、饮料等。鉴于保健食品属于人体机理调节剂、营养补充剂，并不能直接用于治疗疾病，因此保健食品亦属于法定的"食品"范畴。"食品安全"，是指食品无毒、无害，符合应当有的营养要求，对人体健康不造成任何急性、亚急性或者慢性危害。食品安全标准是强制执行的标准，除食品安全标准外，不得制定其他食品强制性标准。

关于"食品安全标准"的内容，《食品安全法》第26条明确规定，食品安全标准应当包括下列内容：（1）食品、食品添加剂、食品相关产品中的致病性微生物、农药残留、兽药残留、生物毒素、重金属等污染物质以及其他危害人体健康物质的限量规定；（2）食品添加剂的品种、使用范围、用量；（3）专供婴幼儿和其他特定人群的主辅食品的营养成分要求；（4）对与卫生、营养等食品安全要求有关的标签、标志、说明书的要求；（5）食品生产经营过程的卫生要求；（6）与食品安全有关的质量要求；（7）与食品安全有关的食品检验方法与规程；（8）其他需要制定为食品安全标准的内容。

关于以本罪共犯论处的情形，《危害食品安全解释》第14条规定，明知他人生产、销售不符合食品安全标准的食品，具有下列情形之一的，以生产、销售不符合安全标准的食品罪的共犯论处：（1）提供资金、贷款、账号、发票、证明、许可证件的；（2）提供生产、经营场所或者运输、贮存、保管、邮寄、销售渠道等便利条件的；（3）提供生产技术或者食品原料、食品添加剂、食品相关产品或者有毒、有害的非食品原料的；（4）提供广告宣传的；（5）提供其他帮助行为的。实践中，对犯本罪的犯罪分子，依法严格控制缓刑、免予刑事处罚的适用。对于依法适用缓刑的，可以根据犯罪情况，同时宣告禁止令。对于被不起诉或者免予刑事处罚的行为人，需要给予行政处罚、政务处分或者其他处分的，还应当依法移送有关主管机关处理。

六、参阅案例

人民法院案例库参考案例：田某伟、谭某琼生产、销售不符合安全标准的食品案（入库编号2023-05-1-071-001）。该案裁判要旨为：（1）区分生产、销售有毒、有害食品罪和生产、销售不符合安全标准的食品罪的关键在于，行为人往食品中掺入的物质是否属于"有毒、有害的非食品原料"。只有行为人往食品中掺入的是有毒、有害的非食品原料，才可以构成生产、销售有毒、有害食品罪，否则不能构成生产、销售有毒、有害食品罪；如果"足以造成严重食物中毒事故或者其他严重食源性疾病"，可以构成生产、销售不符合安全标准的食品罪。（2）《食品安全国家标准 食品添加剂使用标准》（GB 2760—2014）规定了食品添加剂的使用原则、允许使用的食品添加剂品种、使用范围以及最大使用量或残留量。在生产、销售的食品中加入的食品添加剂超出该标准允许使用的品种，或者在生产、销售的食品中加入的食品添加剂超过了该标准允许的使用范围或使用限量，就应认定该食品为不符合食品安全标准的食品。不在该标准所列食品添加剂品种范围的，属于禁止作为食品添加剂使用的物质，若在食品中添加的物质不在标准所列品种范围，又含有有毒、有害物质，则应认定为生产、销售有毒、有害食品。（3）在生产、销售的食品中加入国家允许使用的食品添加剂，但超出允许使用的范围或超过允许的最大使用量或残留量，有危害食品安全的现实风险或造成严重后果的，构成生产、销售不符合安全标准的食品罪。

七、关联规定

1.《中华人民共和国食品安全法》（2021年）第2条、第3条、第4条、第33条、第34条、第46条、第149条；

2.《中华人民共和国农产品质量安全法》（2022年）第49条、第50条、第53条；

3.《食盐加碘消除碘缺乏危害管理条例》（2017年）第8条、第9条、第10条、第26条、第30条；

4.《食盐专营办法》（2017年）第2条、第3条、第19条、第32条；

5.《最高人民检察院、公安部关于公安机关管辖的刑事案件立案追诉标准的规定（一）的补充规定》（2017年，公通字〔2017〕12号）第3条；

6.《最高人民法院、最高人民检察院关于办理生产、销售伪劣商品刑事案件具体应用法律若干问题的解释》（2001年，法释〔2001〕10号）第4条、第9条、第10条、第11条、第12条；

7.《最高人民法院关于审理生产、销售伪劣商品刑事案件有关鉴定问题的通知》（2001年，法〔2001〕70号）第2条、第3条；

8.《最高人民法院、最高人民检察院、公安部关于依法严惩"地沟油"犯罪活动的通知》（2012年，公通字〔2012〕1号）第1条、第2条第4款、第3条；

9.《最高人民法院关于充分发挥审判职能作用切实维护公共安全的若干意见》（2015年，法发〔2015〕12号）第1条、第2条、第10条；

10.《最高人民法院、最高人民检察院关于办理危害食品安全刑事案件适用法律若干问题的解释》（2021年，法释〔2021〕24号）第1条、第2条、第3条、第4条、第5条、第12条、第18条、第21条、第22条、第23条。

生产、销售有毒、有害食品罪

一、刑法规定

第一百四十四条：在生产、销售的食品中掺入有毒、有害的非食品原料的，或者销售明知掺有有毒、有害的非食品原料的食品的，处五年以下有期徒刑，并处罚金；对人体健康造成严重危害或者有其他严重情节的，处五年以上十年以下有期徒刑，并处罚金；致人死亡或者有其他特别严重情节的，依照本法第一百四十一条的规定处罚。

第一百五十条：单位犯本节第一百四十条至第一百四十八条规定之罪的，对单位判处罚金，并对其直接负责的主管人员和其他直接责任人员，依照各该条的规定处罚。

二、罪名解读

生产、销售有毒、有害食品罪，是指违反国家食品安全管理法规，在生产、销售的食品中掺入有毒、有害的非食品原料，或者销售明知掺有有毒、有害的非食品原料的食品的行为。本罪的具体构成要件如下所述：

（一）主体要件

本罪的主体是一般主体，自然人和单位均可构成本罪。

（二）客体要件

本罪侵犯的客体是国家对食品安全的管理制度以及不特定多数人的身体健康和生命安全。食品安全，指食品无毒、无害，符合应当有的营养要求，对人体健康不造成任何急性、亚急性或者慢性危害。本罪的行为对象为有毒、有害食品。

（三）主观要件

本罪的主观方面为故意，包括直接故意和间接故意。行为人一般具有非法牟利的目的，但是否非法牟利并不是本罪的构成要件。此处的"明知"，是指行为人认识到自己生产、销售的是不符合食品安全标准的伪劣商品，并不要求其确实知道，认识到可能性即符合明知的要求。如果销售者确实不知是掺有有毒、有害的非食品原料的食品而购进并予以销售的，因欠缺犯罪的主观故意，不构成本罪。

（四）客观要件

本罪的客观方面表现为在生产、销售的食品中掺入有毒、有害的非食品原料，或者销售明知掺有有毒、有害的非食品原料的食品的行为。具体表现为以下两种行为方式：一是在生产、销售的食品中掺入有毒、有害的非食品原料；二是销售明知掺有有毒、有害的非食品原料的食品。这里的"有毒、有害的非食品原料"包括：（1）因危害人体健康，被法律、法规禁止在食品生产经营活动中添加、使用的物质；（2）因危害人体健康，被国务院有关部门列入《食品中可能违法添加的非食用物质名单》《保健食品中可能非法添加的物质名单》和国务院有关部门公告的禁用农药、《食品动物中禁止使用的药品及其他化合物清单》等名单上的物质；（3）其他有毒、有害的物质。

这里的"致人死亡或者有其他特别严重情节",是指生产、销售的有毒、有害食品被食用后,造成他人死亡或者致使多人严重残疾,以及具有生产、销售特别大量有毒、有害食品情节的。

三、罪与非罪

本罪属于行为犯,行为人只要实施了在生产、销售的食品中掺入有毒、有害的非食品原料或者销售明知掺有有毒、有害的非食品原料的食品的行为,就构成本罪的既遂。如果已经对人体健康造成了严重危害结果,则属于本罪的结果加重犯,依照相应的法定刑进行处罚。

关于本罪的刑事立案追诉标准,根据《立案追诉标准(一)的补充规定》第4条第1款的规定,生产、销售有毒、有害食品,涉嫌下列情形之一的,应予立案追诉:(1)在生产、销售的食品中掺入有毒、有害的非食品原料的,或者销售明知掺有有毒、有害的非食品原料的食品的;(2)在食品加工、销售、运输、贮存等过程中,掺入有毒、有害的非食品原料,或者使用有毒、有害的非食品原料加工食品的;(3)在食用农产品种植、养殖、销售、运输、贮存等过程中,使用禁用农药、兽药等禁用物质或者其他有毒、有害物质的;(4)在保健食品或者其他食品中非法添加国家禁用药物等有毒、有害物质的。在此,需要补充说明的是,如果"有毒、有害的非食品原料"难以确定的,司法机关可以依据鉴定意见、检验报告、地市级以上相关行政主管部门组织出具的书面意见,结合其他证据作出认定;必要时,由省级以上相关行政主管部门组织出具书面意见。

关于"对人体健康造成严重危害"的具体认定标准,根据《危害食品安全解释》第2条和第6条的规定,生产、销售有毒、有害食品,具有下列情形之一的,应当认定为《刑法》第144条规定的"对人体健康造成严重危害":(1)造成轻伤以上伤害的;(2)造成轻度残疾或者中度残疾的;(3)造成器官组织损伤导致一般功能障碍或者严重功能障碍的;(4)造成10人以上严重食物中毒或者其他严重食源性疾病的;(5)其他对人体健康造成严重危害的情形。

关于"其他严重情节"的具体认定标准,《危害食品安全解释》第7条规定,生产、销售有毒、有害食品,具有下列情形之一的,应当认定为《刑法》第144条规定的"其他严重情节":(1)生产、销售金额20万元以上不满50万元的;(2)生产、销售金额10万元以上不满20万元,有毒、有害食品数量较大或者生产、销售持续时间6个月以上的;(3)生产、销售金额10万元以上不满20万元,属于特殊医学用途配方食品、专供婴幼儿的主辅食品的;(4)生产、销售金额10

万元以上不满 20 万元,且在中小学校园、托幼机构、养老机构及周边面向未成年人、老年人销售的;(5)生产、销售金额 10 万元以上不满 20 万元,曾因危害食品安全犯罪受过刑事处罚或者 2 年内因危害食品安全违法行为受过行政处罚的;(6)有毒、有害的非食品原料毒害性强或者含量高的;(7)其他情节严重的情形。

关于"其他特别严重情节"的具体认定标准,根据《危害食品安全解释》第 4 条和第 8 条的规定,生产、销售有毒、有害食品,生产、销售金额 50 万元以上,或者具有下列情形之一的,应当认定为《刑法》第 144 条规定的"其他特别严重情节":(1)造成重度残疾以上的;(2)造成 3 人以上重伤、中度残疾或者器官组织损伤导致严重功能障碍的;(3)造成 10 人以上轻伤、5 人以上轻度残疾或者器官组织损伤导致一般功能障碍的;(4)造成 30 人以上严重食物中毒或者其他严重食源性疾病的;(5)其他特别严重的后果。

四、注意事项

1.关于本罪中"明知"的判定问题。"明知",包括知道和应当知道。"明知"不等于"确知",本罪中,只要行为人意识到掺入的物质可能是有毒、有害的非食品原料,或者食品中含有有毒、有害的非食品原料,就应当认定为"明知"。对此,《危害食品安全解释》第 10 条规定,《刑法》第 144 条规定的"明知",应当综合行为人的认知能力、食品质量、进货或者销售的渠道及价格等主、客观因素进行认定。具有下列情形之一的,可以认定为《刑法》第 144 条规定的"明知",但存在相反证据并经查证属实的除外:(1)长期从事相关食品、食用农产品生产、种植、养殖、销售、运输、贮存行业,不依法履行保障食品安全义务的;(2)没有合法有效的购货凭证,且不能提供或者拒不提供销售的相关食品来源的;(3)以明显低于市场价格进货或者销售且无合理原因的;(4)在有关部门发出禁令或者食品安全预警的情况下继续销售的;(5)因实施危害食品安全行为受过行政处罚或者刑事处罚,又实施同种行为的;(6)其他足以认定行为人明知的情形。

2.关于以本罪共犯论处的问题。对此,《危害食品安全解释》第 14 条规定,明知他人生产、销售有毒、有害食品,具有下列情形之一的,以生产、销售有毒、有害食品罪的共犯论处:(1)提供资金、贷款、账号、发票、证明、许可证件的;(2)提供生产、经营场所或者运输、贮存、保管、邮寄、销售渠道等便利条件的;(3)提供生产技术或者食品原料、食品添加剂、食品相关产品或者有毒、有害的非食品原料的;(4)提供广告宣传的;(5)提供其他帮助行为的。

3.关于本罪与其他犯罪的界限问题。如果行为人以有毒、有害食品作为杀人手段，向特定人进行出售的，应认定具有侵犯他人生命权利的故意，以故意杀人罪论处。如果行为人在销售有毒、有害食品过程中，导致了不特定多数人死亡、重伤等后果发生，结合其主观意图与危害后果，应认定具有危害公共安全的犯罪故意，以投放危险物质罪论处。

五、风险提示

第一，关于"地沟油"犯罪案件的法律适用问题。"地沟油"犯罪，是指用餐厨垃圾、废弃油脂、各类肉及肉制品加工废弃物等非食品原料，生产、加工"食用油"，以及明知是利用"地沟油"生产、加工的油脂而作为食用油销售的行为。"地沟油"犯罪活动不仅严重危害人民群众身体健康和生命安全，也严重影响了国家形象，同时损害了党和政府的社会公信力。根据《最高人民法院、最高人民检察院、公安部关于依法严惩"地沟油"犯罪活动的通知》的有关规定，实践中，对于此类违法犯罪行为，应当准确理解法律并严格区分不同犯罪，具体情形分述如下：

（1）对于利用"地沟油"生产"食用油"的，依照《刑法》第144条生产有毒、有害食品罪的规定追究刑事责任。

（2）明知是利用"地沟油"生产的"食用油"而予以销售的，依照《刑法》第144条销售有毒、有害食品罪的规定追究刑事责任。

（3）对于利用"地沟油"生产的"食用油"，已经销售出去没有实物，但是有证据证明系已被查实生产、销售有毒、有害食品犯罪事实的上线提供的，依照《刑法》第144条销售有毒、有害食品罪的规定追究刑事责任。

（4）虽无法查明"食用油"是否系利用"地沟油"生产、加工，但犯罪嫌疑人、被告人明知该"食用油"来源可疑而予以销售的，应分情形处理：经鉴定，检出有毒、有害成分的，依照《刑法》第144条销售有毒、有害食品罪的规定追究刑事责任；属于不符合安全标准的食品的，依照《刑法》第143条销售不符合安全标准的食品罪追究刑事责任；属于以假充真、以次充好、以不合格产品冒充合格产品或者假冒注册商标，构成犯罪的，依照《刑法》第140条销售伪劣产品罪或者第213条假冒注册商标罪、第214条销售假冒注册商标的商品罪追究刑事责任。

此外，需要说明的是，知道或应当知道他人实施以上前三种犯罪行为，而为其掏捞、加工、贩运"地沟油"，或者提供贷款、资金、账号、发票、证明、许可证件，或者提供技术、生产、经营场所、运输、仓储、保管等便利条件的，依照生产有毒、有害食品罪的共犯论处。

第二，关于"瘦肉精"犯罪案件的法律适用问题。"瘦肉精"，通常指"盐酸克伦特罗",它能够促进骨骼肌蛋白质的合成,加速脂肪的转化和分解,提高牲畜的瘦肉率,属于医学上的一种药品,不属于食品范畴。"瘦肉精"虽然对牲畜的发育会起到刺激作用,促进牲畜的精肉增多,但会在动物组织中形成残留,尤以肝脏、肺部等内脏器官残留较多,公民食用残留盐酸克伦特罗的肉制品后会导致人体中毒,其典型症状表现为心慌、战栗、头痛、目眩、恶心、呕吐、发烧等,严重的可导致死亡。由此可知,"瘦肉精"是一种对人体有毒、有害的非食品原料。近年来,食用被"瘦肉精"污染的食物导致中毒事件屡有发生,且后果极其严重,引起了国家和社会各界的高度重视。原农业部、原卫生部、国家药品监督管理局公告的《禁止在饲料和动物饮用水中使用的药物品种目录》,明确将"盐酸克仑特罗"列入。

关于"瘦肉精"犯罪案件的法律适用问题,相关司法解释作出了明确规定。《最高人民法院、最高人民检察院关于办理非法生产、销售、使用禁止在饲料和动物饮用水中使用的药品等刑事案件具体应用法律若干问题的解释》第3条规定,使用盐酸克仑特罗等禁止在饲料和动物饮用水中使用的药品或者含有该类药品的饲料养殖供人食用的动物,或者销售明知是使用该类药品或者含有该类药品的饲料养殖的供人食用的动物的,以生产、销售有毒、有害食品罪追究刑事责任。第4条规定,明知是使用盐酸克仑特罗等禁止在饲料和动物饮用水中使用的药品或者含有该类药品的饲料养殖的供人食用的动物,而提供屠宰等加工服务,或者销售其制品的,以生产、销售有毒、有害食品罪追究刑事责任。

六、参阅案例

最高人民法院指导案例70号:北京阳光一佰生物技术开发有限公司、习文有等生产、销售有毒、有害食品案。该案裁判要旨为:行为人在食品生产经营中添加的虽然不是国务院有关部门公布的《食品中可能违法添加的非食用物质名单》和《保健食品中可能非法添加的物质名单》中的物质,但如果该物质与上述名单中所列物质具有同等属性,并且根据检验报告和专家意见等相关材料能够确定该物质对人体具有同等危害的,应当认定为《刑法》第144条规定的"有毒、有害的非食品原料"。

七、关联规定

1.《中华人民共和国食品安全法》(2021年)第34条、第123条、第149条;

2.《中华人民共和国农产品质量安全法》(2022年)第49条、第50条、第53条;

3.《最高人民检察院、公安部关于公安机关管辖的刑事案件立案追诉标准的规定（一）的补充规定》（2017年，公通字〔2017〕12号）第4条；

4.《最高人民法院、最高人民检察院关于办理生产、销售伪劣商品刑事案件具体应用法律若干问题的解释》（2001年，法释〔2001〕10号）第5条、第9条、第10条、第11条、第12条；

5.《最高人民法院、最高人民检察院关于办理非法生产、销售、使用禁止在饲料和动物饮用水中使用的药品等刑事案件具体应用法律若干问题的解释》（2002年，法释〔2002〕26号）第3条、第4条、第5条、第6条；

6.《最高人民法院、最高人民检察院、公安部关于依法严惩"地沟油"犯罪活动的通知》（2012年，公通字〔2012〕1号）第2条第1款、第2款、第3款、第5款，第3条；

7.《最高人民法院关于充分发挥审判职能作用切实维护公共安全的若干意见》（2015年，法发〔2015〕12号）第1条、第2条、第10条；

8.《最高人民法院关于审理走私、非法经营、非法使用兴奋剂刑事案件适用法律若干问题的解释》（2019年，法释〔2019〕16号）第5条、第8条；

9.《最高人民法院、最高人民检察院关于办理危害食品安全刑事案件适用法律若干问题的解释》（2021年，法释〔2021〕24号）第2条、第6条、第7条、第8条、第11条、第12条、第13条、第14条、第17条。

生产、销售伪劣农药、兽药、化肥、种子罪

一、刑法规定

第一百四十七条：生产假农药、假兽药、假化肥，销售明知是假的或者失去使用效能的农药、兽药、化肥、种子，或者生产者、销售者以不合格的农药、兽药、化肥、种子冒充合格的农药、兽药、化肥、种子，使生产遭受较大损失的，处三年以下有期徒刑或者拘役，并处或者单处销售金额百分之五十以上二倍以下罚金；使生产遭受重大损失的，处三年以上七年以下有期徒刑，并处销售金额百分之五十以上二倍以下罚金；使生产遭受特别重大损失的，处七年以上有期徒刑或者无期徒刑，并处销售金额百分之五十以上二倍以下罚金或者没收财产。

第一百五十条：单位犯本节第一百四十条至第一百四十八条规定之罪的，对

单位判处罚金，并对其直接负责的主管人员和其他直接责任人员，依照各该条的规定处罚。

二、罪名解读

生产、销售伪劣农药、兽药、化肥、种子罪，是指违反国家产品质量安全法规，生产假农药、假兽药、假化肥，销售明知是假的或者失去使用效能的农药、兽药、化肥、种子，或者生产者、销售者以不合格的农药、兽药、化肥、种子冒充合格的农药、兽药、化肥、种子，使生产遭受较大损失的行为。本罪的具体构成要件如下所述：

（一）主体要件

本罪的主体是一般主体，自然人和单位均可构成本罪。一般情况下，本罪主体都是与农药、兽药、化肥、种子相关的生产者和销售者。

（二）客体要件

本罪侵犯的客体是国家对农用物品的管理制度以及农民的财产权益。本罪的行为对象为农药、兽药、化肥、种子。这里的"农药"，是指用于预防、控制危害农业、林业的病、虫、草、鼠和其他有害生物以及有目的地调节植物、昆虫生长的化学合成或者来源于生物、其他天然物质的一种物质或者几种物质的混合物及其制剂。这里的"兽药"，是指用于预防、治疗、诊断动物疾病或者有目的地调节动物生理机能的物质（含药物饲料添加剂），主要包括血清制品、疫苗、诊断制品、微生态制品、中药材、中成药、化学药品、抗生素、生化药品、放射性药品及外用杀虫剂、消毒剂等。这里的"化肥"，是指用化学方法制成的含有一种或几种农作物生长需要的营养元素的肥料，是化学肥料的简称。这里的"种子"，是指农作物和林木的种植材料或者繁殖材料，包括籽粒、果实、根、茎、苗、芽、叶、花等。

（三）主观要件

本罪的主观方面只能为故意，包括直接故意和间接故意。实践中，生产者、销售者对于生产、销售对象的性质是明知的，且主观上一般都具有非法牟利的目的。

（四）客观要件

本罪的客观方面表现为生产假农药、假兽药、假化肥，销售明知是假的或者失去使用效能的农药、兽药、化肥、种子，或者生产者、销售者以不合格的农药、兽药、化肥、种子冒充合格的农药、兽药、化肥、种子，使生产遭受较大损失的行为。本罪的客观行为包括生产和销售两种方式，行为人只要实施其中的一种即可构成犯罪。此外，本罪的成立还要求具有一定的危害后果，即必须使生产遭受较大损失。这里的"伪劣",是指不真实、无效用或者效用明显低下。这里的"不合格",是指不具备应当具备的使用性能或者没有达到应当达到的质量标准。这里的"使生产遭受较大损失",是指造成比较严重的或者比较大范围的粮食减产、较多牲畜患病或者死亡等情形。

司法实践中,"伪劣农药"具体包括假农药和劣质农药两种情形。《农药管理条例》第44条规定,有下列情形之一的,认定为假农药:(1)以非农药冒充农药;(2)以此种农药冒充他种农药;(3)农药所含有效成分种类与农药的标签、说明书标注的有效成分不符。禁用的农药,未依法取得农药登记证而生产、进口的农药,以及未附具标签的农药,按照假农药处理。《农药管理条例》第45条规定,有下列情形之一的,认定为劣质农药:(1)不符合农药产品质量标准;(2)混有导致药害等有害成分。超过农药质量保证期的农药,按照劣质农药处理。

司法实践中,"伪劣兽药"具体包括假兽药和劣兽药两种情形。《兽药管理条例》第47条第1款规定,有下列情形之一的,为假兽药:(1)以非兽药冒充兽药或者以他种兽药冒充此种兽药的;(2)兽药所含成分的种类、名称与兽药国家标准不符合的。《兽药管理条例》第47条第2款规定,有下列情形之一的,按照假兽药处理:(1)国务院兽医行政管理部门规定禁止使用的;(2)依照本条例规定应当经审查批准而未经审查批准即生产、进口的,或者依照本条例规定应当经抽查检验、审查核对而未经抽查检验、审查核对即销售、进口的;(3)变质的;(4)被污染的;(5)所标明的适应证或者功能主治超出规定范围的。《兽药管理条例》第48条规定,有下列情形之一的,为劣兽药:(1)成分含量不符合兽药国家标准或者不标明有效成分的;(2)不标明或者更改有效期或者超过有效期的;(3)不标明或者更改产品批号的;(4)其他不符合兽药国家标准,但不属于假兽药的。

司法实践中,"伪劣化肥"具体包括以下四种情形:(1)以非化肥冒充化肥;(2)以此化肥冒充彼化肥;(3)物品中所含成分的种类、名称与产品标签或者说明书所注明的化肥有效成分的种类、名称不相符;(4)用次品化肥冒充合格化肥。

所谓"伪劣种子",根据《种子法》第48条的规定,具体包括假种子和劣种子两种情形。下列种子为假种子:(1)以非种子冒充种子或者以此品种种子冒充其他品种种子的;(2)种子种类、品种与标签标注的内容不符或者没有标签的。下列种子为劣种子:(1)质量低于国家规定标准的;(2)质量低于标签标注指标的;(3)带有国家规定的检疫性有害生物的。

三、罪与非罪

本罪属于结果犯，只有使生产遭受较大损失，才构成本罪。如果没有使生产遭受较大损失，则不构成本罪。此外，行为人生产、销售伪劣农药、兽药、化肥、种子，虽没有使生产遭受较大损失，但销售数额在 5 万元以上的，依法按生产、销售伪劣产品罪定罪处罚。

关于本罪的刑事立案追诉标准，《立案追诉标准（一）》第 23 条规定，生产假农药、假兽药、假化肥，销售明知是假的或者失去使用效能的农药、兽药、化肥、种子，或者生产者、销售者以不合格的农药、兽药、化肥、种子冒充合格的农药、兽药、化肥、种子，涉嫌下列情形之一的，应予立案追诉：（1）使生产遭受损失 2 万元以上的；（2）其他使生产遭受较大损失的情形。

关于"较大损失""重大损失""特别重大损失"的具体认定标准，《生产、销售伪劣商品解释》第 7 条规定：《刑法》第 147 条规定的生产、销售伪劣农药、兽药、化肥、种子罪中"使生产遭受较大损失"，一般以 2 万元为起点；"重大损失"，一般以 10 万元为起点；"特别重大损失"，一般以 50 万元为起点。

四、注意事项

1. 关于假种子的认定问题。实践中，假种子有不符型假种子（种类、名称、产地与标注不符）和冒充型假种子（以甲冒充乙、以非种子冒充种子）两种类型。生活中，完全以非种子冒充种子的，比较少见。犯罪嫌疑人往往利用种子专业性强、农户识别能力弱，以此种子冒充彼种子或者以不合格种子冒充合格种子进行销售。由于农作物生产周期较长，案发较为隐蔽，冒充型假种子往往造成农民投入种植成本而得不到应有收成回报，严重影响农业生产。因此，以同一科属的此品种种子冒充彼品种种子，属于刑法上的"假种子"。行为人对假种子进行小包装分装销售，使农业生产遭受较大损失的，应当以生产、销售伪劣种子罪论处。实践中，对是否属于假的、失去使用效能的或者不合格的种子，或者使生产遭受的损失难以确定的，可以依据具有法定资质的种子质量检验机构出具的鉴定意见、检验报告，农业农村、林业和草原主管部门出具的书面意见，农业农村主管部门所属的种子管理机构组织出具的田间现场鉴定书等，结合其他证据作出认定。

2. 关于涉种子犯罪的认定与处理问题。根据《最高人民法院关于进一步加强涉种子刑事审判工作的指导意见》的有关规定，对销售明知是假的或者失去使用效能的种子，或者生产者、销售者以不合格的种子冒充合格的种子，使生产遭受较大损失的，依照《刑法》第 147 条的规定以生产、销售伪劣种子罪定罪处罚。对实施生产、销售伪劣种子行为，因无法认定使生产遭受较大损失等，不构成生产、销售伪劣种子罪，但是销售金额在 5 万元以上的，依照《刑法》第 140 条的规定以生产、销售伪劣产品罪定罪处罚。同时构成假冒注册商标罪等其他犯罪的，依照处罚较重的规定定罪处罚。行为人实施涉种子犯罪，具有下列情形之一的，应当酌情从重处罚：（1）针对稻、小麦、玉米、棉花、大豆等主要农作物种子实施的；（2）曾因涉种子犯罪受过刑事处罚的；（3）2 年内曾因涉种子违法行为受过行政处罚的；（4）其他应当酌情从重处罚的情形。

3. 关于涉农药犯罪的认定与处理问题。根据《农药管理条例》的有关规定，农药的生产、销售应依法具备"三证"，即农药登记证、农药生产许可证、质量标准证。"三证"是商品农药在市场上流通的必备条件，每一种农药都有其"三证"，如果"三证"不齐全、冒用其他产品或其他厂家的"三证"，则属于假冒伪劣产品。司法实践中，一些经营者通过非法转让或者购买等手段非法获取"三证"生产不合格农药，不仅极大扰乱了农药市场，而且易造成农业减产，危害农民利益。对于未取得农药登记证的企业或者个人，借用他人农药登记证、农药生产许可证、质量标准证等许可证明文件生产、销售农药，使生产遭受较大损失的，依法应以生产、销售伪劣农药罪追究刑事责任。对于使用伪劣农药造成的农业生产损失，可采取田间试验的方法确定受损原因，并以农作物绝收折损面积、受害地区前 3 年该类农作物的平均亩产量和平均销售价格为基准，综合计算认定损失金额。

4. 关于本罪与生产、销售伪劣产品罪的界限问题。现实生活中，伪劣的农药、兽药、化肥、种子本质上也属于伪劣产品，销售金额在 5 万元以上的，当然也可构成生产、销售伪劣产品罪。根据《刑法》第 149 条的规定，生产、销售伪劣的农药、兽药、化肥、种子，以生产、销售伪劣产品罪定罪处罚包括以下情形：生产、销售伪劣农药、兽药、化肥、种子，销售金额在 5 万元以上，但没有使生产遭受较大损失的；或者生产、销售伪劣农药、兽药、化肥、种子，虽使生产遭受较大损失，但由于销售金额大，依照《刑法》第 140 条规定的生产、销售伪劣产品罪定罪处罚，处刑较重的。实践中，销售伪劣的农药、兽药、化肥、种子金额在 5 万元以上，并且使生产遭受较大损失，既构成生产、销售伪劣产品罪，又构成生产、销售伪劣农药、兽药、化肥、种子罪的，属于法条竞合，需择一重罪定罪处罚，而不能实行数罪并罚。

五、风险提示

农药、兽药、化肥、种子都是重要的农业生产资料，产品质量事关农业生安全、粮食安全和食品质量安全。因利益的驱使，每年都有不少不法者铤而走险，制售假冒伪劣农资，给农民造成了严重的经济损失，同时也造成了不良的社会影响，为此国家和地方每年均投入了大量的人力、财力和物力依法进行严格治理。此外，为确保打击成效和社会治理效果，有关行政部门和司法机关还充分利用巡查检查、监督抽查、飞行检查、暗查暗访、投诉举报等手段，积极查找问题隐患，严厉查处制售假劣农资、破坏市场秩序、侵害农民利益的违法犯罪行为，坚决查处一批违法犯罪案件，依法严惩一批违法犯罪分子，销毁一批假冒伪劣农资产品，曝光一批制假售假典型案件，确保农资质量可靠、市场稳定，以切实维护广大农民群众的合法权益。实践中，对于犯罪行为致使生产遭受特别重大损失，而且造成恶劣社会影响的犯罪分子，最高可判处无期徒刑，并处没收财产。

需要说明的是，对行为人使用伪劣种子、伪劣农药等伪劣物品所造成生产损失的计算问题，由于技术性和专业性都很强，因此十分复杂且难以操作，往往也会成为办案中的疑难问题。实践中，司法机关一般会采取"综合计算法"进行评估和确定损失，现以伪劣种子造成的生产损失计算为例，进行简要阐述。对于使用伪劣种子造成的生产损失，一般可由专业人员根据现场勘察情况，对农业生产产量及其损失进行综合计算。具体可考察以下三个方面：一是根据现场实地勘察，邀请农业、气象、土壤等方面的专家，分析鉴定农作物生育期异常的原因、能否正常结实、是减产还是绝收等，分析减产或者绝收面积、产量。二是通过对比审定的农作物区试平均产量与现场调查的往年产量，并结合当年可能影响产量的气候、土肥等因素，综合评估当年的平均产量。三是根据农作物市场行情及平均单价等，确定直接经济损失。

关于以本罪共犯论处的几种情形，《生产、销售伪劣商品解释》第9条规定，知道或者应当知道他人实施生产、销售伪劣商品犯罪，而为其提供贷款、资金、账号、发票、证明、许可证件，或者提供生产、经营场所或者运输、仓储、保管、邮寄等便利条件，或者提供制假生产技术的，以生产、销售伪劣商品犯罪的共犯论处。

六、参阅案例

人民法院案例库参考案例：刘某林等销售伪劣种子案（入库编号2024-02-1-075-002）。该案裁判要旨为：行为人明知所培育的种子具有质量问题，仍以合格种子名义销售，或者明知种子无任何生产标识，也无种子检验合格证明，仍予以收购并销售，涉案种子系伪劣种子的，应认定行为人具有销售伪劣种子的主观故意。

七、关联规定

1.《中华人民共和国农业法》（2012年）第2条、第25条、第90条；

2.《中华人民共和国种子法》（2021年）第2条、第74条、第75条、第83条、第89条、第90条；

3.《退耕还林条例》（2016年）第2条、第5条、第60条；

4.《兽药管理条例》（2020年）第46条、第47条、第48条、第56条；

5.《农药管理条例》（2022年）第2条、第44条、第45条、第55条；

6.《最高人民检察院、公安部关于公安机关管辖的刑事案件立案追诉标准的规定（一）》（2008年，公通字〔2008〕36号）第23条；

7.《最高人民法院、最高人民检察院关于办理生产、销售伪劣商品刑事案件具体应用法律若干问题的解释》（2001年，法释〔2001〕10号）第7条、第9条、第10条、第11条、第12条；

8.《最高人民法院、最高人民检察院关于办理危害食品安全刑事案件适用法律若干问题的解释》（2021年，法释〔2021〕24号）第16条、第18条、第22条、第23条；

9.《最高人民法院关于进一步加强涉种子刑事审判工作的指导意见》（2022年，法〔2022〕66号）第3条、第6条、第7条。

第三章 妨害对公司、企业的管理秩序类犯罪

虚报注册资本罪

一、刑法规定

第一百五十八条：申请公司登记使用虚假证明文件或者采取其他欺诈手段虚报注册资本，欺骗公司登记主管部门，取得公司登记，虚报注册资本数额巨大、后果严重或者有其他严重情节的，处三年以下有期徒刑或者拘役，并处或者单处虚报注册资本金额百分之一以上百分之五以下罚金。

单位犯前款罪的，对单位判处罚金，并对其直接负责的主管人员和其他直接责任人员，处三年以下有期徒刑或者拘役。

二、罪名解读

虚报注册资本罪，是指申请注册登记实行资本实缴制的公司时，使用虚假证明文件或者采取其他欺诈手段，虚报注册资本，欺骗公司登记主管部门，取得公司登记，虚报注册资本数额巨大、后果严重或者有其他严重情节的行为。本罪的具体构成要件如下所述：

（一）主体要件

本罪的主体为特殊主体，即必须是申请公司登记的个人或者单位。申请公司登记的个人，在有限责任公司中是指由全体股东指定的股东，或者共同委托的代理人；在股份有限公司中，是指股份有限公司的董事长。申请公司登记的单位，是指申请设立有限责任公司和股份有限公司的机构或者部门。司法实践中，实行注册资本实缴登记制的公司，由法律、行政法规和国务院决定进行规定。

在此，需要特别注意的是，根据2014年国务院印发的《注册资本登记制度改革方案》的规定，截至目前，以下27类公司仍然实行的是强制的注册资本实缴制，具体包括：（1）采取募集方式设立的股份有限公司；（2）商业银行；（3）外资银行；（4）金融资产管理公司；（5）信托公司；（6）财务公司；（7）金融租赁公司；（8）汽车金融公司；（9）消费金融公司；（10）货币经纪公司；（11）村镇银

行；(12) 贷款公司；(13) 农村信用合作联社；(14) 农村资金互助社；(15) 证券公司；(16) 期货公司；(17) 基金管理公司；(18) 保险公司；(19) 保险专业代理机构、保险经纪人；(20) 外资保险公司；(21) 直销企业；(22) 对外劳务合作企业；(23) 融资性担保公司；(24) 劳务派遣企业；(25) 典当行；(26) 保险资产管理公司；(27) 小额贷款公司。这也就意味着，上述 27 类公司中申请公司登记的个人或者单位如果实施虚报注册资本行为，仍会涉嫌虚报注册资本罪。此外，如果承担资产评估、验资、验证、会计、审计、法律服务等职责的中介组织与申请公司登记的单位或个人通谋，故意提供虚假证明文件，欺骗公司登记主管部门，取得公司登记的，则应当以虚报注册资本罪的共犯论处。

（二）客体要件

本罪侵犯的客体是国家对公司的登记管理制度。本罪的行为对象是注册资本。实践中，"注册资本"又称"法定资本"，是指公司股东认缴的出资总额或者发起人认购的股本总额。公司股东（发起人）对缴纳出资情况的真实性、合法性负责。除法律、行政法规以及国务院决定对特定行业注册资本最低限额另有规定外，国家取消有限责任公司最低注册资本 3 万元、一人有限责任公司最低注册资本 10 万元、股份有限公司最低注册资本 500 万元的限制。但对实行注册资本实缴登记制的公司而言，一旦出资有假，就可能损害债权人的利益，进而影响市场交易和扰乱市场秩序。2014 年 4 月 24 日，《全国人民代表大会常务委员会关于〈中华人民共和国刑法〉第一百五十八条、第一百五十九条的解释》发布，明确规定《刑法》第 158 条、第 159 条的规定只适用于依法实行注册资本实缴制的公司。

（三）主观要件

本罪的主观方面为故意，而且只能是直接故意，目的在于骗取公司登记和领取营业执照。间接故意和过失均不构成本罪。

（四）客观要件

本罪的客观方面表现为使用虚假证明文件或者采取其他欺诈手段虚报注册资本，欺骗公司登记主管部门，取得公司登记，虚报注册资本数额巨大、后果严重或者有其他严重情节的行为。实践中，虚报注册资本具体表现为两种情形：一是实缴股本或者出资额少于法定的最低限额。二是出资额中实物、工业产权、非专利技术、土地使用权的作价高于其实际价值，从而使公司注册资本不实。

这里的"证明文件"，主要是指依法设立的会计师事务所和审计师事务所等法定验资机构依法对申请公司登记的人的出资所出具的验资报告、资产评估报告、验资证明等材料。"其他欺诈手段"，主要是指采取贿赂等非法手段收买有关机关和部门的工作人员，恶意串通，虚报注册资本，或者采用其他隐瞒事实真相的方法欺骗公司登记主管部门的行为。"公司登记主管部门"，是指市场监督管理部门。所谓"虚报注册资本"，是指行为人的实际出资额低于申请公司登记的法定最低出资额而申报谎称已经达到了法定限额的行为。"取得公司登记"，是指经市场监督管理部门核准并发给"企业法人营业执照"，具体包括取得公司设立登记和变更登记的情况。

如前所述，本罪名仅适用于依法实行注册资本实缴登记制的公司，而不适用于实行注册资本认缴登记制的公司。对于在实行注册资本实缴登记制的公司状态下，行为人在不具有法定注册资本最低限额的情况下，做出具有法定注册资本最低限额的申报，或者虽然达到法定注册资本最低限额，但做出高于实缴资本的申报，均可以认定为"虚报注册资本"。在此，需要说明的是，由于现行《公司法》已经不再要求在公司成立时立即缴足出资，行为人即使在申请公司设立登记时，对股东认缴的资本或者认购的股本作了一定程度的夸大，但是只要首次出资额已经达到法定标准，且之后在法定年限内又缴足申报的注册资本的剩余部分，依法也不能认定为"虚报注册资本"。

三、罪与非罪

本罪属于数额犯，首先必须考虑虚报注册资本的数额巨大，才构成犯罪。当然，后果严重、具有其他严重情节也是考虑的因素。实践中，构成本罪必须同时具备以下四个条件：一是行为人虚报了注册资本；二是行为人在申请公司登记时使用了虚假证明文件或者采取了其他欺诈手段；三是行为人欺骗的对象是公司登记主管部门，即各级市场监督管理部门，并实际取得了公司登记；四是虚报注册资本的行为必须具备数额巨大、后果严重或者有其他严重情节三种情形之一。实践中，对于以其他单位或者个人提供的资金作为公司的注册资本，在取得公司登记后，将公司的注册资本又悉数归还的，不构成本罪。

关于本罪的刑事立案追诉标准，最高人民检察院、公安部于2022年4月6日联合发布的修订后的《最高人民检察院、公安部关于公安机关管辖的刑事案件立案追诉标准的规定（二）》（以下简称"修订后的《立案追诉标准（二）》"）第3条规定，申请公司登记使用虚假证明文件或者采取其他欺诈手段虚报注册资本，欺骗公司登记主管部门，取得公司登记，涉嫌下列情形之一的，应予立案追诉：1. 法定注册资本最低限额在600万元以下，虚报数额占其应缴出资数额60%以上的。2. 法定注册资本最低限额超过600万元，虚报数额占其应缴出资数额30%以上的。

3.造成投资者或者其他债权人直接经济损失累计数额在50万元以上的。4.虽未达到上述数额标准（一般是指接近上述数额标准且已达到该数额的80%以上），但具有下列情形之一的：（1）2年内因虚报注册资本受过2次以上行政处罚，又虚报注册资本的；（2）向公司登记主管人员行贿的；（3）为进行违法活动而注册的。5.其他后果严重或者有其他严重情节的情形。需要说明的是，本条只适用于依法实行注册资本实缴登记制的公司。

根据2013年修正后的《公司法》和全国人大常委会立法解释精神，自2014年3月1日起，除依法实行注册资本实缴登记制的公司（参见《注册资本登记制度改革方案》）以外，对申请公司登记的单位和个人不得以虚报注册资本罪追究刑事责任。对于依法实行注册资本实缴登记制的公司涉嫌虚报注册资本犯罪的，司法机关应当严格依照《刑法》第158条和修订后的《立案追诉标准（二）》的相关规定进行处理，并认真研究行为性质和社会危害后果，以确保执法办案的法律效果和社会效果相统一。

四、注意事项

1.关于本罪的具体行为方式的理解问题。根据法律规定，使用虚假证明文件或者采取其他欺诈手段是实施虚报注册资本犯罪的基本行为方式。本罪中的"证明文件"，主要是指资金信用证明、验资证明、资金担保或者住所、经营场所使用证明等能够证实注册资本真实性的有关文件材料。使用虚假证明文件，主要是指使用虚假的验资、验证、评估报告书或者证明等有关材料。采取其他欺诈手段，是指利用"使用虚假证明文件"以外的其他方法虚报注册资本，比如向公司登记主管部门人员行贿意图骗取公司登记等。

2.关于"取得公司登记"的正确理解问题。取得公司登记，不是指营业执照的签发，营业执照的签发日期只是公司在法律意义上的成立日期。只有行为人获得公司登记主管部门核准，实际领取公司营业执照的，才属于取得公司登记。行为人虚报注册资本，欺骗公司登记主管部门，但被及时发现，未予签发营业执照，或者虽已签发营业执照，但在未向行为人发放时发现欺骗事实，不再进行发放的，都属于行为人未取得公司登记，依法不构成本罪。需要补充说明的是，在公司增资扩股过程中，行为人未取得有关批文的，也属于未取得公司登记。

3.关于"变更登记"中实施欺诈行为的定性问题。公司法上的公司登记包括设立登记、变更登记与注销登记。可以肯定的是，注销登记时的虚假行为不可能成立虚报注册资本罪。问题是，变更登记时使用虚假证明文件或者采取其他欺诈手段虚报注册资本，欺骗公司登记主管部门，取得公司变更登记的，是否成立虚报注册资本罪？笔者认为，根据《市场主体登记管理条例》的有关规定，注册资本属于公司登记的法定事项，不管是公司增加注册资本还是减少注册资本，都应当申请变更登记。因此，不管是设立登记时虚报注册资本还是变更登记时虚报注册资本，都会损害债权人的利益和交易安全，故《刑法》第158条中的"取得公司登记"还应包括取得公司变更登记。由此可知，行为人在公司变更登记中虚报注册资本的行为，只要符合修订后的《立案追诉标准（二）》第3条规定的立案标准，就应依法予以立案追诉。

五、风险提示

如果行为人虚报的注册资本数额不大、造成的后果不严重或者没有其他严重情节的，则不能以本罪论处，可以由公司登记主管部门视情节轻重，给予相应的行政处罚。如果行为人实施虚报注册资本行为，骗取公司登记后，又以虚报的注册资本作为资信保证进行其他犯罪活动，比如进行贷款诈骗等，构成犯罪的，则应依法实行数罪并罚。

在此，需要强调的是，如果公司实施了虚报注册资本犯罪行为的，除依法承担刑事责任外，还应根据情节轻重承担有关行政责任。有关此点，《公司法》第250条明确规定，违反本法规定，虚报注册资本、提交虚假材料或者采取其他欺诈手段隐瞒重要事实取得公司登记的，由公司登记机关责令改正，对虚报注册资本的公司，处以虚报注册资本金额5%以上15%以下的罚款；对提交虚假材料或者采取其他欺诈手段隐瞒重要事实的公司，处以5万元以上200万元以下的罚款；情节严重的，吊销营业执照；对直接负责的主管人员和其他直接责任人员处以3万元以上30万元以下的罚款。需要说明的是，如果公司违反《公司法》的有关规定，应当承担民事赔偿责任和缴纳罚款、罚金的，当其全部财产不足以支付时，则应先承担民事赔偿责任。

六、参阅案例

《刑事审判参考》（2012年第3辑，总第86辑）第774号：卜毅冰虚报注册资本案。该案裁判要旨为：行为人出于直接故意，在申请公司登记时，委托中介公司代办公司登记，以垫资欺诈的手段虚报注册资本，取得验资证明，骗取公司登记，并于公司登记前取出垫资款，其虚报注册资本数额巨大，已构成虚报注册资本罪。

七、关联规定

1.《中华人民共和国公司法》（2023年）第39条、第47条、第48条、第49

条、第250条、第252条、第264条；

2.《中华人民共和国市场主体登记管理条例》（2021年）第2条、第3条、第4条、第13条、第45条；

3.《最高人民检察院、公安部关于严格依法办理虚报注册资本和虚假出资抽逃出资刑事案件的通知》（2014年，公经〔2014〕247号）第1条、第2条、第3条、第4条；

4.《最高人民检察院、公安部关于公安机关管辖的刑事案件立案追诉标准的规定（二）》（2022年，公通字〔2022〕12号）第3条；

5.《最高人民法院关于如何认定国有控股、参股股份有限公司中的国有公司、企业人员的解释》（2005年，法释〔2005〕10号）。

虚假出资、抽逃出资罪

一、刑法规定

第一百五十九条：公司发起人、股东违反公司法的规定未交付货币、实物或者未转移财产权，虚假出资，或者在公司成立后又抽逃其出资，数额巨大、后果严重或者有其他严重情节的，处五年以下有期徒刑或者拘役，并处或者单处虚假出资金额或者抽逃出资金额百分之二以上百分之十以下罚金。

单位犯前款罪的，对单位判处罚金，并对其直接负责的主管人员和其他直接责任人员，处五年以下有期徒刑或者拘役。

二、罪名解读

虚假出资、抽逃出资罪，是指依法实行注册资本实缴登记制的公司发起人、股东违反公司法的规定未交付货币、实物或者未转移财产权，虚假出资，或者在公司成立后又抽逃其出资，数额巨大、后果严重或者有其他严重情节的行为。本罪的具体构成要件如下所述：

（一）主体要件

本罪的主体为特殊主体，仅限于实行注册资本实缴登记制的公司的发起人或者股东。这里的"公司"，是指依法实行注册资本实缴登记制的有限责任公司和股份有限公司。"公司的发起人"，是指依法设立公司的个人或者单位。"股东"，是指公司的出资人，包括自然人和单位。关于本罪中有关实行注册资本实缴登记制的

27 类公司的具体范围，可以参照虚报注册资本罪中的相关介绍。

（二）客体要件

本罪侵犯的客体是国家对设立公司的出资管理制度。为了加强对设立公司出资的管理，公司法对于公司的设立登记规定了严格的条件，旨在保障经济秩序的有序稳定和维护第三人的合法权益。

（三）主观要件

本罪的主观方面为故意，而且只能是直接故意。本罪中，要求行为人对虚假出资、抽逃出资的行为违反公司法的规定有明确的认知。间接故意和过失均不构成本罪。

（四）客观要件

本罪的客观方面表现为违反公司法的规定，未交付货币、实物或者未转移财产权，虚假出资，或者在公司成立后又抽逃出资，数额巨大、后果严重或者有其他严重情节的行为。本罪的行为对象是公司发起人、股东应缴纳或已经缴纳的资本。"违反公司法的规定"，主要是指违反了公司法、其他法律法规以及国务院决定有关仍然实行注册资本实缴登记制管理的规定。"未交付货币"，是指没有按照规定交付其所认缴的出资额或者根本没有交付任何货币。"未转移财产权"，是指对作为出资的实物、工业产权、非专利技术、土地使用权等没有依法办理财产权转移手续。"虚假出资"，是指公司的发起人、股东违反公司法规定，未交付应当认缴的出资额或者未办理出资额中的财产权转移手续。"抽逃出资"，是指公司的发起人、股东在公司成立时缴纳了所应认缴的出资，但在公司成立之后又撤出出资，使公司成立时的原有注册资本不当减少。

本罪的客观方面主要体现为：一是违反了公司法关于公司出资强制性管理的规定；二是实施了虚假出资、抽逃出资的行为；三是虚假出资、抽逃出资的行为达到数额巨大、后果严重或者有其他严重情节的标准。虚假出资和抽逃出资是实施本罪的基本行为方式。实践中，行为人只要实施了其中某一具体实行行为，就可以构成本罪，即使行为人同时实施了两种行为，也只能构成一罪。

三、罪与非罪

行为人只要违反公司法的规定，实施了未交付货币、实物或者未转移财产权，虚假出资，或者在公司成立后又抽逃其出资的行为之一，并且达到数额巨大、后果严重或者具有其他严重情节的，就构成本罪。如果行为人虽然未交付货币、实物或者未转移财产权，实施了虚假出资、抽逃出资的行为，但数额不大、后果不严重，也不具有其他严重情节,则属于一般行政违法行为,不构成本罪,只需由公司登记主管部门视情节轻重给予相应的行政处罚。在此,需要补充说明一点,由于股权转让仅更换公司的股东,而公司原有的出资并未从公司实际转出,财产的所有权仍然属于公司,因此这与抽逃出资存在本质上的区别,该种行为属于公司法规定的合法行为。

关于本罪的刑事立案追诉标准,修订后的《立案追诉标准(二)》第4条规定,公司发起人、股东违反公司法的规定未交付货币、实物或者未转移财产权,虚假出资,或者在公司成立后又抽逃其出资,涉嫌下列情形之一的,应予立案追诉:1.法定注册资本最低限额在600万元以下,虚假出资、抽逃出资数额占其应缴出资数额60%以上的。2.法定注册资本最低限额超过600万元,虚假出资、抽逃出资数额占其应缴出资数额30%以上的。3.造成公司、股东、债权人的直接经济损失累计数额在50万元以上的。4.虽未达到上述数额标准(一般是指接近上述数额标准且已达到该数额的80%以上),但具有下列情形之一的:(1)致使公司资不抵债或者无法正常经营的;(2)公司发起人、股东合谋虚假出资、抽逃出资的;(3)2年内因虚假出资、抽逃出资受过2次以上行政处罚,又虚假出资、抽逃出资的;(4)利用虚假出资、抽逃出资所得资金进行违法活动的。5.其他后果严重或者有其他严重情节的情形。需要说明的是,本条只适用于依法实行注册资本实缴登记制的公司。

根据2013年修正后的《公司法》和全国人大常委会立法解释精神,自2014年3月1日起,除依法实行注册资本实缴登记制的公司(参见《注册资本登记制度改革方案》)以外,对公司股东、发起人不得以虚假出资、抽逃出资罪追究刑事责任。对于依法实行注册资本实缴登记制的公司涉嫌虚假出资、抽逃出资犯罪的,司法机关应当严格依照《刑法》第159条和修订后的《立案追诉标准(二)》的相关规定进行处理,并认真研究行为性质和社会危害后果,以确保执法办案的法律效果和社会效果相统一。

四、注意事项

1.关于虚假出资和抽逃出资的认定问题。实践中,虚假出资行为主要表现为:一是以货币出资的股东,未在法定的期限内将其认缴的货币足额存入设立有限公司所开设的临时账户;二是以货币出资的发起人,未在法定的期限内缴纳其以书面形式认缴的全部股款;三是以实物、土地使用权、知识产权出资或者冲抵股款的股东、发起人,未在法定的期限内办理财产权属的转移手续。在此,需要注意的是,当出资人以房屋、土地使用权或者需要办理权属登记的知识产权等出资，已经交付公司使用但尚未按期办理权属变更手续时，不能简单以"没有转移财产权"为由定罪处罚，还要考察行为人是否具有办理权属变更登记的主观意愿，如果其能够在合理期间内办理权属变更手续的，则应当认定其已经履行了出资义务，可以不作为犯罪处理。反之，当出资人以房屋、土地使用权或者需要办理权属登记的知识产权等出资，虽然已经办理了权属变更手续但未交付公司使用时，如果查明其主观上不愿意实际交付财产的，则仍然可以本罪论处。实践中，抽逃出资行为主要表现为：一是非法抽回其原有的出资，即公司发起人、股东在公司成立之后，将原有入股出资非法抽回；二是转移其出资，即公司发起人、股东在公司成立之后，采取各种不正当手段，将原有入股出资从公司资本中转出。在此，需要强调的是，虚假出资是在公司设立的过程中，不依法交付货币、实物或者转移所有权，而抽逃出资则是在公司成立之后，将原有出资非法抽回，因此两者存在本质上的区别。

2. 关于本罪与虚报注册资本罪的界限问题。由于本罪和虚报注册资本罪在虚假出资、欺骗方式、骗取公司登记等方面具有相似性，且多有交叉重叠之处，实践中容易出现混淆。两者的主要区别体现在：一是主体不同。本罪的主体仅限于公司的发起人、股东；而后者的主体则较为宽泛，还可能包括公司登记中的其他相关人员，如代理人、中介等。二是主观方面不同。本罪的主观目的是在公司成立前后通过减少出资或者不出资获取非法利益；而后者的主观目的则是通过虚报注册资本的行为取得公司登记。三是行为对象不同。本罪的行为对象是公司的固有资本；而后者的行为对象则只能是注册资本。四是行为方式不同。本罪的行为方式表现为虚假出资或者抽逃出资；而后者的行为方式则表现为通过欺骗手段，骗取公司登记，虚报注册资本。五是行为发生的时间不同。本罪既可能发生在公司成立之前，也可能发生在公司成立之后；而后者则只能发生在申请公司登记的过程中。鉴于此，如果虚假出资只发生在申请公司设立登记过程中，而且仅仅是为了骗取公司登记，则应当以虚报注册资本罪论处；如果虚假出资不只发生在申请公司设立登记环节，而且存在抽逃出资的非法行为，则依法评价为虚假出资、抽逃出资罪更为合适。

五、风险提示

关于股东抽逃出资行为的司法认定与法律责任，《最高人民法院关于适用〈中华人民共和国公司法〉若干问题的规定（三）》第 12 条规定，相关股东的行为符合下列情形之一且损害公司权益的，应认定为该股东存在抽逃出资的行为：（1）制作虚假财务会计报表虚增利润进行分配；（2）通过虚构债权债务关系将其出资转出；(3) 利用关联交易将出资转出；(4) 其他未经法定程序将出资抽回的行为。在此种情况下，抽逃出资的股东应依法向公司承担返还出资本息的责任，而且协助其抽逃出资的其他股东、董事、高级管理人员或者实际控制人对此还应当承担连带清偿责任。在此种情况下，即便公司或者其他股东未提出返还出资本息的主张，公司的债权人仍然有权要求抽逃出资的股东在抽逃出资本息范围内对公司债务不能清偿的部分承担补充赔偿责任，协助其抽逃出资的其他股东、董事、高级管理人员或者实际控制人对此承担连带清偿责任。此外，需要说明的是，公司股东未履行或者未全面履行出资义务或者抽逃出资，公司或者其他股东请求其向公司全面履行出资义务或者返还出资时，被告股东如果以诉讼时效为由进行抗辩，人民法院也不会支持。

众所周知，公司是企业法人，有独立的法人财产，享有法人财产权。公司的合法权益受法律保护，不受侵犯。实践中，公司发起人、股东设立公司过程中，可以用货币出资，也可以用实物、知识产权、土地使用权等可以用货币估价并可以依法转让的非货币财产作价出资，但是法律、行政法规规定不得作为出资的财产除外。对于作为出资的非货币财产，应当按照法定程序评估作价、核实财产，不得高估或者低估作价。根据法律规定，依法按期足额出资并不得抽逃出资系公司发起人、股东的一项基本义务，行为人违反该义务的，将不可避免地承担有关民事、行政和刑事责任。有关此点，《公司法》第 252 条规定，公司的发起人、股东虚假出资，未交付或者未按期交付作为出资的货币或者非货币财产的，由公司登记机关责令改正，可以处以 5 万元以上 20 万元以下的罚款；情节严重的，处以虚假出资或者未出资金额 5% 以上 15% 以下的罚款；对直接负责的主管人员和其他责任人员处以 1 万元以上 10 万元以下的罚款。同时，《公司法》第 253 条规定，公司的发起人、股东在公司成立后，抽逃其出资的，由公司登记机关责令改正，处以所抽逃出资金额 5% 以上 15% 以下的罚款；对直接负责的主管人员和其他直接责任人员处以 3 万元以上 30 万元以下的罚款。此外，《公司法》第 264 条还规定，违反本法规定，构成犯罪的，依法追究刑事责任。由此可知，股东不按法律规定缴纳出资的，除应当向公司足额缴纳外，还应当向已按期足额缴纳出资的股东承担违约责任。如果股东抽逃公司注册资本，还要向公司及其他股东承担返还责任，或者在抽逃出资范围内对公司债务不能清偿的部分向债权人承担补充赔偿责任。因此，除承担民事责任外，虚假出资或者抽逃出资者还需承担罚款的行政责任，情节严重、构成犯罪的，还将被追究刑事责任。

六、参阅案例

肖某虚假出资、抽逃出资案［湖北省武汉市中级人民法院（2019）鄂01刑终1121号］。该案裁判要旨为：虚假出资、抽逃出资罪是指公司发起人、股东违反公司法的规定未交付货币、实物或者未转移财产权，虚假出资，或者在公司成立后又抽逃其出资，数额巨大、后果严重或者有其他严重情节的行为。2013年12月28日，第十二届全国人民代表大会常务委员会第六次会议通过了关于修改《公司法》的决定，自2014年3月1日起施行。新修改的《公司法》主要涉及的一个方面就是将注册资本实缴登记制改为认缴登记制，对公司注册资本实缴有另行规定的除外。鉴于《公司法》的修改，2014年2月7日，国务院印发了《注册资本登记制度改革方案》，对依法实行注册资本实缴登记制的行业、公司类型予以明确规定。2014年4月24日，全国人大常委会讨论了《刑法》第158条、第159条对实行注册资本实缴登记制、认缴登记制的公司的适用范围问题，作出了立法解释，其中明确《刑法》第159条关于虚假出资、抽逃出资罪的规定，只适用于依法实行注册资本实缴登记制的公司。根据新修正的《公司法》和全国人大常委会的立法解释，自2014年3月1日起，除依法实行注册资本实缴登记制的公司以外，对其他公司的股东、发起人不得以虚假出资、抽逃出资罪追究刑事责任。某公司是非注册资本实缴登记制的公司，其股东、发起人不能成为虚假出资、抽逃出资罪的犯罪主体，且被告人肖某没有虚假出资的行为，其减资行为可能涉及民事责任而非刑事责任，故被告人肖某不构成虚假出资、抽逃出资罪。

七、关联规定

1.《全国人民代表大会常务委员会关于〈中华人民共和国刑法〉第一百五十八条、第一百五十九条的解释》（2014年）；

2.《中华人民共和国公司法》（2023年）第2条、第53条、第105条、第252条、第253条、第264条；

3.《中华人民共和国市场主体登记管理条例》（2021年）第2条、第3条、第4条、第13条、第45条；

4.《最高人民检察院、公安部关于严格依法办理虚报注册资本和虚假出资抽逃出资刑事案件的通知》（2014年，公经〔2014〕247号）第1条、第2条、第3条、第4条；

5.《最高人民检察院、公安部关于公安机关管辖的刑事案件立案追诉标准的规定（二）》（2022年，公通字〔2022〕12号）第4条。

欺诈发行证券罪

一、刑法规定

第一百六十条：在招股说明书、认股书、公司、企业债券募集办法等发行文件中隐瞒重要事实或者编造重大虚假内容，发行股票或者公司、企业债券、存托凭证或者国务院依法认定的其他证券，数额巨大、后果严重或者有其他严重情节的，处五年以下有期徒刑或者拘役，并处或者单处罚金；数额特别巨大、后果特别严重或者有其他特别严重情节的，处五年以上有期徒刑，并处罚金。

控股股东、实际控制人组织、指使实施前款行为的，处五年以下有期徒刑或者拘役，并处或者单处非法募集资金金额百分之二十以上一倍以下罚金；数额特别巨大、后果特别严重或者有其他特别严重情节的，处五年以上有期徒刑，并处非法募集资金金额百分之二十以上一倍以下罚金。

单位犯前两款罪的，对单位判处非法募集资金金额百分之二十以上一倍以下罚金，并对其直接负责的主管人员和其他直接责任人员，依照第一款的规定处罚。

二、罪名解读

欺诈发行证券罪，是指在招股说明书、认股书及公司、企业债券募集办法等发行文件中隐瞒重要事实或者编造重大虚假内容，发行股票或者公司、企业债券，存托凭证或者国务院依法认定的其他证券，数额巨大、后果严重或者有其他严重情节的行为。本罪的具体构成要件如下所述：

（一）主体要件

本罪的主体为特殊主体，即在证券发行文件中负有如实陈述相关情况的法定义务主体，既可以是自然人，也可以是单位。这里的"控股股东"，是指其出资额占有限责任公司资本总额50%以上或者其持有的股份占股份有限公司股本总额50%以上的股东；以及虽然出资额或者持有股份的比例不足50%，但依其出资额或者持有的股份所享有的表决权足以对股东会、股东大会的决议产生重大影响的股东。这里的"实际控制人"，是指虽不是公司的股东，但通过投资关系、协议或者其他安排，能够实际支配公司行为的人。

（二）客体要件

本罪侵犯的客体是复杂客体，即国家对证券市场的管理制度和证券投资者的投资权益。因此，隐瞒的有关事实或编造的虚假内容，足以严重损害市场管理秩序和投资人合法权益的，才符合重要或重大的标准。本罪的行为对象包括股票或者公司、企业债券，存托凭证或者国务院依法认定的其他证券。这里的"股票"，是指股份有限公司发行的、表示其股东按持有的股份享受权益和承担义务的可转让的书面凭证。"存托凭证"，是指由存托人签发、以境外证券为基础在中国境内发行、代表境外基础证券权益的证券。

这里的"公司、企业债券"，是指公司、企业依照法定程序发行，约定在一定期限内还本付息的有价证券，既包括在交易所市场发行的债券，也包括在银行间市场发行的债券。在办案过程中，遇到新类型或不常见的债券，可在征求主管部门意见后，根据法律和行政法规规定的基本原理，按照"还本付息"这一债券的共同属性，依法作出认定。需要补充说明的是，欺诈发行债券的行为，既包括公募债券，也包括私募债券。实践中，欺诈发行私募债券同样具有严重的社会危害性，故应将其一并纳入本罪所保护的范围。

（三）主观要件

本罪的主观方面只能是故意，即行为人明知在证券发行文件中不得隐瞒重要事实或者编造重大虚假内容却故意为之。实践中，对于行为人工作失误造成证券发行文件中存在疏漏、错误之处的，由于其主观上并没有非法募集资金的目的，因此不构成本罪。

（四）客观要件

本罪的客观方面表现为在招股说明书、认股书及公司、企业债券募集办法等发行文件中隐瞒重要事实或者编造重大虚假内容，发行股票或者公司、企业债券，存托凭证或者国务院依法认定的其他证券，数额巨大、后果严重或者有其他严重情节的行为。此外，本罪的客观方面还包括控股股东、实际控制人组织、指使实施上述行为。

欺诈发行证券，是指在发行文件中隐瞒重要事实或者编造重大虚假内容，发行证券的行为。需要说明的是，欺诈发行证券中的"发行"既包括公开发行，也包括非公开发行。这里的"等发行文件"，是指在发行过程中与"招股说明书、认股书、公司、企业债券募集办法"具有同等重要性的其他发行文件，包括公司的监事会对募集说明书真实性、准确性、完整性的审核意见，募集资金使用的可行性报告，以及增发、发行可转换公司债券等涉及的发行文件，等等。这里的"发行股票"，既包括首次公开发行股票并上市，也包括公司上市后公开发行股票、非公开发行股票。这里的"发行债券"，既包括上市公司发行债券，也包括非上市公司、企业发行债券；既包括公开发行债券，也包括非公开发行债券；既包括发行仅还本付息的信用类债券，也包括发行可转换为本公司股票的可转换公司债券。这里的"发行存托凭证"，既包括境外公司在境内发行存托凭证并上市，也包括境内公司在境外发行存托凭证并上市。

这里的"重要事实"，是指能够影响一般投资者作出投资或者不投资，大量投资或者少量投资决策的，真实反映投资对象的信息。这里的"重大虚假内容"，是指行为人编造的有关上述"重要事实"的信息。这里的"数额巨大"，是指欺诈发行的有关证券的金额巨大。如果数额未达到巨大，且无其他严重后果或者严重情节的，则虽然违法但不构成犯罪。这里的"后果严重"，主要是指造成了投资者或者其他债权人重大经济损失，或者严重影响了投资人、债权人的生产、经营活动等。这里的"其他严重情节"，是指除数额巨大和后果严重外，严重违反法律规定，扰乱金融和社会管理秩序的其他情形。

三、罪与非罪

本罪法条在被修改之前，欺诈发行证券的范围比较明确，即仅限于股票、公司或企业债券。在被修改之后，欺诈发行证券的范围为股票、公司或企业债券、存托凭证以及国务院依法认定的其他证券。实践中，对刑法条文明确列举的证券种类不存在争议。需要说明的是，这里的"国务院依法认定的其他证券"并不是广义的兜底规定，只有经国务院法定程序确认的新型证券品种才符合这一规定要求。

关于本罪的刑事立案追诉标准，修订后的《立案追诉标准（二）》第5条规定，在招股说明书、认股书、公司、企业债券募集办法等发行文件中隐瞒重要事实或者编造重大虚假内容，发行股票或者公司、企业债券、存托凭证或者国务院依法认定的其他证券，涉嫌下列情形之一的，应予立案追诉：（1）非法募集资金金额在1000万元以上的；（2）虚增或者虚减资产达到当期资产总额30%以上的；（3）虚增或者虚减营业收入达到当期营业收入总额30%以上的；（4）虚增或者虚减利润达到当期利润总额30%以上的；（5）隐瞒或者编造的重大诉讼、仲裁、担保、关联交易或者其他重大事项所涉及的数额或者连续12个月的累计数额达到最近一期披露的净资产50%以上的；（6）造成投资者直接经济损失数额累计在100万元以上的；（7）为欺诈发行证券而伪造、变造国家机关公文、有效证明文件或者相关凭证、单据的；（8）为欺诈发行证券向负有金融监督管理职责的单位或者人员行贿的；（9）募集的资金全部或者主要用于违法犯罪活动的；（10）其他后果严重或者有其他严重情节的情形。

需要补充说明的是，在认定"直接经济损失"时，应当注意以下情况：相关虚假陈述侵权民事赔偿案件已有生效判决的，可以参照民事判决对直接经济损失作出认定；直接经济损失数额难以准确计算的，应当依法委托专门机构出具测算报告后予以审查认定。

四、注意事项

1.关于本罪是否存在犯罪未遂的问题。实践中，对于在发行文件中隐瞒重要事实或者编造重大虚假内容但尚未成功发行证券行为的定性问题，存在不同的认识和观点：一种观点认为，本罪仅限于已经发行证券的情形，如果未发行或者未成功发行的，则不构成犯罪；另一种观点认为，此种情形构成犯罪，属于犯罪未遂。笔者认为，对此问题，不宜采取"一刀切"的态度，也不能完全排除犯罪认定。如果行为人具有欺诈发行的意图，事实上也实施了欺诈发行的行为，只是由于意志以外的因素未能成功发行的，可以认定为犯罪未遂。当然，如果没有造成严重后果或者具有其他严重情节的，则不能以犯罪论处。

2.关于本罪与违规披露、不披露重要信息罪的罪数问题。本罪与违规披露、不披露重要信息罪是两个独立的罪名，侵犯的法益不同，二者也并非手段与目的的牵连关系，因此如果同时符合两个犯罪构成，则依法应当数罪并罚。司法实践中，对于公司、企业利用相同的虚假财务数据，先后实施欺诈发行证券行为与违规披露、不披露重要信息行为，属于实施了两个违法行为，如果分别构成犯罪的，应当同时以欺诈发行证券罪和违规披露、不披露重要信息罪追究刑事责任。

3.关于本罪与其他犯罪的界限问题。司法实践中，控股股东、实际控制人在发行债券案件中实际上扮演着十分重要的角色，并发挥着关键性作用，属于"关键少数"。《刑法》第160条将前述共同犯罪行为人进行单列，并设置明确的罚金幅度，这对于预防、震慑、打击该类主体的债券欺诈犯罪行为具有重大现实意义。实践中，控股股东、实际控制人将非法募集到的资金据为己有或者挪作他用的，属于职务违法犯罪行为，如果构成犯罪的，则依照刑法有关贪污、职务侵占、挪用公款、挪用资金等犯罪依法认定和处理。

五、风险提示

《刑法修正案（十一）》对本条作出了如下重大修改：一是增加了"等发行文件"这一兜底规定；二是增加了"国务院依法认定的其他证券"的规定，扩大了犯罪对象的范围；三是对幕后的控股股东、实际控制人组织、指使实施欺诈发行行为增加了专门规定，目的在于精准惩处幕后的实际操控者和实际受益人；四是提高了本罪的刑罚，将法定最高刑由原来的有期徒刑5年提高至15年；五是完善了罚金刑，对不同主体犯罪的罚金刑予以区分；六是修改了单位犯罪的有关处罚规定。根据修法实际，《最高人民法院、最高人民检察院关于执行〈中华人民共和国刑法〉确定罪名的补充规定（七）》将本条的罪名调整为"欺诈发行证券罪"，取消了"欺诈发行股票、债券罪"。

需要说明的是，单位犯本罪的，实行双罚制，即对单位判处非法募集资金金额20%以上1倍以下罚金，并对其直接负责的主管人员和其他直接责任人员，依照《刑法》第160条第1款的规定处罚。如果控股股东、实际控制人是单位，组织、指使实施欺诈发行行为，构成本罪的，对该单位也要比照自然人是控股股东、实际控制人的情况予以处罚，即对单位判处非法募集资金金额20%以上1倍以下罚金，并对其直接负责的主管人员和其他直接责任人员，依照《刑法》第160条第1款规定处罚。

六、参阅案例

《刑事审判参考》（2021年第5辑，总第129辑）第1435号：丹东欣泰电气股份有限公司及温德乙、刘明胜欺诈发行股票、违规披露重要信息案。该案裁判要旨为：上市公司在发行、持续信息披露中的财务造假行为，严重蛀蚀了资本市场的诚信基础，损害投资者利益，应当予以惩治。资本市场财务造假行为主要通过信息违规披露的方式表现出来。对于不同阶段涉财务造假信息的违规披露行为，刑法规定了不同的罪名和相应刑罚。欺诈发行股票罪与违规披露重要信息罪是两个独立的罪名，侵犯的法益不同，二者也并非手段与目的的牵连关系，欺诈发行不意味着一定会违规披露，而违规披露也不一定是因为前面有欺诈发行行为。如果同时符合两个犯罪构成，则应当数罪并罚。

七、关联规定

1.《中华人民共和国证券法》（2019年）第19条、第24条、第185条、第219条、第220条、第221条；

2.《中华人民共和国公司法》（2023年）第100条、第102条、第265条；

3.《企业债券管理条例》（2011年）第2条、第3条、第5条、第16条至第20条、第26条至第36条；

4.《最高人民检察院、公安部关于公安机关管辖的刑事案件立案追诉标准的规定（二）》（2022年，公通字〔2022〕12号）第5条；

5.《首次公开发行股票注册管理办法》（2023年）第2条至第9条、第34条至

第 45 条、第 58 条至第 69 条；

6.《存托凭证发行与交易管理办法（试行）》（2023 年）第 2 条、第 3 条、第 16 条至第 25 条、第 46 条至第 54 条；

7.《公司债券发行与交易管理办法》（2023 年）第 2 条至第 7 条、第 50 条至第 54 条、第 69 条至第 75 条；

8.《上市公司证券发行注册管理办法》（2025 年）第 2 条至第 7 条、第 38 条、第 71 条至第 77 条、第 83 条。

违规披露、不披露重要信息罪

一、刑法规定

第一百六十一条：依法负有信息披露义务的公司、企业向股东和社会公众提供虚假的或者隐瞒重要事实的财务会计报告，或者对依法应当披露的其他重要信息不按照规定披露，严重损害股东或者其他人利益，或者有其他严重情节的，对其直接负责的主管人员和其他直接责任人员，处五年以下有期徒刑或者拘役，并处或者单处罚金；情节特别严重的，处五年以上十年以下有期徒刑，并处罚金。

前款规定的公司、企业的控股股东、实际控制人实施或者组织、指使实施前款行为的，或者隐瞒相关事项导致前款规定的情形发生的，依照前款的规定处罚。

犯前款罪的控股股东、实际控制人是单位的，对单位判处罚金，并对其直接负责的主管人员和其他直接责任人员，依照第一款的规定处罚。

二、罪名解读

违规披露、不披露重要信息罪，是指依法负有信息披露义务的公司、企业向股东和社会公众提供虚假的或者隐瞒重要事实的财务会计报告，或者对依法应当披露的其他重要信息不按照规定披露，严重损害股东、其他人利益，或者具有其他严重情节的行为。本罪的具体构成要件如下所述：

（一）**主体要件**

本罪的主体为特殊主体，包括两类：一是依法负有信息披露义务的公司、企业，该类主体只能是单位，不包括自然人；二是公司、企业的控股股东、实际控制人，该类主体包括自然人和单位。根据《上市公司信息披露管理办法》等相关规定，信息披露义务人，是指上市公司及其董事、监事、高级管理人员、股东、实际控制人，收购人，重大资产重组、再融资、重大交易有关各方等自然人、单位及其相关人员，破产管理人及其成员，以及法律、行政法规和中国证监会规定的其他承担信息披露义务的主体。由此可知，这里的"依法负有信息披露义务的公司、企业"，不仅包括上市公司，还包括进行收购、重大资产重组、再融资、重大交易的有关各方以及破产管理人等主体。其他信息披露义务人应当向上市公司提供真实、准确、完整的信息，由上市公司向社会公开披露，这些义务人向上市公司提供虚假信息或隐瞒应当披露的重要信息，构成犯罪的，也应以本罪论处。

（二）客体要件

本罪侵犯的客体是国家对公司、企业的财会报告和其他重要信息的管理制度以及广大股东、投资人的合法权益。本罪的行为对象包括财务会计报告和依法应当披露的其他重要信息。

（三）主观要件

本罪的主观方面只能是故意，即行为人明知负有法定的信息披露义务而故意违规披露或者不披露。

（四）客观要件

本罪的客观方面表现为向股东和社会公众提供虚假的或者隐瞒重要事实的财务会计报告，或者对依法应当披露的其他重要信息不按照规定披露，严重损害股东、其他人利益，或者具有其他严重情节的行为。本罪的具体行为方式有二：一是提供虚假的或者隐瞒重要事实的财务会计报告；二是对依法应当披露的其他重要信息不按照规定披露。需要说明的是，对公司、企业的控股股东、实际控制人而言，其客观方面表现除直接向股东和社会公众提供虚假的或者隐瞒重要事实的财务会计报告，或者对依法应当披露的其他重要信息不按照规定披露外，还包括组织、指使实施上述行为以及隐瞒相关事项。

这里的"重要事实的财务会计报告"，是指涵盖公司负债或者经营亏损等情况的财务会计报告。这里的"虚假的财务会计报告"，是指对所披露的内容进行不真实记载，包括发生业务不入账、虚构业务不入账等。这里的"隐瞒重要事实的财务会计报告"，是指未按照有关重大事件或者重要事项信息披露要求披露信息，隐瞒了重大事项。这里的"依法应当披露的其他重要信息"，是指财务会计报告以外的与公司、企业生产经营活动有着重要关系的信息，如招股说明书、债券募集办法、上市报告等文件，以及上市公司年度报告、中期报告、临时报告和其他信息披露资料，等等。实践中，关于依法应当披露的其他重要信息的具体范围，应当依照《证券法》《公司法》等法律法规的有关规定，以及国务院证券管理机构的有关要求作出认定。

这里的"不按照规定披露",不仅包括违背法律法规和国务院证券管理机构的管理规定进行虚假披露,还包括对所披露的信息进行虚假记载、误导性陈述或者有重大遗漏等情形。根据《证券法》的有关规定,信息披露义务人披露的信息,应当真实、准确、完整,不得有虚假记载、误导性陈述或者重大遗漏。如果信息披露义务人未按照规定披露信息,或者公告的证券发行文件、定期报告、临时报告及其他信息披露资料存在虚假记载、误导性陈述或者重大遗漏的,将依法被认定为"不按照规定披露"。这里的"其他严重情节",主要包括隐瞒多项应当披露的重要信息、多次虚假披露或者不按照规定披露、因不按照规定披露受到处罚后又违反等情形。需要补充说明的是,行为人以作为或者不作为的方式均可构成本罪。

三、罪与非罪

违规披露、不披露重要信息,严重损害股东、其他人利益,或者具有其他严重情节的,均可以构成本罪。区分本罪与一般违法行为的标准有二:(1)是否严重损害股东或者其他人利益;(2)是否具有其他严重情节。司法实践中,对于一般提供虚假财务会计报告、隐瞒非重要信息,或者出于过失造成财务会计报告虚假、没有按规定披露有关信息,由于欠缺构成本罪的主客观要件,因此不能以本罪论处。需要说明的是,依法负有信息披露义务的公司、企业构成本罪的,实行"单罚制",对其直接负责的主管人员和其他直接责任人员,处5年以下有期徒刑或者拘役,并处或者单处罚金;情节特别严重的,处5年以上10年以下有期徒刑,并处罚金。有关此点,具体可参见最高人民检察院第17批指导性案例之"博元投资股份有限公司、余蒂妮等人违规披露、不披露重要信息案"(检例第66号)。

关于本罪的刑事立案追诉标准,修订后的《立案追诉标准(二)》第6条规定,依法负有信息披露义务的公司、企业向股东和社会公众提供虚假的或者隐瞒重要事实的财务会计报告,或者对依法应当披露的其他重要信息不按照规定披露,涉嫌下列情形之一的,应予立案追诉:(1)造成股东、债权人或者其他人直接经济损失数额累计在100万元以上的;(2)虚增或者虚减资产达到当期披露的资产总额30%以上的;(3)虚增或者虚减营业收入达到当期披露的营业收入总额30%以上的;(4)虚增或者虚减利润达到当期披露的利润总额30%以上的;(5)未按照规定披露的重大诉讼、仲裁、担保、关联交易或者其他重大事项所涉及的数额或者连续12个月的累计数额达到最近一期披露的净资产50%以上的;(6)致使不符合发行条件的公司、企业骗取发行核准或者注册并且上市交易的;(7)致使公司、企业发行的股票或者公司、企业债券、存托凭证或者国务院依法认定的其他证券被终止上市交易的；(8)在公司财务会计报告中将亏损披露为盈利，或者将盈利披露为亏损的；(9)多次提供虚假的或者隐瞒重要事实的财务会计报告，或者多次对依法应当披露的其他重要信息不按照规定披露的；(10)其他严重损害股东、债权人或者其他人利益，或者有其他严重情节的情形。需要说明的是，司法实践中，关于《刑法》第161条第1款所规定的"情节特别严重"的具体认定标准，有待相关司法解释进一步明确和细化。仅就数额部分而言，可以按照司法实践通行的5倍关系把握刑罚升档标准。

四、注意事项

1. 关于本罪的追责主体范围问题。《刑法》第161条第1款所规定的犯罪主体是单位，即依法负有信息披露义务的公司、企业，但在处罚时仅追究单位中"直接负责的主管人员和其他直接责任人员"的刑事责任。所谓"直接负责的主管人员"，是指在实施的犯罪中起决定、批准、授意、纵容、指挥等作用的人员，一般是依法负有信息披露义务的公司、企业的主管负责人，包括法定代表人。所谓"其他直接责任人员"，是指在犯罪中具体实施犯罪并起较大作用的人员，既可以是依法负有信息披露义务的公司、企业的经营管理人员，也可以是依法负有信息披露义务的公司、企业的职工，包括聘任、雇用的人员。具体办案中，对于受单位领导指派或者奉命参与实施一定犯罪行为的人员，作用不大的，一般不宜将其作为直接责任人员追究刑事责任。

由此可知，本罪虽然是单位犯罪，但与一般的单位犯罪不同，本罪实行单罚制。立法上之所以采用单罚制，主要是基于本罪的犯罪主体公司、企业在部分案件中也是违规披露、不披露重要信息行为的被害人，在此情况下，如果再对公司、企业判处罚金，势必加重公司、企业的负担，更不利于保护股东或者其他投资者的合法权益。值得关注的是，不能因为该条款规定了单罚制，即仅处罚单位中直接负责的主管人员和其他直接责任人员，就否定单位犯罪的实质，或者认为单位不需要承担任何责任。根据该条款的规定，虽然不再追究单位的刑事责任，但并不代表同时免除单位的其他法律责任。对于需要给予行政处罚的，由证券监督管理部门依法作出相应的处罚决定，以消除当事人、社会公众因司法机关不追究刑事责任可能产生的单位无任何责任的误解，避免对证券市场秩序造成负面影响。

根据《刑法》第161条第2款和第3款的规定，依法负有信息披露义务的公司、企业的控股股东、实际控制人，实施或者组织、指使实施第1款行为的，或者隐瞒相关事项导致第 1 款规定的情形发生的，依照第 1 款的规定处罚。对于犯前款罪的控股股东、实际控制人是单位的，对单位判处罚金，并对其直接负责的主管人员和其他直接责任人员，依照第 1 款的规定处罚。在此，需要强调的是，如果控股股东、实际控制人是单位，因涉嫌违规披露、不披露重要信息犯罪的，则要充分考虑其控股股东、实际控制人身份的特殊性和实际影响力，依法应予严惩。因此，在适用本罪对其定罪处罚时，仍然采取的是"双罚制"。

2. 关于具体事项的披露义务问题。对于重大诉讼、仲裁、担保、关联交易等具体事项的披露义务，可以根据上市规则以及证券交易所制定的具体事项信息披露指引等，依法作出认定。根据《证券法》第 79 条、第 80 条、第 81 条等规定可知，依法负有信息披露义务的公司、企业对重大诉讼、仲裁、担保、关联交易等重大事项，负有临时报告、定期报告双重信息披露义务。因此，对于临时披露重大事项违规比例、定期披露重大事项违规比例应当分别计算，只要其中一个比例达到本罪立案追诉标准第 5 项标准的，就应当予以立案追诉。

3. 关于本罪中自首的认定问题。毫无疑问，认定一般自首需要同时满足"自动投案"与"如实供述"两个要件。就主动投案而言，实践中行为人的到案方式主要有主动到案、经同案犯劝解后到案、书面或口头传唤到案，以及经证监会、公安机关电话通知后到案，其中后两种均属于传唤。需要说明的是，传唤虽不属于刑事强制措施，只是一种侦查行为，但实际上是具备拘传性质的措施，所以书面或口头传唤可以阻却一般自首的认定。但是，接办案机关电话通知本身不具有强制性，行为人既可以选择自动归案，也可以选择拒不到案或者逃跑，如果行为人选择主动到案配合调查，不仅体现了犯罪嫌疑人的投案主动性和自愿性，也符合最高人民法院《关于处理自首和立功若干具体问题的意见》中规定的"其他符合立法本意，应当视为自动投案的情形"。就如实供述而言，行为人需要如实交代自己的主要犯罪事实以及身份情况，如果涉嫌共同犯罪的，则还应当供述所知的同案犯情况。办案实践中，主要犯罪事实包括"罪质事实"和"重大罪量事实"。所谓"罪质事实"，是指对犯罪嫌疑人行为性质认定具有重大影响的事实、情节，主要是针对罪名的构成要件。所谓"重大罪量事实"，是指对量刑具有重大影响的事实、情节。具体到本罪，行为人不仅应当如实供述自己的身份、职务以及前科等基本情况，还应当就违规披露或未披露的事件内容、次数、时间、原因作出详细交代，才能被认定为如实交代犯罪事实。

4. 关于本罪立案追诉标准的正确适用问题。从修订后的《立案追诉标准（二）》第 6 条的规定可知，本罪存在多达 10 项的立案追诉标准。具体办案中，上述多项标准之间属于并列适用的关系，司法机关在具体适用时并没有优先、劣后之分，只要犯罪行为达到其中一项标准就应予立案追诉。其中，虽然对第 10 项兜底条款在适用上应慎重把握，但其与同条款的其他规定仍属于并列适用关系。司法实践中，犯罪行为可能会同时符合若干个追诉标准，对此，从法律和道理上讲，应当依法全部查明，以便全面评价犯罪情节和危害后果。

五、风险提示

《刑法修正案（十一）》对本条作出了如下重大修改：一是扩大犯罪主体的范围，将依法负有信息披露义务的公司、企业的控股股东、实际控制人纳入该罪主体范围。二是针对控股股东、实际控制人实施或者组织、指使实施违规披露或者不披露重要信息的行为作出了明确规定，并分别视其为自然人、单位，增设了第 2 款、第 3 款予以规制。三是大幅提升该罪法定刑，并将第 1 款修改为两档刑，将法定最高刑由原来的 3 年有期徒刑提高至 10 年，同时将定额罚金制修改为不定额罚金制，以更好地实现行政法规与刑法的有机衔接。

实践中，公司、企业的控股股东、实际控制人能够对发行人、公司或企业的经营管理行为产生重大影响或者实际支配作用，因此法律法规对控股股东、实际控制人的信息披露义务作出特别规定。其未依法依规披露或者故意隐瞒一些被其掌控的关键性信息，从而导致公司、企业违规披露或者不披露重要信息而构成单位犯罪的，应当依照《刑法》第 161 条第 1 款的规定对控股股东、实际控制人进行惩处。

六、参阅案例

最高人民检察院指导性案例第 66 号：博元投资股份有限公司、余蒂妮等人违规披露、不披露重要信息案。该案裁判要旨为：《刑法》规定违规披露、不披露重要信息罪只处罚单位中直接负责的主管人员和其他直接责任人员，不处罚单位。公安机关以本罪将单位移送起诉的，检察机关应当对单位直接负责的主管人员及其他直接责任人员提起公诉，对单位依法作出不起诉决定。对单位需要给予行政处罚的，检察机关应当提出检察意见，移送证券监督管理部门依法处理。

七、关联规定

1.《中华人民共和国证券投资基金法》（2015 年）第 74 条、第 75 条、第 76 条、第 131 条、第 149 条、第 150 条；

2.《中华人民共和国证券法》（2019 年）第 197 条、第 219 条、第 220 条；

3.《中华人民共和国公司法》（2023 年）第 254 条、第 255 条、第 264 条；

4.《中华人民共和国会计法》（2024 年）第 13 条、第 41 条、第 42 条、第 43

条、第 48 条；

5.《最高人民检察院、公安部关于公安机关管辖的刑事案件立案追诉标准的规定（二）》（2022 年，公通字〔2022〕12 号）第 6 条。

妨害清算罪

一、刑法规定

第一百六十二条：公司、企业进行清算时，隐匿财产，对资产负债表或者财产清单作虚伪记载或者在未清偿债务前分配公司、企业财产，严重损害债权人或者其他人利益的，对其直接负责的主管人员和其他直接责任人员，处五年以下有期徒刑或者拘役，并处或者单处二万元以上二十万元以下罚金。

二、罪名解读

妨害清算罪，是指公司、企业在清算时，隐匿财产，对资产负债表或者财产清单作虚伪记载或者在未清偿债务前分配公司、企业财产，严重损害债权人或者其他人利益的行为。本罪的具体构成要件如下所述：

（一）主体要件

本罪的主体为进行清算的公司、企业法人。本罪属于单位犯罪，但实行的却是"单罚制"。根据刑法规定，只处罚进行清算的公司、企业中直接负责的主管人员和其他直接责任人员，而不再处罚单位。司法实践中，如果清算组成员与公司、企业中有关人员相互勾结，共同实施妨害清算行为的，则应当以本罪的共犯论处。

（二）客体要件

本罪侵犯的客体是国家对公司、企业的破产清算管理制度和债权人或者其他人的合法利益。由于清算活动与公司、企业、股东以及其他债权人、债务人有着直接的经济利益关系，因此清算活动必须严格依照法定程序和条件进行，绝不允许有任何违法违规操作。

（三）主观要件

本罪的主观方面为故意，目的在于通过种种非法手段妨害清算的正常进行，获得非法利益，损害债权人或者其他人利益。

（四）客观要件

本罪的客观方面表现为公司、企业在进行清算时，隐匿财产，对资产负债表或者财产清单作虚伪记载，或者在没有清偿债务前分配公司、企业财产，严重损害债权人或者其他人利益的行为。企业清算，是指依据《企业破产法》的规定，宣告企业破产，并进行清算；或依照国家有关规定对改组、合并、撤销法人资格的企业资产进行清算；或企业按照合同、契约、协议规定终止经济活动进行结业清算。企业清算包括破产清算和非破产清算。所谓"破产清算"，是指依照破产程序进行的清算活动。所谓"非破产清算"，是指破产以外的清算，分为普通清算和特别清算。"普通清算"，是指企业自行进行的清算，没有法院或者主管部门的介入。"特别清算"，是指由人民法院和相关主管部门主持，按照一定的程序所进行的清算活动。司法实践中，公司、企业清算主要存在以下两种情形：一是公司、企业解散；二是公司、企业破产。因此，本罪必须发生在公司、企业破产清算的过程中。这里的"其他人"，是指除普通债权人之外的其他市场经济主体，包括公司、企业的职工，清算组成员，征收税款的税务部门，等等。

三、罪与非罪

本罪属于结果犯，只有造成特定的后果和具备法定的情节，才能构成本罪。司法实践中，构成妨害清算罪，必须同时具备以下三个条件：一是妨害清算行为必须由单位实施，个人行为不构成本罪。二是必须实施了隐匿财产，对资产负债表或者财产清单作虚伪记载，或者在未清偿债务前分配公司、企业财产等具体妨害清算之行为。三是妨害清算行为必须造成严重损害债权人或其他人利益之后果。

关于本罪的刑事立案追诉标准，修订后的《立案追诉标准（二）》第7条规定，公司、企业进行清算时，隐匿财产，对资产负债表或者财产清单作虚伪记载或者在未清偿债务前分配公司、企业财产，涉嫌下列情形之一的，应予立案追诉：（1）隐匿财产价值在50万元以上的；（2）对资产负债表或者财产清单作虚伪记载涉及金额在50万元以上的；（3）在未清偿债务前分配公司、企业财产价值在50万元以上的；（4）造成债权人或者其他人直接经济损失数额累计在10万元以上的；（5）虽未达到上述数额标准（一般是指接近上述数额标准且已达到该数额的80%以上），但应清偿的职工的工资、社会保险费用和法定补偿金得不到及时清偿，造成恶劣社会影响的；（6）其他严重损害债权人或者其他人利益的情形。

四、注意事项

1. 关于单位分支机构能否构成本罪主体的问题。根据《全国法院审理金融犯罪案件工作座谈会纪要》的规定，以单位的分支机构或者内设机构、部门的名义实施犯罪，违法所得亦归分支机构或者内设机构、部门所有的，应认定为单位犯罪。

由此可知，单位犯罪中的单位，不以法人资格为要件，公司的分支机构只要具有相对独立的经营权，可以单独对外发生民事法律关系，其行为同样应被认定为单位行为，其所实施的犯罪同样应被认定为单位犯罪。因此，对单位分支机构或者分公司以自己的名义实施的隐匿财产等妨害清算行为，应当认定为单位行为，符合妨害清算罪构成要件的，依法追究有关责任人的刑事责任。

2. 关于本罪行为方式的理解问题。司法实践中，妨害清算的具体行为方式包括以下三种情形：一是隐匿财产。这里的"隐匿财产"，是指将公司、企业等单位的资金、工具、设备、产品、货物等各种财物予以转移、隐藏的行为。二是对资产负债表或者财产清单作虚伪记载。这里的"对资产负债表或者财产清单作虚伪记载"，是指在制作资产负债表或者财产清单时，故意采取隐瞒或者欺骗等方法，对资产负债表或财产清单进行虚报，以达到逃避公司、企业债务的目的，既包括采用少报、低报的手段，故意隐瞒或者缩减公司、企业的实际财产，也包括采取夸大的手段，多报公司、企业的实际资产，如对公司、企业的厂房、设备、产品的实际价值高估高报，用于抵销或偿还债务等。三是在未清偿债务前分配公司、企业财产。这里的"在未清偿债务前分配公司、企业财产"，是指违反法律法规规定，在依照法定程序清偿债务之前，擅自分配公司、企业财产。

3. 关于本罪具体认定中的几个问题。实践中，认定行为人是否构成妨害清算罪，应当注意查明以下有关事实：一是考察行为人的行为是否发生在清算期间。如果行为发生在非破产清算过程中，则依法不构成本罪。二是考察行为人是否实施了法定的特定行为。如前所述，本罪的具体行为方式包括隐匿财产、对资产负债表或者财产清单作虚伪记载以及在未清偿债务前分配公司、企业财产。三是考察是否造成了严重损害债权人或者其他人合法利益的危害后果。本罪属于结果犯，只有造成特定的后果并具备法定的情节，才能构成本罪。

五、风险提示

根据《刑法》第162条的规定，本罪属于实行"单罚制"的单位犯罪，只处罚单位中直接负责的主管人员和其他直接责任人员，而不处罚被清算的单位。考虑到如果实行"双罚制"，则需要依法对公司、企业判处罚金，这无疑会导致公司、企业所欠债务更加难以偿还，反而不利于保护债权人和其他人的合法权益。而且，这样做也显然与刑法设立本罪的宗旨不相符。司法实践中，对于清算组成员与公司、企业相互勾结共同实施妨害清算犯罪行为的，应依照共同犯罪的规定进行处罚。国有公司、企业在破产清算结束后、清偿债务前，违反国家规定，以单位的名义将国有资产进行私分,数额较大的,涉嫌构成私分国有资产罪。

实践中,要注意区分本罪与职务侵占罪。在公司、企业的债权债务处置和结算过程中,两者虽然具有一定的相似性和关联性,但也存在以下明显区别:一是主体不同。本罪的主体是公司、企业,处罚对象为直接负责的主管人员和其他直接责任人员;而职务侵占罪的主体是公司、企业或者其他单位的工作人员。二是犯罪目的不同。本罪的直接目的是隐匿一些被清算的财产或者非法分配应当被纳入清算范围的财产,并不一定要据为己有;而职务侵占罪的目的是将本单位的财物据为己有。三是结果要件不同。本罪要求对债权人或者其他人的利益造成严重损害;而职务侵占罪则以被侵占的财产数额作为定罪量刑的依据。

六、参阅案例

人民法院案例库参考案例:王某乔妨害清算案(入库编号 2023-03-1-091-001)。该案裁判要旨为:行为人在其实际经营的公司被法院裁定受理破产申请后,隐匿财产,对管理人隐瞒不报,在未清偿债务前擅自处置公司财产,不仅造成破产清算工作失去真实、客观的依据,还严重损害了债权人或者其他人权益,符合妨害清算罪的构成要件。

七、关联规定

1.《中华人民共和国合伙企业法》(2006 年)第 2 条、第 100 条、第 102 条、第 105 条;

2.《中华人民共和国企业破产法》(2006 年)第 2 条、第 33 条、第 128 条、第 131 条;

3.《中华人民共和国公司法》(2023 年)第 238 条、第 239 条、第 256 条、第 264 条;

4.《中华人民共和国会计法》(2024 年)第 41 条、第 42 条;

5.《最高人民检察院、公安部关于公安机关管辖的刑事案件立案追诉标准的规定(二)》(2022 年,公通字〔2022〕12 号)第 7 条。

隐匿、故意销毁会计凭证、会计账簿、财务会计报告罪

一、刑法规定

第一百六十二条之一:隐匿或者故意销毁依法应当保存的会计凭证、会计账

簿、财务会计报告，情节严重的，处五年以下有期徒刑或者拘役，并处或者单处二万元以上二十万元以下罚金。

单位犯前款罪的，对单位判处罚金，并对其直接负责的主管人员和其他直接责任人员，依照前款的规定处罚。

二、罪名解读

隐匿、故意销毁会计凭证、会计账簿、财务会计报告罪，是指隐匿或者故意销毁依法应当保存的会计凭证、会计账簿、财务会计报告，情节严重的行为。本罪的具体构成要件如下所述：

（一）主体要件

本罪的主体为特殊主体，即有义务保存会计凭证、会计账簿、财务会计报告的自然人和单位。自然人作为本罪的主体，主要是公司、企业内部的会计人员，有关主管人员和直接责任人员。其他工作人员一般不属于本罪主体，但可以成为本罪的共同犯罪主体。单位作为本罪的主体，法律对其性质没有作出特别限定。

需要说明的是，2002年1月14日，《全国人民代表大会常务委员会法制工作委员会关于对"隐匿、销毁会计凭证、会计账簿、财务会计报告构成犯罪的主体范围"问题的答复意见》指出："根据全国人大常委会1999年12月25日刑法修正案第一条的规定，任何单位和个人在办理会计事务时对依法应当保存的会计凭证、会计账簿、财务会计报告，进行隐匿、销毁，情节严重的，构成犯罪，应当依法追究其刑事责任。"

（二）客体要件

本罪侵犯的客体是国家对公司、企业的财会管理制度。根据《会计法》的有关规定，任何单位或者个人不得以任何方式授意、指使、强令会计机构、会计人员伪造、变造会计凭证、会计账簿和其他会计资料，提供虚假财务会计报告。需要说明的是，本罪的行为对象具有特定性和限定性，特指能够有效反映公司、企业财务基本状况和财产情况的主要财会凭证，包括会计凭证、会计账簿、财务会计报告等三大类别。司法实践中，如果行为对象不属于上述特定的三种类别，而属于其他一般性的会计资料，则依法不构成本罪。

（三）主观要件

本罪的主观方面为故意，即行为人明知会计凭证、会计账簿、财务会计报告应当依法保存却故意予以隐匿或者销毁。行为人隐匿或者故意销毁财会凭证往往具有某种不正当的目的，如掩盖侵占、挪用、走私、偷逃税、骗取出口退税等违法行为或者逃避政府检查、司法清算等。但不论出于何种目的,均不影响本罪的成立。过失不构成本罪。

(四)客观要件

本罪的客观方面表现为隐匿或者故意销毁依法应当保存的会计凭证、会计账簿、财务会计报告,情节严重的行为。本罪的具体行为方式包括两个方面:一是行为人实施了隐匿或者故意销毁财会凭证的行为;二是行为本身达到"情节严重"的标准。会计凭证,包括原始凭证和记账凭证。会计账簿,包括总账、明细账、日记账和其他辅助性账簿。财务会计报告由会计报表、会计报表附注和财务情况说明书组成。《会计法》第23条明确规定,各单位对会计凭证、会计账簿、财务会计报告和其他会计资料应当建立档案,妥善保管。会计档案的保管期限、销毁、安全保护等具体管理办法,由国务院财政部门会同有关部门制定。因此,本罪的"依法应当保存",应以国家财会管理法律法规作为认定依据。

这里的"隐匿",是指用隐藏、转移、封锁等手段使会计资料脱离政府机关、司法机关、股东、社会公众的监管的行为。这里的"故意销毁",指明知是应当保存的会计资料,而仍然采取烧毁、撕毁等手段,从物理上加以彻底毁灭的行为。实践中,对于行为人实施的"修改、篡改"等行为应当认定为"变造",而不属于"隐匿"或者"销毁",根据罪刑法定原则,对该类"变造"行为不能认定为本罪。

三、罪与非罪

本罪属于情节犯,行为人犯罪情节严重是构成本罪的法定要件。成立本罪,不仅要具有隐匿或者销毁依法应当保存的会计凭证、会计账簿、财务会计报告的实行行为,而且要达到"情节严重"的程度。对于那些情节轻微、危害不大的隐匿或者故意销毁财会凭证行为,不得以本罪论处,但可以视具体情节作出相应的行政处罚。

关于本罪的刑事立案追诉标准,修订后的《立案追诉标准(二)》第8条规定,隐匿或者故意销毁依法应当保存的会计凭证、会计账簿、财务会计报告,涉嫌下列情形之一的,应予立案追诉:(1)隐匿、故意销毁的会计凭证、会计账簿、财务会计报告涉及金额在50万元以上的;(2)依法应当向监察机关、司法机关、行政机关、有关主管部门等提供而隐匿、故意销毁或者拒不交出会计凭证、会计账簿、财务会计报告的;(3)其他情节严重的情形。

四、注意事项

1.关于"隐匿"行为的正确理解问题。对此,刑法并未作具体规定,也无司法解释涉及，故只能从会计法律中寻求设立本罪的立法目的。从《会计法》第33条的规定中可以看出，为了逃避有关监督检查部门依法实施的监督检查而实施的隐匿行为，才可能构成会计法意义上的"隐匿"。由于隐匿会计凭证、会计账簿、财务会计报告罪属于行政犯而非自然犯，刑法规定的该罪中的"隐匿"应当参照有关行政法来理解。因此，评价某一行为是否构成隐匿会计凭证、会计账簿、财务会计报告罪，首先需要判断行为人实施隐匿行为是否为了逃避有关监督检查部门依法实施的监督检查。"隐匿"的认定应以拒不提供为标准。考虑到隐匿行为具有随时可回转性，只要行为人在司法、行政或者有关主管部门进行监督检查时予以配合、提供，则不会侵犯本罪所要保护的法益，如果行为人没有逃避检查的主观故意，则不能以本罪论处。

2. 关于销毁涉及"小金库"的会计资料如何定性问题。实践中，往往存在以下两种不同的观点：一种观点认为，"小金库"的资金本身就是违法的，销毁的"白条"不属于本罪所规定的依法应当保存的会计凭证；另一种观点则认为，涉及"小金库"的有关资料属于本罪所规定的依法应当保存的会计凭证。对此，笔者认为，私设"小金库"的行为隐匿了本单位的部分经营项目与资金往来，规避了国家对其正常的审核与监督，因此行为本身是不合法的。但是，涉及"小金库"的会计资料也记载了单位特定时期的一部分经营活动和资金往来情况，这一违法账目与明账结合在一起，才构成该单位资金业务往来的全部记录。不能因为私设"小金库"的行为违法和"小金库"涉及的资金违法，就认为涉及该行为和资金的有关会计资料不应当被依法保存。因此，涉及"小金库"的会计凭证和会计账簿属于"依法应当保存的"会计资料，如果行为人故意销毁，情节严重的，可以构成故意销毁会计凭证、会计账簿罪。

3. 关于本罪与逃税罪的界限问题。实践中，两者在行为方式上可能产生竞合，在刑罚处罚方面也存在牵连关系，因此有必要加以区分。两者的主要区别如下：一是主观目的不同。本罪的犯罪目的具有不特定性和多样性，如逃债、偷税、骗税、侵占等；而后者的犯罪目的则具有特定性，即达到不缴、少缴应纳税款的偷税目的。二是犯罪主体不同。本罪的主体是有义务保存会计凭证、会计账簿、财务会计报告的自然人和单位；而后者的主体是负有纳税义务的纳税人和扣缴义务人。三是行为对象不同。本罪的行为对象是会计凭证、会计账簿、财务会计报告；而后者的行为对象是应纳税款以及相关财务资料，并不当然包括财务会计报告。四是行为方式不同。本罪的行为方式表现为隐匿或者故意销毁；而后者的行为方式则不限于隐匿或者故意销毁，还包括伪造、变造、多列支出或者少列收入等方式。

五、风险提示

根据《会计法》的有关规定，各单位必须依法设置会计账簿，并保证其真实、完整。单位负责人对本单位的会计工作和会计资料的真实性、完整性负责。任何单位或者个人不得以任何方式授意、指使、强令会计机构、会计人员伪造、变造会计凭证、会计账簿和其他会计资料，提供虚假财务会计报告。伪造、变造会计凭证、会计账簿，编制虚假财务会计报告，隐匿或者故意销毁依法应当保存的会计凭证、会计账簿、财务会计报告的，由县级以上人民政府财政部门责令限期改正，给予警告、通报批评，没收违法所得，违法所得20万元以上的，对单位可以并处违法所得1倍以上10倍以下的罚款，没有违法所得或者违法所得不足20万元的，可以并处20万元以上200万元以下的罚款；对其直接负责的主管人员和其他直接责任人员可以处10万元以上50万元以下的罚款，情节严重的，可以处50万元以上200万元以下的罚款；属于公职人员的，还应当依法给予处分；其中的会计人员，5年内不得从事会计工作；构成犯罪的，依法追究刑事责任。由此可知，在单位的日常经营管理活动中，不管是单位的负责人、管理人员还是财会人员，对于在保存期限内的会计材料，都应当依法妥善保管，切忌为了达到某种目的而隐匿或者故意销毁会计材料，否则，不仅会面临罚款、限制从业等行政处罚，还可能涉及刑事追责。

值得关注的是，随着科技发展和时代进步，越来越多的企业经营者选择运用电子方式进行记账，在记账方式从以手工记账为主向以电子记账为主逐渐转变的大背景、大趋势下，相关的法律规范也相应作出了调整。2016年1月1日起实施的《会计档案管理办法》，对可以仅用电子形式保存的会计材料作出了具体规定。考虑到记账方式从手工记账转向电子记账，本罪中"依法保存"的内容也应作出与时俱进的必要调整，以适应时代的新发展、新变化。对此，笔者认为，司法实践中，如果有关单位完整地保存了电子会计材料与手工会计材料，那么即使行为人隐匿或者销毁了其中一种记账凭证，只要另外一种存储方式能够单独、完整地反映本单位的财务状况，也不能以本罪追究单位或者有关自然人的刑事责任。

六、参阅案例

兰永宁故意销毁会计凭证、会计账簿案［广州铁路运输中级法院（2013）广铁中法刑终字第19号］。该案裁判要旨为：根据相关法律规定，各单位必须依法设置会计账簿，并保证其真实、完整；必须根据实际发生的经济业务事项进行会计核算，填制会计凭证，登记会计账簿，编制财务会计报告；会计资料应当建立档案，妥善保管。法律上这样要求的目的在于准确反映单位的经营状况，以备核查，并依法予以监督。账外资金的会计资料与其他应当依法保存的会计资料一样,记载了项目部一定时期的部分经营活动情况,都是应当保存的。销毁这些会计资料,就是销毁项目部这部分经营活动情况真实、完整的书面记载,从而规避有关部门对此依法进行的监督检查。故意销毁账外资金的凭证、单据的,构成故意销毁会计凭证、会计账簿罪。

七、关联规定

1.《全国人民代表大会常务委员会法制工作委员会关于对"隐匿、销毁会计凭证、会计账簿、财务会计报告构成犯罪的主体范围"问题的答复意见》(2002年,法工委复字〔2002〕3号);

2.《中华人民共和国企业破产法》(2006年)第127条、第131条;

3.《中华人民共和国公司法》(2023年)第254条、第256条、第264条;

4.《中华人民共和国会计法》(2024年)第41条、第42条;

5.《最高人民检察院、公安部关于公安机关管辖的刑事案件立案追诉标准的规定(二)》(2022年,公通字〔2022〕12号)第8条。

虚假破产罪

一、刑法规定

第一百六十二条之二:公司、企业通过隐匿财产、承担虚构的债务或者以其他方法转移、处分财产,实施虚假破产,严重损害债权人或者其他人利益的,对其直接负责的主管人员和其他直接责任人员,处五年以下有期徒刑或者拘役,并处或者单处二万元以上二十万元以下罚金。

二、罪名解读

虚假破产罪,是指公司、企业通过隐匿财产、承担虚构的债务或者以其他方式转移财产、处分财产,实施虚假破产,严重损害债权人或者其他人利益的行为。本罪的具体构成要件如下所述:

(一)主体要件

本罪的主体为公司、企业,不包括自然人,但刑事处罚的对象仅限于犯罪单位中直接负责的主管人员和其他直接责任人员。

（二）客体要件

本罪侵犯的客体是国家对公司、企业的破产管理制度以及债权人、其他人的合法利益。实践中，行为人通过隐匿财产、承担虚构的债务等方式，制造资不抵债的假象，实施虚假破产，以帮助其实现假破产、真逃债及非法侵吞他人财产的目的，具有严重的社会危害性。鉴于此，《刑法》第162条之二将该种行为列入规制和打击的范围。

（三）主观要件

本罪的主观方面为故意，包括直接故意和间接故意。一般情况下，行为人实施本罪构成要件的行为具有逃避债务的目的，但犯罪目的和动机不影响本罪的成立。过失不构成本罪。

（四）客观要件

本罪的客观方面表现为公司、企业通过隐匿财产、承担虚构的债务或者以其他方式转移财产、处分财产，实施虚假破产，严重损害债权人或者其他人利益的行为。本罪的具体行为方式包括以下三个方面：一是行为人必须实施了隐匿财产、承担虚构的债务或者以其他方式转移财产、处分财产的行为；二是行为人必须实施了虚假破产；三是行为人因实施前两种行为已经严重损害了债权人或者其他人利益。

这里的"隐匿财产"，是指将公司、企业的资金、设备、产品、货物等财产予以隐瞒、转移、藏匿。这里的"承担虚构的债务"，是指捏造、承认不真实或者不存在的债务。这里的"其他方法"，是指通过隐匿财产、承担虚假债务以外的方法转移或者处分财产，实施虚假破产，比如私分财产、无偿或者低价转让财产、放弃到期应收债权等。这里的"虚假破产"，是指公司、企业本来不具备破产的法定条件而伪造破产原因申请破产。这里的"债权人"，是指具有债权债务关系的金融机构、企业债券持有人以及因业务合作关系享有债权的人。这里的"其他人"，是指除普通债权人之外的其他主体，包括公司、企业的职工、征收税款的税务部门等。

三、罪与非罪

本罪属于结果犯，以造成法定的危害后果作为认定依据。实践中，构成本罪的关键在于行为人实施虚假破产的行为是否严重损害了债权人或者其他人利益，未发生此种后果或者造成的后果较轻的，不构成本罪。由此可知，如果行为人虽有隐匿财产等逃避债务履行的行为，但并未实施虚假破产行为或者主观上也无实施虚假破产的实际想法，则依法不构成本罪，双方可以通过民事诉讼解决纠纷。

关于本罪的刑事立案追诉标准，修订后的《立案追诉标准（二）》第9条规定，公司、企业通过隐匿财产、承担虚构的债务或者以其他方法转移、处分财产，实施虚假破产，涉嫌下列情形之一的，应予立案追诉：（1）隐匿财产价值在50万元以上的；（2）承担虚构的债务涉及金额在50万元以上的；（3）以其他方法转移、处分财产价值在50万元以上的；（4）造成债权人或者其他人直接经济损失数额累计在10万元以上的；（5）虽未达到上述数额标准（一般是指接近上述数额标准且已达到该数额的80%以上），但应清偿的职工的工资、社会保险费用和法定补偿金得不到及时清偿，造成恶劣社会影响的；（6）其他严重损害债权人或者其他人利益的情形。

四、注意事项

1.关于本罪既遂与未遂的界限问题。实践中，"虚假破产"实际上是一种破产欺诈行为，是否构成犯罪要考察行为是否达到"严重损害债权人或者其他人利益"的程度。此外，实施"虚假破产"的时间应当截至公司、企业提出破产申请之日。笔者认为，是否造成"严重损害债权人或者其他人利益"这一法定危害后果，不仅是入罪的必备要素，也是成立犯罪既遂的标志。因此，区分本罪既遂与未遂的关键在于是否造成了法定的危害后果。如果行为人实施虚假破产时，人民法院经审查发现存在虚构债务而驳回其破产申请或者因其他意志以外的因素而未得逞的，属于犯罪未遂，可比照既遂犯从轻处罚。

2.关于本罪与妨害清算罪的界限问题。司法实践中，两者在犯罪主体、主观故意、客观行为等方面具有诸多相似之处，容易产生混淆，因此有必要加以区分。两者的主要区别在于：一是行为发生的时间不同。本罪主要是针对公司、企业在进入破产程序之前，通过隐匿财产、承担虚假债务或者以其他方式转移财产、处分财产，实施虚假破产的行为；而后者主要是针对公司、企业进入破产清算程序之后，通过隐匿财产、对资产负债表或者财产清单作虚伪记载或者在未清偿债务前分配公司、企业财产，实施妨害清算的行为。因此，是否进入清算程序是区分两罪的关键。需要强调的是，本罪只能存在于实施虚假破产的过程中，而后者既可以存在于实施虚假破产的过程中，也可以存在于真实破产的过程中。二是是否具备真实清算条件不同。本罪的公司、企业并不真正具备破产条件，实施破产只是行为人逃避债务的一种假象而已，申请破产清算本身是非法的；而后者的公司、企业事实上出现了破产的法定事由，对其财产进行清算符合法律规定的要求和程序。三是具体行为方式不同。本罪的客观方面表现除了采取隐匿财产、承担虚构的债务的方式，实际上还包括无偿转让财产、以明显不合理的价格进行交易、对他人债务提供财产担保、对未到期的债务提前清偿、放弃债权等多种方式；而后者的客观方面表现仅限于隐匿财产、对资产负债表或者财产清单作虚伪记载以及在未清偿债务前分配公司、企业财产等三种特定的行为方式。

五、风险提示

截至目前，我国公司、企业有序退出市场的常态化法律机制已经形成。但是，在破产案件处理的过程中，少数公司、企业及其投资人、高管钻现行法律法规的空子，通过非法侵占财产、混同公私财产、违规分红、虚假交易、个别清偿等手段大肆转移破产企业财产。"假破产、真逃债"的形式越来越多样化，破产欺诈的手段越来越隐蔽化，已呈现出多发、高发的态势，这在一定程度上造成了打击的难度加大。司法实践中，到人民法院申请宣告企业破产时，涉案企业往往已成为一个"空壳"。在这种情况下，不仅债权人的合法权益得不到应有保障，更为严重的是，这类破产逃债的违法犯罪行为还会危及相关担保企业，一些经营正常的企业也会因此被拖垮并陷入困境。因此，虚假破产的社会危害性极大，已引起政府部门和司法机关的高度重视。相关部门应根据现行法律法规、司法解释的有关规定，综合运用行政和司法手段，严厉制裁"假破产、真逃债"的违法犯罪行为，以维护市场经济秩序和各方当事人合法权益。

此外，对虚假破产案件存在的一些特殊情况，应依法妥善认定。比如，行为人实施了虚假破产犯罪活动，且在法院裁定企业破产之后的清算期间，又实施了隐匿财产、对资产负债表或者财产清单作虚假记载等行为，构成妨害清算罪的，应与虚假破产罪实行数罪并罚。

六、参阅案例

沈建贵虚假破产案［上海市第一中级人民法院（2018）沪01刑终1318号］。该案裁判要旨为：我国《刑法》规定，虚假破产罪是指行为人实施了"隐匿财产、承担虚构的债务或者以其他方法非法转移、分配财产，实施虚假破产"的行为。其中，"隐匿财产"是指将公司、企业的财产隐藏，或者对公司、企业的财产清单和资产负债表作虚假记载，或者采用少报、低报的手段故意隐瞒、缩小公司、企业财产的实际数额；"承担虚构的债务"是指夸大公司、企业的负债状况，目的是造成公司、企业资不抵债的假象；"以其他方法非法转移、分配财产"是指在未清偿债务之前，将公司和企业的财产无偿转让、以明显不合理的低价转让，或者以明显高于市场的价格受让财产、对原来没有财产担保的债务提供财产担保、放弃债权、对公司和企业财产进行分配等情形。"虚假破产"实际上是一种破产欺诈行为，属于诈骗犯罪范畴，罪与非罪的界限要看其是否达到"严重损害债权人和其他人利益"的程度，而其中"严重损害债权人的利益"，主要是指通过虚假破产意图逃避偿还债权人的债务数额巨大等情形。至于实施虚假破产的时间，应当截至公司企业提出破产申请之日。

七、关联规定

1.《中华人民共和国企业破产法》（2006年）第31条、第32条、第33条、第127条、第128条、第131条；

2.《最高人民检察院、公安部关于公安机关管辖的刑事案件立案追诉标准的规定（二）》（2022年，公通字〔2022〕12号）第9条。

非国家工作人员受贿罪

一、刑法规定

第一百六十三条：公司、企业或者其他单位的工作人员，利用职务上的便利，索取他人财物或者非法收受他人财物，为他人谋取利益，数额较大的，处三年以下有期徒刑或者拘役，并处罚金；数额巨大或者有其他严重情节的，处三年以上十年以下有期徒刑，并处罚金；数额特别巨大或者有其他特别严重情节的，处十年以上有期徒刑或者无期徒刑，并处罚金。

公司、企业或者其他单位的工作人员在经济往来中，利用职务上的便利，违反国家规定，收受各种名义的回扣、手续费，归个人所有的，依照前款的规定处罚。

国有公司、企业或者其他国有单位中从事公务的人员和国有公司、企业或者其他国有单位委派到非国有公司、企业以及其他单位从事公务的人员有前两款行为的，依照本法第三百八十五条、第三百八十六条的规定定罪处罚。

二、罪名解读

非国家工作人员受贿罪，是指公司、企业或者其他单位的工作人员利用职务上的便利，索取他人财物或者非法收受他人财物，为他人谋取利益，数额较大的行为。本罪的具体构成要件如下所述：

（一）主体要件

本罪的主体是特殊主体，即公司、企业或者其他单位的工作人员。这里的

"公司、企业"，既包括非国有公司、企业，也包括国有公司、企业，但只有其中的非国家工作人员才能成为本罪的主体。这里的"其他单位"，既包括事业单位、社会团体、村（居）委会、村民小组等常设性组织，也包括为组织体育活动、文艺演出而成立的组委会、筹委会等非常设性组织。"公司、企业或者其他单位的工作人员"，包括国有公司、企业以及其他国有单位中的非国家工作人员。

鉴于构成本罪要求"利用职务上的便利"，因此本罪的主体必须是在公司、企业或者其他单位中负有管理、组织、领导、监督职责的工作人员，如公司的董事、监事、经理、财务人员、业务人员、物资保管人员等，而对于那些单纯提供劳务或者技术服务的人员，如操作工、水电工、收费员等普通职工，则不能成为本罪的主体。

（二）客体要件

本罪侵犯的客体是公司、企业或者其他单位的正常管理秩序和非国家工作人员的职务廉洁性。本罪的犯罪对象是财物，也包括回扣、手续费。根据有关司法解释的规定，商业贿赂中的财物，既包括金钱和实物，也包括可以用金钱计算数额的财产性利益，如提供房屋装修、含有金额的会员卡、代币卡（券）、旅游费用等，具体数额以实际支付的资费为准。一般而言，非国家工作人员受贿主要是指商业受贿。

（三）主观要件

本罪的主观方面只能是故意，过失不构成本罪。

（四）客观要件

本罪的客观方面表现为利用职务上的便利，索取他人财物或者非法收受他人财物，为他人谋取利益，数额较大的行为。本罪的具体行为方式包括以下四个方面：一是利用职务上的便利；二是索取他人财物或者非法收受他人财物；三是为他人谋取利益；四是受贿金额必须达到数额较大的标准。以上四个方面必须同时具备，但是否为他人谋取到利益以及该利益是否正当，并不影响本罪的犯罪构成。

这里的"职务上的便利"，是指公司、企业或者其他单位的工作人员利用自己职务上组织、领导、监管、主管、负责某项工作的便利条件。如果行为人仅利用自己与单位有关人员熟悉等工作便利条件，为他人谋取利益，而索取或者收受他人财物的，则不构成本罪。这里的"为他人谋取利益"，是指行为人索要或收受他人财物，利用职务之便为他人或允诺为他人实现某种利益。《最高人民法院、最高人民检察院关于办理贪污贿赂刑事案件适用法律若干问题的解释》（以下简称《贪污贿赂解释》）第13条规定，"为他人谋取利益"包括如下情形：（1）实际或者承诺为他人谋取利益的；（2）明知他人有具体请托事项的；（3）履职时未被请托，但事后基于该履职事由收受他人财物的。由此可知，认定本罪中所谋取的"利益"，不管是合法利益还是非法利益，不管是物质利益还是非物质利益，也不管该利益是否已实际谋取，均不影响本罪的成立。换言之，只要行为人具有承诺、实行、完成为他人谋利的任何一项行为，即具备了为他人谋取利益的要件。

三、罪与非罪

实践中，行为人是否构成本罪，主要考察以下五个方面的内容：一是行为人是否利用了职务便利条件。如果不是直接利用本人的职权，而是利用由本人职权或者地位所形成的便利条件，通过第三人为请托人谋利的，则不属于本罪所规定的特定犯罪手段。二是行为人索取或者收受的财物价值是否达到数额较大的标准。三是行为人是否存在为请托人谋取利益的情形。至于行为人所谋取的利益属于经济利益还是非经济利益，或者属于合法利益还是非法利益，均不影响本罪的成立。四是行为人收受的财物是否为合理报酬或者正常馈赠。如果是在法律和政策允许范围内，行为人提供咨询、技术、论证、劳务等服务换取的合理报酬，或者属于正常的人情往来馈赠，则不能以商业受贿犯罪论处。五是收受的回扣、手续费是否违反了国家规定。回扣，是指经营者销售商品、提供服务时在账外暗中以现金、实物或者其他方式退给对方单位或者个人一定比例的商品、服务价款。手续费，是指经营者为了推销产品、购买材料、承接业务或者进行其他经济活动，而给对方单位或者有关个人作为酬劳的财物。在市场交易活动中，如果行为人取得符合《反不正当竞争法》规定的折扣、佣金，则属于正当业务行为；反之，则属于违反国家规定的非法收受行为，达到数额较大标准的，其行为将涉嫌非国家工作人员受贿犯罪。

关于本罪的刑事立案追诉标准，修订后的《立案追诉标准（二）》第10条规定，公司、企业或者其他单位的工作人员利用职务上的便利，索取他人财物或者非法收受他人财物，为他人谋取利益，或者在经济往来中，利用职务上的便利，违反国家规定，收受各种名义的回扣、手续费，归个人所有，数额在3万元以上的，应予立案追诉。需要说明的是，由于《贪污贿赂解释》中对本罪中"数额较大"起点为6万元的规定与《刑法修正案（十一）》的立法精神不符，也与修订后的《立案追诉标准（二）》的规定不一致，故不宜再适用。

四、注意事项

1.关于几类特定主体的行为定性问题。根据刑法和有关司法解释的规定，以下五类特定人员应特别注意：一是银行或者其他金融机构的工作人员。该类人员在金融业务活动中索取他人财物或者非法收受他人财物，为他人谋取利益的，或者违反国家规定，收受各种名义的回扣、手续费，归个人所有的，以本罪论处。二是医疗机构中的工作人员。医疗机构中的非国家工作人员在医药产品采购活动中，利用职务上的便利，索取销售方财物，或者非法收受销售方财物，为销售方谋取利益，构成犯罪的，以本罪论处。此外，医疗机构中的医务人员，利用开处方的职务便利，以各种名义非法收受医药产品销售方财物，为销售方谋取利益，构成犯罪的，亦以本罪论处。三是学校及其他教育机构中的工作人员。学校及其他教育机构中的非国家工作人员在物品采购等活动中，利用职务上的便利，索取或者非法收受销售方财物，为销售方谋取利益，构成犯罪的，以本罪论处。此外，学校及其他教育机构中的教师，利用教学活动的职务便利，以各种名义非法收受销售方财物，为销售方谋取利益，构成犯罪的，亦以本罪论处。四是评标委员会、竞争性谈判采购中谈判小组、询价采购中询价小组的组成人员。该类人员在招标、政府采购等事项的评标或者采购活动中，索取他人财物或者非法收受他人财物，为他人谋取利益，构成犯罪的，以本罪论处。五是佛教协会的工作人员。由于佛教协会属于社会团体，其工作人员除符合《刑法》第93条第2款规定属于受委托从事公务的人员外，既不属于国家工作人员，也不属于公司、企业工作人员。根据刑法的规定，对非受委托从事公务的佛教协会的工作人员利用职务之便收受他人财物，为他人谋取利益的行为，不能依照受贿罪或者非国家工作人员受贿罪追究其刑事责任。

2.关于本罪认定中的几个特殊问题。实践中，以下四个方面的问题值得关注：一是关于索取的认定。索取，是指行为人利用职务上的便利，利用请托人请托具体事务的机会，主动向请托人索要或者要求提供财物的行为。对于利用职务上的便利，强行向请托人提出"借款"要求，但并无归还的意思，也属于索取财物的情形。二是关于非法收受的认定。非法收受，是指行为人违反法律的禁止性规定，被动地接受请托人所贿送的有关财物。至于财物的交付是在谋取利益之前还是在谋取利益之后，是请托人直接交付还是由第三人转交，均不影响本罪的认定。三是斡旋行为的定性。行为人不是直接利用本人的职权，而是利用本人职权或者地位形成的便利条件，通过第三人为请托人谋取利益，收受请托人财物的，不构成本罪。根据罪刑法定原则，国家工作人员斡旋受贿的，构成受贿罪，但对于非国家工作人员斡旋受贿，由于刑法对此并未作出特别规定，所以不能将本罪中的"利用职务上的便利"扩大解释为间接利用职权或者职务上的便利条件。四是介绍贿赂的定性。实践中，对于向非国家工作人员介绍贿赂行为，根据罪刑法定原则，不宜定罪处罚，但对于确已明显构成行贿共犯或者受贿共犯的，应当定罪处罚，在此种情形下并不违反罪刑法定原则。

3.关于本罪和受贿罪的界限问题。实践中,两者的主要区别体现在以下三个方面:一是犯罪主体不同。本罪的犯罪主体是公司、企业或者其他单位的工作人员;而后者的犯罪主体则是国家工作人员。二是侵害的法益不同。本罪侵害的法益是公司、企业或者其他单位的正常管理秩序和非国家工作人员的职务廉洁性;而后者侵害的法益是国家机关、国有公司、企事业单位、人民团体的正常管理秩序和国家工作人员的职务廉洁性。三是具体表现形式不同。构成本罪时,非国家工作人员无论是索贿还是收受他人财物,皆需要为他人谋取利益这一法定要件;而构成受贿罪时,在索取贿赂这一情形下,只需利用职务上的便利就成立受贿罪,不要求为他人谋取利益,但在收受贿赂的情形下,只有行为人利用职务上的便利为他人谋取利益才成立受贿罪。

实践中,两者之间的交叉之处在于:国有公司、企业或者其他国有单位委派到非国有公司、企业以及其他单位的人员,如果从事公务工作,利用职务上的便利,为他人谋取利益,索取或者非法收受他人财物,数额较大的,则依法以受贿罪论处;反之,如果从事与受托公务无关的工作,则应以非国家工作人员受贿罪论处。

五、风险提示

为了落实对非公经济的平等保护政策和有效打击非公经济领域的职务犯罪行为,《刑法修正案(十一)》对非国家工作人员受贿罪进行了大幅度修改,主要体现在:一是大幅度提高了本罪的法定最高刑,即由原来最高15年有期徒刑提高至无期徒刑。二是调整了量刑档次,把原来的两档量刑标准调整为三档刑,并且在本罪的第二、三档量刑标准中,在数额之外增加情节。这主要是考虑情节不同所体现的社会危害性也不同,如果单纯以数额为标准,难以反映具体个罪的危害性差异。此外,这也与《刑法修正案(九)》对贪污受贿犯罪定罪量刑标准的修改相衔接。至于本罪中的具体数额和情节标准,有待新的司法解释或者规范性文件作出明确规定。可以说,《刑法修正案(十一)》实施之后,除不能判处死刑以外,本罪与受贿罪的刑罚已经基本接近,真正落实了国家对一切市场经济主体进行平等保护的法治精神。

在此,值得关注的问题是,如何正确评价受贿犯罪中的共犯。此处的"共犯",特指国有公司、企业或者其他单位中的国家工作人员与非国家工作人员共同实施受贿犯罪。对此,应如何进行定性?有关此点,实践中一直存在不同的认识和观点。《最高人民法院、最高人民检察院关于办理商业贿赂刑事案件适用法律若干问题的意见》（以下简称《商业贿赂意见》）第 11 条规定，非国家工作人员与国家工作人员通谋，共同收受他人财物，构成共同犯罪的，根据双方利用职务便利的具体情形分别定罪追究刑事责任：（1）利用国家工作人员的职务便利为他人谋取利益的，以受贿罪追究刑事责任；（2）利用非国家工作人员的职务便利为他人谋取利益的，以非国家工作人员受贿罪追究刑事责任；（3）分别利用各自的职务便利为他人谋取利益的，按照主犯的犯罪性质追究刑事责任，不能分清主从犯的，可以受贿罪追究刑事责任。

由此可知，《商业贿赂意见》实际上是以主犯的犯罪性质对案件进行定性，并以此追究有关行为人的刑事责任。换言之，对于非国家工作人员与国家工作人员涉嫌共同犯罪如何定性评价，当案件难以查清主从犯时，司法解释更倾向于以受贿罪进行定罪量刑。关于"不能分清主从犯的，可以受贿罪追究刑事责任"的规定，笔者认为，从两罪的法定刑幅度对比可知，在受贿数额较大、数额巨大或者具有其他严重情节的情形下，由于不涉及死刑的适用问题，对非国家工作人员并没有产生明显的不利影响。但是，一旦犯罪金额或者犯罪情节升格至数额特别巨大或者有其他特别严重情节时，可能就会涉及死刑的适用问题。在这种情况下，若因为"不能分清主从犯"就对非国家工作人员以受贿罪的共犯定罪并适用死刑，不仅违反了"存疑有利于被告人"原则，而且实质上会造成对非国家工作人员适用法律不公的问题。因此，司法实践中，对于此种特殊情形下的案件处理，司法机关应当慎之又慎，且始终要保持高度的理性与克制，在不突破司法解释原则性规定的情况下，即便仍然选择以受贿罪对全案被告人进行定罪处罚，在具体量刑时也要区别对待。对此，笔者认为，对非国家工作人员绝对不宜适用死刑（含死缓），即便对其判处重刑，最高刑期也只能适用无期徒刑。

六、参阅案例

人民法院案例库参考案例：张某非国家工作人员受贿案（入库编号 2023-03-1-094-003）。该案裁判要旨为：民营企业员工主动接受单位谈话并交代犯罪事实，自愿置于单位人员控制之下等待法律制裁，具备投案主动性和自愿性，应当视为自动投案，其在到案后仍能向司法机关如实供述犯罪事实，应认定具有自首情节。

七、关联规定

1.《中华人民共和国政府采购法》（2014 年）第 2 条、第 72 条、第 78 条；

2.《中华人民共和国商业银行法》（2015 年）第 52 条、第 84 条；

3.《中华人民共和国反不正当竞争法》(2019年)第2条、第7条、第17条、第27条;

4.《中华人民共和国公司法》(2023年)第180条、第264条;

5.原国家工商行政管理局《关于禁止商业贿赂行为的暂行规定》(1996年)第2条、第3条、第4条、第5条、第6条、第7条、第8条、第9条;

6.《最高人民检察院、公安部关于公安机关管辖的刑事案件立案追诉标准的规定(二)》(2022年,公通字〔2022〕12号)第10条;

7.《最高人民检察院关于佛教协会工作人员能否构成受贿罪或者公司、企业人员受贿罪主体问题的答复》(2003年,〔2003〕高检研发第2号);

8.《最高人民法院、最高人民检察院关于办理商业贿赂刑事案件适用法律若干问题的意见》(2008年,法发〔2008〕33号)第1条、第2条、第3条、第4条、第5条、第6条、第10条、第11条;

9.《最高人民法院、最高人民检察院关于办理贪污贿赂刑事案件适用法律若干问题的解释》(2016年,法释〔2016〕9号)第1条、第2条、第3条、第4条、第12条、第13条;

10.《最高人民检察院关于全面履行检察职能推动民营经济发展壮大的意见》(2023年,高检发〔2023〕9号)第2条、第3条、第5条、第6条。

对非国家工作人员行贿罪

一、刑法规定

第一百六十四条:为谋取不正当利益,给予公司、企业或者其他单位的工作人员以财物,数额较大的,处三年以下有期徒刑或者拘役,并处罚金;数额巨大的,处三年以上十年以下有期徒刑,并处罚金。

为谋取不正当商业利益,给予外国公职人员或者国际公共组织官员以财物的,依照前款的规定处罚。

单位犯前两款罪的,对单位判处罚金,并对其直接负责的主管人员和其他直接责任人员,依照第一款的规定处罚。

行贿人在被追诉前主动交待行贿行为的,可以减轻处罚或者免除处罚。

二、罪名解读

对非国家工作人员行贿罪，是指为谋取不正当利益，给予公司、企业或者其他单位的工作人员以财物，数额较大的行为。本罪的具体构成要件如下所述：

（一）主体要件

本罪的主体为一般主体，自然人和单位均可构成本罪。需要说明的是，单位犯本罪的，对单位采取"双罚制"，既要处罚单位，又要处罚单位中直接负责的主管人员和其他直接责任人员。

（二）客体要件

本罪侵犯的客体是公司、企业或者其他单位的正常管理秩序和公司、企业或者其他单位工作人员职务行为的廉洁性。本罪的行贿对象为公司、企业或者其他单位的工作人员。"公司、企业或者其他单位的工作人员"，包括国有公司、企业以及其他国有单位中的非国家工作人员。但是，国有公司、企业或者其他国有单位中从事公务的人员和国有公司、企业或者其他国有单位委派到非国有公司、企业以及其他单位从事公务的人员不是本罪中的行贿对象。

（三）主观要件

本罪的主观方面为故意。行为人行贿的目的在于使公司、企业或者其他单位的工作人员利用职务上的便利，为自己谋取不正当利益，至于谋取的不正当利益实现与否，不影响本罪的成立。

（四）客观要件

本罪的客观方面表现为给予公司、企业或者其他单位的工作人员数额较大的财物的行为。本罪的客观方面包括两个要素：一是给予公司、企业或者其他单位的工作人员财物；二是给予的财物达到数额较大的标准。这里的"给予"，通常是主动的，也包括公司、企业或者其他单位的工作人员明示或者暗示后送予财物的情况。这里的"财物"，既包括金钱和实物，也包括可以用金钱计算数额的财产性利益，如提供房屋装修、含有金额的会员卡、代币卡（券）、旅游费用等。收受银行卡的，不论受贿人是否实际取出或者消费，卡内的存款数额一般应全额被认定为受贿数额。使用银行卡透支的，如果由给予银行卡的一方承担还款责任，则透支数额也应当被认定为受贿数额。

在行贿犯罪中，"谋取不正当利益"，是指行贿人谋取违反法律、法规、规章或者政策规定的利益，或者要求对方违反法律、法规、规章、政策、行业规范的规定提供帮助或者方便条件。在招标投标、政府采购等商业活动中，违背公平原则，给予相关人员财物以谋取竞争优势的，属于"谋取不正当利益"。

三、罪与非罪

根据刑法规定，构成本罪必须同时具备以下两个条件：一是行为人主观上必须是为了谋取"不正当利益"。如果行为人不是为了谋取不正当利益，而是出于希望公司、企业、其他单位的工作人员提高工作效率、加快办事进度等正当合理目的，则不构成本罪。二是必须达到法定追责的数额。对非国家工作人员行贿，达到数额较大标准的，才构成犯罪，如果行贿数额未达到较大标准的，则属于一般行贿行为，不能以本罪论处。此外，出于分化瓦解贿赂犯罪分子的立法目的，《刑法》第 164 条第 4 款对本罪的减轻处罚或免除处罚情节作了特别规定，行贿人在被追诉前主动交代行贿行为的，可以减轻处罚或者免除处罚。

关于本罪的刑事立案追诉标准，修订后的《立案追诉标准（二）》第 11 条规定，为谋取不正当利益，给予公司、企业或者其他单位的工作人员以财物，个人行贿数额在 3 万元以上的，单位行贿数额在 20 万元以上的，应予立案追诉。在此，需要说明的是，由于《贪污贿赂解释》中关于本罪个人行贿"数额较大"起点为 6 万元的规定与《刑法修正案（十一）》的立法精神不符，也与修订后的《立案追诉标准（二）》的规定不一致，故不宜再继续适用。

四、注意事项

1. 关于贿赂与馈赠的界限问题。实践中，正确区分贿赂与馈赠，应当结合以下因素全面分析、综合判断：（1）发生财物往来的背景，如双方是否存在亲友关系及历史上交往的情形和程度；（2）往来财物的价值；（3）财物往来的缘由、时机和方式，提供财物方对于接受方有无职务上的请托；（4）接受方是否利用职务上的便利为提供方谋取利益。由上可知，正确区分贿赂与馈赠，有助于准确界定本罪的罪与非罪。在具体办案实践中，如果查明行为人给予接受方一定价值的财物属于非工作原因、虽与工作相关但不存在利用职务便利为行为人谋利或者谋取的是正当利益等情形，则完全可以理解为合理馈赠，即使馈赠超出了合理的范围，也只能作为一般违规违法行为处理，而不能以对非国家工作人员行贿罪论处。考虑到我国的传统文化和现实国情，合作双方在业务合作和往来的过程中，出于人情往来或者维系感情需要，往往会发生一定价值的礼品馈赠行为。对此，笔者认为要兼顾天理国法人情的办案理念，并予以合理区分，而不能一概以商业贿赂进行定性。即便财物价值累计已经超出合理的范围甚至达到本罪中数额较大的标准，但只要没有严重的社会危害性或者对法益的侵害比较轻微，均不宜以本罪论处。

2. 关于本罪与行贿罪的界限问题。实践中，两者确有一些相同或者相似之处，比如主观上均为谋取不正当利益，客观上行为人均给予了受贿人数额较大的财物。两者的区别主要体现在以下三个方面：一是主体范围不同。本罪的主体既可以是自然人，也可以是单位；而行贿罪的主体只能是自然人。二是行贿对象不同。本罪的行贿对象为公司、企业或者其他单位的工作人员；而行贿罪的对象是国家工作人员。三是侵犯的客体不同。本罪侵犯的客体是公司、企业或者其他单位的正常管理秩序和其工作人员职务行为的廉洁性；而行贿罪所侵犯的客体是国家机关的正常管理秩序和公职人员职务行为的廉洁性。司法实践中，区分两者的关键在于准确查明所行贿对象的身份，即受贿者究竟是国家工作人员还是非国家工作人员。

在此，需要说明的是，在一些混合型股份制企业中，要分清国家工作人员和非国家工作人员并非易事。根据《最高人民法院、最高人民检察院关于办理国家出资企业中职务犯罪案件具体应用法律若干问题的意见》（以下简称《国家出资企业中职务犯罪案件意见》）的规定，"国家出资企业"包括国家出资的国有独资公司、国有独资企业，以及国有资本控股公司、国有资本参股公司。关于国家出资企业中国家工作人员的认定标准，应当特别注意以下三种情形：（1）经国家机关、国有公司、企业、事业单位提名、推荐、任命、批准等，在国有控股、参股公司及其分支机构中从事公务的人员，应当认定为国家工作人员。具体的任命机构和程序，不影响国家工作人员的认定。（2）经国家出资企业中负有管理、监督国有资产职责的组织批准或者研究决定，代表其在国有控股、参股公司及其分支机构中从事组织、领导、监督、经营、管理工作的人员，应当认定为国家工作人员。（3）国家出资企业中的国家工作人员，在国家出资企业中持有个人股份或者同时接受非国有股东委托的，不影响其国家工作人员身份的认定。

五、风险提示

党的十八大以来，党和国家高度重视依法平等保护各类企业的合法权益，要求完善各类市场主体公平竞争的法治环境。《刑法修正案（十一）》加大力度惩治民营企业内部发生的侵害民营企业财产的犯罪，进一步提高和调整职务侵占罪、非国家工作人员受贿罪、挪用资金罪的刑罚配置。为此，修订后的《立案追诉标准（二）》对非国家工作人员受贿罪等五种非国家工作人员职务犯罪，采用了与受贿罪等国家工作人员职务犯罪相同的入罪标准，对国企民企、内资外资、中小微企业等各类市场主体予以同等司法保护，以充分体现和落实产权平等保护的时代精神。由此可知，国家对向非国家工作人员行贿的犯罪行为加大了打击力度，最主要的体现就是采用与受贿罪等国家工作人员职务犯罪相同的入罪标准。

如何正确理解"被追诉前主动交待行贿行为",是一个值得关注的问题。《刑法》第164条第4款对本罪的减轻处罚或免除处罚情节作了特别规定,即行贿人在被追诉前主动交代行贿行为的,可以减轻处罚或者免除处罚。实践中,适用该款应同时具备以下两个条件:(1)必须主动交代行贿行为。这里的"主动交代",是指行贿人主动向办案机关或者其他有关部门如实交代行贿事实。因司法机关查处或者其他有关部门调查而不得不交代的,或者为了避重就轻不如实交代的,均不属于"主动交代"。(2)交代的时间必须在被追诉前。这里的"在被追诉前",是指在司法机关立案、开始侦查追究刑事责任之前。如果司法机关已经发现了行贿人有关行贿事实,并认为应当依法追究刑事责任而立案后,行贿人才开始主动交代行贿行为的,则不适用本款的规定。换言之,行贿人如果想要获得法律的宽大处理,就必须在司法机关尚未掌握其犯罪事实之前或者虽然已经掌握其犯罪事实但尚未作出立案查处的决定之前,主动向司法机关或者有关组织如实交代行贿犯罪事实。

六、参阅案例

《刑事审判参考》(2017年第2辑,总第106辑)第1136号:张建军、刘祥伟对非国家工作人员行贿案。该案裁判要旨为:挂牌竞买不等同于招投标。尽管从实质上看,挂牌出让中的串通竞买行为也具有社会危害性,但在刑法明确将串通投标罪的犯罪主体界定为投标人、招标人的情况下,客观上已不存在将挂牌出让解释为招投标从而予以定罪的空间。从刑法规定来看,尚没有对挂牌竞买人相互串通,情节严重,追究刑事责任的规定,也无相关司法解释。因此,在国有建设用地使用权挂牌出让过程中,通过贿赂指使参与竞买的其他人放弃竞买、串通报价,最终使请托人竞买成功的,不属于串通投标罪的行为,只能按照对非国家工作人员行贿罪追究相关人员的刑事责任。

七、关联规定

1.《中华人民共和国旅游法》(2018年)第2条、第104条、第110条、第111条;

2.《中华人民共和国反不正当竞争法》(2019年)第2条、第7条、第19条、第31条;

3.《中华人民共和国建筑法》(2019年)第2条、第5条、第68条;

4.《公安部经济犯罪侦查局关于对××商业贿赂案如何定性的批复》(2002年,公经〔2002〕1299号);

5.《最高人民检察院、公安部关于公安机关管辖的刑事案件立案追诉标准的规

定（二）》（2022年，公通字〔2022〕12号）第11条；

6.《最高人民法院、最高人民检察院关于办理商业贿赂刑事案件适用法律若干问题的意见》（2008年，法发〔2008〕33号）第1条、第2条、第3条、第9条；

7.《最高人民法院、最高人民检察院关于办理贪污贿赂刑事案件适用法律若干问题的解释》（2016年，法释〔2016〕9号）第7条、第8条、第11条、第12条。

非法经营同类营业罪

一、刑法规定

第一百六十五条：国有公司、企业的董事、监事、高级管理人员，利用职务便利，自己经营或者为他人经营与其所任职公司、企业同类的营业，获取非法利益，数额巨大的，处三年以下有期徒刑或者拘役，并处或者单处罚金；数额特别巨大的，处三年以上七年以下有期徒刑，并处罚金。

其他公司、企业的董事、监事、高级管理人员违反法律、行政法规规定，实施前款行为，致使公司、企业利益遭受重大损失的，依照前款的规定处罚。

二、罪名解读

非法经营同类营业罪，是指国有公司、企业的董事、监事、高级管理人员，利用职务便利，自己经营或者为他人经营与其所任职公司、企业同类的营业，获取非法利益，数额巨大，以及其他公司、企业的董事、监事、高级管理人员违反法律、行政法规规定，利用职务便利，自己经营或者为他人经营与其所任职公司、企业同类的营业，致使公司、企业利益遭受重大损失的行为。本罪的具体构成要件如下所述：

（一）主体要件

本罪的主体为特殊主体，包括国有公司、企业的董事、监事、高级管理人员，也包括其他公司、企业的董事、监事、高级管理人员。至于公司、企业的董事、监事、高级管理人员的具体范围，与公司、企业管理法律法规的规定范围是一致的。根据《公司法》第265条的规定，高级管理人员，是指公司的经理、副经理、财务负责人，上市公司董事会秘书和公司章程规定的其他人员。实践中，在认定高级管理人员的具体范围时，应当结合《公司法》上述规定和其他有关法律法规相应规定进行，总体范围应当定性为公司、企业的有关主管人员和重要管理人员。根据罪刑法定原则，公司、企业中董事、监事、高级管理人员以外的一般工作人员所实施的非法经营同类营业的行为不构成本罪。

需要说明的是，《刑法》第 165 条规定的"国有公司、企业的高级管理人员"，既包括国有独资、全资公司、企业的"高级管理人员"，也包括国有控股、参股公司、企业中系国家工作人员的"高级管理人员"。司法实践中，国家出资企业的部门经理、项目经理等，以及下属分支机构领导班子成员中，承担竞业禁止义务，且系国家工作人员的，属于《刑法》第 165 条规定的"国有公司、企业的高级管理人员"。

（二）客体要件

本罪侵犯的客体是国家对公司、企业的管理秩序及其财产利益。公司、企业的董事、监事、高级管理人员，如果违反法定义务，从事"竞业禁止"行为，不仅侵犯了公司、企业的正常管理秩序，也损害了公司、企业的财产利益，因此刑法有必要介入干预和制裁。

（三）主观要件

本罪的主观方面为故意，即明知自己或为他人所经营的业务与自己所任职公司、企业经营的业务属于同类，为了获取非法利益，仍然进行经营。过失不构成本罪。

（四）客观要件

本罪的客观方面表现为国有公司、企业的董事、监事、高级管理人员，利用职务便利，自己经营或者为他人经营与其所任职公司、企业同类的营业，获取非法利益，数额巨大，以及其他公司、企业的董事、监事、高级管理人员违反法律、行政法规规定，利用职务便利，自己经营或者为他人经营与其所任职公司、企业同类的营业，致使公司、企业利益遭受重大损失的行为。

根据《刑法》第 165 条的规定，行为人构成第 1 款规定犯罪的基本客观要件如下：一是利用职务便利，即利用了自己经营管理的职权或者与职务有关的便利条件；二是自己经营或者为他人经营业务，也可以既为自己经营又为他人经营，只要具备其中之一即可；三是自己经营或者为他人经营的营业与自己所任职公司、企业的营业属于同一种类，如果不是同类营业的，则不构成本罪；四是获取非法利益，数额巨大，若虽有经营行为，但没有获取非法的利益，或者虽然获取了非法利益，但没有达到数额巨大的法定标准，均不能构成本罪。

根据《刑法》第 165 条的规定，行为人构成第 2 款规定的犯罪，在具有第 1 款相应的非法经营同类营业行为的基础上，还必须造成"致使公司、企业利益遭受重大损失"的实害结果。这里的"致使公司、企业利益遭受重大损失",是指行为人通过上述手段,转移利润或者转嫁损失,使得其所任职的公司、企业遭受重大损失。因此,重大损失结果的产生与行为人的非法经营同类营业行为具有法律上的因果关系。这里的"依照前款的规定处罚",是指依照第1款规定的两档刑罚处罚:造成重大损失的,处3年以下有期徒刑或者拘役,并处或者单处罚金;造成特别重大损失的,处3年以上7年以下有期徒刑,并处罚金。从《刑法》第165条的规定可知,第1款规定的入罪门槛是"获取非法利益,数额巨大",而第2款规定的入罪门槛则是"致使公司、企业利益遭受重大损失",因此两款在犯罪门槛要求和司法认定标准上有所不同。此外,需要说明的是,行为人构成第2款犯罪的前提是实施了第1款规定的"利用职务便利,自己经营或者为他人经营与其所任职公司、企业同类的营业"的基本行为。

这里的"利用职务便利",既包括利用本人在经营、管理公司、企业事务中的职权,实践中通常表现为利用自己掌管材料、物资、市场、计划、销售、项目、人事、资金等方面的职权,也包括利用在职务上有隶属、制约关系的他人的职权,且不限于直接主管下属。是否具有职务上的隶属、制约关系,应当结合行为人任职单位的性质和职能、所任职务,法律的规定、政策的影响、实践中的惯例、国情形成的制度安排等具体认定。因在某项公共事务中担负的职责与他人具有制约关系的,可以认定为在职务上有制约关系。

经营,是指筹划、组织并管理,既包括幕前操作,也包括幕后控制。这里的"自己经营",是指为自己独资成立或者担任股东的公司、企业进行经营,既包括以个人名义注册公司、企业经营,也包括在他人开办的公司、企业入股参与经营,还包括以他人名义注册公司、企业或者以他人名义入股,而实际自己出资、暗中经营等情形。行为人的特定关系人投资入股成立的公司、企业经营与该行为人所任职公司、企业同类的营业,且该行为人利用职务便利为其特定关系人投资入股成立的公司、企业经营活动提供帮助的,可认定为该行为人"自己经营"。这里的"为他人经营",是指行为人虽未参与投资和利润分配,但被聘用担任他人公司、企业的管理人员参与管理,或为他人公司、企业的业务进行策划、指挥,并领取一定报酬的行为。

这里的"同类的营业",是指行为人违背竞业禁止义务从事与其所任职公司、企业实际经营相同类别的业务。"同类的营业"不等于"同样的营业",亦不以营业执照载明的范围为限。"同类的营业"中的"类",是指《国民经济行业分类》国家标准中的"小类",且需结合国家统计局发布的《统计用产品分类目录》以及具体案情确定。而经营范围可以全部相同或者部分相同，若行为人实际经营的业务为两类以上，其中有一类以上相同的，即可认定为"同类的营业"。

三、罪与非罪

实践中，本罪与一般违规经营行为的主要区别在于：一看是否利用了职务上的便利。如果行为人虽然经营了与其所任职公司、企业同类的营业，获利巨大或者对所任职公司、企业造成重大损失，但这一行为与其所任职务无关，则不构成本罪。二看经营的是否为同类营业。构成本罪必须是经营与其所任职公司、企业同类的营业，如果行为人经营的不是同类营业，则不构成本罪。三看行为人获取的非法利益是否达到数额巨大标准或者致使公司、企业利益遭受重大损失。如果行为人利用了职务之便，并且经营与其所任职公司、企业同类的营业，但所获取非法利益并未达到数额巨大标准或者对所任职公司、企业造成的损失并不重大，则不能以本罪论处。此种情形下，可以按照单位内部的规章制度作出相应的处理。

关于本罪的刑事立案追诉标准，原《最高人民法院、公安部关于公安机关管辖的刑事案件立案追诉标准的规定（二）》（以下简称"原《立案追诉标准（二）》"）第12条规定，国有公司、企业的董事、经理利用职务便利，自己经营或者为他人经营与其所任职公司、企业同类的营业，获取非法利益，数额在10万元以上的，应予立案追诉。修订后的《立案追诉标准（二）》则根据管辖要求，删除了关于本罪的立案追诉标准。根据国家监察委员会印发的《关于办理国有企业管理人员渎职犯罪案件适用法律若干问题的意见》有关规定，未来国家监察委员会将会同最高人民法院、最高人民检察院出台新的追诉标准，在新规定出台前，相关案件可参照原《立案追诉标准（二）》把握。至于"致使公司、企业利益遭受重大损失"的具体情形，仍待出台有关司法解释予以明确。

四、注意事项

1.关于董事、监事、高级管理人员"竞业禁止"义务的理解问题。实践中，公司、企业的董事、监事、高级管理人员拥有管理公司、企业事务的实际权力，熟知本公司、企业的经营信息，如果允许其在本公司、企业外与本公司、企业自由竞业，其就可能会因为自己或者他人谋取私利而损害本公司、企业的合法利益。为此，《公司法》《企业国有资产法》等法律法规对公司、企业中的董事、监事、高级管理人员等规定了多项从业规范和法定义务，其中就涉及"竞业禁止"方面的规定。所谓"竞业禁止"，是指公司、企业的董事、监事、高级管理人员等特定人员，不得从事损害本公司、企业利益的活动，或实施与职责存在利益冲突的行为。

有关此点,《企业国有资产法》第 25 条第 1 款规定,未经履行出资人职责的机构同意,国有独资企业、国有独资公司的董事、高级管理人员不得在其他企业兼职。未经股东会、股东大会同意,国有资本控股公司、国有资本参股公司的董事、高级管理人员不得在经营同类业务的其他企业兼职。违反规定者,会受到法律的严厉制裁,将面临民事赔偿、行政问责、党纪处分、职业禁止等处罚,构成犯罪的,将被依法追究刑事责任。实践中,关于国有公司、企业的董事、经理的职务犯罪管辖,《监察法实施条例》第 29 条规定,监察机关依法调查公职人员涉嫌徇私舞弊犯罪,其中就包括非法经营同类营业罪。事实上,监察体制改革之前,该罪一直由公安机关依法立案侦查,而在完成改革之后,该罪转由监察机关依法进行专属管辖。

2. 关于本罪中"经营"的理解问题。"经营"含有筹划、谋划、计划、规划、组织、治理、管理等含义。从"经营"的定义看,无论是自己经营还是为他人经营,通常要求行为人参与对相关公司、企业的管理或者决策,仅投资而没有参与相关公司、企业的管理和决策的,不能认定为经营,即使公司、企业的董事、监事、高级管理人员因该行为获取了数额巨大的非法利益,也不能构成本罪。但是,在一定情况下,行为人利用职务便利为特定关系人投资入股的公司、企业经营活动提供帮助的,即使没有参与该公司、企业的管理和决策,也可认定为行为人"自己经营"。

3. 关于本罪中"非法利益"的认定问题。这里的"非法利益",是指行为人所获取的与其非法经营两类营业行为(即"自己经营"或"为他人经营")具有直接对应关系的非法所得,包括货币、物品和可折算为货币的财产性利益。对于"自己经营"的,"非法利益"按照经营的全部收入扣除直接用于经营活动的适当合理支出计算;对于"为他人经营"的,"非法利益"可根据行为人获取的报酬等实际获利情况计算;实践中,对于行为人离职之后,继续"自己经营或者为他人经营与其所任职公司、企业同类的营业",且其离职前后的实际获利数额具有关联性、不可分割性的,可将该行为人离职后尚处于法律法规规定或者劳动合同约定的竞业禁止义务期内的实际获利数额计入"非法利益"数额。

4. 关于"违反法律、行政法规规定"的理解问题。根据《刑法》第 165 条第 2 款规定,其他公司、企业的董事、监事、高级管理人员构成非法经营同类营业罪的一个要件是违反法律、行政法规规定。笔者认为,该构成要件当然同等适用于国有公司、企业的董事、监事、高级管理人员,因为如果某一行为符合法律、行政法规的规定,则其自然不具有违法性和有责性。所以,司法机关在适用该罪名时,应首先考察行为是否违反《公司法》等法律法规规定，亦即该行为在行政前置法上是否具有"非法性"。比如，根据《公司法》的有关规定，董事、监事、高级管理人员应当遵守法律、行政法规和公司章程，并对公司负有忠实义务和勤勉义务，不得利用职务便利为自己或者他人谋取属于公司的商业机会，也不得自营或者为他人经营与其任职公司同类的业务，否则，应当承担相应的民事责任甚至被依法追究刑事责任。但是，从《公司法》的规定可以看出，如果行为人自营或者为他人经营与其任职公司同类的业务系经公司股东会、董事会同意的，则不具有前置法上的"非法性"，遵循法秩序统一性原理，该行为不应以犯罪论处。

5. 关于本罪与受贿罪的界限问题。实践中，两罪名确有交叉重合之处，比如：两罪的主体都可以是国有公司、企业的董事、监事、高级管理人员；行为人收受财物为他人谋取利益是一个整体性的行为，为他人经营与其所任职公司、企业同类营业完全可以是其中一部分。两者的主要区别在于：一是犯罪的主观方面不同。本罪中行为人对公司、企业禁止行为和忠实义务的违反是出于直接故意，对可能会使本单位利益受损的结果则是持一种放任的态度，属于间接故意；而受贿罪的主观方面为直接故意。二是为他人谋取利益的方式不同。本罪中行为人是通过"经营"的方式为他人谋利，即利用职务便利，将国有公司、企业有利可图的商业机会转让给自己兼营的公司、企业，或者将自己兼营公司、企业的商业风险转嫁给国有公司、企业；而受贿罪最典型的方式为"权钱交易"，行为人利用手中的"权力"，为请托人谋取利益，接受请托人的"好处"，其并不以行为人实际参与经营或者他营公司的营利为前提条件。三是两罪的客体范围不同。本罪侵犯的客体是国家对公司、企业的管理秩序及其财产利益；而受贿罪侵犯的客体是国家机关、国有公司、企事业单位、人民团体的正常管理活动以及公职人员的职务廉洁性。因此，受贿罪所规制的行为对象的范围要远远大于非法经营同类营业罪。此外，从两罪的法定刑设置来看，受贿罪的科刑要重于非法经营同类营业罪，因此相比而言，受贿罪的社会危害性更大。

6. 关于本罪与为亲友非法牟利罪的界限问题。虽然两罪名在犯罪主体及客观方面存在一定的共同之处，但通常情况下两者间的区别还是比较明确的。正确区分两者，应当把握以下两个关键点：首先，本罪要求行为人有具体的经营活动。具体的经营活动包含两层含义：一是不管是为自己还是为他人，行为人的经营行为必须是自己积极的作为，并且其经营行为具有实质性的意义。二是具体的经营活动必须是利用职务之便，比如利用本单位经营的信息为自己经营的企业营利。其次，本罪要求行为人获取非法利益。获取非法利益同样包含两层含义：一是所获取的非法利益必须与其经营活动具有直接的对应关系,具体表现为经营利润或者经营报酬。二是获取的非法利益必须数额巨大。相比之下,为亲友非法牟利罪表现为行为人在本单位的经营管理活动中,利用职务便利经营或者参与亲友的经营行为,此为其一。其二,将本单位的盈利业务交由自己的亲友经营,其目的在于为自己的亲友谋取非法利益。虽然行为人也可能从中得到一定的"报酬"或者"好处费",但该报酬并非直接源于行为人在该单位的具体经营行为,而是其利用职务便利行为所获得,属于受贿性质。实践中,国有公司、企业的董事、监事、高级管理人员利用职务便利,将本单位盈利业务交由其亲友的公司、企业,同时自己也参与经营,从中获取巨大的非法利益并给国家利益造成重大损失的,构成两罪的想象竞合,应择一重罪定罪处罚。

五、风险提示

非法经营同类营业罪是 1997 年《刑法》增设的罪名,1979 年《刑法》和单行刑法均没有规定此罪名,该罪名是公司法上的公司高管竞业禁止义务在刑法中的具体体现。为落实平等保护民营企业要求和加大对民营企业内部腐败犯罪治理,《刑法修正案(十二)》对《刑法》第 165 条进行修改,具体包括两个方面:一是修改完善第 1 款关于犯罪主体的规定,即将"董事、经理"修改为"董事、监事、高级管理人员"。二是在该条中增加一款作为第 2 款,对国有公司、企业之外的其他公司、企业相关人员违反法律、行政法规,实施相关背信行为,致使公司、企业利益遭受重大损失的,规定依照第 1 款的规定处罚。实践中,构成非法经营同类营业罪中的"同类营业",应同时具备以下两个条件:一是在经营范围上属于"同类营业",即自己经营或为他人经营的营业与自己所任职公司、企业的营业属于同一种类。现实中,对行为人所经营的公司、企业而言,只要其中任一部分经营范围与其任职公司、企业的实际经营范围属于同一类别,就应当认定为"同类营业"。对于行为人所任职公司、企业的实际经营范围与注册范围不一致的,应当以实际经营范围作为判断依据。二是两者在经营活动中具有竞争或者利益冲突关系,即行为人所经营的公司、企业与其所任职公司、企业具有竞争或者利益冲突关系。实践中,应当以公司、企业之间是否具有竞争或者利益冲突作为"同类营业"的实质判断标准。此处的竞争关系,既包括横向竞争关系,也包括部分损害公司利益的纵向竞争关系。

实践中,由于现实情况的复杂性,在认定罪与非罪以及此罪与彼罪的过程中,还应当注意以下五种情形:(1)如果他营企业与行为人所任职的公司、企业的营业范围不一样的，应排除非法经营同类营业罪的适用。（2）如果两者的营业范围相同，但他营公司并未实际经营的，也应排除非法经营同类营业罪的适用。（3）如果他营公司实际经营，但行为人并未参与他营公司的经营管理活动，且行为人获取的非法利益与他营公司的经营获利之间并非直接对应关系的，也应排除非法经营同类营业罪的适用。（4）如果所任职公司、企业同意行为人经营同类营业的，也应排除非法经营同类营业罪的适用。（5）如果行为人在国有公司、企业担任董事、监事、高级管理人员期间，利用职务便利，为他人在业务承接、款项支付、费用减免等方面谋利，并收受数额较大的财物，但并不实际参与他人企业的经营管理活动的，考虑到其行为不符合非法经营同类营业罪关于"经营"行为的客观方面要求，应当以受贿罪论处。

六、参阅案例

人民法院案例库参考案例：吴某军非法经营同类营业、对非国家工作人员行贿案（入库编号2023-03-1-097-002）。该案裁判要旨为：（1）"国有公司、企业的董事、经理"属于"国有公司、企业工作人员"的特定组成部分。经委派到国家出资企业中从事公务的人员，虽然其所任职的企业不能被认定为刑法意义上的"国有公司、企业"，甚至委派他的单位也不是刑法意义上的"国有公司、企业"，但其本人在符合特定条件情况下，仍可以被认定为"国有公司、企业人员"。所谓符合特定条件，主要从三个方面考察：一看委派的主体。适格的委派主体应当是国有公司、企业，或者国有控股、参股公司中负有管理、监督国有资产职责的组织。二看委派的实质内容，即委派是否体现国有单位、组织的意志。至于委派的具体形式、被委派单位是否通过特定程序对被委派人员进行任命等，均不影响委派的认定。三看是否从事公务。主要体现为"从事组织、领导、监督、经营、管理工作"。（2）是否属于同类营业，应采取实质审查标准。"同类营业"不等于"同样营业"，亦不以营业执照标示的范围为限，重点在于是否剥夺了本公司的交易机会。

七、关联规定

1.《中华人民共和国企业国有资产法》（2008年）第5条、第26条、第71条、第75条；

2.《中华人民共和国公司法》（2023年）第181条、第184条、第188条、第264条、第265条；

3.《最高人民法院关于如何认定国有控股、参股股份有限公司中的国有公司、企业人员的解释》（2005年，法释〔2005〕10号）。

为亲友非法牟利罪

一、刑法规定

第一百六十六条：国有公司、企业、事业单位的工作人员，利用职务便利，有下列情形之一，致使国家利益遭受重大损失的，处三年以下有期徒刑或者拘役，并处或者单处罚金；致使国家利益遭受特别重大损失的，处三年以上七年以下有期徒刑，并处罚金：

（一）将本单位的盈利业务交由自己的亲友进行经营的；

（二）以明显高于市场的价格从自己的亲友经营管理的单位采购商品、接受服务或者以明显低于市场的价格向自己的亲友经营管理的单位销售商品、提供服务的；

（三）从自己的亲友经营管理的单位采购、接受不合格商品、服务的。

其他公司、企业的工作人员违反法律、行政法规规定，实施前款行为，致使公司、企业利益遭受重大损失的，依照前款的规定处罚。

二、罪名解读

为亲友非法牟利罪，是指国有公司、企业、事业单位的工作人员，利用职务上的便利，非法为亲友牟利，致使国家利益遭受重大损失，以及其他公司、企业的工作人员违反法律、行政法规规定，利用职务上的便利，非法为亲友牟利，致使公司、企业利益遭受重大损失的行为。本罪的具体构成要件如下所述：

（一）主体要件

本罪的主体为特殊主体，既包括国有公司、企业、事业单位的工作人员，也包括其他公司、企业的工作人员。这里的"工作人员"，是指国有公司、企业、事业单位以及其他公司、企业的所有员工，既包括管理人员，也包括非管理人员。因此，本罪的主体范围显然比非法经营同类营业罪要求的"董事、监事、高级管理人员"更为广泛。实践中，凡不具有工作人员身份者，不构成本罪主体。这里的"国有公司、企业的工作人员"，既包括国有独资、全资公司、企业中的工作人员，也包括国有控股、参股公司及其分支机构中的国家工作人员。

（二）客体要件

本罪侵犯的客体是国家对公司、企业、事业单位的监管制度及其财产利益。

值得注意的是,《刑法》第 166 条第 1 款第 1 项规定的"本单位的盈利业务"中,"本单位"既包括行为人所在的公司、企业,也包括该单位的分支机构及其投资入股的公司、企业等。

(三)主观要件

本罪的主观方面只能是直接故意,即行为人故意为亲友非法牟利,且明确认识到自己的行为可能使国家利益或者公司、企业利益遭受重大损失,仍然积极追求这种"损公肥私"的结果。至于行为人的动机和目的如何,均不影响本罪的成立。间接故意和过失不构成本罪。

(四)客观要件

本罪的客观方面表现为国有公司、企业、事业单位的工作人员,利用职务上的便利,非法为亲友牟利,致使国家利益遭受重大损失,以及其他公司、企业的工作人员违反法律、行政法规规定,利用职务上的便利,非法为亲友牟利,致使公司、企业利益遭受重大损失的行为。本罪的具体行为方式包括以下三种:一是将本单位的盈利业务交由自己的亲友进行经营;二是以明显高于市场的价格从自己的亲友经营管理的单位采购商品、接受服务或者以明显低于市场的价格向自己的亲友经营管理的单位销售商品、提供服务;三是从自己的亲友经营管理的单位采购、接受不合格商品、服务。

这里的"盈利业务",是指行为人将该业务交由其亲友经营时,根据当时市场环境和经济预期,在正常经营管理条件下,有较大获利可能的业务。将上述盈利业务交由亲友经营后来获利的,不影响"盈利业务"的认定;盈利业务被拆分出的某一具体业务环节,仍属于"盈利业务"。司法实践中,至于其亲友在获得该盈利业务后,以何种方式、何人名义经营以及是否盈利等,均不影响本罪的成立。

这里的"交由自己的亲友进行经营",既包括交由亲友个人经营,也包括交由亲友投资、经营、管理、控制的单位经营。"进行经营",是指实际经营性行为,应当付出一定的经营性劳动并承担相应的经营性风险。对于亲友虽不参与其投资入股公司、企业的日常管理,但参与了业务决策和指挥并参与利润分配、承担经营风险的,应当认定为"进行经营"。这里的"自己的亲友经营管理的单位",是指行为人的亲友个人所有或者通过入股、项目合作、承包等方式参与经营管理、利润分配并承担经营风险的公司、企业,但不应包括亲友担任经营管理人员以外的一般工作人员的单位。行为人的亲友系与其所在公司、企业以经营业绩考核结果相挂钩的方式确定薪酬结构的职业经理人的,该公司、企业可被认定为行为人"自己的亲友经营管理的单位"。

这里的"商品",是指用于交换的劳动产品。对于市场经营活动中被用作交易的知识产权、土地使用权、矿业权等,以及具有交易性质的服务提供、技术支持、工程及其运营维护保障等,可以认定为"商品"。这里的"服务",是指为社会生产和生活提供的服务性劳动,其概念涵盖的范围较广,包括银行、保险等金融机构工作人员在获取或者提供资金业务过程中,通过提高或者压低价格等方式为亲友非法牟利的情形。这里的"违反法律、行政法规规定",是指违反《公司法》等有关公司、企业管理法律法规规定,即该行为在行政前置法上具有"非法性"。这里的"致使国家利益遭受重大损失",是指行为人转移国有单位的利润或者转嫁自己亲友经营的损失,达到了数额巨大的情形。既包括国家经济损失,也包括造成国家出资企业破产、停业、停产,或者被吊销许可证和营业执照,责令关闭、撤销、解散等有关情形。其中,国家经济损失包括直接经济损失和间接经济损失。这里的"致使公司、企业利益遭受重大损失",是指行为人通过上述手段,转移利润或者转嫁损失,使其所任职的公司、企业遭受重大损失。

需要补充说明的是,《刑法》第 166 条采取的是列举性规定,并没有作出兜底规定。行为人只要实施了背信经营的行为之一,就涉嫌本罪;实施了两种以上行为的,仍然为一罪,不实行并罚,但可在量刑时考虑。

三、罪与非罪

根据刑法规定,为亲友非法牟利的行为,需达到致使国家利益遭受重大损失或者致使公司、企业利益遭受重大损失的程度,才构成本罪。司法实践中,对于行为人造成本单位损失金额不大或者情节显著轻微的行为,不能以犯罪论处,但可以根据本单位的规章制度作出相应处理,并追究行为人的民事责任。

关于本罪的刑事立案追诉标准,原《立案追诉标准(二)》第 13 条规定,国有公司、企业、事业单位的工作人员,利用职务便利,为亲友非法牟利,涉嫌下列情形之一的,应予立案追诉:(1)造成国家直接经济损失数额在 10 万元以上的;(2)使其亲友非法获利数额在 20 万元以上的;(3)造成有关单位破产、停业、停产 6 个月以上,或者被吊销许可证和营业执照,责令关闭、撤销、解散的;(4)其他致使国家利益遭受重大损失的情形。修订后的《立案追诉标准(二)》则根据管辖要求,删除了关于本罪的立案追诉标准。根据国家监察委员会印发的《关于办理国有企业管理人员渎职犯罪案件适用法律若干问题的意见》有关规定,未来国家监察委员会将会同最高人民法院、最高人民检察院出台新的追诉标准,在新规定出台前,相关案件可参照原《立案追诉标准(二)》把握。至于"致使公司、企业利益遭受重大损失"的具体情形，仍待出台有关司法解释予以明确。

四、注意事项

1.关于"利用职务便利"的理解问题。根据国家监察委员会《关于办理国有企业管理人员渎职犯罪案件适用法律若干问题的意见》的有关规定，《刑法》第166条规定的"利用职务便利"，既包括利用本人在经营、管理国家出资企业事务中的职权，实践中通常表现为利用自己掌管材料、物资、市场、计划、销售、项目、人事、资金等方面的职权，也包括利用在职务上有隶属、制约关系的他人的职权，且不限于直接主管下属。是否具有职务上的隶属、制约关系，应当结合行为人任职单位的性质和职能、所任职务，法律的规定、政策的影响、实践中的惯例、国情形成的制度安排等具体认定。因在某项公共事务中担负的职责与他人具有制约关系的，可认定为在职务上有制约关系。实践中，行为人"利用职务便利"，往往是由于其对于单位的经营业务具有决策权，进而利用这种经营权限，为亲友牟利。

2.关于本罪中"亲友"的范围认定问题。由于目前并没有法律法规、司法解释对本罪中"亲友"的范围作出明确规定，因此实践中往往会存在不同的认识。对此，笔者认为，不能将"亲友"的范围等同于"近亲属"，也不能等同于"其他人"，而是应忠于立法原意并符合常情常理，应将是否存在利益输送、利害关系作为实质把握。实践中，行为人之所以要冒着犯罪的风险为"亲友"非法牟利，本质上在于其和其"亲友"有着情感上的紧密联系或者利益上的关联，否则，行为人也就没有了为其"亲友"非法牟利的动机和目的。因此，关于"亲友"的具体范围应界定为以下三类人员：一是亲人，包括配偶、直系亲属、三代以内旁系亲属、儿女姻亲等。二是师生、恋人、身边工作人员等特定关系人。三是具有利益关联的朋友。对该类人员，可以从行为人与其日常交往、经济往来、有无利益约定等方面，综合判断两者之间是否具有利益关联。

3.关于"明显高于或者低于市场价格"的认定问题。《刑法》第166条第1款第2项规定的"市场的价格"，是指商品、服务的合理市场价格，一般可以委托人民政府价格主管部门的价格认定机构进行价格认定。是否"明显高于"或者"明显低于"，应当以商品、服务的合理市场价格作为参照，并根据商业习惯以及社会上的一般观念进行判断。一般而言，犯罪数额可以按照交易时当地市场价格与实际支付价格的差额计算。在具体办案实践中，可以参照《最高人民法院、最高人民检察院关于办理受贿刑事案件适用法律若干问题的意见》第1条的规定予以把握。此外，最高人民法院发布的《全国法院贯彻实施民法典工作会议纪要》第9条规定，对于《民法典》第539条规定的明显不合理的低价或者高价，人民法院应当以交易当地一般经营者的判断，并参考交易当时交易地的物价部门指导价或者市场交易价，结合其他相关因素综合考虑予以认定。转让价格达不到交易时交易地的指导价或者市场交易价70%的，一般可以视为明显不合理的低价；对转让价格高于当地指导价或者市场交易价30%的，一般可以视为明显不合理的高价。实践中，上述条款规定的精神也可以作为办案参考。

4. 关于罪与非罪的界限问题。本罪实质上属于背信罪的一种，为亲友牟利是比较常见的利益输送行为，具有较强的隐蔽性，不易被觉察和发现。实践中，认定行为人是否构成本罪，重点要从行为人实施的背信经营行为是否利用了职务便利以及相关利益遭受的损失是否达到重大以上程度两个方面进行把握。如果行为人没有利用职务便利，即使对其亲友所进行的经营活动提供了帮助，也不能以本罪论处。此外，行为人实施背信经营行为致使相关利益遭受的损失还必须达到重大以上的程度，否则，亦不能以本罪论处。值得关注的是，根据《公司法》等法律法规规定，经公司同意的有关关联交易行为是被允许的，当然也不构成本罪。特别是涉及民营企业的案件，如果具有决策权的老板、其他投资人，自愿将某项盈利业务交给亲友经营或者决定与亲友单位进行交易的，则即使影响了企业利益甚至造成损失，也不宜认定为本罪，这实际上是企业的自主经营活动。

5. 关于本罪与贪污罪的界限问题。实践中，本罪与贪污罪在主观上都存在牟取非法利益的故意，且在客观上都损害了国有公司、企业或者事业单位的利益。此外，两者在犯罪手段上也存在相似之处，比如本罪以国有单位工作人员利用职务上的便利让亲友实施一定的经营行为赚取非法利润为特征，而贪污罪则是国有单位工作人员利用职务上的便利直接让亲友非法占有公共财物。在特定情况下，为亲友非法牟利罪亦可转化为贪污罪。实践中，区分两者主要是考察非法获利者是否实施了真实的经营行为以及非法取得的经营利润是否符合一定的限度。如果行为人在国有单位的购销活动中通过实施一定的经营行为牟取一定数额的利润且致使国家利益遭受重大损失的，则一般构成为亲友非法牟利罪；如果行为人采用过度抬高或者压低商品、服务价格的手段，非法取得的经营利润与行为时市场价格或者报酬明显背离，超越了社会对于真实经营行为的一般观念的，则可能涉嫌贪污罪；如果行为人与其亲友共谋，借从事经营活动之名，行侵占公共财物之实，大肆侵吞国有财产的，则可构成贪污罪的共犯。此外，需要说明的是，行为人为了实现专项交易，让亲友特意成立有关单位的，亲友经营管理的单位实际上沦为一种犯罪工具，在该种情形下，行为人为交易而特设单位的行为属于个人犯罪，构成贪污罪。

五、风险提示

实践中，一些国有单位的工作人员，包括企业的领导人和其他从事经营管理的人员，如业务员、采购员等，利用企业管理制度的不完善和某些制度方面的缺失，借自己管理或者经营业务的便利，实施损公肥私的行为。比如：有的管理人员将本单位的盈利业务交给自己的亲朋好友经营；有的采购人员不是通过正规采购渠道进行采购，而是向自己的亲友经营管理的单位采购不合格的商品、服务；有的相关人员以明显不合理的价格与其亲友经营管理的单位交易，让亲友获利；等等。这些行为本质上是一种职务腐败，严重损害了国家利益，会给国有资产造成重大损失，因此必须予以严厉打击。鉴于此，刑法将这些为亲友非法牟利的行为规定为犯罪。实际上，这类犯罪是典型的背信行为，是实践中反映突出的损害公司、企业利益的行为手段，而且在民营企业中也大量存在。为此，《刑法修正案（十二）》对《刑法》第166条作出如下调整：一是在第1款中增加了"服务"的规定，即除商品之外，将接受相关"服务"也作为本罪中的重要交易标的；二是增加一款作为第2款，将其他公司、企业的内部人员"损企肥私"的行为纳入刑法规制范围，并规定了不同的构成要件。

《中国共产党纪律处分条例》第96条规定：纵容、默许配偶、子女及其配偶等亲属、身边工作人员和其他特定关系人利用党员干部本人职权或者职务上的影响谋取私利，情节较轻的，给予警告或者严重警告处分；情节较重的，给予撤销党内职务或者留党察看处分；情节严重的，给予开除党籍处分。同时，第107条还规定：党员领导干部的配偶、子女及其配偶，违反有关规定在该党员领导干部管辖的地区和业务范围内从事可能影响其公正执行公务的经营活动，或者有其他违反经商办企业禁业规定行为的，该党员领导干部应当按照规定予以纠正；拒不纠正的，其本人应当辞去现任职务或者由组织予以调整职务；不辞去现任职务或者不服从组织调整职务的，给予撤销党内职务处分。由上可知，从职务行为廉洁规范要求来看，上述党规党纪规范与为亲友非法牟利罪规定具有相似之处，但在行为性质和严重程度方面却有着本质区别。前者是违规违纪，而后者则涉嫌犯罪。根据《监察法实施条例》第29条的规定，公职人员如果涉嫌为亲友非法牟利罪，依法由监察机关进行调查处理。

六、参阅案例

人民法院案例库参考案例：刘某某为亲友非法牟利案（入库编号2023-03-1-098-001）。该案裁判要旨为：（1）国有控股公司中从事公务的人员属于国有公司工作人员。虽然刑法上的国有公司、企业是指国有独资公司、企业，但"国有公司、企业人员"并非仅指国有独资公司、企业工作人员。根据《最高人民法院、最高人民检察院关于办理国家出资企业中职务犯罪案件具体应用法律若干问题的意见》第6条的规定，经国家机关、国有公司、企业、事业单位提名、推荐、任命、批准等，在国有控股、参股公司及其分支机构中从事公务的人员，以及经国家出资企业中负有管理、监督国有资产职责的组织批准或者研究决定，代表其在国有控股、参股公司及其分支机构中从事组织、领导、监督、经营、管理工作的人员，可认定为以国家工作人员论的"国有公司、企业人员"。（2）通过下属单位负责人的职权，安排以明显高于市场的价格购买商品，属于利用职务上的便利。利用职务上有隶属关系的其他国有公司、企业工作人员的职务便利，可以认定其利用了职务便利。《全国法院审理经济犯罪案件工作座谈会纪要》第3条第1项规定，《刑法》第385条第1款规定的"利用职务上的便利"，既包括利用本人职务上主管、负责、承办某项公共事务的职权，也包括利用职务上有隶属、制约关系的其他国家工作人员的职权。担任单位领导职务的国家工作人员通过不属自己主管的下级部门的国家工作人员的职务为他人谋取利益的，应当认定为"利用职务上的便利"为他人谋取利益。（3）当行为人的行为兼具为自己以及亲友牟利的因素时，以为亲友非法牟利罪定罪更为合理。在具体案件中，应当考虑以下因素：行为人是否具有为亲友非法牟利的意图；行为人的行为是否不同于典型的贪污行为；以为亲友非法牟利罪进行处罚是否具有合理性。

七、关联规定

1.《中华人民共和国企业国有资产法》（2008年）第5条、第43条、第44条、第71条、第72条、第75条；

2.《中华人民共和国公司法》（2023年）第180条、第181条、第182条、第183条、第264条、第265条；

3.《最高人民法院关于如何认定国有控股、参股股份有限公司中的国有公司、企业人员的解释》（2005年，法释〔2005〕10号）。

签订、履行合同失职被骗罪

一、刑法规定

第一百六十七条：国有公司、企业、事业单位直接负责的主管人员，在签订、履行合同过程中，因严重不负责任被诈骗，致使国家利益遭受重大损失的，处三年以下有期徒刑或者拘役；致使国家利益遭受特别重大损失的，处三年以上七年以下有期徒刑。

二、罪名解读

签订、履行合同失职被骗罪，是指国有公司、企业、事业单位直接负责的主管人员，在签订、履行合同过程中，因严重不负责任被诈骗，致使国家利益遭受重大损失的行为。本罪的具体构成要件如下所述：

（一）主体要件

本罪的主体为特殊主体，仅限于国有公司、企业、事业单位直接负责的主管人员。所谓"直接负责的主管人员"，是指对签订、履行合同起领导、决策、指挥作用的本单位有关负责人，并不包括其他直接责任人员。实践中，凡不具有上述身份者，不构成本罪的主体。

（二）客体要件

本罪侵犯的客体是国有公司、企业、事业单位的正常经营活动和财产权益。国有公司、企业、事业单位在社会经济生活中担负着举足轻重的作用，其直接负责的主管人员因玩忽职守严重不负责任被诈骗，必然会使国有公司、企业、事业单位的正常经营和财产权益受损。根据《刑法》第167条的规定，行为人所在单位系被害人，对于该种犯罪行为，刑法只追究本单位中直接负责的主管人员的刑事责任。

（三）主观要件

本罪的主观方面为过失，即行为人应当预见自己的行为可能造成国家利益遭受重大损失的结果，因为疏忽大意没有预见，或者已经预见但轻信能够避免，以致发生这种结果。如果行为人是与对方当事人恶意串通，合伙诈骗国有公司、企业、事业单位的财产，则构成贪污罪或者诈骗罪的共犯，而不构成本罪。

（四）客观要件

本罪的客观方面表现为国有公司、企业、事业单位直接负责的主管人员，在签订、履行合同过程中，因严重不负责任被诈骗，致使国家利益遭受重大损失的行为。这里的"合同"，是指具有平等地位的民事主体之间设立、变更或终止民事关系、经济关系等的一种协议，既可以是国内合同，又可以是涉外合同。这里的"严重不负责任"，是指不履行或者虽然履行但不是正确、认真地履行自己在合同签订、履行过程中应当履行的职责。这里的"诈骗"，是指对方当事人的行为已经涉嫌诈骗犯罪，不以对方当事人已经被人民法院判决构成诈骗犯罪作为立案追诉的前提。

所谓"严重不负责任被诈骗",是指行为人不履行或者不正确履行自己主管、分管签订、履行合同的义务,致使他人利用合同形式骗取国有公司、企业、事业单位的财物。这里的"国家利益遭受重大损失",是指造成大量财物被诈骗,以及因被诈骗有关单位破产、停业、停产、被吊销许可证等。

三、罪与非罪

本罪属于结果犯,只有致使国家利益遭受重大损失,才构成犯罪。如果行为人在签订、履行合同时被骗,但发现后及时采取措施,避免了可能给国家利益造成的重大损失后果发生,则不构成本罪。实践中,区分罪与非罪的标准有二:一是看行为人在签订、履行合同时是否存在严重不负责任的情况,是否有过失,如在有条件、有可能履行的情况下,行为人是否认真负责地履行应尽的职责和义务,是否滥用职权、超越职权、擅自作出决定,是否违反国家法律、政策、单位管理规章制度,等等。二是看行为人的失职行为是否造成签订、履行合同被骗,是否致使国家利益遭受重大损失。

四、注意事项

1. 关于本罪主体的正确理解问题。如前所述,本罪的主体为特殊主体,仅限于国有公司、企业、事业单位直接负责的主管人员。"直接负责的主管人员"作为一个法定专用名词,源于单位犯罪处罚主体的规定,其本身并不包括单位管理人员之外的其他直接责任人员。实践中,正确理解"直接负责的主管人员"应注意以下两点:一是须有管理人员之身份,行使实际管理职权;二是对合同的签订、履行负有直接责任。其中,前者不限于单位的法定代表人,单位的分管副职领导及部门、分支机构的负责人等均属管理人员;后者的着眼点在于对合同的签订与履行有无法律及职务上的责任,不在于是否具体参与合同的签订与履行,尤其是在不履行或者不正确履行职责的渎职等过失犯罪中,不要求具有决定、批准、授意等参与合同签订、履行的行为。

2. 关于本罪客观方面的正确理解问题。构成本罪的客观方面应具备以下三个要件:一是本体要件。行为人严重不负责任,在签订、履行合同过程中不履行职责,即通常所谓的失职。二是后果要件。失职行为给国家利益造成重大损失之现实后果。三是中介要件。造成重大损失后果之直接原因系合同相对方的诈骗行为。其中,失职行为包含当为、能为、不为三个层面的意义,即具有法定或者职务上的避免国家利益遭受损失的义务,正常履行职责本可避免损失,但不履行或者不正确履行义务。损失后果指的是现实的、具体的经济损失,可能的、间接的、潜在的或者非经济性的损失一般不能被视为此处的损失后果。需要注意的是，不得将属于合同相对方的诈骗行为直接造成的损失，或者直接的损失对象是第三方，但最终责任将落到该国有单位的损失理解为间接损失。

3. 关于诈骗行为对本罪认定的影响问题。根据《刑法》第 167 条的规定，认定签订、履行合同失职被骗罪应当以对方当事人涉嫌诈骗，行为构成犯罪为前提。有关此点，并无争议。但是，司法机关在办理行为人被指控犯有签订、履行合同失职被骗罪的案件过程中，不能以对方当事人已经被人民法院判决构成诈骗犯罪为认定本案当事人构成本罪的前提。换言之，司法机关在办理案件过程中，只要认定对方当事人的行为已经涉嫌构成诈骗犯罪，就可依法认定行为人构成签订、履行合同失职被骗罪，而不需要搁置或者中止审理，直至对方当事人被人民法院审理并判决构成诈骗犯罪。

4. 关于外汇业务中特定行为的定性问题。外汇业务活动中，有关行为人严重不负责任，导致国家外汇大量流失，应如何定性和处理？对此，《全国人民代表大会常务委员会关于惩治骗购外汇、逃汇和非法买卖外汇犯罪的决定》第 7 条规定，金融机构、从事对外贸易经营活动的公司、企业的工作人员严重不负责任，造成大量外汇被骗购或者逃汇，致使国家利益遭受重大损失的，依照《刑法》第 167 条的规定定罪处罚。该规定实际上扩大了本罪犯罪主体的范围。"金融机构"，是指经外汇管理机关批准，有权经营外汇业务的商业银行和外汇交易中心。"从事对外贸易经营活动的公司、企业"，即对外贸易经营者，是指有权从事货物进出口与技术进出口的外贸单位以及国际服务贸易企业和组织。"严重不负责任"，是指违反国家有关外汇管理的法律、法规和规章制度，不履行、不正确履行应当履行的职责，或者在履行职责过程中马虎草率、敷衍塞责，或者放弃职守，对自己应当负责的工作撒手不管，等等。"致使国家利益遭受重大损失"，主要是指造成国家外汇大量流失。

5. 关于本罪与玩忽职守罪的界限问题。本罪与玩忽职守罪在客观上都表现为行为人在工作中严重不负责任，不履行、不正确履行依其职责应履行的义务；在主观上都出于过失。但是，本罪作为从玩忽职守罪中分离出来的一个罪名，具有独立的犯罪构成要件，两罪之间存在本质的区别，主要体现在以下四个方面：一是侵犯的客体不同。本罪侵犯的客体是国有公司、企业、事业单位的正常经营活动和财产权益；而玩忽职守罪侵犯的客体是国家机关的正常管理活动。二是犯罪主体不同。两罪的主体虽同为特殊主体，但特指的对象不同。本罪的主体为国有公司、企业、事业单位直接负责的主管人员；而玩忽职守罪的主体只能是国家机关工作人员。三是犯罪的客观方面有所不同。本罪的玩忽职守行为表现在签订、履行合同过程中，犯罪结果是造成国家利益遭受重大损失；而玩忽职守罪的玩忽职守行为表现在国家机关的工作中，犯罪结果是使公共财产、国家和人民的利益遭受重大损失。四是入罪条件不同。比如：本罪要求造成国家直接经济损失数额在 50 万元以上或者造成单位停业、停产 6 个月以上；而玩忽职守罪要求造成个人财产直接经济损失 15 万元以上，造成公共财产或者法人、其他组织财产直接经济损失 30 万元以上，单位停业、停产 1 年以上，或者严重损害国家声誉、造成恶劣社会影响，等等。

五、风险提示

由于利用经济合同进行诈骗具有相当的复杂性、隐蔽性和欺骗性，所以更容易被犯罪分子所利用。诈骗犯罪之所以得逞，原因固然很多，但被诈骗单位的有关人员玩忽职守、严重不负责任则是其中的一个重要诱因。一些国有公司、企业、事业单位的工作人员在签订、履行经济合同的过程中严重不负责任，未向主管单位或有关单位了解，盲目同无资金或无货源的另一方进行购销活动；有的不了解对方情况，擅自将本单位资金借出受骗；有的违反外贸法规规定，未经咨询，不调查客户信誉情况，盲目与外商成交或者擅自作经济担保，结果被诈骗造成重大经济损失。鉴于这种行为具有一定的普遍性和典型性，为严肃国家法纪，保护国有资产的安全，保障市场经济健康发展，1997 年在修订《刑法》时，特别规定了签订、履行合同失职被骗罪。

为保障合同的签订与履行，避免国家利益遭受损失，应当做到以下三点：一是要加强对国有单位主管人员的法纪教育。在合同履行过程中，切实查看履约情况，认真开展尽职调查，不能仅听取口头汇报，不做实地调查，不能仅听信口头承诺，不认真核实合同履行、货物交易等情况，最大限度地降低交易风险。二是要加强国有单位内部的合规建设和提高风险防控水平。建立健全单位内部的合规管理体系，特别是要健全合同交易领域的专项合规制度，设立严谨多级的合同签订审批制度，对供应商的经营状况进行全面了解，对合同标的价值进行合理评估，注重规范合同签订的各个环节。三是要加强纪检监察机关的监督检查和责任追究。如果要彻底防范签订、履行合同失职被骗风险，除了要从国有单位合同管理漏洞入手，建立健全合同签订审批、履约监管制度，还要加强纪检监察机关与国资、审计、财政等部门联动，加大监管力度，形成工作合力。对于国有单位直接负责的主管人员，在签订、履行合同中严重失职、渎职，造成国家利益遭受损失的，要依法依规查处，筑牢防范国家利益受损的堤坝。

六、参阅案例

《刑事审判参考》（2003年第6辑，总第35辑）第270号：高原、梁汉钊信用证诈骗，签订、履行合同失职被骗案。该案裁判要旨为：对签订、履行合同失职被骗罪中直接负责的主管人员的理解，应当把握以下两点：一是须有管理人员之身份，行使实际管理职权；二是对合同的签订、履行负有直接责任。其中，前者不限于单位的法定代表人，单位的分管副职领导及部门、分支机构的负责人等均属管理人员；后者的着眼点在于对合同的签订与履行有无法律及职务上的责任，不在于是否具体参与合同的签订与履行，尤其是在不履行或者不正确履行职责的渎职等过失犯罪中，不要求具有决定、批准、授意等参与合同签订、履行的行为。在本案中，被告人梁汉钊担任国企公司进出口五部经理，负责五部的全面工作，在系列被骗合同签订过程中代表五部签字、盖章，且合同的签订与履行本属合同行为不可分割的共同组成部分，其理应对合同被骗后果承担管理失职之责任。因为保证合同的真实履行是其职务上的既定责任，但在合同履行过程中因不履行职责而被骗，正是其失职所致。

七、关联规定

1.《全国人民代表大会常务委员会关于惩治骗购外汇、逃汇和非法买卖外汇犯罪的决定》（1998年）第7条、第8条；

2.《最高人民法院刑二庭关于签订、履行合同失职被骗犯罪是否以对方当事人的行为构成诈骗犯罪为要件的意见》（2001年）；

3.《最高人民法院关于如何认定国有控股、参股股份有限公司中的国有公司、企业人员的解释》（2005年，法释〔2005〕10号）。

国有公司、企业、事业单位人员失职罪

一、刑法规定

第一百六十八条：国有公司、企业的工作人员，由于严重不负责任或者滥用职权，造成国有公司、企业破产或者严重损失，致使国家利益遭受重大损失的，处三年以下有期徒刑或者拘役；致使国家利益遭受特别重大损失的，处三年以上七年以下有期徒刑。

国有事业单位的工作人员有前款行为，致使国家利益遭受重大损失的，依照前款的规定处罚。

国有公司、企业、事业单位的工作人员,徇私舞弊,犯前两款罪的,依照第一款的规定从重处罚。

二、罪名解读

国有公司、企业、事业单位人员失职罪,是指国有公司、企业的工作人员严重不负责任,造成国有公司、企业破产或者严重损失,致使国家利益遭受重大损失,或者国有事业单位的工作人员严重不负责任,致使国家利益遭受重大损失的行为。本罪的具体构成要件如下所述:

(一)主体要件

本罪的主体为特殊主体,仅限于国有公司、企业、事业单位的工作人员。其中,"国有公司、企业的工作人员",既包括国有独资、全资公司、企业中的工作人员,也包括国有控股、参股公司及其分支机构中的国家工作人员。凡不具有上述身份者,不构成本罪的主体。

(二)客体要件

本罪侵犯的客体是国家对国有公司、企业、事业单位的资产管理制度。

(三)主观要件

本罪的主观方面为过失,即行为人应当预见自己严重不负责任可能会发生一定的损害后果,因为疏忽大意而没有预见,或者虽然已经预见但轻信能够避免。故意不构成本罪。

(四)客观要件

本罪的客观方面表现为国有公司、企业的工作人员严重不负责任,造成国有公司、企业破产或者严重损失,致使国家利益遭受重大损失,或者国有事业单位的工作人员严重不负责任,致使国家利益遭受重大损失的行为。

这里的"严重不负责任",是指不履行或者不正确履行自己的职责,通常表现为工作中轻率大意、不认真调查研究或者擅离职守、对分工负责的工作失管失察等。司法实践中,下列情形属于"严重不负责任":一是在重大经营决策时,不认真分析研究,不尊重客观经济规律,不听取多方意见与建议,盲目决策的;二是在公司、企业管理方面失管失责,经营管理混乱的,或者对于侵吞、私分、挪用单位财产的严重违法犯罪行为失管失责的;三是在经济交往活动过程中失察失职,对本单位利益遭受损失存在重大过失的,或者在本单位利益将遭受损害时不及时采取补救措施的;四是在公司、企业改制或者国有资产处置过程中不认真履职尽责,疏忽大意的；五是其他违背职责、不尽职守和不正确、不认真履行职责的行为。

这里的"破产"，是指国有公司、企业由于到期债务无法偿还而宣告倒闭。这里的"严重损失"，既包括直接经济损失，也包括间接的或者其他方面的损失；既包括给国有公司、企业造成亏损，也包括造成利润减少，即虽然总体上经营没有出现亏损，但使本应获得的利润大幅减少。这里的"致使国家利益遭受重大损失"，包括给国家经济利益等造成严重损失。这里的"徇私舞弊"，是指行为人为徇个人私情、私利而弄虚作假。

三、罪与非罪

本罪属于结果犯，只有造成国有公司、企业破产或者严重损失，致使国家利益遭受重大损失，才构成犯罪。至于行为人是否徇私舞弊，并不会影响本罪的成立，而是被作为加重处罚情节予以考虑。需要说明的是，认定本罪还需要准确查明行为人的失职行为与损害后果之间具有刑法上的因果关系。

四、注意事项

1. 关于本罪主体的特别规定问题。如前所述，本罪的主体为特殊主体，即国有公司、企业、事业单位的工作人员，其他主体不构成本罪。但是，根据最高人民法院、最高人民检察院的有关解释和文件规定，需要特别注意以下三类主体：一是国有公司、企业委派到国有控股、参股公司从事公务的人员，应以国有公司、企业人员论；二是国家出资企业中的国家工作人员也属于本罪主体，而不是仅限于国有独资公司、企业的工作人员；三是中国农业发展银行及其分支机构的工作人员因严重不负责任，构成犯罪的，应当依照《刑法》第168条的规定追究刑事责任。

2. 关于本罪与签订、履行合同失职被骗罪的界限问题。实践中，两罪的主要区别有三：一是犯罪发生的时空不同。本罪发生在国有公司、企业、事业单位的经营活动中；而签订、履行合同失职被骗罪仅发生在签订、履行合同过程中。二是行为方式不同。本罪的行为方式表现为严重不负责任；而签订、履行合同失职被骗罪的行为方式仅限于因严重不负责任而被骗。三是犯罪主体不同。本罪的犯罪主体是国有公司、企业、事业单位的工作人员；而签订、履行合同失职被骗罪的犯罪主体仅限于对签订、履行合同直接负责的主管人员。从条文关系上看，本罪与签订、履行合同失职被骗罪是一般法与特别法的关系，存在法条竞合，具体办案中应遵循特别法优先原则。

3. 关于本罪与国有公司、企业、事业单位人员滥用职权罪的界限问题。两罪均被规定于《刑法》第168条，两罪的主体均为国有公司、企业、事业单位人员，且均为结果犯,即只有造成国有公司、企业破产或者严重损失,致使国家利益遭受重大损失,或者致使国家利益遭受特别重大损失时,才构成犯罪。实践中,两罪的主要区别有三:一是犯罪客观方面不同。本罪的客观方面表现为行为人严重不负责任,一般表现为不作为;而国有公司、企业、事业单位人员滥用职权罪在客观方面表现为行为人滥用职权,一般表现为积极的作为。由此可知,国有公司、企业、事业单位人员滥用职权罪中行为人的主观恶性要大于本罪。二是犯罪主观方面不同。本罪的主观方面只能是过失;而国有公司、企业、事业单位人员滥用职权罪的主观方面一般是过失,但也不排除故意,行为人滥用职权是出于故意,但对结果发生的心态是过失。三是两者的追诉标准不同。本罪的入罪条件要求造成国家直接经济损失数额在50万元以上;而国有公司、企业、事业单位人员滥用职权罪的入罪条件要求造成国家直接经济损失数额在30万元以上。

五、风险提示

国家机关工作人员玩忽职守、滥用职权给国家、人民利益造成重大损失的行为与国有公司、企业的领导者在行使职权中出现这类行为在性质上是不同的,因此应当在立法中予以区分和体现。此外,实践中,国有公司、企业主要负责人徇私舞弊、损公利己是企业破产、严重亏损的一个重要原因。基于以上考虑,1997年《刑法》增设了"徇私舞弊造成破产、亏损罪"这一罪名。但是,随着社会实践的不断发展,1997年《刑法》所增设的上述罪名又暴露出诸多问题,比如构成犯罪的行为要件过于严格、犯罪主体规定得过窄、法定刑期过轻等,为了更好地解决上述一系列问题,依法惩治国有公司、企业、事业单位工作人员在履职过程中不恪尽职守而给国家造成重大损失的渎职行为,1999年《刑法修正案》对第168条的规定进行了全面修改,取消了"徇私舞弊造成破产、亏损罪",确立了"国有公司、企业、事业单位人员失职罪"和"国有公司、企业、事业单位人员滥用职权罪"。

需要说明的是,根据有关司法解释的规定,在具体办案过程中,还应当注意以下三类案件的处理原则:一是扰乱电信市场管理秩序案件。国有电信企业的工作人员严重不负责任,造成国有电信企业破产或者严重损失,致使国家利益遭受重大损失的,依照本罪定罪处罚。二是妨害预防、控制突发传染病疫情等灾害的刑事案件。国有公司、企业、事业单位的工作人员,在预防、控制突发传染病疫情等灾害工作中严重不负责任,造成国有公司、企业破产或者严重损失,致使国家利益遭受重大损失的,依照本罪定罪处罚。三是国家出资企业中职务犯罪案件。国家出资企业中的国家工作人员在公司、企业改制或者国有资产处置过程中严重不负责任,致使国家利益遭受重大损失的，依照本罪定罪处罚。此外，对于在企业改制过程中未采取低估资产、隐瞒债权、虚设债务、虚构产权交易等方式故意隐匿公司、企业财产的，一般不应当认定为贪污；造成国有资产重大损失，依法构成《刑法》第168条规定的犯罪的，依照该规定定罪处罚。

六、参阅案例

人民法院案例库参考案例：吴某国有公司人员失职案（入库编号2023-03-1-100-001）。该案裁判要旨为：认定国有公司人员，不能仅对被告人是否与国有公司建立人事和工资关系进行形式审查，更重要的是对被告人是否担任国有公司具体职务并实际履行监督管理国有资产等职责进行实质判断。行为人虽未与国有公司建立人事和工资关系，但在国有公司中兼任职务，代为履行监督管理国有资产等职责的，可以成为国有公司人员失职罪的犯罪主体。

七、关联规定

1.《中华人民共和国票据法》（2004年）第2条、第104条；

2.《中华人民共和国企业破产法》（2006年）第125条、第128条、第131条；

3.《中华人民共和国企业国有资产法》（2008年）第68条、第69条、第71条、第75条；

4.《中华人民共和国商业银行法》（2015年）第2条、第52条、第86条；

5.《公安部经济犯罪侦查局关于能否对章××进行立案侦查的批复》（2002年，公经〔2002〕446号）；

6.《最高人民法院关于审理扰乱电信市场管理秩序案件具体应用法律若干问题的解释》（2000年，法释〔2000〕12号）第6条；

7.《最高人民检察院研究室关于中国农业发展银行及其分支机构的工作人员法律适用问题的答复》（2002年，〔2002〕高检研发第16号）；

8.《最高人民法院、最高人民检察院关于办理妨害预防、控制突发传染病疫情等灾害的刑事案件具体应用法律若干问题的解释》（2003年，法释〔2003〕8号）第4条、第17条；

9.《最高人民法院关于如何认定国有控股、参股股份有限公司中的国有公司、企业人员的解释》（2005年，法释〔2005〕10号）；

10.《最高人民法院、最高人民检察院关于办理国家出资企业中职务犯罪案件具体应用法律若干问题的意见》（2010年，法发〔2010〕49号）第1条、第4条、第7条。

国有公司、企业、事业单位人员滥用职权罪

一、刑法规定

第一百六十八条：国有公司、企业的工作人员，由于严重不负责任或者滥用职权，造成国有公司、企业破产或者严重损失，致使国家利益遭受重大损失的，处三年以下有期徒刑或者拘役；致使国家利益遭受特别重大损失的，处三年以上七年以下有期徒刑。

国有事业单位的工作人员有前款行为，致使国家利益遭受重大损失的，依照前款的规定处罚。

国有公司、企业、事业单位的工作人员，徇私舞弊，犯前两款罪的，依照第一款的规定从重处罚。

二、罪名解读

国有公司、企业、事业单位人员滥用职权罪，是指国有公司、企业的工作人员滥用职权，造成国有公司、企业破产或者严重损失，致使国家利益遭受重大损失，或者国有事业单位的工作人员滥用职权，致使国家利益遭受重大损失的行为。本罪的具体构成要件如下所述：

（一）主体要件

本罪的主体为特殊主体，仅限于国有公司、企业、事业单位的工作人员。其中，"国有公司、企业的工作人员"，既包括国有独资、全资公司、企业中的工作人员，也包括国有控股、参股公司及其分支机构中的国家工作人员。凡不具有上述身份者，不构成本罪的主体。

（二）客体要件

本罪侵犯的客体是国家对国有公司、企业、事业单位的资产管理制度。

（三）主观要件

本罪的主观方面一般为过失，但也不排除故意。司法实践中，行为人对于滥用职权行为本身往往是故意的，但对于危害社会结果的发生，即造成的严重危害后果，则往往持过失的心理态度。

（四）客观要件

本罪的客观方面表现为国有公司、企业的工作人员滥用职权，造成国有公司、

企业破产或者严重损失，致使国家利益遭受重大损失，或者国有事业单位的工作人员滥用职权，致使国家利益遭受重大损失的行为。这里的"职权"，是指国有公司、企业、事业单位的工作人员在其职务范围内处理公务的职责和权力。这里的"滥用职权"，是指行为人超越职权或者不正当行使职权，一般表现为超越职权擅自决定、处理无权事项，或背离职务要求胡乱作为、故意不履职，等等。

这里的"破产"，是指国有公司、企业由于到期债务无法偿还而宣告倒闭。这里的"严重损失"，既包括直接经济损失，也包括间接的或者其他方面的损失；既包括给国有公司、企业造成亏损，也包括造成利润减少，即虽然总体上经营没有出现亏损，但使本应获得的利润大幅减少。这里的"致使国家利益遭受重大损失"，包括给国家经济利益等造成严重损失。这里的"徇私舞弊"，是指行为人为徇个人私情、私利而弄虚作假。

三、罪与非罪

本罪属于结果犯，只有造成国有公司、企业破产或者严重损失，致使国家利益遭受重大损失，才构成犯罪。至于行为人是否徇私舞弊，并不会影响本罪的成立，而是被作为加重处罚情节予以考虑。需要说明的是，认定本罪还需要准确查明行为人的滥用职权行为与损害后果之间具有刑法上的因果关系。

四、注意事项

1. 关于本罪主体的特别规定问题。如前所述，本罪的主体为特殊主体，即国有公司、企业、事业单位的工作人员，其他主体不构成本罪。但是，根据最高人民法院、最高人民检察院的有关解释和文件规定，需要特别注意以下三类主体：一是国有公司、企业委派到国有控股、参股公司从事公务的人员，应以国有公司、企业人员论；二是国家出资企业中的国家工作人员也属于本罪主体，而不是仅限于国有独资公司、企业的工作人员；三是中国农业发展银行及其分支机构的工作人员因严重不负责任，构成犯罪的，应当依照《刑法》第168条的规定追究刑事责任。

2. 关于滥用职权行为的具体认定问题。根据司法实践，下列情形属于"滥用职权"：一是违反法律、法规、规章、政策、行业规范、本单位管理规定和程序，在国有公司、企业管理和重大经营决策等方面，独断专行，或者借集体研究之名实则个人决策，随意处置国有资产的。二是违规进行保证、抵押、质押，违反国有公司、企业资金管理规定进行资金拆借，违规动用国有公司、企业资金买卖股票、期货，等等。三是违反规定，安排不符合任职资格的人员担任重要岗位，或者将业务交给不符合资质的公司、企业。四是在国有企业改制过程中，行为人超越职权或者不正当行使职权,对国有资产、债权债务、财产等进行评估、处置的。五是其他故意违反行业工作规范以及本单位工作要求、工作流程、岗位职责等具有违规性、违法性的渎职行为。

3. 本罪与私分国有资产罪的界限问题。鉴于两罪的罪状表述中都包含国有公司、企业、事业单位,且两罪中的犯罪手段具有一定的交叉重合,故在具体适用时会产生一定程度的混淆。实践中,两罪的主要区别有三:一是犯罪主体不同。本罪的主体仅限于国有公司、企业、事业单位的工作人员,且属于个人犯罪;而私分国有资产罪的主体是国家机关、国有公司、企业、事业单位、人民团体,犯罪对象是国有资产,属于单位犯罪,但依法只处罚私分国有资产的直接负责的主管人员和其他直接责任人员。二是犯罪的客观方面不同。本罪的客观方面表现为滥用职权,体现的是行为人的个人意志;而私分国有资产罪的客观方面表现为违反国家规定,以单位名义,将国有资产集体私分给个人,体现的是单位集体意志。三是其他方面的区别。本罪所保护的范围不仅包括国有独资公司、企业,还包括国有控股、参股公司及其分支机构;而私分国有资产罪中"国有公司、企业"的范围,从保护的对象即国有资产分析,则只能包括"国有独资公司、企业"。因此,如果国有控股、参股公司、企业的工作人员违反国家规定,以单位名义将国有资产集体私分给个人,造成本单位严重损失,致使国家利益遭受重大损失的,虽不能被认定为私分国有资产罪,但可以构成国有公司、企业人员滥用职权罪。根据《国家出资企业中职务犯罪案件意见》第4条的规定可知,国家出资企业中的国家工作人员在公司、企业改制或者国有资产处置过程中滥用职权,致使国家利益遭受重大损失的,依照《刑法》第168条的规定,以国有公司、企业人员滥用职权罪定罪处罚。

五、风险提示

近年来,许多国有公司、企业、事业单位亏损严重,经营困难,有的甚至濒临破产、倒闭。这种局面的产生固然有许多主客观原因,但与一些国有公司、企业、事业单位领导人或者上级主管部门的领导人责任心不够、工作不力、缺少相应的经营管理素质不无关系。为了促进国有企业的改革、发展,对玩忽职守、滥用职权、损公肥私,致使国有公司、企业严重亏损或破产倒闭的领导人,应视情节予以必要的法律制裁,甚至追究其刑事责任。

需要说明的是,根据有关司法解释的规定,在具体办案过程中,还应当注意以下三类案件的处理原则:一是扰乱电信市场管理秩序案件。国有电信企业的工作人员滥用职权,造成国有电信企业破产或者严重损失,致使国家利益遭受重大损失的，依照本罪定罪处罚。二是妨害预防、控制突发传染病疫情等灾害的刑事案件。国有公司、企业、事业单位的工作人员，在预防、控制突发传染病疫情等灾害工作中滥用职权，造成国有公司、企业破产或者严重损失，致使国家利益遭受重大损失的，依照本罪定罪处罚。三是国家出资企业中职务犯罪案件。国家出资企业中的国家工作人员在公司、企业改制或者国有资产处置过程中滥用职权，致使国家利益遭受重大损失的，依照本罪定罪处罚。此外，需要说明的是，对于在企业改制过程中未采取低估资产、隐瞒债权、虚设债务、虚构产权交易等方式故意隐匿公司、企业财产的，一般不应当认定为贪污；造成国有资产重大损失，依法构成《刑法》第168条规定的犯罪的，依照该规定定罪处罚。

六、参阅案例

人民法院案例库参考案例：张某贪污、受贿、国有事业单位人员滥用职权案（入库编号 2023-03-1-402-003）。该案裁判要旨为：供销合作社联合社是为农服务的合作经济组织，受政府委托在特定事项上行使行政管理职权。供销合作社联合社主任作为受委托行使国家行政管理职权的组织中从事公务的人员，在行使国家行政管理职权过程中滥用职权，构成犯罪的，以滥用职权罪认定；非行使行政管理职权，而是在具有国有事业单位性质的供销合作社联合社的日常经营管理活动中滥用职权，致使国家利益遭受重大损失的，构成国有事业单位人员滥用职权罪。

七、关联规定

1.《中华人民共和国票据法》（2004年）第2条、第104条；

2.《中华人民共和国企业破产法》（2006年）第125条、第128条、第131条；

3.《中华人民共和国企业国有资产法》（2008年）第68条、第69条、第71条、第75条；

4.《中华人民共和国商业银行法》（2015年）第2条、第52条、第86条；

5.《公安部经济犯罪侦查局关于能否对章××进行立案侦查的批复》（2002年，公经〔2002〕446号）；

6.《最高人民法院关于审理扰乱电信市场管理秩序案件具体应用法律若干问题的解释》（2000年，法释〔2000〕12号）第6条；

7.《最高人民检察院研究室关于中国农业发展银行及其分支机构的工作人员法律适用问题的答复》（2002年，〔2002〕高检研发第16号）；

8.《最高人民法院、最高人民检察院关于办理妨害预防、控制突发传染病疫情等灾害的刑事案件具体应用法律若干问题的解释》(2003年，法释〔2003〕8号)第4条、第17条；

9.《最高人民法院关于如何认定国有控股、参股股份有限公司中的国有公司、企业人员的解释》(2005年，法释〔2005〕10号)；

10.《最高人民法院、最高人民检察院关于办理国家出资企业中职务犯罪案件具体应用法律若干问题的意见》(2010年，法发〔2010〕49号)第1条、第4条、第7条。

徇私舞弊低价折股、出售公司、企业资产罪

一、刑法规定

第一百六十九条：国有公司、企业或者其上级主管部门直接负责的主管人员，徇私舞弊，将国有资产低价折股或者低价出售，致使国家利益遭受重大损失的，处三年以下有期徒刑或者拘役；致使国家利益遭受特别重大损失的，处三年以上七年以下有期徒刑。

其他公司、企业直接负责的主管人员，徇私舞弊，将公司、企业资产低价折股或者低价出售，致使公司、企业利益遭受重大损失的，依照前款的规定处罚。

二、罪名解读

徇私舞弊低价折股、出售公司、企业资产罪，是指国有公司、企业或者其上级主管部门直接负责的主管人员徇私舞弊，将国有资产低价折股或者低价出售，致使国家利益遭受重大损失，以及其他公司、企业直接负责的主管人员徇私舞弊，将公司、企业资产低价折股或者低价出售，致使公司、企业利益遭受重大损失的行为。本罪的具体构成要件如下所述：

（一）主体要件

本罪的主体为特殊主体，既包括国有公司、企业或者其上级主管部门直接负责的主管人员，也包括其他公司、企业直接负责的主管人员。这里的"直接负责的主管人员"，一般是指公司、企业的董事、经理以及其他直接负责的经办人员、管理人员。这里的"国有公司、企业上级主管部门直接负责的主管人员"，一般是指依照法律法规对国有公司、企业的国有资产负有管理职责的主管机关的人员。凡不具有上述身份者，不构成本罪的主体。需要说明的是，国家出资企业中的国家工作

人员亦可构成本罪主体，而不以国有独资公司、企业的工作人员为限。

（二）客体要件

本罪侵犯的客体是国家对公司、企业资产的管理秩序及其财产利益。实践中，只有直接负责的主管人员才享有对公司、企业资产的处分权，其他主体无权直接处分国有资产，不能单独构成本罪。

（三）主观要件

本罪的主观方面必须是故意，包括直接故意和间接故意，而且具有徇私的犯罪动机，即行为人明知违反国家规定，将公司、企业资产低价折股或者低价出售，会致使国家利益或者公司、企业利益遭受重大损失，但是出于徇私的动机而故意为之，希望或者放任危害结果的发生。这里的"徇私"，是指徇个人私情、私利。认定本罪要把握行为人徇私舞弊、搞利益输送的犯罪本质。过失不构成本罪。

（四）客观要件

本罪的客观方面表现为国有公司、企业或者其上级主管部门直接负责的主管人员徇私舞弊，将国有资产低价折股或者低价出售，致使国家利益遭受重大损失，以及其他公司、企业直接负责的主管人员徇私舞弊，将公司、企业资产低价折股或者低价出售，致使公司、企业利益遭受重大损失的行为。这里的"徇私舞弊"，是指行为人为徇个人私情、私利而弄虚作假。这里的"国有资产"，是指国家以各种形式对国有公司、企业投资及其收益所形成的财产，以及依据法律、行政法规认定为国有公司、企业所有的其他国有财产，包括但不限于国有资金、机器、设备、厂房、土地、商标、专利等。

这里的"低价折股"，是指将公司、企业的实物财产、工业产权等故意低估作价，折合为股份作为出资。这里的"低价出售"，是指将公司、企业资产以低于其实际价值的价格出卖给他人。实践中，将公司、企业资产低价折股或者低价出售行为的表现形式是多种多样的，比如对公司、企业资产不进行资产评估、进行了不公正的资产评估、虽然进行了公正的资产评估但仍以低于所评估资产的实际价值折股或者出售等。这里的"致使国家利益遭受重大损失"，是指造成国有公司、企业的资产严重流失或者造成国有公司、企业严重亏损、无法经营、濒临破产等情形。这里的"致使公司、企业利益遭受重大损失"，是指造成其他公司、企业的资产严重流失或者造成公司、企业严重亏损、无法经营、濒临破产等情形。

三、罪与非罪

本罪属于结果犯，即行为人徇私舞弊，将公司、企业资产低价折股或者低价出售的行为，只有致使国家利益或者其他公司、企业利益遭受重大损失，才能构成本罪。如果行为人不是出于故意，也不具有徇私舞弊的动机，而是由于思想认识水平低、专业知识不足、业务工作能力低等过失，在公司、企业资产折股和出售时发生错误，并造成国家利益或者其他公司、企业利益遭受重大损失的，则不构成本罪。如果行为人实施的将公司、企业资产低价折股或者低价出售的行为被国家有关主管部门发现，予以及时制止或纠正，客观上未发生致使国家利益遭受重大损失的危害结果的，也不能构成本罪。对于实践中经过公司、企业决策同意或者授权的资产处置行为，即使有关主管人员的处置行为没有达到企业资产处置的预期效果，客观上给企业造成了损失，也不宜将有关人员的行为认定为本罪。需要补充说明的是，行为人有没有实施徇私舞弊行为，会实际影响本罪的认定。

关于本罪的刑事立案追诉标准，原《立案追诉标准（二）》第17条规定，国有公司、企业或者其上级主管部门直接负责的主管人员，徇私舞弊，将国有资产低价折股或低价出售，涉嫌下列情形之一的，应予立案追诉：（1）造成国家直接经济损失数额在30万元以上的；（2）造成有关单位破产，停业、停产6个月以上，或者被吊销许可证和营业执照、责令关闭、撤销、解散的；（3）其他致使国家利益遭受重大损失的情形。修订后的《立案追诉标准（二）》则根据管辖要求，删除了关于本罪的立案追诉标准。根据国家监察委员会印发的《关于办理国有企业管理人员渎职犯罪案件适用法律若干问题的意见》有关规定，未来国家监察委员会将会同最高人民法院、最高人民检察院出台新的追诉标准，在新规定出台前，相关案件可参照原《立案追诉标准（二）》把握。至于"致使公司、企业利益遭受重大损失"的具体情形，仍待出台有关司法解释予以明确。

四、注意事项

1.关于国家出资企业中国家工作人员的认定问题。司法实践中，考虑到国家出资企业中国家工作人员属于本罪的法定主体范围，因此正确认定行为人是否具有国家工作人员身份事关本罪的罪与非罪界限，具有十分重要的意义。所谓"国家出资企业"，包括国家出资的国有独资公司、国有独资企业，以及国有资本控股公司、国有资本参股公司。是否属于国家出资企业不清楚的，应遵循"谁投资、谁拥有产权"的原则进行界定。对此，《国家出资企业中职务犯罪案件意见》第16条明确规定：经国家机关、国有公司、企业、事业单位提名、推荐、任命、批准等，在国有控股、参股公司及其分支机构中从事公务的人员，应当认定为国家工作人员。具体的任命机构和程序，不影响国家工作人员的认定。经国家出资企业中负有管理、监督国有资产职责的组织批准或者研究决定，代表其在国有控股、参股公司及其分支机构中从事组织、领导、监督、经营、管理工作的人员，应当认定为国家工作人员。国家出资企业中的国家工作人员，在国家出资企业中持有个人股份或者同时接受非国有股东委托的，不影响其国家工作人员身份的认定。

2. 关于国家出资企业工作人员在企业改制过程中隐匿财产的定性问题。根据《国家出资企业中职务犯罪案件意见》的规定，国家工作人员或者受国家机关、国有公司、企业、事业单位、人民团体委托管理、经营国有财产的人员利用职务上的便利，在国家出资企业改制过程中故意通过低估资产、隐瞒债权、虚设债务、虚构产权交易等方式隐匿公司、企业财产，转为本人持有股份的改制后公司、企业所有，应当依法追究刑事责任的，以贪污罪定罪处罚。贪污数额一般应当以所隐匿财产全额计算；改制后公司、企业仍有国有股份的，按股份比例扣除归于国有的部分。所隐匿财产在改制过程中已为行为人实际控制，或者国家出资企业改制已经完成的，以犯罪既遂处理。对于非国家工作人员实施上述行为的，以职务侵占罪定罪处罚；对于非国家工作人员与国家工作人员共同实施上述行为的，以贪污罪的共犯论处。此外，需要说明的是，对于在企业改制过程中未采取低估资产、隐瞒债权、虚设债务、虚构产权交易等方式故意隐匿公司、企业财产的，一般不应当认定为贪污；造成国有资产重大损失，依法构成《刑法》第168条或者第169条规定的犯罪的，依照刑法的有关规定定罪处罚。

五、风险提示

众所周知，国有资产资源来之不易，是全国人民的共同财富。为了保持国有公司、企业在市场经济中的重要地位，确保国有资产保值、增值，有效遏制国有资产流失，确有必要设立徇私舞弊低价折股、出售国有资产罪。但是，由于1979年《刑法》中并没有规定该罪名，因此对于该类行为往往以玩忽职守罪追究刑事责任。考虑到独立设置该罪的必要性和紧迫性，并回应社会关切，1997年在修订《刑法》时，明确将徇私舞弊低价折股、出售国有资产罪纳入其中，并规定在第三章"破坏社会主义市场经济秩序罪"之下。应当说，该罪名的设立对于依法打击国家出资企业中有关直接负责的主管人员徇私舞弊，将国有资产低价折股或者低价出售侵害国家利益的犯罪行为，具有积极的社会意义。随着实践的不断发展，民营企业内部人员腐败犯罪问题越来越引起重视，为保护民营企业产权和加强内部腐败犯罪治理，《刑法修正案（十二）》对《刑法》第169条作出修改完善，即增加一款作为第2款，将民营企业内部人员实施的徇私舞弊，将公司、企业资产低价折股或者低价出售并造成公司、企业重大损失的行为规定为犯罪，并依照第1款的规定处罚。由此，"徇私舞弊低价折股、出售国有资产罪"改为"徇私舞弊低价折股、出售公司、企业资产罪"。

关于国家工作人员在企业改制过程中的渎职行为的处理，《国家出资企业中职务犯罪案件意见》作出如下明确规定：（1）国家出资企业中的国家工作人员在公司、企业改制或者国有资产处置过程中徇私舞弊，将国有资产低价折股或者低价出售给其本人未持有股份的公司、企业或者其他个人，致使国家利益遭受重大损失的，依照《刑法》第169条的规定，以徇私舞弊低价折股、出售国有资产罪定罪处罚。国家出资企业中的国家工作人员因实施上述行为收受贿赂，同时构成《刑法》第385条规定的受贿罪的，依照处罚较重的规定定罪处罚，无须数罪并罚。（2）国家出资企业中的国家工作人员在公司、企业改制或者国有资产处置过程中徇私舞弊，将国有资产低价折股或者低价出售给特定关系人持有股份或者本人实际控制的公司、企业，致使国家利益遭受重大损失的，依照《刑法》第382条、第383条的规定，以贪污罪定罪处罚。具体的贪污数额以国有资产的损失数额进行计算。

六、参阅案例

辛继平贪污、徇私舞弊低价出售国有资产案［上海市第一中级人民法院（2018）沪01刑初2号］。该案裁判要旨为：（1）辛继平案发时系国有公司负责人，分管房产分公司、财务审计部门，故辛继平应属国有公司直接负责相关事务的主管人员。（2）本案商铺出售的原因、商铺的定价较市场价偏低、形式上公开出售实际上主要经辛继平决定出售给特定关系户等事实，充分体现了辛继平主观上明知低价而出售商铺的徇私目的。（3）辛继平未报请国有资产管理部门审批，客观上违反国有资产处置的相关规定，致使国家利益遭受特别重大损失，侵害了国有资产管理制度。（4）辛继平低价销售商铺过程中，本人或为特定关系人购得商铺，以国有资产的流失换取个人利益，显然具有非法占有的目的，体现了贪污罪非法占有公共财产的本质。综上，辛继平的行为符合贪污罪、徇私舞弊低价出售国有资产罪的构成要件，应认定为构成贪污罪、徇私舞弊低价出售国有资产罪。

七、关联规定

1.《中华人民共和国企业国有资产法》（2008年）第3条、第39条、第40条、第42条、第51条、第55条、第71条、第75条；

2.《最高人民法院关于如何认定国有控股、参股股份有限公司中的国有公司、企业人员的解释》（2005年，法释〔2005〕10号）；

3.《最高人民法院、最高人民检察院关于办理国家出资企业中职务犯罪案件具体应用法律若干问题的意见》(2010年,法发〔2010〕49号)第1条、第4条、第7条。

背信损害上市公司利益罪

一、刑法规定

第一百六十九条之一:上市公司的董事、监事、高级管理人员违背对公司的忠实义务,利用职务便利,操纵上市公司从事下列行为之一,致使上市公司利益遭受重大损失的,处三年以下有期徒刑或者拘役,并处或者单处罚金;致使上市公司利益遭受特别重大损失的,处三年以上七年以下有期徒刑,并处罚金:

(一)无偿向其他单位或者个人提供资金、商品、服务或者其他资产的;

(二)以明显不公平的条件,提供或者接受资金、商品、服务或者其他资产的;

(三)向明显不具有清偿能力的单位或者个人提供资金、商品、服务或者其他资产的;

(四)为明显不具有清偿能力的单位或者个人提供担保,或者无正当理由为其他单位或者个人提供担保的;

(五)无正当理由放弃债权、承担债务的;

(六)采用其他方式损害上市公司利益的。

上市公司的控股股东或者实际控制人,指使上市公司董事、监事、高级管理人员实施前款行为的,依照前款的规定处罚。

犯前款罪的上市公司的控股股东或者实际控制人是单位的,对单位判处罚金,并对其直接负责的主管人员和其他直接责任人员,依照第一款的规定处罚。

二、罪名解读

背信损害上市公司利益罪,是指上市公司的董事、监事、高级管理人员违背对公司的忠实义务,利用职务便利,操纵上市公司,损害上市公司利益,致使上市公司利益遭受重大损失的行为。本罪的具体构成要件如下所述:

(一)主体要件

本罪的主体为特殊主体,仅限于上市公司的董事、监事、高级管理人员和上市公司的控股股东或者实际控制人。此外,如果上市公司的控股股东或者实际控制人是单位的，也可构成本罪。这里的"上市公司"，是指其股票在证券交易所上市交易的股份有限公司。这里的"高级管理人员"，是指公司的经理、副经理、财务负责人，上市公司董事会秘书和公司章程规定的其他人员。这里的"控股股东"，是指其出资额占有限责任公司资本总额 50% 以上或者其持有的股份占股份有限公司股本总额 50% 以上的股东；以及虽然出资额或者持有股份的比例不足 50%，但依其出资额或者持有的股份所享有的表决权足以对股东会、股东大会的决议产生重大影响的股东。这里的"实际控制人"，是指虽不是公司的股东，但通过投资关系、协议或者其他安排，能够实际支配公司行为的人。

（二）客体要件

本罪侵犯的客体是国家对上市公司的管理制度以及上市公司及其股东的利益。

（三）主观要件

本罪的主观方面只能是故意，即行为人明知自己违背忠实义务，利用职务便利，操纵上市公司所从事的不正当、不公平关联交易行为会导致上市公司利益遭受重大损失而有意为之。实践中，至于行为人的动机和目的如何，均不影响本罪的成立。

（四）客观要件

本罪的客观方面表现为上市公司的董事、监事、高级管理人员违背对公司的忠实义务，利用职务便利，操纵上市公司，损害上市公司利益，致使上市公司利益遭受重大损失的行为。此外，上市公司的控股股东或者实际控制人，指使上市公司董事、监事、高级管理人员实施损害上市公司利益，致使上市公司利益遭受重大损失的行为，依法以本罪论处。本罪的具体行为方式如下：（1）无偿向其他单位或者个人提供资金、商品、服务或者其他资产的；（2）以明显不公平的条件，提供或者接受资金、商品、服务或者其他资产的；（3）向明显不具有清偿能力的单位或者个人提供资金、商品、服务或者其他资产的；（4）为明显不具有清偿能力的单位或者个人提供担保，或者无正当理由为其他单位或者个人提供担保的；（5）无正当理由放弃债权、承担债务的；（6）采用其他方式损害上市公司利益的。

司法实践中，背信损害上市公司利益犯罪的手段多种多样，但究其实质，均系违背对上市公司的忠实义务、输送公司利益，而且多表现为与利益关联方开展不正当交易、违规担保、无偿提供资金等。因此，有必要明确"关联关系""关联交易"等基本法律概念。根据《公司法》的有关规定，"关联关系"是指公司控股股东、实际控制人、董事、监事、高级管理人员与其直接或者间接控制的企业之间的关系，以及可能导致公司利益转移的其他关系。但是，国家控股的企业之间不仅因为同受国家控股而具有关联关系。根据中国证监会《上市公司信息披露管理办法》的有关规定，上市公司的"关联交易"，是指上市公司或者其控股子公司与上市公司关联人之间发生的转移资源或者义务的事项。关联人包括关联法人（或者其他组织）和关联自然人。

这里的"忠实义务"，是指上市公司的董事、监事、高级管理人员在履行职务的过程中，应当依法承担的以公司利益作为自己行为和行动的最高准则，不得利用职务便利追求自己或者他人利益的义务。需要说明的是，忠实义务不仅是一项道德义务，也是一项法定义务。对此，《公司法》及相关法律规范中均有明确规定。由于刑法中并未规定何种情形为"违背对公司的忠实义务"，属于构成要件中的空白刑法规范，因此应当从《公司法》等法律法规中寻找合适的法律依据。这里的"利用职务便利"，是指上市公司的董事、监事、高级管理人员利用本人在上市公司职务范围内的权力，即自己职务上主管、负责或者承办某项公共事务的职权及其所形成的便利条件。

所谓"采用其他方式"，是指采取《刑法》第169条之一所明确列举的前5项常见的利用非正当关联交易"掏空"上市公司的行为以外的非正当方式，而且该种行为要与明确列举的前5项行为具有同等的社会危害性。根据刑法的体系解释和目的解释方法，该条款所列举的前5项均系公司高级管理人员通过与关联公司不正当交易"掏空"上市公司的行为，对第6项兜底条款的解释应当采用相当性解释，即限制为其他通过与关联公司不正当交易"掏空"上市公司的行为，而非所有损害公司利益的行为。换言之，上述兜底条款并不是说，凡上市公司的董事、监事、高级管理人员采取的其他行为方式，只要对上市公司利益造成损害的，都可以第6项的规定追究刑事责任，还应当结合构成本罪的前提条件——"违背对公司的忠实义务"，进行综合分析判断。

三、罪与非罪

本罪属于结果犯，即行为人的违法违规行为必须造成了"上市公司利益遭受重大损失"这一严重后果，否则不构成本罪。这里的"遭受特别重大损失"，一般是指上市公司因行为人的违法违规行为而遭受重大经济损失或者产生其他重大损失的情形。因此，司法实践中，构成本罪必须同时具备以下两个条件：一是上市公司的董事、监事、高级管理人员违背对公司的忠实义务，利用职务便利，操纵上市公司，损害上市公司利益。二是该种违法违规行为已实际致使上市公司利益遭受重大损失。

关于本罪的刑事立案追诉标准，修订后的《立案追诉标准（二）》第13条规定，上市公司的董事、监事、高级管理人员违背对公司的忠实义务，利用职务便利，操纵上市公司从事损害上市公司利益的行为，以及上市公司的控股股东或者实际控制人，指使上市公司董事、监事、高级管理人员实施损害上市公司利益的行为，涉嫌下列情形之一的，应予立案追诉：（1）无偿向其他单位或者个人提供资金、商品、服务或者其他资产，致使上市公司直接经济损失数额在150万元以上的；（2）以明显不公平的条件，提供或者接受资金、商品、服务或者其他资产，致使上市公司直接经济损失数额在150万元以上的；（3）向明显不具有清偿能力的单位或者个人提供资金、商品、服务或者其他资产，致使上市公司直接经济损失数额在150万元以上的；（4）为明显不具有清偿能力的单位或者个人提供担保，或者无正当理由为其他单位或者个人提供担保，致使上市公司直接经济损失数额在150万元以上的；（5）无正当理由放弃债权、承担债务，致使上市公司直接经济损失数额在150万元以上的；（6）致使公司、企业发行的股票或者公司、企业债券、存托凭证或者国务院依法认定的其他证券被终止上市交易的；（7）其他致使上市公司利益遭受重大损失的情形。司法实践中，关于"特别重大损失"的认定问题，目前法律并没有明确相关升档处罚的标准，有待司法解释进一步明确、细化。因此，在具体办案过程中，应本着刑法谦抑性精神，选择在本罪中下一个量刑幅度内处罚，而不能适用升档处罚。

四、注意事项

1. 关于"致使上市公司利益遭受重大损失"的时间认定问题。实践中，认定本罪不仅要考虑行为人存在利用职务便利，违规操纵上市公司从事损害上市公司利益的行为要件，还应准确查明"致使上市公司利益遭受重大损失"的结果要件。如果行为人在案发前已通过合法途径化解风险，最终未给上市公司造成实际损失的，则不能以本罪论处。对此，笔者认为，从法益保护的立场出发，如果被保护的法益虽然存在被侵害的潜在风险，但尚未实际发生的，在此种情形下，只要行为人能够通过有效手段予以化解，并最终阻止了法定危害后果的出现，则可以认定其行为不符合本罪的结果要件特征，依法不构成本罪。

2. 关于本罪与挪用资金罪的界限问题。本罪与挪用资金罪在主体方面确有重合之处，而且行为人都可能利用职务上的便利，将本单位的资金提供给他人，也都属于对公司的背信行为，因此极易产生混淆。笔者认为，区分两者的关键在于，本罪的罪状描述中，在"操纵上市公司"之后还有"从事"的表述，这一规定体现出非法行为是由构成犯罪者在幕后操纵下实施的,而其本人并不直接实施相关行为。挪用资金罪是行为人利用职务便利所实施的个人行为,而本罪是行为人利用职务便利,操纵单位,以单位名义所实施的单位行为。此外,本罪的表现形式除向其他单位、个人提供资金外,还有其他损害公司利益的行为,而挪用资金罪只有挪用本单位资金归个人或者他人使用这一种表现形式。实践中,本罪可能与挪用资金罪产生竞合,在此种情形下,可以按照从旧兼从轻原则、特别法优于一般法原则进行处理。

3. 关于本罪与职务侵占罪的界限问题。从本罪的罪状表述和司法实践来看,本罪与职务侵占罪的主要区别在于非法占有的主观目的以及上市公司丧失利益的最终归属。本罪中,"无偿向其他单位或者个人提供资金、商品、服务或者其他资产"中的"提供"一词,既包括转移所有权的提供资金,也包括转移使用权的提供资金,至于其他单位或者个人接收相应的资金等是否归还,不影响本罪的成立。实践中,如果行为人与其他单位、个人串通占用相应资金并拒不归还,则因有非法占有之目的可能同时涉嫌本罪与职务侵占罪,故应从一重罪处罚。如果上市公司丧失的利益最终归属于行为人的,则构成职务侵占罪;而上市公司丧失的利益最终归属于行为人以外的其他人的,则构成本罪。

五、风险提示

众所周知,与非上市公司相比,上市公司的经营状况会直接影响不特定投资主体的利益,因而具有一定的公益性。现实中,上市公司的"董监高"身居要职,手握重权,影响重大,其如果不能依法履行对上市公司的忠实义务,则极有可能给上市公司以及广大投资者造成巨大危害。鉴于此,《刑法修正案(六)》增设了背信损害上市公司利益罪,旨在确保上市公司的"董监高"恪守忠实义务底线,忠实勤勉履职,以保障上市公司及其投资者的利益。实践中,行为人之所以会在经营管理上市公司的过程中,通过各种违法违规手段操纵上市公司的业务活动,要么是因为其被交易对手拉拢收买或者实际控制,要么是因为其本身就是交易对手利用自身控股股东或者实际控制人的身份安排到上市公司的利益代表。因此,为保护法益不受侵害,既要谨慎防范"董监高"的不当履职行为,又要避免控股股东或者实际控制人在幕后对"董监高"进行遥控指使现象的发生。

此外,根据中共中央办公厅、国务院办公厅印发的《关于依法从严打击证券违法活动的意见》的规定,国家依法打击资本市场违法犯罪活动,维护广大投资者的合法权益,并通过严厉查处大案要案,积极为资本市场发展营造公平公正的法治环境。上述意见要求坚持分类监管、精准打击,全面提升证券违法大案要案查处质量和效率。对资金占用、违规担保等严重侵害上市公司利益的行为,要依法严肃清查追偿,限期整改。同时,还要不断加大对证券发行人控股股东、实际控制人、董事、监事、高级管理人员等有关责任人证券违法行为的追责力度。为有效发挥刑罚的威慑力,在刑事案件审判活动中,要依法严格控制缓刑适用。

六、参阅案例

《刑事审判参考》(2013年第1辑,总第90辑)第824号:于在青违规不披露重要信息案。该案裁判要旨为:(1)依法负有披露义务的公司、企业对依法应当披露的重要信息不按规定披露的,对直接负责的主管人员以违规不披露重要信息罪论处。(2)上市公司直接负责的主管人员违规向不具有清偿能力的控股股东提供担保,未造成实际损失的,不构成背信损害上市公司利益罪。

七、关联规定

1.《中华人民共和国公司法》(2023年)第180条、第181条、第264条、第265条;

2.《最高人民检察院、公安部关于公安机关管辖的刑事案件立案追诉标准的规定(二)》(2022年,公通字〔2022〕12号)第13条。

第四章　破坏金融管理秩序类犯罪

高利转贷罪

一、刑法规定

第一百七十五条：以转贷牟利为目的，套取金融机构信贷资金高利转贷他人，违法所得数额较大的，处三年以下有期徒刑或者拘役，并处违法所得一倍以上五倍以下罚金；数额巨大的，处三年以上七年以下有期徒刑，并处违法所得一倍以上五倍以下罚金。

单位犯前款罪的，对单位判处罚金，并对其直接负责的主管人员和其他直接责任人员，处三年以下有期徒刑或者拘役。

二、罪名解读

高利转贷罪，是指以转贷牟利为目的，套取金融机构信贷资金高利转贷他人，违法所得数额较大的行为。本罪的具体构成要件如下所述：

（一）主体要件

本罪的主体为一般主体，包括自然人和单位。需要说明的是，不能认为本罪只能由取得金融机构贷款的"特殊主体"构成。

（二）客体要件

本罪侵犯的客体是国家对金融信贷资金的管理制度。1997年《刑法》增设本罪的目的在于维护金融机构的信贷资金安全，防止不符合贷款条件的借款人变相从金融机构获得贷款，进而发生金融风险。信贷资金，是指金融机构以信用方式积聚和分配的货币资金。

（三）主观要件

本罪的主观方面只能是直接故意，且行为人具有转贷牟利的目的。根据《刑法》第175条的规定，本罪的犯罪主体必须具有转贷牟利之目的，并在该故意的支配下实施"套取金融机构信贷资金"和"高利转贷他人"两个既有关联又相互独立的行为，因此转贷牟利的目的应当产生于套取金融机构信贷资金之前。过失不构成本罪。

（四）客观要件

本罪的客观方面表现为将套取的金融机构的信贷资金以高于银行的利率转贷他人，获取非法利益，违法所得数额较大的行为。由上可知，本罪客观方面的基本要素有二：一是实施了套取金融机构信贷资金，并高利转贷他人的行为。二是必须达到违法所得数额较大的标准。

这里的"金融机构的信贷资金"，既包括套取的信用贷款，又包括套取的担保贷款。信用贷款，是指以借款人的信誉发放的贷款。担保贷款，是指保证贷款、抵押贷款、质押贷款。这里的"高利转贷他人"，是指行为人以高于银行或者其他金融机构的同期贷款利率，将取得的信贷资金转贷他人，从中牟取非法利益。这里的"违法所得"，是指将银行信贷资金以高于银行贷款利率转贷他人后所获取的利息差额。违法所得数额的计算时间应当截至归还银行贷款时，如果贷款一直未归还，则应当计算至案发之时；违法所得数额应当按照高利转贷所得或者应得利息与其应支付给银行贷款利息差计算；违法所得数额以实际取得或应当取得的数额为准。实践中，至于行为人是否实际获得转贷他人的本息，并不影响本罪的认定。

三、罪与非罪

本罪是结果犯。根据刑法规定，高利转贷行为只有违法所得数额较大的才构成犯罪。因此，构成本罪必须是以转贷牟利为目的，套取金融机构的信贷资金，违法所得达到数额较大。因为行为人高利转贷的行为会给银行信贷资金的安全造成风险，已经对法益造成现实的侵害，故本罪并不以行为人对银行信贷资金实际造成损失为构成要件。

实践中，如果行为人确因与他人签订了一份购销合同，急需一笔资金，从银行贷得此款后，因对方违约，不再供货，行为人所贷资金闲置。由于贷款付息必然造成损失，而恰好有另一企业急需贷款而银行认为其不符合条件不予借贷，于是行为人以高出银行贷款利息的利率，将原贷闲置资金转贷他人。对该行为，由于行为人在贷款时并不具有转贷牟利的目的，不宜按本罪论处。

关于本罪的刑事立案追诉标准，修订后的《立案追诉标准（二）》第 21 条规定，以转贷牟利为目的，套取金融机构信贷资金高利转贷他人，违法所得数额在 50 万元以上的，应予立案追诉。

四、注意事项

1.关于"套取"的正确理解问题。有关此点，关键要看行为人对贷款的实际用途。"套取"实际是一种骗取，即行为人以虚假的贷款理由或者贷款条件，隐瞒将贷款转贷牟利的真实用途，向金融机构申请贷款，然后将贷款以高利非法转贷他人，而非以从金融机构贷款时约定的用途使用贷款。由此可知，本罪的犯罪故意应在行为人从金融机构贷款之前就已经形成，至迟不得超过申请贷款当时，因此行为人在贷款成功之后因客观因素的改变再将贷款进行高利转贷的，不能认定其具有高利转贷的犯罪故意，故不能以本罪论处。实践中，有观点认为，只要行为人客观上存在高利转贷的行为，其就不可能按照正常的用途来使用贷款，从而证明了其贷款的理由虚假，本质上就是一种套取银行贷款的行为。笔者认为，该种观点过于绝对，值得商榷。主要理由在于：虽然中国人民银行1996年发布的《贷款通则》规定，借款人具有应当如实提供贷款人要求的资料以及应当按借款合同约定用途使用贷款的法定义务，但是只要行为人在申请贷款时并不存在虚假的贷款理由或者贷款条件，只是在贷款之后各种客观因素导致贷款用途发生变化，甚至存在高利转贷的客观行为，就不能据此认定行为人具有套取银行贷款的主观故意，还是应当以贷款行为发生时的主客观条件进行分析判断。否则，很有可能造成客观归罪，有违刑法中主客观相统一原则。

2. 关于"高利"的正确理解问题。尽管刑法和司法解释均未对高利的含义作出规定，但鉴于本罪是以转贷牟利为目的，因此只要高于银行的利息就应当属于高利，并不要求转贷利率必须达到一定的倍数，更不必达到LPR（全国银行间同业拆借一年期贷款市场报价利率）的4倍，这样理解也符合本罪的立法意图。实践中，认定高利转贷罪时，应将重点放在违法所得上。也就是说，只要违法所得较大，且转贷利率高于银行贷款利率，就应认定为高利转贷罪。有关此点，从修订后的《立案追诉标准（二）》第21条的规定中也可以看出，司法解释对于高利并没有限制要求，只是对违法所得数额作出规定。

五、风险提示

随着社会主义市场经济制度的不断完善，国家进一步加强了对信贷资金的管理。无论是单位还是个人，从银行取得贷款，不仅要具备良好的信誉、到期还贷的能力，还要符合国家对经济宏观调控的政策。实践中，高利转贷行为涉及的利率倍数，仅仅是高利转贷行为社会危害性的表征之一，并不是反映该行为的真实社会危害性的唯一因素，关键还是要查明高利转贷他人的违法所得数额，如果违法所得数额未达到50万元以上的，则不能以本罪论处。修订后的《立案追诉标准（二）》将高利转贷罪的追诉标准由原来的违法所得10万元上调至50万元，也体现了随着经济社会的发展，对涉嫌经济犯罪案件谨慎定罪入刑的一种司法导向，以避免刑法介入经济活动的范围过宽。

关于将贷款余额高利转贷他人牟利的定性与处理，司法实践中，正确认定该类行为，应结合行为人主观方面的故意内容分析是否存在套取信贷资金的行为。如果行为人在申请贷款时，对申请贷款项目所需要的资金量有明确的认识，故意借机多报致使申请数额超过实际使用资金量，且又有将多余资金用于放贷意图的，则符合套取信贷资金的构成要件，是套取信贷资金行为。之后又高利转贷的，可以构成本罪。如果行为人在申请贷款时，按实际使用资金量如实申报，取得贷款后，因为客观情况发生了变化，实际使用资金远远少于申请数额，利用多余资金高利转贷的，则由于贷款时不具有以转贷牟利的目的套取金融机构资金的主观意图，因此虽存在高利转贷行为，但不构成犯罪。

六、参阅案例

人民法院案例库参考案例：马某、张某高利转贷案（入库编号2023-16-1-111-001）。该案裁判要旨为：行为人套取金融机构信贷资金后，为牟取高额利息，将信贷资金转存至另一金融机构，不属于高利转贷罪中的"转贷"，其获取高息的行为违反商业银行法相关规定，但不构成犯罪。

七、关联规定

1.《贷款通则》（1996年）第2条、第71条；

2.《最高人民检察院、公安部关于公安机关管辖的刑事案件立案追诉标准的规定（二）》（2022年，公通字〔2022〕12号）第21条；

3.《最高人民法院、最高人民检察院、公安部、司法部关于办理非法放贷刑事案件若干问题的意见》（2019年，法发〔2019〕24号）第6条、第7条、第8条；

4.《最高人民法院关于进一步加强金融审判工作的若干意见》（2021年）第9条、第10条。

骗取贷款、票据承兑、金融票证罪

一、刑法规定

第一百七十五条之一：以欺骗手段取得银行或者其他金融机构贷款、票据承兑、信用证、保函等，给银行或者其他金融机构造成重大损失的，处三年以下有期徒刑或者拘役，并处或者单处罚金；给银行或者其他金融机构造成特别重大损失或者有其他特别严重情节的，处三年以上七年以下有期徒刑，并处罚金。

单位犯前款罪的，对单位判处罚金，并对其直接负责的主管人员和其他直接责任人员，依照前款的规定处罚。

二、罪名解读

骗取贷款、票据承兑、金融票证罪，是指行为人以欺骗手段取得银行或者其他金融机构贷款、票据承兑、信用证、保函等，给银行或者其他金融机构造成重大损失的行为。本罪的具体构成要件如下所述：

（一）主体要件

本罪的主体为一般主体，包括自然人和单位。

（二）客体要件

本罪侵犯的客体是金融秩序和安全。本罪的行为对象是银行或者其他金融机构的贷款、票据承兑、信用证、保函等。此处的"等"，应理解为与信用证、保函性质相同的信用凭证。换言之，凡是金融票据和凭证都可以成为本罪的行为对象。

（三）主观要件

本罪的主观方面表现为故意，并不要求行为人具有特定的目的。如果行为人具有非法占有目的，则应按照相应的金融诈骗罪或者其他犯罪论处。比如：以非法占有为目的，骗取银行贷款的，成立贷款诈骗罪；以非法占有为目的，骗取信用证的，成立信用证诈骗罪。

（四）客观要件

本罪的客观方面表现为以欺骗手段取得银行或者其他金融机构贷款、票据承兑、信用证、保函等，给银行或者其他金融机构造成重大损失的行为。这里的"欺骗手段"，是指行为人在取得银行或者其他金融机构的贷款、票据承兑、信用证、保函等信贷资金、信用时，采取了虚构事实、隐瞒真相等手段，骗取了有关单位的信任。如行为人编造虚假的资信证明、资金用途、抵押物价值等材料，导致银行或者其他金融机构高估其资信的，可以认定为使用"欺骗手段"。

这里的"银行"，是指中国人民银行和各类商业银行。这里的"其他金融机构"，是指除银行以外的各种开展金融业务的机构，包括证券公司、保险公司、期货公司、外汇交易机构、融资租赁公司、信托投资公司等。根据《最高人民法院关于新民间借贷司法解释适用范围问题的批复》的规定，由地方金融监管部门监管的小额贷款公司、融资担保公司、区域性股权市场、典当行、融资租赁公司、商业保理公司、地方资产管理公司等七类地方金融组织，属于经金融监管部门批准设立的金融机构。这里的"贷款"，是指商业银行等金融机构向借款人提供的且借款人需按约定的利率和期限还本付息的货币资金。实践中，贷款币种包括人民币和外币。

这里的"票据承兑"，是指汇票付款人承诺在汇票到期日支付汇票金额的票据行为，其目的在于使承兑人依据票据载明的义务承担支付票据金额的义务。这里的"信用证"，是指银行（包括政策性银行、商业银行、农村合作银行、村镇银行和农村信用社）依照申请人的申请开立的、对相符交单予以付款的承诺。实际上，信用证就是开证行有条件地向受益人付款的书面凭证。"保函"又称"保证书"，是指银行以自身的信用为他人承担责任的担保文件，是重要的银行资信文件，其本质上属于保证担保。

这里的"造成重大损失"，是指骗取贷款、票据承兑、金融票证的行为直接造成的经济损失。比如，相关贷款无法追回，银行因其出具的信用证所支付的款项。直接经济损失必须是对于信贷资金实际已经发生的损失，且损失的数额仅限于信贷资金的本金部分，对于信贷资金预期利息等间接损失则不应认定在内，以防止因银行等金融机构报案早晚对犯罪的认定造成实际影响。

三、罪与非罪

是否给银行或者其他金融机构造成重大损失是区分罪与非罪的判定标准。《刑法修正案（十一）》删除了原来规定的"其他严重情节"，并将本罪的入罪条件限定为"造成重大损失"，其目的在于避免以往实践中存在的争议情形。实践中，行为人虽有骗取金融机构贷款的行为，但具有下列情形之一的，不构成本罪：（1）贷款已经及时清偿的；（2）贷款存在足额担保的；（3）贷款在案发时尚未到期的。因此，行为人在向银行或者其他金融机构融资的过程中，虽然存在弄虚作假等违规操作行为，使用了"欺骗手段"获得资金，但归还了资金，未实际造成重大损失的，不作为犯罪处理。司法实践中，对于那些"以新还旧""以贷还贷"的情形，之前的贷款或者金融借款已经还清，没有造成经济损失的，也不应作为犯罪处理。如果行为人多次骗取贷款后，通过"以新还旧""以贷还贷"的方式循环融资，但最终无法归还的，则应当以最后造成实际损失的数额为准。

关于本罪的刑事立案追诉标准，修订后的《立案追诉标准（二）》第22条规定，以欺骗手段取得银行或者其他金融机构贷款、票据承兑、信用证、保函等，给银行或者其他金融机构造成直接经济损失数额在50万元以上的，应予立案追诉。在此，需要说明的是，在认定直接经济损失时，应当以侦查机关立案时逾期未偿还银行或者其他金融机构的信贷资金的本金计算，不包括利息等间接损失。司法实践中，对于造成重大损失的时间节点和标准不能过于拘泥，不能要求银行等金融机构穷尽一切法律手段之后才能确定是否造成损失，只要行为人采取欺骗手段骗取贷款，既不能按期归还，也无法提供有效的担保，就可以认定为给银行等金融机构造成了重大损失。

四、注意事项

1.关于"不良贷款"能否被认定为"经济损失"的问题。不良贷款，是指呆账贷款、呆滞贷款、逾期贷款。实践中，贷款分为正常、关注、次级、可疑和损失五类，后三类合称为不良贷款。正常，是指借款人能够履行合同，有充分把握按时足额偿还本息。关注，是指尽管借款人目前有能力偿还贷款本息，但存在一些可能对偿还产生不利影响的因素。次级，是指借款人的还款能力出现明显问题，依靠其正常经营收入已无法保证足额偿还本息。可疑，是指借款人无法足额偿还本息，即使执行抵押或担保，也肯定会造成一部分损失。损失，是指在采取所有可能的措施和一切必要的法律程序之后，本息仍然无法收回，或只能收回极少部分。由此可知，不良贷款尽管"不良"，甚至存在造成损失的风险，但并不一定形成了既成的经济损失。因此，"不良贷款"不等于"经济损失"，如果银行或者其他金融机构仅仅出具"形成不良贷款数额"的结论，则不宜一概认定为"重大经济损失数额"。

2.关于"其他特别严重情节"的正确理解问题。在本罪第一档刑罚中，并没有关于情节的规定，只有"造成重大损失"这一危害后果，即上述行为所直接造成的经济损失。但是，就第二档升格的法定刑而言，其适用条件包括给金融机构"造成特别重大损失"或者有"其他特别严重情节"两种情形。因此，准确适用第二档刑罚必须正确理解"其他特别严重情节"的含义。笔者认为，关于这一加重情节的理解，原则上应以构成基本犯为前提，即以造成重大损失为前提，再具有其他情节的，方可认定为"其他特别严重情节"。实践中，对于行为人在骗取贷款过程中存在伪造公文、证件行为或者贷款被用于违法犯罪活动的，可以认定为"其他特别严重情节"。需要说明的是，行为人多次骗贷不能直接被认定为"其他特别严重情节"，因为次数虽然能够反映行为人的主观恶性，但并不能直接反映危害信贷资金的安全性。对于多次骗贷造成经济损失的，应当对造成的损失进行累计计算。

3.关于本罪与贷款诈骗罪的界限问题。刑法设置本罪的初衷在于弥补实务中贷款诈骗罪的适用不足，两者在犯罪对象、主体要件、客观行为等方面相同或者具有相近性，但也存在以下明显差异：一是犯罪目的不同。本罪不具有非法占有的目的；而贷款诈骗罪则必须有非法占有的目的。根据主客观相一致原则，在处理具体案件的时候，对于有证据证明行为人不具有非法占有目的的，不能单纯以财产不能归还或者仅凭被告人的供述就按贷款诈骗罪处罚，应结合具体案情进行具体分析。根据《全国法院审理金融犯罪案件工作座谈会纪要》的规定，对于行为人通过诈骗的方法非法获取资金，造成数额较大资金不能归还，并具有下列情形之一的，可以认定为具有非法占有的目的：（1）明知没有归还能力而大量骗取资金的；（2）非法获取资金后逃跑的；（3）肆意挥霍骗取资金的；（4）使用骗取的资金进行违法犯罪活动的；（5）抽逃、转移资金、隐匿财产，以逃避返还资金的；（6）隐匿、销毁账目，或者搞假破产、假倒闭，以逃避返还资金的；（7）其他非法占有资金、拒不返还的行为。二是犯罪主体不同。本罪的主体包括自然人和单位，单位犯本罪的直接适用"双罚制"；而贷款诈骗罪的主体只能是自然人，并不包括单位。根据《刑法》第30条和第193条的规定，单位不构成贷款诈骗罪。对于单位实施的贷款诈骗行为，不能以贷款诈骗罪定罪处罚，也不能以贷款诈骗罪追究直接负责的主管人员和其他直接责任人员的刑事责任。但是，在司法实践中，对于单位十分明显地以非法占有为目的，利用签订、履行借款合同诈骗银行或其他金融机构贷款，符合《刑法》第224条规定的合同诈骗罪构成要件的，应当以合同诈骗罪定罪处罚。

五、风险提示

《刑法修正案（十一）》对本罪的入罪门槛作出了适当调整，删去了将"其他严重情节"作为本罪的入罪条件，但保留了单位犯罪的处罚规定。应该说，这一修改有利于正确区分违约与违法、违法与犯罪的关系，审慎处理涉民营企业融资案件，充分体现了党和国家关于完善产权保护制度的政策要求。本罪属于选择性罪名，也是民营企业家涉嫌较多的罪名，已经成为民营企业生产经营过程中的常见刑事风险点。司法实践中，行为人只要实施了骗取贷款、票据承兑、金融票证其中任何一种行为，就构成本罪；实施了两种以上行为的，仍为一罪，不能实行数罪并罚。由于构成本罪并不要求行为人以非法占有为目的，无疑降低了打击该类犯罪的门槛。但是，在一些特殊情况下，如欺骗手段极其恶劣或者涉嫌的数额特别巨大，这会给国家的金融安全、银行资金造成特别重大风险，即便没有造成实际损失的，也可以被认定为"有其他特别严重情节"，应依法追究行为人的刑事责任。

关于本罪中共同犯罪的认定，应注意以下两点：一是银行等金融机构的工作人员明知他人实施骗取贷款等行为，仍然为其提供帮助或者参与合谋的，可以构成骗取贷款罪的共犯；二是担保人明知他人实施骗取贷款、票据承兑、信用证、保函等行为而为其提供虚假担保，嗣后不履行或者逃避履行担保责任，并因此给银行等金融机构造成重大损失的，也应以本罪的共犯论处。

六、参阅案例

人民法院案例库参考案例：内蒙古某集团股份有限公司等骗取贷款案（入库编号 2023-03-1-112-001）。该案裁判要旨为：骗取贷款罪不仅要关注骗取的外在表现形式，更应当进行实质性把握。对于在贷款中提供虚假销售合同，但抵押合同真实，且贷款到期全部归还，没有给银行或者其他金融机构造成损失，也没有其他严重情节的行为，不构成犯罪。本案中，被告单位及被告人未利用银行管理漏洞，也未与银行工作人员勾结来骗取贷款。被告单位及被告人利用"借新还旧"来归还贷款，一方面可以降低银行不良贷款率，另一方面也可以避免企业出现不良资信。被告单位及被告人在向银行贷款过程中，虽然给银行提供的购销合同是虚假的，但足额提供了真实的抵押物，在被告单位及被告人不能归还贷款时，抵押物变现也可以足额偿还贷款本息；同时，在案发前被告单位及被告人已偿还全部贷款本息。因此，公诉机关指控的该事实不宜作为犯罪处理。

七、关联规定

1.《中华人民共和国商业银行法》（2015年）第2条、第82条、第83条；

2.《最高人民检察院、公安部关于公安机关管辖的刑事案件立案追诉标准的规定（二）》（2022年，公通字〔2022〕12号）第22条；

3.《最高人民法院刑事审判第二庭关于针对骗取贷款、票据承兑、金融票证罪和违法发放贷款罪立案追诉标准的意见》（2009年）；

4.《最高人民检察院公诉厅关于对骗取贷款罪等犯罪立案追诉标准有关问题的回复意见》（2009年）；

5.《最高人民法院关于被告人陈岩骗取贷款请示一案的批复》（2011年，〔2011〕刑他字第53号）；

6.《最高人民法院、最高人民检察院、公安部、司法部关于办理非法放贷刑事案件若干问题的意见》（2019年，法发〔2019〕24号）第6条、第7条、第8条。

非法吸收公众存款罪

一、刑法规定

第一百七十六条：非法吸收公众存款或者变相吸收公众存款，扰乱金融秩序的，处三年以下有期徒刑或者拘役，并处或者单处罚金；数额巨大或者有其他严重情节的，处三年以上十年以下有期徒刑，并处罚金；数额特别巨大或者有其他特别严重情节的，处十年以上有期徒刑，并处罚金。

单位犯前款罪的，对单位判处罚金，并对其直接负责的主管人员和其他直接责任人员，依照前款的规定处罚。

有前两款行为，在提起公诉前积极退赃退赔，减少损害结果发生的，可以从轻或者减轻处罚。

二、罪名解读

非法吸收公众存款罪，是指非法吸收公众存款或者变相吸收公众存款，扰乱金融秩序的行为。本罪的具体构成要件如下所述：

（一）主体要件

本罪的主体为一般主体，包括自然人和单位。

（二）客体要件

本罪侵犯的客体是国家的金融管理制度。我国对吸收公众存款实行特许经营制度，其目的在于加强宏观调控，保证资金的合理流向，保护社会公众的利益。近年来，由于受国家宏观调控和中国人民银行适度从紧货币政策的影响，经济运行中社会资金的供需矛盾凸显。在各种因素的影响下，行为人以高息为诱饵，打着各种旗号进行非法吸收公众存款的犯罪活动的范围越来越广，并向多领域和职业化方向发展，严重侵犯了国家金融管理秩序，具有极大的社会危害性。

（三）主观要件

本罪的主观方面只能是直接故意，一般具有非法牟利的目的，但不具有非法占有的目的。间接故意和过失均不构成本罪。实践中，不论行为人非法吸收公众存款的行为是否实际获利、获利数额大小乃至亏损、资不抵债，均不影响本罪的成立。

（四）客观要件

本罪的客观方面表现为非法向社会公开吸收公众存款或者变相吸收公众存款，扰乱金融秩序的行为。实践中，非法吸收公众存款和变相吸收公众存款具有四个方面的基本特征，即非法性、公开性、利诱性和社会性。这里的"非法吸收公众存款"，是指行为人违反国家金融管理法律规定，在社会上以存款的形式公开吸收公众资金的行为。这里的"变相吸收公众存款"，指行为人不是以存款的名义而是通过其他形式吸收公众资金，从而达到吸收公众存款的目的的行为。比如，有些企业以投资或者集资入股等名义吸收社会公众资金，但在实际操作中，并不按照规定分配利润、股息等，而是以一定的利息进行支付。

关于本罪的非法性、公开性、利诱性、社会性四个特征要件的具体规定，《最高人民法院关于审理非法集资刑事案件具体应用法律若干问题的解释》（以下简称《非法集资解释》）第1条第1款规定，违反国家金融管理法律规定，向社会公众（包括单位和个人）吸收资金的行为，同时具备下列四个条件的，除刑法另有规定的以外，应当认定为《刑法》第176条规定的"非法吸收公众存款或者变相吸收公众存款"：（1）未经有关部门依法许可或者借用合法经营的形式吸收资金；（2）通过网络、媒体、推介会、传单、手机信息等途径向社会公开宣传；（3）承诺在一定期限内以货币、实物、股权等方式还本付息或者给付回报；（4）向社会公众即社会不特定对象吸收资金。

"非法集资"，是指未经国务院金融管理部门依法许可或者违反国家金融管理法律规定，以许诺还本付息或者给予其他投资回报等方式，向不特定对象吸收资金的行为。需要说明的是，"非法集资"本质上属于一种非法金融业务活动，并不是具体的刑法罪名。实践中，非法集资主要涉及两个罪名：一是非法吸收公众存款罪；二是集资诈骗罪。这里的"国务院金融管理部门"，是指中国人民银行、国务院金融监督管理机构和国务院外汇管理部门。这里的"未经有关部门依法许可"，是指未经国务院金融管理部门依法批准的一切非法集资行为。这里的"违反国家金融管理法律规定"，是指违反国家金融管理领域现行有效的法律、行政法规，并不包括部门规章和地方性法规。司法机关在认定非法集资的"非法性"时，应当以国家金融管理法律法规作为依据。但是，对于国家金融管理法律法规仅作原则性规定的，司法机关可以根据法律规定的精神并参考国务院金融管理部门依照国家金融管理法律法规制定的部门规章或者国家有关金融管理的规定、办法、实施细则等规范性文件的规定予以认定。

关于非法吸收资金的具体行为方式，《非法集资解释》第2条规定，实施下列行为之一，符合本解释第 1 条第 1 款规定的条件的，应当依照《刑法》第 176 条的规定，以非法吸收公众存款罪定罪处罚：（1）不具有房产销售的真实内容或者不以房产销售为主要目的，以返本销售、售后包租、约定回购、销售房产份额等方式非法吸收资金的；（2）以转让林权并代为管护等方式非法吸收资金的；（3）以代种植（养殖）、租种植（养殖）、联合种植（养殖）等方式非法吸收资金的；（4）不具有销售商品、提供服务的真实内容或者不以销售商品、提供服务为主要目的，以商品回购、寄存代售等方式非法吸收资金的；（5）不具有发行股票、债券的真实内容，以虚假转让股权、发售虚构债券等方式非法吸收资金的；（6）不具有募集基金的真实内容，以假借境外基金、发售虚构基金等方式非法吸收资金的；（7）不具有销售保险的真实内容，以假冒保险公司、伪造保险单据等方式非法吸收资金的；（8）以网络借贷、投资入股、虚拟币交易等方式非法吸收资金的；（9）以委托理财、融资租赁等方式非法吸收资金的；（10）以提供"养老服务"、投资"养老项目"、销售"老年产品"等方式非法吸收资金的；（11）利用民间"会""社"等组织非法吸收资金的；（12）其他非法吸收资金的行为。

三、罪与非罪

虽然《刑法》第 176 条没有规定构成非法吸收公众存款犯罪的吸收公众存款数额的起点，但并非只要吸收了公众存款，即使金额不大，也要以本罪定罪处罚。依照《刑法》第 176 条第 1 款的规定，行为人非法吸收公众存款，只有达到"扰乱金融秩序"的程度，才能构成犯罪。尽管刑法对本罪的成立未作出任何情节的限制，但是根据《刑法》第 13 条"但书"的规定可知，对于非法吸收公众存款的行为，如果情节显著轻微，危害不大的，则不宜作为犯罪处理。此外，那些未向社会公开宣传，在亲友或者单位内部针对特定对象吸收资金的行为，不属于非法吸收或者变相吸收公众存款，故不能以本罪论处。

关于本罪的刑事立案追诉标准，修订后的《立案追诉标准（二）》第 23 条规定，非法吸收公众存款或者变相吸收公众存款，扰乱金融秩序，涉嫌下列情形之一的，应予立案追诉：（1）非法吸收或者变相吸收公众存款数额在 100 万元以上的；（2）非法吸收或者变相吸收公众存款对象 150 人以上的；（3）非法吸收或者变相吸收公众存款，给集资参与人造成直接经济损失数额在 50 万元以上的。非法吸收或者变相吸收公众存款数额在 50 万元以上或者给集资参与人造成直接经济损失数额在 25 万元以上，同时涉嫌下列情形之一的，应予立案追诉：（1）因非法集资受过刑事追究的；（2）2 年内因非法集资受过行政处罚的；（3）造成恶劣社会影响或者其他严重后果的。需要特别说明的是，关于本罪的入罪条件，修订后的《立案追诉标准（二）》第23条的规定与《非法集资解释》第3条的规定完全保持一致，而且立案追诉的标准也不再区分单位和个人。

关于"数额巨大或者有其他严重情节"的认定标准，《非法集资解释》第4条规定，非法吸收或者变相吸收公众存款，具有下列情形之一的，应当认定为《刑法》第176条规定的"数额巨大或者有其他严重情节"：（1）非法吸收或者变相吸收公众存款数额在500万元以上的；（2）非法吸收或者变相吸收公众存款对象500人以上的；（3）非法吸收或者变相吸收公众存款，给存款人造成直接经济损失数额在250万元以上的。非法吸收或者变相吸收公众存款数额在250万元以上或者给存款人造成直接经济损失数额在150万元以上，同时具有本解释第3条第2款第3项情节的，应当认定为"其他严重情节"。

关于"数额特别巨大或者有其他特别严重情节"的认定标准，《非法集资解释》第5条规定，非法吸收或者变相吸收公众存款，具有下列情形之一的，应当认定为《刑法》第176条规定的"数额特别巨大或者有其他特别严重情节"：（1）非法吸收或者变相吸收公众存款数额在5000万元以上的；（2）非法吸收或者变相吸收公众存款对象5000人以上的；（3）非法吸收或者变相吸收公众存款，给存款人造成直接经济损失数额在2500万元以上的。非法吸收或者变相吸收公众存款数额在2500万元以上或者给存款人造成直接经济损失数额在1500万元以上，同时具有本解释第3条第2款第3项情节的，应当认定为"其他特别严重情节"。

四、注意事项

1.关于犯罪数额的准确认定问题。关于向亲友或者单位内部人员吸收的资金能否被认定为犯罪数额问题，应区别不同情形进行评价。行为人非法吸收或者变相吸收公众存款构成犯罪，具有下列情形之一的，应当将向亲友或者单位内部人员吸收的资金与向不特定对象吸收的资金一并计入犯罪数额：（1）在向亲友或者单位内部人员吸收资金的过程中，明知亲友或者单位内部人员向不特定对象吸收资金而予以放任的；（2）以吸收资金为目的，将社会人员吸收为单位内部人员，并向其吸收资金的；（3）向社会公开宣传，同时向不特定对象、亲友或者单位内部人员吸收资金的。在此，需要强调的是，未向社会公开宣传，在亲友或者单位内部针对特定对象吸收资金的，不属于非法吸收或者变相吸收公众存款。非法吸收或者变相吸收公众存款的数额，以行为人所吸收的资金全额计算。集资参与人收回本金或者获得回报后又重复投资的数额不予扣除，但可以作为量刑情节酌情考虑。

2. 关于非犯罪化处理问题。对于非法吸收或者变相吸收公众存款，主要用于正常的生产经营活动，能够及时清退所吸收资金的，可以免予刑事处罚；情节显著轻微的，不作为犯罪处理。对依法不需要追究刑事责任或者免予处罚的，应当依法将案件移送有关行政机关。

3. 关于从宽处罚情节问题。为挽回集资参与人的损失，有效化解社会矛盾，《刑法修正案（十一）》第12条为本罪增设了特殊的从宽处罚情节，即行为人在提起公诉前积极退赃退赔，减少损害结果发生的，可以从轻或者减轻处罚。换言之，行为人在提起公诉前积极退赃退赔，减少损害结果发生的，可以从轻或者减轻处罚；在提起公诉后退赃退赔的，可以作为量刑情节酌情考虑。因此，行为人如果愿意退赃退赔的，应在"提起公诉前"处理完毕，这样才可能符合法定的从宽处罚情节。关于从宽幅度的把握，应根据犯罪的不同程度、情节轻重、退赃以及减少损害结果发生的效果，依法选择适用从轻处罚或者减轻处罚。

4. 关于本罪罚金数额的合理确定问题。关于罚金数额，《刑法》第176条并没有明确规定本罪罚金的下限和上限。有关此点，《非法集资解释》第9条第1款规定，犯非法吸收公众存款罪，判处3年以下有期徒刑或者拘役，并处或者单处罚金的，处5万元以上100万元以下罚金；判处3年以上10年以下有期徒刑的，并处10万元以上500万元以下罚金；判处10年以上有期徒刑的，并处50万元以上罚金。由此可知，虽然司法解释对有关罚金的标准予以明确，但对于判处10年以上有期徒刑并处罚金的上限却没有明确，留给裁判者自由裁量。关于上述并处罚金的上限数额，笔者认为，根据《刑法》第52条以及《最高人民法院关于适用财产刑若干问题的规定》第2条的规定，人民法院在决定罚金数额时，应当以案涉犯罪情节为基础，并综合考虑犯罪分子缴纳罚金的能力，依法判处罚金。本罪中的犯罪情节，主要是指非法吸收资金的数额、资金的用途是否合法、集资参与人的人数、实际造成的经济损失、违法所得的金额等一系列综合的犯罪情节。

5. 关于单位犯罪中罚金刑的适用问题。《全国法院审理金融犯罪案件工作座谈会纪要》规定，罚金的数额，应当根据被告人的犯罪情节，在法律规定的数额幅度内确定。对于具有从轻、减轻或者免除处罚情节的被告人，本应并处的罚金刑原则上也应当从轻、减轻或者免除。单位犯罪案件中，对直接负责的主管人员和其他直接责任人员判处罚金的数额，应当低于对单位判处罚金的数额。笔者认为，对直接负责的主管人员和其他直接责任人员判处罚金的数额，应当以对单位判处的罚金作为基准且要低于对单位所判处的罚金，这一原则不仅适用于单位金融犯罪领域，在其他单位犯罪案件中也应遵循。而且，对于具有自首、立功、从犯等法定从宽处罚情节的被告单位和被告人，本应并处的罚金刑原则上也应当依法从宽处理。

6. 关于本罪与集资诈骗罪的界限问题。实践中，本罪与集资诈骗罪在客观上均表现为向社会公众非法募集资金。两者区别的关键在于行为人是否具有非法占有的目的，对此，要重点围绕融资项目的真实性、资金去向、还款能力等事实进行综合判断。对于以非法占有为目的而非法集资，或者在非法集资过程中产生了非法占有他人资金故意的，均构成集资诈骗罪。但在处理个案时要注意以下两点：一是不能仅凭较大数额的非法集资款不能返还的结果，推定行为人具有非法占有的目的；二是行为人将大部分资金用于投资或生产经营活动，而将少量资金用于个人消费或挥霍的，不应仅以此便认定其具有非法占有的目的。

司法实践中，两者的主要区别如下：一是直接目的不同。本罪的直接目的是获取非法利益，不是非法占有所吸收的存款；而集资诈骗罪是以非法占有集资款为直接目的。二是行为方式不同。本罪是以存款的形式非法吸收公众存款，并不是以诈骗为手段，虽可采用欺骗的方法进行，但并不是必备的条件之一；而集资诈骗罪是以诈骗的方法非法募集资金，表现为诈骗方法与非法集资两种行为的统一，诈骗行为属于方法行为，其是为非法集资这一目的行为服务的。三是侵犯的客体不同。本罪侵犯的客体是国家的金融管理制度；而集资诈骗罪侵犯的是复杂客体，既侵犯了公私财产所有权，又侵犯了国家的金融管理制度。实践中，对于行为人以先偿还本息为名，再非法骗取更多人更多资金的，仍应当以集资诈骗罪定罪处罚。

五、风险提示

为有效化解金融风险，维护金融秩序，保护群众的切身利益，依法严惩扰乱经济金融秩序和危害群众财产的非法集资行为，《刑法修正案（十一）》对《刑法》第176条作出以下三个方面的修改：一是对本罪的法定刑档次及最高法定刑均进行调整，由两档修改为三档，并将本罪的最高法定刑由10年提高到15年。二是删去了罚金具体数额的规定，改为无限罚金制。三是设定了特殊的从宽情节，并规定"在提起公诉前积极退赃退赔，减少损害结果发生的，可以从轻或者减轻处罚"，目的是鼓励犯罪分子积极退赃退赔，尽可能挽回群众的财产损失。

随着互联网金融的迅猛发展，一些不法分子打着"金融创新"的幌子进行非法集资、金融诈骗等违法犯罪活动，严重扰乱了金融管理秩序，侵害了人民群众的合法权益。就现实来看，互联网金融涉及P2P网络借贷、股权众筹、第三方支付、互联网保险等多个方面，行为方式多样，所涉法律关系复杂，违法犯罪行为隐蔽性、迷惑性强，波及面广，社会影响大，因此要根据犯罪行为的实质特征和社会危害，准确界定行为的法律性质和适用的罪名。互联网金融的本质是金融，判断其是否属于"未经有关部门依法许可"，即行为是否具有非法性的主要法律依据是《商业银行法》《防范和处置非法集资条例》等现行有效的金融管理法律规定。实践中，对于在涉互联网金融活动未经有关部门依法许可的情形下，行为人公开宣传并向不特定公众吸收资金，承诺在一定期限内还本付息，且符合修订后的《立案追诉标准（二）》规定的立案标准的，依法追究刑事责任。根据法律规定，非法集资人、非法集资协助人不能同时履行所承担的清退集资资金和缴纳罚款义务时，先清退集资资金。

本罪属于金融领域的常见和多发罪名，在认定行为人是否具有犯罪主观故意方面具有一定的特殊性。对此，通说认为，在办理非法吸收公众存款案件过程中，原则上认定主观故意并不以行为人明知法律的禁止性规定为要件。特别是具备一定涉金融活动相关从业经历、专业背景或在犯罪活动中担任一定管理职务的犯罪嫌疑人，其应当知晓相关金融法律管理规定，如果有证据证明其实际从事的行为应当经批准而未经批准，行为在客观上具有非法性，原则上就可以认定其具有非法吸收公众存款的主观故意。而对于无相关职业经历、专业背景，且从业时间短暂、在单位犯罪中层级较低、纯属执行单位领导指令的犯罪嫌疑人提出辩解的，如确实无其他证据证明其具有主观故意，可以不作为犯罪处理。此外，对于犯罪嫌疑人提出因信赖专家学者、律师等专业人士、主流新闻媒体宣传或有关行政主管部门工作人员的个人意见而陷入错误认识的辩解，不能作为犯罪嫌疑人判断自身行为合法性的根据，也不能作为排除其主观故意的理由。

以单位名义实施犯罪，违法所得归单位所有的，是单位犯罪。司法实践中，单位实施非法集资犯罪活动，全部或者大部分违法所得归单位所有的，应当认定为单位犯罪。在认定集资行为是否属于单位犯罪的过程中，存在以下两种排除情形：（1）个人为进行违法犯罪活动而设立的公司、企业、事业单位实施犯罪的，或者公司、企业、事业单位设立后，以实施犯罪为主要活动的，不以单位犯罪论处。（2）盗用单位名义实施犯罪，违法所得由实施犯罪的个人私分的，依照刑法有关自然人犯罪的规定定罪处罚。判断单位是否以实施非法集资犯罪活动为主要活动，应当根据单位实施非法集资的次数、频度、持续时间、资金规模、资金流向、投入人力物力情况、单位进行正当经营的状况以及犯罪活动的影响和后果等因素综合考虑认定。此外，需要强调的是，对于行为人通过传销手段向社会公众非法吸收资金，构成本罪或者集资诈骗罪，同时构成组织、领导传销活动罪的，依照处罚较重的规定定罪处罚。

六、参阅案例

最高人民检察院指导性案例第 64 号：杨卫国等人非法吸收公众存款案。该案裁判要旨为：单位或个人假借开展网络借贷信息中介业务之名，未经依法批准，归集不特定公众的资金设立资金池，控制、支配资金池中的资金，并承诺还本付息的，构成非法吸收公众存款罪。

七、关联规定

1.《中华人民共和国商业银行法》（2015 年）第 11 条、第 47 条、第 81 条；

2.《金融违法行为处罚办法》（1999 年）第 2 条、第 27 条、第 28 条、第 30 条、第 31 条；

3.《防范和处置非法集资条例》（2021 年）第 2 条、第 3 条、第 4 条、第 30 条、第 31 条、第 32 条；

4.《最高人民法院、最高人民检察院、公安部、中国证券监督管理委员会关于整治非法证券活动有关问题的通知》（2008 年，证监发〔2008〕1 号）第 2 条第 2 项、第 6 项；

5.《最高人民检察院、公安部关于公安机关管辖的刑事案件立案追诉标准的规定（二）》（2022 年，公通字〔2022〕12 号）第 23 条；

6.《最高人民法院研究室关于认定非法吸收公众存款罪主体问题的复函》（2001 年，法研〔2001〕71 号）；

7.《最高人民法院刑事审判第二庭关于以投资林业为名向社会吸收资金行为定性的答复意见》（2004 年）；

8.最高人民法院刑二庭《宽严相济在经济犯罪和职务犯罪案件审判中的具体贯彻》（2010 年）第 1 条第 1 款、第 2 款、第 3 款；

9.《最高人民法院关于非法集资刑事案件性质认定问题的通知》（2011 年，法〔2011〕262 号）第 1 条、第 2 条、第 3 条、第 4 条；

10.《最高人民法院、最高人民检察院、公安部关于办理非法集资刑事案件适用法律若干问题的意见》（2014 年，公通字〔2014〕16 号）第 1 条、第 2 条、第 3 条、第 4 条、第 5 条、第 6 条、第 7 条、第 8 条；

11.《最高人民检察院关于办理涉互联网金融犯罪案件有关问题座谈会纪要》（2017 年，高检诉〔2017〕14 号）第 6 条、第 7 条、第 8 条、第 9 条、第 10 条、第 11 条、第 12 条、第 13 条；

12.《最高人民法院、最高人民检察院、公安部关于办理非法集资刑事案件若干问题的意见》(2019年，高检会〔2019〕2号) 第1条、第2条、第3条、第4条、第5条、第6条、第7条、第8条、第9条、第10条、第11条、第12条;

13.《最高人民法院、最高人民检察院关于常见犯罪的量刑指导意见(试行)》(2021年，法发〔2021〕21号) 第4条第3项;

14.《最高人民法院关于审理非法集资刑事案件具体应用法律若干问题的解释》(2022年，法释〔2022〕5号) 第1条、第2条、第3条、第4条、第5条、第6条、第9条、第13条、第14条。

擅自发行股票、公司、企业债券罪

一、刑法规定

第一百七十九条：未经国家有关主管部门批准，擅自发行股票或者公司、企业债券，数额巨大、后果严重或者有其他严重情节的，处五年以下有期徒刑或者拘役，并处或者单处非法募集资金金额百分之一以上百分之五以下罚金。

单位犯前款罪的，对单位判处罚金，并对其直接负责的主管人员和其他直接责任人员，处五年以下有期徒刑或者拘役。

二、罪名解读

擅自发行股票、公司、企业债券罪，是指未经国家有关主管部门批准，擅自发行股票或者公司、企业债券，数额巨大、后果严重或者有其他严重情节的行为。本罪的具体构成要件如下所述：

（一）主体要件

本罪的主体是一般主体，自然人和单位均可构成本罪，既包括不具备发行股票或者公司、企业债券资格的个人和单位，也包括虽然具备发行股票、债券的资格，但未经批准擅自发行的个人和单位。

（二）客体要件

本罪侵犯的客体是国家对发行股票或者公司、企业债券的管理制度。根据法律法规规定，任何机构向社会发行股票、债券必须经过有关主管部门的严格审批，否则，势必造成金融秩序的混乱。这里的"股票"，是指股份有限公司发行的、表示其股东按持有的股份享受权益和承担义务的可转让的书面凭证。这里的"公司债券"，是指公司发行的约定按期还本付息的有价证券。这里的"企业债券"，是指企业依照法定程序发行、约定在一定期限内还本付息的有价证券。

（三）主观要件

本罪的主观方面只能是故意，并且一般具有非法募集资金，为个人或者单位牟利的目的。

（四）客观要件

本罪的客观方面表现为未经国家有关主管部门批准，擅自发行股票或者公司、企业债券，数额巨大、后果严重或者有其他严重情节的行为。本罪的具体行为方式有三：一是未经国家有关主管部门批准，向社会不特定对象发行股票或者公司、企业债券；二是未经国家有关主管部门批准，向社会不特定对象以转让股权等方式变相发行股票或者公司、企业债券；三是未经国家有关主管部门批准，向特定对象发行、变相发行股票或者公司、企业债券累计超过200人。

根据《公司法》《证券法》的规定，公开发行证券、公司债券，必须符合法律、行政法规规定的条件，并依法报经国务院证券监督管理机构或者国务院授权的部门注册。此外，《企业债券管理条例》规定，企业发行企业债券必须按照本条例的规定进行审批；未经批准的，不得擅自发行和变相发行企业债券。因此，行为人未经国家有关主管部门批准，擅自发行股票或者公司、企业债券，属于行政违法行为，构成犯罪的，依照《刑法》第179条进行定罪处罚。

三、罪与非罪

根据刑法规定，未经国家有关主管部门批准，擅自发行股票或者公司、企业债券，必须达到数额巨大、后果严重或者有其他严重情节的法定标准，否则不构成犯罪，属于行政违法。至于何种情形属于"数额巨大、后果严重或者有其他严重情节"，刑法和相关司法解释未作具体规定。需要补充说明的是，如果不是采取发行股票或者公司、企业债券的方式，而是采取其他方法非法筹集资金的，则不构成本罪。

关于本罪的刑事立案追诉标准，修订后的《立案追诉标准（二）》第29条规定，未经国家有关主管部门批准或者注册，擅自发行股票或者公司、企业债券，涉嫌下列情形之一的，应予立案追诉：（1）非法募集资金金额在100万元以上的；（2）造成投资者直接经济损失数额累计在50万元以上的；（3）募集的资金全部或者主要用于违法犯罪活动的；（4）其他后果严重或者有其他严重情节的情形。本条规定的"擅自发行股票或者公司、企业债券"，是指向社会不特定对象发行、以转让股权等方式变相发行股票或者公司、企业债券，或者向特定对象发行、变相发行股票或者公司、企业债券累计超过 200 人的行为。

四、注意事项

1. 关于公开发行证券的认定问题。对此，根据《证券法》第 9 条的规定，公开发行证券，必须符合法律、行政法规规定的条件，并依法报经国务院证券监督管理机构或者国务院授权的部门注册。未经依法注册，任何单位和个人不得公开发行证券。有下列情形之一的，为公开发行：（1）向不特定对象发行证券；（2）向特定对象发行证券累计超过 200 人，但依法实施员工持股计划的员工人数不计算在内；（3）法律、行政法规规定的其他发行行为。非公开发行证券，不得采用广告、公开劝诱和变相公开方式。需要补充说明的是，根据《公司法》第 194 条、第 195 条的规定，公司债券可以公开发行，也可以不公开发行。公司债券的发行和交易应当符合《证券法》等法律、行政法规的规定。而且，如果公开发行公司债券的，应当经国务院证券监督管理机构注册，公告公司债券募集办法。

2. 关于擅自发行证券的责任追究问题。未经依法核准，擅自发行证券，涉嫌犯罪的，依照《刑法》第 179 条之规定，以擅自发行股票、公司、企业债券罪追究刑事责任。未经依法核准，以发行证券为幌子，实施非法证券活动，涉嫌犯罪的，依照《刑法》第 176 条、第 192 条等规定，以非法吸收公众存款罪、集资诈骗罪等罪名追究刑事责任。未构成犯罪的，依照《证券法》和有关法律的规定给予行政处罚。

3. 关于本罪与非法吸收公众存款罪的区别问题。毋庸置疑，两罪都属于破坏金融管理秩序犯罪，主要区别在于客观行为不同：对于未经国家有关主管部门批准，向社会不特定对象发行、以转让股权等方式变相发行股票或者公司、企业债券，或者向特定对象发行、变相发行股票或者公司、企业债券累计超过 200 人的，应当以擅自发行股票、公司、企业债券罪定罪处罚。而对于不具有发行股票、债券的真实内容，以虚假转让股权、发售虚构债券等方式非法吸收资金的，则构成非法吸收公众存款罪。此外，需要补充说明的是，如果行为人以非法占有为目的，使用虚构事实、隐瞒真相的诈骗方法，擅自发行股票或者公司、企业债券的，则应当以集资诈骗罪定罪处罚。

4. 关于本罪与非法经营罪的区别问题。任何单位和个人经营证券业务，必须经证监会批准。未经批准的，属于非法经营证券业务，应予以取缔；涉嫌犯罪的，依照《刑法》第 225 条之规定，以非法经营罪追究刑事责任。对于中介机构非法代理买卖非上市公司股票，涉嫌犯罪的，应当依照《刑法》第 225 条之规定，以非法经营罪追究刑事责任；所代理的非上市公司涉嫌擅自发行股票，构成犯罪的，应当依照《刑法》第 179 条之规定，以擅自发行股票罪追究刑事责任。非上市公司和中介机构共谋擅自发行股票，构成犯罪的，以擅自发行股票罪的共犯论处。未构成犯罪的，依照《证券法》和有关法律的规定给予行政处罚。

五、风险提示

为规范股票、债券发行市场和维护国家金融安全，1995 年，《全国人民代表大会常务委员会关于惩治违反公司法的犯罪的决定》中确立了擅自发行股票、公司、企业债券罪。1997 年，在修订《刑法》时，对本罪名的罪状表述和法定刑配置作了修改完善，并延续至今。现实中，行为人为牟取非法利益，擅自发行股票或者公司、企业债券，此类案件往往呈现涉及地域广、涉案金额大、涉及人员多，且作案手段花样不断翻新、隐蔽性强、欺骗性大、仿效性高等基本特征，这不仅会严重危害金融市场秩序和损害投资者权益，而且会对国家金融安全和经济社会稳定带来重大威胁。

结合《最高人民法院、最高人民检察院、公安部、中国证券监督管理委员会关于整治非法证券活动有关问题的通知》《非法证券活动网上信息内容治理工作方案》等规范性文件可知，整治非法证券活动，必须坚持问题导向、坚持源头治理、坚持协同监管。实践中，可以考虑采取以下综合治理措施：一是严格落实证券业务必须持牌经营法定要求；二是坚持合法合规融资方式和渠道，勿触犯法律红线；三是引入合规经营管理理念，建立健全合规管理体系，构建企业合规文化；四是多渠道、多形式宣传引导，助力投资者提高风险防范意识；五是建立健全跨部门协调监管、联动监管机制，提升监管效能；六是加大对非法证券活动的追责力度，及时高效查处擅自发行股票或者公司、企业债券违法犯罪案件；七是及时通报非法证券活动典型案例，以案释法，实现"查处一起、震慑一批、教育一片"的效果。

六、参阅案例

《最高人民法院公报》（2020 年第 9 期）案例：上海市浦东新区人民检察院诉上海安基生物科技股份有限公司、郑戈擅自发行股票案。该案裁判要旨为：非上市股份有限公司为筹集经营资金，在未经证券监管部门批准的情况下，委托中介机构向不特定社会公众转让公司股东的股权，属于未经批准擅自发行股票的行为，数额巨大、后果严重或者有其他严重情节的，应当以擅自发行股票罪定罪处罚。

七、关联规定

1.《中华人民共和国证券法》（2019年）第9条、第180条、第219条；

2.《中华人民共和国公司法》（2023年）第194条、第195条、第264条；

3.《股票发行与交易管理暂行条例》（1993年）第2条、第7条至第15条、第70条、第78条；

4.《企业债券管理条例》（2011年）第2条、第3条、第5条、第11条、第12条、第26条、第27条、第33条；

5. 中共中央办公厅、国务院办公厅《关于依法从严打击证券违法活动的意见》（2021年）第4条；

6.《公司债券发行与交易管理办法》（2023年）第2条、第3条、第13条、第14条、第15条、第69条；

7.《最高人民法院、最高人民检察院、公安部、中国证券监督管理委员会关于整治非法证券活动有关问题的通知》（2008年，证监发〔2008〕1号）第2条；

8.《最高人民检察院、公安部关于公安机关管辖的刑事案件立案追诉标准的规定（二）》（2022年，公通字〔2022〕12号）第29条；

9.《最高人民法院关于审理非法集资刑事案件具体应用法律若干问题的解释》（2022年，法释〔2022〕5号）第10条；

10. 中央网信办秘书局、中国证监会办公厅《非法证券活动网上信息内容治理工作方案》（2022年）第1条至第4条。

内幕交易、泄露内幕信息罪

一、刑法规定

第一百八十条第一款：证券、期货交易内幕信息的知情人员或者非法获取证券、期货交易内幕信息的人员，在涉及证券的发行，证券、期货交易或者其他对证券、期货交易价格有重大影响的信息尚未公开前，买入或者卖出该证券，或者从事与该内幕信息有关的期货交易，或者泄露该信息，或者明示、暗示他人从事上述交易活动，情节严重的，处五年以下有期徒刑或者拘役，并处或者单处违法所得一倍以上五倍以下罚金；情节特别严重的，处五年以上十年以下有期徒刑，并处违法所得一倍以上五倍以下罚金。

第二款：单位犯前款罪的，对单位判处罚金，并对其直接负责的主管人员和其他直接责任人员，处五年以下有期徒刑或者拘役。

第三款：内幕信息、知情人员的范围，依照法律、行政法规的规定确定。

二、罪名解读

内幕交易、泄露内幕信息罪，是指证券、期货交易内幕信息的知情人员或者非法获取证券、期货交易内幕信息的人员，在涉及证券的发行，证券、期货交易或者其他对证券、期货交易价格有重大影响的信息尚未公开前，买入或者卖出该证券，或者从事与该内幕信息有关的期货交易，或者泄露该信息，或者明示、暗示他人从事上述交易活动，情节严重的行为。本罪的具体构成要件如下所述：

（一）主体要件

本罪的主体是特殊主体，即证券、期货交易内幕信息的知情人员或者非法获取证券、期货交易内幕信息的人员。自然人和单位均可构成本罪的主体。但是，本罪中内幕信息的知情人员和非法获取内幕信息的人员仅指自然人，并不包括单位。

由于证券和期货交易存在一定的差异，因此两罪中知情人员的范围也有所不同，现逐一分述如下：

1.关于证券交易内幕信息的知情人员范围。有关此点，《证券法》第51条规定，证券交易内幕信息的知情人包括：（1）发行人及其董事、监事、高级管理人员；（2）持有公司百分之五以上股份的股东及其董事、监事、高级管理人员，公司的实际控制人及其董事、监事、高级管理人员；（3）发行人控股或者实际控制的公司及其董事、监事、高级管理人员；（4）由于所任公司职务或者因与公司业务往来可以获取公司有关内幕信息的人员；（5）上市公司收购人或者重大资产交易方及其控股股东、实际控制人、董事、监事和高级管理人员；（6）因职务、工作可以获取内幕信息的证券交易场所、证券公司、证券登记结算机构、证券服务机构的有关人员；（7）因职责、工作可以获取内幕信息的证券监督管理机构工作人员；（8）因法定职责对证券的发行、交易或者对上市公司及其收购、重大资产交易进行管理可以获取内幕信息的有关主管部门、监管机构的工作人员；（9）国务院证券监督管理机构规定的可以获取内幕信息的其他人员。

2.关于期货交易内幕信息的知情人员范围。有关此点，《期货和衍生品法》第15条规定，本法所称内幕信息的知情人，是指由于经营地位、管理地位、监督地位或者职务便利等，能够接触或者获得内幕信息的单位和个人。期货交易的内幕信息的知情人包括：（1）期货经营机构、期货交易场所、期货结算机构、期货服务机构的有关人员；（2）国务院期货监督管理机构和其他有关部门的工作人员；（3）国务院期货监督管理机构规定的可以获取内幕信息的其他单位和个人。

3. 关于非法获取证券、期货交易内幕信息的人员范围。有关此点，《最高人民法院、最高人民检察院关于办理内幕交易、泄露内幕信息刑事案件具体应用法律若干问题的解释》（以下简称《内幕交易、泄露内幕信息案件解释》）第 2 条规定，具有下列行为的人员应当认定为《刑法》第 180 条第 1 款规定的"非法获取证券、期货交易内幕信息的人员"：（1）利用窃取、骗取、套取、窃听、利诱、刺探或者私下交易等手段获取内幕信息的；（2）内幕信息知情人员的近亲属或者其他与内幕信息知情人员关系密切的人员，在内幕信息敏感期内，从事或者明示、暗示他人从事，或者泄露内幕信息导致他人从事与该内幕信息有关的证券、期货交易，相关交易行为明显异常，且无正当理由或者正当信息来源的；（3）在内幕信息敏感期内，与内幕信息知情人员联络、接触，从事或者明示、暗示他人从事，或者泄露内幕信息导致他人从事与该内幕信息有关的证券、期货交易，相关交易行为明显异常，且无正当理由或者正当信息来源的。

（二）客体要件

本罪侵犯的客体是国家对证券、期货市场的管理秩序和投资者的合法权益。所谓"内幕交易"，是指利用掌握内幕信息的便利条件，买入或者卖出有关证券或者期货，牟取非法利益的行为。所谓"内幕信息"，是指涉及证券的发行，证券、期货的交易或者其他对证券、期货交易价格有重大影响的尚未公开的信息。由于证券交易和期货交易不同，因此其内幕信息的范围也有所不同，现逐一分述如下：

1. 关于证券交易中内幕信息的含义。有关此点，《证券法》第 52 条规定，证券交易活动中，涉及发行人的经营、财务或者对该发行人证券的市场价格有重大影响的尚未公开的信息，为内幕信息。本法第 80 条第 2 款、第 81 条第 2 款所列重大事件属于内幕信息。

2. 关于期货交易中内幕信息的含义。有关此点，《期货和衍生品法》第 14 条规定，本法所称内幕信息，是指可能对期货交易或者衍生品交易的交易价格产生重大影响的尚未公开的信息。期货交易的内幕信息包括：（1）国务院期货监督管理机构以及其他相关部门正在制定或者尚未发布的对期货交易价格可能产生重大影响的政策、信息或者数据；（2）期货交易场所、期货结算机构作出的可能对期货交易价格产生重大影响的决定；（3）期货交易场所会员、交易者的资金和交易动向；（4）相关市场中的重大异常交易信息；（5）国务院期货监督管理机构规定的对期货交易价格有重大影响的其他信息。

（三）主观要件

本罪的主观方面只能是故意，即具有让自己或者他人从中牟利的犯罪目的。过失不构成本罪。

（四）客观要件

本罪的客观方面表现为行为人在涉及证券的发行，证券、期货交易或者其他对证券、期货交易价格有重大影响的信息尚未公开前，买入或者卖出该证券，或者从事与该内幕信息有关的期货交易，或者泄露该信息，或者明示、暗示他人从事上述交易活动，情节严重的行为。可以说，利用内幕信息，从事与该内幕信息有关的证券、期货交易，是本罪行为的本质特征。本罪的具体行为方式有四：一是买入或者卖出该证券；二是从事与该内幕信息有关的期货交易；三是泄露该信息；四是明示、暗示他人从事上述交易活动。由上可知，内幕交易、泄露内幕信息罪属于行为选择性罪名，行为人实施上述四种行为之任何一种，均可以构成犯罪。

这里的"证券交易"，是指证券持有人依照证券交易规则，将已依法发行的证券转让给其他证券投资者的行为。这里的"期货交易"，是指以期货合约或者标准化期权合约为交易标的的交易活动。这里的"泄露该信息"，是指将内幕信息透露或者提供给不应当知悉该信息的人，让他人利用该信息买入、卖出证券或者进行期货交易，获取不正当利益。这里的"情节严重"，是指多次进行内幕交易或者泄露内幕信息、非法获利数额巨大、对证券或者期货交易秩序的正常进行造成严重危害等情形。这里的"违法所得"，是指通过内幕交易行为所获利益或者避免的损失。

三、罪与非罪

本罪是典型的数额犯，成交额、占用保证金额、获利或者避免损失额等不仅是起刑点，也是入罪门槛中"情节严重"的若干量化标准。换言之，对于内幕交易行为或者泄露内幕信息行为是否构成犯罪，必须审查其是否满足"情节严重"的法定标准，如果满足该入罪门槛条件，则以本罪论处，否则不构成本罪。

关于本罪的刑事立案追诉标准，修订后的《立案追诉标准（二）》第 30 条规定，证券、期货交易内幕信息的知情人员、单位或者非法获取证券、期货交易内幕信息的人员、单位，在涉及证券的发行，证券、期货交易或者其他对证券、期货交易价格有重大影响的信息尚未公开前，买入或者卖出该证券，或者从事与该内幕信息有关的期货交易，或者泄露该信息，或者明示、暗示他人从事上述交易活动，涉嫌下列情形之一的，应予立案追诉：（1）获利或者避免损失数额在 50 万元以上的；（2）证券交易成交额在 200 万元以上的；（3）期货交易占用保证金数额在 100 万元以上的;(4)2年内3次以上实施内幕交易、泄露内幕信息行为的;(5)明示、暗示3人以上从事与内幕信息相关的证券、期货交易活动的;(6)具有其他严重情节的。内幕交易获利或者避免损失数额在25万元以上,或者证券交易成交额在100万元以上,或者期货交易占用保证金数额在50万元以上,同时涉嫌下列情形之一的,应予立案追诉:(1)证券法规定的证券交易内幕信息的知情人实施或者与他人共同实施内幕交易行为的;(2)以出售或者变相出售内幕信息等方式,明示、暗示他人从事与该内幕信息相关的交易活动的;(3)因证券、期货犯罪行为受过刑事追究的;(4)2年内因证券、期货违法行为受过行政处罚的;(5)造成其他严重后果的。

关于本罪中"情节严重"的具体认定标准,《内幕交易、泄露内幕信息案件解释》第6条规定,在内幕信息敏感期内从事或者明示、暗示他人从事或者泄露内幕信息导致他人从事与该内幕信息有关的证券、期货交易,具有下列情形之一的,应当认定为《刑法》第180条第1款规定的"情节严重":(1)证券交易成交额在50万元以上的;(2)期货交易占用保证金数额在30万元以上的;(3)获利或者避免损失数额在15万元以上的;(4)3次以上的;(5)具有其他严重情节的。需要说明的是,上述条款关于"情节严重"的规定,与修订后的《立案追诉标准(二)》第30条的规定不一致,应当执行新的规定。

关于本罪中"情节特别严重"的具体认定标准,《内幕交易、泄露内幕信息案件解释》第7条规定,在内幕信息敏感期内从事或者明示、暗示他人从事或者泄露内幕信息导致他人从事与该内幕信息有关的证券、期货交易,具有下列情形之一的,应当认定为《刑法》第180条第1款规定的"情节特别严重":(1)证券交易成交额在250万元以上的;(2)期货交易占用保证金数额在150万元以上的;(3)获利或者避免损失数额在75万元以上的;(4)具有其他特别严重情节的。

四、注意事项

1.关于证券交易中"内幕信息"的认定问题。《证券法》第52条规定,证券交易活动中,涉及发行人的经营、财务或者对该发行人证券的市场价格有重大影响的尚未公开的信息,为内幕信息。《证券法》第80条第2款和第81条第2款所列重大事件属于内幕信息。关于前述"重大事件"的具体内容,不再一一赘述。这里的"内幕信息的知情人员",是指《证券法》第51条规定的有关人员。

需要说明的是,内幕信息是尚未公开的信息,已经依法公开的信息不是内幕信息。一般认为,内幕信息具有未公开性、重大性和确切性三个基本特征。

2. 关于"不属于从事内幕交易"的认定问题。对此,《内幕交易、泄露内幕信息案件解释》第 4 条规定,具有下列情形之一的,不属于《刑法》第 180 条第 1 款规定的从事与内幕信息有关的证券、期货交易:(1) 持有或者通过协议、其他安排与他人共同持有上市公司 5% 以上股份的自然人、法人或者其他组织收购该上市公司股份的;(2) 按照事先订立的书面合同、指令、计划从事相关证券、期货交易的;(3) 依据已被他人披露的信息而交易的;(4) 交易具有其他正当理由或者正当信息来源的。司法解释之所以作出上述规定,是为了防止本罪的适用对象被不当扩大,避免打击面过宽。此外,该司法解释第 4 条第 4 项特别规定了兜底项,也是出于周全保护善意交易人的考虑。

3. 关于"相关交易行为明显异常"的认定问题。对此,《内幕交易、泄露内幕信息案件解释》第 3 条规定,本解释第 2 条第 2 项、第 3 项规定的"相关交易行为明显异常",要综合以下情形,从时间吻合程度、交易背离程度和利益关联程度等方面予以认定:(1) 开户、销户、激活资金账户或者指定交易(托管)、撤销指定交易(转托管)的时间与该内幕信息形成、变化、公开时间基本一致的;(2) 资金变化与该内幕信息形成、变化、公开时间基本一致的;(3) 买入或者卖出与内幕信息有关的证券、期货合约时间与内幕信息的形成、变化和公开时间基本一致的;(4) 买入或者卖出与内幕信息有关的证券、期货合约时间与获悉内幕信息的时间基本一致的;(5) 买入或者卖出证券、期货合约行为明显与平时交易习惯不同的;(6) 买入或者卖出证券、期货合约行为,或者集中持有证券、期货合约行为与该证券、期货公开信息反映的基本面明显背离的;(7) 账户交易资金进出与该内幕信息知情人员或者非法获取人员有关联或者利害关系的;(8) 其他交易行为明显异常情形。

实践中,在理解和适用上述规定时,还应当注意以下三个方面的问题:一是时间吻合程度,即从行为时间与内幕信息形成、变化、公开的时间吻合程度把握。二是交易背离程度,即从交易行为与正常交易的背离程度把握。三是利益关联程度,即从账户交易资金进出与该内幕信息的知情人员或者非法获取人员有无关联或者利害关系把握。所谓综合把握,是指不能单纯从上述某一个方面认定交易是否明显异常,而必须综合三个方面进行全面分析和论证。

4. 关于"内幕信息敏感期"的认定问题。根据《内幕交易、泄露内幕信息案件解释》第 5 条的规定,"内幕信息敏感期"是指内幕信息自形成至公开的期间。这里涉及以下三个方面的问题:一是关于内幕信息敏感期的理解。毋庸置疑,内幕信息敏感期的界定对案件的整体定性具有重要影响。考虑到犯本罪的时间点是在内幕信息尚未公开前，内幕信息公开后就不再是内幕信息，行为人也不可能因此而犯罪，故内幕信息敏感期的截止时间应为内幕信息的公开时间。二是关于内幕信息的形成时点。《证券法》第80条第2款、第81条第2款所列"重大事件"的发生时间，《证券法》第80条规定的"计划"以及《期货和衍生品法》第14条规定的"政策""决定"等的形成时间，应当被认定为内幕信息形成之时。此外，影响内幕信息形成的动议、筹划、决策或者执行人员，其动议、筹划、决策或者执行初始时间，应当被认定为内幕信息形成之时。三是关于内幕信息的公开时点。内幕信息的公开时点也即敏感期的结束时间。内幕信息的公开时点，是在国务院证券、期货监督管理机构指定的报刊、网站等媒体披露内幕信息的时间。

5.关于本罪与侵犯商业秘密罪的区别问题。两罪所侵害的对象具有一定的相似性，都属于尚未公开的、可能给当事人带来经济利益的有关信息。但是，在具体侵害对象、侵犯客体、行为主体等方面存在以下显著区别：一是就具体侵害对象而言，内幕信息是尚未公开的，涉及证券的发行，证券、期货交易或者其他对证券、期货交易价格有重大影响的信息；而商业秘密，是指不为公众所知悉，具有商业价值并经权利人采取相应保密措施的技术信息、经营信息等商业信息。二是本罪侵犯的客体是国家对证券、期货市场的管理秩序和投资者的合法权益；而侵犯商业秘密罪侵犯的客体是商业秘密权利人的权利和国家对社会主义市场经济的管理秩序。二者侵犯的客体属于不同的领域和范畴。三是本罪的主体为证券、期货交易内幕信息的知情人员或者非法获取证券、期货交易内幕信息的人员，具有特定性；而侵犯商业秘密罪的主体则为一般主体。

五、风险提示

本罪是1997年《刑法》增设的罪名。1999年，进行《刑法》修正时增加了有关期货犯罪的内容。2009年，再次修正《刑法》时对第1款进行了修改，同时增加了一款作为第4款。可以说，在历经2次修改完善之后，本罪名所涵盖的内容更加丰富，也切实回应了实践需求和人民群众期盼。现实中，内幕交易行为，本质上是利用信息优势窃取非法利益，侵蚀和破坏证券、期货市场"公开、公平、公正"的基本原则，严重损害投资者尤其是中小投资者的合法权益，始终是证监会监管和司法机关打击的重点。从事内幕交易，除了会被证监会实施行政处罚，没收违法所得、处以罚款甚至禁入证券市场，达到本罪刑事立案标准的，还将被移送公安机关查处，并依法追究行为人的刑事责任。

司法实践中，对具有不如实供述罪行或者以各种方式阻碍办案工作，拒不退缴赃款赃物或者将赃款赃物用于非法活动，非法获利特别巨大，多次实施证券、期货违法犯罪，造成上市公司退市、投资人遭受重大损失、可能引发金融风险、严重危害金融安全等恶劣社会影响或者严重危害后果的犯罪嫌疑人、被告人，一般不适用相对不起诉、免予刑事处罚和缓刑。所以，利用内幕信息从事证券、期货交易不仅不能保证获利，还将因此受到法律的严厉制裁，投资者应引以为戒。此外，上市公司的董监高应当切实履行保密、忠实义务，以杜绝内幕交易、泄露内幕信息等违规违法行为发生。

六、参阅案例

人民法院案例库参考案例：北京某发展集团有限公司、李某某内幕交易案（入库编号 2024-03-1-120-002）。该案裁判要旨为：（1）在内幕信息敏感期内，与内幕信息知情人员联络、接触，从事与该内幕信息有关的证券交易，相关交易行为明显异常，且无正当理由或者正当信息来源的，应当认定为《刑法》第180条第1款规定的"非法获取证券内幕信息的人员"。（2）行为人在内幕信息敏感期内与内幕信息知情人员联络、接触，如行为人具有获取内幕信息的现实可能性，可以认定为"与内幕信息知情人员联络、接触"。（3）认定"相关交易行为明显异常"，应当从时间吻合程度、交易背离程度、利益关联程度等方面进行综合判断。在内幕信息敏感期内集中资金买入股票，并于股票复牌后陆续卖出的行为，可以认定为交易行为明显异常。

七、关联规定

1.《中华人民共和国证券投资基金法》（2015年）第2条、第73条、第130条、第149条、第150条；

2.《中华人民共和国证券法》（2019年）第2条、第5条、第50条、第51条、第52条、第55条、第80条、第81条、第192条、第219条；

3.《中华人民共和国期货和衍生品法》（2022年）第2条、第3条、第6条、第14条、第15条、第126条、第153条、第154条；

4.《期货交易管理条例》（2017年）第2条、第3条、第69条、第79条、第81条；

5.《最高人民检察院、公安部关于公安机关管辖的刑事案件立案追诉标准的规定（二）》（2022年，公通字〔2022〕12号）第30条；

6.《最高人民法院、最高人民检察院关于办理内幕交易、泄露内幕信息刑事案件具体应用法律若干问题的解释》（2012年，法释〔2012〕6号）第1条至第

11 条；

7.《最高人民法院、最高人民检察院、公安部、中国证券监督管理委员会关于办理证券期货违法犯罪案件工作若干问题的意见》（2024 年，高检发办字〔2024〕105 号）第 1 条至第 31 条。

利用未公开信息交易罪

一、刑法规定

第一百八十条第四款：证券交易所、期货交易所、证券公司、期货经纪公司、基金管理公司、商业银行、保险公司等金融机构的从业人员以及有关监管部门或者行业协会的工作人员，利用因职务便利获取的内幕信息以外的其他未公开的信息，违反规定，从事与该信息相关的证券、期货交易活动，或者明示、暗示他人从事相关交易活动，情节严重的，依照第一款的规定处罚。

二、罪名解读

利用未公开信息交易罪，是指证券交易所、期货交易所、证券公司、期货经纪公司、基金管理公司、商业银行、保险公司等金融机构的从业人员以及有关监管部门或者行业协会的工作人员，利用因职务便利获取的内幕信息以外的其他未公开的信息，违反规定，从事与该信息相关的证券、期货交易活动，或者明示、暗示他人从事相关交易活动，情节严重的行为。本罪的具体构成要件如下所述：

（一）主体要件

本罪的主体是特殊主体，即证券交易所、期货交易所、证券公司、期货经纪公司、基金管理公司、商业银行、保险公司等金融机构的从业人员以及有关监管部门或者行业协会的工作人员。需要说明的是，私募基金从业人员不属于本罪的主体。这里的"有关监管部门"，包括中国证券监督管理委员会、国家金融监督管理总局等单位。这里的"行业协会"，包括证券业协会、银行业协会和保险业协会等单位。

（二）客体要件

本罪侵犯的客体是国家对证券、期货市场的管理秩序和投资者的合法权益。本罪的行为对象为"内幕信息以外的其他未公开的信息"。根据《最高人民法院、最高人民检察院关于办理利用未公开信息交易刑事案件适用法律若干问题的解释》

（以下简称《利用未公开信息交易案件解释》）第 1 条的规定，"内幕信息以外的其他未公开的信息"包括下列信息：（1）证券、期货的投资决策、交易执行信息；（2）证券持仓数量及变化、资金数量及变化、交易动向信息；（3）其他可能影响证券、期货交易活动的信息。司法实践中，对是否属于"未公开信息"难以认定的，司法机关可以在有关行政主（监）管部门认定意见的基础上，根据案件事实和法律规定作出认定。

（三）主观要件

本罪的主观方面只能是故意，即具有让自己或者他人从中牟利的犯罪目的。过失不构成本罪。

（四）客观要件

本罪的客观方面表现为行为人利用因职务便利获取的内幕信息以外的其他未公开的信息，违反规定，从事与该信息相关的证券、期货交易活动，或者明示、暗示他人从事相关交易活动，情节严重的行为。本罪的行为模式包括以下两种：一是交易行为，即有身份者利用因职务便利获取的内幕信息以外的其他未公开的信息，从事与该信息相关的证券、期货交易活动；二是建议行为，即有身份者明示、暗示他人从事相关交易活动。这里的"明示"，是指清楚、明白地告知他人未公开信息内容，并建议他人从事相关证券、期货交易的行为。这里的"暗示"，是指不明确告知未公开信息内容，只是建议他人从事相关证券、期货交易的行为。因此，单纯地泄露未公开信息的行为不同于此处的"明示"或者"暗示"，不属于利用未公开信息交易行为的范畴。

在建议行为模式下，我们通常将具有特定身份的主体称为"老鼠仓"案件中的"建仓者"，而将从事相关交易活动的他人称为"老鼠仓"案件中的"老鼠"。实践中，不管是交易行为还是建议行为，都是以趋同交易为主。所谓"趋同交易"，是指行为人使用私人账户从事与公募基金相同方向的买入或卖出行为。而认定趋同交易的关键在于趋同比率的计算。对此，实践中通常采用"前五后二"法，即看公募基金经理为公司购买股票的前五个工作日与后两个工作日期间关联账户购买的趋同比率。

需要说明的是，这里的"职务便利"，不是指金融机构的一般职务，而是指涉密岗位的相关职务。在具体办案实践中，还需结合《利用未公开信息交易案件解释》第 3 条的规定，审查行为人是否违反了所在金融机构对涉案信息的保密规定或者禁止交易的相关规定。

三、罪与非罪

根据刑法规定，构成本罪必须达到"情节严重"的标准。有关此点，《利用未公开信息交易案件解释》第 5 条、第 6 条规定了"情节严重"的认定标准。其中，第 5 条以违法所得数额作为入罪的主要标准，同时将"次数""人数"作为"情节严重"的情形。第 6 条规定了"数额 + 情节"的认定标准作为补充。对于符合第 6 条规定的数额标准，但不具备第 6 条规定的四种情形之一，又不符合第 5 条规定的认定标准的，则不能认定为"情节严重"。需要补充说明的是，对于符合上述司法解释第 5 条、第 6 条规定的标准，但犯罪情节轻微的，可以依法不起诉或者免予刑事处罚。

关于本罪的刑事立案追诉标准，修订后的《立案追诉标准（二）》第 31 条规定，证券交易所、期货交易所、证券公司、期货公司、基金管理公司、商业银行、保险公司等金融机构的从业人员以及有关监管部门或者行业协会的工作人员，利用因职务便利获取的内幕信息以外的其他未公开的信息，违反规定，从事与该信息相关的证券、期货交易活动，或者明示、暗示他人从事相关交易活动，涉嫌下列情形之一的，应予立案追诉：（1）获利或者避免损失数额在 100 万元以上的；（2）2 年内 3 次以上利用未公开信息交易的；（3）明示、暗示 3 人以上从事相关交易活动的；（4）具有其他严重情节的。利用未公开信息交易，获利或者避免损失数额在 50 万元以上，或者证券交易成交额在 500 万元以上，或者期货交易占用保证金数额在 100 万元以上，同时涉嫌下列情形之一的，应予立案追诉：（1）以出售或者变相出售未公开信息等方式，明示、暗示他人从事相关交易活动的；（2）因证券、期货犯罪行为受过刑事追究的；（3）2 年内因证券、期货违法行为受过行政处罚的；（4）造成其他严重后果的。

关于本罪中"情节严重"的具体认定标准，《利用未公开信息交易案件解释》第 5 条规定，利用未公开信息交易，具有下列情形之一的，应当认定为《刑法》第 180 条第 4 款规定的"情节严重"：（1）违法所得数额在 100 万元以上的；（2）2 年内 3 次以上利用未公开信息交易的；（3）明示、暗示 3 人以上从事相关交易活动的。同时，该解释第 6 条规定，利用未公开信息交易，违法所得数额在 50 万元以上，或者证券交易成交额在 500 万元以上，或者期货交易占用保证金数额在 100 万元以上，具有下列情形之一的，应当认定为《刑法》第 180 条第 4 款规定的"情节严重"：（1）以出售或者变相出售未公开信息等方式，明示、暗示他人从事相关交易活动的；（2）因证券、期货犯罪行为受过刑事追究的；（3）2 年内因证券、期货违法行为受过行政处罚的；（4）造成恶劣社会影响或者其他严重后果的。

关于本罪中"情节特别严重"的具体认定标准，《利用未公开信息交易案件解释》第 7 条规定，《刑法》第 180 条第 4 款规定的"依照第一款的规定处罚"，包括该条第 1 款关于"情节特别严重"的规定。利用未公开信息交易，违法所得数额在 1000 万元以上的，应当认定为"情节特别严重"。违法所得数额在 500 万元以上，或者证券交易成交额在 5000 万元以上，或者期货交易占用保证金数额在 1000 万元以上，具有本解释第 6 条规定的四种情形之一的，应当认定为"情节特别严重"。

四、注意事项

1. 关于"违反规定"的认定问题。实践中，如何正确理解和适用《刑法》第 180 条第 4 款中的"违反规定"，直接关乎罪与非罪的认定。从该条款的文字表述可以看出，立法使用的是"违反规定"，而不是"违反国家规定"，两者之间存在很大差异。根据《刑法》第 96 条的规定，"违反国家规定"是指违反全国人民代表大会及其常务委员会制定的法律和决定，国务院制定的行政法规、规定的行政措施、发布的决定和命令。另结合《最高人民法院关于准确理解和适用刑法中"国家规定"的有关问题的通知》可知，"违反国家规定"的适用范围较窄，而利用未公开信息交易罪中"违反规定"的适用范围则更为宽泛。《刑法》第 180 条第 4 款规定的"违反规定"，是指违反法律、行政法规、部门规章、全国性行业规范有关证券和期货未公开信息保护的规定，以及行为人所在的金融机构有关信息保密、禁止交易、禁止利益输送等的规定。因此，在具体办案实践中，行为人不能以自身行为未违反国家制定的法律、行政法规作为出罪的抗辩事由。事实上，只要其行为违反了部门规章、地方性法规、行业规范或者所在金融机构有关信息保密等的规定，就应当认定为本罪中的"违反规定"。

2. 关于"明示、暗示他人从事相关交易活动"的认定问题。对此，《利用未公开信息交易案件解释》第 4 条规定，《刑法》第 180 条第 4 款规定的行为人"明示、暗示他人从事相关交易活动"，应当综合以下方面进行认定：（1）行为人具有获取未公开信息的职务便利；（2）行为人获取未公开信息的初始时间与他人从事相关交易活动的初始时间具有关联性；（3）行为人与他人之间具有亲友关系、利益关联、交易终端关联等关联关系；（4）他人从事相关交易的证券、期货品种、交易时间与未公开信息所涉证券、期货品种、交易时间等方面基本一致；（5）他人从事的相关交易活动明显不具有符合交易习惯、专业判断等正当理由；（6）行为人对明示、暗示他人从事相关交易活动没有合理解释。司法实践中，在综合全案证据后，如果足以认定行为人明示、暗示他人从事相关交易活动的，即使行为人和被明示、暗示人拒不交代，也应当定罪处罚。需要补充说明的是，行为人明示、暗示他人从事相关交易活动，如果"他人"属于行为人的配偶、父母等特殊亲属，则行为人与"他人"系不可分割的利益共同体，可认定为共同犯罪。

3. 关于本罪的共犯认定问题。根据《刑法》第 180 条第 4 款的规定，本罪属于典型的身份犯，即主体限定为证券交易所、期货交易所、证券公司、期货经纪公司、基金管理公司、商业银行、保险公司等金融机构的从业人员以及有关监管部门或者行业协会的工作人员。换言之，行为人只有具备上述特定身份，才能成为本罪的适格主体，否则不构成本罪。需要说明的是，无身份者可以构成本罪的共犯。根据刑法理论，无身份者与有身份者能否成立共犯取决于两点：一是两者之间是否存在共同的犯罪故意；二是两者之间有无实施共同的犯罪行为。而且，当无身份者与有身份者成立共犯时，其犯罪的性质应当根据正犯的犯罪性质来确定；当具有不同身份的人分别利用自己职务上的便利共同犯罪时，应按主犯的犯罪性质来确定。

具体到本罪的共犯认定，包括以下两种情形：一是有身份者和有身份者合谋，共同实施了相关的交易行为，该种情形属于共同正犯，在认定时较为容易；二是有身份者和无身份者合谋，分别实施了明示、暗示行为和相关的交易行为。需要说明的是，对于第二种情形，由于存在有无身份和具体分工等问题，因此在认定共犯时会比较复杂。笔者认为，在第二种情形下，应当结合是否存在共同的犯罪故意和实施共同的犯罪行为进行判断，换言之，无身份者只有在与有身份者存在事前通谋的情况下，才有可能构成本罪的共犯。

五、风险提示

2009 年 2 月，全国人大常委会通过了《刑法修正案（七）》，对刑法中涉及贪污贿赂犯罪、破坏社会主义市场经济秩序犯罪、侵犯公民权利犯罪、妨害社会管理秩序犯罪、危害国防利益犯罪的一些条文作了修改，并增加了一些新的犯罪。其中，修改了第 180 条，增加了打击"老鼠仓"犯罪的刑法规定。所谓"老鼠仓"，是指证券投资从业人员利用因职务便利知悉的、除法定内幕信息之外的其他未公开信息，违规从事交易活动，牟取非法利益的行为。现实中，"老鼠仓"不仅严重破坏金融管理秩序，损害市场的公平、公正和公开，损害客户投资者的利益和金融行业信誉，也会严重损害从业人员所在单位的利益。从近年来查处"老鼠仓"案件的情况可知，这类案件的主要特征有：一是危害大，交易金额动辄数以亿计；二是窝案频发，或多人联手作案，或与一致行动人内外勾结；三是涉案人群范围大，遍布一线交易人员、中后台人员及证券投资机构管理人员；四是涉案领域广，从早期股票基金向商业保险、证券登记结算等其他机构蔓延；五是作案隐蔽性强，涉案人员大多具备较高的专业素质和信息优势，反侦查能力强，善于利用多个他人账户进行交易。

2024年4月，《国务院关于加强监管防范风险推动资本市场高质量发展的若干意见》发布，再次强调加强交易监管。同时，完善对异常交易、操纵市场的监管标准，集中整治私募基金领域突出风险隐患，严肃查处操纵市场恶意做空等违法违规行为，强化震慑警示。笔者认为，虽然从根本上铲除"老鼠仓"现象绝非易事，但我们可以通过多种举措加大对证券、期货市场的治理力度。具体而言，可以考虑采取以下防范、惩治措施：一是防止上市公司信息选择性披露；二是防止基金联手操纵市场；三是加大对内幕交易追责力度；四是严格控制基金经理炒股；五是完善基金治理平台；六是强化大数据技术运用，迫使"老鼠仓"无处遁形；七是加大打击力度，提高刑罚的震慑力；八是完善民事赔偿制度，多维打击"老鼠仓"。

六、参阅案例

最高人民法院指导案例61号：马乐利用未公开信息交易案。该案裁判要旨为：《刑法》第180条第4款规定的利用未公开信息交易罪援引法定刑的情形，应当是对第1款内幕交易、泄露内幕信息罪全部法定刑的引用，即利用未公开信息交易罪应有"情节严重""情节特别严重"两种情形和两个量刑档次。

七、关联规定

1.《中华人民共和国证券法》（2019年）第2条、第54条、第191条、第219条；

2.《公安部经济犯罪侦查局关于转证监会〈关于韩×等人涉嫌利用未公开信息交易案有关问题的认定函〉的通知》（2010年，公证券〔2010〕86号）；

3.《最高人民检察院、公安部关于公安机关管辖的刑事案件立案追诉标准的规定（二）》（2022年，公通字〔2022〕12号）第31条；

4.《最高人民法院、最高人民检察院关于办理利用未公开信息交易刑事案件适用法律若干问题的解释》（2019年，法释〔2019〕10号）第1条至第12条；

5.《最高人民法院、最高人民检察院、公安部、中国证券监督管理委员会关于办理证券期货违法犯罪案件工作若干问题的意见》（2024年，高检发办字〔2024〕105号）第1条至第31条。

操纵证券、期货市场罪

一、刑法规定

第一百八十二条：有下列情形之一，操纵证券、期货市场，影响证券、期货交易价格或者证券、期货交易量，情节严重的，处五年以下有期徒刑或者拘役，并处或者单处罚金；情节特别严重的，处五年以上十年以下有期徒刑，并处罚金：

（一）单独或者合谋，集中资金优势、持股或者持仓优势或者利用信息优势联合或者连续买卖的；

（二）与他人串通，以事先约定的时间、价格和方式相互进行证券、期货交易的；

（三）在自己实际控制的帐户之间进行证券交易，或者以自己为交易对象，自买自卖期货合约的；

（四）不以成交为目的，频繁或者大量申报买入、卖出证券、期货合约并撤销申报的；

（五）利用虚假或者不确定的重大信息，诱导投资者进行证券、期货交易的；

（六）对证券、证券发行人、期货交易标的公开作出评价、预测或者投资建议，同时进行反向证券交易或者相关期货交易的；

（七）以其他方法操纵证券、期货市场的。

单位犯前款罪的，对单位判处罚金，并对其直接负责的主管人员和其他直接责任人员，依照前款的规定处罚。

二、罪名解读

操纵证券、期货市场罪，是指违反证券、期货交易管理法规，以法律明令禁止的方式操纵证券、期货市场，影响证券、期货交易价格或者证券、期货交易量，情节严重的行为。本罪的具体构成要件如下所述：

（一）主体要件

本罪的主体是一般主体，自然人和单位均可构成本罪。

（二）客体要件

本罪侵犯的客体是国家对证券、期货市场的管理秩序和投资者的合法权益。

（三）主观要件

本罪的主观方面只能是故意，至于行为人是否具有获取不正当利益或者转嫁损失的目的，则在所不问。其中，对虚假申报操纵而言，还需"不以成交为目的"。

（四）客观要件

本罪的客观方面表现为行为人违反证券、期货交易管理法规，以法律明令禁止的方式操纵证券、期货市场，影响证券、期货交易价格或者证券、期货交易量，情节严重的行为。本罪的具体行为方式包括七个方面：（1）单独或者合谋，集中资金优势、持股或者持仓优势或者利用信息优势联合或者连续买卖，即"联合或连续交易操纵"；（2）与他人串通，以事先约定的时间、价格和方式相互进行证券、期货交易，即"约定交易操纵"；（3）在自己实际控制的账户之间进行证券交易，或者以自己为交易对象，自买自卖期货合约，即"自买自卖操纵"；（4）不以成交为目的，频繁或者大量申报买入、卖出证券、期货合约并撤销申报，即"虚假申报操纵"；（5）利用虚假或者不确定的重大信息，诱导投资者进行证券、期货交易，即"蛊惑交易操纵"；（6）对证券、证券发行人、期货交易标的公开作出评价、预测或者投资建议，同时进行反向证券交易或者相关期货交易，即"'抢帽子'交易操纵"；（7）以其他方法操纵证券、期货市场。实践中，行为人只要具有上述七种情形之一，即具备了本罪的行为要素。

这里的"单独或者合谋"，是指操纵证券、期货交易价格的行为人既可以是买方也可以是卖方，甚至既是买方又是卖方，可以是一个人所为也可以是多人所为。这里的"集中资金优势、持股或者持仓优势或者利用信息优势"，是指证券、期货的投资大户、会员单位等利用手中持有的大量资金、股票、期货合约或者利用了解某些内幕信息等优势，进行证券、期货交易。这里的"联合买卖"，是指行为人在一段时间内共同对某种股票或者期货合约进行买进或者卖出的行为。这里的"连续买卖"，是指行为人在短时间内对同一股票或者期货合约反复进行买进又卖出的行为。这里的"期货合约"，是指期货交易场所统一制定的、约定在将来某一特定的时间和地点交割一定数量标的物的标准化合约。

三、罪与非罪

根据刑法规定，行为人除了具有操纵证券、期货市场的行为且符合"影响证券、期货交易价格或者证券、期货交易量"的要求，还需要满足"情节严重"的法定标准，才构成本罪。需要说明的是，对于犯罪情节轻微的，可以依法不起诉或者免予刑事处罚。

关于本罪的刑事立案追诉标准，修订后的《立案追诉标准（二）》第34条规定，操纵证券、期货市场，影响证券、期货交易价格或者证券、期货交易量，涉嫌下列情形之一的，应予立案追诉：（1）持有或者实际控制证券的流通股份数量达到该证券的实际流通股份总量10%以上，实施《刑法》第182条第1款第1项操纵证券市场行为，连续10个交易日的累计成交量达到同期该证券总成交量20%以上的；（2）实施《刑法》第182条第1款第2项、第3项操纵证券市场行为，连续10个交易日的累计成交量达到同期该证券总成交量20%以上的；（3）利用虚假或者不确定的重大信息，诱导投资者进行证券交易，行为人进行相关证券交易的成交额在1000万元以上的；（4）对证券、证券发行人公开作出评价、预测或者投资建议，同时进行反向证券交易，证券交易成交额在1000万元以上的；（5）通过策划、实施资产收购或者重组、投资新业务、股权转让、上市公司收购等虚假重大事项，误导投资者作出投资决策，并进行相关交易或者谋取相关利益，证券交易成交额在1000万元以上的；（6）通过控制发行人、上市公司信息的生成或者控制信息披露的内容、时点、节奏，误导投资者作出投资决策，并进行相关交易或者谋取相关利益，证券交易成交额在1000万元以上的；（7）实施《刑法》第182条第1款第1项操纵期货市场行为，实际控制的账户合并持仓连续10个交易日的最高值超过期货交易所限仓标准的2倍，累计成交量达到同期该期货合约总成交量20%以上，且期货交易占用保证金数额在500万元以上的；（8）通过囤积现货，影响特定期货品种市场行情，并进行相关期货交易，实际控制的账户合并持仓连续10个交易日的最高值超过期货交易所限仓标准的2倍，累计成交量达到同期该期货合约总成交量20%以上，且期货交易占用保证金数额在500万元以上的；（9）实施《刑法》第182条第1款第2项、第3项操纵期货市场行为，实际控制的账户连续10个交易日的累计成交量达到同期该期货合约总成交量20%以上，且期货交易占用保证金数额在500万元以上的；（10）利用虚假或者不确定的重大信息，诱导投资者进行期货交易，行为人进行相关期货交易，实际控制的账户连续10个交易日的累计成交量达到同期该期货合约总成交量20%以上，且期货交易占用保证金数额在500万元以上的；（11）对期货交易标的公开作出评价、预测或者投资建议，同时进行相关期货交易，实际控制的账户连续10个交易日的累计成交量达到同期该期货合约总成交量的20%以上，且期货交易占用保证金数额在500万元以上的；（12）不以成交为目的，频繁或者大量申报买入、卖出证券、期货合约并撤销申报，当日累计撤回申报量达到同期该证券、期货合约总申报量50%以上，且证券撤回申报额在 1000 万元以上、撤回申报的期货合约占用保证金数额在 500 万元以上的；（13）实施操纵证券、期货市场行为，获利或者避免损失数额在 100 万元以上的。

操纵证券、期货市场，影响证券、期货交易价格或者证券、期货交易量，获利或者避免损失数额在 50 万元以上，同时涉嫌下列情形之一的，应予立案追诉：（1）发行人、上市公司及其董事、监事、高级管理人员、控股股东或者实际控制人实施操纵证券、期货市场行为的；（2）收购人、重大资产重组的交易对方及其董事、监事、高级管理人员、控股股东或者实际控制人实施操纵证券、期货市场行为的；（3）行为人明知操纵证券、期货市场行为被有关部门调查，仍继续实施的；（4）因操纵证券、期货市场行为受过刑事追究的；（5）2 年内因操纵证券、期货市场行为受过行政处罚的；（6）在市场出现重大异常波动等特定时段操纵证券、期货市场的；（7）造成其他严重后果的。对于在全国中小企业股份转让系统中实施操纵证券市场行为，社会危害性大，严重破坏公平公正的市场秩序的，比照本条的规定执行，但本条第 1 款第 1 项和第 2 项除外。

关于本罪中"情节严重"的具体认定标准，《最高人民法院、最高人民检察院关于办理操纵证券、期货市场刑事案件适用法律若干问题的解释》（以下简称《操纵证券、期货市场案件解释》）第 2 条规定，操纵证券、期货市场，具有下列情形之一的，应当认定为《刑法》第 182 条第 1 款规定的"情节严重"：（1）持有或者实际控制证券的流通股份数量达到该证券的实际流通股份总量 10% 以上，实施《刑法》第 182 条第 1 款第 1 项操纵证券市场行为，连续 10 个交易日的累计成交量达到同期该证券总成交量 20% 以上的；（2）实施《刑法》第 182 条第 1 款第 2 项、第 3 项操纵证券市场行为，连续 10 个交易日的累计成交量达到同期该证券总成交量 20% 以上的；（3）实施本解释第 1 条第 1 项至第 4 项操纵证券市场行为，证券交易成交额在 1000 万元以上的；（4）实施《刑法》第 182 条第 1 款第 1 项及本解释第 1 条第 6 项操纵期货市场行为，实际控制的账户合并持仓连续 10 个交易日的最高值超过期货交易所限仓标准的 2 倍，累计成交量达到同期该期货合约总成交量 20% 以上，且期货交易占用保证金数额在 500 万元以上的；（5）实施《刑法》第 182 条第 1 款第 2 项、第 3 项及本解释第 1 条第 1 项、第 2 项操纵期货市场行为，实际控制的账户连续 10 个交易日的累计成交量达到同期该期货合约总成交量 20% 以上，且期货交易占用保证金数额在 500 万元以上的；（6）实施本解释第 1 条第 5 项操纵证券、期货市场行为，当日累计撤回申报量达到同期该证券、期货合约总申报量 50% 以上，且证券撤回申报额在 1000 万元以上、撤回申报的期货合约占用保证金数额在 500 万元以上的；（7）实施操纵证券、期货市场行为，违法所得数额在 100 万元以上的。同时，该解释第 3 条规定，操纵证券、期货市场，违法所得数额在 50 万元以上，具有下列情形之一的，应当认定为《刑法》第 182 条第 1 款规定的"情节严重"：（1）发行人、上市公司及其董事、监事、高级管理人员、控股股东或者实际控制人实施操纵证券、期货市场行为的；（2）收购人、重大资产重组的交易对方及其董事、监事、高级管理人员、控股股东或者实际控制人实施操纵证券、期货市场行为的；（3）行为人明知操纵证券、期货市场行为被有关部门调查，仍继续实施的；（4）因操纵证券、期货市场行为受过刑事追究的；（5）2 年内因操纵证券、期货市场行为受过行政处罚的；（6）在市场出现重大异常波动等特定时段操纵证券、期货市场的；（7）造成恶劣社会影响或者其他严重后果的。

关于本罪中"情节特别严重"的具体认定标准，《操纵证券、期货市场案件解释》第 4 条规定，具有下列情形之一的，应当认定为《刑法》第 182 条第 1 款规定的"情节特别严重"：（1）持有或者实际控制证券的流通股份数量达到该证券的实际流通股份总量 10% 以上，实施《刑法》第 182 条第 1 款第 1 项操纵证券市场行为，连续 10 个交易日的累计成交量达到同期该证券总成交量 50% 以上的；（2）实施《刑法》第 182 条第 1 款第 2 项、第 3 项操纵证券市场行为，连续 10 个交易日的累计成交量达到同期该证券总成交量 50% 以上的；（3）实施本解释第 1 条第 1 项至第 4 项操纵证券市场行为，证券交易成交额在 5000 万元以上的；（4）实施《刑法》第 182 条第 1 款第 1 项及本解释第 1 条第 6 项操纵期货市场行为，实际控制的账户合并持仓连续 10 个交易日的最高值超过期货交易所限仓标准的 5 倍，累计成交量达到同期该期货合约总成交量 50% 以上，且期货交易占用保证金数额在 2500 万元以上的；（5）实施《刑法》第 182 条第 1 款第 2 项、第 3 项及本解释第 1 条第 1 项、第 2 项操纵期货市场行为，实际控制的账户连续 10 个交易日的累计成交量达到同期该期货合约总成交量 50% 以上，且期货交易占用保证金数额在 2500 万元以上的；（6）实施操纵证券、期货市场行为，违法所得数额在 1000 万元以上的。实施操纵证券、期货市场行为，违法所得数额在 500 万元以上，并具有本解释第 3 条规定的七种情形之一的，应当认定为"情节特别严重"。

值得注意的是，《操纵证券、期货市场案件解释》中所称"违法所得"，是指通过操纵证券、期货市场所获利益或者避免的损失；所称"连续 10 个交易日"，是指证券、期货市场开市交易的连续 10 个交易日，并非指行为人连续交易的 10 个交易日。

四、注意事项

1. 关于"自己实际控制的账户"的认定问题。对此，《操纵证券、期货市场案件解释》第 5 条规定，下列账户应当认定为《刑法》第 182 条中规定的"自己实际控制的账户"：（1）行为人以自己名义开户并使用的实名账户；（2）行为人向账户转入或者从账户转出资金，并承担实际损益的他人账户；（3）行为人通过第 1 项、第 2 项以外的方式管理、支配或者使用的他人账户；（4）行为人通过投资关系、协议等方式对账户内资产行使交易决策权的他人账户；（5）其他有证据证明行为人具有交易决策权的账户。有证据证明行为人对前款第 1 项至第 3 项账户内资产没有交易决策权的除外。

2. 关于"违法所得"的认定问题。根据《操纵证券、期货市场案件解释》的规定，所谓"违法所得"，是指通过操纵证券、期货市场所获利益或者避免的损失。实践中，对于行为人 2 次以上实施操纵证券、期货市场行为，依法应予行政处理或者刑事处理而未经处理的，相关交易数额或者违法所得数额累计计算。具体办案中，准确认定违法所得需要注意以下三个方面的问题：（1）操纵行为获利的本质是通过扭曲市场价格机制获取利益。应当将证券交易价量受到操纵行为影响的期间，作为违法所得计算的时间依据。操纵行为的终点原则上是操纵影响消除日，在交易型操纵中，如行为人被控制或账户被限制交易的，则应当以操纵行为终止日作为操纵行为的终点。（2）认定违法所得应当先确认操纵期间的交易价差、余券价值等获利，而后从中剔除正常交易成本。受其他市场因素影响产生的获利原则上不予扣除，配资利息、账户租借费等违法成本并非正常交易行为产生的必要费用，亦不应扣除。（3）以违法所得数额作为操纵证券市场犯罪情节严重程度的判断标准，是为了对行为人科处与其罪责相适应的刑罚，故应以操纵期间的不法获利作为犯罪情节的认定依据。对行为人追缴违法所得，是为了不让违法者从犯罪行为中获得收益，故应按照亏损产生的具体原因进行区分认定；行为人自身因素导致股票未能及时抛售的，按照操纵期间的获利金额进行追缴；侦查行为等客观因素导致股票未能及时抛售的，按照实际获利金额进行追缴。

3. 关于触犯本罪的刑事管辖问题。根据《最高人民法院、最高人民检察院、公安部、中国证券监督管理委员会关于办理证券期货违法犯罪案件工作若干问题的意见》（以下简称《证券期货违法犯罪案件意见》）的有关规定，证券期货犯罪的第一审案件由中级人民法院管辖，同级人民检察院负责提起公诉，地（市）级以上公安机关负责立案侦查。几个公安机关都有权管辖的证券期货犯罪案件，由最初受理的公安机关管辖，必要时可以移送主要犯罪地的公安机关管辖。如果由犯罪嫌疑人居住地的公安机关管辖更为适宜的，可以由犯罪嫌疑人居住地的公安机关管辖。居住地包括户籍所在地、经常居住地。单位登记的住所地为其居住地，主要营业地或者主要办事机构所在地与登记的住所地不一致的，主要营业地或者主要办事机构所在地为其居住地。

证券期货犯罪的犯罪地，包括以下八种情形：（1）证券期货账户及保证金账户开立地；（2）交易申报指令发出地、撮合成交地；（3）交易资金划转指令发出地；（4）交易证券期货品种挂牌上市的证券期货交易场所所在地、登记结算机构所在地；（5）交易指令、内幕信息的传出地、接收地；（6）隐瞒重要事实或者虚假的发行文件、财务会计报告等信息披露文件的虚假信息编制地、文件编写和申报地、注册审核地，不按规定披露信息的隐瞒行为发生地；（7）犯罪所得的实际取得地、藏匿地、转移地、使用地、销售地；（8）承担资产评估、会计、审计、法律服务、保荐等职责的中介组织提供中介服务所在地。

4. 关于本罪与内幕交易罪的区别问题。本罪与内幕交易罪的区别主要在于：一是有关"信息"特点有所不同。犯本罪所利用的信息，多是行为时已经公开的信息，但公开该信息前行为人就已经掌握、了解，并预先做了相关交易的准备。因此，行为人能在该信息公开后的第一时间进行交易，达到操纵证券、期货市场的目的。而内幕交易罪所利用的是内幕信息，即该信息尚未公开，行为人利用该信息优势来进行证券、期货合约交易，达到非法获利的目的。二是行为方式有所不同。犯本罪是利用信息优势，人为操纵市场导致证券、期货价格变化，再从中非法获利或者转嫁风险。而内幕交易罪是在内幕信息公开前，买进或者卖出有关证券、期货合约，不必再进行反向交易操作。需要注意的是，《刑法》第182条第1款第1项规定的本罪行为包含"利用信息优势联合或者连续买卖"。这里的"信息优势"中"信息"范围很广，包括特殊的且影响证券、期货交易价格的内幕信息。就法条关系而言，存在本罪与内幕交易罪的竞合。对行为人利用内幕信息，同时构成操纵证券、期货市场罪和内幕交易罪的，按照牵连犯处断原则从一重罪论处。

五、风险提示

1997年《刑法》首次规定了操纵证券市场罪。1999年，《刑法修正案》将操纵期货交易价格，情节严重的行为规定为犯罪。2006年，《刑法修正案（六）》删除了原条文中"获取不正当利益或者转嫁风险"的要件，同时将"操纵证券、期货交易价格"修改为"操纵证券、期货市场"。2020年，《刑法修正案（十一）》将"虚假申报操纵""蛊惑交易操纵""'抢帽子'交易操纵"等三种操纵证券、期货市场的行为明确规定为犯罪。2021年，中共中央办公厅、国务院办公厅印发的《关于依法从严打击证券违法活动的意见》提出了坚持"零容忍"工作原则，依法从严快从重查处欺诈发行、虚假陈述、操纵市场、内幕交易、利用未公开信息交易以及编造、传播虚假信息等重大违法案件。2022年，修订后的《立案追诉标准（二）》对该罪的追诉标准进行了修改，并与《操纵证券、期货市场案件解释》基本保持一致。2024年，《证券期货违法犯罪案件意见》再次强调坚持"零容忍"要求，坚持"严"的主基调，依法从重从快从严惩处各类重大证券期货违法犯罪案件。

根据《操纵证券、期货市场案件解释》和《证券期货违法犯罪案件意见》等规范性文件的要求和精神，对于操纵证券、期货市场的犯罪分子，如果积极配合调查、如实供述犯罪事实、主动退赃退赔、真诚认罪悔罪的，依法可以从宽处罚。但是，对于具有不如实供述罪行或者以各种方式阻碍办案工作，拒不退缴赃款赃物或者将赃款赃物用于非法活动，非法获利特别巨大，多次实施证券期货违法犯罪，造成上市公司退市、投资人遭受重大损失、可能引发金融风险、严重危害金融安全等恶劣社会影响或者严重危害后果的犯罪嫌疑人、被告人，一般不适用相对不起诉、免予刑事处罚和缓刑。特别是对于证券发行人、控股股东、实际控制人、董事、监事、高级管理人员、金融从业人员等实施证券期货违法犯罪的，应当依法从严惩处。实践中，司法机关会注重自由刑与财产刑、追缴违法所得并用，加大对证券期货犯罪分子的经济处罚和财产执行力度，还会根据犯罪情况和预防再犯罪的需要，依法提出从业禁止建议，作出从业禁止决定。

六、参阅案例

最高人民检察院指导性案例第39号：朱炜明操纵证券市场案。该案裁判要旨为：证券公司、证券咨询机构、专业中介机构及其工作人员违背从业禁止规定，买卖或者持有证券，并在对相关证券作出公开评价、预测或者投资建议后，通过预期的市场波动反向操作，谋取利益，情节严重的，以操纵证券市场罪追究其刑事责任。

七、关联规定

1.《中华人民共和国证券法》（2019年）第2条、第55条、第192条、第219条；

2.《中华人民共和国期货和衍生品法》（2022年）第2条、第3条、第6条、第12条、第125条、第153条；

3.《股票发行与交易管理暂行条例》（1993年）第2条、第74条、第78条；

4.《期货交易管理条例》（2017年）第2条、第3条、第39条、第70条、第79条、第81条；

5.《最高人民检察院、公安部关于公安机关管辖的刑事案件立案追诉标准的规定（二）》（2022年，公通字〔2022〕12号）第34条；

6.《最高人民法院、最高人民检察院关于办理操纵证券、期货市场刑事案件适用法律若干问题的解释》（2019年，法释〔2019〕9号）第1条至第11条；

7.《最高人民法院、最高人民检察院、公安部、中国证券监督管理委员会关于办理证券期货违法犯罪案件工作若干问题的意见》（2024年，高检发办字〔2024〕105号）第1条至第31条。

逃汇罪

一、刑法规定

第一百九十条：公司、企业或者其他单位，违反国家规定，擅自将外汇存放境外，或者将境内的外汇非法转移到境外，数额较大的，对单位判处逃汇数额百分之五以上百分之三十以下罚金，并对其直接负责的主管人员和其他直接责任人员，处五年以下有期徒刑或者拘役；数额巨大或者有其他严重情节的，对单位判处逃汇数额百分之五以上百分之三十以下罚金，并对其直接负责的主管人员和其他直接责任人员，处五年以上有期徒刑。

二、罪名解读

逃汇罪，是指公司、企业或者其他单位，违反国家规定，擅自将外汇存放境外，或者将境内的外汇非法转移到境外，数额较大的行为。本罪的具体构成要件如下所述：

（一）主体要件

本罪的主体是特殊主体，即只有公司、企业或其他单位才能构成本罪，既包括国有的公司、企业、事业单位和国家机关，也包括非国有的公司、企业。本罪属于单位犯罪，自然人不能成为本罪的主体。

（二）客体要件

本罪侵犯的客体是国家的外汇管理制度。我国的外汇管理制度分为经常项目外汇管理和资本项目外汇管理两大部分。所谓"经常项目"，是指国际收支中涉及货物、服务、收益及经常转移的交易项目等。所谓"资本项目"，是指国际收支中引起对外资产和负债水平发生变化的交易项目，包括资本转移、直接投资、证券投资、衍生产品及贷款等。

本罪的行为对象是外汇。所谓"外汇",是指下列以外币表示的可以被用作国际清偿的支付手段和资产:(1)外国货币,包括纸币、铸币;(2)外币支付凭证,包括票据、银行存款凭证、邮政储蓄银行凭证等;(3)外币有价证券,包括政府债券、公司债券、股票等;(4)特别提款权、欧洲货币单位;(5)其他外汇资产。

(三)主观要件

本罪的主观方面只能是故意,即行为人明知违反国家规定而故意将外汇存放境外,或者将境内的外汇非法转移到境外。实践中,只要行为人知道自己的行为违法即可,并不需要其了解关于逃汇的具体法律法规。至于是否有牟利目的,并不影响本罪的成立。

(四)客观要件

本罪的客观方面表现为违反国家规定,擅自将外汇存放境外,或者将境内的外汇非法转移到境外,数额较大的行为。本罪的具体行为方式有二:一是擅自将外汇存放境外,即将应调回国内的外汇不调回国内,而存放境外的行为;二是将境内的外汇非法转移到境外,即违反国家规定携带、邮寄、汇出外币、外币存款凭证等行为。

实践中,逃汇的具体手段包括但不限于:(1)违反国家规定,擅自将外汇存放在境外的;(2)不按照国家规定将外汇卖给外汇指定银行的;(3)违反国家规定将外汇汇出或者携带出境的;(4)未经外汇管理部门批准,擅自将外币存款凭证、外币有价证券携带或者邮寄出境的;(5)明知用于逃汇而提供人民币资金或者其他服务的;(6)以其他方式逃汇的。

三、罪与非罪

根据刑法规定,逃汇行为必须数额较大,才构成犯罪。对于未达到数额较大标准的,不能作为犯罪处理。但是,可以由外汇管理机关根据《外汇管理条例》的有关规定,责令行为人限期调回外汇,并处逃汇金额一定比例的罚款。

关于本罪的刑事立案追诉标准,修订后的《立案追诉标准(二)》第41条规定,公司、企业或者其他单位,违反国家规定,擅自将外汇存放境外,或者将境内的外汇非法转移到境外,单笔在200万美元以上或者累计数额在500万美元以上的,应予立案追诉。

四、注意事项

1.关于本罪主体的范围问题。根据《刑法》第190条的规定,本罪属于单位犯罪，其主体限于公司、企业或者其他单位，因此自然人不能成为本罪的适格主体。但是，对于自然人实施的逃汇行为，可以依照外汇管理法规给予相应的行政处罚。特别是对于个人携带大量外汇或者外币支付凭证等出境，逃避海关监管，构成走私等行为的，依照有关规定进行处理。实践中，正确认定本罪的主体需要注意以下三个问题：一是关于本罪中单位的范围。根据《刑法》第 30 条的规定，单位犯罪中的主体包括公司、企业、事业单位、机关、团体。这里的"公司、企业、事业单位"，既包括国有、集体所有的公司、企业、事业单位，也包括依法设立的合资经营、合作经营企业和具有法人资格的独资、私营等公司、企业、事业单位。二是关于"空壳公司"能否构成单位犯罪。实践中，行为人往往会利用注册"空壳公司"的方式逃汇，该种情况下，能否将涉案单位以本罪认定？对此，笔者认为，公司法人资格被否定并不影响刑法中单位犯罪的认定，因为在刑法上否认单位犯罪主体资格是为了避免自然人以单位的形式、名义实施犯罪逃避刑事责任。因此，在该种情况下，仍可依法追究"空壳公司"及其直接负责的主管人员、其他直接责任人员的逃汇罪刑事责任。三是自然人虽不能单独构成本罪，但可以成立共同犯罪。实践中，当自然人具有某种特定身份时，比如系从事对外贸易经营活动的公司、企业或者其他单位的工作人员，若其与逃汇的行为人互相通谋，并为逃汇的行为人提供便利的，则构成逃汇罪的共犯。

2. 关于本罪共犯的认定问题。根据《全国人民代表大会常务委员会关于惩治骗购外汇、逃汇和非法买卖外汇犯罪的决定》第 5 条的规定，海关、外汇管理部门以及金融机构、从事对外贸易经营活动的公司、企业或者其他单位的工作人员与逃汇的行为人通谋，为其提供购买外汇的有关凭证或者其他便利的，或者明知是伪造、变造的凭证和单据而售汇、付汇的，以逃汇罪的共犯论处，并从重处罚。这里的"从重处罚"，是指在《刑法》第 190 条规定的罚金幅度内和量刑幅度内从重处罚。此外，需要补充说明的是，非国有公司、企业或者其他单位，与国有公司、企业或者其他国有单位勾结逃汇的，以逃汇罪的共犯处罚。

3. 关于本罪与骗购外汇罪的区别问题。在外汇类犯罪活动中，往往会涉及走私、非法经营、洗钱、逃汇、骗购外汇等多个罪名的认定，比较复杂。正确认定本罪与骗购外汇罪，需要注意以下三个方面的问题：一是严格以犯罪构成要件为基础。本罪强调外汇非法外流，而外流的外汇可以是自身合法持有的外汇，也可以是以欺骗手段获取的外汇。后一种情形与骗购外汇有一定的重合。骗购外汇罪侧重于行为人不具有购买外汇的资格，而采取欺骗手段或使用虚假文件骗购外汇，但所购买的外汇不一定被以非法方式转移出境。因此，两罪在行为模式上存在交叉关系，但并不完全重合。二是关于择一重罪处罚。根据《最高人民法院关于审理骗购外汇、非法买卖外汇刑事案件具体应用法律若干问题的解释》的规定，在逃汇、骗购外汇犯罪活动中，实施本解释规定的行为，同时触犯两个以上罪名的，应当依据牵连犯原理，择一重罪从重处罚。三是关于常见行为的定性。实践中，若行为人将自有外汇非法转移至境外的，应认定为本罪；若行为人以虚假交易单证向银行购汇的，应认定为骗购外汇罪；若行为人以虚假交易单证骗取境内银行的外汇后，非法转移至境外，进而获取人民币定期存款利息与外汇贷款资金成本之间利差的，应择一重罪从重处罚。

五、风险提示

逃汇，是指违反规定将境内外汇转移至境外或者以欺骗手段将境内资本转移至境外等违法行为。逃汇行为会严重扰乱外汇市场健康秩序和国家经济金融安全。1988年，《全国人民代表大会常务委员会关于惩治走私罪的补充规定》就对逃汇罪作了明确规定，此时的犯罪主体被限定为"全民所有制、集体所有制企业事业单位、机关、团体"。1997年，在修订《刑法》时，将本罪的主体修改为"国有公司、企业或者其他国有单位"。1998年，《全国人民代表大会常务委员会关于惩治骗购外汇、逃汇和非法买卖外汇犯罪的决定》对本罪再次进行修改，并把犯罪主体由"国有公司、企业或者其他国有单位"扩大为"公司、企业或者其他单位"。由此可知，为了规制逃汇犯罪和维护外汇监管秩序，本罪名从走私罪中分离独立后至今，经历了2次修改完善。

当前，外汇违法犯罪呈现出以下新的趋势和特点：一是资金跨境转移更加隐蔽。地下钱庄非法买卖外汇更多采取跨境"对敲"模式，境内划转人民币，境外划转外汇，境内外资金独立循环，有意逃避监管视线。二是资金交易更加快速庞杂。银行卡、POS机、网络支付等支付结算工具便捷、高效，不法分子在全国范围内多个银行、多层账户间清洗、分散、聚合资金，虚拟货币等新型支付手段更是增强了资金划转的隐匿性。三是非法信息发布传播"社交媒体化"。社交网络、直播平台充斥着大量信息，境外网站、聊天软件提供了私密交流工具，不法分子通过公开和私密联络发布非法资金兑换招揽广告，对接非法交易，被打击封堵后，可在极短时间内更换网址卷土重来。

六、参阅案例

上海市高级人民法院发布的《上海法院服务保障中国（上海）自由贸易试验区建设典型案例（2013—2018）》之一：依法惩治逃汇犯罪，维护外汇管理制度——

波驷贸易（上海）有限公司、尼某、陈某逃汇案。该案裁判的社会意义为：本案系上海自贸试验区成立后首例涉外刑事案件，是较为典型、复杂的涉自贸试验区逃汇案件，从涉案金额、行为的客观方面、社会危害性程度等综合评判本案被告单位及被告人的行为是否构成逃汇罪，判决明确转口贸易项下收、付汇受我国外汇管理制度的规制，对打击部分犯罪分子利用境内外外汇管制差异实施犯罪行为具有重要作用，有效地维护了我国外汇管理制度及金融秩序的稳定健康发展。

七、关联规定

1.《全国人民代表大会常务委员会关于惩治骗购外汇、逃汇和非法买卖外汇犯罪的决定》（1998年）第5条、第8条；

2.《中华人民共和国外汇管理条例》（2008年）第2条、第3条、第4条、第39条、第40条、第52条；

3.《关于骗购外汇、非法套汇、逃汇、非法买卖外汇等违反外汇管理规定行为的行政处分或者纪律处分暂行规定》（2011年）第2条、第3条、第6条；

4. 最高人民法院、最高人民检察院、公安部《办理骗汇、逃汇犯罪案件联席会议纪要》（1999年，公通字〔1999〕39号）第2条、第3条、第4条；

5.《最高人民检察院、公安部关于公安机关管辖的刑事案件立案追诉标准的规定（二）》（2022年，公通字〔2022〕12号）第41条；

6.《最高人民法院关于审理骗购外汇、非法买卖外汇刑事案件具体应用法律若干问题的解释》（1998年，法释〔1998〕20号）第1条、第5条至第8条；

7.《最高人民检察院关于认真贯彻执行〈全国人民代表大会常务委员会关于惩治骗购外汇、逃汇和非法买卖外汇犯罪的决定〉的通知》（1999年，高检会〔1999〕3号）第1条至第4条。

洗钱罪

一、刑法规定

第一百九十一条：为掩饰、隐瞒毒品犯罪、黑社会性质的组织犯罪、恐怖活动犯罪、走私犯罪、贪污贿赂犯罪、破坏金融管理秩序犯罪、金融诈骗犯罪的所得及其产生的收益的来源和性质，有下列行为之一的，没收实施以上犯罪的所得及其产生的收益，处五年以下有期徒刑或者拘役，并处或者单处罚金；情节严重的，处五年以上十年以下有期徒刑，并处罚金：

（一）提供资金帐户的；

（二）将财产转换为现金、金融票据、有价证券的；

（三）通过转帐或者其他支付结算方式转移资金的；

（四）跨境转移资产的；

（五）以其他方法掩饰、隐瞒犯罪所得及其收益的来源和性质的。

单位犯前款罪的，对单位判处罚金，并对其直接负责的主管人员和其他直接责任人员，依照前款的规定处罚。

二、罪名解读

洗钱罪，是指为掩饰、隐瞒毒品犯罪、黑社会性质的组织犯罪、恐怖活动犯罪、走私犯罪、贪污贿赂犯罪、破坏金融管理秩序犯罪、金融诈骗犯罪的所得及其产生的收益的来源和性质的行为。本罪的具体构成要件如下所述：

（一）主体要件

本罪的主体是一般主体，包括自然人和单位。单位犯本罪的，对单位判处罚金，并对其直接负责的主管人员和其他直接责任人员，依照《刑法》第191条第1款的规定定罪处罚。换言之，单位实施洗钱犯罪的，依照《刑法》第191条规定的相应自然人犯罪的定罪量刑标准处理。

（二）客体要件

本罪侵犯的客体是国家金融管理秩序和司法机关的正常活动。本罪的行为对象限于《刑法》第191条规定的毒品犯罪、黑社会性质的组织犯罪、恐怖活动犯罪、走私犯罪、贪污贿赂犯罪、破坏金融管理秩序犯罪、金融诈骗犯罪等七类上游犯罪的违法所得及其产生的收益。值得注意的是，本罪中《刑法》条文的表述是"掩饰、隐瞒……来源和性质"，强调的是将赃钱"洗白"，即给上述七类上游犯罪的违法所得披上合法外衣，从而达到掩饰、隐瞒犯罪所得及其收益的来源和性质的目的。

这里的"毒品犯罪"，是指《刑法》分则第六章第七节规定的各种有关毒品的犯罪。这里的"黑社会性质的组织犯罪"，是指以黑社会性质的组织为主体所实施的各种犯罪。这里的"恐怖活动犯罪"，是指恐怖组织实施的各种犯罪。这里的"走私犯罪"，是指《刑法》分则第三章第二节规定的各种走私犯罪。这里的"贪污贿赂犯罪"，是指《刑法》分则第八章规定的各种贪污贿赂犯罪。这里的"破坏金融管理秩序犯罪"，是指《刑法》分则第三章第四节规定的各种破坏金融管理秩序犯罪。这里的"金融诈骗犯罪",是指《刑法》分则第三章第五节规定的各种金融诈骗犯罪。所谓"犯罪所得",是指他人通过犯罪活动直接获得的赃款、赃物。所谓"犯罪所得产生的收益",是指上游犯罪的行为人对犯罪所得进行处理后得到的孳息、收益。

(三)主观要件

本罪的主观方面为故意,包括直接故意和间接故意,即行为人明知是毒品犯罪、黑社会性质的组织犯罪、恐怖活动犯罪、走私犯罪、贪污贿赂犯罪、破坏金融管理秩序犯罪、金融诈骗犯罪的所得及其产生的收益,而仍实施洗钱行为。虽然《刑法修正案(十一)》取消了"明知"的表述,但并不意味着"明知"不再是本罪的主观要件。办案实践中,不管是"自洗钱"还是"他洗钱",都必须以主观明知为构成要件。需要说明的是,行为人洗钱的动机、目的如何,并不影响本罪的认定。

行为人主观上认识到是《刑法》第191条规定的上游犯罪的所得及其产生的收益,并实施该条第1款规定的洗钱行为的,可以认定其具有掩饰、隐瞒犯罪所得及其收益的来源和性质的目的,但有证据证明不是为掩饰、隐瞒犯罪所得及其收益的来源和性质的除外。

《最高人民法院、最高人民检察院关于办理洗钱刑事案件适用法律若干问题的解释》(以下简称《办理洗钱刑事案件解释》)第3条规定,认定"知道或者应当知道",应当根据行为人所接触、接收的信息,经手他人犯罪所得及其收益的情况,犯罪所得及其收益的种类、数额,犯罪所得及其收益的转移、转换方式,交易行为、资金账户等异常情况,结合行为人职业经历、与上游犯罪人员之间的关系以及其供述和辩解,同案人指证和证人证言等情况综合审查判断。有证据证明行为人确实不知道的除外。将《刑法》第191条规定的某一上游犯罪的犯罪所得及其收益,认作该条规定的上游犯罪范围内的其他犯罪所得及其收益的,不影响"知道或者应当知道"的认定。

(四)客观要件

本罪的客观方面表现为采取各种方法,掩饰、隐瞒毒品犯罪、黑社会性质的组织犯罪、恐怖活动犯罪、走私犯罪、贪污贿赂犯罪、破坏金融管理秩序犯罪、金融诈骗犯罪的所得及其产生的收益的来源和性质的行为。广义上的"洗钱",是一种将非法所得合法化的行为,主要指行为人将违法所得及其产生的收益,通过各种手段掩饰、隐瞒其来源和性质,使其在形式上合法化。而狭义上的"洗钱",则特指行为人隐瞒、掩饰犯罪所得及其非法收益的行为。

本罪中，洗钱的具体行为方式包括以下五种：一是提供资金账户，即行为人将自己合法拥有的账户提供给上述七类犯罪的犯罪分子，或者为犯罪分子在金融机构开立账户，让犯罪分子将犯罪所得及其产生的收益存入金融机构。二是将财产转换为现金、金融票据、有价证券，即行为人采取各种方法，将上述七类犯罪所得及其产生的收益通过交易等方式转化为现金、金融票据、有价证券。三是通过转账或者其他支付结算方式转移资金，即行为人将上述七类犯罪所得及其产生的收益，通过银行等金融机构或者非银行金融机构，从一个账户转移至另一个账户，使犯罪所得及其产生的收益混入合法收入。四是跨境转移资产，主要是行为人通过各种方式将上述七类犯罪所得资金汇往境外。五是以其他方法掩饰、隐瞒犯罪所得及其收益的来源和性质。

这里的"黑社会性质的组织犯罪的所得及其产生的收益"，是指黑社会性质组织及其成员实施相关犯罪的所得及其产生的收益，包括黑社会性质组织的形成、发展过程中，该组织及组织成员通过违法犯罪活动聚敛的全部财物、财产性权益及其孳息、收益。

关于"以其他方法掩饰、隐瞒犯罪所得及其收益的来源和性质"的认定，根据《办理洗钱刑事案件解释》第5条的规定，具体包括：（1）通过典当、租赁、买卖、投资、拍卖、购买金融产品等方式，转移、转换犯罪所得及其收益的；（2）通过与商场、饭店、娱乐场所等现金密集型场所的经营收入相混合的方式，转移、转换犯罪所得及其收益的；（3）通过虚构交易、虚设债权债务、虚假担保、虚报收入等方式，转移、转换犯罪所得及其收益的；（4）通过买卖彩票、奖券、储值卡、黄金等贵金属等方式，转换犯罪所得及其收益的；（5）通过赌博方式，将犯罪所得及其收益转换为赌博收益的；（6）通过"虚拟资产"交易、金融资产兑换方式，转移、转换犯罪所得及其收益的；（7）以其他方式转移、转换犯罪所得及其收益的。

三、罪与非罪

根据刑法规定，洗钱罪属于行为犯，只要行为人实施了《刑法》第191条所规定的五种行为之一，不论其犯罪目的是否达到，均成立犯罪既遂。实践中，对于行为人将上述七类犯罪所得及其产生的收益误认为合法所得，此种情形下，行为人没有犯罪故意，故不构成犯罪。对于情节显著轻微危害不大的，则不认为是犯罪；对于犯罪情节轻微的，可以依法不起诉或者免予刑事处罚。

关于本罪的刑事立案追诉标准，修订后的《立案追诉标准（二）》第43条规定，为掩饰、隐瞒毒品犯罪、黑社会性质的组织犯罪、恐怖活动犯罪、走私犯罪、贪污贿赂犯罪、破坏金融管理秩序犯罪、金融诈骗犯罪的所得及其产生的收益的来源和性质，涉嫌下列情形之一的，应予立案追诉：（1）提供资金账户的；（2）将财产转换为现金、金融票据、有价证券的；（3）通过转账或者其他支付结算方式转移资金的；（4）跨境转移资产的；（5）以其他方法掩饰、隐瞒犯罪所得及其收益的来源和性质的。

"情节严重"是本罪的加重处罚条件，一般指洗钱数额特别巨大、洗钱行为造成严重后果或者影响了对重大犯罪的侦破等情形。关于"情节严重"的具体认定标准，《办理洗钱刑事案件解释》第4条规定，洗钱数额在500万元以上的，且具有下列情形之一的，应当认定为《刑法》第191条规定的"情节严重"：（1）多次实施洗钱行为的；（2）拒不配合财物追缴，致使赃款赃物无法追缴的；（3）造成损失250万元以上的；（4）造成其他严重后果的。需要注意的是，2次以上实施洗钱犯罪行为，依法应予刑事处理而未经处理的，洗钱数额累计计算。

四、注意事项

1.关于行为人主观明知的认定问题。办案实践中，除非七类上游犯罪行为人与洗钱行为人为同一人，否则，仍然需要证明洗钱行为人明知实施掩饰、隐瞒的对象为七类上游犯罪所得及其产生的收益。在上游犯罪行为人与洗钱行为人为同一人的情况下，洗钱行为人当然明知掩饰、隐瞒的对象来源于七类上游犯罪，故不需要证明其实施洗钱犯罪的主观明知。对此，《最高人民法院、最高人民检察院、公安部关于办理洗钱刑事案件若干问题的意见》（以下简称《办理洗钱刑事案件意见》）第8条规定，主观上认识到是《刑法》第191条规定的上游犯罪的所得及其产生的收益，包括知道或者应当知道。其中，"知道"是指根据犯罪嫌疑人、被告人的供述及证人证言等证据，可以直接证明犯罪嫌疑人、被告人知悉、了解其所掩饰、隐瞒的是《刑法》第191条规定的上游犯罪的所得及其产生的收益；"应当知道"是指结合查证的主、客观证据，可以证明犯罪嫌疑人、被告人知悉、了解其所掩饰、隐瞒的是《刑法》第191条规定的上游犯罪的所得及其产生的收益。

司法实践中，认定主观认知，应当结合犯罪嫌疑人、被告人的身份背景、职业经历、认知能力及其所接触、接收的信息，与上游犯罪嫌疑人、被告人的亲属关系、上下级关系、交往情况、了解程度、信任程度，接触、接收他人犯罪所得及收益的情况，犯罪所得及其收益的种类、数额，犯罪所得及其收益的转换、转移方式，交易行为、资金账户的异常情况，以及犯罪嫌疑人、被告人的供述及证人证言等主、客观因素，进行综合分析判断。对于犯罪嫌疑人、被告人的供述和辩解，要结合全案证据进行审查判断。

值得注意的是，根据《办理洗钱刑事案件意见》的规定，主观上认识到是《刑法》第 191 条规定的上游犯罪的所得及其产生的收益，是指对上游犯罪客观事实的认识，而非对行为性质的认识。因此，行为人将某一上游犯罪的所得及其产生的收益认为是该条规定的其他上游犯罪的所得及其产生的收益的，并不影响主观认知的认定。

2. 关于"自洗钱"行为的评价问题。《刑法修正案（十一）》将"自洗钱"行为规定为洗钱罪予以打击。所谓"自洗钱"，是指行为人在实施上游犯罪之后，对犯罪所得及其产生的收益进行"清洗"以使之合法化的行为。所谓"他洗钱"，是指上游犯罪行为人将犯罪所得及其产生的收益，交给专门的洗钱行为人"清洗"以使之合法化的行为。与"他洗钱"相比，"自洗钱"行为人参与了上游犯罪与洗钱犯罪全过程。鉴于"自洗钱"具有一定的独立性，具备新的完整的犯罪构成要件，故应单独被评价为洗钱罪。对此，《办理洗钱刑事案件解释》第 1 条明确规定，为掩饰、隐瞒本人实施《刑法》第 191 条规定的上游犯罪的所得及其产生的收益的来源和性质，实施该条第 1 款规定的洗钱行为的，依照《刑法》第 191 条的规定定罪处罚。准确认定"自洗钱"犯罪，应坚持主客观相统一原则。《刑法》第 191 条规定的"为掩饰、隐瞒上游犯罪所得及其产生的收益的来源和性质"和"有下列行为之一"，都是构成洗钱（包括"自洗钱"）犯罪的必要要件，缺一不可。上游犯罪行为人取得或控制犯罪所得后，再实施转账等处置犯罪所得及其收益的行为，并非都是洗钱，司法机关除审查客观行为外，还需审查其主观上是否具有掩饰、隐瞒犯罪所得及其产生的收益的来源和性质的故意。

司法实践中，准确评价"自洗钱"行为，需要注意掌握以下三个原则：一是主客观相一致原则。认定"自洗钱"犯罪，行为人必须具有洗钱的故意和洗钱的行为，否则不构成犯罪。对于上游犯罪的自然延伸行为，不属于单独的洗钱行为，不具有刑事可罚性，不能认定为洗钱罪。二是禁止重复评价原则。对同一犯罪构成事实不能在同一层面作重复评价。对属于上游犯罪行为的一部分或者与上游犯罪行为存在交叉的洗钱行为，不能作重复评价。三是罪责刑相适应原则。对"自洗钱"行为定罪处罚，不仅要考虑"自洗钱"行为是否构成犯罪，也要考虑数罪并罚所判处的刑罚是否符合罪责刑相适应原则，还要考虑洗钱刑事案件对刑法体系、司法实践产生的影响和效果。

3. 关于上游犯罪对本罪认定的影响问题。根据刑法规定，洗钱罪来源于七类上游犯罪，可以说没有上游犯罪，就没有洗钱罪。这里的"上游犯罪"，是指《刑法》

第191条规定的毒品犯罪、黑社会性质的组织犯罪、恐怖活动犯罪、走私犯罪、贪污贿赂犯罪、破坏金融管理秩序犯罪、金融诈骗犯罪。洗钱罪的认定，应当以上游犯罪事实成立为前提，但上游犯罪是否既遂，不影响洗钱罪的认定。根据《办理洗钱刑事案件解释》第7条的规定，有下列情形的，不影响洗钱罪的认定：（1）上游犯罪尚未依法裁判，但有证据证明确实存在的；（2）有证据证明上游犯罪确实存在，因行为人逃匿未到案的；（3）有证据证明上游犯罪确实存在，因行为人死亡等依法不予追究刑事责任的；（4）有证据证明上游犯罪确实存在，但同时构成其他犯罪而以其他罪名定罪处罚的。

办案实践中，区分上游共同犯罪共犯与洗钱罪的关键在于，洗钱行为人与上游犯罪行为人是否通谋。上游犯罪行为人在逃的，如果能够认定洗钱行为人与其事先确有共谋的，则认定洗钱行为人为上游犯罪的共犯，并根据洗钱行为人在共同犯罪中的地位、作用作出判决；如果根据现有的证据难以判定洗钱行为人与上游犯罪行为人存在共谋，但其实施洗钱行为的证据确实、充分的，应当就轻认定洗钱行为人为洗钱罪。需要说明的是，在非法集资等犯罪持续期间帮助转移犯罪所得及其收益的行为，可以构成洗钱罪。非法集资等犯罪存在较长期的持续状态，在犯罪持续期间帮助犯罪分子转移犯罪所得及其收益，符合《刑法》第191条规定的，应当认定为洗钱罪。上游犯罪是否结束，并不影响洗钱罪的构成，洗钱行为在上游犯罪实施终了前着手实施的，也可以认定为洗钱罪。

4.关于本罪与其他相关犯罪的认定问题。实践中，区分洗钱犯罪与其他相关犯罪，准确适用罪名，需要注意以下四点：一是对不构成上游犯罪共犯但符合洗钱罪构成的，以洗钱罪追究刑事责任。二是对以提供资金账户、转账、汇款等方式，掩饰、隐瞒上游犯罪所得及其产生的收益来源、性质的，准确区分洗钱罪与上游犯罪共犯。洗钱罪规定的处罚较重的，以洗钱罪追究刑事责任。三是掩饰、隐瞒《刑法》第191条规定的上游犯罪的犯罪所得及其产生的收益，构成《刑法》第191条规定的洗钱罪，同时又构成《刑法》第312条规定的掩饰、隐瞒犯罪所得、犯罪所得收益罪的，依照《刑法》第191条的规定定罪处罚。四是实施《刑法》第191条规定的洗钱行为，构成洗钱罪，同时构成《刑法》第349条、第225条、第177条之一或者第120条之一规定的犯罪的，依照处罚较重的规定定罪处罚。五是具有《刑法》第191条规定的上游犯罪的犯罪事实，又具有为其他不是同一事实的上游犯罪洗钱的犯罪事实的，分别以上游犯罪、洗钱罪定罪处罚，依法实行数罪并罚。

5.关于本罪与关联罪名的界限问题。我国刑法意义上的洗钱犯罪涉及洗钱罪、掩饰、隐瞒犯罪所得、犯罪所得收益罪以及窝藏、转移、隐瞒毒品、毒赃罪等三个罪名。洗钱罪与掩饰、隐瞒犯罪所得、犯罪所得收益罪是刑法特别规定与一般规定的关系。掩饰、隐瞒犯罪所得、犯罪所得收益罪包含传统的窝藏犯罪和普通的洗钱犯罪，而洗钱罪是针对为毒品犯罪、黑社会性质的组织犯罪、恐怖活动犯罪、走私犯罪、贪污贿赂犯罪、破坏金融管理秩序犯罪、金融诈骗犯罪等严重犯罪洗钱行为所作的特别规定。如果行为人的行为同时符合两罪规定的，依法优先适用洗钱罪的特别规定进行定罪处罚。

司法实践中，上述三罪名的主要区别有三：一是犯罪客体有所区别。洗钱罪侵犯的客体包括国家的金融管理秩序以及司法机关的正常活动；掩饰、隐瞒犯罪所得、犯罪所得收益罪侵犯的客体主要是司法机关追诉犯罪的司法活动以及上游犯罪中被害人对财物的合法权益；窝藏、转移、隐瞒毒品、毒赃罪侵犯的客体主要是国家对毒品的管制和司法机关的正常活动。二是犯罪对象存在差异。洗钱罪的犯罪对象限于《刑法》第191条规定的毒品犯罪等七类上游犯罪的违法所得及其产生的收益；掩饰、隐瞒犯罪所得、犯罪所得收益罪的犯罪对象包括所有犯罪行为的违法所得及其产生的收益；窝藏、转移、隐瞒毒品、毒赃罪的犯罪对象仅限于毒品犯罪中的违法所得。三是行为方式有所不同。洗钱罪和掩饰、隐瞒犯罪所得、犯罪所得收益罪的行为方式均是"掩饰、隐瞒"，但洗钱罪的表述是"掩饰、隐瞒……来源和性质"，掩饰、隐瞒犯罪所得、犯罪所得收益罪的表述是"掩饰、隐瞒"，窝藏、转移、隐瞒毒品、毒赃罪的表述是"窝藏、转移、隐瞒"。三者在文字表述上的差异表明：洗钱罪强调的是将赃钱"洗白"，即给七类上游犯罪的违法所得及其产生的收益披上合法外衣，从而达到掩饰、隐瞒犯罪所得及其收益的来源和性质的目的；掩饰、隐瞒犯罪所得、犯罪所得收益罪的行为方式不仅包括掩饰、隐瞒犯罪所得及其收益的来源和性质，还包括掩饰、隐瞒犯罪所得及其收益的物理位置等其他情形；窝藏、转移、隐瞒毒品、毒赃罪的行为方式则仅限于法条明确列举的窝藏、转移、隐瞒三种，且对象特定。由此可见，洗钱罪中行为人的洗钱行为虽也针对赃物，但关注的是对犯罪所得及其收益的性质和来源的掩饰，而后两罪指向的对象更侧重于赃物本身，只是窝藏、转移、隐瞒毒品、毒赃罪的对象更加特定。因此，三罪之间存在一定的竞合关系，即便上游犯罪属于洗钱罪规定的七类上游犯罪之一，但如果不涉及掩饰、隐瞒犯罪所得及其收益来源和性质的，则按照罪刑法定原则的要求和立法本意，应认定为其他两罪，而非洗钱罪。

五、风险提示

"洗钱"是一种严重的经济犯罪行为，不仅破坏市场经济有序竞争，损害金融机构的声誉，影响金融机构的正常运行，威胁金融体系的安全稳定，而且与贩毒、走私、恐怖活动、贪污腐败和偷税漏税等严重刑事犯罪相联系，已对一个国家的政治稳定、社会安定、经济安全以及国际政治经济体系的安全构成严重威胁。1997年《刑法》对洗钱罪作出了规定，《刑法修正案（三）》《刑法修正案（六）》先后对洗钱罪进行了修改完善。而且，我国还专门制定了《反洗钱法》，旨在预防和遏制洗钱、恐怖主义融资及相关违法犯罪活动，维护国家安全和金融秩序。为适应形势发展和回应实践需要，《刑法修正案（十一）》修改了《刑法》第191条关于洗钱罪的罪状描述，将实施一些严重犯罪后的"自洗钱"明确为犯罪，删除了"明知""协助"的表述。同时，完善了洗钱行为方式，增加地下钱庄通过"支付"结算方式洗钱等。此外，还规定单位犯罪按照自然人犯罪进行处罚，加大对单位犯罪的处理力度，并将比例罚金刑修改为无限额罚金刑。作出上述修改后，我国《刑法》第191条、第312条等规定的洗钱犯罪的上游犯罪包含所有犯罪，对"自洗钱"行为也可单独定罪，为国家有关部门有效预防、惩治洗钱违法犯罪以及境外追逃追赃提供了充足的法律保障。

《刑法修正案（十一）》颁布实施后，行为人实施《刑法》第191条规定的毒品犯罪等七类上游犯罪后，如果再实施"自洗钱"行为，则依法应当数罪并罚。根据《办理洗钱刑事案件意见》的有关规定，地下钱庄实施洗钱犯罪或者金融机构及其从业人员实施洗钱犯罪的，可以依法从重处罚。单位实施洗钱犯罪行为的，与自然人犯罪的定罪量刑标准相同，对单位判处罚金，并依法对其直接负责的主管人员和其他直接责任人员定罪处罚。需要说明的是，在具体办案过程中，要从严掌握洗钱犯罪的缓刑适用。是否适用缓刑，应当综合考虑犯罪情节、悔罪表现、再犯罪的危险以及宣告缓刑对所居住社区的影响，依法作出决定。对于地下钱庄犯罪分子，以洗钱为业，多次实施洗钱行为，或者拒不交代涉案资金去向的，一般不适用缓刑。此外，各级司法机关还要依法用足用好财产刑，从经济上最大限度制裁洗钱犯罪分子。对洗钱犯罪判处罚金，应当根据被告人的犯罪情节，在法律规定的数额幅度内决定罚金数额，充分体现从重处罚的政策精神。同时，根据《办理洗钱刑事案件解释》的有关规定，犯洗钱罪，判处5年以下有期徒刑或者拘役，并处或者单处罚金，判处1万元以上罚金；判处5年以上10年以下有期徒刑的，并处20万元以上罚金。

六、参阅案例

人民法院案例库参考案例：古某某贩卖、运输毒品、洗钱案（入库编号2023-

04-1-356-012）。该案裁判要旨为：《刑法修正案（十一）》将"自洗钱"行为独立入罪，其法益应理解为金融管理秩序与上游犯罪的保护法益。在"自洗钱"的认定中：其一，以是否"掩饰、隐瞒上游犯罪所得及其产生的收益"来判断是否属于洗钱行为。其二，上游犯罪行为人使用他人账户获取违法所得的，可以通过账户的实际控制人及二者间的财物关联性区分"自洗钱"与"他洗钱"。其三，为避免洗钱罪重复评价上游犯罪构成要件，利用他人提供的账户接收上游犯罪所得的，在以财物交付、取得为既遂要件的犯罪中一般不再评价洗钱行为。其四，"自洗钱"行为与刑法特别规定存在竞合的，应择一重罪定罪处罚。其五，上游犯罪行为人与他人在事前进行洗钱合谋的，应以他人是否实质影响洗钱行为的计划制定区分上游犯罪与"自洗钱"的共犯。

七、关联规定

1.《中华人民共和国反洗钱法》（2024年）第2条、第52条至第56条、第62条至第64条；

2.《最高人民检察院、公安部关于公安机关管辖的刑事案件立案追诉标准的规定（二）》（2022年，公通字〔2022〕12号）第43条；

3.《最高人民法院关于审理骗购外汇、非法买卖外汇刑事案件具体应用法律若干问题的解释》（1998年，法释〔1998〕20号）第1条、第5条、第6条、第7条、第8条；

4.《最高人民检察院关于充分发挥检察职能服务保障"六稳""六保"的意见》（2020年，高检发〔2020〕10号）第5条、第9条；

5.《最高人民法院、最高人民检察院、公安部关于办理洗钱刑事案件若干问题的意见》（2020年，法发〔2020〕41号）第4条至第17条；

6.《最高人民法院、最高人民检察院关于办理洗钱刑事案件适用法律若干问题的解释》（2024年，法释〔2024〕10号）第1条至第13条。

第五章 金融诈骗类犯罪

集资诈骗罪

一、刑法规定

第一百九十二条：以非法占有为目的，使用诈骗方法非法集资，数额较大的，处三年以上七年以下有期徒刑，并处罚金；数额巨大或者有其他严重情节的，处七年以上有期徒刑或者无期徒刑，并处罚金或者没收财产。

单位犯前款罪的，对单位判处罚金，并对其直接负责的主管人员和其他直接责任人员，依照前款的规定处罚。

二、罪名解读

集资诈骗罪，是指以非法占有为目的，使用诈骗方法非法集资，骗取集资款数额较大的行为。本罪的具体构成要件如下所述：

（一）主体要件

本罪的主体为一般主体，既可以是自然人，也可以是单位。

（二）客体要件

本罪侵犯的客体是国家的金融管理秩序和公私财产的所有权。该类犯罪活动严重损害了社会公众的财产利益，扰乱了国家的金融管理秩序，极易引发群体性事件，进而影响社会的和谐稳定。本罪的行为对象既包括金钱，也包括金钱以外的其他财产。

（三）主观要件

本罪的主观方面只能是直接故意，并且具有非法占有集资款的犯罪目的。间接故意和过失不构成本罪。非法占有目的是成立集资诈骗罪的法定要件，也是区分集资诈骗罪与其他非法集资类犯罪的关键所在，还是司法实践中认定的难点。

对此，《非法集资解释》第7条第2款规定，使用诈骗方法非法集资，具有下列情形之一的，可以认定为"以非法占有为目的"：（1）集资后不用于生产经营活动或者用于生产经营活动与筹集资金规模明显不成比例，致使集资款不能返还的；

（2）肆意挥霍集资款，致使集资款不能返还的；（3）携带集资款逃匿的；（4）将集资款用于违法犯罪活动的；（5）抽逃、转移资金、隐匿财产，逃避返还资金的；（6）隐匿、销毁账目，或者搞假破产、假倒闭，逃避返还资金的；（7）拒不交代资金去向，逃避返还资金的；（8）其他可以认定非法占有目的的情形。本罪中的非法占有目的，应当区分情形进行具体认定。行为人部分非法集资行为具有非法占有目的的，对该部分非法集资行为所涉集资款以集资诈骗罪定罪处罚；非法集资共同犯罪中部分行为人具有非法占有目的的，其他行为人没有非法占有集资款的共同故意和行为的，对具有非法占有目的的行为人以集资诈骗罪定罪处罚。

（四）客观要件

本罪的客观方面表现为行为人实施了使用诈骗方法非法集资的行为，且达到了数额较大的标准。这里的"使用诈骗方法"，是指行为人以非法占有为目的，通过编造谎言、捏造或者隐瞒事实真相等欺骗的方法，骗取他人资金的行为。这里的"非法集资"，是指未经国务院金融管理部门依法许可或者违反国家金融管理规定，以许诺还本付息或者给予其他投资回报等方式，向不特定对象吸收资金的行为。

三、罪与非罪

集资诈骗的行为，必须达到法定的"数额较大"标准，才能构成本罪。实践中，非法集资诈骗数额不大的，属于一般违法行为，可以由有关部门给予行政处罚。依照《非法集资解释》第8条的规定，集资诈骗数额在10万元以上的，应当认定为"数额较大"；数额在100万元以上的，应当认定为"数额巨大"。集资诈骗数额在50万元以上，同时具有本解释第3条第2款第3项情节的，应当认定为《刑法》第192条规定的"其他严重情节"。

司法实践中，非法集资行为也可能表现为，行为人为了获得集资款而有意夸大集资回报的条件，有的则会在集资后因经营管理不善或者其他因素而亏损，导致无力偿还集资本息并引起债务纠纷，但不能以犯罪论处。笔者认为，可以根据集资后的资金使用方式及去向综合考察行为人是否具有非法占有的目的。如果集资后携款潜逃、用于个人挥霍等，则可以认定行为人具有非法占有的目的。如果行为人将集资款用于发展生产、从事经商贸易，因经营不善而亏损，无力偿还，则不能据此简单地认为行为人具有非法占有的目的。

关于本罪的刑事立案追诉标准，修订后的《立案追诉标准（二）》第44条规定，以非法占有为目的，使用诈骗方法非法集资，数额在10万元以上的，应予立案追诉。修订后的《立案追诉标准（二）》第44条的规定与《非法集资解释》第8

条的规定保持一致，而且立案追诉标准也不再区分单位和个人。

四、注意事项

1. 关于犯罪数额的认定问题。对此，《非法集资解释》第 8 条第 3 款规定，集资诈骗的数额以行为人实际骗取的数额计算，在案发前已归还的数额应予扣除。行为人为实施集资诈骗活动而支付的广告费、中介费、手续费、回扣，或者用于行贿、赠与等费用，不予扣除。行为人为实施集资诈骗活动而支付的利息，除本金未归还可予折抵本金以外，应当计入诈骗数额。由此可知，认定本罪的犯罪数额时，以行为人实际骗取的数额计算，而且应扣除在案发前已经归还的数额，这与非法吸收公众存款罪以行为人所吸收的资金全额计算犯罪数额是有很大区别的，有关此点，应引起关注。换言之，本罪在认定犯罪数额时，需要扣除在案发前已经归还的数额，而非法吸收公众存款罪在认定犯罪数额时，即便是在案发前已经归还的数额也不应扣除。

2. 关于犯罪目的发生转变的时间节点问题。司法实践中，犯罪嫌疑人在初始阶段仅具有非法吸收公众存款的故意，并不具有非法占有目的，但在发生经营失败、资金链断裂等问题后，明知自身没有归还能力仍然继续吸收公众存款的，这一时间节点之后的行为应当认定为集资诈骗罪，在此之前的行为仍应认定为非法吸收公众存款罪。

3. 关于犯罪目的的差异性问题。司法实践中，在共同犯罪或单位犯罪中，各犯罪嫌疑人由于层级、职责分工、获取收益方式、对全部犯罪事实的知情程度等不同，其犯罪目的也存在不同。在非法集资犯罪中，有的犯罪嫌疑人具有非法占有的目的，有的则不具有非法占有目的，对此，应当分别认定为集资诈骗罪和非法吸收公众存款罪。

4. 关于单位犯罪与自然人犯罪的认定问题。对此，《最高人民法院、最高人民检察院、公安部关于办理非法集资刑事案件若干问题的意见》第 2 条规定，单位实施非法集资犯罪活动，全部或者大部分违法所得归单位所有的，应当认定为单位犯罪。个人为进行非法集资犯罪活动而设立的单位实施犯罪的，或者单位设立后，以实施非法集资犯罪活动为主要活动的，不以单位犯罪论处，对单位中组织、策划、实施非法集资犯罪活动的人员应当以自然人犯罪依法追究刑事责任。判断单位是否以实施非法集资犯罪活动为主要活动，应当根据单位实施非法集资的次数、频度、持续时间、资金规模、资金流向、投入人力物力情况、单位进行正当经营的状况以及犯罪活动的影响、后果等因素综合考虑认定。此外，需要说明的是，两个以上单位共同故意实施犯罪时，应当根据各单位在共同犯罪中的地位、作用大小，确定犯罪单位的主从犯。

五、风险提示

为了严惩集资诈骗犯罪和维护社会稳定，《刑法修正案（十一）》对集资诈骗罪进行了调整和修改，具体体现在两个方面：一是将原来的三档刑罚修改为两档，提高了本罪刑罚的严厉程度，同时将罚金刑由原来的限额罚金数额修改为无限罚金数额。二是增加了一款作为第 2 款，对本条单位犯罪的内容作出专门规定，对单位犯罪中直接负责的主管人员和其他直接责任人员实行与自然人犯罪"同罪同罚"，实现了本罪犯罪主体在量刑处罚上的一致性。同时，需要说明的是，本罪修改后的第二档刑罚为"七年以上有期徒刑或者无期徒刑"，这与其他金融诈骗犯罪的法定刑规定相比，刑罚跨度较大，因此不仅要根据具体情况确定刑罚，还要注重把握同类案件的量刑平衡。

鉴于非法集资犯罪活动的复杂性，为便于实践把握，《非法集资解释》第 1 条对"非法集资"概念的特征要件予以细化，明确成立非法集资需同时具备"非法性""公开性""利诱性""社会性"四个方面的特征。准确理解该四个特征要件，需要把握以下内容：（1）非法性特征，是指违反国家金融管理法律规定吸收资金，具体可表现为未经有关部门依法许可吸收资金和借用合法经营的形式吸收资金两种。司法机关认定非法集资的"非法性"，应当以国家金融管理法律法规作为依据。（2）公开性特征，是指通过网络、媒体、推介会、传单、手机信息等途径向社会公开宣传。（3）利诱性特征，是指集资人向集资对象承诺在一定期限内以货币、实物、股权等方式还本付息或者给付回报。利诱性特征包含有偿性和承诺两个方面的内容。（4）社会性特征，是指向社会公众即社会不特定对象吸收资金。社会性是非法集资的本质特征，立法禁止非法集资犯罪的重要目的在于保护广大社会公众投资者的财产利益。社会性特征应包括两个层面的内容：一是指向对象的广泛性；二是指向对象的不特定性。

实践中，需要把握本罪与相关诈骗犯罪的区别。金融诈骗属于诈骗犯罪的一种，而集资诈骗罪又属于金融诈骗犯罪的一种，因此两者存在种属关系。现实中，符合集资诈骗罪构成要件的，也符合一般诈骗罪的犯罪构成要件，二者属于法条竞合，应当适用特别法优于一般法原则进行处理。虽然集资诈骗犯罪客观上也实施了以虚构事实、隐瞒真相的方法骗取他人财物的行为，但由于采取的是非法集资的特定手段，且针对的是社会不特定对象，因此还侵犯了国家的金融管理秩序，故应当以集资诈骗罪定罪处罚。此外，需要说明的是，明知他人从事集资诈骗犯罪活动，而为其提供广告等宣传的，应当以集资诈骗罪的共犯论处。

六、参阅案例

《最高人民法院公报》（2009年第10期）案例：许官成、许冠卿、马茹梅集资诈骗案。该案裁判要旨为：行为人以非法占有为目的，虚构集资用途、使用虚假的证明文件，以高回报率为诱饵，未经有权机关批准，向社会公众非法募集资金，骗取集资款的行为，构成《刑法》第192条规定的集资诈骗罪。在认定行为人是否具有非法占有目的时，应当坚持主客观相统一的标准，既要避免单纯根据损失结果客观归罪，也不能仅凭被告人自己的供述，应当根据案件具体情况全面分析行为人无法偿还集资款的原因。若行为人没有进行实体经营或实体经营的比例极小，根本无法通过正常经营偿还前期非法募集的本金及约定利息，将募集的款项隐匿、挥霍的，应当认定行为人具有非法占有的目的。

七、关联规定

1.《最高人民法院、最高人民检察院、公安部、中国证券监督管理委员会关于整治非法证券活动有关问题的通知》（2008年，证监发〔2008〕1号）第2条第2项、第6项；

2.《最高人民检察院、公安部关于公安机关管辖的刑事案件立案追诉标准的规定（二）》（2022年，公通字〔2022〕12号）第44条；

3.《全国法院审理金融犯罪案件工作座谈会纪要》（2001年，法〔2001〕8号）第2条第3款第1项、第3项、第4项；

4.《最高人民法院关于依法严厉打击集资诈骗和非法吸收公众存款犯罪活动的通知》（2004年，法〔2004〕240号）第1条、第2条、第3条、第4条；

5.《最高人民法院关于非法集资刑事案件性质认定问题的通知》（2011年，法〔2011〕262号）第1条、第2条、第3条、第4条；

6.《最高人民法院、最高人民检察院、公安部关于办理非法集资刑事案件适用法律若干问题的意见》（2014年，公通字〔2014〕16号）第1条、第2条、第3条、第4条、第5条、第6条、第7条、第8条；

7.《最高人民检察院关于办理涉互联网金融犯罪案件有关问题座谈会纪要》（2017年，高检诉〔2017〕14号）第14条、第15条、第16条、第17条；

8.《最高人民法院、最高人民检察院、公安部关于办理非法集资刑事案件若干问题的意见》（2019年，高检会〔2019〕2号）第1条、第2条、第3条、第4条、

第 5 条、第 6 条、第 7 条、第 8 条、第 9 条、第 10 条、第 11 条、第 12 条；

9.《最高人民法院、最高人民检察院关于常见犯罪的量刑指导意见（试行）》（2021 年，法发〔2021〕21 号）第 4 条第 4 项；

10.《最高人民法院关于审理非法集资刑事案件具体应用法律若干问题的解释》（2022 年，法释〔2022〕5 号）第 1 条、第 2 条、第 7 条、第 8 条、第 9 条、第 12 条、第 14 条。

贷款诈骗罪

一、刑法规定

第一百九十三条：有下列情形之一，以非法占有为目的，诈骗银行或者其他金融机构的贷款，数额较大的，处五年以下有期徒刑或者拘役，并处二万元以上二十万元以下罚金；数额巨大或者有其他严重情节的，处五年以上十年以下有期徒刑，并处五万元以上五十万元以下罚金；数额特别巨大或者有其他特别严重情节的，处十年以上有期徒刑或者无期徒刑，并处五万元以上五十万元以下罚金或者没收财产：

（一）编造引进资金、项目等虚假理由的；

（二）使用虚假的经济合同的；

（三）使用虚假的证明文件的；

（四）使用虚假的产权证明作担保或者超出抵押物价值重复担保的；

（五）以其他方法诈骗贷款的。

二、罪名解读

贷款诈骗罪，是指以非法占有为目的，编造引进资金、项目等虚假理由，使用虚假的经济合同，使用虚假的证明文件，使用虚假的产权证明作担保、超出抵押物价值重复担保，或者以其他方法诈骗银行或者其他金融机构的贷款，数额较大的行为。本罪的具体构成要件如下所述：

（一）主体要件

本罪的主体为一般主体，任何年满 16 周岁、具有刑事责任能力的自然人均可构成本罪，但单位不能成为本罪的主体。

（二）客体要件

本罪侵犯的客体是国家对金融机构贷款的管理秩序和金融机构的财产所有权。本罪的行为对象为银行或者其他金融机构的贷款。这里的"银行"，主要指的是商业银行及各类政策性银行。这里的"其他金融机构"，是指非银行金融机构。这里的"贷款"，是指贷款人向借款人提供的且借款人需按约定的利率和期限还本付息的货币资金。

（三）主观要件

本罪的主观方面是直接故意，并且具有非法占有金融机构贷款的目的。间接故意和过失不构成本罪。

（四）客观要件

本罪的客观方面表现为采用虚构事实或者隐瞒真相的方法，骗取银行或者其他金融机构贷款，数额较大的行为。本罪中贷款诈骗的具体行为方式包括：（1）编造引进资金、项目等虚假理由，指行为人编造根本不存在的或者情况不实的所谓会产生良好社会效益和经济效益的投资项目，或者引入外资需要配套资金等理由。（2）使用虚假的经济合同，指行为人使用虚假的出口合同或者其他所谓在短期内能产生良好经济效益的合同，以骗取贷款。（3）使用虚假的证明文件，指使用伪造、变造或者内容虚假的银行存款证明及公司或者金融机构的担保函、划款证明等在向银行或者其他金融机构申请贷款时所需要的文件。（4）使用虚假的产权证明作担保或者超出抵押物价值重复担保，指使用伪造、变造的能证明行为人对房屋等不动产或者汽车、货币、可即时兑付的票据等动产具有所有权的一切文件作担保或者超出抵押物价值重复担保。（5）以其他方法诈骗贷款，包括伪造单位公章、印鉴骗取贷款或者以假货币为抵押骗取贷款等行为。

这里的"贷款人"，是指在中国境内依法设立的经营贷款业务的中资金融机构。这里的"借款人"，是指从经营贷款业务的中资金融机构取得贷款的法人、其他经济组织、个体工商户和自然人。实践中，按不同的标准可将贷款划分为不同的种类：按贷款经营属性划分为自营贷款、委托贷款和特定贷款；按贷款期限长短划分为短期贷款、中期贷款和长期贷款；按贷款信用程度划分为信用贷款、担保贷款和票据贴现，其中担保贷款又分为保证贷款、抵押贷款和质押贷款。

三、罪与非罪

贷款诈骗罪是目的犯，构成本罪，需要行为人同时具备主观上有非法占有目的和客观上实施了诈骗贷款且数额较大的行为两个条件。行为人只要实施了前述五种诈骗贷款方法中的任意一种，且数额较大的，就构成本罪；实施两种以上行为的，仍为一罪，不实行数罪并罚。如果行为人主观上没有非法占有贷款的目的，那么即使在申请贷款时使用了欺骗的手段，只要贷款到期后能够偿还，也不构成本罪。

实践中，大量存在这样一种现象：行为人不完全具备申请贷款所要求的条件，为了解决生产、经营中的资金困难等问题，实施了一定的虚构、编造贷款理由等虚假手段申请贷款。贷款到账后，行为人积极投入生产经营，并无肆意挥霍或携款潜逃，而是按期偿还贷款。对于这种行为，由于行为人主观上不具有非法占有贷款的目的，故不能以贷款诈骗罪处理。此外，如果行为人诈骗贷款的数额不大的，也不作为犯罪处理。

关于本罪的刑事立案追诉标准，修订后的《立案追诉标准（二）》第45条规定，以非法占有为目的，诈骗银行或者其他金融机构的贷款，数额在5万元以上的，应予立案追诉。

关于"其他严重情节"的具体认定标准，根据司法实践，一般是指：（1）为骗取贷款，向银行或者金融机构的工作人员行贿，数额较大的；（2）挥霍贷款，或者用贷款进行违法活动，致使贷款到期无法偿还的；（3）隐匿贷款去向，贷款期限届满后，拒不偿还的；（4）提供虚假的担保申请贷款，贷款期限届满后，拒不偿还的；（5）假冒他人名义申请贷款，贷款期限届满后，拒不偿还的。

四、注意事项

1. 关于本罪"非法占有目的"的认定问题。刑法意义上的"非法占有"，不仅指行为人意图使财物脱离相对人而为自己非法实际控制和管理，而且指行为人意图非法对相对人的财物进行使用、收益、处分。因此，不能单纯以行为人使用欺诈手段实际获取了贷款或者贷款到期不能归还，就认定行为人主观上具有非法占有贷款的目的。对于是否具有非法占有目的，还应当综合考虑行为人在贷款时的履约能力、取得贷款的手段、贷款的使用去向、贷款无法归还的原因等及相关客观事实，才能作出准确判断。对此，《全国法院审理金融犯罪案件工作座谈会纪要》规定，司法实践中，认定行为人是否具有非法占有目的，应当坚持主客观相一致的原则，并根据案件具体情况具体分析。根据司法实践，对于行为人通过诈骗的方法非法获取资金，造成数额较大资金不能归还，并具有下列情形之一的，可以认定为具有非法占有的目的：（1）明知没有归还能力而大量骗取资金的；（2）非法获取资金后逃跑的；（3）肆意挥霍骗取资金的；（4）使用骗取的资金进行违法犯罪活动的；

（5）抽逃、转移资金、隐匿财产，以逃避返还资金的；（6）隐匿、销毁账目，或者搞假破产、假倒闭，以逃避返还资金的；（7）其他非法占有资金、拒不返还的行为。但是，在处理具体案件的时候，对于有证据证明行为人不具有非法占有目的的，不能单纯以财产不能归还就按贷款诈骗罪处罚。

2. 关于单位能否构成本罪的问题。根据《刑法》第30条和第193条的规定可知，单位不构成贷款诈骗罪。对于单位实施的贷款诈骗行为，不能以贷款诈骗罪定罪处罚，也不能以贷款诈骗罪追究其直接负责的主管人员和其他直接责任人员的刑事责任。但是，在司法实践中，对于单位十分明显地以非法占有为目的，利用签订、履行借款合同诈骗银行或其他金融机构贷款，符合《刑法》第224条规定的合同诈骗罪构成要件的，则应当以合同诈骗罪定罪处罚。

3. 关于贷款诈骗与贷款纠纷的界限问题。应当说，贷款诈骗犯罪与贷款民事欺诈行为主观上都意图欺骗金融机构，客观上均实施了一定程度的欺诈行为，二者区别的关键在于行为人是否具有非法占有金融机构贷款的目的。实践中，对于行为人合法取得贷款后，没有按规定的用途使用贷款，到期没有归还贷款，但主观上并没有非法占有意图的，不能以贷款诈骗罪定罪处罚。对于确有证据证明行为人不具有非法占有的目的，因不具备贷款的条件而采取了欺骗手段获取贷款，案发时有能力履行还贷义务，或者案发时不能归还贷款是因为意志以外的因素，如经营不善、被骗、市场风险等，亦不应以贷款诈骗罪定罪处罚。

4. 关于本罪与骗取贷款罪的界限问题。本罪与骗取贷款罪的犯罪对象和主体身份相同，在客观方面都表现为使用欺骗手段骗取贷款，两者区别的关键在于行为人主观上是否具有非法占有的目的。对于行为人主观上没有非法占有目的，或者证明其非法占有目的证据不足的，则只能认定为骗取贷款罪。实践中，本罪与骗取贷款罪也可能相互转化，甚至在案件性质上刑事可能转化为民事，民事可能转化为刑事。比如，行为人最初的想法是非法占有贷款，但在取得贷款后将贷款用于正常的生产经营活动或者受到其他因素的影响，其当初的意图发生了变化，贷款期满即归还贷款，这种情形达到追究刑事责任数额标准或情节标准的，构成骗取贷款罪，未达到刑事责任数额标准的，则属民事欺诈性质。反之，行为人取得贷款之前并没有非法占有的意图，但在取得贷款后，客观行为表现出其主观上不愿归还贷款，贷款期满后不予归还，达到数额较大标准的，则构成贷款诈骗罪。

五、风险提示

贷款诈骗与金融借款合同纠纷之间的区别在于，行为人主观上是否出于非法占有贷款的目的。对此，应当结合案件事实综合各种因素予以认定。司法实践中，需要准确把握贷款诈骗与借贷纠纷的界限，不能认为只要贷款时有一定的欺诈成分且到期不能归还所借贷款，就构成贷款诈骗，也不能片面地认为只要借款人到时候承认欠账，就不应认定其为贷款诈骗。需要说明的是，银行或者其他金融机构的工作人员与实施贷款诈骗行为的犯罪分子事前通谋，为贷款诈骗活动提供帮助的，应当以贷款诈骗罪的共犯论处。

实践中，对于单位实施的贷款诈骗行为，可区分两种情形处理：（1）名义上的单位贷款诈骗。具体又包括三种情形：一是个人为进行违法犯罪活动而设立的公司、企业、事业单位实施贷款诈骗犯罪的。二是公司、企业、事业单位设立后，以实施犯罪为主要活动进行贷款诈骗的。三是个人盗用单位名义实施贷款诈骗犯罪，违法所得由实施犯罪的个人私分的。以上三种情形，都不是单位犯罪，应当以自然人犯罪论处，并以贷款诈骗罪定罪量刑。（2）事实上的单位贷款诈骗。以单位名义实施犯罪，违法所得归单位所有的，符合单位犯罪构成要件。2014年4月24日颁布实施的《全国人民代表大会常务委员会关于〈中华人民共和国刑法〉第三十条的解释》规定，公司、企业、事业单位、机关、团体等单位实施刑法规定的危害社会的行为，《刑法》分则和其他法律未规定追究单位的刑事责任的，对组织、策划、实施该危害社会行为的人依法追究刑事责任。该立法解释实施之后，根据罪刑法定原则，不能对单位按照贷款诈骗罪进行定罪已无争议，但对组织、策划、实施贷款诈骗的自然人，究竟应定性为合同诈骗罪还是贷款诈骗罪存有争议。对此，笔者认为，贷款诈骗罪与合同诈骗罪之间存在法条竞合关系，一般应认定为贷款诈骗罪，但如果以合同诈骗罪处罚较重时，则应认定为合同诈骗罪。造成罪名选择困难的主要原因是贷款诈骗罪的立法不完善，如增设单位犯罪主体，则一般应以贷款诈骗罪处罚，除非需要判处更重的财产刑，才可能以合同诈骗罪处罚。

六、参阅案例

《刑事审判参考》（2004年第4辑，总第39辑）第306号：张福顺贷款诈骗案。该案裁判要旨为：贷款民事欺诈行为与贷款诈骗犯罪区别的关键是，行为人是否具有非法占有金融机构贷款的目的。刑法意义上的"非法占有"，不仅指行为人意图使财物脱离相对人而为自己非法实际控制和管理，而且指行为人意图非法对相对人的财物进行使用、收益、处分。司法实践中，不能单纯以行为人使用欺诈手段实际获取了贷款或者贷款到期不能归还，就认定行为人主观上具有非法占有贷款的目的，而应坚持主客观相一致的原则，具体情况具体分析。在对行为人贷款时的履约能力、取得贷款的手段、贷款的使用去向、贷款无法归还的原因等及相关客观事实进行综合分析的基础上,判断行为人是否具有非法占有贷款的目的,以准确界定是贷款欺诈行为还是贷款诈骗犯罪。

七、关联规定

1.《中华人民共和国商业银行法》(2015年)第82条、第83条;

2.《最高人民检察院、公安部关于公安机关管辖的刑事案件立案追诉标准的规定(二)》(2022年,公通字〔2022〕12号)第45条;

3.《全国法院审理金融犯罪案件工作座谈会纪要》(2001年,法〔2001〕8号)第2条第3款第1项、第2项、第4项;

4.《最高人民检察院关于充分发挥检察职能服务保障"六稳""六保"的意见》(2020年,高检发〔2020〕10号)第3条、第9条;

5.《最高人民法院关于进一步加强金融审判工作的若干意见》(2021年)第8条、第10条。

票据诈骗罪

一、刑法规定

第一百九十四条第一款:有下列情形之一,进行金融票据诈骗活动,数额较大的,处五年以下有期徒刑或者拘役,并处二万元以上二十万元以下罚金;数额巨大或者有其他严重情节的,处五年以上十年以下有期徒刑,并处五万元以上五十万元以下罚金;数额特别巨大或者有其他特别严重情节的,处十年以上有期徒刑或者无期徒刑,并处五万元以上五十万元以下罚金或者没收财产:

(一)明知是伪造、变造的汇票、本票、支票而使用的;

(二)明知是作废的汇票、本票、支票而使用的;

(三)冒用他人的汇票、本票、支票的;

(四)签发空头支票或者与其预留印鉴不符的支票,骗取财物的;

(五)汇票、本票的出票人签发无资金保证的汇票、本票或者在出票时作虚假记载,骗取财物的。

第二百条:单位犯本节第一百九十四条、第一百九十五条规定之罪的,对单位判处罚金,并对其直接负责的主管人员和其他直接责任人员,处五年以下有期徒刑或者拘役，可以并处罚金；数额巨大或者有其他严重情节的，处五年以上十年以下有期徒刑，并处罚金；数额特别巨大或者有其他特别严重情节的，处十年以上有期徒刑或者无期徒刑，并处罚金。

二、罪名解读

票据诈骗罪，是指以非法占有为目的，利用金融票据进行诈骗活动，数额较大的行为。本罪的具体构成要件如下所述：

（一）主体要件

本罪的主体为一般主体，自然人和单位均可构成本罪。

（二）客体要件

本罪侵犯的客体是国家对金融票据的管理制度和公私财产的所有权。本罪的行为对象是金融票据，包括汇票、本票、支票。其中，"汇票"是指出票人签发的，委托付款人在见票时或者在指定日期无条件支付确定的金额给收款人或者持票人的票据。汇票分为银行汇票和商业汇票。"本票"是指出票人签发的，承诺自己在见票时无条件支付确定的金额给收款人或者持票人的票据。"支票"是指出票人签发的，委托办理支票存款业务的银行或者其他金融机构在见票时无条件支付确定的金额给收款人或者持票人的票据。实践中，由于票据本身代表一定的金额，而且票据的付款义务人负有无条件付款的义务，因此票据往往会成为犯罪分子进行诈骗犯罪的目标。

（三）主观要件

本罪的主观方面表现为直接故意，并且具有非法占有目的。行为人使用伪造、变造、作废的票据时，主观上必须明知是伪造、变造、作废的票据。实践中，对于误将伪造的票据作为他人真实有效的票据使用的，不应认定为"使用伪造的票据"。

（四）客观要件

本罪的客观方面表现为使用金融票据进行诈骗，数额较大的行为。本罪的具体行为方式如下：（1）明知是伪造、变造的汇票、本票、支票而使用的；（2）明知是作废的汇票、本票、支票而使用的；（3）冒用他人的汇票、本票、支票的；（4）签发空头支票或者与其预留印鉴不符的支票，骗取财物的；（5）汇票、本票的出票人签发无资金保证的汇票、本票或者在出票时作虚假记载，骗取财物的。

这里的"明知"，指知道或者应当知道是伪造、变造的票据。票据的伪造，是指无权限人假冒他人或以虚构人名义签章的行为，签章的变造属于伪造。票据的变造，是指无权更改票据内容的人，对票据上签章以外的记载事项加以改变的行为。实践中，行为人还要有实际使用行为，才构成犯罪；如果只是明知是伪造、变造的汇票、本票、支票但没有使用的，则不构成犯罪。这里的"作废"，是指根据法律和有关规定不能使用的票据，既包括《票据法》中的过期票据，也包括无效的以及被依法宣布作废的票据。这里的"冒用"，是指行为人擅自以合法持票人的名义，支配、使用、转让自己不具备支配权利的他人票据的行为。冒用他人票据的行为实质，是假冒票据权利人或其授权的代理人，行使本应属于他人的票据权利，从而骗取财物。

这里的"空头支票"，是指支票持有人请求付款时，出票人在付款人处实有的存款不足以支付票据金额的支票。这里的"与其预留印鉴不符"，是指票据签发人在其签发的支票上加盖的财务公章或者支票签发人的名章与其预留于银行或者其他金融机构处的印鉴不一致。实践中，"与其预留印鉴不符"既可以是与其预留的一个印鉴不符，也可以是与全部印鉴均不符。这里的"资金保证"，是指票据的出票人在承兑票据时具有按票据金额支付的能力。由于汇票往往不是即时支付的，有的是远期汇票，因此对于汇票的出票人，并不要求其在出票时即具有支付能力，而是要求其保证汇票到期日具有支付能力即可。这里的"虚假记载"，是指在汇票、本票的空白处记载与真实情况不一致、除票据签章以外的票据记载事项的行为。

三、罪与非罪

根据刑法规定，票据诈骗的行为，必须达到"数额较大"的标准才构成犯罪。如果行为人系出于过失而使用金融票据，如不知是伪造、变造或作废的金融票据，误签空头支票，对票据事项因过失而记载错误等，由于欠缺本罪中以非法占有为目的的主观故意，故不构成犯罪。此外，对于行为人进行票据诈骗数额较小，未达到立案标准，情节显著轻微不构成犯罪的，可依法作出行政处罚。

关于本罪的刑事立案追诉标准，修订后的《立案追诉标准（二）》第46条规定，进行金融票据诈骗活动，数额在5万元以上的，应予立案追诉。

四、注意事项

1.关于本罪非法占有目的的认定问题。作为侵犯财产犯罪的票据诈骗罪，是从传统的诈骗罪中分离出来的，与诈骗罪相同，"以非法占有为目的"是构成本罪的必要条件。虽然《刑法》关于金融诈骗犯罪的条文中，只对集资诈骗罪、贷款诈骗罪和信用卡诈骗罪中的"恶意透支"行为明确规定了必须具有非法占有的目的，没有明确规定票据诈骗罪是"以非法占有为目的"的犯罪，但并不代表票据诈骗犯罪不要求有非法占有的目的。由于金融诈骗比普通诈骗犯罪的情况复杂，因此在认定行为人是否具有"非法占有的目的"时具有一定的特殊性。

2. 关于本罪中"使用"的正确理解问题。所谓"使用"，是指行为人将虚假的票据交付给他人，并获得对价的行为。具体可以从以下三个方面来理解和认定"使用"：一是要正确理解使用的前提，即必须有向他人交付虚假票据的行为。这既包括行为人直接用虚假的票据到银行等金融机构兑现，也包括交付给金融机构以外的单位或个人进行兑现的行为。只要行为人没有将虚假的支票交付给他人，就不构成票据诈骗罪。二是要正确理解使用的目的，即必须具有利用虚假票据获得对价的目的。行为人仅仅向他人展示、炫耀虚假票据，或者向他人赠与、转让虚假票据的，不能认定为本罪中的使用。三是要正确理解对价的获得，即对价必须是交付虚假票据后直接获得的。实践中，行为人虽然在骗取他人财物的过程中利用了虚假的票据，比如在交易过程中向对方展示以证明自己的经济实力从而骗取对方的信任等，但并没有通过交付票据直接获取对价的，同样不能认定为使用。

3. 关于本罪与伪造、变造金融票证罪的界限问题。实践中，两罪的根本区别在于：本罪惩治的是使用这些金融票据进行诈骗的行为，而伪造、变造金融票证罪惩治的则是伪造、变造行为本身。如果行为人仅仅伪造、变造金融票证，根本没有使用的，则触犯了《刑法》第177条的规定，构成伪造、变造金融票证罪。但现实生活中，这两种犯罪往往是联系在一起的，主要表现为行为人先伪造、变造汇票、本票、支票或者其他银行结算凭证，再使用该伪造、变造的票证进行诈骗。这实际上属于一种牵连犯的情形，依法应当从一重罪处罚，即按票据诈骗罪定罪处罚，而不实行数罪并罚。

五、风险提示

如果行为人由于过失或者其他因素实施了使用伪造、变造的汇票、本票、支票等行为，主观上并不具有骗取财物的目的，则不构成本罪。票据诈骗罪与一般票据纠纷虽然客观上均可表现为一定的票据违规行为，但根本区别在于：行为人主观上是否具有通过票据骗取他人财物或财产性利益的目的。一般票据纠纷中，有时涉及的数额也很大，如某支票出票人在银行预留了财务主管、会计、出纳等人员的多个印鉴，由于疏忽大意，财务主管在支票上使用了与其预留印鉴不符的签章，虽致使持票人无法取得支票上的资金，但不构成本罪。

实践中，银行等金融机构的工作人员与票据诈骗的犯罪分子互相串通，即在实施票据诈骗的前后过程中，相互暗中勾结、共同策划、商量对策、充当内应，为诈骗犯罪分子提供诈骗帮助的,应以票据诈骗罪的共犯论处。这是因为,进行票据诈骗活动实现非法骗取他人财物的意图,往往离不开银行或其他金融机构内部工作人员利用职务上的便利为犯罪分子提供企业账号、联行行号及密押等信息。同时,需要注意的是,对于银行等金融机构工作人员的上述行为也不能一概以票据诈骗罪的共犯论处。比如,其利用职务之便的主要行为造成了本单位的经济损失的,应当按照贪污罪或者职务侵占罪定罪处罚。

六、参阅案例

《刑事审判参考》(2001年第4辑,总第15辑)第96号:季某票据诈骗、合同诈骗案。该案裁判要旨为:(1)在构成要件上,票据诈骗罪、合同诈骗罪和诈骗罪都是以非法占有为目的,使用虚构事实或者隐瞒真相的方法,骗取数额较大的公私财物的行为。但是,三者的具体犯罪行为不同、侵犯的客体不同,罪名不容混淆。票据诈骗罪侵犯的是国家对票据的管理制度,在客观上仅限于使用本票、汇票和支票骗取数额较大的公私财物的行为。合同诈骗罪侵犯的客体是国家对合同的管理制度,在客观上限于在签订、履行合同过程中进行诈骗的行为。如果忽略这些特定的诈骗犯罪行为特征和犯罪侵犯的特殊客体不计,行为人实施金融诈骗、合同诈骗的行为,也完全符合诈骗罪的法定构成要件,这种情形在刑法理论上被称为法条竞合。(2)所谓法条竞合,是指一个犯罪行为同时触犯了两个《刑法》分则条文,其中某一法条规定的全部内容被包含于另一法条的内容之中(即两个法条发生重合),或者两个法条的部分内容相同(即有所交叉)的情形。票据诈骗罪、合同诈骗罪与诈骗罪之间就属于一种包含关系,票据诈骗罪与合同诈骗罪之间是一种交叉关系。对于法条竞合的处理,刑法没有明确规定,但刑法理论上一般认为应择一重罪处罚,即按照《刑法》规定的法定刑较重的法条定罪处刑;如数个法条的法定刑相同,则按照特别法优于一般法的原则,以特别法的法条定罪处刑。

七、关联规定

1.《中华人民共和国票据法》(2004年)第2条、第3条、第102条、第103条;

2.《最高人民检察院、公安部关于公安机关管辖的刑事案件立案追诉标准的规定(二)》(2022年,公通字〔2022〕12号)第46条;

3.《全国法院审理金融犯罪案件工作座谈会纪要》(2001年,法〔2001〕8号)第2条第3款第1项和第4项、第5款。

信用证诈骗罪

一、刑法规定

第一百九十五条：有下列情形之一，进行信用证诈骗活动的，处五年以下有期徒刑或者拘役，并处二万元以上二十万元以下罚金；数额巨大或者有其他严重情节的，处五年以上十年以下有期徒刑，并处五万元以上五十万元以下罚金；数额特别巨大或者有其他特别严重情节的，处十年以上有期徒刑或者无期徒刑，并处五万元以上五十万元以下罚金或者没收财产：

（一）使用伪造、变造的信用证或者附随的单据、文件的；

（二）使用作废的信用证的；

（三）骗取信用证的；

（四）以其他方法进行信用证诈骗活动的。

第二百条：单位犯本节第一百九十四条、第一百九十五条规定之罪的，对单位判处罚金，并对其直接负责的主管人员和其他直接责任人员，处五年以下有期徒刑或者拘役，可以并处罚金；数额巨大或者有其他严重情节的，处五年以上十年以下有期徒刑，并处罚金；数额特别巨大或者有其他特别严重情节的，处十年以上有期徒刑或者无期徒刑，并处罚金。

二、罪名解读

信用证诈骗罪，是指以非法占有为目的，利用信用证骗取财物的行为。本罪的具体构成要件如下所述：

（一）主体要件

本罪的主体为一般主体，包括自然人和单位。单位犯本罪的，实行"双罚制"，对单位判处罚金，并对其直接负责的主管人员和其他直接责任人员依法追究刑事责任。

（二）客体要件

本罪侵犯的客体是国家对信用证的管理制度和公私财产所有权。所谓"信用证"，是指由银行（开证行）依照（申请人的）要求和指示或自己主动，在符合信用证条款的条件下，凭规定单据向第三者（受益人）或其指定方进行付款的书面文件。换言之，信用证是一种银行开立的有条件承诺付款的书面文件，属于银行信用。

（三）主观要件

本罪的主观方面只能是故意，并且必须具有非法占有公私财物的目的。如果行为人确无诈骗故意，即使违反有关信用证管理规定获取了财物，也不能以本罪论处。需要说明的是，使用作废的信用证进行诈骗的，行为人主观上应明知是作废的信用证。

（四）客观要件

本罪的客观方面表现为行为人以非法占有为目的，利用信用证骗取财物的行为。本罪的具体行为方式包括：一是使用伪造、变造的信用证或者附随的单据、文件；二是使用作废的信用证；三是骗取信用证；四是以其他方法进行信用证诈骗。由此可知，构成本罪的，行为人客观上必须实施"使用"、"骗取"或"其他"三种行为之一，如果行为人的诈骗活动兼具上述两种或者两种以上行为的，属于同种数罪，不实行并罚。需要说明的是，无论使用何种方法，信用证诈骗罪的本质依然是"虚构事实—隐瞒真相—诱人入局—骗人钱财"，信用证实际上只是行为人实施诈骗的工具而已。

这里的"伪造"，是指采用描绘、复制、印刷等方法，仿照真单证、文件的形状、内容、格式制作假单证、文件的行为。这里的"变造"，是指在原真实、合法的信用证或者附随的单据、文件上采用挖补、涂改、剪贴等方法改变原单证、文件内容和主要条款的行为。这里的"作废"，是指已经失去效用，银行不再负有承兑义务。作废的信用证包括以下情形：未规定到期日的信用证、交单日已过的信用证、已注销的信用证以及已经被修改或者撤销的信用证。这里的"骗取信用证"，是指行为人编造虚假的事实或者隐瞒事实真相，欺骗银行为其开具信用证的行为。这里的"其他方法"，鉴于目前并无该兜底条款的司法解释，故只能依靠学理解释予以把握。实践中，常见的以其他方法进行信用证诈骗的表现形式是，利用"软条款"信用证进行诈骗。所谓"软条款"信用证，又称"陷阱"信用证，是指在开立信用证时，故意制造一些隐蔽性条款，以达到骗取财物的目的。

三、罪与非罪

根据刑法规定，行为人实施《刑法》第195条规定的四种信用证诈骗行为之一的，即构成本罪，不需要达到"数额较大"等诈骗金额方面的要求。换言之，行为人主观上具有非法占有信用证项下财物的目的，且在客观上实施了信用证诈骗活动的，即构成本罪。实践中，对于行为人因疏忽大意或者业务不熟悉等，在使用信用证过程中出现违规违法行为，甚至因此取得了财物，产生了纠纷的，只要其主观上并无非法占有公私财物的目的，就不能以犯罪论处。

关于本罪的刑事立案追诉标准，修订后的《立案追诉标准（二）》第48条规定，进行信用证诈骗活动，涉嫌下列情形之一的，应予立案追诉：（1）使用伪造、变造的信用证或者附随的单据、文件的；（2）使用作废的信用证的；（3）骗取信用证的；（4）以其他方法进行信用证诈骗活动的。由此可知，信用证诈骗罪应属于行为犯，不存在既遂与未遂之分，数额和情节并非犯罪构成的必备要件，行为人只要实施了法定的信用证诈骗行为，即可构成信用证诈骗罪的既遂。

四、注意事项

1. 关于本罪中"非法占有目的"的认定问题。金融诈骗犯罪都是以非法占有为目的的犯罪。司法实践中，认定是否具有非法占有的目的，应当坚持主客观相一致的原则，既要避免单纯根据损失结果客观归罪，也不能仅凭被告人自己的供述，而应当根据案件具体情况具体分析。而且，《最高人民法院关于对信用证诈骗案件有关问题的复函》中也明确指出，对属于认定行为人主观上"是否明知"以及"是否具有非法占有目的"必不可少的证据，应当查清。由于"非法占有目的"是一个主观心理状态，如何进行认定，的确会存有争议。特别是在行为人否认自己具有非法占有的主观目的的情况下，更是一个难题。因此，对于行为人"非法占有目的"的认定，应当进行司法推定，主要是事实推定，即通过司法人员证明特定的客观事实，就可以认定行为人的"非法占有目的"。值得注意的是，在罪与非罪的认定上，必须慎之又慎。对于确无充分证据证实行为人主观上有诈骗故意和非法占有目的的案件，应当依据"疑案从无"的基本原则进行处理。

2. 关于本罪与伪造、变造金融票证罪的区别问题。实践中，伪造、变造金融票证往往是行为人实施票据诈骗、信用证诈骗等犯罪行为的方法行为。伪造、变造金融票证又利用其进行诈骗的，实质上实施了多个行为，同时触犯了伪造、变造金融票证罪和金融诈骗犯罪，如信用证诈骗罪，刑法理论上把这种方法行为（如伪造和变造）与目的行为（如诈骗）之间具有密切而直接的牵连关系的犯罪称为牵连犯，在处罚上选择法定刑较重的一罪处罚。需要补充说明的是，对于单纯伪造、变造信用证或者附随的单据、文件，但并未实际使用的，应当按照伪造、变造金融票证罪定罪处罚。

五、风险提示

信用证付款是现代国际贸易主要的支付方式之一。随着我国社会主义市场经济体系的逐步建立，特别是对外贸易的开展，信用证这种国际贸易支付手段在我国对外经济贸易中所起的作用也越发重要。但随之带来的问题是，信用证诈骗案件多有发生，且手段多样化。基于此，1995年《全国人民代表大会常务委员会关于惩治破坏金融秩序犯罪的决定》将利用信用证进行诈骗规定为犯罪。1997年修订《刑法》时，在合理吸收的基础上对本罪进行了修改和完善，并将本条关于单位犯罪的规定在《刑法》第200条统一进行规范。信用证诈骗活动，不仅使公私财产遭受损失，破坏了国家金融秩序，而且致使信用证的安全信誉受到极大影响，对国际贸易的发展危害尤为严重。

《最高人民法院关于审理信用证纠纷案件若干问题的规定》第8条规定，凡有下列情形之一的，应当认定存在信用证欺诈：（1）受益人伪造单据或者提交记载内容虚假的单据；（2）受益人恶意不交付货物或者交付的货物无价值；（3）受益人和开证申请人或者其他第三方串通提交假单据，而没有真实的基础交易；（4）其他进行信用证欺诈的情形。由此可知，信用证欺诈属于民事纠纷，信用证欺诈与信用证诈骗在主客观方面都存在差别，主要体现为：一是主观故意的内容不同。信用证欺诈行为人的目的在于欺骗被害人与他人发生信用证交易，并不具有非法占有他人财物的主观目的；而信用证诈骗的主观故意内容就是非法占有他人财物，行为人根本没有履约或者承担义务的诚意。这也是两者之间最本质、最关键的区别。二是不法利益的获取方式不同。信用证欺诈是通过约定民事义务履行的方式取得财物；而信用证诈骗则是利用信用证进行诈骗获取财物。三是法律后果不同。信用证欺诈被人民法院审查认定为欺诈行为后，行为人承担的是民事赔偿责任；而信用证诈骗一旦被人民法院判决罪名成立后，行为人不仅要承担退赔责任，而且要承担刑事责任。实践中，对于买卖双方恶意串通，通过编造虚假交易、伪造各种单证等手段，到有关银行骗开信用证，致使银行遭受资金损失的，构成信用证诈骗罪。

六、参阅案例

上海市高级人民法院发布的《2014年度上海法院金融刑事审判典型案例》之七：张某信用证诈骗、合同诈骗案。该案裁判要旨为：（1）采用虚构贸易、伪造相关单据的方式，骗取银行开立信用证，数额特别巨大的，构成信用证诈骗罪。（2）单位以非法占有为目的，编造项目等虚假理由，骗取银行贷款，数额特别巨大的，构成合同诈骗罪。

七、关联规定

1.《公安部关于对涉嫌非法出具金融票证犯罪案件涉及的部分法律问题的批

复》(2003年,公经〔2003〕88号);

2.《国内信用证结算办法》(2016年)第2条、第3条、第4条、第5条;

3.《最高人民检察院、公安部关于公安机关管辖的刑事案件立案追诉标准的规定(二)》(2022年,公通字〔2022〕12号)第48条;

4.《全国法院审理金融犯罪案件工作座谈会纪要》(2001年,法〔2001〕8号)第2条第3款第1项、第4项;

5.《最高人民法院关于对信用证诈骗案件有关问题的复函》(2003年,法函〔2003〕60号)。

信用卡诈骗罪

一、刑法规定

第一百九十六条:有下列情形之一,进行信用卡诈骗活动,数额较大的,处五年以下有期徒刑或者拘役,并处二万元以上二十万元以下罚金;数额巨大或者有其他严重情节的,处五年以上十年以下有期徒刑,并处五万元以上五十万元以下罚金;数额特别巨大或者有其他特别严重情节的,处十年以上有期徒刑或者无期徒刑,并处五万元以上五十万元以下罚金或者没收财产:

(一)使用伪造的信用卡,或者使用以虚假的身份证明骗领的信用卡的;

(二)使用作废的信用卡的;

(三)冒用他人信用卡的;

(四)恶意透支的。

前款所称恶意透支,是指持卡人以非法占有为目的,超过规定限额或者规定期限透支,并且经发卡银行催收后仍不归还的行为。

盗窃信用卡并使用的,依照本法第二百六十四条的规定定罪处罚。

二、罪名解读

信用卡诈骗罪,是指以非法占有为目的,违反信用卡管理法规,利用信用卡进行诈骗活动,骗取财物数额较大的行为。本罪的具体构成要件如下所述:

(一)主体要件

本罪的主体为自然人,单位不能构成本罪。

（二）客体要件

本罪侵犯的客体是国家对信用卡的管理制度和公私财产所有权。

（三）主观要件

本罪的主观方面为故意，并且具有非法占有目的。但是，使用信用卡透支的，未必都是犯罪，只有恶意透支的行为才构成犯罪。因此，刑法特别对恶意透支的概念进行了界定，并强调必须以非法占有为目的，这也是区别善意透支和恶意透支的关键所在。

（四）客观要件

本罪的客观方面表现为使用诈骗方法，利用信用卡骗取财物，数额较大的行为。刑法意义上的"信用卡"，是指由商业银行或者其他金融机构发行的，具有消费支付、信用贷款、转账结算、存取现金等全部功能或者部分功能的电子支付卡。利用信用卡进行诈骗的方法具体表现为以下四种：一是使用伪造的信用卡，或者使用以虚假的身份证明骗领的信用卡；二是使用作废的信用卡；三是冒用他人信用卡；四是恶意透支。

这里的"伪造的信用卡"，是指《刑法》第177条规定的伪造的信用卡，包括复制他人信用卡，将他人信用卡信息资料写入磁条介质、芯片或者以其他方法伪造信用卡1张以上等情形。这里的"使用虚假的身份证明骗领信用卡"，是指《刑法》第177条规定的使用虚假的身份证明骗领信用卡，包括违背他人意愿，使用其居民身份证、军官证、士兵证、港澳居民来往内地通行证、台湾居民来往大陆通行证、护照等身份证明申领信用卡，或者使用伪造、变造的身份证明申领信用卡等情形。这里的"作废的信用卡"，是指因法定因素而失去效用的信用卡，具体包括以下三种情形：一是信用卡超过有效期限而自动失效；二是持卡人在有效期内停止使用并交回原发卡银行而失效；三是因信用卡挂失而失效。需要说明的是，使用涂改卡应属于使用伪造的信用卡。

这里的"冒用他人信用卡"，是指冒用他人的合法信用卡，既可以持卡冒用，也可以无卡冒用，但不包括冒用伪造的、作废的信用卡。实践中，冒用他人信用卡的行为，具体包括以下四种情形：（1）拾得他人信用卡并使用的；（2）骗取他人信用卡并使用的；（3）窃取、收买、骗取或者以其他非法方式获取他人信用卡信息资料，并通过互联网、通信终端等使用的；（4）其他冒用他人信用卡的情形。这里的"恶意透支"，是指持卡人以非法占有为目的，超过规定限额或者规定期限透支，并且经发卡银行催收后仍不归还的行为。这里的"盗窃信用卡并使用"，是指盗窃他人信用卡后，使用该信用卡购买商品、在银行柜台或者自动取款机上支取现金以及接受用信用卡进行支付结算的各种服务等诈骗财物的行为。

三、罪与非罪

根据刑法规定，利用信用卡实施诈骗行为，必须达到"数额较大"的标准，才构成犯罪。对于行为人虽然实施了冒用他人信用卡的行为，但主观上并没有诈骗财物的目的，而是属于违反信用卡管理和使用方面的规定的违规行为的，不作为犯罪处理。

关于本罪的刑事立案追诉标准，修订后的《立案追诉标准（二）》第 49 条规定，进行信用卡诈骗活动，涉嫌下列情形之一的，应予立案追诉：（1）使用伪造的信用卡、以虚假的身份证明骗领的信用卡、作废的信用卡或者冒用他人信用卡，进行诈骗活动，数额在 5000 元以上的；（2）恶意透支，数额在 5 万元以上的。本条规定的"恶意透支"，是指持卡人以非法占有为目的，超过规定限额或者规定期限透支，经发卡银行 2 次有效催收后超过 3 个月仍不归还的。恶意透支的数额，是指公安机关刑事立案时尚未归还的实际透支的本金数额，不包括利息、复利、滞纳金、手续费等发卡银行收取的费用。归还或者支付的数额，应当认定为归还实际透支的本金。恶意透支，数额在 5 万元以上不满 50 万元的，在提起公诉前全部归还或者具有其他情节轻微情形的，可以不起诉。但是，因信用卡诈骗受过 2 次以上处罚的除外。

关于本罪中"数额较大""数额巨大""数额特别巨大"的具体认定标准，《最高人民法院、最高人民检察院关于办理妨害信用卡管理刑事案件具体应用法律若干问题的解释》（以下简称《妨害信用卡管理解释》）第 5 条第 1 款规定，使用伪造的信用卡、以虚假的身份证明骗领的信用卡、作废的信用卡或者冒用他人信用卡，进行信用卡诈骗活动，数额在 5000 元以上不满 5 万元的，应当认定为《刑法》第 196 条规定的"数额较大"；数额在 5 万元以上不满 50 万元的，应当认定为《刑法》第 196 条规定的"数额巨大"；数额在 50 万元以上的，应当认定为《刑法》第 196 条规定的"数额特别巨大"。同时，《妨害信用卡管理解释》第 8 条规定，恶意透支，数额在 5 万元以上不满 50 万元的，应当认定为《刑法》第 196 条规定的"数额较大"；数额在 50 万元以上不满 500 万元的，应当认定为《刑法》第 196 条规定的"数额巨大"；数额在 500 万元以上的，应当认定为《刑法》第 196 条规定的"数额特别巨大"。

四、注意事项

1.关于"以非法占有为目的"的认定问题。实践中，对于是否以非法占有为目的,应当综合持卡人信用记录、还款能力和意愿、申领和透支信用卡的状况、透支资金的用途、透支后的表现、未按规定还款的原因等情节作出判断,不得单纯依据持卡人未按规定还款的事实认定非法占有目的。对此,《妨害信用卡管理解释》第 6 条第 3 款规定,具有以下情形之一的,应当认定为《刑法》第 196 条第 2 款规定的"以非法占有为目的",但有证据证明持卡人确实不具有非法占有目的的除外:(1)明知没有还款能力而大量透支,无法归还的;(2)使用虚假资信证明申领信用卡后透支,无法归还的;(3)透支后通过逃匿、改变联系方式等手段,逃避银行催收的;(4)抽逃、转移资金,隐匿财产,逃避还款的;(5)使用透支的资金进行犯罪活动的;(6)其他非法占有资金,拒不归还的情形。

2. 关于"恶意透支数额"的认定问题。一是关于"恶意透支"的认定。对此,《妨害信用卡管理解释》第 6 条第 1 款规定,持卡人以非法占有为目的,超过规定限额或者规定期限透支,经发卡银行 2 次有效催收后超过 3 个月仍不归还的,应当认定为《刑法》第 196 条规定的"恶意透支"。实践中,如果行为人将透支款项用于合法经营,由于经营不善、市场风险等客观因素无法偿还的,因其主观上不具有"非法占有目的",故依法不能认定为"恶意透支"。此外,对于发卡银行违规以信用卡透支形式变相发放贷款,持卡人未按规定归还的,不适用《刑法》第 196 条"恶意透支"的规定。如果构成其他犯罪的,以其他犯罪论处。二是关于"恶意透支数额"的认定。对此,《妨害信用卡管理解释》第 9 条规定,恶意透支的数额,是指公安机关刑事立案时尚未归还的实际透支的本金数额,不包括利息、复利、滞纳金、手续费等发卡银行收取的费用。归还或者支付的数额,应当认定为归还实际透支的本金。检察机关在审查起诉、提起公诉时,应当根据发卡银行提供的交易明细、分类账单(透支账单、还款账单)等证据材料,结合犯罪嫌疑人、被告人及其辩护人所提辩解、辩护意见及相关证据材料,审查认定恶意透支的数额;恶意透支的数额难以确定的,应当依据司法会计、审计报告,结合其他证据材料审查认定。人民法院在审判过程中,应当在对上述证据材料查证属实的基础上,对恶意透支的数额作出认定。

3. 关于"有效催收"的认定问题。对此,《妨害信用卡管理解释》第 7 条规定,催收同时符合下列条件的,应当认定为本解释第 6 条规定的"有效催收":(1)在透支超过规定限额或者规定期限后进行;(2)催收应当采用能够确认持卡人收悉的方式,但持卡人故意逃避催收的除外;(3)2 次催收至少间隔 30 日;(4)符合催收的有关规定或者约定。对于是否属于有效催收,应当根据发卡银行提供的电话录音、信息送达记录、信函送达回执、电子邮件送达记录、持卡人或者其家属签字以及其他催收原始证据材料作出判断。发卡银行提供的相关证据材料，应当有银行工作人员签名和银行公章。由此可知，关于"有效催收"的认定，原则上银行应当举证证明其催收内容、持卡人本人已收悉银行催收信息，否则不能认定催收的法定效力。

4.关于拾得、盗窃信用卡并使用的定性问题。拾得他人信用卡并在自动取款机上使用的行为，属于《刑法》第196条第1款第3项规定的"冒用他人信用卡"的情形，构成犯罪的，以信用卡诈骗罪定罪处罚。盗窃信用卡并使用的，根据《刑法》第196条第3款的规定，以盗窃罪定罪处罚，此处的信用卡应为真实有效的信用卡。但是，如果盗窃伪造、作废或者以虚假的身份证明骗领的信用卡并使用的，属于冒用或者使用作废的信用卡的行为，应以信用卡诈骗罪定罪处罚。

5.关于本罪既遂与未遂的界限问题。众所周知，诈骗案件中，行为人已经着手实行诈骗行为，只是由于意志以外的因素而未获得财物的，是诈骗未遂。同样地，信用卡诈骗案件作为诈骗案件的一种，也客观存在犯罪既遂和犯罪未遂的问题。司法实务中，认定信用卡诈骗罪既遂不能与传统财产型犯罪相脱离，仍应以实际控制财产作为既遂标准。因此，在刑法理论与司法实践中，仅以妨害信用卡管理秩序作为区分信用卡诈骗罪既遂、未遂的标准并不妥当。因为妨害信用卡管理秩序本身是一种非物质性结果，而从涉财产型犯罪来看，通常不宜将非物质性结果作为犯罪既遂的标志。此外，需要强调的是，信用卡诈骗罪既然规定了"数额较大"作为入罪的条件，其目的在于限制处罚的范围，如果以妨害信用卡管理秩序作为本罪的既遂标志，就可能与刑法限制处罚范围的宗旨相冲突。

6.关于本罪与非法经营罪的区别问题。对此，《妨害信用卡管理解释》第12条规定，违反国家规定，使用销售点终端机具（POS机）等方法，以虚构交易、虚开价格、现金退货等方式向信用卡持卡人直接支付现金，情节严重的，应当依据《刑法》第225条的规定，以非法经营罪定罪处罚。实施前款行为，数额在100万元以上的，或者造成金融机构资金20万元以上逾期未还的，或者造成金融机构经济损失10万元以上的，应当认定为《刑法》第225条规定的"情节严重"；数额在500万元以上的，或者造成金融机构资金100万元以上逾期未还的，或者造成金融机构经济损失50万元以上的，应当认定为《刑法》第225条规定的"情节特别严重"。持卡人以非法占有为目的，采用上述方式恶意透支，应当追究刑事责任的，依照《刑法》第196条的规定，以信用卡诈骗罪定罪处罚。

7.关于信用卡诈骗犯罪管辖的有关问题。对此，《最高人民法院、最高人民检察院、公安部关于信用卡诈骗犯罪管辖有关问题的通知》规定，近年来，信用卡诈骗流窜作案逐年增多，受害人在甲地申领的信用卡，被犯罪嫌疑人在乙地盗取了信用卡信息，并在丙地被提现或消费。犯罪嫌疑人企图通过空间的转换逃避刑事打击。为及时有效打击此类犯罪，现就有关案件管辖问题通知如下：对以窃取、收买等手段非法获取他人信用卡信息资料后在异地使用的信用卡诈骗犯罪案件，持卡人信用卡申领地的公安机关、人民检察院、人民法院可以依法立案侦查、起诉、审判。

五、风险提示

什么是信用卡？目前，这一新的支付手段在我国普及和适用的比例还不是很高，且由于我国开展信用卡业务的时间不长，经验不足，各项法律法规还有待进一步完善。毋庸置疑，信用卡的推广和使用确实给经济生活带来了诸多便利，但也难免给犯罪分子利用信用卡进行诈骗犯罪活动创造了新的机会。以前刑法条文规定的信用卡，其含义是指商业银行和其他金融机构发行的电子支付卡。随着商业银行和其他金融机构业务的发展，出现了多种形式的电子支付卡。中国人民银行为了加强对电子支付卡的管理，将银行和其他金融机构发行的各种形式的电子支付卡细分为信用卡、借记卡，并将信用卡再细分为贷记卡和准贷记卡。因此，司法实践中，对伪造或者利用商业银行或者其他金融机构发行的电子支付卡进行的犯罪活动，在适用法律方面出现了不同认识和分歧。比如，有的按照信用卡诈骗罪处理，有的按照金融凭证诈骗罪处理，有的按照普通诈骗罪处理，有的则未作犯罪化处理。

为统一法律适用尺度和精准惩治信用卡诈骗犯罪活动，全国人大常委会对刑法有关信用卡规定的含义作出了立法解释。根据2004年12月29日《全国人民代表大会常务委员会关于〈中华人民共和国刑法〉有关信用卡规定的解释》规定，刑法规定的"信用卡"，是指由商业银行或者其他金融机构发行的具有消费支付、信用贷款、转账结算、存取现金等全部功能或者部分功能的电子支付卡。可见，立法机关的意图十分明确，就是要通过立法解释进一步扩大并统一刑法意义上"信用卡"的范围认定，即针对银行或者其他金融机构发行的电子支付卡，其只要具备消费支付、信用贷款、转账结算、存取现金等全部功能或者部分功能，都属于刑法意义上的信用卡。由此可知，我国刑法上信用卡诈骗罪中的"信用卡"，不仅包括国际通行意义上具有透支功能的信用卡，也包括不具有透支功能的银行借记卡。

六、参阅案例

人民法院案例库参考案例：梁某甲、梁某乙信用卡诈骗案（入库编号2023-05-1-139-002）。该案裁判要旨为：1. 因经营上的客观因素无法偿还信用卡透支款项，事后没有逃避催收,其行为不具有刑法上的"以非法占有为目的",不属于恶意透支型的信用卡诈骗罪。2.恶意透支型信用卡诈骗罪必须同时具备两个条件:第一,行为人主观上"以非法占有为目的";第二,行为人客观上实施了"超额或者超限透支"且"经两次以上催收不还"的行为。3.对"以非法占有为目的"的理解仍应坚持主客观相统一的原则,综合考察行为人申领行为、透支行为、还款行为等各种因素,重点考察以下三方面的因素:(1)行为人申领信用卡时有无虚构事实、隐瞒真相的行为;(2)行为人透支款项的用途;(3)透支款项时行为人的还款态度及是否逃避催收。

七、关联规定

1.《全国人民代表大会常务委员会关于〈中华人民共和国刑法〉有关信用卡规定的解释》(2004年);

2.《最高人民检察院、公安部关于公安机关管辖的刑事案件立案追诉标准的规定(二)》(2022年,公通字〔2022〕12号)第49条;

3.《最高人民检察院关于拾得他人信用卡并在自动柜员机(ATM机)上使用的行为如何定性问题的批复》(2008年,高检发释字〔2008〕1号);

4.《最高人民法院研究室关于信用卡犯罪法律适用若干问题的复函》(2010年,法研〔2010〕105号)第1条、第2条、第3条、第4条;

5.《最高人民法院、最高人民检察院、公安部关于信用卡诈骗犯罪管辖有关问题的通知》(2011年,公通字〔2011〕29号);

6.《最高人民法院、最高人民检察院关于办理妨害信用卡管理刑事案件具体应用法律若干问题的解释》(2018年,法释〔2018〕19号)第5条至第13条;

7.《最高人民法院、最高人民检察院关于常见犯罪的量刑指导意见(试行)》(2021年,法发〔2021〕21号)第4条第5项。

保险诈骗罪

一、刑法规定

第一百九十八条:有下列情形之一,进行保险诈骗活动,数额较大的,处五年以下有期徒刑或者拘役,并处一万元以上十万元以下罚金;数额巨大或者有其他严重情节的,处五年以上十年以下有期徒刑,并处二万元以上二十万元以下罚金;

数额特别巨大或者有其他特别严重情节的，处十年以上有期徒刑，并处二万元以上二十万元以下罚金或者没收财产：

（一）投保人故意虚构保险标的，骗取保险金的；

（二）投保人、被保险人或者受益人对发生的保险事故编造虚假的原因或者夸大损失的程度，骗取保险金的；

（三）投保人、被保险人或者受益人编造未曾发生的保险事故，骗取保险金的；

（四）投保人、被保险人故意造成财产损失的保险事故，骗取保险金的；

（五）投保人、受益人故意造成被保险人死亡、伤残或者疾病，骗取保险金的。

有前款第四项、第五项所列行为，同时构成其他犯罪的，依照数罪并罚的规定处罚。

单位犯第一款罪的，对单位判处罚金，并对其直接负责的主管人员和其他直接责任人员，处五年以下有期徒刑或者拘役；数额巨大或者有其他严重情节的，处五年以上十年以下有期徒刑；数额特别巨大或者有其他特别严重情节的，处十年以上有期徒刑。

保险事故的鉴定人、证明人、财产评估人故意提供虚假的证明文件，为他人诈骗提供条件的，以保险诈骗的共犯论处。

二、罪名解读

保险诈骗罪，是指以非法获取保险金为目的，违反保险法规，采用虚构保险标的、保险事故或者制造保险事故等方法，进行保险诈骗活动，数额较大的行为。本罪的具体构成要件如下所述：

（一）主体要件

本罪的主体为特殊主体，即投保人、被保险人或者受益人，包括自然人和单位。保险事故的鉴定人、证明人、财产评估人故意提供虚假的证明文件，为他人诈骗提供条件的，以保险诈骗的共犯论处。

（二）客体要件

本罪侵犯的客体是国家的保险管理制度和保险人的财产所有权。本罪的行为对象为保险金，行为人骗取保险公司保险金以外的其他财产的，依法不构成本罪。保险，是指投保人根据合同约定，向保险人支付保险费，保险人对合同约定的可能发生的事故所造成的财产损失承担赔偿保险金责任，或者当被保险人死亡、伤残、疾病或者达到合同约定的年龄、期限等条件时承担给付保险金责任的商业保险行为。保险诈骗是伴随着保险业的产生和发展而出现的一种新型犯罪，部分犯罪分子利用保险业在管理和制度上的漏洞，进行保险诈骗活动，严重损害了保险业的正常秩序。保险诈骗与普通诈骗不同，行为人一般都是基于一定的保险合同而故意实施诈骗行为。

（三）主观要件

本罪的主观方面是直接故意，且具有非法占有保险金的目的。在此，需要说明的是，本罪的犯罪故意既可以产生于投保前，也可以产生于投保后；既可以产生于保险事故发生前，也可以产生于保险事故发生后。犯罪故意产生的时间先后并不影响本罪的定性。

（四）客观要件

本罪的客观方面表现为违反保险法规规定，用虚构事实或者隐瞒真相的方法，骗取保险金，数额较大的行为。本罪的客观方面包括两个构成要素：一是行为人实施了保险诈骗活动；二是行为人骗取的财物数额较大。本罪的客观方面表现为以下五种情形：一是投保人故意虚构保险标的，骗取保险金。这里的"故意虚构保险标的"，是指投保人在与保险人订立保险合同时，故意虚构了一个不存在的保险对象与保险人订立保险合同。二是投保人、被保险人或者受益人对发生的保险事故编造虚假的原因或者夸大损失的程度，骗取保险金。这里的"对发生的保险事故编造虚假的原因"，是指对保险事故的原因作虚假的陈述或者隐瞒真实情况。这里的"夸大损失的程度"，是指故意夸大保险事故造成的损失，从而更多地从保险公司骗取保险金。故意夸大损失程度的手段和方法多种多样，如涂改发票、多报损失等。三是投保人、被保险人或者受益人编造未曾发生的保险事故，骗取保险金。这里的"编造未曾发生的保险事故"，是指在未曾发生保险事故的情况下，虚构事实，谎称发生保险事故。四是投保人、被保险人故意造成财产损失的保险事故，骗取保险金。这里的"故意造成财产损失的保险事故"，是指投保财产险的投保人、被保险人，在保险合同的有效期限内，故意人为地制造保险事故，从而骗取保险金的行为。五是投保人、受益人故意造成被保险人死亡、伤残或者疾病，骗取保险金。这里的"故意造成被保险人死亡、伤残或者疾病"，是指投保人或受益人采取杀害、伤害、虐待、遗弃、下毒以及其他方法故意造成人身事故，致使被保险人死亡、伤残或者生病，从而骗取保险金的行为。

这里的"投保人"，是指与保险人订立保险合同，并按照合同约定负有支付保险费义务的人。这里的"保险人"，是指与投保人订立保险合同，并按照合同约定承担赔偿或者给付保险金责任的保险公司。这里的"被保险人"，是指其财产或者人身受保险合同保障，享有保险金请求权的人。这里的"受益人"，是指人身保险合同中由被保险人或者投保人指定的享有保险金请求权的人。需要说明的是，投保人可以为被保险人，投保人、被保险人可以为受益人。

三、罪与非罪

认定保险诈骗罪的罪与非罪，关键在于骗取的保险金是否达到了较大数额，未达到较大数额的，可按一般的违反保险法规的行为处理，只有达到较大数额的，才构成保险诈骗罪。本罪中，判断是否构成犯罪既遂的标准为行为人是否实际骗取了保险金。司法实践中，对于下列情形，均不应以保险诈骗罪进行认定：（1）情节显著轻微的行为。比如，行为人因担心发生保险事故后不能获得足额赔付而故意多报、虚报保险标的损失，并未故意制造保险事故或者在保险事故发生后没有实际获取保险金的，或者虽然获取了保险金，但获取数额较小的。（2）行为人不具有保险诈骗的目的。比如，行为人虽然造成了保险事故，但其采取的方法行为或者结果行为并没有对公共利益造成损害，且其目的不是诈骗保险金，主观上不具有保险诈骗的犯罪故意。（3）过失行为、意外行为等排除犯罪认定的其他情形。

关于本罪的刑事立案追诉标准，修订后的《立案追诉标准（二）》第51条规定，进行保险诈骗活动，数额在5万元以上的，应予立案追诉。在此，需要说明的是，修订后的《立案追诉标准（二）》对个人和单位涉嫌保险诈骗罪的立案追诉标准统一规定为5万元，而不再区分个人犯罪和单位犯罪。司法实践中，关于本罪的立案追诉标准，实际上也就是"数额较大"的认定标准，两者是统一的。

四、注意事项

1. 关于保险诈骗未遂的定性问题。对此，《最高人民检察院法律政策研究室关于保险诈骗未遂能否按犯罪处理问题的答复》指出，行为人已经着手实施保险诈骗行为，但由于其意志以外的因素未能获得保险赔偿的，是诈骗未遂，情节严重的，应依法追究刑事责任。实践中，行为人已经着手实施保险诈骗行为，但因意志以外的因素未能获得保险赔偿的，系犯罪未遂。对于未遂犯，可以比照既遂犯从轻或者减轻处罚。关于"情节严重"的具体认定，应综合考虑保险诈骗的具体数额、危害性大小、社会影响程度以及行为人的违法前科进行综合判断。

2. 关于本罪的罪数问题。根据刑法规定，单就行为人骗取保险金的目的行为而言，其构成保险诈骗罪，但在骗取保险金的过程中，行为人所采取的方法、手段行为又可能独立构成其他犯罪。《刑法》第198条第2款规定，有前款第4项、第5项所列行为，同时构成其他犯罪的，依照数罪并罚的规定处罚。因此，对于刑法有明确规定的，依照数罪并罚的规定处罚。但是，《刑法》仅对第198条第1款第

4 项、第 5 项保险诈骗牵连犯罪规定了数罪并罚，而保险诈骗的其他三类行为也有可能构成牵连犯罪，又应该如何定罪处罚？对此，笔者认为，鉴于刑法没有明文规定对第 1 项、第 2 项、第 3 项所列行为同时触犯其他罪名实行数罪并罚，应当严格遵循罪刑法定原则，不得实行数罪并罚。但是，对符合牵连犯情形的，应适用牵连犯的一般处罚原则，即从一重处断原则。

3. 关于本罪的共犯认定问题。本罪的主体具有身份的限定性，仅包括投保人、被保险人、受益人。但在现实生活中，保险诈骗犯罪分子为了实现其诈骗目的，往往会暗自勾结保险事故的鉴定人、证明人、财产评估人，以便让他们提供虚假的证明文件。实践中，如果保险事故的鉴定人、证明人、财产评估人故意提供虚假的证明文件，为他人诈骗提供条件的，则以保险诈骗的共犯论处。根据《刑法》第 198 条第 4 款的规定，保险事故的鉴定人、证明人、财产评估人构成保险诈骗共犯需符合两个条件：一是必须明知是虚假证明文件而提供；二是其所提供的虚假证明文件在客观上起到了影响保险事故调查结果的作用，也就是说在客观上为他人实施保险诈骗行为提供了便利条件。实践中，如果他人所实施的保险诈骗行为尚不构成犯罪的，则对于保险事故的鉴定人、证明人、财产评估人虽然不能以共犯论处，但其提供虚假证明文件的行为仍有可能构成刑法规定的提供虚假证明文件罪等其他犯罪。

五、风险提示

现实中，保险欺诈败坏社会风气，严重扰乱社会秩序，给国家财产和他人生命财产造成威胁。由于巨额保险金的诱惑，不少违法犯罪分子不惜铤而走险，以身试法，采取纵火、爆炸、杀人、制造事故等各种残忍手段骗取保险金。特别是在人身保险中，父母杀死亲生儿女的案例屡见不鲜。这些人为道德风险的频频发生，给社会治安增添了许多不安定的因素，造成了极大的社会危害，为社会道义和法治国家所不容，应引起广泛关注和高度重视。实践中，保险金诈骗类欺诈的形式包括但不限于：（1）先出险后投保骗取保险金；（2）故意隐瞒病史，带病投保骗取保险金；（3）投保时故意冒名体检、提供虚假的体检报告骗取保险金；（4）未发生保险事故而谎称发生保险事故骗取保险金；（5）冒名顶替治疗骗取保险金；（6）疾病出险谎称意外出险骗取保险金；（7）夸大伤残等级骗取保险金；（8）故意造成被保险人死亡、伤残或疾病等骗取保险金；（9）其他欺诈形式。

目前，国内保险行业的欺诈风险呈现出欺诈手段升级、团伙作案多发、欺诈主体多元、作案手段隐蔽、寿险高额骗保增加等特征。保险欺诈行为扰乱了正常的市场秩序，损害了行业形象，动摇了行业健康持续发展的基础。鉴于此，我国的反欺诈工作以保护保险消费者合法权益，维护保险市场秩序，促进保险行业健康发展为目标。关于"保险欺诈"的含义，国家金融监督管理总局印发的《反保险欺诈工作办法》第2条第1款规定，本办法所称保险欺诈是指利用保险合同谋取非法利益的行为，主要包括：故意虚构保险标的，骗取保险金；编造未曾发生的保险事故、编造虚假的事故原因或者夸大损失程度，骗取保险金；故意造成保险事故，骗取保险金；等等。

根据《保险法》《刑法》等法律法规规定，保险诈骗行为需要承担的法律责任包括：一是民事法律责任。行为人故意或者因重大过失未履行如实告知义务，未发生保险事故而谎称发生了保险事故，故意制造保险事故，以伪造、变造的有关证明、资料或者其他证据编造虚假的事故原因或者夸大损失程度的，根据不同情形，保险人可解除合同、不承担赔偿或者给付保险金的责任、不退还保险费。二是行政法律责任。投保人、被保险人或者受益人有下列行为之一，进行保险诈骗活动，尚不构成犯罪的，依法给予行政处罚：（1）投保人故意虚构保险标的，骗取保险金的；（2）编造未曾发生的保险事故，或者编造虚假的事故原因或者夸大损失程度，骗取保险金的；（3）故意造成保险事故，骗取保险金的。保险事故的鉴定人、证明人、财产评估人故意提供虚假的证明文件，为投保人、被保险人或者受益人进行保险诈骗提供条件的，依照前款规定给予处罚。三是刑事法律责任。行为人进行保险诈骗活动，数额较大的，处5年以下有期徒刑或者拘役，并处1万元以上10万元以下罚金；数额巨大或者有其他严重情节的，处5年以上10年以下有期徒刑，并处2万元以上20万元以下罚金；数额特别巨大或者有其他特别严重情节的，处10年以上有期徒刑，并处2万元以上20万元以下罚金或者没收财产。

六、参阅案例

人民法院案例库参考案例：温某甲等保险诈骗案（入库编号2023-04-1-141-001）。该案裁判要旨为：（1）关于新型险种是否属于保险诈骗罪的"保险"的认定。保险诈骗罪中的"保险"是指我国《保险法》中所称的"保险"。新型险种是否属于《保险法》规定的保险，关系着被告人行为是受诈骗罪规制，还是受保险诈骗罪规制。根据《保险法》第135条之规定，保险险种应当经过批准或备案。近年来，新型险种不断涌现，存在备案含混不清的情况。如果排除所有具有金融瑕疵的新型险种，那么很多创新型保险产品都会被一票否决。因此，只要主险种已经批准或备案，其效力可溯及已被社会广泛认可的分支险种。本案中，尽管"某猫材质保真险"未进行备案，但其属于材质保真险的分支险种，而材质保真险是已备案的某安产品质量保证保险的产品推广销售名称，主险种的效力可溯及该分支险种，故该险种可被认定为我国《保险法》规定的"保险"，属于保险诈骗罪的对象。（2）关于行为人购买商品支付的对价能否从保险诈骗罪的犯罪金额中扣减的认定。保险诈骗罪的行为人为了实现理赔所支付给商家的货款，与保险公司支付的理赔金，属于两条不同性质的给付途径，且理赔金是从保险公司专户支付的，侵犯的是保险公司的财产权，故购买商品成本属于为了实施犯罪所投入成本，不能从犯罪金额中扣除。

七、关联规定

1.《中华人民共和国保险法》（2015年）第2条、第3条、第4条、第165条、第174条、第179条；

2.《中国保险监督管理委员会、公安部关于加强协作配合共同打击保险领域违法犯罪行为的通知》（2009年，保监发〔2009〕87号）第1条、第2条、第3条、第4条；

3.《公安部经济犯罪侦查局关于对一起保险诈骗案件有关问题的批复》（2009年，公经金融〔2009〕248号）；

4.《最高人民检察院、公安部关于公安机关管辖的刑事案件立案追诉标准的规定（二）》（2022年，公通字〔2022〕12号）第51条；

5.《最高人民检察院法律政策研究室关于保险诈骗未遂能否按犯罪处理问题的答复》（1998年，〔1998〕高检研发第20号）。

第六章　危害税收征管类犯罪

逃税罪

一、刑法规定

第二百零一条：纳税人采取欺骗、隐瞒手段进行虚假纳税申报或者不申报，逃避缴纳税款数额较大并且占应纳税额百分之十以上的，处三年以下有期徒刑或者拘役，并处罚金；数额巨大并且占应纳税额百分之三十以上的，处三年以上七年以下有期徒刑，并处罚金。

扣缴义务人采取前款所列手段，不缴或者少缴已扣、已收税款，数额较大的，依照前款的规定处罚。

对多次实施前两款行为，未经处理的，按照累计数额计算。

有第一款行为，经税务机关依法下达追缴通知后，补缴应纳税款，缴纳滞纳金，已受行政处罚的，不予追究刑事责任；但是，五年内因逃避缴纳税款受过刑事处罚或者被税务机关给予二次以上行政处罚的除外。

二、罪名解读

逃税罪，是指纳税人采取欺骗、隐瞒手段进行虚假纳税申报或者不申报，逃避缴纳税款数额较大并且占应纳税额 10% 以上，或者缴纳税款后，以假报出口或者其他欺骗手段，骗取所缴纳的税款，以及扣缴义务人采取欺骗、隐瞒等手段，不缴或者少缴已扣、已收税款，数额较大的行为。本罪的具体构成要件如下所述：

（一）主体要件

本罪的主体为特殊主体，即纳税人和扣缴义务人，包括自然人和单位。这里的"纳税人"，是指法律、行政法规规定负有纳税义务的单位和个人。这里的"扣缴义务人"，是指法律、行政法规规定负有代扣代缴、代收代缴税款义务的单位和个人。纳税人、扣缴义务人必须依照法律、行政法规的规定缴纳税款及代扣代缴、代收代缴税款。教唆、帮助纳税人或者扣缴义务人实施逃税行为的，以逃税罪的共犯论处。税务机关的工作人员与纳税人或者扣缴义务人相勾结，共同实施逃税行为的，成立逃税罪的共犯；行为同时触犯徇私舞弊不征、少征税款罪的，属于想象竞合，从一重罪处罚。

（二）客体要件

本罪侵犯的客体是国家的税收管理制度。国家的税收管理制度是国家各种税收和税款征收办法的总称，包括征收对象、开征税种、税率、征收管理体制等方面的内容。本罪的行为对象为应纳税款。

（三）主观要件

本罪的主观方面为故意，且只能是直接故意，并具有逃避缴纳应纳税款的非法目的。实践中，单位为了私设"小金库"而在财务账上少列收入，导致少缴税款，符合前述条件的，依然成立逃税罪。认定行为人有无逃税的故意，主要从行为人的主观条件、业务水平和行为时的具体情况等方面进行综合分析判断。需要说明的是，漏税行为不成立逃税罪。漏税，是指纳税单位或者个人因过失漏缴或少缴税款的行为。比如，行为人因一时疏忽而未及时申报纳税，或者因管理混乱而账目不清，漏缴税款的，不构成逃税罪。此外，行为人因过失而不缴纳或者少缴纳税款的，不成立本罪。

（四）客观要件

本罪的客观方面表现为违反国家税收管理法律法规，采取欺骗、隐瞒的手段进行虚假纳税申报或者不申报，逃避缴纳税款数额较大的行为。本罪的客观方面包含以下两个要素：一是采取欺骗、隐瞒手段逃避缴纳税款；二是逃避缴纳税款的数额必须达到法定标准。

本罪的具体行为方式如下：一是采取欺骗、隐瞒手段进行虚假纳税申报。这里的"虚假纳税申报"，是指纳税人或者扣缴义务人向税务机关报送虚假的纳税申报表、财务报表、代扣代缴或代收代缴税款报告表或者其他纳税申报资料，如提供虚假申请，编造减税、免税、抵税、先征收后退还税款等虚假资料，等等。二是不申报纳税。因不申报纳税而成立逃税罪的，无须采取欺骗、隐瞒手段。一般而言，只有经税务机关通知申报而不申报的，才能构成逃税罪中的不申报。具有下列情形之一的，应当认定为《刑法》第201条第1款规定的"不申报"：（1）依法在登记机关办理设立登记的纳税人，发生应税行为而不申报纳税的；（2）依法不需要在登记机关办理设立登记或者未依法办理设立登记的纳税人，发生应税行为，经税务机关依法通知其申报而不申报纳税的；（3）其他明知应当依法申报纳税而不申报纳税的。但是，"经税务机关通知申报而拒不申报"以行为人负有纳税义务、扣缴义务为前提。三是缴纳税款后，以假报出口或者其他欺骗手段，骗取所缴纳的税款。

本条第 3 款中的"未经处理",包括未经行政处理和刑事处理。"按照累计数额计算",是指按照行为人历次逃税的数额累计相加。对于多次逃税的,不管每次逃税的数额多少,只要累计达到了法定起刑数额标准,即应按照本条的规定追究刑事责任。需要补充说明的是,如果扣缴义务人承诺为纳税人代付税款,则对于其向纳税人支付的税后所得,应当认定扣缴义务人"已扣、已收税款"。

三、罪与非罪

对纳税人而言,构成逃税罪必须达到的法定标准为"逃避缴纳税款数额较大并且占应纳税额 10% 以上";对扣缴义务人而言,构成逃税罪必须达到的法定标准为"不缴或者少缴已扣、已收税款,数额较大",并不要求不缴或者少缴已扣、已收税款占应缴税款的 10% 以上。纳税人在缴纳税款后骗取所缴纳的税款成立逃税罪时,除要求数额较大外,还要求骗取所缴纳的税款占应纳税额的 10% 以上。对于多次实施逃税行为和不缴或者少缴已扣、已收税款行为,未经处理的,按照累计数额计算。这里的"多次逃税未经处理",是指纳税人和扣缴义务人在 5 年内多次实施了逃税行为,但每次的逃税数额均未达到《刑法》第 201 条规定的构成犯罪的数额标准,且未受处理的情形。

可以肯定地讲,并不是所有的逃税行为都是犯罪,绝大多数逃税行为只是一般行政违法行为,依照行政法律法规的规定,给予相应的行政处罚即可。实践中,需要从行为性质上划清逃税违法行为和逃税罪的界限,分清是逃税还是漏税、欠税、避税。从逃税的数额或者情节上,关注其是否达到法律规定的逃税数额标准。如果从以上方面进行分析,某一逃税行为未达到情节严重的程度,则应由税务部门依照税法的有关规定给予行政处罚,而不能按照逃税犯罪处理。

关于本罪的刑事立案追诉标准,修订后的《立案追诉标准(二)》第 52 条规定,逃避缴纳税款,涉嫌下列情形之一的,应予立案追诉:(1)纳税人采取欺骗、隐瞒手段进行虚假纳税申报或者不申报,逃避缴纳税款,数额在 10 万元以上并且占各税种应纳税总额 10% 以上,经税务机关依法下达追缴通知后,不补缴应纳税款、不缴纳滞纳金或者不接受行政处罚的;(2)纳税人 5 年内因逃避缴纳税款受过刑事处罚或者被税务机关给予 2 次以上行政处罚,又逃避缴纳税款,数额在 10 万元以上并且占各税种应纳税总额 10% 以上的;(3)扣缴义务人采取欺骗、隐瞒手段,不缴或者少缴已扣、已收税款,数额在 10 万元以上的。纳税人在公安机关立案后再补缴应纳税款、缴纳滞纳金或者接受行政处罚的,不影响刑事责任的追究。此外,根据《最高人民法院、最高人民检察院关于办理危害税收征管刑事案件适用法律若干问题的解释》(以下简称《危害税收征管解释》)第 2 条的规定,纳税人逃避缴纳税款以及扣缴义务人不缴或者少缴已扣、已收税款"数额较大"和"数额巨大"的法定标准分别为 10 万元以上、50 万元以上。

四、注意事项

1.关于本罪中"欺骗、隐瞒手段"的认定问题。对此,《危害税收征管解释》第 1 条规定,纳税人进行虚假纳税申报,具有下列情形之一的,应当认定为《刑法》第 201 条第 1 款规定的"欺骗、隐瞒手段":(1)伪造、变造、转移、隐匿、擅自销毁账簿、记账凭证或者其他涉税资料的;(2)以签订"阴阳合同"等形式隐匿或者以他人名义分解收入、财产的;(3)虚列支出、虚抵进项税额或者虚报专项附加扣除的;(4)提供虚假材料,骗取税收优惠的;(5)编造虚假计税依据的;(6)为不缴、少缴税款而采取的其他欺骗、隐瞒手段。值得关注的是,《危害税收征管解释》中将签订"阴阳合同"作为逃税方式之一予以明确。实践中,"阴阳合同"常见于娱乐产业、房地产交易等领域,其目的无非是规避税收、隐匿资金,从而达到逃税的效果。所谓"阴阳合同",是指合同当事人就同一事项订立两份以上内容不相同的合同,一份对内,一份对外。其中,对外的一份并不是双方真实意思的表示,也不会被实际履行,它通常会被用于交给有关行政机关进行备案或者审查,当事人签订该合同的目的就是规避监管、降低税收等,一般称之为"阳合同";而对内的一份则是双方真实意思的表示,也是双方实际履行的合同,一般称之为"阴合同"。根据《民法典》以及《税收征收管理法》等法律规定,行为人签订的"阴阳合同"属于违反法律法规强制性规定的无效民事法律行为,税务机关在调查核实后,可以对其偷逃税款的行为给予行政处罚,构成犯罪的,还应当依法追究刑事责任。

2.关于逃税数额及其占应纳税额比例的认定问题。实践中,逃税数额实际上就是指逃避缴纳税款数额。根据《危害税收征管解释》第 4 条的规定,"逃避缴纳税款数额",是指在确定的纳税期间,不缴或者少缴税务机关负责征收的各税种税款的总额。"应纳税额",是指应税行为发生年度内依照税收法律、行政法规规定应当缴纳的税额,不包括海关代征的增值税、关税等及纳税人依法预缴的税额。"逃避缴纳税款数额占应纳税额的百分比",是指行为人在一个纳税年度中的各税种逃税总额与该纳税年度应纳税总额的比例;不按纳税年度确定纳税期的,按照最后一次逃税行为发生之日前一年中各税种逃税总额与该年应纳税总额的比例确定。纳税义务存续期间不足一个纳税年度的,按照各税种逃税总额与实际发生纳税义务期间应纳税总额的比例确定。逃税行为跨越若干个纳税年度,只要其中一个纳税年度的逃税数额及百分比达到《刑法》第 201 条第 1 款规定的标准,即构成逃税罪。各纳税年度的逃税数额应当累计计算，逃税额占应纳税额百分比应当按照各逃税年度百分比的最高值确定。

3. 关于逃税与避税的界限问题。逃税，是指纳税人违反税法规定不缴或者少缴税款的非法行为，又称"非法避税"。实践中，逃税行为的主要表现如下：（1）伪造、变造、隐匿、擅自销毁账簿、记账凭证；（2）在账簿上多列支出或者不列、少列收入；（3）经税务机关通知申报而拒不申报纳税；（4）进行虚假纳税申报；（5）缴纳税款后，以假报出口或者其他欺骗手段，骗取所缴纳的税款。逃税是法律所禁止的非法避税行为，当情节达到一定程度时就会构成逃税犯罪。而避税，是指利用税法的漏洞或者模糊之处，通过对经营活动和财务活动的安排，以达到免税或者少缴税款目的的行为。实践中，避税行为的主要表现如下：（1）利用选择性条文避税；（2）利用不清晰的条文避税；（3）利用伸缩性条文避税；（4）利用矛盾性、冲突性条文避税。关于上述避税行为，第一种并不违法，而其他三种虽然违反税法精神，但由于不符合逃税罪的犯罪构成，故只能根据税法的有关规定作补税处理，而不能认定为逃税罪。

4. 关于本罪的处罚阻却事由问题。《刑法》第201条第4款规定了本罪的刑罚阻却事由，换言之，即使行为符合逃税罪的犯罪构成，但只要具备本款规定的处罚阻却事由，也不追究行为人的刑事责任。有关此点，《危害税收征管解释》第3条也作出了明确规定，纳税人有《刑法》第201条第1款规定的逃避缴纳税款行为，在公安机关立案前，经税务机关依法下达追缴通知后，在规定的期限或者批准延缓、分期缴纳的期限内足额补缴应纳税款，缴纳滞纳金，并全部履行税务机关作出的行政处罚决定的，不予追究刑事责任。但是，5年内因逃避缴纳税款受过刑事处罚或者被税务机关给予2次以上行政处罚的除外。实践中，正确理解"不予追究刑事责任"的条件，需要关注以下四个方面：其一，任何逃税案件，必须先经过税务机关的处理，这也是认定本罪的一个法定前置条件。换言之，纳税人有逃避缴纳税款行为，税务机关没有依法下达追缴通知的，依法不予追究刑事责任。其二，行为人必须同时具备"补缴应纳税款""缴纳滞纳金""已受行政处罚"三个条件，才能不被追究刑事责任。根据《税收征收管理法》的有关规定，对于逃税的，由税务机关追缴其不缴或者少缴的税款、滞纳金，滞纳金按日加收滞纳税款0.05%计算，并处不缴或者少缴的税款50%以上5倍以下罚款。其三，"五年内因逃避缴纳税款受过刑事处罚或者被税务机关给予二次以上行政处罚的除外"属于不予追究刑事责任的例外情形，在适用该条款追究行为人刑事责任时，行为人行为仍然应符合《刑法》第201条规定的逃税税额、比例要求。这里的"二次"，指因逃税受到行政处罚后又逃税而再次被给予行政处罚。换言之，行为人已经受过2次行政处罚，第三次再逃税的，才否定处罚阻却事由的成立。这里的"二次以上行政处罚"，既包含符合本罪构成要件的行政处罚，也包含虽不符合本罪构成要件但属于税法规定的逃税行为的行政处罚。但是，行为人因为漏税而受行政处罚的，不包含在内。其四，纳税人在公安机关立案后才补缴应纳税款、缴纳滞纳金或者接受行政处罚的，不影响刑事责任的追究。需要强调的是，根据同等行为同等处理原则，对于扣缴义务人和纳税人的逃税行为应当统一适用《刑法》第201条第4款的规定。换言之，只要符合相关条件的，对扣缴义务人同样适用第4款不予追究刑事责任的特别规定。

五、风险提示

《刑法》第201条第4款是《刑法修正案（七）》增设的条款，属于附条件不追究行为人刑事责任的规定，这主要是考虑到惩治逃税犯罪的主要目的是维护税收管理秩序，保证国家税收收入，同时也给涉案企业一次经过有效合规整改从而实现"出罪"的机会。对初犯而言，经税务机关下达追缴通知后，补缴了税款和滞纳金，履行了纳税义务，接受了行政处罚的，可以不再作为犯罪追究行为人的刑事责任。这一立法的重大修改，不仅体现了宽严相济的刑事政策和罪责刑相适应的刑法基本原则，而且符合当今世界刑法轻刑化的发展大趋势，是立法上的一大进步，受到了广泛肯定和称赞。

实践中，需要准确把握逃税和漏税的界限问题。具体来说，逃税与漏税的区别可从以下两方面进行把握：一是主观方面。逃税是直接故意行为；而漏税则是过失或者无意识行为，漏税行为人主观上不具有逃避纳税义务的目的，对这一危害结果更不持希望发生的态度。二是客观方面。逃税是指采取欺骗、隐瞒手段进行虚假纳税申报或者不申报，逃避缴纳税款的行为；而漏税则是行为人不熟悉税收法规和财务制度致使账簿、记账凭证的记录不符合有关税法、财务制度的要求或者错误进行了纳税申报等。实践中，可以根据行为人的客观行为和事后态度予以综合认定，对于证明主观方面证据不足的，应按漏税进行处理，而不应以逃税论处。

关于其他涉嫌逃税违法犯罪的认定与处理，司法实践中，对于以下情形，符合本罪构成要件的，应以本罪论处：（1）未按照规定办理税务登记的从事生产、经营的纳税人以及临时从事经营的纳税人，可以构成逃税罪的犯罪主体。（2）对于行为人明知是非法制造的发票而使用，且偷逃税款达到了法定数额、比例要求的，应当以逃税罪追究刑事责任。（3）《税收征收管理法》第33条规定，纳税人依照法律、行政法规的规定办理减税、免税。地方各级人民政府、各级人民政府主管部门、单位和个人违反法律、行政法规规定，擅自作出的减税、免税决定无效，税务机关不得执行，并向上级税务机关报告。因此，地方政府擅自制定的税收优惠违反了法律的强制性规定的，属于无效行为，不得作为纳税人不缴、少缴税款的依据，如果纳税人行为触犯了《刑法》第 201 条规定的，仍应以逃税罪追究其刑事责任。

六、参阅案例

人民法院案例库参考案例：某环境工程有限公司、李某某逃税案（入库编号 2023-06-1-142-001）。该案裁判要旨为：根据《刑法修正案（七）》修正后的《刑法》第 201 条第 4 款规定，对纳税人采取欺骗、隐瞒手段进行虚假纳税申报或者不申报，逃避缴纳税款数额较大或巨大，经税务机关依法下达追缴通知后，补缴应纳税款，缴纳滞纳金，已受行政处罚的，不予追究刑事责任；但是，5 年内因逃避缴纳税款受过刑事处罚或者被税务机关给予 2 次以上行政处罚的除外。根据刑法"从旧兼从轻"原则，对于《刑法修正案（七）》施行前实施，未经税务机关给予行政处罚，直接移交司法机关处理的逃税行为，审判时《刑法修正案（七）》已经施行的，应当适用《刑法》第 201 条第 4 款对逃税初犯不予追究刑事责任的特别条款，在被告单位和个人接受税务机关行政处罚，补缴应纳税款、缴纳滞纳金后，不再追究刑事责任。

七、关联规定

1.《中华人民共和国公益事业捐赠法》（1999 年）第 2 条、第 3 条、第 6 条、第 30 条；

2.《中华人民共和国税收征收管理法》（2015 年）第 4 条、第 63 条、第 80 条；

3.《公安部关于如何理解〈刑法〉第二百零一条规定的"应纳税额"问题的批复》（1999 年，公复字〔1999〕4 号）；

4.《公安部关于对未依法办理税务登记的纳税人能否成为偷税犯罪主体问题的批复》（2007 年，公复字〔2007〕3 号）；

5.《最高人民检察院、公安部关于公安机关管辖的刑事案件立案追诉标准的规定（二）》（2022 年，公通字〔2022〕12 号）第 52 条；

6.《最高人民法院、最高人民检察院关于办理妨害武装部队制式服装、车辆号牌管理秩序等刑事案件具体应用法律若干问题的解释》（2011 年，法释〔2011〕16 号）第 6 条；

7.《最高人民法院、最高人民检察院关于办理危害税收征管刑事案件适用法律若干问题的解释》（2024 年，法释〔2024〕4 号）第 1 条、第 2 条、第 3 条、第 4 条、第 19 条、第 20 条、第 21 条。

逃避追缴欠税罪

一、刑法规定

第二百零三条：纳税人欠缴应纳税款，采取转移或者隐匿财产的手段，致使税务机关无法追缴欠缴的税款，数额在一万元以上不满十万元的，处三年以下有期徒刑或者拘役，并处或者单处欠缴税款一倍以上五倍以下罚金；数额在十万元以上的，处三年以上七年以下有期徒刑，并处欠缴税款一倍以上五倍以下罚金。

第二百一十一条：单位犯本节第二百零一条、第二百零三条、第二百零四条、第二百零七条、第二百零八条、第二百零九条规定之罪的，对单位判处罚金，并对其直接负责的主管人员和其他直接责任人员，依照各该条的规定处罚。

第二百一十二条：犯本节第二百零一条至第二百零五条规定之罪，被判处罚金、没收财产的，在执行前，应当先由税务机关追缴税款和所骗取的出口退税款。

二、罪名解读

逃避追缴欠税罪，是指纳税人违反税收征管法规，欠缴应纳税款，并采取转移或者隐匿财产的手段，致使税务机关无法追缴欠缴的税款，数额较大的行为。本罪的具体构成要件如下所述：

（一）主体要件

本罪的主体为特殊主体，即纳税人，包括自然人和单位。这里的"纳税人"，是指法律、行政法规规定负有纳税义务的单位和个人。

（二）客体要件

本罪侵犯的客体是国家的税收管理制度。本罪的行为对象为欠缴的应纳税款，即欠税。所谓"欠税"，是指纳税人超过税收法律、行政法规规定的期限或者超过税务机关依照税收法律、行政法规规定确定的纳税期限（以下简称"税款缴纳期限"）未缴纳的税款，包括：（1）办理纳税申报后，纳税人未在税款缴纳期限内缴纳的税款；（2）经批准延期缴纳的税款期限已满，纳税人未在税款缴纳期限内缴纳的税款；（3）税务检查已查定纳税人的应补税额，纳税人未在税款缴纳期限内缴纳的税款；（4）税务机关根据《税收征收管理法》第27条、第35条核定纳税人的应纳税额，纳税人未在税款缴纳期限内缴纳的税款；（5）纳税人的其他未在税款缴纳期限内缴纳的税款。需要说明的是，欠税不包括滞纳金和罚款。

（三）主观要件

本罪的主观方面为故意，且只能是直接故意，并具有逃避税务机关追缴欠缴的税款的非法目的。至于行为人的动机如何，不影响本罪的认定。过失不构成本罪。

（四）客观要件

本罪的客观方面表现为违反税收征管法规，欠缴应纳税款，并采取转移或者隐匿财产的手段，致使税务机关无法追缴欠缴的税款，数额较大的行为。本罪中，逃避税款追缴的行为特指转移财产、隐匿财产。实践中，不管行为人是转移财产还是隐匿财产，都属于积极实施刑法所禁止的逃避追缴欠税的行为。对于不是转移财产、隐匿财产，而是欠税人本人逃匿、逃避纳税义务的，则不构成本罪。

这里的"无法追缴"，是指税务机关经法定追缴程序仍无法追回欠缴的税款。这里的"数额"，既非欠税额，也非转移或隐匿财产额，而是税务机关无法追缴的欠税额。

三、罪与非罪

本罪属于结果犯，行为人采取转移或者隐匿财产的手段，造成税务机关无法追缴欠税款的实害后果，且数额在1万元以上的，才构成本罪。实践中，对于行为人在纳税期限届满前即欠税之前，就采取转移或者隐匿财产的手段，意图逃避纳税义务的，税务机关可以先行采取措施，如果行为人之前的转移或者隐匿财产行为致使税务机关无法追缴欠税款的，则不影响本罪的认定。此外，需要补充说明的是，对于明知他人实施逃避追缴欠税犯罪而仍为其提供账号、资信证明或者其他帮助的，以本罪的共犯论处。

关于本罪的刑事立案追诉标准，修订后的《立案追诉标准（二）》第54条规定，纳税人欠缴应纳税款，采取转移或者隐匿财产的手段，致使税务机关无法追缴欠缴的税款，数额在1万元以上的，应予立案追诉。如前所述，这里的"数额"，是指税务机关无法追缴的欠税额。

四、注意事项

1. 关于本罪中"采取转移或者隐匿财产的手段"的认定问题。对此，《危害税收征管解释》第6条规定，纳税人欠缴应纳税款，为逃避税务机关追缴，具有下列情形之一的，应当认定为《刑法》第203条规定的"采取转移或者隐匿财产的手段"：（1）放弃到期债权的；（2）无偿转让财产的；（3）以明显不合理的价格进行交易的；（4）隐匿财产的；（5）不履行税收义务并脱离税务机关监管的；（6）以其他手段转移或者隐匿财产的。实践中，上述手段是认定纳税人是否具有逃避追缴欠税行为的重要标准，但不是唯一标准。如果有证据证明纳税人虽然实施了上述行为，但系基于其他合理原因而不是基于逃避税务机关追缴税款、不履行欠税义务的，则不能认定为逃避追缴欠税行为。

2. 关于本罪若干出罪事由的适用问题。如前所述，本罪属于结果犯，以造成实际危害后果为犯罪构成要件。正确理解本罪的出罪事由，需要注意以下三个方面的问题：一是存在欠税事实是本罪的构罪前提。税务机关出具的行政处理决定书只是证明案件事实的证据之一，是否存在应纳税款，需结合全案有关证据并根据税法相关规定进行审查判断。换言之，如果不存在欠税情形的，则依法不构成本罪。二是税务机关需充分采取行政措施追缴欠税。从《刑法》第 203 条的规定可以看出，本罪以"致使税务机关无法追缴欠缴的税款"为法定构成要件，如果税务机关在下达《责令限期缴纳税款通知书》后，并未依法对纳税人的账户和其他财产采取税收保全措施或者强制执行措施的，则由于缺少法律规定的构成要件，故不能以本罪论处。三是"转移资产"不等于"逃避税务机关追缴"。虽然转移资产是对财产实施的具体处置行为，但根据主客观相统一原则，如果不能证实转移财产是为了逃避税务机关追缴欠税款，而是出于其他合理原因的，比如为了公司的日常经营需要等，则由于欠缺本罪的主观构成要件，故不能以本罪论处。四是逃避追缴的欠税额达到 1 万元以上才会被追诉。换言之，如果税务机关无法追缴的欠税额未达到 1 万元的法定标准，则不能以犯罪论处，属于一般的行政违法行为，可以由税务机关处以行政罚款。实践中，税务机关未充分采取追缴手段扣划账户余额或者拍卖财产的款项，不属于税务机关无法追缴的税款，不应被计算为犯罪数额。如果在扣除该部分款项后，犯罪数额不足 1 万元的，则不能以本罪论处。

3. 关于欠税与本罪的区别问题。《税收征收管理法》第 65 条规定："纳税人欠缴应纳税款，采取转移或者隐匿财产的手段，妨碍税务机关追缴欠缴的税款的，由税务机关追缴欠缴的税款、滞纳金，并处欠缴税款百分之五十以上五倍以下的罚款；构成犯罪的，依法追究刑事责任。"由此可知，欠税是一种违法行为，但并不必然会受到行政处罚或者构成逃避追缴欠税罪。实践中，纳税人明知自己欠税，出于逃避税务机关追缴税款、不履行欠税义务的目的，而采取转移或者隐匿财产的手段，妨碍税务机关追缴欠缴税款的，才会面临行政处罚，甚至涉嫌逃避追缴欠税罪。

4. 关于本罪与逃税罪的区别问题。本罪与逃税罪在犯罪客体、犯罪主体和犯罪故意等方面具有相似之处，且本质上都属于不履行纳税义务。两者的主要区别在于：一是主观故意方面。本罪中，行为人的犯意通常形成于税务机关确定其应税数额和缴税期限之后，其目的在于拖欠应纳税款，并使税务机关无法追缴；而逃税罪行为人的犯意通常形成于应税行为发生之后，税务机关确定其纳税义务之前，其目的在于不缴或者少缴应纳税款。二是犯罪主体方面。本罪的主体仅为纳税人，且纳税人必须欠税；而逃税罪的主体不仅包括纳税人，还包括扣缴义务人。三是客观行为方面。本罪的行为可以概括为"欠"，即纳税人已进行了纳税申报，在欠税的情况下，采取转移或者隐匿财产的手段，致使税务机关无法追缴欠缴的税款；而逃税罪的行为可以概括为"逃"，即采取欺骗、隐瞒手段进行虚假纳税申报或者不申报。四是追诉标准方面。本罪的追诉标准采取的是"数额标准"，即"数额在 1 万元以上"，应予追诉；而逃税罪的追诉标准采取的则是"数额标准"或者"数额加比例标准"，比如"数额在 10 万元以上"或者"数额在 10 万元以上并且占各税种应纳税总额 10% 以上"。

五、风险提示

为了惩治偷税、抗税的犯罪行为，1992 年《全国人民代表大会常务委员会关于惩治偷税、抗税犯罪的补充规定》把纳税人"采取转移或者隐匿财产的手段，致使税务机关无法追缴欠缴的税款"的行为规定为逃避追缴欠税罪。1997 年修订《刑法》时，在合理吸收上述补充规定关于逃避追缴欠税规定的基础上，对该罪名的罚金刑进行了优化调整。实践中，逃税、欠税和骗税等失信违法行为，不仅会导致国家税款流失和财政收入减少，而且会助长不讲诚信经营的社会不良之风，其社会危害性不言而喻。因此，确有必要通过行政措施和法律手段予以规制和打击，以推动构建统一开放、公平高效、诚信守法、安全有序的市场竞争环境。

随着《危害税收征管解释》的颁布实施，特别是该解释对《刑法》第 203 条规定的"采取转移或者隐匿财产的手段"的进一步细化和明确，对于纳税人逃避追缴欠税的行为，税务机关和司法机关的惩处只会越来越严厉。根据上述解释的规定，"不履行税收义务并脱离税务机关监管"的行为将被认定为"采取转移或者隐匿财产的手段"，企业的刑事法律风险也会随之增加，对此，企业和企业家应予以足够重视。事实上，该条款来源于《国家税务总局关于走逃（失联）企业开具增值税专用发票认定处理有关问题的公告》对走逃（失联）企业的定义。所谓"走逃（失联）企业"，是指不履行税收义务并脱离税务机关监管的企业。实践中，部分企业在欠缴税款之后便走逃失联，意图通过"逃避"的方式不缴纳税款。针对此种情形，税务机关通过实地调查、电话查询、涉税事项办理核查以及其他征管手段，仍无法查询到企业和企业相关人员下落的，或者虽然可以联系到企业代理记账、报税人员等，但其并不知情也不能联系到企业实际控制人的，可以判定该企业为走逃

（失联）企业。在上述情况下，税务机关在调查取证后，认为案件涉嫌逃避追缴欠税罪的，应依照国务院《行政执法机关移送涉嫌犯罪案件的规定》的要求，向公安机关移送，相关责任人可能触发本罪的刑事责任风险。

六、参阅案例

人民法院案例库参考案例：北京红某公司等逃避追缴欠税案（入库编号2024-05-1-144-001）。该案裁判要旨为：涉税案件专业性强，税务机关出具的行政处理决定系证明案件事实的主要证据，对该行政处理决定应当进行实质性审查。对于行政处理决定确定的"应纳税款"数额，应当在充分听取控辩双方意见的基础上结合在案其他证据，并根据税法相关规定进行审查判断。

七、关联规定

1.《中华人民共和国税收征收管理法》（2015年）第4条、第65条、第80条；

2.《公安机关办理危害税收征管刑事案件管辖若干问题的规定》（2004年，公通字〔2004〕12号）第1条、第8条、第9条、第10条、第11条；

3.《公安部办公厅关于若干经济犯罪案件如何统计涉案总价值、挽回经济损失数额的批复》（2008年，公经〔2008〕214号）；

4.《欠税公告办法（试行）》（2018年）第2条、第3条、第11条；

5.《最高人民检察院、公安部关于公安机关管辖的刑事案件立案追诉标准的规定（二）》（2022年，公通字〔2022〕12号）第54条；

6.《最高人民法院、最高人民检察院关于办理危害税收征管刑事案件适用法律若干问题的解释》（2024年，法释〔2024〕4号）第6条、第19条、第20条、第21条。

骗取出口退税罪

一、刑法规定

第二百零四条：以假报出口或者其他欺骗手段，骗取国家出口退税款，数额较大的，处五年以下有期徒刑或者拘役，并处骗取税款一倍以上五倍以下罚金；数额巨大或者有其他严重情节的，处五年以上十年以下有期徒刑，并处骗取税款一倍以上五倍以下罚金；数额特别巨大或者有其他特别严重情节的，处十年以上有期徒刑或者无期徒刑，并处骗取税款一倍以上五倍以下罚金或者没收财产。

纳税人缴纳税款后，采取前款规定的欺骗方法，骗取所缴纳的税款的，依照本法第二百零一条的规定定罪处罚；骗取税款超过所缴纳的税款部分，依照前款的规定处罚。

二、罪名解读

骗取出口退税罪，是指以假报出口或者其他欺骗手段，骗取国家出口退税款，数额较大的行为。本罪的具体构成要件如下所述：

（一）主体要件

本罪的主体为一般主体，包括自然人和单位，既可以是纳税人，也可以是非纳税人。这里所说的单位，不限于有出口经营权的单位，而是包括所有的单位。行为人只要采取了虚报出口或者其他欺骗手段，骗取国家出口退税款，数额较大的，依法都构成本罪。

（二）客体要件

本罪侵犯的客体是国家的出口退税管理制度和国家的财产所有权。本罪的行为对象是国家的出口退税款。需要说明的是，本罪中的"出口退税款"，仅包括在国内征收的增值税和消费税的税款。

（三）主观要件

本罪的主观方面为直接故意，并且具有骗取国家出口退税款的目的。实践中，对于明知他人具有骗取出口退税的主观故意，仍然为其虚开增值税专用发票的，以骗取出口退税罪的共犯定罪处罚。过失不构成本罪。

（四）客观要件

本罪的客观方面表现为采取假报出口或者其他欺骗手段，骗取国家出口退税款，数额较大的行为。所谓"出口退税"，是指国家对出口货物予以退还或者免征国内生产、流通环节的增值税和消费税的制度。出口退税包括两类情形：一是退还已纳的国内税款，即在企业商品报关出口时，退还其生产该商品已纳的国内税金；二是退还进口税，即出口产品企业用进口原料或者半成品加工制成产品出口时，退还其已纳的原材料进口税。简言之，出口退税，是指将出口商品在出口以前所缴纳的国内税款和原材料进口关税全额退还。实践中，出口退税的基本原则有：一是多征多退，少征少退；二是不征不退，全征全退；三是退征一致，彻底退税。换言之，国家通过出口退税制度，将对出口商品在出口以前所征的国内税款和原材料进口关税全额退还。

这里的"假报出口或者其他欺骗手段"，是指具有下列情形之一：（1）使用虚开、非法购买或者以其他非法手段取得的增值税专用发票或者其他可以用于出口退税的发票申报出口退税的;(2)将未负税或者免税的出口业务申报为已税的出口业务的;(3)冒用他人出口业务申报出口退税的;(4)虽有出口,但虚构应退税出口业务的品名、数量、单价等要素,以虚增出口退税额申报出口退税的;(5)伪造、签订虚假的销售合同,或者以伪造、变造等非法手段取得出口报关单、运输单据等出口业务相关单据、凭证,虚构出口事实申报出口退税的;(6)在货物出口后,又转入境内或者将境外同种货物转入境内循环进出口并申报出口退税的;(7)虚报出口产品的功能、用途等,将不享受退税政策的产品申报为退税产品的;(8)以其他欺骗手段骗取出口退税款的。

这里的"其他严重情节",是指具有下列情形之一:(1)2年内实施虚假申报出口退税行为3次以上,且骗取国家税款30万元以上的;(2)5年内因骗取国家出口退税受过刑事处罚或者2次以上行政处罚,又实施骗取国家出口退税行为,数额在30万元以上的;(3)致使国家税款被骗取30万元以上并且在提起公诉前无法追回的;(4)其他情节严重的情形。"其他特别严重情节",是指具有下列情形之一:(1)2年内实施虚假申报出口退税行为5次以上,或者以骗取出口退税为主要业务,且骗取国家税款300万元以上的;(2)5年内因骗取国家出口退税受过刑事处罚或者2次以上行政处罚,又实施骗取国家出口退税行为,数额在300万元以上的;(3)致使国家税款被骗取300万元以上并且在提起公诉前无法追回的;(4)其他情节特别严重的情形。

这里的"纳税人缴纳税款后",是指纳税人骗取税款的行为发生在缴纳税款之后。这里的"采取前款规定的欺骗方法",是指采取《刑法》第204条第1款规定的"以假报出口或者其他欺骗手段"。这里的"骗取所缴纳的税款",是指纳税人将已经缴纳的税款骗回的行为。刑法之所以将上述行为以逃税罪定罪处罚,是因为纳税人骗回自己已经缴纳的税款实际上等于没有缴纳税款,本质上与逃税行为无异。而"骗取税款超过所缴纳的税款部分",实际上是将国家财产骗为己有,这与《刑法》第204条第1款规定的骗取国家出口退税性质一样,故对于超过所缴纳的税款部分,应当以骗取出口退税罪定罪处罚。

三、罪与非罪

本罪属于结果犯,骗取出口退税的行为,必须达到数额较大的标准,才构成本罪。有进出口经营权的公司、企业,明知他人意欲骗取国家出口退税款,仍违反国家有关进出口经营的规定,允许他人自带客户、自带货源、自带汇票并自行报关，骗取国家出口退税款的，依照本罪定罪处罚。对于纳税人缴纳税款后，又以假报出口等欺骗手段骗取国家退税款的，应分两种情况予以处理：如果行为人骗取的税款等于或者少于已经缴纳的税款的，则以逃税罪论；如果行为人骗取的税款超过所缴纳的税款的，则对于超过的部分，应认定为本罪，其余部分应认定为逃税罪。行为人以骗税为目的，使用虚假、无效的凭证、商业单据或者采取其他手段向外汇指定银行骗购外汇的，以本罪论。

关于本罪的刑事立案追诉标准，修订后的《立案追诉标准（二）》第55条规定，以假报出口或者其他欺骗手段，骗取国家出口退税款，数额在10万元以上的，应予立案追诉。根据《危害税收征管解释》第8条的规定，骗取国家出口退税款"数额较大""数额巨大""数额特别巨大"的法定标准分别为10万元以上、50万元以上、500万元以上。

四、注意事项

1. 关于本罪的既遂与未遂形态问题。《危害税收征管解释》第9条第1款规定，实施骗取国家出口退税行为，没有实际取得出口退税款的，可以比照既遂犯从轻或者减轻处罚。由此可知，本罪既未遂的判定是以是否实际取得出口退税款为标准。骗取出口退税实际上是一种特殊的诈骗，其特殊性主要在于诈骗的行为对象是国家出口退税款这一特定财产，因此只有当行为人骗取了国家出口退税款时，才能认定发生了构成要件结果，进而认定为犯罪既遂。实践中，行为人未实际取得出口退税款主要包括以下四种情形：（1）行为人已实施骗取出口退税行为，但没有实际骗得出口退税款；（2）税务机关出具证明证实税务机关尚未实际退款至公司账户；（3）虽然行为人已向税务机关申报，但税务机关未实际退税；（4）因税务机关发现，骗税行为未得逞。对于情节显著轻微危害不大的未遂行为，不作为犯罪处理。

2. 关于本罪的罪数问题。根据《危害税收征管解释》第16条的规定，非法购买增值税专用发票用于骗取抵扣税款或者骗取出口退税款，同时构成非法购买增值税专用发票罪与虚开增值税专用发票罪、骗取出口退税罪的，依照处罚较重的规定定罪处罚。但是，与骗取出口退税存在关联的犯罪行为，并非一律成立牵连犯并予以择一重罪处罚，而是应当根据具体案情准确判断行为人的两种犯罪行为是否具备牵连犯的本质特征。实践中，骗取出口退税与走私行为存在时空关联，但二者之间不存在常态化、高度伴随的牵连关系，故不成立牵连犯，应当实行数罪并罚，以贯彻罪责刑相适应的刑法基本原则。需要补充说明的是，由于本罪也采取了虚构事实或者隐瞒真相的方法，所以骗取出口退税实际上是一种特殊的诈骗行为。鉴于本罪与诈骗罪之间成立法条竞合关系，根据特别法优于一般法原则，凡符合本罪构成要件的，直接以骗取出口退税罪论处即可，而不再以普通诈骗罪定罪处罚。

五、风险提示

骗取出口退税罪是严重的危害税收征管犯罪之一。作为国际通行惯例，为了鼓励本国商品出口，增强国际竞争力，国家允许本国商品以不含税价格进入国际市场，即在货物出口后退还在国内生产和流通环节的已纳税款，避免国际双重课税。不法分子往往利用国家这一税收政策，以假报出口或者其他欺骗手段，将没有出口或者虽出口但不应退税的业务等伪装成应退税业务，骗取出口退税款。这种行为本质上是非法占有国家财产的诈骗犯罪，危害严重，应依法从严惩处。据统计，2023年全国累计检查涉嫌虚开骗税企业17.4万户，挽回出口退税损失约166亿元。[1]实践中，骗取出口退税款的手段主要是"假报出口"，即虚构出口产品的事实，欺骗税务机关。比如，伪造或者签订虚假的买卖合同，以伪造、变造或者其他非法手段取得出口货物报关单，将未纳税或者免税货物作为已税货物出口，或者行为人虽有货物出口，但虚构该出口货物的品名、数量、单价等要素，骗取未实际纳税部分出口退税款。总之，犯罪分子骗取国家出口退税手法多样，表现形式极为复杂，但无论采取何种欺骗手段，其本质上都是弄虚作假，欺骗税务机关，以骗取国家的出口退税款。

关于"四自三不见"业务的法律风险。所谓"四自三不见"，是指在"不见出口商品、不见供货货主、不见外商"的情况下，允许或者放任他人"自带客户、自带货源、自带汇票、自行报关"的行为。此类业务究其实质是一种买单行为，为国家法律明令禁止。在此类业务中，不法分子往往以委托代理或合作出口的名义，充当中间人角色，既为外贸企业联系"外商"，又为外贸企业提供"货源"，并代办一切手续，待手续齐全后，交由外贸企业办理出口退税，故极易被不法分子用于实施骗取出口退税犯罪。而且，在"四自三不见"业务活动中，外贸公司、企业往往出于完成创汇任务和谋取提成、手续费、好处费等其他动机，在知道或者应当知道他人可能骗取国家出口退税款的情况下，置国家有关禁令和国家出口退税款被骗的后果于不顾，积极向其提供空白单证，假报出口，并利用交回的单证申报退税。根据刑法共同犯罪理论，对于这种行为，应以骗取出口退税罪的共犯处理。此外，需要强调的是，如果国家工作人员参与实施骗取出口退税犯罪活动的，应当依照本罪论处，并依法从重处罚。

---

[1]《严肃查处涉税违法犯罪：2023年全国累计挽回出口退税损失约166亿元》，载国家税务总局网2024年2月8日，https://www.chinatax.gov.cn/chinatax/n810219/n810780/c5221454/content.html。

六、参阅案例

人民法院案例库参考案例：刘某甲等12人走私贵重金属、骗取出口退税案（入库编号2023-05-1-081-001）。该案裁判要旨为：对于骗税型走私犯罪的罪名适用，应当厘清牵连犯的适用范围，准确进行罪数评判。2002年《最高人民法院关于审理骗取出口退税刑事案件具体应用法律若干问题的解释》第9条规定，实施骗取出口退税，同时构成虚开增值税专用发票等其他犯罪的，依照刑法处罚较重的规定定罪处罚。然而，与骗取出口退税存在关联的犯罪行为，并非一律成立牵连犯并予以择一重罪处罚，而应当根据具体案情准确判断行为人的两种犯罪行为是否具备牵连犯的本质特征。骗取出口退税与走私行为存在时空关联，但二者之间不存在常态化、高度伴随的牵连关系，故不成立牵连犯，当以数罪并罚，实现刑法对犯罪行为的全面评价，进而贯彻罪责刑相适应的刑法基本原则。

七、关联规定

1.《中华人民共和国税收征收管理法》（2015年）第66条、第80条；

2.《中华人民共和国对外贸易法》（2022年）第2条、第33条、第62条；

3.《最高人民检察院、公安部关于公安机关管辖的刑事案件立案追诉标准的规定（二）》（2022年，公通字〔2022〕12号）第55条；

4.《最高人民法院关于审理骗购外汇、非法买卖外汇刑事案件具体应用法律若干问题的解释》（1998年，法释〔1998〕20号）第1条、第6条；

5.《最高人民法院、最高人民检察院关于办理危害税收征管刑事案件适用法律若干问题的解释》（2024年，法释〔2024〕4号）第7条、第8条、第9条、第19条、第20条、第21条。

虚开增值税专用发票、用于骗取出口退税、抵扣税款发票罪

一、刑法规定

第二百零五条：虚开增值税专用发票或者虚开用于骗取出口退税、抵扣税款的其他发票的，处三年以下有期徒刑或者拘役，并处二万元以上二十万元以下罚金；虚开的税款数额较大或者有其他严重情节的，处三年以上十年以下有期徒刑，并处五万元以上五十万元以下罚金；虚开的税款数额巨大或者有其他特别严重情节

的，处十年以上有期徒刑或者无期徒刑，并处五万元以上五十万元以下罚金或者没收财产。

单位犯本条规定之罪的，对单位判处罚金，并对其直接负责的主管人员和其他直接责任人员，处三年以下有期徒刑或者拘役；虚开的税款数额较大或者有其他严重情节的，处三年以上十年以下有期徒刑；虚开的税款数额巨大或者有其他特别严重情节的，处十年以上有期徒刑或者无期徒刑。

虚开增值税专用发票或者虚开用于骗取出口退税、抵扣税款的其他发票，是指有为他人虚开、为自己虚开、让他人为自己虚开、介绍他人虚开行为之一的。

二、罪名解读

虚开增值税专用发票、用于骗取出口退税、抵扣税款发票罪，是指违反国家税收征管和发票管理规定，为他人虚开、为自己虚开、让他人为自己虚开、介绍他人虚开增值税专用发票或者用于骗取出口退税、抵扣税款的其他发票的行为。本罪的具体构成要件如下所述：

（一）**主体要件**

本罪的主体为一般主体，包括自然人和单位。从虚开发票的环节看，本罪的行为主体包括开票者、受票者和介绍者三类人员。

（二）**客体要件**

本罪侵犯的客体是国家对增值税发票和其他专用发票的管理制度。本罪的行为对象是增值税专用发票和其他可以用于骗取出口退税、抵扣税款的发票。需要说明的是，本罪中的行为对象并不局限于合法真实的发票，也包括伪造的发票。所谓"增值税"，是指对销售货物、提供应税服务、进口货物的增值额征收的税。所谓"增值税专用发票"，是指国家根据增值税征收管理的需要设定的，兼记价款及货物或者劳务所负担的增值税税额的一种专用发票。增值税专用发票的根本特征在于可以用于抵扣税款，而增值税普通发票以及其他发票则不具有税款抵扣功能。所谓"出口退税、抵扣税款的其他发票"，是指可以用于申请出口退税、抵扣税款的非增值税专用发票，如运输发票、废旧物品收购发票、农业产品收购发票等。

（三）**主观要件**

本罪的主观方面只能是直接故意，即行为人故意为他人、为自己、让他人为自己或者介绍他人虚开增值税专用发票或者用于骗取出口退税、抵扣税款的其他发票，而且具有骗取国家税款的非法目的。

（四）客观要件

本罪的客观方面表现为实施了虚开增值税专用发票或者用于骗取出口退税、抵扣税款的其他发票的行为。这里的"虚开"，是指违反国家规定不按照实际情况如实开具专用发票的行为。根据《刑法》第 205 条的规定，虚开行为具体包括为他人虚开、为自己虚开、让他人为自己虚开以及介绍他人虚开等四种特定行为。实践中，虚开行为主要包括以下三种情形：（1）没有货物购销或者没有提供或者接受应税劳务，而为他人、为自己、让他人为自己或者介绍他人虚开增值税专用发票或者用于骗取出口退税、抵扣税款的其他发票；（2）有货物购销或者提供、接受了应税劳务，但为他人、为自己、让他人为自己或者介绍他人开具数量或者金额不实的增值税专用发票或者用于骗取出口退税、抵扣税款的其他发票；（3）进行了实际经营活动，但让他人为自己代开增值税专用发票或者用于骗取出口退税、抵扣税款的其他发票。需要说明的是，本罪中的"虚开"与日常生活中的"虚开"并不相同，本罪中行为人必须同时具有通过虚开骗取国家税款的目的。对于以同一购销业务名义，既虚开进项增值税专用发票或者用于骗取出口退税、抵扣税款的其他发票，又虚开销项的，以其中较大的数额计算。

这里的"其他严重情节"，是指具有下列情形之一：（1）在提起公诉前，无法追回的税款数额达到 30 万元以上的；（2）5 年内因虚开发票受过刑事处罚或者 2 次以上行政处罚，又虚开增值税专用发票或者虚开用于骗取出口退税、抵扣税款的其他发票，虚开税款数额在 30 万元以上的；（3）其他情节严重的情形。"其他特别严重情节"，是指具有下列情形之一：（1）在提起公诉前，无法追回的税款数额达到 300 万元以上的；（2）5 年内因虚开发票受过刑事处罚或者 2 次以上行政处罚，又虚开增值税专用发票或者虚开用于骗取出口退税、抵扣税款的其他发票，虚开税款数额在 300 万元以上的；（3）其他情节特别严重的情形。需要补充说明的是，以伪造的增值税专用发票进行虚开，达到法定标准的，应当以本罪论处。

一般而言，行为人实施虚开增值税专用发票或者用于骗取出口退税、抵扣税款的其他发票的过程中，主观上都是以营利为目的的，但由于刑法并未将"以营利为目的"作为本罪在主观方面的必备要件，因此行为人即便不以营利为目的实施虚开行为的，也可构成本罪。有关此点，司法实践中也持同样观点。值得关注的是，对于"进行了实际经营活动，但让他人为自己代开专用发票"这一情形，如果行为人同时具备以下两个条件的，则不以本罪论处：一是存在现实的交易，且所开具的增值税专用发票如实反映了该交易活动涉及税款计算的内容；二是销售方如实缴纳了相应的税款款项。

此外，需要补充说明的是，行为人盗窃或者骗取增值税专用发票或者用于骗取出口退税、抵扣税款的其他发票构成犯罪的，依照刑法关于盗窃罪或者诈骗罪的规定处罚；如果行为人继续利用该发票实施其他犯罪活动的，则应当在盗窃罪、诈骗罪或者触犯的其他罪名中择一重罪处罚。

三、罪与非罪

本罪不是行为犯，而是目的犯。有关此点，最高人民法院在2018年12月发布的《人民法院充分发挥审判职能作用保护产权和企业家合法权益典型案例（第二批）》之"张某强虚开增值税专用发票案"中认为："被告人张某强以其他单位名义对外签订销售合同，由该单位收取货款、开具增值税专用发票，不具有骗取国家税款的目的，未造成国家税款损失，其行为不构成虚开增值税专用发票罪。"由此可知，最高人民法院在该案的复核意见中给出了明确意见，即本罪属于目的犯，而不是行为犯。目前，我国司法实务界一致认为，对于主观上不具有骗取国家税款目的，客观上也不会造成国家税款流失的虚开行为，不应以虚开增值税专用发票犯罪论处。虽然《刑法》第205条第1款对本罪没有作出任何情节或者起刑点数额的限制，但并不意味着任何情形下的虚开行为均可以被作为犯罪处理。因此，对于确实不知情或者因工作失误而虚开，或者虽然故意虚开但情节轻微、危害不大的，均不应定罪处罚。

关于本罪的罪与非罪界限，实践中曾存在不同的认识。持行为犯观点者认为，根据《刑法》第205条的罪状表述可知，行为人只要实施了虚开行为即可构成本罪。持目的犯观点者则认为，立法机关将虚开增值税专用发票规定为犯罪，主要是为了惩治那些偷逃、骗取虚开增值税专用发票的行为，因此对于主观上不具有偷骗税款目的且客观上也不会造成国家税款流失的虚开行为，不应以本罪论处。有关此点，《全国法院经济犯罪案件审判工作座谈会综述》（2004年）指出，对于行为人主观上不具有偷骗税目的，客观上也不会造成国家税款流失的虚开行为，不应以本罪论处。因此，对于实践中下列三种虚开行为，一般不宜认定为虚开增值税专用发票犯罪：（1）为虚增营业额、扩大销售收入或者制造虚假繁荣，相互对开、环开增值税专用发票的行为；（2）在货物销售过程中，一般纳税人为夸大销售业绩，虚增货物的销售环节，虚开进项增值税专用发票和销项增值税专用发票，但依法缴纳增值税并未造成国家税款损失的行为；（3）为夸大企业经济实力，通过虚开进项增值税专用发票虚增企业的固定资产，但并未利用增值税专用发票抵扣税款，国家税款亦未受到损失的行为。此外，《危害税收征管解释》第10条第2款规定，为虚增业绩、融资、贷款等不以骗抵税款为目的，没有因抵扣造成税款被骗损失的，不以本罪论处，构成其他犯罪的，依法以其他犯罪追究刑事责任。笔者认为，从最高人民法院、最高人民检察院的答复、座谈会纪要、指导案例、批复等精神看，对于任何行为人主观上不以骗取税款为目的，客观上亦未实际造成国家税款损失的行为，均不应以虚开增值税专用发票罪定罪处罚。

关于本罪的刑事立案追诉标准，修订后的《立案追诉标准（二）》第56条规定，虚开增值税专用发票或者虚开用于骗取出口退税、抵扣税款的其他发票，虚开的税款数额在10万元以上或者造成国家税款损失数额在5万元以上的，应予立案追诉。根据《危害税收征管解释》第11条的规定，虚开增值税专用发票或者用于骗取出口退税、抵扣税款的其他发票，税款数额在10万元以上的，以本罪定罪处罚；虚开税款数额在50万元以上、500万元以上的，应当分别认定为《刑法》第205条第1款规定的"数额较大""数额巨大"。

四、注意事项

1. 关于本罪的虚开行为认定标准问题。虚开增值税专用发票罪以虚开行为为构成要件的核心，因此某一行为是否被认定为虚开行为关乎罪与非罪。对此，《危害税收征管解释》第10条规定，具有下列情形之一的，应当认定为《刑法》第205条第1款规定的"虚开增值税专用发票或者虚开用于骗取出口退税、抵扣税款的其他发票"：（1）没有实际业务，开具增值税专用发票或者用于骗取出口退税、抵扣税款的其他发票的；（2）有实际应抵扣业务，但开具超过实际应抵扣业务对应税款的增值税专用发票或者用于骗取出口退税、抵扣税款的其他发票的；（3）对依法不能抵扣税款的业务，通过虚构交易主体开具增值税专用发票或者用于骗取出口退税、抵扣税款的其他发票的；（4）非法篡改增值税专用发票或者用于骗取出口退税、抵扣税款的其他发票相关电子信息的；（5）违反规定以其他手段虚开的。需要补充说明的是，本罪所规定的虚开行为具有行政法和刑法上的双重违法性，故应当区分税法意义上的虚开与刑法意义上的虚开。构成虚开增值税专用发票罪，不仅要求行为人实施了虚开行为，而且要求行为人利用虚开的增值税专用发票骗取国家税款。如果行为人虽然形式上具有虚开的外观，但在主观上没有骗取国家税款的目的或者在客观上没有造成国家税款损失的危险，则不能认定为本罪。

2. 关于挂靠经营中有关开票行为的定性问题。对此，《最高人民法院研究室〈关于如何认定以"挂靠"有关公司名义实施经营活动并让有关公司为自己虚开增值税专用发票行为的性质〉征求意见的复函》认为：挂靠方以挂靠形式向受票方实际销售货物,被挂靠方向受票方开具增值税专用发票的,不属于《刑法》第205条规定的"虚开增值税专用发票"。行为人利用他人的名义从事经营活动,并以他人名义开具增值税专用发票的,即便行为人与该他人之间不存在挂靠关系,但如行为人进行了实际的经营活动,主观上并无骗取抵扣税款的故意,客观上也未造成国家增值税款损失的,不宜认定为《刑法》第205条规定的"虚开增值税专用发票";符合逃税罪等其他犯罪构成条件的,可以其他犯罪论处。

3. 关于废旧物资回收中有关开票行为的定性问题。对此,《国家税务总局关于废旧物资回收经营业务有关税收问题的批复》规定:废旧物资收购人员(非本单位人员)在社会上收购废旧物资,直接运送到购货方(生产厂家),废旧物资经营单位根据上述双方实际发生的业务,向废旧物资收购人员开具废旧物资收购凭证,在财务上作购进处理,同时向购货方开具增值税专用发票或普通发票,在财务上作销售处理,将购货方支付的购货款以现金方式转付给废旧物资收购人员。鉴于此种经营方式是由目前废旧物资行业的经营特点决定的,且废旧物资经营单位在开具增值税专用发票时确实收取了同等金额的货款,并确有同等数量的货物销售,因此,废旧物资经营单位开具增值税专用发票的行为不违背有关税收规定,不应将其定性为虚开。

4. 关于对开、环开的行为定性问题。对开,是指行为双方在没有货物交易的情况下,互相开具的增值税专用发票价格相同,税款一致,而方向相反,双方增值税的进项税额和销项税额刚好可以完全抵销。在对开的情况下,两家单位分别为对方开具不存在真实交易货物或者应税服务的增值税专用发票,且增值税专用发票的金额是同等的。司法实践中,对开包括同等金额的对开和不同金额的对开两种情形,这两种对开的性质是不同的:同等金额的对开,由于对开双方单位都在已经缴纳进项税的情况下开具增值税专用发票,因此,双方以此发票进行抵扣,国家税款并没有实际损失;而不同金额的对开,就其差额而言,存在骗取国家税款的性质。环开,是指循环开票,开票单位之间形成闭环。在开票税额相同的情况下,由于各单位都已经缴纳进项税,因此,利用虚开的增值税专用发票进行抵扣,国家税款并没有实际损失。如果不是同等税额的环开,就其差额而言,存在骗取国家税款的性质。无论是对开还是环开,在税法上都属于虚开,这是没有疑问的。但是,在刑法上是否构成虚开增值税专用发票罪呢?对此,笔者认为,行为人实施的对开、环开行为并不具有骗取国家税款预备行为的性质,由于其主观上没有骗取国家税款的目的,因此不能认定为本罪。但是,行为人实施对开、环开行为,销项税额与进项税额不能互相抵销,因而造成国家税款损失的,应当以本罪论处;对于出于虚增业绩等目的，实施对开、环开行为，没有造成国家税收损失的，不以本罪论处，构成其他犯罪的，依法以其他犯罪追究刑事责任。

5. 关于本罪犯罪数额的认定问题。在认定本罪的犯罪数额时，主要涉及以下三个方面的问题：一是虚开税款数额问题。虚开税款数额，是指虚开增值税专用发票上所载明的税额，即应税货物或应税劳务的计税金额和其所适用的增值税税率的乘积。对于在不具有真实交易情况下的虚开增值税专用发票行为，由于虚开行为人不存在向国家缴税的义务，因此，虚开的数额只以销项或者进项中较大的数额计算即可，不应将虚开的销项和进项累计计算。二是骗取国家税款数额问题。骗取国家税款数额，是指受票人以虚开的增值税专用发票，通过向税务机关申报抵扣或者其他途径骗取国家税款的数额，既包括受票人实际获得的数额，也包括受票人应缴而未缴纳的数额。三是造成国家税款损失数额问题。造成国家税款损失数额，是指被骗取的国家税款在侦查终结前仍然无法追回的数额。对于一些无生产、销售经营活动的行为人在为他人虚开销项增值税专用发票以后，为了掩盖其向他人虚开的事实，又让他人为自己虚开进项增值税专用发票的情形，应以查实的销项增值税中被实际抵扣部分作为给国家利益造成的损失。因为这种虚开增值税专用发票犯罪行为的真正危害在于，虚开的增值税专用发票被受票单位或者个人用于在正常经营过程中向税务机关抵扣税款。行为人为他人虚开销项增值税专用发票以后，受票单位用这些虚开的增值税专用发票抵扣应缴的税款，这才是给国家造成的真正损失。行为人为掩盖其虚开的犯罪事实，又让他人为自己虚开进项增值税专用发票的，由于其并未进行真正的货物买卖或劳务提供，没有向国家缴纳税款的义务，因此，虽然行为人虚开了进项增值税专用发票，但这种虚开并未给国家造成实际的损失，让他人虚开并申报的进项税额不能被计算在给国家造成的损失之中。

五、风险提示

增值税专用发票区别于其他普通发票的关键在于其可以凭票抵扣税款，这也是增值税专用发票的核心功能。不法分子利用增值税专用发票的该功能进行虚开抵扣，骗取国家税款，给国家财产造成损失，危害严重。据报道，2019年1月至2023年12月，检察机关共批准逮捕危害税收征管犯罪嫌疑人19393人，提起公诉54176人。其中，虚开增值税专用发票、用于骗取出口退税、抵扣税款发票罪和虚开发票罪两个罪名合计占91.9%，虚开增值税专用发票罪占比约80%。[1] 实践中，

---

[1]《检察机关五年起诉涉税犯罪54176人》，载最高人民检察院网2024年3月19日，https://www.spp.gov.cn/spp/zdgz/202403/t20240319_649829.shtml。

一些违法犯罪分子往往仅凭一张桌子、一本发票就挂牌营业，实际上是通过设立"空壳公司"实施虚开增值税专用发票犯罪活动，并通过虚开增值税专用发票，为一些企事业单位偷逃税款提供方便。开票者从中收取所开票面额一定比例的"管理费"，受票者则凭借虚开的发票进行偷税、骗取出口退税等违法犯罪活动。这不仅使偷税、骗取出口退税等犯罪更加严重，造成国家大量税款流失，而且严重干扰了国家税制改革的顺利进行，破坏了社会主义市场经济秩序，其社会危害性不言而喻，因此必须依法严惩。

需要说明的是，行为人自己虚开、让他人为自己虚开增值税专用发票或者用于骗取出口退税、抵扣税款的其他发票后，利用这些虚开的发票抵扣税款或者骗取出口退税的，应当以虚开增值税专用发票、用于骗取出口退税、抵扣税款发票罪定罪处罚，而以其他手段骗取税款的，则应根据案件的具体情况，分别以诈骗罪、逃税罪定罪处罚。此外，对于不以骗取国家税款为目的的虚开行为，虽然不能认定为虚开增值税专用发票罪，但也可能涉嫌其他犯罪。

六、参阅案例

人民法院案例库参考案例：王某某虚开增值税专用发票案（入库编号2023-16-1-146-001）。该案裁判要旨为：在无真实货物购销交易的情况下，循环开具增值税专用发票并均已进行进项税额抵扣，按规定向主管税务机关进行了纳税申报，整个流程环开环抵、闭环抵扣，未造成国家税款的流失。行为人不以骗取国家税款为目的，没有套取国家税款的行为和主观故意，不符合虚开增值税专用发票罪的构成要件，不宜以虚开增值税专用发票罪定罪量刑。

七、关联规定

1.《全国人民代表大会常务委员会关于〈中华人民共和国刑法〉有关出口退税、抵扣税款的其他发票规定的解释》（2005年）；

2.《国家税务总局关于增值税专用发票使用与管理有关问题的通知》（1995年，国税发〔1995〕047号）第1条至第5条；

3.《最高人民检察院、公安部关于公安机关管辖的刑事案件立案追诉标准的规定（二）》（2022年，公通字〔2022〕12号）第56条；

4.《最高人民法院关于对〈审计署关于咨询虚开增值税专用发票罪问题的函〉的复函》（2001年，法函〔2001〕66号）；

5.《最高人民法院关于湖北汽车商场虚开增值税专用发票一案的批复》（2002年，刑他字〔2001〕36号）；

6.《最高人民法院研究室关于对三种涉税行为法律适用问题意见的复函》（2003年，法研〔2003〕175号）；

7.《最高人民检察院法律政策研究室关于税务机关工作人员通过企业以"高开低征"的方法代开增值税专用发票的行为如何适用法律问题的答复》（2004年，高检研发〔2004〕6号）；

8.《最高人民法院研究室〈关于如何认定以"挂靠"有关公司名义实施经营活动并让有关公司为自己虚开增值税专用发票行为的性质〉征求意见的复函》（2015年，法研〔2015〕58号）；

9.《最高人民检察院关于充分发挥检察职能服务保障"六稳""六保"的意见》（2020年，高检发〔2020〕10号）第3条、第6条；

10.《最高人民法院、最高人民检察院关于办理危害税收征管刑事案件适用法律若干问题的解释》（2024年，法释〔2024〕4号）第10条、第11条、第19条、第20条、第21条。

虚开发票罪

一、刑法规定

第二百零五条之一：虚开本法第二百零五条规定以外的其他发票，情节严重的，处二年以下有期徒刑、拘役或者管制，并处罚金；情节特别严重的，处二年以上七年以下有期徒刑，并处罚金。

单位犯前款罪的，对单位判处罚金，并对其直接负责的主管人员和其他直接责任人员，依照前款的规定处罚。

二、罪名解读

虚开发票罪，是指违反税收管理法律法规，虚开增值税专用发票或者用于骗取出口退税、抵扣税款的发票以外的其他发票，情节严重的行为。本罪的具体构成要件如下所述：

（一）主体要件

本罪的主体为一般主体，包括自然人和单位。本罪的主体不仅包括虚开发票者和非法获得虚开发票者，还包括购买虚开发票者等。

（二）客体要件

本罪侵犯的客体是国家对普通发票的管理制度。本罪的行为对象是增值税专用发票或者用于骗取出口退税、抵扣税款的发票以外的其他发票，即普通发票。本罪中的发票，包括真实的发票和伪造的发票。发票，是指在购销商品、提供或者接受服务以及从事其他经营活动中，开具、收取的收付款凭证。

（三）主观要件

本罪的主观方面为直接故意，即行为人故意虚开普通发票。实践中，行为人虚开的目的可以多种多样，包括但不限于赚取手续费、少报收入、偷税、骗税、贪污、侵占等。一般而言，行为人虚开普通发票主观上具有营利的目的，但这并非本罪的法定构成要件。如果行为人以其他目的虚开普通发票的，也构成本罪。

（四）客观要件

本罪的客观方面表现为实施了虚开增值税专用发票或者用于骗取出口退税、抵扣税款的发票以外的其他发票，且情节严重的行为。虚开，是指开具与实际经营业务情况不符的发票的行为，具体包括为他人虚开、为自己虚开、让他人为自己虚开、介绍他人虚开等四种情形。本罪的具体行为方式包括：（1）没有实际业务而为他人、为自己、让他人为自己、介绍他人开具发票的；（2）有实际业务，但为他人、为自己、让他人为自己、介绍他人开具与实际业务的货物品名、服务名称、货物数量、金额等不符的发票的；（3）非法篡改发票相关电子信息的；（4）违反规定以其他手段虚开的。

这里的"情节严重"，是指具有下列情形之一：（1）虚开发票票面金额50万元以上的；（2）虚开发票100份以上且票面金额30万元以上的；（3）5年内因虚开发票受过刑事处罚或者2次以上行政处罚，又虚开发票，票面金额达到第1、2项规定的标准60%以上的。"情节特别严重"，是指具有下列情形之一：（1）虚开发票票面金额250万元以上的；（2）虚开发票500份以上且票面金额150万元以上的；（3）5年内因虚开发票受过刑事处罚或者2次以上行政处罚，又虚开发票，票面金额达到第1、2项规定的标准60%以上的。需要补充说明的是，以伪造的发票进行虚开，并达到了"情节严重"标准的，应当以本罪论处。

三、罪与非罪

本罪属于情节犯，虚开发票必须达到"情节严重"的程度，才能构成犯罪。一般的虚开发票行为，首先违反的是国家发票管理法规，是一种行政违法行为，只有"情节严重"的虚开普通发票行为，才构成犯罪。司法实践中，关于"情节严重"的程度,可从以下方面进行认定:虚开普通发票的票面金额或者数量、虚开普通发票的次数、虚开普通发票造成的后果、是否因虚开普通发票受到过行政处罚或者刑事处罚、有无其他恶劣情节等。

关于本罪的刑事立案追诉标准,修订后的《立案追诉标准(二)》第57条规定,虚开《刑法》第205条规定以外的其他发票,涉嫌下列情形之一的,应予立案追诉:(1)虚开发票金额累计在50万元以上的;(2)虚开发票100份以上且票面金额在30万元以上的;(3)5年内因虚开发票受过刑事处罚或者2次以上行政处罚,又虚开发票,数额达到第1、2项标准60%以上的。

四、注意事项

1.关于本罪是否需要具有骗税的主观目的问题。从法条表述和相关司法解释来看,本罪与虚开增值税专用发票罪必须具有骗税的主观目的不同,虚开普通发票的目的较为多样化,可以是赚取手续费,可以是少报收入从而偷税骗税,也可以是用于非法经营、贪污贿赂、侵占等,因此骗取税款并不是本罪必备的主观构成要件。2011年,《刑法修正案(八)》将虚开普通发票行为入罪,没有要求特定目的,也没有要求造成税款损失的危害结果。此外,我们通过大量的生效刑事裁判也可以发现,认定本罪并不要求虚开普通发票的行为人必须具有骗税的主观目的。

2.关于普通发票的真伪鉴定问题。在实施打击制售假发票和非法代开发票过程中,需要对查获的假发票进行真伪鉴定。根据《发票管理办法实施细则》的有关规定,用票单位和个人有权申请税务机关对发票的真伪进行鉴别。收到申请的税务机关应当受理并负责鉴别发票的真伪;鉴别有困难的,可以提请发票监制税务机关协助鉴别。在伪造、变造现场以及买卖地、存放地查获的发票,由当地税务机关鉴别。

3.关于本罪的罪数形态问题。司法实践中,对于行为人利用虚开普通发票的手段逃税或者骗取出口退税,构成本罪与逃税罪或者骗取出口退税罪的,由于行为人的主观目的在于逃避缴纳税款或者非法占有国家的出口退税款,因此数罪之间存在牵连关系,应当依照刑法处罚较重的规定进行定罪处罚,不实行数罪并罚。此外,对于不以骗取国家税款为目的的虚开,虽然不能认定为虚开增值税专用发票罪,但可以认定为虚开发票罪;对于行为人既虚开增值税专用发票,又虚开普通发票,且均构成犯罪的,应实行数罪并罚。

五、风险提示

《国家税务总局关于深入开展打击发票违法犯罪活动工作的通知》指出:虚假

发票泛滥，不仅滋生了偷税、骗税、洗钱等违法犯罪行为，严重扰乱税收经济秩序，而且也为贪污腐败、职务犯罪等提供了便利，败坏社会风气，损害国家形象。目前，受虚假发票"买方市场"需求与"卖方市场"利益的相互刺激，发票违法犯罪活动仍较猖獗。对检查发现使用虚假发票问题严重的企业，要相应调降其纳税信用等级，在案件查结后予以曝光，做到查处一起、曝光一起、震慑一片。要落实对发票违法行为举报的奖励工作，对举报制售虚假发票及纳税人购买、使用虚假发票的，要按照规定给予奖励，积极鼓励群众检举、揭发制售、购买、使用虚假发票行为。

司法实践中，要注意区分虚开发票罪与其他关联罪名，实现精准定罪量刑。本罪与虚开增值税专用发票罪的主要区别是犯罪对象不同，前者是普通发票，而后者是增值税专用发票。本罪与逃税罪的主要区别是犯罪的客观方面不同，前者是虚开普通发票的行为，而后者是逃税的行为。如果利用虚开普通发票的手段逃税的，则可以按照处理牵连犯的原则，以处罚较重的罪名进行定罪处罚。

六、参阅案例

最高人民法院、最高人民检察院发布的《依法惩治危害税收征管典型刑事案例》之八：杨某虚开发票案。该案裁判要旨为：虽然普通发票与增值税专用发票相比，没有抵扣税款的功能，但其是会计核算的原始凭据，同时也是审计机关、税务机关执法检查的重要依据。发票的印制、领取、开具均有相关规定。不法分子为获取非法利益，从事虚开发票的违法犯罪行为，为逃税、骗税、财务造假、贪污贿赂、挥霍公款、洗钱等违法犯罪提供了便利，严重扰乱市场经济秩序，助长腐败蔓延，败坏社会风气，具有严重的社会危害性。2011年，《刑法修正案（八）》将虚开发票行为入罪，没有要求特定目的，也没有要求造成税款损失的危害结果，顺应了社会治理的需要。行为人通过设立多家"空壳公司"，从税务机关骗领发票后对外虚开，虚开发票数量和发票金额均特别巨大，情节特别严重，虽有坦白、自愿认罪认罚情节，法院仍判处其有期徒刑6年，体现了对虚开发票犯罪依法惩处的态度。

七、关联规定

1.《中华人民共和国发票管理办法》（2023年）第2条、第3条、第21条、第23条、第35条；

2.《国家税务总局关于深入开展打击发票违法犯罪活动工作的通知》（2010年，国税发〔2010〕46号）第1条、第3条、第4条；

3.《最高人民检察院、公安部关于公安机关管辖的刑事案件立案追诉标准的规定（二）》（2022年，公通字〔2022〕12号）第57条；

4.《最高人民法院、最高人民检察院关于办理危害税收征管刑事案件适用法律若干问题的解释》（2024年，法释〔2024〕4号）第12条、第13条、第19条、第20条、第21条。

伪造、出售伪造的增值税专用发票罪

一、刑法规定

第二百零六条：伪造或者出售伪造的增值税专用发票的，处三年以下有期徒刑、拘役或者管制，并处二万元以上二十万元以下罚金；数量较大或者有其他严重情节的，处三年以上十年以下有期徒刑，并处五万元以上五十万元以下罚金；数量巨大或者有其他特别严重情节的，处十年以上有期徒刑或者无期徒刑，并处五万元以上五十万元以下罚金或者没收财产。

单位犯本条规定之罪的，对单位判处罚金，并对其直接负责的主管人员和其他直接责任人员，处三年以下有期徒刑、拘役或者管制；数量较大或者有其他严重情节的，处三年以上十年以下有期徒刑；数量巨大或者有其他特别严重情节的，处十年以上有期徒刑或者无期徒刑。

二、罪名解读

伪造、出售伪造的增值税专用发票罪，是指违反增值税专用发票管理法律法规，伪造或者出售伪造的增值税专用发票的行为。本罪的具体构成要件如下所述：

（一）主体要件

本罪的主体为一般主体，包括自然人和单位。单位犯本罪的，实行"双罚制"，对单位判处罚金，并对其直接负责的主管人员和其他直接责任人员依法追究刑事责任。

（二）客体要件

本罪侵犯的客体是国家对增值税专用发票的管理制度。本罪中出售的行为对象为伪造的增值税专用发票。对于变造增值税专用发票的，按照伪造增值税专用发票论处。

（三）主观要件

本罪的主观方面为直接故意，间接故意和过失不构成本罪。实践中，如果行为人主观上不明知是伪造的增值税专用发票而出售的，不构成本罪，但可能构成非法出售增值税专用发票罪。

（四）客观要件

本罪的客观方面表现为违反增值税专用发票管理法律法规，伪造或者出售伪造的增值税专用发票的行为。这里的"伪造增值税专用发票"，是指仿照增值税专用发票的形状、样式、色彩、图案等，使用各种仿制方法制造假增值税专用发票的行为。这里的"出售伪造的增值税专用发票"，是指将伪造的增值税专用发票出售，进行牟利的行为。行为人只要实施了前述两种行为中的任何一种，就构成犯罪。在此，需要说明的是，出售伪造的增值税专用发票，不管是自己伪造的，还是他人伪造的，不管是通过购买从他人处得到的，还是他人伪造后赠送的，都不影响行为的性质，只要行为人主观上出于明知，依法都构成本罪。

这里的"伪造或者出售伪造的增值税专用发票"，是指具有下列情形之一：（1）票面税额 10 万元以上的；（2）伪造或者出售伪造的增值税专用发票 10 份以上且票面税额 6 万元以上的；（3）违法所得 1 万元以上的。这里的"数量较大"，是指具有下列情形之一：（1）伪造或者出售伪造的增值税专用发票票面税额 50 万元以上的；（2）伪造或者出售伪造的增值税专用发票 50 份以上且票面税额 30 万元以上的。这里的"数量巨大"，是指具有下列情形之一：（1）伪造或者出售伪造的增值税专用发票票面税额 500 万元以上的；（2）伪造或者出售伪造的增值税专用发票 500 份以上且票面税额 300 万元以上的。这里的"其他严重情节"，是指 5 年内因伪造或者出售伪造的增值税专用发票受过刑事处罚或者 2 次以上行政处罚，又实施伪造或者出售伪造的增值税专用发票行为，票面税额达到《危害税收征管解释》第 14 条第 2 款规定的标准 60% 以上，或者违法所得 5 万元以上。这里的"其他特别严重情节"，是指 5 年内因伪造或者出售伪造的增值税专用发票受过刑事处罚或者 2 次以上行政处罚，又实施伪造或者出售伪造的增值税专用发票行为，票面税额达到《危害税收征管解释》第 14 条第 4 款规定的标准 60% 以上，或者违法所得 50 万元以上。

此外，补充说明三点：一是伪造并出售同一增值税专用发票的，以伪造、出售伪造的增值税专用发票罪论处，数量不重复计算；二是本罪属于选择性罪名，行为人只要实施了伪造增值税专用发票或者出售伪造的增值税专用发票两种行为之一，就可以构成本罪，而不需要同时具备两种行为，即使行为人同时实施了两种行为，也只构成一罪，不实行数罪并罚；三是变造增值税专用发票的，按照伪造增值税专用发票论处。

三、罪与非罪

根据《危害税收征管解释》的规定，并非所有伪造、出售伪造的增值税专用发票的行为均构成犯罪，但对于票面税额累计在10万元以上、非法出售增值税专用发票10份以上且票面税额在6万元以上或者非法获利数额在1万元以上的，则应追究刑事责任。如果情节显著轻微，危害不大的，则不应作为犯罪处理。因此，在具体案件处理上，不能简单地将本罪归为行为犯，还要综合考虑票面税额、数量、非法获利金额等具体情形。

关于本罪的刑事立案追诉标准，修订后的《立案追诉标准（二）》第58条规定，伪造或者出售伪造的增值税专用发票，涉嫌下列情形之一的，应予立案追诉：（1）票面税额累计在10万元以上的；（2）伪造或者出售伪造的增值税专用发票10份以上且票面税额在6万元以上的；（3）非法获利数额在1万元以上的。

四、注意事项

1. 关于本罪与其他罪名的界限问题。本罪与非法出售增值税专用发票罪的主要区别在于：本罪中行为人出售的并不是国家统一印制的增值税专用发票，而是伪造的增值税专用发票；非法出售增值税专用发票罪中行为人出售的则是国家统一印制的增值税专用发票。此外，本罪与虚开增值税专用发票罪通常都具有牟利的犯罪目的，两者的主要区别在于犯罪对象不同：行为人有偿提供伪造的空白增值税专用发票的，构成出售伪造的增值税专用发票罪；而行为人有偿提供开具好且与实际经营业务情况不符的增值税专用发票的，则构成虚开增值税专用发票罪。

2. 关于本罪的罪数形态问题。实践中，伪造并出售同一宗增值税专用发票的，按照本罪进行处理，数量或者票面税额不重复计算，不实行数罪并罚。但是，如果伪造、出售的不是同一宗增值税专用发票，比如自己伪造增值税专用发票的同时又出售他人伪造的增值税专用发票的，则应分别定罪处罚，并实行数罪并罚。需要说明的是，行为人变造增值税专用发票的，仍然按照伪造增值税专用发票行为处理。

五、风险提示

近年来，制作、兜售、使用假发票的现象频繁出现，严重危害了国家的税收管理制度和市场交易秩序。为有效防范发票领域的违法行为，《发票管理办法》和《发票管理办法实施细则》对发票的印制、领购、开具和保管、检查和罚则等内容进行了统一规定。《发票管理办法》第 7 条规定，增值税专用发票由国务院税务主管部门确定的企业印制；其他发票，按照国务院税务主管部门的规定，由省、自治区、直辖市税务机关确定的企业印制。禁止私自印制、伪造、变造发票。《发票管理办法实施细则》第 2 条规定，在全国范围内统一式样的发票，由国家税务总局确定。在省、自治区、直辖市范围内统一式样的发票，由省、自治区、直辖市税务局确定。由此可知，伪造或者出售伪造的增值税专用发票行为本身就违反了发票管理法律法规，构成行政违法。此外，《发票管理办法》第 36 条第 1 款规定，私自印制、伪造、变造发票，非法制造发票防伪专用品，伪造发票监制章，窃取、截留、篡改、出售、泄露发票数据的，由税务机关没收违法所得，没收、销毁作案工具和非法物品，并处 1 万元以上 5 万元以下的罚款；情节严重的，并处 5 万元以上 50 万元以下的罚款；构成犯罪的，依法追究刑事责任。因此，伪造或者出售伪造的增值税专用发票的行为情节严重，构成犯罪的，还应当依法追究刑事责任。

根据《刑法》第 206 条的规定，构成伪造、出售伪造的增值税专用发票罪并不要求行为人在主观上必须具有牟利的目的，因此，只要行为人故意实施了伪造、出售伪造的增值税专用发票的行为，不管其出于何种动机和目的，也不论其营利与否，达到了法定的立案追诉标准，就应当以本罪论处。由此可知，任何单位和个人不得以任何借口和手段实施伪造、出售伪造的增值税专用发票的行为，否则，轻则构成行政违法，重则构成刑事犯罪，实属得不偿失。

六、参阅案例

《刑事审判参考》（2003 年第 4 辑，总第 33 辑）第 252 号：曾珠玉等伪造增值税专用发票案。该案裁判要旨为：在行为人购买的手段行为与虚开、出售的目的行为均单独成立犯罪从而形成牵连犯罪的情况下，应以目的行为的罪名定罪处罚。因为相对于手段行为构成的犯罪来说，目的行为构成的犯罪处罚更重，这也是牵连犯从一重罪定罪处罚一般原则的要求。因此，对于行为人购买伪造的增值税专用发票又出售的行为，如果购买与出售伪造的增值税专用发票行为均成立犯罪，则应以出售伪造的增值税专用发票罪定罪处罚。只有购买伪造的增值税专用发票尚未出售或者出售行为尚未达到追究刑事责任的数额标准的情况下，才以购买伪造的增值税专用发票罪定罪处罚。

七、关联规定

1.《公安机关办理危害税收征管刑事案件管辖若干问题的规定》（2004 年，公通字〔2004〕12 号）第 5 条、第 6 条、第 8 条、第 9 条、第 10 条、第 11 条；

2.《公安部办公厅关于若干经济犯罪案件如何统计涉案总价值、挽回经济损失数额的批复》（2008年，公经〔2008〕214号）第4条、第5条；

3.《最高人民检察院、公安部关于公安机关管辖的刑事案件立案追诉标准的规定（二）》（2022年，公通字〔2022〕12号）第58条；

4.《最高人民法院、最高人民检察院关于办理危害税收征管刑事案件适用法律若干问题的解释》（2024年，法释〔2024〕4号）第14条、第15条、第19条、第20条、第21条。

非法出售增值税专用发票罪

一、刑法规定

第二百零七条：非法出售增值税专用发票的，处三年以下有期徒刑、拘役或者管制，并处二万元以上二十万元以下罚金；数量较大的，处三年以上十年以下有期徒刑，并处五万元以上五十万元以下罚金；数量巨大的，处十年以上有期徒刑或者无期徒刑，并处五万元以上五十万元以下罚金或者没收财产。

二、罪名解读

非法出售增值税专用发票罪，是指违反国家增值税专用发票管理法规，非法出售增值税专用发票的行为。本罪的具体构成要件如下所述：

（一）主体要件

本罪的主体为一般主体，包括自然人和单位。税务机关及其工作人员违法出售增值税专用发票的，亦可构成本罪。

（二）客体要件

本罪侵犯的客体是国家对增值税专用发票的管理制度。我国对增值税专用发票实行严格的管理制度，增值税专用发票由国家税务机关依照规定发售，只限于增值税的一般纳税人领购使用。除此之外，任何单位和个人不得出售。本罪的行为对象为增值税专用发票，必须是国家统一印制的真实的增值税专用发票，而不是伪造的。行为人出售伪造的增值税专用发票的，依法构成出售伪造的增值税专用发票罪。

（三）主观要件

本罪的主观方面为直接故意，且具有营利的目的。间接故意和过失不构成本罪。实践中，行为人只要故意实施了非法出售行为即构成本罪，至于其动机和目的如何以及是否实际营利等，均不影响本罪的认定。

（四）客观要件

本罪的客观方面表现为违反国家增值税专用发票管理法规，非法出售增值税专用发票的行为。这里的"非法出售"，是指行为人以非法牟利为目的，违反国家有关法律法规，以收取对价的方式出售增值税专用发票的行为。此处的"国家有关法律法规"，主要是指《税收征收管理法》以及《发票管理办法》等法律法规。司法实践中，如果行为人系无偿提供增值税专用发票，因其不具有销售牟利的目的，故不构成本罪。需要说明的是，增值税专用发票的来源是否合法，并不影响本罪的成立。

这里的"非法出售增值税专用发票"，是指具有下列情形之一：（1）票面税额10万元以上的；（2）非法出售增值税专用发票10份以上且票面税额6万元以上的；（3）违法所得1万元以上的。这里的"数量较大"，是指具有下列情形之一：（1）非法出售增值税专用发票票面税额50万元以上的；（2）非法出售增值税专用发票50份以上且票面税额30万元以上的。这里的"数量巨大"，是指具有下列情形之一：（1）非法出售增值税专用发票票面税额500万元以上的；（2）非法出售增值税专用发票500份以上且票面税额300万元以上的。

三、罪与非罪

虽然本罪没有数额或者情节的限制，但并非所有出售增值税专用发票的行为都构成犯罪。实践中，对于票面税额累计在10万元以上，或者非法出售增值税专用发票10份以上且票面税额在6万元以上，或者非法获利数额在1万元以上的，应依法追究刑事责任。如果情节显著轻微，危害不大的，则不应作为犯罪处理。因此，不能简单地将本罪归为行为犯，还要综合考察票面税额、数量、非法获利金额等具体情形。

关于本罪的刑事立案追诉标准，修订后的《立案追诉标准（二）》第59条规定，非法出售增值税专用发票，涉嫌下列情形之一的，应予立案追诉：（1）票面税额累计在10万元以上的；（2）非法出售增值税专用发票10份以上且票面税额在6万元以上的；（3）非法获利数额在1万元以上的。

四、注意事项

1.关于发票份数和票面税额涉及不同量刑时的量刑问题。由于增值税专用发票具有其他一般发票所不具备的作为抵扣税款和出口退税依据的功能，因此可以说，《刑法》分则规定的所有有关增值税专用发票的犯罪直接侵犯的都是国家对增值税专用发票的管理制度，最终都会造成国家税款流失的危害后果，非法出售增值税专用发票罪也是如此。根据法律规定，增值税专用发票只能从国家税务部门领购，禁止买卖。增值税专用发票被非法出售后，就可能被他人利用进行抵扣税款和出口退税，从而造成国家税款损失。由于增值税专用发票的份数和票面税额均能在一定程度上反映该种行为的社会危害性，因此，为准确评价该种行为的社会危害程度，对于非法出售增值税专用发票的份数和票面税额分别达到不同量刑档次的，应当适用处罚较重的量刑档次进行量刑。

2. 关于本罪与虚开增值税专用发票罪的界限问题。实践中，本罪与虚开增值税专用发票罪的确存在一定的相似性，容易出现混淆。比如：在非法出售增值税专用发票的情形下，出售人向受让人出售增值税专用发票，并收取一定的交易价款；而在为他人虚开增值税专用发票的情形下，开票方根据要求为受票方开具增值税专用发票，并按增值税专用发票价税合计的金额向受票方收取一定点数的开票费。两者的主要区别在于犯罪对象不同：行为人有偿提供空白的增值税专用发票的，构成本罪；行为人有偿提供开具好且与实际经营业务情况不符的增值税专用发票的，构成虚开增值税专用发票罪。

五、风险提示

毋庸讳言，非法出售增值税专用发票会直接危害国家增值税专用发票的管理秩序。同时，由于增值税专用发票具有凭票抵扣税款的功能，因此非法出售增值税专用发票行为又有可能极大地侵害国家的增值税税款安全。事实上，非法出售或者购买增值税专用发票都属于违法行为，情节严重的，将构成非法出售增值税专用发票罪或者非法购买增值税专用发票罪。非法买卖发票强调的是非法买卖行为本身，而且一般情况下，非法买卖的发票都是空白发票。实践中，对于非法出售增值税专用发票的行为，如果情节较轻，尚不构成犯罪的，根据《发票管理办法》的有关规定，由税务机关没收违法所得，没收、销毁作案工具和非法物品，并处 1 万元以上 5 万元以下的罚款。

六、参阅案例

李娟娟、熊婷等人非法出售增值税专用发票案［陕西省商洛市中级人民法院（2021）陕 10 刑终 98 号］。该案裁判要旨为：行为人注册公司后领取增值税专用发票，在未实际经营的情况下，以股权转让的方式谋取利益。在转让公司股权的过程中，其双方能够达成股权转让协议的核心是有增值税专用发票和金税盘。行为人对受让方接受公司股权转让要有增值税专用发票是明知的，受让方接受公司的目的就是获取增值税专用发票，公司股权转让只是掩盖出售增值税专用发票非法目的的表现形式，不影响对非法出售增值税专用发票犯罪行为的认定，故应以非法出售增值税专用发票罪定罪处罚。

七、关联规定

1.《公安机关办理危害税收征管刑事案件管辖若干问题的规定》（2004年，公通字〔2004〕12号）第7条、第8条、第9条、第10条、第11条；

2.《公安部办公厅关于若干经济犯罪案件如何统计涉案总价值、挽回经济损失数额的批复》（2008年，公经〔2008〕214号）第4条、第5条；

3.《最高人民检察院、公安部关于公安机关管辖的刑事案件立案追诉标准的规定（二）》（2022年，公通字〔2022〕12号）第59条；

4.《最高人民法院、最高人民检察院关于办理危害税收征管刑事案件适用法律若干问题的解释》（2024年，法释〔2024〕4号）第15条、第19条、第20条、第21条。

非法购买增值税专用发票、购买伪造的增值税专用发票罪

一、刑法规定

第二百零八条：非法购买增值税专用发票或者购买伪造的增值税专用发票的，处五年以下有期徒刑或者拘役，并处或者单处二万元以上二十万元以下罚金。

非法购买增值税专用发票或者购买伪造的增值税专用发票又虚开或者出售的，分别依照本法第二百零五条、第二百零六条、第二百零七条的规定定罪处罚。

二、罪名解读

非法购买增值税专用发票、购买伪造的增值税专用发票罪，是指违反国家增值税专用发票管理法规，非法购买增值税专用发票或者购买伪造的增值税专用发票的行为。本罪的具体构成要件如下所述：

（一）主体要件

本罪的主体为一般主体，包括自然人和单位。

(二)客体要件

本罪侵犯的客体是国家对增值税专用发票的管理制度。

(三)主观要件

本罪的主观方面为直接故意,且一般具有营利的目的。间接故意和过失不构成本罪。如果购买伪造的增值税专用发票的,还需要以明知为条件,即行为人对购买的增值税专用发票系伪造的这一事实必须是明知的。如果购买的是伪造的增值税专用发票,但行为人误认为是真发票而予以购买的,仍然属于非法购买增值税专用发票的行为。

(四)客观要件

本罪的客观方面表现为违反国家增值税专用发票管理法规,非法购买增值税专用发票或者购买伪造的增值税专用发票的行为。领购增值税专用发票必须符合法定的条件和程序,国家严禁任何自然人和单位私自购买增值税专用发票,否则就属于非法购买,至于出售人出售的增值税专用发票来源是否合法,不影响本罪的成立。这里的"非法购买",是指违反国家增值税专用发票管理法规,以支付一定的对价而购买的行为。"非法购买"是相对于依法领购而言。实践中,非法购买主要包括以下三种情形:一是主体不合法的购买。除由税务机关核定为增值税一般纳税人以外的任何单位和个人的购买行为,都不符合法定的条件。二是手段不合法的购买。如果未按照法定的程序进行购买的,也属于非法购买。三是从无出售权限的单位和个人处购买。鉴于税务机关是唯一有权制售发票的主体,如果从税务机关以外的单位和个人处购买的,也属于非法购买。这里的"购买伪造的增值税专用发票",是指所购买的增值税专用发票不是国家税务机关发售的真的增值税专用发票,而是伪造的。这里的"又虚开或者出售",是指在非法购买增值税专用发票或者购买伪造的增值税专用发票后,又从事虚开或者出售的犯罪活动。

此外,需要补充说明的是,对于行为人非法购买真、伪两种增值税专用发票的,数额累计计算,不实行数罪并罚。

三、罪与非罪

虽然刑法对本罪没有起刑点的规定,但并非所有购买增值税专用发票或者购买伪造的增值税专用发票的行为都构成犯罪。实践中,对于购买行为情节显著轻微,危害不大的,可不认为是犯罪。

关于本罪的刑事立案追诉标准,修订后的《立案追诉标准(二)》第60条规定,非法购买增值税专用发票或者购买伪造的增值税专用发票,涉嫌下列情形之一的，应予立案追诉：（1）非法购买增值税专用发票或者购买伪造的增值税专用发票20份以上且票面税额在10万元以上的；（2）票面税额累计在20万元以上的。

四、注意事项

关于本罪的罪数形态问题。本罪属于选择性罪名，如果购买的增值税专用发票既有真实的，也有虚假的，那么发票的数量累计计算，并以非法购买增值税专用发票、购买伪造的增值税专用发票罪定罪处罚，而不能实行数罪并罚。如果购买的增值税专用发票都是真实的，则以非法购买增值税专用发票罪定罪处罚；如果购买的增值税专用发票都是虚假的，则以购买伪造的增值税专用发票罪定罪处罚。

五、风险提示

司法实践中，对于行为人非法购买增值税专用发票或者购买伪造的增值税专用发票后又虚开或者出售，同时构成了非法购买增值税专用发票罪、购买伪造的增值税专用发票罪、虚开增值税专用发票罪、出售伪造的增值税专用发票罪、非法出售增值税专用发票罪的，由于前一种犯罪行为和后一种犯罪行为存在手段和目的上的牵连关系，属于刑法理论中的牵连犯，且刑法对虚开和出售增值税专用发票犯罪规定的刑罚比购买增值税专用发票犯罪更重，因此，应当依照《刑法》第208条第2款的规定，只需选择其中一个重罪进行定罪处罚。简言之，对于行为人购买后又虚开或者出售的，应当根据不同的犯罪情节，分别依照《刑法》第205条、第206条和第207条的规定定罪处罚。

六、参阅案例

合慧伟业商贸（北京）有限公司等非法购买、出售增值税专用发票案［北京市第二中级人民法院（2019）京02刑终113号］。该案裁判要旨为：虚开增值税专用发票用于抵扣无真实交易销项税额的行为，不具有骗取国家税款目的，未造成国家税款损失的，不构成虚开增值税专用发票罪。受票方支付开票方一定费用的，受票方构成非法购买增值税专用发票罪，开票方构成非法出售增值税专用发票罪。

七、关联规定

1.《公安机关办理危害税收征管刑事案件管辖若干问题的规定》（2004年，公通字〔2004〕12号）第6条、第7条、第8条、第9条、第10条、第11条；

2.《公安部办公厅关于若干经济犯罪案件如何统计涉案总价值、挽回经济损失数额的批复》（2008年，公经〔2008〕214号）第4条、第5条；

3.《最高人民检察院、公安部关于公安机关管辖的刑事案件立案追诉标准的规

定（二）》（2022年，公通字〔2022〕12号）第60条；

4.《最高人民法院、最高人民检察院关于办理危害税收征管刑事案件适用法律若干问题的解释》（2024年，法释〔2024〕4号）第16条、第19条、第20条、第21条。

非法制造、出售非法制造的发票罪

一、刑法规定

第二百零九条第二款：伪造、擅自制造或者出售伪造、擅自制造的前款规定以外的其他发票的，处二年以下有期徒刑、拘役或者管制，并处或者单处一万元以上五万元以下罚金；情节严重的，处二年以上七年以下有期徒刑，并处五万元以上五十万元以下罚金。

第二百一十一条：单位犯本节第二百零一条、第二百零三条、第二百零四条、第二百零七条、第二百零八条、第二百零九条规定之罪的，对单位判处罚金，并对其直接负责的主管人员和其他直接责任人员，依照各该条的规定处罚。

二、罪名解读

非法制造、出售非法制造的发票罪，是指违反国家发票管理法规，伪造、擅自制造或者出售伪造、擅自制造的不具有骗取出口退税、抵扣税款功能的其他发票的行为。本罪的具体构成要件如下所述：

（一）主体要件

本罪的主体为一般主体，包括自然人和单位。

（二）客体要件

本罪侵犯的客体是国家的发票管理秩序和税收秩序。本罪的行为对象为除增值税专用发票或者可以用于骗取出口退税、抵扣税款的其他发票以外的普通发票。这里的"增值税专用发票"，是指增值税一般纳税人销售货物或者提供应税劳务开具的发票，是购买方支付增值税额并可按照增值税有关规定据以抵扣增值税进项税额的凭证。这里的"用于骗取出口退税、抵扣税款的其他发票"，是指除增值税专用发票以外的，具有出口退税、抵扣税款功能的收付款凭证或者完税凭证。

（三）主观要件

本罪的主观方面只能是故意，且通常具有牟利的目的。

（四）客观要件

本罪的客观方面表现为违反国家发票管理法规，伪造、擅自制造或者出售伪造、擅自制造的不具有骗取出口退税、抵扣税款功能的其他发票的行为。这里的"伪造"，是指仿照真实发票的样式、图案、色彩、面额等，私自制造假发票的行为。这里的"擅自制造"，是指被税务机关指定印制发票的企业，未按照规定的数量和规模，擅自超额印制发票的行为。因此，本罪中的"非法制造"实际上包括了完全没有权限的伪造行为和超越权限的擅自制造行为。这里的"出售"，是指进行售卖，并从中牟利的行为。这里的"伪造、擅自制造或者出售伪造、擅自制造的前款规定以外的其他发票"的行为，包括变造、出售变造的普通发票的行为。

需要补充说明的是，本罪属于选择性罪名，行为人只要实施了非法制造或者出售非法制造的不具有骗取出口退税、抵扣税款功能的其他发票的行为，就涉嫌本罪，而不需要同时具备两种行为，即使行为人同时实施了两种行为，也只构成一罪，不实行数罪并罚。但是，如果行为人同时伪造、出售伪造的增值税专用发票，用于骗取出口退税、抵扣税款的其他发票或者其他普通发票，构成"伪造、出售伪造的增值税专用发票罪""非法制造、出售非法制造的用于骗取出口退税、抵扣税款发票罪""非法制造、出售非法制造的发票罪"的，则应当依法实行数罪并罚。

三、罪与非罪

《刑法》第 209 条第 2 款并没有明确本罪基本犯与情节加重犯的认定标准，但可以肯定的是，并非行为人只要实施了本条款的行为即构成犯罪。事实上，从修订后的《立案追诉标准（二）》和《危害税收征管解释》的相关规定中可以看出，构成本罪应当结合开票的数量、票面金额、非法获利等因素综合评价行为的社会危害程度，并据此审查是否有必要定罪处罚。实践中，有的开票数量很多，但票面金额或者违法所得却很少，此种情况下，不宜纳入刑法的调整范围。

关于本罪的刑事立案追诉标准，修订后的《立案追诉标准（二）》第 62 条规定，伪造、擅自制造或者出售伪造、擅自制造的不具有骗取出口退税、抵扣税款功能的其他发票，涉嫌下列情形之一的，应予立案追诉：（1）伪造、擅自制造或者出售伪造、擅自制造的不具有骗取出口退税、抵扣税款功能的其他发票 100 份以上且票面金额累计在 30 万元以上的；（2）票面金额累计在 50 万元以上的；（3）非法获利数额在 1 万元以上的。

关于"情节严重"的具体认定标准，《危害税收征管解释》第 17 条第 4 款规定，伪造、擅自制造或者出售伪造、擅自制造《刑法》第 209 条第 2 款规定的发票，具有下列情形之一的，应当认定为"情节严重"：（1）票面金额250万元以上的；（2）伪造、擅自制造或者出售伪造、擅自制造发票500份以上且票面金额150万元以上的；（3）违法所得5万元以上的。

四、注意事项

1. 关于虚开、销售虚假航空行程单行为的定性问题。根据《发票管理办法》《航空运输电子客票行程单管理办法（暂行）》等规定，航空行程单作为旅客购买电子客票的付款凭证或报销凭证，应被纳入税务发票管理范围。税务机关在实施税务检查或受理消费者举报时发现伪造、虚开航空行程单等违法行为的，按《税收征收管理法》《发票管理办法》的规定进行处罚，构成犯罪的，依法追究刑事责任。

实践中，对于航空票务代理机构购买非法印制的空白航空行程单并出售，或者购买非法印制的空白航空行程单后，为他人虚开并收取手续费，其行为符合《刑法》第209条第2款的规定，构成犯罪的，应按照出售非法制造的发票罪追究相关机构和人员的刑事责任。航空票务代理机构的主管人员或直接责任人员与他人相互勾结，为他人利用虚开的航空行程单实施贪污、侵占等犯罪行为提供帮助的，应以相应犯罪的共犯论处。但是，对于航空票务代理机构购买非法印制的空白航空行程单，并在非法印制的航空行程单上按真实票价填开后出具给乘机者的，属于使用不符合规定的发票的行为，应按照《税收征收管理法》和《发票管理办法》的相关规定，由税务机关予以行政处罚。

2. 关于本罪与非法出售发票罪的区别问题。刑法中关于出售发票的犯罪涉及多个罪名，而区别各个罪名的关键在于犯罪对象。本罪与非法出售发票罪的犯罪对象均为"除增值税专用发票或者用于骗取出口退税、抵扣税款的其他发票以外的普通发票"，但存在以下明显区别：本罪中的发票并非合法制造的；而非法出售发票罪中的发票则是合法制造的。实践中，准确认定两罪，还应当注意以下两个问题：一是实为假发票而误以为真发票进行出售的处理。此种情况下，由于行为人存在犯罪故意，其行为同时成立本罪的既遂和非法出售发票罪的未遂，属于想象竞合犯，只需从一重罪论处即可。考虑到两罪的法定刑相同，故应以本罪既遂论处。二是既出售真发票又出售假发票的处理。此种情况下，由于行为人的主观心态是真假发票都要出售，因此，不管是择一的故意，还是概括的故意，只要其行为达到了两罪的法定追诉标准，则应当分别以本罪和非法出售发票罪论处，并实行数罪并罚。

五、风险提示

为了惩治伪造、出售伪造的发票等犯罪活动，1995年，《全国人民代表大会常务委员会关于惩治虚开、伪造和非法出售增值税专用发票犯罪的决定》第6条规定了本罪。1997年修订《刑法》时，对本罪名进行了修改完善。从《刑法》第209条的规定内容看，本条共分为4款，分别规定了"非法制造、出售非法制造的用于骗取出口退税、抵扣税款发票罪""非法制造、出售非法制造的发票罪""非法出售用于骗取出口退税、抵扣税款发票罪""非法出售发票罪"等4个罪名，上述犯罪的区别主要体现在犯罪对象、客观行为和追诉标准等方面。

实践中，正确理解和把握本罪名，还应当注意以下两种情形：一是关于机动车发票的管理。对此，《最高人民法院、最高人民检察院、公安部、国家工商行政管理局关于依法查处盗窃、抢劫机动车案件的规定》第6条规定，非法出售机动车有关发票的，或者伪造、擅自制造或者出售伪造、擅自制造的机动车有关发票的，依照《刑法》第209条的规定处罚。二是关于制售过期火车票的处理。现实生活中，火车票不仅是旅客乘坐列车的权利凭证，也是一种专业发票。过期火车票，是指时间已经超过车票载明的当日当次列车乘车时间或者到站时间的火车票。虽然过期火车票作为有价票证的价值已经丧失，但其作为一种专业发票依然具有财务报销的功能。由此可知，行为人非法制售过期火车票的行为，无法对铁路运输秩序和有价票证制度造成实际的危害，只会侵害国家的税收征管制度，因此，伪造、出售伪造的过期火车票行为构成犯罪的，应当以非法制造、出售非法制造的发票罪定罪处罚。

六、参阅案例

人民法院案例库参考案例：郑某、肖某非法制造、出售非法制造的发票案（入库编号2023-05-1-152-001）。该案裁判要旨为：伪造及出售过期火车票的行为应被认定为非法制造、出售非法制造的发票。过期火车票已不具有原有的乘车功能，如认定为伪造车票显属不当。这些火车票多根据客户定制用于单位报销差旅费等，其出售价格远低于车票面额，在过期票未失去报销的功能时，应被视为发票。

七、关联规定

1.《全国人民代表大会常务委员会法制工作委员会刑法室关于对变造、出售变造普通发票行为的定性问题的意见》（2005年，刑发〔2005〕1号）；

2.《全国人民代表大会常务委员会关于〈中华人民共和国刑法〉有关出口退税、抵扣税款的其他发票规定的解释》（2005年）；

3.《中华人民共和国税收征收管理法》（2015年）第22条、第71条；

4.《中华人民共和国发票管理办法》（2023年）第3条、第7条、第36条、第37条；

5.《最高人民法院、最高人民检察院、公安部、国家工商行政管理局关于依法查处盗窃、抢劫机动车案件的规定》(1998年，公通字〔1998〕31号) 第6条；

6.《公安部经济犯罪侦查局关于航空运输代理机构虚开、销售虚假航空行程单行为如何定性问题的批复》(2010年，公经财税〔2010〕137号)；

7.《最高人民检察院、公安部关于公安机关管辖的刑事案件立案追诉标准的规定(二)》(2022年，公通字〔2022〕12号) 第62条；

8.《最高人民法院、最高人民检察院关于办理危害税收征管刑事案件适用法律若干问题的解释》(2024年，法释〔2024〕4号) 第17条、第19条、第20条、第21条。

持有伪造的发票罪

一、刑法规定

第二百一十条之一：明知是伪造的发票而持有，数量较大的，处二年以下有期徒刑、拘役或者管制，并处罚金；数量巨大的，处二年以上七年以下有期徒刑，并处罚金。

单位犯前款罪的，对单位判处罚金，并对其直接负责的主管人员和其他直接责任人员，依照前款的规定处罚。

二、罪名解读

持有伪造的发票罪，指明知是伪造的发票而持有，数量较大的行为。本罪的具体构成要件如下所述：

（一）主体要件

本罪的主体是一般主体，自然人和单位均可构成本罪。

（二）客体要件

本罪侵犯的客体是国家的发票管理秩序和税收秩序。本罪的行为对象为伪造的发票。这里的"伪造的发票"，不仅包括不能抵扣税款的普通发票，也包括增值税专用发票以及用于骗取出口退税、抵扣税款的其他发票。

（三）主观要件

本罪的主观方面只能是故意，过失不构成本罪。行为人对所持有的伪造的发票必须以明知为前提，不明知的不能认定为犯罪。当然，是否明知不能仅凭嫌疑人本人的辩解，应当结合案件的其他证据材料全面分析、综合判断。

（四）客观要件

本罪的客观方面表现为明知是伪造的发票而持有，数量较大的行为。这里的"伪造"，是指仿照真实发票的样式、图案、色彩、面额等，私自制造假发票的行为。这里的"持有"，是指行为人对伪造的发票处于占有、支配、控制的一种状态，包括随身携带、邮寄、委托他人保管、在住所或交通工具上存放等情形。

实践中，行为人持有伪造的发票的目的和用途一般包括：一是利用伪造的发票逃避缴纳税款；二是利用伪造的发票列支非法支出；三是利用伪造的发票挪用或者侵占本单位资金；四是利用伪造的发票套取财政资金；五是利用伪造的发票实施其他违法犯罪活动。

三、罪与非罪

根据刑法规定，行为人明知是伪造的发票而持有，数量较大的，才构成本罪。实践中，对于情节显著轻微危害不大的，不作为犯罪处理；犯罪情节轻微不需要判处刑罚的，可以不起诉或者免予刑事处罚。需要补充说明的是，如果查明行为人持有伪造发票的来源和用途，根据已经查明的证据，可能构成其他犯罪的，应依照有关规定处理。

关于本罪的刑事立案追诉标准，修订后的《立案追诉标准（二）》第65条规定，明知是伪造的发票而持有，涉嫌下列情形之一的，应予立案追诉：（1）持有伪造的增值税专用发票或者可以用于骗取出口退税、抵扣税款的其他发票50份以上且票面税额累计在25万元以上的；（2）持有伪造的增值税专用发票或者可以用于骗取出口退税、抵扣税款的其他发票票面税额累计在50万元以上的；（3）持有伪造的第1项规定以外的其他发票100份以上且票面金额在50万元以上的；（4）持有伪造的第1项规定以外的其他发票票面金额累计在100万元以上的。

关于本罪中"数量较大""数量巨大"的具体认定标准，《危害税收征管解释》第18条规定，具有下列情形之一的，应当认定为《刑法》第210条之一第1款规定的"数量较大"：（1）持有伪造的增值税专用发票或者可以用于骗取出口退税、抵扣税款的其他发票票面税额50万元以上的；或者50份以上且票面税额25万元以上的；（2）持有伪造的前项规定以外的其他发票票面金额100万元以上的，或者100份以上且票面金额50万元以上的。持有的伪造发票数量、票面税额或者票面金额达到前款规定的标准5倍以上的，应当认定为《刑法》第210条之一第1款规定的"数量巨大"。

四、注意事项

1. 关于本罪中"持有"的理解问题。《刑法》第 210 条之一规定的"持有",不包括伪造后的持有,也不包括非法购买后的持有,而仅指明知是伪造的发票而予以占有、支配、控制的状态。实践中,对于非法持有伪造的发票的行为,如果非法持有人拒不交代非法持有伪造的发票的原因,且司法机关无法查实非法持有人实施了其他关于持有的伪造的发票的犯罪行为,则一般以持有伪造的发票罪论处。如果司法机关能够查实非法持有人实施了其他有关其持有的伪造的发票的犯罪行为,比如伪造后进行非法持有或者非法购买后进行非法持有,则一般应以相应的发票犯罪进行处理,而不以本罪论处。

2. 关于本罪共犯的认定问题。根据刑法原理,共同犯罪必须同时具备主观上的共同犯罪故意和客观上的共同犯罪行为两个要件。换言之,各行为人基于犯意联络,通过相互协作和配合实施特定的犯罪行为,共同实现预期的犯罪目的,才成立共同犯罪。《危害税收征管解释》第 19 条规定,明知他人实施危害税收征管犯罪而仍为其提供账号、资信证明或者其他帮助的,以相应犯罪的共犯论处。本条实际上是关于危害税收征管犯罪活动中帮助犯构成共犯的一般性规定。所谓"帮助犯",是指在共同犯罪中,基于帮助正犯的故意,实施帮助行为。回归到本罪中,对帮助犯而言,只要其主观上认识到正犯准备或者正在实施《刑法》第 210 条之一规定的犯罪活动,且在客观上提供了必要的帮助行为,即构成本罪的共犯,而不管帮助犯出于何种动机。在具体量刑时,应充分考虑帮助犯在共同犯罪中仅起到辅助作用,可以认定为从犯,依法对其从轻、减轻或者免除处罚。

五、风险提示

1979 年《刑法》和 1997 年《刑法》均未规定持有伪造的发票罪。随着社会经济的发展,伪造、出售假发票已经成为不法分子牟取暴利的一条捷径。总体而言,假发票案件呈现出以下特征:一是犯罪职业化、网络化、地域性特征明显;二是犯罪手段高科技化、专业化,隐蔽性强;三是假发票种类繁多、数量大、涉及面广。实践中,对于查处的持有假发票的案件,由于无法查明假发票是否系嫌疑人伪造,又苦于没有嫌疑人出售的证据,因此不能以伪造发票或者出售发票犯罪进行定罪处罚。为有效遏制假发票犯罪现象蔓延和打击持有假发票行为,2011 年,《刑法修正案(八)》在《刑法》第 210 条之后特别增加一条,作为第 210 条之一,首次对持有伪造的发票行为在刑法上予以规制。

由于本罪属于持有型犯罪,因此行为人明知是假发票而大量持有的即可构成本罪。实践中，对于没有犯罪故意或者主观证据不足的，不能认定构成本罪，具体情形包括：（1）行为人在他人处取得发票后即到税务机关核实发票的真伪，没有持有伪造的发票的主观故意的；（2）根据在案证据无法认定行为人主观上明知持有的发票系伪造的；（3）行为人不知道他人交由其代为保管的发票系伪造的。具体办案中，为了不放纵犯罪分子和深挖假发票的来龙去脉，司法机关在认定"持有"之前往往会尽力查清嫌疑人所持有的伪造的发票的真正来源，换言之，只有在相关证据确实无法获取的情况下，才会以本罪定罪处罚。

六、参阅案例

武彩琴持有伪造的发票案［山西省太原市中级人民法院（2020）晋01刑终749号］。该案裁判要旨为：上诉人武彩琴明知是伪造的发票而故意持有，数量较大，侵害国家的发票管理制度，其行为已构成持有伪造的发票罪。关于武彩琴"其对购买的行程单不知真假，不知道构成犯罪"的辩解意见，经查，依据相关法律规定，"航空运输电子客票行程单"被纳入发票管理范围，由国家税务总局统一管理，套印国家税务总局发票监制章。经国家税务总局授权，中国民用航空局负责全国"航空运输电子客票行程单"的日常管理工作。"航空运输电子客票行程单"的发放由中国民用航空局清算中心通过信息管理系统统一管理。综合考虑武彩琴购买行程单的来源、价格等因素，其应明知该行程单系伪造，且武彩琴在公安机关供述其明知是伪造的行程单而购买，武彩琴对其现在辩解未提供合理理由及相应证据，故对武彩琴的以上上诉意见不予采纳。

七、关联规定

1.《中华人民共和国税收征收管理法》（2015年）第21条、第22条、第71条；

2.《中华人民共和国发票管理办法》（2023年）第2条、第3条、第7条、第36条；

3.《最高人民检察院、公安部关于公安机关管辖的刑事案件立案追诉标准的规定（二）》（2022年，公通字〔2022〕12号）第65条；

4.《中华人民共和国发票管理办法实施细则》（2024年）第3条、第38条、第39条、第42条；

5.《国家税务总局关于普通发票真伪鉴定问题的通知》（2024年）；

6.《最高人民法院、最高人民检察院关于办理危害税收征管刑事案件适用法律若干问题的解释》（2024年，法释〔2024〕4号）第18条至第21条。

第七章 侵犯知识产权类犯罪

假冒注册商标罪

一、刑法规定

第二百一十三条：未经注册商标所有人许可，在同一种商品、服务上使用与其注册商标相同的商标，情节严重的，处三年以下有期徒刑，并处或者单处罚金；情节特别严重的，处三年以上十年以下有期徒刑，并处罚金。

第二百二十条：单位犯本节第二百一十三条至第二百一十九条之一规定之罪的，对单位判处罚金，并对其直接负责的主管人员和其他直接责任人员，依照本节各该条的规定处罚。

二、罪名解读

假冒注册商标罪，是指违反商标管理法规，未经注册商标所有人许可，在同一种商品、服务上使用与其注册商标相同的商标，情节严重的行为。本罪的具体构成要件如下所述：

（一）主体要件

本罪的主体为一般主体，包括自然人和单位。

（二）客体要件

本罪侵犯的客体是国家的商标管理制度和他人的注册商标专用权。本罪的行为对象是注册商标。商标，是指商品或服务的提供者为了将自己的商品或服务与他人的同种或类似商品或服务相区别而使用的专用标志。2019年修正实施的《商标法》第3条第1款规定：经商标局核准注册的商标为注册商标，包括商品商标、服务商标和集体商标、证明商标；商标注册人享有商标专用权，受法律保护。同时，该法第4条第2款规定，本法有关商品商标的规定，适用于服务商标。商品商标，是指商品生产者在自己生产或者经营的商品上使用的商标。服务商标，是指提供服务的经营者为将自己提供的服务与他人提供的服务相区别而使用的标志。司法实践中，商品商标和服务商标仅仅是使用的项目不同，但在法律性质、法律保护上没有任何实质性差异,故应一并被纳入保护范围。

(三)主观要件

本罪的主观方面为故意,包括直接故意和间接故意。需要说明的是,无论行为人出于什么动机或者目的,均不影响本罪的成立。

(四)客观要件

本罪的客观方面表现为违反商标管理法规,未经注册商标所有人许可,在同一种商品、服务上使用与其注册商标相同的商标,情节严重的行为。构成本罪必须同时具备以下三个方面的条件:(1)行为人必须使用了注册商标所有人已经注册并依法取得商标专用权的商标;(2)必须是未经注册商标所有人许可而使用其注册商标,这是本罪的本质特征;(3)必须是在同一种商品、服务上使用与注册商标所有人注册商标相同的商标。

对于名称相同的商品以及名称不同但指同一事物的商品,可以认定为"同一种商品"。这里的"同一种商品",是指行为人实际生产销售的商品名称与他人注册商标核定使用的商品名称相同的商品,或者二者商品名称不同,但在功能、用途、主要原料、消费对象、销售渠道等方面相同或者基本相同,相关公众一般认为是同种商品。这里的"同一种服务",是指行为人实际提供的服务名称与他人注册商标核定使用的服务名称相同的服务,或者二者服务名称不同,但在服务的目的、内容、方式、对象、场所等方面相同或者基本相同,相关公众一般认为是同种服务。"核定使用的商品或者服务名称",是指国家知识产权局在商标注册工作中对商品或者服务使用的名称,包括《类似商品和服务区分表》中列出的商品或者服务名称和未在区分表中列出但在商标注册中接受的商品或者服务名称。"名称不同但指同一事物的商品",是指在功能、用途、主要原料、消费对象、销售渠道等方面相同或者基本相同,相关公众一般认为是同一种事物的商品。实践中,认定"同一种商品、服务",应当在权利人注册商标核定使用的商品、服务和行为人实际生产销售的商品、实际提供的服务之间进行比较。

这里的"相同的商标",是指与被假冒的注册商标完全相同,或者与被假冒的注册商标在视觉上基本无差别,足以对公众产生误导的商标。这里的"使用",是指将注册商标或者假冒的注册商标用于商品、商品包装或者容器以及产品说明书、商品交易文书,或者将注册商标或者假冒的注册商标用于广告宣传、展览以及其他商业活动等行为。对于生产者、销售者在广告宣传、展览中使用,但在实际销售的商品中并未使用的,由于同样可能产生"足以对公众产生误导"的影响,所以也应当认定为"使用"。

三、罪与非罪

本罪属于情节犯。根据刑法规定,行为人假冒他人注册商标,必须达到"情节严重"的程度,才构成犯罪。认定罪与非罪、违法与犯罪时,应当注意以下五个方面:(1)如果不是他人已经注册的商标,即使假冒使用的,也不构成本罪。(2)如果在同一种商品、服务上使用与他人注册商标近似的商标,或者在类似商品、服务上使用与他人注册商标相同的商标,或者在类似商品、服务上使用与他人注册商标近似的商标的,均不构成本罪。(3)假冒他人注册商标的行为必须发生在注册商标的有效期限内,才可能构成本罪,否则不构成犯罪。《商标法》第39条规定,注册商标的有效期为10年,自核准注册之日起计算。(4)假冒注册商标的行为必须达到"情节严重"的程度,如果达不到法定的入罪标准,则不构成犯罪。(5)如果非法经营数额或者违法所得数额不大,同时也不具备其他严重情节的,则属于一般的商标侵权违法行为,不构成犯罪。

关于"情节严重"的具体认定标准,《最高人民法院、最高人民检察院关于办理侵犯知识产权刑事案件适用法律若干问题的解释》(以下简称《侵犯知识产权刑事案件解释》)第3条第1款至第3款规定,未经注册商标所有人许可,在同一种商品上使用与其注册商标相同的商标,具有下列情形之一的,应当认定为《刑法》第213条规定的"情节严重":(1)违法所得数额在3万元以上或者非法经营数额在5万元以上的;(2)假冒两种以上注册商标,违法所得数额在2万元以上或者非法经营数额在3万元以上的;(3)2年内因实施《刑法》第213条至第215条规定的行为受过刑事处罚或者行政处罚后再次实施,违法所得数额在2万元以上或者非法经营数额在3万元以上的;(4)其他情节严重的情形。未经注册商标所有人许可,在同一种服务上使用与其注册商标相同的商标,具有下列情形之一的,应当认定为《刑法》第213条规定的"情节严重":(1)违法所得数额在5万元以上的;(2)假冒两种以上注册商标,违法所得数额在3万元以上的;(3)2年内因实施《刑法》第213条至第215条规定的行为受过刑事处罚或者行政处罚后再次实施,违法所得数额在3万元以上的;(4)其他情节严重的情形。既假冒商品注册商标,又假冒服务注册商标,假冒商品注册商标的违法所得数额不足本条第1款规定标准,但与假冒服务注册商标的违法所得数额合计达到本条第2款规定标准的,应当认定为《刑法》第213条规定的"情节严重"。

关于"情节特别严重"的具体认定标准,《侵犯知识产权刑事案件解释》第3条第4款规定,违法所得数额、非法经营数额达到本条前三款相应规定标准10倍以上的,应当认定为《刑法》第213条规定的"情节特别严重"。

需要说明的是，根据《侵犯知识产权刑事案件解释》第7条第1款的规定，"两种以上注册商标"是指识别商品、服务不同来源的两种以上注册商标。虽然注册商标不同，但在同一种商品、服务上使用，均指向同一商品、服务来源的，不应当认定为"两种以上注册商标"。

四、注意事项

1. 关于"与其注册商标相同的商标"的认定问题。对此，《侵犯知识产权刑事案件解释》第2条规定，与被假冒的注册商标完全相同，或者与被假冒的注册商标基本无差别，足以对相关公众产生误导的商标，应当认定为《刑法》第213条规定的"与其注册商标相同的商标"。具有下列情形之一的，应当认定为与被假冒的注册商标基本无差别，足以对相关公众产生误导的商标：（1）改变注册商标的字体、字母大小写或者文字横竖排列，与注册商标基本无差别的；（2）改变注册商标的文字、字母、数字等之间的间距，与注册商标基本无差别的；（3）改变注册商标颜色，不影响体现注册商标显著特征的；（4）在注册商标上仅增加商品通用名称、型号等缺乏显著特征要素，不影响体现注册商标显著特征的；（5）与立体注册商标的三维标志及平面要素基本无差别的；（6）其他与注册商标基本无差别，足以对相关公众产生误导的。

2. 关于"未经注册商标所有人许可"的认定问题。《商标法》第43条第1款规定，商标注册人可以通过签订商标使用许可合同，许可他人使用其注册商标。根据相关司法解释的规定，此处的"商标使用许可"包括以下三种类型：（1）独占使用许可，即商标注册人在约定的期间、地域，以约定的方式，将该注册商标仅许可一个被许可人使用，商标注册人依约定也不得使用该注册商标。（2）排他使用许可，即商标注册人在约定的期间、地域，以约定的方式，将该注册商标仅许可一个被许可人使用，但商标注册人依约定可以使用该注册商标。（3）普通使用许可，即商标注册人在约定的期间、地域，以约定的方式，许可他人使用其注册商标，并可自行使用该注册商标和许可另外他人使用其注册商标。由此可知，只要行为人得到注册商标所有人的同意，就不构成犯罪。实践中，对于没有书面许可使用合同，未向商标局提出申请或备案，仅缺乏形式要件的，只要确有注册商标所有人许可同意，即使是口头许可，实质上也已具备"经注册商标所有人许可"的条件。需要强调的是，若注册商标所有人口头同意后，双方签订以上报批准等形式作为生效要件的书面合同，而实际上未经批准的，则应当认为行为人尚未取得所有人许可，其使用行为仍构成假冒注册商标。

3.关于"非法经营数额"和"违法所得数额"的认定问题。对此,《侵犯知识产权刑事案件解释》第28条第1款和第4款规定,本解释所称"非法经营数额",是指行为人在实施侵犯知识产权行为过程中,制造、储存、运输、销售侵权产品的价值。已销售侵权产品的价值,按照实际销售的价格计算。尚未销售侵权产品的价值,按照已经查清的侵权产品实际销售平均价格计算。实际销售平均价格无法查清的,按照侵权产品的标价计算。无法查清实际销售价格或者侵权产品没有标价的,按照被侵权产品的市场中间价格计算。本解释所称"违法所得数额",是指行为人出售侵犯知识产权的产品后所得和应得的全部违法收入扣除原材料、所售产品的购进价款;提供服务的,扣除该项服务中所使用产品的购进价款。通过收取服务费、会员费或者广告费等方式营利的,收取的费用应当认定为"违法所得"。

4.关于单位犯本罪的定罪量刑问题。《刑法》第220条规定,单位犯本节第213条至第219条之一规定之罪的,对单位判处罚金,并对其直接负责的主管人员和其他直接责任人员,依照本节各该条的规定处罚。对此,《侵犯知识产权刑事案件解释》第26条规定,单位实施《刑法》第213条至第219条之一行为的,对单位判处罚金,并对其直接负责的主管人员和其他直接责任人员,依照本解释规定的定罪量刑标准处罚。换言之,单位犯本罪与自然人犯本罪的定罪量刑标准一致。

5.关于本罪判处罚金数额的问题。由于《刑法》第213条没有对判处罚金的具体标准作出明确规定,为了规范和统一侵犯知识产权犯罪罚金刑的司法适用,《侵犯知识产权刑事案件解释》第25条规定,实施侵犯知识产权犯罪的,应当综合考虑犯罪违法所得数额、非法经营数额、给权利人造成的损失数额、侵权假冒物品数量及社会危害性等情节,依法判处罚金。罚金数额一般在违法所得数额的1倍以上10倍以下确定。违法所得数额无法查清的,罚金数额一般按照非法经营数额的50%以上1倍以下确定。违法所得数额和非法经营数额均无法查清,判处3年以下有期徒刑、拘役或者单处罚金的,一般在3万元以上100万元以下确定罚金数额;判处3年以上有期徒刑的,一般在15万元以上500万元以下确定罚金数额。

6.关于本罪缓刑的适用问题。司法实践中,在确定具体量刑时,应当综合考虑侵权行为持续时间的长短、侵权范围和规模大小、非法经营数额或者违法所得数额的大小、对权利人造成的损害程度等因素,并结合《刑法》第72条规定的缓刑适用条件,以确定最终的宣告刑和刑罚执行方式。在此,需要强调的是,考虑到知识产权犯罪案件的特殊性,在具体处理的过程中,还应充分结合相关知识产权犯罪领域的司法解释,以确保实现精准量刑。根据《侵犯知识产权刑事案件解释》第23条的规定和司法实践经验,行为人实施侵犯知识产权犯罪,具有下列情形之一的,可以酌情从重处罚，一般不适用缓刑：（1）主要以侵犯知识产权为业的；（2）曾因侵犯知识产权受过刑事处罚或者行政处罚后再次侵犯知识产权构成犯罪的；（3）在重大自然灾害、事故灾难、公共卫生事件期间，假冒抢险救灾、防疫物资等商品或者服务注册商标的；（4）拒不交出违法所得的。

7. 关于本罪与相关罪名的适用问题。《侵犯知识产权刑事案件解释》第8条规定，实施《刑法》第213条规定的假冒注册商标犯罪，又销售该假冒注册商标的商品，构成犯罪的，应当依照《刑法》第213条的规定，以假冒注册商标罪定罪处罚。实施《刑法》第213条规定的假冒注册商标犯罪，又销售明知是他人的假冒注册商标的商品，构成犯罪的，应当实行数罪并罚。需要补充说明的是，行为人销售的商品假冒了他人的注册商标，同时该商品本身又属于伪劣产品，构成生产、销售伪劣商品类相关犯罪的，在此种情况下，属于一个行为同时触犯数个罪名，应当择一重罪进行定罪处罚。

8. 关于本罪共犯的正确认定问题。司法实践中，假冒注册商标和销售假冒注册商标的商品往往会形成一个地下利益链条，且不同于一般共犯间互相熟悉和分工明确的特征，各行为人类似上下游的"生意"往来，因此给本罪共犯的认定带来一定的困惑。鉴于此，《侵犯知识产权刑事案件解释》第22条规定，明知他人实施侵犯知识产权犯罪，具有下列行为之一的，以共同犯罪论处，但法律和司法解释另有规定的除外：（1）提供生产、制造侵权产品的主要原材料、辅助材料、半成品、包装材料、机械设备、标签标识、生产技术、配方等帮助的；（2）提供贷款、资金、账号、许可证件、支付结算等服务的；（3）提供生产、经营场所或者运输、仓储、保管、快递、邮寄等服务的；（4）提供互联网接入、服务器托管、网络存储、通讯传输等技术支持的；（5）其他帮助侵犯知识产权犯罪的情形。此外，值得注意的是，在具体办案过程中，如果帮助行为同时构成《刑法》第312条规定的掩饰、隐瞒犯罪所得、犯罪所得收益罪的，则应当依照处罚较重的规定进行定罪量刑。

五、风险提示

2019年11月，中共中央办公厅、国务院办公厅印发的《关于强化知识产权保护的意见》中明确规定：加强刑事司法保护，推进刑事法律和司法解释的修订完善。加大刑事打击力度，研究降低侵犯知识产权犯罪入罪标准，提高量刑处罚力度，修改罪状表述，推动解决涉案侵权物品处置等问题。强化打击侵权假冒犯罪制度建设，探索完善数据化打假情报导侦工作机制，开展常态化专项打击行动，持续保持高压严打态势。在此背景之下，《刑法修正案（十一）》对本罪进行了修改和完善，主要涉及对象调整和法定刑提升两个方面，具体分述如下：一是对调整对象进行扩展，由原来规定的商品注册商标扩展为商品商标和服务商标；二是对法定刑进行修改，对第一档和第二档法定刑均进行了调整，并将最高刑罚由 7 年有期徒刑调整为 10 年。

此外，需要说明的是，凡在我国合法注册且在有效期内的商标，商标所有权人享有的商标专用权依法受我国法律保护。未经注册商标所有人许可，假冒在我国注册的商标的商品，无论是由境内生产销往境外，还是由境外生产销往境内，均属违反我国商标管理法律法规，侵害商标专用权，损害商品信誉，情节严重的，构成犯罪。实践中，国家应加强对跨境侵犯注册商标类犯罪的惩治，以营造良好的营商环境。

六、参阅案例

最高人民法院指导案例 87 号：郭明升、郭明锋、孙淑标假冒注册商标案。该案裁判要旨为：假冒注册商标犯罪的非法经营数额、违法所得数额，应当综合被告人供述、证人证言、被害人陈述、网络销售电子数据、被告人银行账户往来记录、送货单、快递公司电脑系统记录、被告人等所作记账等证据认定。被告人辩解称网络销售记录存在刷信誉的不真实交易，但无证据证实的，对其辩解不予采纳。

七、关联规定

1.《全国人民代表大会常务委员会关于维护互联网安全的决定》（2009 年）第 3 条、第 6 条；

2.《中华人民共和国烟草专卖法》（2015 年）第 2 条、第 3 条、第 33 条；

3.《中华人民共和国商标法》（2019 年）第 3 条、第 4 条、第 5 条、第 67 条；

4.《中华人民共和国商标法实施条例》（2014 年）第 2 条、第 76 条至第 78 条、第 82 条；

5.《公安部经济犯罪侦查局关于重点商标是否等同于驰名商标问题的批复》（2002 年，公经〔2002〕108 号）；

6.《公安部经济犯罪侦查局关于对假冒"四季沐歌"商标案件的批复》（2012 年，公经知产〔2012〕164 号）；

7. 国家知识产权局《商标一般违法判断标准》（2021 年，国知发保字〔2021〕34 号）第 2 条、第 3 条、第 22 条、第 23 条；

8.《最高人民法院刑事审判第二庭关于集体商标是否属于我国刑法的保护范围问题的复函》（2009 年，〔2009〕刑二函字第 28 号）；

9.《最高人民法院、最高人民检察院关于办理非法生产、销售烟草专卖品等刑事案件具体应用法律若干问题的解释》(2010年，法释〔2010〕7号)第1条、第5条至第7条、第9条；

10. 最高人民法院、最高人民检察院、公安部《关于办理侵犯知识产权刑事案件适用法律若干问题的意见》(2011年，法发〔2011〕3号)第5条、第7条、第15条、第16条；

11.《最高人民法院、最高人民检察院、公安部关于依法严惩"地沟油"犯罪活动的通知》(2012年，公通字〔2012〕1号)第2条第4款、第3条；

12. 最高人民检察院《人民检察院办理知识产权案件工作指引》(2023年，高检发办字〔2023〕49号)第4条、第7条、第8条、第16条至第22条；

13.《最高人民法院、最高人民检察院关于办理侵犯知识产权刑事案件适用法律若干问题的解释》(2025年，法释〔2025〕5号)第1条至第3条、第7条、第8条、第22条至第26条、第28条至第31条。

销售假冒注册商标的商品罪

一、刑法规定

第二百一十四条：销售明知是假冒注册商标的商品，违法所得数额较大或者有其他严重情节的，处三年以下有期徒刑，并处或者单处罚金；违法所得数额巨大或者有其他特别严重情节的，处三年以上十年以下有期徒刑，并处罚金。

第二百二十条：单位犯本节第二百一十三条至第二百一十九条之一规定之罪的，对单位判处罚金，并对其直接负责的主管人员和其他直接责任人员，依照本节各该条的规定处罚。

二、罪名解读

销售假冒注册商标的商品罪，是指违反国家商标管理法规，销售明知是假冒注册商标的商品，违法所得数额较大或者有其他严重情节的行为。本罪的具体构成要件如下所述：

（一）主体要件

本罪的主体为一般主体，包括自然人和单位。司法实践中，个体工商户、合伙企业应当被作为自然人主体对待。

（二）客体要件

本罪侵犯的客体是他人的注册商标专用权和国家的商标管理制度。本罪的行为对象为假冒注册商标的商品，实践中，这种商品多属伪、劣、次甚至有害物品。从形式上看，行为人销售假冒注册商标的商品并没有直接侵犯他人的商标专用权。但是，行为人之所以销售明知是假冒他人注册商标的商品，主要目的是使自己的商品能够以假充真，以便顺利销售出去。实际上，这种行为不仅损害了消费者的利益，还造成了对注册商标专用权的侵害。

（三）主观要件

本罪的主观方面为故意，即行为人明知是假冒注册商标的商品而故意销售给他人。过失不构成本罪。关于"明知"的司法认定标准，《侵犯知识产权刑事案件解释》第4条规定，销售假冒注册商标的商品，具有下列情形之一的，可以认定为《刑法》第214条规定的"明知"，但有证据证明确实不知道的除外：（1）知道自己销售的商品上的注册商标被涂改、调换或者覆盖的；（2）伪造、涂改商标注册人授权文件或者知道该文件被伪造、涂改的；（3）因销售假冒注册商标的商品受过刑事处罚或者行政处罚，又销售同一种假冒注册商标的商品的；（4）无正当理由以明显低于市场价格进货或者销售的；（5）被行政执法机关、司法机关发现销售假冒注册商标的商品后，转移、销毁侵权商品、会计凭证等证据或者提供虚假证明的；（6）其他可以认定为明知是假冒注册商标的商品的情形。

需要说明的是，对于根据客观事实推定"应当知道"的情形，应当充分听取行为人的辩解，有证据证明行为人确实不知道的或者不可能知道的，则不应认定为"明知"。

（四）客观要件

本罪的客观方面表现为违反国家商标管理法规，销售明知是假冒注册商标的商品，违法所得数额较大或者有其他严重情节的行为。这里的"假冒注册商标"，是指假冒他人已经注册了的商标。如果将还未注册过的商标冒充已经注册的商标在商品上使用的，则不构成本条罪，而属于违反注册商标管理的行政违法行为。

关于"假冒注册商标的商品"的认定，详见假冒注册商标罪部分论述，在此不再赘述。实践中，假冒注册商标的"商品"的基本特征如下：在销售的商品上未经他人许可使用了与他人注册商标相同的商标，所销售的商品与商标专用权人的商品属于同一种商品。从货物来源上看，这种假冒注册商标的商品，应当是他人生产和提供的，而不是销售者自己所生产、加工的。如果行为人在自己生产、加工的同一种商品上使用与他人注册商标相同的商标，然后将其置于市场销售，构成犯罪的，应当以假冒注册商标罪定罪处罚。

这里的"销售"，是指卖出货物的行为，属于广义的概念，包括批发、零售、代售、贩卖等各个销售环节。这里的"违法所得"，是指获利数额，而不应当将其等同于销售金额。这里的"其他严重情节"，主要是指违法所得数额较大之外的情形，比如销售金额数额较大、销售侵权商品持续时间长、给权利人造成的损失较大、给消费者造成了人身或者财产方面较大的损失等。

三、罪与非罪

根据刑法规定，销售明知是假冒注册商标商品的行为，必须达到"违法所得数额较大或者有其他严重情节"的标准，才构成本罪。这也是区分罪与非罪的重要条件。实践中，对于情节显著轻微危害不大的，则不以犯罪论处。

关于"违法所得数额较大或者有其他严重情节"的具体认定标准，《侵犯知识产权刑事案件解释》第 5 条第 1 款规定，销售明知是假冒注册商标的商品，违法所得数额在 3 万元以上的，应当认定为《刑法》第 214 条规定的"违法所得数额较大"；具有下列情形之一的，应当认定为《刑法》第 214 条规定的"其他严重情节"：（1）销售金额在 5 万元以上的；（2）2 年内因实施《刑法》第 213 条至第 215 条规定的行为受过刑事处罚或者行政处罚后再次实施，违法所得数额在 2 万元以上或者销售金额在 3 万元以上的；（3）假冒注册商标的商品尚未销售，货值金额达到本款前两项规定的销售金额标准 3 倍以上，或者已销售商品的销售金额不足本款前两项标准，但与尚未销售商品的货值金额合计达到本款前两项规定的销售金额标准 3 倍以上的。

关于"违法所得数额巨大或者有其他特别严重情节"的具体认定标准，《侵犯知识产权刑事案件解释》第 5 条第 2 款规定，违法所得数额、销售金额、货值金额或者销售金额与货值金额合计达到本条前款相应规定标准 10 倍以上的，应当认定为《刑法》第 214 条规定的"违法所得数额巨大或者有其他特别严重情节"。

需要注意的是，根据《侵犯知识产权刑事案件解释》第 28 条的规定，"货值金额"依照该条第 1 款规定的尚未销售的侵犯知识产权的产品价值认定。"销售金额"，是指行为人在实施侵犯知识产权行为过程中，出售侵权产品后所得和应得的全部违法收入。

四、注意事项

1.关于违法所得数额的认定问题。《刑法修正案（十一）》将本罪中的"销售金额数额较大"改为了"违法所得数额较大或者有其他严重情节"，如果违法所得数额就是销售金额，那么此处修改就失去了意义。因此，从探求立法本意的角度分析，对于本罪中的违法所得数额，应认定为获利数额。销售假冒注册商标的商品是通过售假行为获取收益的，因此违法所得数额只能限定为在售假环节获取的直接收益，比如购进原材料和进货价款属于售假行为的成本，应当作出相应的扣除，以"利差"作为违法所得数额。违法所得数额既然是获利数额，那么计算获利数额必然要求在非法经营数额或者销售金额的基础上扣除一定的成本。对于纯粹以售假为目的实施销售假冒注册商标的商品的行为，仅扣除购进价款。对于为了增加销量而付出的广告费用、物流费用、包装费用、赠品采购费用以及房屋租金、水电人工费用等，由于其均属于犯罪成本，根据任何人均不得从其犯罪活动中获利的原则，不应扣除。有关此点，详见《侵犯知识产权刑事案件解释》第 28 条第 4 款之规定。

2. 关于违法但尚不构成犯罪行为的处理问题。实践中，对于行为人销售假冒注册商标的商品行为虽然违法，但尚未构成犯罪的，应当按照《商标法》的有关规定作出如下处理：工商行政管理部门处理时，认定侵权行为成立的，责令立即停止侵权行为，没收、销毁侵权商品和主要用于制造侵权商品、伪造注册商标标识的工具，违法经营额 5 万元以上的，可以处违法经营额 5 倍以下的罚款；没有违法经营额或者违法经营额不足 5 万元的，可以处 25 万元以下的罚款。对 5 年内实施 2 次以上商标侵权行为或者有其他严重情节的，应当从重处罚。销售不知道是侵犯注册商标专用权的商品，能证明该商品是自己合法取得并说明提供者的，由工商行政管理部门责令停止销售。

五、风险提示

为加大对商标专用权的保护力度，严惩销售假冒注册商标商品的违法犯罪行为，《刑法修正案（十一）》对本罪进行了修改和完善，主要涉及定罪量刑标准和法定刑提升两个方面，具体分述如下：一是对定罪量刑标准进行调整，将入罪的标准由原来的"销售金额数额较大"修改为"违法所得数额较大或者有其他严重情节"，并随之也调整了升档量刑标准；二是对法定刑进行修改，对第一档和第二档法定刑均进行了调整，并将最高刑罚由 7 年有期徒刑调整为 10 年。

司法实践中，经常出现行为人没有经过注册商标所有人的许可，在同一种商品上使用与其注册商标相同的商标后，又将该种商品出售，以获取非法利益的情况。从犯罪行为的整体性考察，这种情况属于假冒注册商标罪的行为延续，应将二者整体评价为一罪，即以假冒注册商标罪定罪处罚。至于销售假冒注册商标的商品的行为，可以在具体量刑时将其作为一个从重情节予以考虑。对于既假冒他人注册商标，又故意销售假冒注册商标的商品，构成犯罪的，属于牵连犯，应当以假冒注册商标罪定罪处罚，不能实行数罪并罚。如果既实施假冒注册商标犯罪，又销售明知是他人假冒注册商标的商品，构成犯罪的，则属于实质的数罪，应当依法实行数罪并罚。

六、参阅案例

人民法院案例库参考案例：合肥市某电子有限公司、钟传某销售假冒注册商标的商品案（入库编号 2023-09-1-157-002）。该案裁判要旨为：依据《商标国际注册马德里协定》和《商标国际注册马德里协定有关议定书》进行商标国际注册，并经我国商标行政管理机关核准，获准在我国进行领土延伸保护的商标，与在我国境内直接提出申请并获准注册的商标具有同等的法律效力。在符合商标权犯罪构成要件的情况下，对侵犯案涉注册商标的行为，应予刑事处罚。

七、关联规定

1.《中华人民共和国商标法》（2019 年）第 3 条至第 5 条、第 67 条；

2. 最高人民法院、最高人民检察院、公安部、国家烟草专卖局《关于办理假冒伪劣烟草制品等刑事案件适用法律问题座谈会纪要》（2003 年，商检会〔2003〕4 号）第 2 条、第 4 条至第 6 条；

3.《最高人民法院刑事审判第二庭关于集体商标是否属于我国刑法的保护范围问题的复函》（2009 年，〔2009〕刑二函字第 28 号）；

4.《最高人民法院、最高人民检察院关于办理非法生产、销售烟草专卖品等刑事案件具体应用法律若干问题的解释》（2010 年，法释〔2010〕7 号）第 1 条、第 2 条、第 4 条至第 9 条；

5. 最高人民法院、最高人民检察院、公安部《关于办理侵犯知识产权刑事案件适用法律若干问题的意见》（2011 年，法发〔2011〕3 号）第 8 条、第 14 条至第 16 条；

6.《最高人民法院关于进一步加强涉种子刑事审判工作的指导意见》（2022 年，法〔2022〕66 号）第 3 条、第 4 条、第 6 条、第 7 条；

7. 最高人民检察院《人民检察院办理知识产权案件工作指引》（2023 年，高检发办字〔2023〕49 号）第 16 条至第 22 条；

8.《最高人民法院、最高人民检察院关于办理侵犯知识产权刑事案件适用法律若干问题的解释》（2025 年，法释〔2025〕5 号）第 4 条、第 5 条、第 8 条、第 22 条至第 31 条。

非法制造、销售非法制造的注册商标标识罪

一、刑法规定

第二百一十五条：伪造、擅自制造他人注册商标标识或者销售伪造、擅自制造的注册商标标识，情节严重的，处三年以下有期徒刑，并处或者单处罚金；情节特别严重的，处三年以上十年以下有期徒刑，并处罚金。

第二百二十条：单位犯本节第二百一十三条至第二百一十九条之一规定之罪的，对单位判处罚金，并对其直接负责的主管人员和其他直接责任人员，依照本节各该条的规定处罚。

二、罪名解读

非法制造、销售非法制造的注册商标标识罪，是指违反国家商标管理法规，伪造、擅自制造他人注册商标标识或者销售伪造、擅自制造的注册商标标识，情节严重的行为。本罪的具体构成要件如下所述：

（一）主体要件

本罪的主体为一般主体，包括自然人和单位。

（二）客体要件

本罪侵犯的客体是注册商标的专用权和国家对注册商标的管理制度。本罪的行为对象为注册商标标识，包括商品商标标识和服务商标标识。商标标识是商标专用权的物质载体，代表着商品的质量和信誉，是一种无形资产，是表明注册商标的商品显著特征的识别标志。所谓"商标标识"，是指与商品配套一同进入流通领域的带有商标的有形载体，包括注册商标标识和未注册商标标识。比如，带有商标的包装物、标签、封签说明书、合格证等物品。商标标识一般独立于被标志的商品，不具有该商品的功能。

（三）主观要件

本罪的主观方面为故意，并且一般具有非法营利的目的。

（四）客观要件

本罪的客观方面表现为违反国家商标管理法规，伪造、擅自制造他人注册商标标识或者销售伪造、擅自制造的注册商标标识，情节严重的行为。本罪的行为方式包括伪造、擅自制造和销售三种。这里的"伪造"，是指未获得注册商标所有人

的授权委托，仿造注册商标标识，制造假商标标识的行为。此种情形下，商标标识本身就是假的。这里的"擅自制造"，是指虽然经过商标所有人的授权，但超过数量印制商标标识的行为。此种情形下，商标标识本身是真的。这里的"销售"，既包括伪造、擅自制造注册商标标识后予以销售，又包括销售他人伪造、擅自制造的商标标识，体现在批发、零售、代售、贩卖等环节，既包括在内部销售，也包括在市场上销售。

需要说明的是，制造和销售在实践中密切相关，制造的目的一般是销售，但有时候制造者和销售者并不一致，故法律规定行为人只要实施了其中之一的行为即构成本罪。如果同时实施两种行为的，按照选择性罪名处理，不实行数罪并罚，但可作为量刑情节予以考虑。

三、罪与非罪

根据刑法规定，伪造、擅自制造他人注册商标标识或者销售伪造、擅自制造的注册商标标识的行为，必须达到"情节严重"的标准，才构成犯罪。这也是罪与非罪的重要界限。实践中，对于未达到"情节严重"程度的行为，可以按照《商标法》第52条、第53条的有关规定作出处理。

关于"情节严重"的具体认定标准，《侵犯知识产权刑事案件解释》第6条第1款规定，伪造、擅自制造他人注册商标标识或者销售伪造、擅自制造的注册商标标识，具有下列情形之一的，应当认定为《刑法》第215条规定的"情节严重"：（1）标识数量在1万件以上，或者违法所得数额在2万元以上，或者非法经营数额在3万元以上的；（2）伪造、擅自制造或者销售伪造、擅自制造两种以上注册商标标识，标识数量在5000件以上，或者违法所得数额在1万元以上，或者非法经营数额在2万元以上的；（3）2年内因实施《刑法》第213条至第215条规定的行为受过刑事处罚或者行政处罚后再次实施，标识数量在5000件以上，或者违法所得数额在1万元以上，或者非法经营数额在2万元以上的；（4）销售他人非法制造的注册商标标识，尚未销售的标识数量达到本款前三项规定标准3倍以上，或者已销售的标识数量不足本款前三项标准，但与尚未销售的标识数量合计达到本款前三项规定标准3倍以上的；（5）其他情节严重的情形。

关于"情节特别严重"的具体认定标准，《侵犯知识产权刑事案件解释》第6条第2款规定，标识数量、违法所得数额、非法经营数额达到本条前款相应规定标准5倍以上的，应当认定为《刑法》第215条规定的"情节特别严重"。

需要说明的是，根据《侵犯知识产权刑事案件解释》第7条的规定，所谓注册商标标识的"件",一般是指标有完整商标图样的一份标识。对于在一件有形载体上印制数个标识图样,该标识图样不能脱离有形载体单独使用的,应当认定为一件标识。

四、注意事项

1. 关于印有注册商标标识的空旧瓶子、包装物是否属于商标标识的问题。《国家工商行政管理局商标局关于商标标识含义问题的复函》指出,商标标识一般是指独立于被标志商品的商标的物质表现形式,如酒商品上的瓶贴、自行车上的标牌、服装上的织带等。《商标印制管理办法》第15条第2款规定,商标标识是指与商品配套一同进入流通领域的带有商标的有形载体,包括注册商标标识和未注册商标标识。由上可知,印有注册商标标识的空旧瓶子、包装物属于与商品配套一同进入流通领域的带有商标的有形载体,同时属于独立于被标志商品的商标的物质表现形式,应当被认定为注册商标标识。此外,如果瓶子、包装物本身已经独立注册商标的,则其不仅是被标志商品的注册商标标识,还是注册商标的商品。

2. 关于本罪既遂与未遂的认定问题。司法实践中,对销售他人伪造、擅自制造的注册商标标识的既遂判断,应当以非法销售行为实施完毕为标准,即以注册商标标识的交付和脱离行为人的控制为标准,而不能以交易双方的钱货两清为标准。关于犯罪未遂的认定,根据《侵犯知识产权刑事案件解释》第6条第1款第4项的规定,销售他人非法制造的注册商标标识,尚未销售的标识数量达到本款前三项规定标准3倍以上,或者已销售的标识数量不足本款前三项标准,但与尚未销售的标识数量合计达到本款前三项规定标准3倍以上的,认定为《刑法》第215条规定的"情节严重",应当以销售非法制造的注册商标标识罪(未遂)定罪处罚。需要补充说明的是,对于已经制作完成但尚未附着或者尚未全部附着假冒注册商标标识的产品,有证据证明该产品将假冒他人注册商标的,其价值计入非法经营数额。

3. 关于本罪与假冒注册商标罪的界限问题。司法实践中,两者在主观上均是故意,犯罪主体均为一般主体,犯罪客体也相同,但两者在犯罪客观方面存在本质上的区别。对于行为人非法制造注册商标标识,并将其用于与该注册商标核定使用的商品属于同一种的商品上的,其行为触犯了两个罪名,即非法制造注册商标标识罪和假冒注册商标罪。这种情形属于刑法理论上的牵连犯,应当按照"择一重罪从重处罚"的适用原则,选择处罚较重的罪名定罪处罚。

两者在客观方面的区别如下:本罪的客观方面表现为违反国家商标管理法规,伪造、擅自制造他人注册商标标识或者销售伪造、擅自制造的注册商标标识,情节严重的行为，至于行为人是否将伪造、擅自制造的注册商标标识用于与该注册商标核定使用的商品属于同一种的商品上，不影响本罪的成立；而假冒注册商标罪在客观方面表现为未经注册商标所有人的许可，在同一种商品上使用与其注册商标相同的商标，情节严重的行为，至于商标标识是否行为人自己制造的，不影响本罪的成立。此外，需要说明的是，对于为他人假冒注册商标提供帮助的行为人，应当区分情况认定其是构成假冒注册商标罪的共犯还是单独构成本罪。行为人为他人假冒注册商标提供生产、制造侵权产品的主要原材料、辅助材料、半成品、生产技术、配方等帮助，或者为其提供不包含注册商标的包装材料、标签标识的，应以假冒注册商标罪的共犯论处；行为人为他人假冒注册商标提供的包装材料上印制有注册商标，或者其提供的标签标识本身就是注册商标的，则应认定为单独构成本罪。

五、风险提示

从司法实践来看，非法制造、销售非法制造的注册商标标识的行为在侵犯注册商标犯罪活动中不仅提供帮助，而且起到侵权源头性的重大作用。非法制造、销售非法制造的注册商标标识行为与其他商标犯罪活动互相配合，形成了关联紧密的犯罪利益链条，亟待依法予以规制和打击。基于此，《刑法修正案（十一）》对本罪进行了修改和完善，主要涉及两档法定刑的提升：一是直接删除了第一档法定刑中的"拘役或者管制"；二是将第二档法定刑的最高刑罚由7年有期徒刑提升至10年。

根据修正后的《刑法》第215条的规定，伪造、擅自制造他人注册商标标识或者销售伪造、擅自制造的注册商标标识，情节特别严重的，处3年以上10年以下有期徒刑，并处罚金。在本罪的法定最高刑罚被提升之后，非法制造、销售非法制造的注册商标标识的行为，一旦被司法机关认定属于"情节特别严重"的情形，行为人将面临可能被判处高达10年的有期徒刑。笔者认为，立法机关将本罪的最高刑罚予以调整，不仅体现了国家加大对知识产权刑事保护力度的决心，还充分表明了国家通过立法营造良好的法治环境和营商环境的态度。

六、参阅案例

人民法院案例库参考案例：李某志等非法制造注册商标标识案（入库编号2023-09-1-158-002）。该案裁判要旨为：（1）根据《最高人民法院、最高人民检察院关于办理侵犯知识产权刑事案件具体应用法律若干问题的解释》第12条规定，制造、储存、运输和未销售的侵权产品的价值，按照标价或已查清的侵权产品的实际销售平均价格计算。侵权产品没有标价或无法查清其实际销售价格的，按照被侵权产品的市场中间价格计算。被侵权产品市场中间价格的确定，有同种合格产品销售的可以按照同种产品价格计算；若侵权产品属于不在市场上单独销售的配件，则市场中间价格可以按照权利人生产、制造、加工的成本价格计算；无法确定成本价格的，可以根据权利人提供的配件更换、维修价格计算。（2）在既没有实际销售价格，也无法确定市场中间价格的情况下，仅有的被害单位出具的《价格证明》不属于法律及相关司法解释规定的市场中间价格认定的证据。在不能确定非法经营数额的情况下，按照伪造、擅自制造两种以上注册商标标识的数量予以量刑处罚。

七、关联规定

1.《中华人民共和国烟草专卖法》（2015年）第2条、第3条、第20条、第34条；

2.《中华人民共和国商标法》（2019年）第3条、第4条、第5条、第67条；

3.国家知识产权局《商标一般违法判断标准》（2021年，国知发保字〔2021〕34号）第18条、第22条、第29条至第32条；

4.《最高人民法院刑事审判第二庭关于集体商标是否属于我国刑法的保护范围问题的复函》（2009年，〔2009〕刑二函字第28号）；

5.《最高人民法院、最高人民检察院关于办理非法生产、销售烟草专卖品等刑事案件具体应用法律若干问题的解释》（2010年，法释〔2010〕7号）第1条、第5条至第7条；

6.最高人民法院、最高人民检察院、公安部《关于办理侵犯知识产权刑事案件适用法律若干问题的意见》（2011年，法发〔2011〕3号）第9条、第15条、第16条；

7.《最高人民法院、最高人民检察院关于办理侵犯知识产权刑事案件适用法律若干问题的解释》（2025年，法释〔2025〕5号）第6条、第7条、第22条至第31条。

假冒专利罪

一、刑法规定

第二百一十六条：假冒他人专利，情节严重的，处三年以下有期徒刑或者拘役，并处或者单处罚金。

第二百二十条：单位犯本节第二百一十三条至第二百一十九条之一规定之罪的，对单位判处罚金，并对其直接负责的主管人员和其他直接责任人员，依照本节各该条的规定处罚。

二、罪名解读

假冒专利罪，是指违反国家专利管理法规，未经专利权人许可，假冒他人专利，情节严重的行为。本罪的具体构成要件如下所述：

（一）主体要件

本罪的主体为一般主体，包括自然人和单位。

（二）客体要件

本罪侵犯的客体是他人的专利权和国家的专利管理制度。专利权，是指专利权人在法律规定的有效期限内，依法对自己取得的发明创造，包括发明、实用新型和外观设计所享有的专有权或者独占权。发明，是指对产品、方法或者其改进所提出的新的技术方案。实用新型，是指对产品的形状、构造或者其结合所提出的适于实用的新的技术方案。外观设计，是指对产品的整体或者局部的形状、图案或者其结合以及色彩与形状、图案的结合所作出的富有美感并适于工业应用的新设计。专利必须向社会公开，并被记载于专利证书和专利文献上。

（三）主观要件

本罪的主观方面为直接故意，并且一般具有非法获利的目的。本罪中的故意，是指明知自己在假冒他人的专利，侵犯他人的专利权，仍然故意实施该行为。间接故意和过失不构成本罪。

（四）客观要件

本罪的客观方面表现为违反国家专利管理法规，未经专利权人许可，假冒他人专利，情节严重的行为。这里的"违反国家专利管理法规"，主要是指违反《专利法》和《专利法实施细则》的规定。关于专利的有效期限，发明专利权的期限为20年，实用新型专利权的期限为10年，外观设计专利权的期限为15年，均自申请日起计算。假冒专利的实质是，用自己的产品冒充他人享有专利权的专利产品，这里的"他人"包括单位和个人。根据《专利法实施细则》第101条的规定，下列行为属于假冒专利的行为：（1）在未被授予专利权的产品或者其包装上标注专利标识，专利权被宣告无效后或者终止后继续在产品或者其包装上标注专利标识，或者未经许可在产品或者产品包装上标注他人的专利号；（2）销售第1项所述产品；（3）在产品说明书等材料中将未被授予专利权的技术或者设计称为专利技术或者专利设计,将专利申请称为专利,或者未经许可使用他人的专利号,使公众将所涉及的技术或者设计误认为是专利技术或者专利设计;(4)伪造或者变造专利证书、专利文件或者专利申请文件;(5)其他使公众混淆,将未被授予专利权的技术或者设计误认为是专利技术或者专利设计的行为。需要说明的是,专利权终止前依法在专利产品、依照专利方法直接获得的产品或者其包装上标注专利标识,在专利权终止后许诺销售、销售该产品的,不属于假冒专利行为。

从司法实践来看,假冒他人专利的行为主要有两种形式:一种是未经专利权人许可,为生产经营而非法制造、使用或者销售其专利产品或者使用其专利方法;另一种是未经专利权人同意,在自己制造、使用或者出售的产品上标注、附缀或者在与该产品有关的广告中冒用专利权人的姓名、专利名称、专利号或者专利权人的其他专利标记。

三、罪与非罪

根据刑法规定,假冒他人专利的行为,必须达到"情节严重"的程度,才构成犯罪。对于行为人已经得到专利权人的同意,只是未签订书面许可合同或者尚未支付许可费用的,不构成犯罪。实践中,对于情节一般的违法行为,属于一般假冒专利的侵权行为,可以按照《专利法》的有关规定进行处理。

关于"情节严重"的具体认定标准,《侵犯知识产权刑事案件解释》第10条规定,假冒他人专利,具有下列情形之一的,应当认定为《刑法》第216条规定的"情节严重":(1)违法所得数额在10万元以上或者非法经营数额在20万元以上的;(2)给专利权人造成直接经济损失30万元以上的;(3)假冒两项以上他人专利,违法所得数额在5万元以上或者非法经营数额在10万元以上的;(4)2年内因实施假冒他人专利的行为受过刑事处罚或者行政处罚后再次实施,违法所得数额在5万元以上或者非法经营数额在10万元以上的;(5)其他情节严重的情形。实践中,非法经营数额、违法所得数额、造成直接经济损失数额等,均是判断情节严重程度的重要因素。

四、注意事项

1.关于"假冒他人专利"的认定问题。对此,《侵犯知识产权刑事案件解释》第9条规定,具有下列情形之一的,应当认定为《刑法》第216条规定的"假冒他人专利":(1)伪造或者变造他人的专利证书、专利文件或者专利申请文件的;(2)未经许可,在其制造或者销售的产品、产品包装上标注他人专利号的;(3)未经许可,在合同、产品说明书或者广告等宣传材料中使用他人的专利号,使人误认为是他人发明、实用新型或者外观设计的。这里的"许可"，必须签订书面的专利许可合同。许可意味着同意和授权，只有签订书面的专利许可合同，才能产生合法的效力，否则，未被许可意味着涉嫌假冒他人专利。

2. 关于"非法经营数额"的认定问题。对此，《侵犯知识产权刑事案件解释》第 28 条第 1 款规定，本解释所称"非法经营数额"，是指行为人在实施侵犯知识产权行为过程中，制造、储存、运输、销售侵权产品的价值。已销售侵权产品的价值，按照实际销售的价格计算。尚未销售侵权产品的价值，按照已经查清的侵权产品实际销售平均价格计算。实际销售平均价格无法查清的，按照侵权产品的标价计算。无法查清实际销售价格或者侵权产品没有标价的，按照被侵权产品的市场中间价格计算。需要补充说明的是，行为人多次实施侵犯知识产权行为，未经处理且依法应当追诉的，非法经营数额累计计算。

3. 关于假冒专利和冒充专利的定性问题。根据《专利法》及其实施细则，涉及专利的不法行为分为三种类型：一般专利侵权行为、冒充专利行为和假冒（他人）专利行为。实践中，争议较大的是冒充专利的行为能否被认定为假冒专利犯罪。对此，笔者认为，从目前的刑法条文和司法解释规定来看，假冒专利罪仅指向假冒他人专利，情节严重的行为，并不包括冒充专利行为。冒充专利行为，是指行为人为生产经营，将非专利产品冒充专利产品或者将非专利方法冒充专利方法的行为。此外，《侵犯知识产权刑事案件解释》第 9 条对"假冒他人专利"行为的列举式规定中，也不包括将非专利产品冒充专利产品或者将非专利方法冒充专利方法的行为。因此，冒充专利的行为虽然违法，但即使情节严重，也不能以假冒专利罪论处，如果构成虚假广告罪或者合同诈骗罪等罪名的，则以相关罪名进行论处。

五、风险提示

假冒他人专利的行为人不仅要承担民事责任，还可能要承担行政责任和刑事责任。但对于冒充专利行为，《专利法》中仅规定了行政责任。《专利法》第 68 条规定，假冒专利的，除依法承担民事责任外，由负责专利执法的部门责令改正并予公告，没收违法所得，可以处违法所得 5 倍以下的罚款；没有违法所得或者违法所得在 5 万元以下的，可以处 25 万元以下的罚款；构成犯罪的，依法追究刑事责任。此外，需要说明的是，侵犯专利权的赔偿数额按照权利人因被侵权所受到的实际损失或者侵权人因侵权所获得的利益确定；权利人的损失或者侵权人获得的利益难以确定的，参照该专利许可使用费的倍数合理确定。对故意侵犯专利权，情节严重的，可以在按照上述方法确定数额的 1 倍以上 5 倍以下确定赔偿数额。权利人的损失、侵权人获得的利益和专利许可使用费均难以确定的，人民法院可以根据专利权的类型、侵权行为的性质和情节等因素，确定给予3万元以上500万元以下的赔偿。赔偿数额还应当包括权利人为制止侵权行为所支付的合理开支，包括但不限于律师费、公证费、交通食宿费等。

假冒专利与相关罪名的界限。司法实践中，关于假冒专利行为与关联行为的认定，需要注意以下两个方面：（1）行为人既假冒他人专利，又生产、销售假冒他人专利的伪劣商品，同时构成假冒专利罪和生产、销售伪劣产品罪的，由于两者构成想象竞合关系，应当按照刑罚较重的罪名处罚，而不进行数罪并罚。（2）行为人既假冒他人专利，又假冒他人注册商标的，由于假冒他人专利和假冒他人注册商标是两个独立的行为，同时符合两个犯罪的构成要件，应依法实行数罪并罚。

六、参阅案例

张某甲、朱某假冒专利案［江苏省南通市中级人民法院（2015）通中知刑初字第0001号］。该案裁判要旨为：被告人张某甲、朱某未经专利权人许可，擅自在其生产的锅炉清灰剂产品的宣传册和公司网页上使用专利权人的发明专利号，将产品冒充为专利产品，易使社会公众产生误认，侵害了专利权人的合法权益，且危害国家对专利的管理制度，非法经营额达491750元，情节严重，其行为已构成假冒专利罪。南通市人民检察院指控的犯罪事实清楚，证据确实、充分，罪名成立，本院予以支持。被告人张某甲、朱某共同实施假冒专利犯罪，属共同犯罪。在共同犯罪中，被告人张某甲起主要作用，为主犯，应当按照其所参与的全部犯罪处罚。被告人朱某起次要作用，为从犯，应当从轻、减轻处罚或者免除处罚。被告人张某甲归案后能如实供述自己的犯罪事实，可以从轻处罚。被告人朱某在公安机关未掌握其犯罪事实的情形下，主动交代犯罪事实，应视为自首，可以从轻或减轻处罚。综合两被告人的犯罪情节及悔罪表现，对两被告人适用缓刑可不致再危害社会，本院决定对两被告人从轻处罚并适用缓刑。

七、关联规定

1.《中华人民共和国专利法》（2020年）第2条、第7条、第8条、第11条、第67条、第68条；

2.《中华人民共和国专利法实施细则》（2023年）第14条、第101条；

3.最高人民法院、最高人民检察院、公安部《关于办理侵犯知识产权刑事案件适用法律若干问题的意见》（2011年，法发〔2011〕3号）第1条至第3条、第14条至第16条；

4.最高人民检察院《人民检察院办理知识产权案件工作指引》(2023年，高检发办字〔2023〕49号)第12条、第16条、第22条；

5.《最高人民法院、最高人民检察院关于办理侵犯知识产权刑事案件适用法律若干问题的解释》(2025年，法释〔2025〕5号)第9条、第10条、第22条至第31条。

侵犯商业秘密罪

一、刑法规定

第二百一十九条：有下列侵犯商业秘密行为之一，情节严重的，处三年以下有期徒刑，并处或者单处罚金；情节特别严重的，处三年以上十年以下有期徒刑，并处罚金：

（一）以盗窃、贿赂、欺诈、胁迫、电子侵入或者其他不正当手段获取权利人的商业秘密的；

（二）披露、使用或者允许他人使用以前项手段获取的权利人的商业秘密的；

（三）违反保密义务或者违反权利人有关保守商业秘密的要求，披露、使用或者允许他人使用其所掌握的商业秘密的。

明知前款所列行为，获取、披露、使用或者允许他人使用该商业秘密的，以侵犯商业秘密论。

本条所称权利人，是指商业秘密的所有人和经商业秘密所有人许可的商业秘密使用人。

第二百二十条：单位犯本节第二百一十三条至第二百一十九条之一规定之罪的，对单位判处罚金，并对其直接负责的主管人员和其他直接责任人员，依照本节各该条的规定处罚。

二、罪名解读

侵犯商业秘密罪，是指采取不正当手段，侵犯商业秘密权利人的商业秘密，情节严重的行为。本罪的具体构成要件如下所述：

（一）主体要件

本罪的主体为一般主体，包括自然人和单位。司法实践中，本罪的主体一般是合同约定的负有保密义务的人和本单位中知悉或者掌握商业秘密的人。此外，行为人为了获取和使用商业秘密而与披露商业秘密的犯罪分子进行事前通谋的,以本罪的共犯论处。

(二)客体要件

本罪侵犯的客体是商业秘密权利人的权利和国家对社会主义市场经济的管理秩序。本罪的行为对象是权利人的商业秘密。这里的"商业秘密",是指不为公众所知悉、具有商业价值并经权利人采取相应保密措施的技术信息、经营信息等商业信息。技术信息,包括设计、程序、产品配方、制作工艺、制作方法、计算机程序等信息。经营信息,包括创意、工作计划、财务数据、管理诀窍、客户名单、货源情报、产销策略、招投标中的标底及标书内容等信息。一般而言,商业秘密具有秘密性、实用性、经济性、信息性等基本特征。所谓"不为公众所知悉",是指该信息不能从公开渠道直接获取。所谓"具有商业价值",是指能为权利人带来现实的或者潜在的经济利益或者竞争优势。所谓"权利人采取相应保密措施",是指权利人通过订立保密协议、建立保密制度或者采取其他合理的保密措施保护商业秘密。这里的"权利人",是指商业秘密的所有人和经商业秘密所有人许可的商业秘密使用人。

(三)主观要件

本罪的主观方面为故意,包括直接故意和间接故意。过失不构成本罪。侵犯商业秘密的犯罪动机可能是各种各样的,有的是为了牟取非法利益,有的是为了打击竞争对手,有的是为了报复竞争对手,等等。但无论行为人的动机如何,均不影响本罪的成立。

(四)客观要件

本罪的客观方面表现为采取不正当手段,侵犯商业秘密权利人的商业秘密,情节严重的行为。本罪的客观方面包括两个要素:一是行为人实施了侵犯商业秘密的行为;二是侵犯商业秘密的行为达到了情节严重的程度。具体而言,本罪中,侵犯商业秘密的行为方式主要包括以下四种:(1)以盗窃、贿赂、欺诈、胁迫、电子侵入或者其他不正当手段获取权利人的商业秘密的;(2)披露、使用或者允许他人使用以前项手段获取的权利人的商业秘密的;(3)违反保密义务或者违反权利人有关保守商业秘密的要求,披露、使用或者允许他人使用其所掌握的商业秘密的;(4)明知前述所列行为,获取、披露、使用或者允许他人使用该商业秘密的。

这里的"盗窃",是指采取非法复制等方式获取权利人的商业秘密。这里的"贿赂",是指通过给予因工作关系等实际知悉商业秘密的人财物,以获取权利人的商业秘密。这里的"胁迫",是指通过声称对他人本人或者亲友等实施人身伤害、披露隐私等方式，迫使他人提供商业秘密。这里的"电子侵入"，是指行为人不具有对存储权利人商业秘密信息电子载体的访问权限或未经授权，或者超越其访问权限或授权范围，通过"黑客""病毒植入""爬虫""端口监听"等各种电子信息技术手段，非法获取商业秘密的行为。"电子侵入"作为犯罪行为方式的前提是，行为人不具有对商业秘密载体的访问权限或未经授权，以及超出访问权限、授权而"侵入"载体。这里的"其他不正当手段"，是指行为人采取以上明确列举的行为之外的，属于不正当竞争行为的方式，非法获取商业秘密的行为。这里的"披露"，是指向他人透露行为人以盗窃、贿赂、欺诈、胁迫、电子侵入或者其他不正当手段获取的他人商业秘密，将权利人的商业秘密披露公开，破坏权利人竞争优势的行为。这里的"使用"，是指自己使用。这里的"允许他人使用"，是指将通过非法手段获取的商业秘密提供给其他人使用的行为。无论是行为人自己使用还是允许他人使用上述商业秘密，都是侵犯权利人商业秘密的非法行为。

三、罪与非罪

本罪属于情节犯，侵犯商业秘密的行为，必须达到"情节严重"的程度，才构成犯罪。实践中，可以综合给权利人造成的损失数额、权利人因此而经营困难的情况、行为人的违法所得数额、行为人实施侵权的次数等进行综合判断。

关于"情节严重"的具体认定标准，《侵犯知识产权刑事案件解释》第17条第1款规定，侵犯商业秘密，具有下列情形之一的，应当认定为《刑法》第219条规定的"情节严重"：（1）给商业秘密的权利人造成损失数额在30万元以上的；（2）因侵犯商业秘密违法所得数额在30万元以上的；（3）2年内因实施《刑法》第219条、第219条之一规定的行为受过刑事处罚或者行政处罚后再次实施，造成损失数额或者违法所得数额在10万元以上的；（4）其他情节严重的情形。

关于"情节特别严重"的具体认定标准，《侵犯知识产权刑事案件解释》第17条第2款规定，侵犯商业秘密，直接导致商业秘密的权利人因重大经营困难而破产、倒闭的，或者数额达到本条前款相应规定标准10倍以上的，应当认定为《刑法》第219条规定的"情节特别严重"。

四、注意事项

1. 关于本罪中"明知"的认定问题。"明知"表明行为人已经知道，属于犯罪故意范畴。而"应当知道"，表明行为人应当预见其行为可能发生危害结果，属于犯罪过失范畴。虽然有关司法解释中有时将"应当知道"用于表示"明知"，但也仅是一种推理方法，两者不是同一个概念，不能混为一谈。《刑法》第219条第2

款规定的"明知",是指行为人明确知道该商业秘密的来源不合法,仍然获取、披露、使用或者允许他人使用该商业秘密的一种内心认知状态。这与《刑法》其他罪名罪状表述中的"明知"是一样的,并无不同。需要说明的是,虽然《刑法》第219条第2款规定的行为属于"第二手"侵权行为,但仍然具有严重的社会危害性和刑罚可罚性,故应当以侵犯商业秘密罪论处。

2. 关于本罪中"损失数额"和"违法所得数额"的认定问题。对此,《侵犯知识产权刑事案件解释》第18条规定,本解释规定的侵犯商业秘密"损失数额",按照下列方式予以认定:(1)以不正当手段获取权利人的商业秘密,尚未披露、使用或者允许他人使用的,损失数额可以根据该项商业秘密的合理许可使用费确定。(2)以不正当手段获取权利人的商业秘密后,披露、使用或者允许他人使用的,损失数额可以根据权利人被侵权造成利润的损失确定,但该损失数额低于商业秘密合理许可使用费的,根据合理许可使用费确定。(3)违反保密义务或者权利人有关保守商业秘密的要求,披露、使用或者允许他人使用其所掌握的商业秘密的,损失数额可以根据权利人被侵权造成利润的损失确定。(4)明知商业秘密是不正当手段获取或者是违反保密义务、权利人有关保守商业秘密的要求披露、使用、允许使用,仍获取、披露、使用或者允许他人使用的,损失数额可以根据权利人被侵权造成利润的损失确定。(5)侵犯商业秘密行为导致商业秘密已为公众所知悉或者灭失的,损失数额可以根据该项商业秘密的商业价值确定。商业秘密的商业价值,可以根据该项商业秘密的研究开发成本、实施该项商业秘密的收益等因素综合确定。前款第2项至第4项规定的权利人被侵权造成利润的损失,可以根据权利人被侵权造成产品销售量减少的总数乘以权利人每件产品的合理利润确定;产品销售量减少的总数无法确定的,可以根据侵权产品销售量乘以权利人每件产品的合理利润确定。商业秘密系用于服务等其他经营活动的,损失数额可以根据权利人因被侵权而减少的合理利润确定。商业秘密的权利人为减轻对商业运营、商业计划的损失或者重新恢复计算机信息系统安全、其他系统安全而支出的补救费用,应当计入给商业秘密的权利人造成的损失。

此外,《侵犯知识产权刑事案件解释》第19条规定,本解释规定的侵犯商业秘密"违法所得数额",是指因披露、允许他人使用商业秘密而获得的财物或者其他财产性利益的价值,或者因使用商业秘密所获得的利润。该利润可以根据侵权产品销售量乘以每件侵权产品的合理利润确定。

3. 关于本罪与盗窃罪的界限问题。本罪与盗窃罪的主体、主观等方面均有不同。比如,本罪的主体包含单位,而盗窃罪的主体只能为自然人。实践中,当行人采取窃取的手段侵犯他人商业秘密时，要注意从主观方面进行区分。如果行为人以侵犯他人商业秘密为目的，窃取他人商业秘密的载体的，则依法构成本罪；如果行为人以盗窃为目的，窃取的财物正好是他人商业秘密的载体的，则只能以盗窃罪论处；如果行为人在盗窃他人商业秘密的载体后，又泄露了他人的商业秘密的，则依法实行数罪并罚。需要说明的是，根据《侵犯知识产权刑事案件解释》第 16 条的规定，行为人采取非法复制、未经授权或者超越授权范围使用计算机信息系统等方式获取商业秘密，构成犯罪的，应当以侵犯商业秘密罪定罪处罚。

五、风险提示

商业秘密是经营者知识和智慧的结晶，是企业无形资产的重要组成部分。作为知识产权的一种，其已得到《保护工业产权巴黎公约》和《关税与贸易总协定》的保护。毋庸讳言，商业秘密是宝贵的社会财富，对企业利益、经济秩序乃至国家安全均具有重要意义。为此，2019 年 11 月，中共中央办公厅、国务院办公厅印发的《关于强化知识产权保护的意见》中明确要求：探索加强对商业秘密、保密商务信息及其源代码等的有效保护。加强刑事司法保护，推进刑事法律和司法解释的修订完善。加大刑事打击力度，研究降低侵犯知识产权犯罪入罪标准，提高量刑处罚力度，修改罪状表述，推动解决涉案侵权物品处置等问题。为适应经济社会发展和加强对商业秘密的保护力度，《刑法修正案（十一）》对本罪进行了修改和完善，主要体现在以下四个方面：一是调整了定罪量刑标准。将入罪标准从"给商业秘密权利人造成重大损失"修改为"情节严重"，将法定刑升档标准从"造成特别严重后果"修改为"情节特别严重"。二是适当提高法定刑标准。将法定最低刑从拘役提高至有期徒刑，将法定最高刑从 7 年有期徒刑提高至 10 年。三是与反不正当竞争法相衔接，对具体行为方式进行了完善。四是删除了原第 3 款关于商业秘密定义的表述，保持了刑法条文的稳定性。

关于商业秘密的侵权人应承担的民事责任，《反不正当竞争法》第 17 条规定，经营者违反本法规定，给他人造成损害的，应当依法承担民事责任。因不正当竞争行为受到损害的经营者的赔偿数额，按照其因被侵权所受到的实际损失确定；实际损失难以计算的，按照侵权人因侵权所获得的利益确定。经营者恶意实施侵犯商业秘密行为，情节严重的，可以在按照上述方法确定数额的 1 倍以上 5 倍以下确定赔偿数额。赔偿数额还应当包括经营者为制止侵权行为所支付的合理开支。经营者违反本法第 6 条、第 9 条规定，权利人因被侵权所受到的实际损失、侵权人因侵权所获得的利益难以确定的，由人民法院根据侵权行为的情节判决给予权利人 500 万元以下的赔偿。

六、参阅案例

人民法院案例库参考案例：姜某等侵犯商业秘密案（入库编号 2023-09-1-162-003）。该案裁判要旨为：（1）将为公众所知悉的信息进行整理、改进、加工后形成的新信息，符合"在被诉侵权行为发生时，不为所属领域的相关人员普遍知悉和容易获得的"，应认定为该信息不为公众所知悉，属于商业秘密保护对象。（2）被告人无论是直接、完全使用权利人技术秘密，还是对技术秘密进行部分修改、改进后使用的，均属于使用权利人技术秘密的行为。（3）专利的"创造性"不同于专利的"新颖性"，更不同于商业秘密的"非公知性"。对专利技术信息而言，判断其在被公开前是否具有"非公知性"，应以商业秘密的"非公知性"标准进行，而非简单套用专利的"创造性"或"新颖性"判断标准。

七、关联规定

1.《全国人民代表大会常务委员会关于维护互联网安全的决定》（2009年）第3条、第6条；

2.《中华人民共和国招标投标法》（2017年）第2条、第5条、第50条、第52条；

3.《中华人民共和国反不正当竞争法》（2019年）第9条、第21条、第30条、第31条；

4.《中华人民共和国反垄断法》（2022年）第2条、第3条、第66条至第68条；

5.《中华人民共和国反洗钱法》（2024年）第2条、第51条、第62条至第64条；

6.《国家工商行政管理局关于商业秘密构成要件问题的答复》（1998年，工商公字〔1998〕第109号）；

7.《国家工商行政管理局关于禁止侵犯商业秘密行为的若干规定》（1998年）第2条至第10条；

8.最高人民检察院《人民检察院办理知识产权案件工作指引》（2023年，高检发办字〔2023〕49号）第12条、第16条、第22条；

9.《最高人民法院、最高人民检察院关于办理侵犯知识产权刑事案件适用法律若干问题的解释》（2025年，法释〔2025〕5号）第16条至第19条、第22条至第31条。

为境外窃取、刺探、收买、非法提供商业秘密罪

一、刑法规定

第二百一十九条之一：为境外的机构、组织、人员窃取、刺探、收买、非法提供商业秘密的，处五年以下有期徒刑，并处或者单处罚金；情节严重的，处五年以上有期徒刑，并处罚金。

第二百二十条：单位犯本节第二百一十三条至第二百一十九条之一规定之罪的，对单位判处罚金，并对其直接负责的主管人员和其他直接责任人员，依照本节各该条的规定处罚。

二、罪名解读

为境外窃取、刺探、收买、非法提供商业秘密罪，是指为境外的机构、组织、人员窃取、刺探、收买、非法提供商业秘密的行为。本罪的具体构成要件如下所述：

（一）主体要件

本罪的主体为一般主体，包括自然人和单位。本罪主体中，既包括中国公民，也包括非中国公民。

（二）客体要件

本罪侵犯的客体是商业秘密权利人的权利和国家对社会主义市场经济的管理秩序。本罪是《刑法修正案（十一）》增设的罪名。本罪的行为对象是权利人的商业秘密。此处所指的"商业秘密"与侵犯商业秘密罪中的"商业秘密"相一致，都应当根据《反不正当竞争法》中关于"商业秘密"的定义进行认定，不再赘述。如果有关商业秘密同时也是国家秘密的，则实施本罪行为，行为人有可能同时触犯为境外窃取、刺探、收买、非法提供国家秘密、情报罪或者故意泄露国家秘密罪等罪名，在此种情况下，应择一重罪进行定罪处罚。

（三）主观要件

本罪的主观方面为故意，即行为人明知对方是境外机构、组织、人员而为其窃取、刺探、收买、非法提供商业秘密。如果行为人不明知对方的身份，则不构成本罪，但可以构成侵犯商业秘密罪。本罪中，行为人的动机往往比较复杂，但不管动机如何，均不影响本罪的成立。

（四）客观要件

本罪的客观方面表现为为境外的机构、组织、人员窃取、刺探、收买、非法提供商业秘密的行为。这里的"境外机构"，是指我国（边）境以外的国家或者地区的机构及其在我国境内设立的代表机构或者分支机构。这里的"境外组织"，是指我国（边）境以外的国家或者地区的政党、社会团体和其他企事业单位及其在我国境内的分支组织。这里的"境外人员"，既包括该个人身处我国境外，也包括该个人虽然身处我国境内但身份属于外国人或者其他境外个人的情况。

这里的"窃取"，是指行为人通过各种秘密手段非法获取商业秘密的行为，如通过盗窃、偷拍、偷录等方式窃取。这里的"刺探"，是指行为人通过各种途径和手段非法探知商业秘密的行为。这里的"收买"，是指行为人通过给予财物或其他财产性利益、提供各种机会等手段获取商业秘密的行为。这里的"非法提供"，是指知悉、保管、持有等掌握商业秘密的人员违反法律规定，向境外的机构、组织、人员非法提供商业秘密的行为。窃取、刺探、收买、非法提供者通过互联网将商业秘密非法发送给境外的机构、组织、人员的，依法以本罪论处。

三、罪与非罪

本罪属于行为犯，原则上只要行为人为境外的机构、组织、人员窃取、刺探、收买、非法提供商业秘密的，就构成本罪。如果有关行为达到"情节严重"的标准，则判处行为人5年以上有期徒刑，并处罚金。

鉴于本罪涉及境外主体，侵害的法益不局限于权利人的商业秘密，更涉及国家经济安全，因此，对本罪"情节严重"的界定，除考虑权利人损失、行为人违法所得、行为人实施犯罪的次数等一般因素之外，还有必要考虑商业秘密本身的价值、被害单位的数量、行为主体的身份等三方面的特别因素。需要说明的是，本罪属于选择性罪名，行为人只要实施了为境外的机构、组织、人员窃取、刺探、收买、非法提供商业秘密中的任一行为，就构成本罪。如果行为人实施了上述两种以上行为的，仍涉嫌一罪，不实行数罪并罚。

关于"情节严重"的具体认定标准，《侵犯知识产权刑事案件解释》第20条规定，为境外机构、组织、人员窃取、刺探、收买、非法提供商业秘密，具有本解释第17条规定情形的，应当认定为《刑法》第219条之一规定的"情节严重"。换言之，行为人为境外的机构、组织、人员窃取、刺探、收买、非法提供商业秘密，具有下列情形之一的，应当认定为《刑法》第219条之一规定的"情节严重"：（1）给商业秘密的权利人造成损失数额在30万元以上的；（2）因侵犯商业秘密违法所得数额在 30 万元以上的；（3）2 年内因实施《刑法》第 219 条、第 219 条之一规定的行为受过刑事处罚或者行政处罚后再次实施，造成损失数额或者违法所得数额在 10 万元以上的；（4）其他情节严重的情形。

四、注意事项

本罪与侵犯商业秘密罪的界限问题。本罪与侵犯商业秘密罪同属侵犯商业秘密犯罪，两者的犯罪对象相同，且犯罪手段和行为方式也有诸多相似、重合之处。比如，本罪的行为方式与侵犯商业秘密罪的实行行为实质上是一致的。但本罪的一个显著特征是，行为人所提供商业秘密的对象是境外的机构、组织、人员，这不仅侵犯了商业秘密权利人的权利，破坏了公平竞争的国际市场环境，而且会对我国企业的国际竞争力造成不利影响，还会危害我国的经济安全。由上可知，与侵犯商业秘密罪相比，本罪的社会危害性更大，造成的后果会更严重，因此本罪所设置的刑罚更重。此外，与侵犯商业秘密罪属于情节犯不同，本罪属于行为犯。所谓行为犯，是指以《刑法》分则规定的犯罪行为的完成作为犯罪既遂标准的犯罪。也就是说，行为人只要实施了《刑法》第 219 条之一的特定行为即构成犯罪，而不需要特定的情节或者结果作为构成要件。需要说明的是，本罪中，"情节严重"是法定刑升格的依据，换言之，如果行为人的特定行为达到了"情节严重"的程度，则依法应当加重处罚，而不是从重处罚。

五、风险提示

如前所述，商业秘密是宝贵的社会财富，对企业利益、经济秩序乃至国家安全均具有重要意义。本罪的增设，针对的是"商业间谍"行为。随着我国对外开放水平的不断提高，"商业间谍"也日益活跃，并已经严重威胁我国的经济安全，给国家造成了巨大的损失，同时也对相关行业的健康发展产生了严重的负面影响。因此，有必要对"商业间谍"行为给予刑法规制，但关键是如何立法和适用何种罪名。考虑到国际上的立法惯例和打击"商业间谍"的现实需要，尤其是对于那些情节并不严重或尚未造成后果的"商业间谍"行为，如果不单设罪名予以处罚，则无法依法进行精准打击。

为了打击境外对我国企业的商业间谍犯罪行为，维护正常的市场竞争秩序和保护我国的经济运行安全，《刑法修正案（十一）》专门增设了"为境外窃取、刺探、收买、非法提供商业秘密罪"这一罪名，并设置了比侵犯商业秘密罪相对更重的刑罚。需要强调的是，本罪既不属于情节犯，也不属于结果犯，而属于行为犯，行为人只要实施了《刑法》第 219 条之一规定的任一行为，即构成本罪。鉴于此，笔者建议，任何单位和个人在参与国际交流和市场交易活动中，不仅要擦亮眼睛，保持审慎交往的态度，而且要有强烈的法律意识和法治观念，绝不能因一己私利或者个人恩怨而为境外的机构、组织、人员窃取、刺探、收买、非法提供商业秘密，否则，不仅自身将受到法律的严惩，而且会损害商业秘密权利人的利益，危害国家的经济安全。

六、参阅案例

上海市浦东新区人民法院发布的《知识产权司法服务保障新质生产力高质量发展典型案例》之十二：郑某某为境外刺探、非法提供商业秘密案。该案裁判要旨为：关于《刑法》第219条之一"为境外刺探、非法提供商业秘密罪"，应从以下方面进行认定：一是行为人侵犯的对象属于中国刑法保护的商业秘密；二是行为人客观上实施了刺探、非法提供商业秘密的行为；三是商业秘密系为境外机构、组织、人员刺探、提供，且行为人主观上知道。其中，境外机构、组织不仅包括设立在境外的其他国家或地区的机构、组织，还包括其在中国境内设立的分支（代表）机构和分支组织。行为人未被明确告知商业秘密系为境外刺探和提供，但主观上应当知道并持放任态度的，构成明知。

七、关联规定

1.《中华人民共和国密码法》（2019年）第2条、第6条、第7条、第8条、第12条、第40条、第41条；

2.《商用密码管理条例》（2023年）第2条、第65条、第66条；

3.《最高人民法院关于进一步加强涉种子刑事审判工作的指导意见》（2022年，法〔2022〕66号）第4条、第6条、第7条；

4.《最高人民法院、最高人民检察院关于办理侵犯知识产权刑事案件适用法律若干问题的解释》（2025年，法释〔2025〕5号）第17条至第20条、第22条至第31条。

第八章 扰乱市场秩序类犯罪

损害商业信誉、商品声誉罪

一、刑法规定

第二百二十一条：捏造并散布虚伪事实，损害他人的商业信誉、商品声誉，给他人造成重大损失或者有其他严重情节的，处二年以下有期徒刑或者拘役，并处或者单处罚金。

第二百三十一条：单位犯本节第二百二十一条至第二百三十条规定之罪的，对单位判处罚金，并对其直接负责的主管人员和其他直接责任人员，依照本节各该条的规定处罚。

二、罪名解读

损害商业信誉、商品声誉罪，是指捏造并散布虚伪事实，损害他人的商业信誉、商品声誉，给他人造成重大损失或者有其他严重情节的行为。本罪的具体构成要件如下所述：

（一）主体要件

本罪的主体为一般主体，包括自然人和单位。

（二）客体要件

本罪侵犯的客体是经营者的商业信誉、商品声誉和国家对市场秩序的管理制度。本罪的行为对象是他人的商业信誉、商品声誉，保护的客体是商业活动中经营者的商誉权和市场的公平竞争秩序。所谓"商业信誉"，是指经营者因从事商业活动、参与市场竞争，而在社会上获得的肯定性的评价和赞誉，包括社会公众对经营者的资信状况、商业道德、技术水平、经济实力、履约能力等方面的积极评价。所谓"商品声誉"，是指商品因其价格、质量、性能、效用等的可信赖程度，在社会上尤其是在消费者中获得的好的评价和赞誉。商业信誉、商品声誉统称"商誉"，是社会公众对经营者及其商品、服务的积极性认识和评价，是商誉主体的无形财产。"商誉"不仅关系到经营者在市场上的形象，而且直接关系到经营者自身的经济利益,影响其市场竞争力。

(三)主观要件

本罪的主观方面是故意,且具有损害他人商业信誉、商品声誉的目的。行为人的动机可能是多种多样的,如非法牟利、泄私愤、排挤或者打压竞争对手等,但动机如何不影响本罪的成立。

(四)客观要件

本罪的客观方面表现为捏造并散布虚伪事实,损害他人的商业信誉、商品声誉,给他人造成重大损失或者有其他严重情节的行为。这里的"捏造",是指无中生有,凭空捏造虚假事实的行为。这里的"散布",是指以口头、书面或者通过网络等形式,在社会公众中传播、扩散其捏造的虚假事实的行为。这里的"虚伪事实",是指贬低、毁损他人商业信誉、商品声誉的一切虚假情况。根据对刑法条文的严格解释可知,捏造与散布需要同时具备才能构成本罪。虚构事实既可以是全部虚构,也可以是部分虚构。这里的"他人的商业信誉",是指他人在从事商业活动中的信用和名誉等。这里的"他人的商品声誉",是指他人的商品在质量等方面的可信赖程度。需要说明的是,这些损害行为还需同时具备"给他人造成重大损失或者有其他严重情节"的条件,才能被定罪处罚。本罪属于选择性罪名,无论是行为选择,还是对象选择,都要根据具体的案件情况选择适用。在同时有相互联系的多个行为或对象的情况下,应并列行为或对象确定罪名,作为一个罪名定罪,不实行数罪并罚。

三、罪与非罪

根据刑法规定,损害他人商业信誉、商品声誉的行为,必须给他人造成重大损失或者有其他严重情节的,才构成犯罪。此外,如果行为人在捏造并散布虚伪事实时,尽管没有明确指出所意图损害的对象,但是消费者、社会大众或其他人员仍能够推测出其是指向某一个或几个特定的经营者,或者某类行业、产品的,亦应认定其行为损害他人的商誉。反之,如果行为人主观上不具有损害他人商业信誉、商品声誉的目的,仅仅是道听途说、以讹传讹,不负责任地发表了一些损害他人商业信誉、商品声誉的言论,甚至向有关部门、新闻媒体反映了内容失实的有关情况的,虽然该种行为客观上损害了他人的商业信誉、商品声誉,但由于行为人不具有犯罪的主观故意,故不构成本罪。另外,消费者和新闻媒体的合理批评以及纯粹的价值判断或者意见表达等,由于不存在"捏造"行为,也不构成本罪。

关于本罪的刑事立案追诉标准,修订后的《立案追诉标准(二)》第66条规定，捏造并散布虚伪事实，损害他人的商业信誉、商品声誉，涉嫌下列情形之一的，应予立案追诉：（1）给他人造成直接经济损失数额在 50 万元以上的；（2）虽未达到上述数额标准（一般是指接近上述数额标准且已达到该数额的 80% 以上），但造成公司、企业等单位停业、停产 6 个月以上，或者破产的；（3）其他给他人造成重大损失或者有其他严重情节的情形。这里的"造成重大损失"，是指直接经济损失，不包括间接经济损失。这里的"其他严重情节"，是指给他人造成重大损失以外的各种综合性评价因素，一般包括行为人的主观恶性大小、行为次数的多少、行为恶劣与否、社会影响大小、有无同种行为的劣迹等。

四、注意事项

1.关于本罪中"他人"的界定问题。本罪中的"他人"，毋庸置疑，应当具备一定的特定性，但对这种特定性的理解不能过于僵化。既然侵犯一个市场主体的商业信誉、商品声誉可以构成犯罪，那么如果侵害了一类市场主体的商业信誉、商品声誉，作为危害更大的犯罪，举轻以明重，自然应当构成犯罪，这是逻辑解释的当然结论。笔者认为，"他人"是指所有的市场主体，包括但不限于个人、个体工商户、合伙企业、公司等经营者，既包括某一特定的市场主体，也包括某一类商品的经营者或者某一行业。如果行为人没有针对特定经营者的商业信誉、商品声誉或者社会公众无法确定行为人所指向的具体对象的，则由于不能确定被侵害方，不能构成本罪。

2.关于本罪中"造成重大损失"的认定问题。本罪中的"重大损失"，一般指因商业信誉、商品声誉受损而产生的直接经济损失，如商品严重滞销、产品被大量退回、合同被停止履行、销售额和利润严重减少、应得收入大量减少、上市公司股票价格大幅度下跌、商誉以及其他无形资产的价值显著降低等。需要注意的是，直接经济损失应当既包括有形的、可直接计算的财产损失，如因产品被退回收入减少，也包括无形的、需加以评估的财产损失，如企业商誉价值的降低。不能将直接经济损失只理解为可以直接计算的损失，而忽略了需通过评估加以测算的损失。但对于被害人为恢复受到损害的商业信誉和商品声誉所投入的资金（如广告费）或者为制止不法侵害事件而扩大的开支（如诉讼费）等间接经济损失，不应认定为损害商业信誉、商品声誉所造成的损失，一般只在量刑或者附带民事诉讼赔偿时酌情予以考虑。需要强调的是，在具体认定损害行为所造成的经济损失时，应特别注意损害行为与经济损失之间的因果关系，即不能将与捏造并散布虚伪事实行为无因果关系的损失和不是行为必然造成的损失计算在内。

3.关于本罪与其他犯罪的界限问题。行为人为了损害竞争对手的商业信誉、商品声誉，在自己生产的劣质产品上假冒他人优质产品的注册商标，从而使他人受到重大损失的，应以假冒注册商标罪论处。行为人针对经营者中特定个人的诽谤行为，应根据虚构事实是否与商业信誉、商品声誉存在关联确定所构成的罪名。如果行为人的诽谤行为是单纯出于发泄个人不满的目的，不会对他人的商业信誉、商品声誉造成损害的，应当认定为诽谤罪；如果行为人的诽谤行为以排挤竞争对手为目的，在损害被害人名誉权的同时又对他人的商业信誉、商品声誉造成损害的，属于诽谤罪与本罪的想象竞合，从一重罪处罚，不实行数罪并罚。此外，捏造虚伪事实攻击他人商业信誉、商品声誉的行为，有可能同时也扰乱了企业的正常生产经营活动，这会严重影响企业的未来收益，可能涉嫌构成破坏生产经营罪，此种情形下，仍需按照想象竞合处罚原则，择一重罪论处。

五、风险提示

商业信誉、商品声誉，是公司经济能力、信用状况、商品性能及品质的象征。随着市场经济的迅猛发展和网络时代的到来，损害他人商业信誉、商品声誉的行为越来越多，比如轰动一时的"伊利商誉案""奶农敲诈伊利案""蒙牛纯牛奶被检出致癌物超标案"等。这些恶意损害他人商誉的行为，不仅损害了他人的商业信誉和商品声誉，削弱了其市场竞争力，而且破坏了正常有序的市场管理秩序。

实践中，准确认定本罪，应当区分损害商誉行为与批评监督、合法投诉等合理行为。新闻单位通过正常采访公开披露、曝光、批评一些商誉不好的经营者的行为，以及一些消费者通过正常渠道（包括通过报纸、互联网等媒介发文）反映经营者产品有掺假、低劣现象的行为都是合法行为，应受到法律保护与支持。这些都是披露真相的行为，有利于社会公众对企业及其产品进行正确评价，有利于维护消费者的合法权益，不仅不属于损害他人商誉的违法行为，而且是对社会有益的行为。

六、参阅案例

《最高人民法院公报》（2006年第8期）案例：陈恩等人损害商品声誉案。该案裁判要旨为：被告人为诋毁他人商品的声誉，故意歪曲、夸大事实，在公共场所砸毁他人商品，对他人的生产经营活动造成重大损失，根据《刑法》第221条的规定，其行为构成损害商品声誉罪。

七、关联规定

1.《全国人民代表大会常务委员会关于维护互联网安全的决定》（2009年）第

3条、第6条；

2.《中华人民共和国商标法》（2019年）第19条、第68条；

3.《中华人民共和国反不正当竞争法》（2019年）第2条、第23条、第31条；

4.《最高人民检察院、公安部关于公安机关管辖的刑事案件立案追诉标准的规定（二）》（2022年，公通字〔2022〕12号）第66条；

5.《最高人民法院、最高人民检察院关于办理利用信息网络实施诽谤等刑事案件适用法律若干问题的解释》（2013年，法释〔2013〕21号）第8条、第9条、第10条。

虚假广告罪

一、刑法规定

第二百二十二条：广告主、广告经营者、广告发布者违反国家规定，利用广告对商品或者服务作虚假宣传，情节严重的，处二年以下有期徒刑或者拘役，并处或者单处罚金。

第二百三十一条：单位犯本节第二百二十一条至第二百三十条规定之罪的，对单位判处罚金，并对其直接负责的主管人员和其他直接责任人员，依照本节各该条的规定处罚。

二、罪名解读

虚假广告罪，是指广告主、广告经营者、广告发布者违反国家规定，利用广告对商品或服务作虚假宣传，情节严重的行为。本罪的具体构成要件如下所述：

（一）主体要件

本罪的主体为特殊主体，即广告主、广告经营者和广告发布者。这里的"广告主"，是指为推销商品或者服务，自行或者委托他人设计、制作、发布广告的自然人、法人或者其他组织。这里的"广告经营者"，是指接受委托提供广告设计、制作、代理服务的自然人、法人或者其他组织。这里的"广告发布者"，是指为广告主或者广告主委托的广告经营者发布广告的自然人、法人或者其他组织。根据我国《广告法》的有关规定，广告应当真实、合法。广告不得含有虚假或者引人误解的内容，不得欺骗、误导消费者。广告主、广告经营者、广告发布者从事广告活动，应当遵守法律、法规，诚实信用，公平竞争。需要说明的是，虽然本罪为身份犯，但无特定身份者可以构成本罪的共犯。

（二）客体要件

本罪侵犯的客体是国家对广告经营的管理制度、市场竞争秩序以及消费者的合法权益。本罪中的广告，特指商业性广告，是指商品经营者或者服务提供者通过一定媒介和形式直接或者间接地介绍自己所推销的商品或者服务的商业宣传活动。因此，本罪中的虚假广告，仅包括虚假的商业广告，并不包括虚假的公益广告。根据我国《广告法》的有关规定，广告主、广告经营者、广告发布者违反广告法规定，发布虚假广告，欺骗、误导消费者，造成消费者损害的，不仅要依法承担民事责任，还要承担行政责任，情节严重构成犯罪的，还要被依法追究刑事责任。

（三）主观要件

本罪的主观方面为故意，行为人必须明知是虚假广告而作宣传才构成本罪。过失不构成本罪。犯罪动机可能是推销滞销产品，也可能是谋取其他利益，但动机不影响本罪的成立。

（四）客观要件

本罪的客观方面表现为违反国家规定，利用广告对商品或者服务作虚假宣传的行为。这里的"违反国家规定"，是指违反全国人民代表大会及其常务委员会制定的法律和决定，国务院制定的行政法规、规定的行政措施、发布的决定和命令。

这里的"虚假广告"，是指以虚假或者引人误解的内容欺骗、误导消费者的广告。构成虚假广告的具体情形如下：（1）商品或者服务不存在的；（2）商品的性能、功能、产地、用途、质量、规格、成分、价格、生产者、有效期限、销售状况、曾获荣誉等信息，或者服务的内容、提供者、形式、质量、价格、销售状况、曾获荣誉等信息，以及与商品或者服务有关的允诺等信息与实际情况不符，对购买行为有实质性影响的；（3）使用虚构、伪造或者无法验证的科研成果、统计资料、调查结果、文摘、引用语等信息作证明材料的；（4）虚构使用商品或者接受服务的效果的；（5）以虚假或者引人误解的内容欺骗、误导消费者的其他情形。

三、罪与非罪

实践中，广告的制作、宣传等方面有时会存在某些夸大或者失实的地方，但不一定都构成犯罪。本罪中，虚假广告的行为还必须达到"情节严重"的程度，才构成犯罪。所谓"情节严重"，一般是指多次进行虚假广告、曾因虚假广告宣传受到行政处罚后又进行虚假广告、致使用户和消费者遭受重大损失、导致人身伤亡等严重后果以及违法所得数额巨大等情形。

关于本罪的刑事立案追诉标准，修订后的《立案追诉标准（二）》第67条规定，广告主、广告经营者、广告发布者违反国家规定，利用广告对商品或者服务作虚假宣传，涉嫌下列情形之一的，应予立案追诉：（1）违法所得数额在10万元以上的；（2）假借预防、控制突发事件、传染病防治的名义，利用广告作虚假宣传，致使多人上当受骗，违法所得数额在3万元以上的；（3）利用广告对食品、药品作虚假宣传，违法所得数额在3万元以上的；（4）虽未达到上述数额标准（一般是指接近上述数额标准且已达到该数额的80%以上），但2年内因利用广告作虚假宣传受过2次以上行政处罚，又利用广告作虚假宣传的；（5）造成严重危害后果或者恶劣社会影响的；（6）其他情节严重的情形。

四、注意事项

1. 关于虚假广告与非法集资等犯罪行为的界限问题。实践中，虚假广告在非法集资等犯罪活动中往往起着重要的推波助澜作用。为使广大群众上当受骗，非法集资犯罪分子往往会在社会宣传上不遗余力、不惜血本，通过媒体广告、明星代言、散发传单、内部刊物、口口相传、人物专访、举办讲座、免费旅游、公益捐赠等各种或明或暗的方式，大肆宣传、虚张声势、制造假象。鉴于此，《最高人民法院关于审理非法集资刑事案件具体应用法律若干问题的解释》第12条规定，广告经营者、广告发布者违反国家规定，利用广告为非法集资活动相关的商品或者服务作虚假宣传，具有下列情形之一的，依照《刑法》第222条的规定，以虚假广告罪定罪处罚：（1）违法所得数额在10万元以上的；（2）造成严重危害后果或者恶劣社会影响的；（3）2年内利用广告作虚假宣传，受过行政处罚2次以上的；（4）其他情节严重的情形。明知他人从事欺诈发行证券，非法吸收公众存款，擅自发行股票、公司、企业债券，集资诈骗或者组织、领导传销活动等集资犯罪活动，为其提供广告等宣传的，以相关犯罪的共犯论处。由此可知，在非法集资等犯罪活动中，如果行为人明知他人从事的系集资犯罪活动，而为其提供广告等宣传的，以相关犯罪的共犯论处。如果行为人不知道他人从事的系集资犯罪活动，但违反国家规定，利用广告为非法集资活动相关的商品或者服务作虚假宣传的，则以本罪论处。

2. 关于"虚假广告代言人"的刑事责任问题。所谓"广告代言人"，是指广告主以外的，在广告中以自己的名义或者形象对商品、服务作推荐、证明的自然人、法人或者其他组织。虽然广告代言人不属于虚假广告罪的主体，但并不意味着其在任何情况下均不构成犯罪。如果广告代言人明知是虚假广告，但为了某种利益而代言的，则当其行为符合本罪共犯的构成要件时，完全可以本罪的共犯论处。

3. 关于主播"直播带货"不当行为的刑事责任问题。"直播带货"作为新型电商营销模式，通过流量"变现"带来巨大经济效益，带动了网络经济的蓬勃发展。但与此同时，利益诱惑之下的刷单炒信、虚假宣传、侵权售假等不正当竞争行为也逐渐显现暴露。实践中，主播"直播带货"行为实质上属于向观众介绍和推销产品的一种商业广告活动。对此，笔者认为，主播在自己能够掌控的直播空间直播并在直播时进行商业推广的，其身份应当被认定为广告经营者，此时，直播平台则属于广告发布者。司法实践中，如果直播平台对主播进行商业推广的活动处于主导地位，此种情况下，主播在商业推广时进行虚假宣传，且情节严重的，则直播平台也应当以广告发布者的身份构成虚假广告罪的共犯。此外，如果主播明知网店商家提供的是侵权假冒商品，仍利用"直播带货"的电商营销模式，多次销售假冒名牌商品，后果严重的，其行为还可能涉嫌销售假冒注册商标的商品罪。

五、风险提示

实践中，一些不良商家利用广告对商品或者服务进行虚假宣传，故意夸大有关功效，以欺骗和误导消费者，甚至恶意贬低竞争对手，进行不正当竞争。这些虚假广告行为，不仅侵犯公私财物所有权甚至危及公民的生命权、健康权，而且还妨害国家对广告市场的正常管理秩序。为有效遏制和打击虚假广告行为，《反不正当竞争法》和《广告法》等法律规定，对于虚假广告行为，不仅应追究行为人的民事责任和行政责任，造成严重社会危害的，还应依法追究行为人的刑事责任。虚假广告的受害者既可以向消费者协会进行投诉，请求相关部门进行调解，也可以要求行政机关介入查处，对涉嫌违法的单位或者个人进行行政处罚，同时也可以自行提起民事诉讼进行索赔。如果虚假广告行为导致消费者自身人身损害或者财产遭受重大损失的，受害者还可以向公安机关进行刑事控告，要求司法机关依法追究相关责任人的刑事责任。

司法实践中，有些虚假广告是在销售伪劣商品过程中制作、发布的，利用虚假广告进行虚假宣传只是销售伪劣商品的一种手段。例如，利用虚假广告宣传销售假药、劣药、不符合安全标准的食品、不符合标准的医用器材、不符合卫生标准的化妆品等，在这种情况下，行为人既触犯了虚假广告罪，又触犯了销售伪劣商品类犯罪，依照处理牵连犯的原则，应以处罚较重的罪名定罪处罚。此外，如果行为人同时违反国家商标管理法规、专利管理法规和广告管理法规，既在同一种商品上使用与他人注册商标相同的商标，或者在专利有效期内假冒他人专利，又对该商品或者专利产品进行虚假广告宣传的，由于其行为分别构成了假冒商标罪、假冒专利罪、虚假广告罪，应依法实行数罪并罚。

六、参阅案例

吕元春虚假广告案［江苏省扬州市邗江区人民法院（2002）扬邗刑初字第220号］。该案裁判要旨为：虚假广告罪是情节犯，只有情节严重，才能构成犯罪。司法实践中，认定虚假广告行为是否情节严重，可以从以下五个方面综合判定：（1）严重扰乱了广告管理秩序和正常公平的市场竞争秩序的；（2）多次进行虚假广告宣传或者广告宣传的范围较广、影响较大的；（3）广告受众因虚假广告宣传遭受严重的经济损失的；（4）广告主和广告经营者因虚假广告行为获得巨大经济利益的；（5）引起其他严重的社会后果的。

七、关联规定

1.《中华人民共和国电子商务法》（2018年）第2条、第5条、第9条、第85条、第88条；

2.《中华人民共和国旅游法》（2018年）第2条、第97条、第110条；

3.《中华人民共和国反不正当竞争法》（2019年）第8条、第20条、第31条；

4.《中华人民共和国广告法》（2021年）第2条、第3条、第4条、第5条、第28条、第55条、第69条；

5.《中华人民共和国食品安全法》（2021年）第2条、第140条、第149条、第150条；

6.《中华人民共和国种子法》（2021年）第2条、第77条、第89条、第90条；

7.《最高人民检察院、公安部关于公安机关管辖的刑事案件立案追诉标准的规定（二）》（2022年，公通字〔2022〕12号）第67条；

8.《最高人民法院、最高人民检察院关于办理妨害预防、控制突发传染病疫情等灾害的刑事案件具体应用法律若干问题的解释》（2003年，法释〔2003〕8号）第5条、第17条、第18条；

9.《最高人民法院、最高人民检察院、公安部、司法部关于依法惩治妨害新型冠状病毒感染肺炎疫情防控违法犯罪的意见》（2020年，法发〔2020〕7号）第2条第5项、第10项；

10.《最高人民法院、最高人民检察院关于办理危害食品安全刑事案件适用法律若干问题的解释》(2021 年，法释〔2021〕24 号) 第 19 条、第 22 条；

11.《最高人民法院关于审理非法集资刑事案件具体应用法律若干问题的解释》(2022 年，法释〔2022〕5 号) 第 12 条；

12.《最高人民法院、最高人民检察院关于办理危害药品安全刑事案件适用法律若干问题的解释》(2022 年，高检发释字〔2022〕1 号) 第 9 条、第 12 条。

串通投标罪

一、刑法规定

第二百二十三条：投标人相互串通投标报价，损害招标人或者其他投标人利益，情节严重的，处三年以下有期徒刑或者拘役，并处或者单处罚金。

投标人与招标人串通投标，损害国家、集体、公民的合法利益的，依照前款的规定处罚。

第二百三十一条：单位犯本节第二百二十一条至第二百三十条规定之罪的，对单位判处罚金，并对其直接负责的主管人员和其他直接责任人员，依照本节各该条的规定处罚。

二、罪名解读

串通投标罪，是指投标人相互串通投标报价，损害招标人或者其他投标人利益，或者投标人与招标人串通投标，损害国家、集体、公民的合法利益，情节严重的行为。本罪的具体构成要件如下所述：

（一）主体要件

本罪的主体为特殊主体，即招标人和投标人，自然人和单位都可以构成本罪。招标人，是指提出招标项目、进行招标的法人或者其他组织。投标人，是指响应招标、参加投标竞争的法人或者其他组织，科研项目的投标人可以是个人。需要说明的是，本罪为身份犯，但无身份者可以构成本罪的共犯。

（二）客体要件

本罪侵犯的客体是公平竞争的招投标市场秩序和国家、集体、公民的合法利益。招投标是一种竞争性很强的交易模式，其本质在于要求当事人遵循公开、公平、公正以及诚实信用原则，在同等条件下通过市场实现优胜劣汰，以最佳配置和使用人财物。实践中，有的不法投标人相互串通投标报价，共同排挤其他投标人；

有的投标人与招标人相互勾结，以排挤竞争对手。这些不当行为，会损害招标人、其他投标人以及国家、集体、公民的合法利益。

（三）主观要件

本罪的主观方面是故意。行为人的动机如何不影响本罪的成立。

（四）客观要件

本罪的客观方面表现为投标人相互串通投标报价，损害招标人或者其他投标人的利益，或者投标人与招标人串通投标，损害国家、集体、公民的合法利益，情节严重的行为。本罪的客观方面包括以下两种情形：一是投标人之间相互串通投标报价，损害招标人或者其他投标人的利益，情节严重；二是投标人与招标人串通投标，损害国家、集体、公民的合法利益。

这里的"相互串通投标报价"，是指两个以上的投标人，在投标的过程中，相互串通，暗中商定抬高或者压低投标报价的行为。这里的"串通投标"，是指投标人与招标人相互串通，事先根据招标底价确定招标报价、中标价格，而不是在公平竞争的条件下确定中标价格，从而破坏招标公正，损害国家、集体、公民合法利益的行为。

我国法律法规禁止投标人之间相互串通投标。《招标投标法实施条例》第39条第2款规定，有下列情形之一的，属于投标人相互串通投标：（1）投标人之间协商投标报价等投标文件的实质性内容；（2）投标人之间约定中标人；（3）投标人之间约定部分投标人放弃投标或者中标；（4）属于同一集团、协会、商会等组织成员的投标人按照该组织要求协同投标；（5）投标人之间为谋取中标或者排斥特定投标人而采取的其他联合行动。《招标投标法实施条例》第40条规定，有下列情形之一的，视为投标人相互串通投标：（1）不同投标人的投标文件由同一单位或者个人编制；（2）不同投标人委托同一单位或者个人办理投标事宜；（3）不同投标人的投标文件载明的项目管理成员为同一人；（4）不同投标人的投标文件异常一致或者投标报价呈规律性差异；（5）不同投标人的投标文件相互混装；（6）不同投标人的投标保证金从同一单位或者个人的账户转出。

我国法律法规禁止招标人与投标人之间相互串通投标。《招标投标法实施条例》第41条第2款规定，有下列情形之一的，属于招标人与投标人串通投标：（1）招标人在开标前开启投标文件并将有关信息泄露给其他投标人；（2）招标人直接或者间接向投标人泄露标底、评标委员会成员等信息；（3）招标人明示或者暗示投标人压低或者抬高投标报价；（4）招标人授意投标人撤换、修改投标文件；（5）招标人明示或者暗示投标人为特定投标人中标提供方便；（6）招标人与投标人为谋求特定投标人中标而采取的其他串通行为。

三、罪与非罪

本罪属于情节犯，串通投标的行为，必须达到"情节严重"的程度，才构成犯罪。实践中，"情节严重"包括以下情形：使招标人无法实现最佳的竞标结果，或者其他投标人无法在公平竞争的条件下参与竞争投标而受到损害的；造成招标投标工作严重混乱的；使招标人蒙受重大损失的；等等。如果行为达不到情节严重的程度或者社会危害性不大的，则不作为犯罪处理。

关于本罪的刑事立案追诉标准，修订后的《立案追诉标准（二）》第68条规定，投标人相互串通投标报价，或者投标人与招标人串通投标，涉嫌下列情形之一的，应予立案追诉：（1）损害招标人、投标人或者国家、集体、公民的合法利益，造成直接经济损失数额在50万元以上的；（2）违法所得数额在20万元以上的；（3）中标项目金额在400万元以上的；（4）采取威胁、欺骗或者贿赂等非法手段；（5）虽未达到上述数额标准（一般是指接近上述数额标准且已达到该数额的80%以上），但2年内因串通投标受过2次以上行政处罚，又串通投标的；（6）其他情节严重的情形。由此可知，关于"情节严重"的标准，可综合采用"直接经济损失数额""违法所得数额""中标项目金额""非法手段""串通投标劣迹"等多种认定方法，以有效打击此类犯罪行为。

四、注意事项

1. 关于串通拍卖、串通挂牌行为的定性问题。投标与拍卖行为性质不同，分别受招标投标法和拍卖法规范。对于串通投标行为，法律除规定行政责任和民事赔偿责任之外，还规定了刑事责任，而对于串通拍卖行为，法律仅规定了行政责任和民事赔偿责任，因此不能将串通拍卖行为类推为串通投标行为。同样，挂牌竞买也不同于招投标，两者虽有相似之处，但无论是在概念义文还是在适用范围、操作程序、出让人否决权等方面都存在显著差异，两者的差异性远大于相似性。刑法只规定了串通投标的行为属于犯罪，但未明文规定串通挂牌的行为构成犯罪，因此对于串通挂牌行为，不能以串通投标罪予以追诉。由此可知，投标与拍卖、挂牌属于不同的交易方式和法律行为，根据罪刑法定原则，对于拍卖、挂牌中的串通行为，虽构成行政违法，但不构成犯罪。

2. 关于同时挂靠几个单位"围标"的定性问题。在工程建设领域，挂靠经营的情况十分普遍。如果被挂靠单位明知挂靠者参与"围标"而积极配合的，其行为具有"串通性"，应将被挂靠者作为串通投标罪的共犯予以认定。但是，在被挂靠的单位不知情的情况下，单个的行为人利用其掌控的多个单位参与"围标"的，考虑到一人控制几家单位投标较之与他人串通更直接，也更加严重，根据举轻以明重原则，应对行为人以本罪论处。此外，招标代理机构也能构成串通投标罪，主要情形包括：（1）招标代理机构与招标人和投标人共同实施串通投标行为的；（2）数个投标人串通投标，招标代理机构从中予以帮助的；（3）招标代理机构与单个投标人串通投标的。

3. 关于串通投标造成直接经济损失的认定问题。司法实践中，串通投标造成的直接经济损失主要包括以下内容：（1）串通投标行为造成中标价降低或升高而给招标人、国家、集体所造成的经济损失；（2）串通投标使招标活动失败，因此给招标人、国家、集体造成的经济损失，包括因招标而支付的招标文件制作费、咨询费、招标代理费、评标费、有形建筑市场服务费等各项正常费用；（3）串通投标使其他投标人遭受的直接经济损失，包括因参加投标活动而支付的标书制作费、咨询费、调查费、差旅费、投标保证金利息等各项正常费用；（4）串通投标使招标项目误期所造成的直接经济损失；（5）串通投标造成的其他直接经济损失。需要特别强调的是，在计算直接经济损失数额时，应当将上述损失合计计算。

4. 关于本罪既遂与未遂的认定问题。司法实践中，行为人实施了串通投标的行为，如果标书已经进入评标环节，因其行为已经产生了排挤其他投标人公平竞争的危害后果，故行为人是否实际中标不影响犯罪既遂的成立。笔者认为，本罪也客观存在未遂形态。比如，行为人仅部分参与了串通投标行为，但自身所操作的部分因意志以外的因素，其指令未得到落实而案发的，依法可评价为犯罪未遂。

五、风险提示

串标行为是我国招投标市场活动中常见的投机形式，是一种无序竞争、恶意竞争行为。它扰乱了正常的招投标秩序，妨碍了竞争机制应有功能的充分发挥，往往使中标结果在很大程度上被操纵在少数几家企业手中，而使有优势、有实力中标的潜在中标人被拒之门外。因此，我国法律严禁投标人串通投标，也严禁招标人与投标人串通投标，并规定了严格的行政责任和刑事责任。

本罪的犯罪构成具有一定的特殊性。本罪中，只有两个以上的行为主体，即投标人相互串通报价，或者招标人和投标人串通投标，共同实施犯罪才能完成犯罪活动，因此属于必要共同犯罪。本罪的特点为：犯罪主体必须为两人以上，且具有共同的犯罪故意和犯罪行为，单一主体不可能单独构成犯罪。至于如何确定各行为人在共同犯罪中的地位、作用和应负责任的大小，则需根据案件的具体情况以及

《刑法》总则中关于共同犯罪的规定进行处理。司法实践中，如果行为人作为参与投标的单位或个人，在进行招投标的过程中，既实施了串通投标行为，又存在贿赂评审专家行为的，虽然其实施的串通投标与行贿之间存在关联性，但二者系两种独立行为，侵犯了两类不同性质的法益，也因此触犯了不同罪名，故根据相关司法解释的规定，应当依法实行数罪并罚。

六、参阅案例

最高人民检察院指导性案例第 90 号：许某某、包某某串通投标立案监督案。该案裁判要旨为：《刑法》规定了串通投标罪，但未规定串通拍卖行为构成犯罪。对于串通拍卖行为，不能以串通投标罪予以追诉。公安机关对串通竞拍国有资产行为以涉嫌串通投标罪刑事立案的，检察机关应当通过立案监督，依法通知公安机关撤销案件。

七、关联规定

1.《中华人民共和国政府采购法》（2014 年）第 2 条、第 3 条、第 4 条、第 72 条、第 77 条、第 78 条；

2.《中华人民共和国招标投标法》（2017 年）第 2 条、第 3 条、第 4 条、第 5 条、第 6 条、第 53 条、第 54 条；

3.《中华人民共和国基本医疗卫生与健康促进法》（2019 年）第 2 条、第 103 条、第 106 条、第 107 条；

4.《最高人民检察院、公安部关于公安机关管辖的刑事案件立案追诉标准的规定（二）》（2022 年，公通字〔2022〕12 号）第 68 条。

合同诈骗罪

一、刑法规定

第二百二十四条：有下列情形之一，以非法占有为目的，在签订、履行合同过程中，骗取对方当事人财物，数额较大的，处三年以下有期徒刑或者拘役，并处或者单处罚金；数额巨大或者有其他严重情节的，处三年以上十年以下有期徒刑，并处罚金；数额特别巨大或者有其他特别严重情节的，处十年以上有期徒刑或者无期徒刑，并处罚金或者没收财产：

（一）以虚构的单位或者冒用他人名义签订合同的；

（二）以伪造、变造、作废的票据或者其他虚假的产权证明作担保的；

（三）没有实际履行能力，以先履行小额合同或者部分履行合同的方法，诱骗对方当事人继续签订和履行合同的；

（四）收受对方当事人给付的货物、货款、预付款或者担保财产后逃匿的；

（五）以其他方法骗取对方当事人财物的。

第二百三十一条：单位犯本节第二百二十一条至第二百三十条规定之罪的，对单位判处罚金，并对其直接负责的主管人员和其他直接责任人员，依照本节各该条的规定处罚。

二、罪名解读

合同诈骗罪，是指以非法占有为目的，在签订、履行合同过程中，以虚构事实或者隐瞒事实真相的方法，骗取对方当事人财物，数额较大的行为。本罪的具体构成要件如下所述：

（一）主体要件

本罪的主体为一般主体，自然人和单位均可构成本罪。

（二）客体要件

本罪侵犯的客体是经济合同管理秩序和公私财物的所有权。这里的"合同"，必须能够体现一定的市场秩序，只有涉及市场交易关系的合同才能成为合同诈骗罪中的"合同"。对于与市场秩序无关以及主要不受市场调整的"合同"，比如不具有交易性质的赠与合同以及婚姻、收养、扶养、监护等有关身份关系的协议，通常情况下不应视为合同诈骗罪中的"合同"。需要说明的是，本罪中的合同包括书面合同、口头合同和其他形式的合同。以口头形式约定的合同，只要发生在生产经营、流通领域，双方就货物的名称、数量、价格、交货条款等内容达成协议，并有证据证明确实存在合同关系的，应当认定为合同诈骗罪中的"合同"。

（三）主观要件

本罪的主观方面为直接故意，并且具有非法占有公私财物的目的。非法占有目的既可以产生于合同签订前，也可以产生于合同履行过程中。这里的"以非法占有为目的"，既包括意图本人对非法所得的占有，也包括意图为单位、第三人对非法所得的占有。判断行为人是否具有非法占有目的，要结合案件客观事实综合判定，并从事实、行为、手段、后果等方面进行全面审查。

（四）客观要件

本罪的客观方面表现为在签订、履行合同过程中，以虚构事实或者隐瞒事实真相的方法，骗取对方当事人财物，数额较大的行为。本罪的客观方面具体包括以下三个要素：一是诈骗行为必须发生在签订、履行合同过程中；二是行为人实施了骗取合同相对方财物的行为；三是诈骗的财物必须达到数额较大的标准。根据《刑法》第224条的规定，本罪的具体行为方式有五种：（1）以虚构的单位或者冒用他人名义签订合同。这是指虚构合同主体，即以根本不存在的单位或者未经他人允许或委托而冒用他人的名义订立合同的行为。（2）以伪造、变造、作废的票据或者其他虚假的产权证明作担保，即虚构担保。这里所说的"票据"，主要指的是汇票、本票、支票等金融票据。"产权证明"包括土地使用证、房屋所有权证以及能证明动产、不动产权属的各种有效证明文件。（3）没有实际履行能力，以先履行小额合同或者部分履行合同的方法，诱骗对方当事人继续签订和履行合同。这是通常所讲的"放长线钓大鱼"，即行为人先以履行小额合同或者部分履行合同为诱饵，骗取对方当事人的信任后，继续与其签订合同，以骗取更多的财物。（4）收受对方当事人给付的货物、货款、预付款或者担保财产后逃匿。这是指行为人一旦收受了对方当事人按合同约定给付的上述财产后，一逃了之的行为。这里的"逃匿"，是指行为人采取使对方当事人无法寻找到的任何逃跑、隐藏、躲避的方式。（5）以其他方法骗取对方当事人财物。这是指除上述规定的四种特定情形之外的其他利用签订或者履行合同骗取对方当事人财物的情形。

三、罪与非罪

本罪是结果犯，合同诈骗的行为，必须达到"数额较大"的程度，才构成犯罪。实践中，行为人主观上没有诈骗故意，只是由于种种客观因素，合同不能履行或所欠债务无法偿还的，也不能以本罪论处。

此外，需要说明的是，单从刑法条文规定来看，公司只要实施了法律规定为单位犯罪的行为，即可构成单位犯罪，而无论公司的性质、规模、权属或者股东人数。与其他单位一样，一人公司的行为能否构成单位犯罪的标准同样取决于其是否具有独立人格，而判断一人公司是否具有独立人格，应当综合考虑以下几项标准：公司的财产是否独立、公司的意志是否独立、公司的法人治理结构是否符合公司法规定、公司的运行是否依照章程以及公司的成立是否依照法定条件和程序等。

关于本罪的刑事立案追诉标准，修订后的《立案追诉标准（二）》第69条规定，以非法占有为目的，在签订、履行合同过程中，骗取对方当事人财物，数额在2万元以上的，应予立案追诉。需要说明的是，本罪中，单位与个人犯罪的立案标准完全相同。至于何谓"数额巨大""数额特别巨大""其他严重情节""其他特别严重情节"，尚有待最高司法机关及时出台司法解释。

四、注意事项

1. 关于"以非法占有为目的"的认定问题。实践中，对于行为人通过合同诈骗方法非法获取资金，造成数额较大资金不能返还，并具有下列情形之一，且没有相反证据的，可以认定为具有非法占有目的：（1）没有履行合同的条件，而骗取他人财物不返还的；（2）无正当理由，以明显低于市场的价格变卖货物，导致不能归还货款的；（3）抽逃、转移资金，隐匿财产，以逃避返还财物的；（4）隐匿、销毁账目的，或者通过假破产、假倒闭，以逃避返还财物的；（5）携款逃匿的；（6）没有履行能力，故意制造违约或者肆意认定违约，多次骗取保证金和违约金的；（7）收到对方财物后，不履行合同义务，主要用于赌博、高利贷等非法活动，导致财物不能归还的；（8）已经严重资不抵债，行为人仍将骗取的资金用于高风险的投资项目，如炒股、炒期货等活动，造成资金客观上无法归还的；（9）其他非法占有资金、拒不返还的行为。在根据资金用途判断行为人是否具有非法占有目的时，应综合分析行为人资金用途的主要方面。如果行为人取得资金后，将大部分资金用于合法经营，到期不能归还资金主要是经营不善、市场风险等造成的，则一般不宜认定为具有非法占有的目的。后续资金主要被用于归还前期银行贷款或者个人借款的，要根据归还目的、后续资金使用情况、是否实施欺骗行为等进行综合判断。

2. 关于本罪中犯罪数额的认定问题。合同诈骗罪是结果犯，一般以一定的犯罪结果作为犯罪既遂的判断标准。至于犯罪数额方面，应当以被害人的直接实际损失为计算标准，行为人的犯罪行为造成的间接损失不应被计入犯罪数额。本罪的既遂数额应为犯罪所得数额，即合同诈骗行为人通过诈骗行为实际控制的非法所得，其给被害人造成的其他直接损失应在量刑时予以考虑。对行为人在立案前将骗取款项归还被害人的，已经归还部分，不计入诈骗数额。

3. 关于本罪与合同欺诈行为的界限问题。合同欺诈行为，是指一方当事人故意告知对方虚假情况，或者故意隐瞒真实情况，诱使对方当事人基于错误意思表示而签订合同的行为。一般来说，民事欺诈行为人有履行或基本履行合同的诚意，只是由于客观因素而未能完全履行合同，侵害的是合同产生的债权。而合同诈骗行为人不具有履约能力，并且具有非法占有他人财物的目的，其侵犯的是财产所有权。实践中，区分合同诈骗与合同欺诈行为，应从行为人的主观目的和客观行为两个方面考察：首先，主观目的不同，这是两者的本质区别。合同诈骗罪的行为人在主观上是以签订经济合同为名，达到非法占有他人财物的目的；而合同欺诈行为中，行为人在主观上虽然也有欺诈的故意，但不具有非法占有他人财物的目的，其是为了经营，并借以创造履约条件，行为人往往具有一定的履行合同的能力。其次，客观表现不同。合同诈骗罪的行为人实施了诈骗犯罪的实行行为，被害人由于被骗实施处分行为；而合同欺诈行为中，行为人能够积极履行合同义务，虽有欠款未还，但仍有归还的意图。

4. 关于本罪与诈骗罪的界限问题。合同诈骗罪是一种利用合同进行诈骗的犯罪，诈骗行为发生在合同的签订、履行过程中。诈骗行为伴随着合同的签订、履行是本罪区别于诈骗罪的一个主要客观特征。虽然我国《民法典》规定了多种类型的合同，但并非任何利用合同进行诈骗的行为都构成合同诈骗罪。司法实践中，两者的主要区别体现在以下三个方面：一是考察行为人与被害人之间是否订立合同。合同诈骗罪必须发生在签订、履行合同过程中，因此"合同"是合同诈骗罪成立的重要前提。二是考察行为人是否实施了与合同内容有关的经济活动。虽然合同条款中明确了双方的权利义务，但是如果行为人客观上没有实施任何与合同内容相关的经济活动的，则"合同"仅是一个道具，行为人未实质上扰乱市场经济秩序，而是仅侵犯了他人的财产权利，不构成合同诈骗罪。三是考察"合同"是否系导致被害人陷入认识错误而作出财产处理的主要原因。"合同"对被害人作出财产处理的主导作用主要体现在两个方面：第一，基于合同约定的利益内容，被害人作出财产处理；第二，基于合同的保障功能，被害人作出财产处理。如果被害人因陷入错误认识而作出财产处理的行为与行为人和被害人订立的合同无关的，则不构成合同诈骗罪。实践中，在不构成合同诈骗罪的情形下，能否以诈骗罪定罪处罚？对此，笔者认为，在该问题的处理上，不宜采取"一刀切"的方式，应当注意区分以下三种情形：（1）对于刑法明文列举的类型化合同诈骗行为，不符合合同诈骗罪立案追诉标准的，不应以诈骗罪定罪处罚。（2）对于在案证据既不能证明也不能排除属于刑法明文列举的类型化合同诈骗行为的行为，不构成合同诈骗罪，但构成诈骗罪的，应直接以诈骗罪定罪处罚。（3）对于个别案件中穿插实施合同诈骗行为和诈骗行为，不构成合同诈骗罪，但构成诈骗罪的，则直接以诈骗罪定罪处罚。

5. 关于几种疑难情形的司法认定问题。实践中，对于以下几种疑难情形的司法认定往往具有一定的争议，具体包括：（1）关于"借鸡生蛋"行为，即行为人利用合同骗取对方的预付款，供自己经营使用或者进行其他牟利活动，当对方催促履行合同时则以种种借口推托。此种行为是否构成犯罪，要综合主客观因素认定行为人主观上是否具有非法占有的目的。（2）关于"连环诈骗"行为，即行为人在取得相对人财物后，不履行合同，迫于对方追讨，又与他人签订合同骗取财物，用以充抵前一合同的债务。这种采用"借新还旧"的方式循环骗取他人资金，导致资金不能归还的行为，符合合同诈骗罪构成要件的，应当以合同诈骗罪定罪处罚。（3）关于通过银行贷款方式骗取担保人财产的行为，即行为人以非法占有为目的，采取虚构事实、隐瞒真相手段，通过银行贷款方式骗取担保人财产。这种行为表面上看是骗取银行贷款，但银行可通过担保实现债权，实际受损失的是担保人，行为侵犯对象并非银行贷款而是担保合同一方当事人的财产，因此应以合同诈骗罪论处。同时，要注意审查银行工作人员与行为人是否有共谋情形。（4）关于以借款方式实施的诈骗行为。对于利用手续完备、充分体现市场经济活动特征的借款合同诈骗的行为，符合合同诈骗罪构成要件的，应认定为合同诈骗罪。对于当事人之间基于亲友、熟人等特定关系签订普通借条、欠条等形式的借款协议后出现的诈骗行为，没有体现市场经济活动、无市场交易特征的，一般不构成合同诈骗罪，如果构成其他犯罪的，则依法按照其他犯罪进行处理。

五、风险提示

实践中，区分合同诈骗和一般合同纠纷的关键在于，行为人主观上是否具有非法占有对方当事人财物的目的，客观上是否利用经济合同实施骗取对方当事人数额较大的财物的行为。合同纠纷往往是合同当事人具有一定的履约能力，只是由于客观方面的因素，虽经多方努力仍不能履行合同而使对方当事人遭受严重损失所产生的经济纠纷，但造成纠纷的当事人并无占有他人财物的主观目的。因此，不能把这种纠纷当作合同诈骗罪来处理。此外，需要说明的是，行为人如果在签订合同时，既不想履行合同，也不想长期占有对方财物，而只是想应急解决一时经济困难的，此种情形属于"借鸡生蛋"，行为人只要能够在短时间内偿还债务并赔偿相对方经济损失，可以不作为合同诈骗进行处理。

实践中，合同诈骗还存在一种特殊情形，即"两头骗"现象。"两头骗"，是指前后存在两个欺骗行为，但通常只有一个欺骗行为构成合同诈骗罪，而另一个欺骗行为只构成民事欺诈。在"两头骗"的处理过程中，应该严格区分刑事诈骗和民事欺诈，正确地认定哪一个欺骗行为构成合同诈骗罪。对此，司法实践中尚存有一定的争议。为了更为直观地理解"两头骗"现象，现以"骗租车辆后将他人车辆进行质押获取借款"为例进行简要分析。笔者认为，行为人以租车名义骗取车辆的行为，完全符合合同诈骗罪的特征，诈骗数额以取得的汽车价值进行计算，但应当扣除预先支付的租金。而对于将租赁车辆进行质押向他人借款的行为，则属于民事欺诈，依法不构成合同诈骗罪。主要理由在于：在以骗取的车辆质押借款的情况下，出借人的借款有车辆作为担保，双方的借贷关系真实存在，即便借款人到期无法偿还借款，出借人仍然可以通过质押物受偿的方式实现自己的债权。在此种情况下，行为人采取欺诈方法将车辆质押借款的行为实际上是对车辆作为赃物的一种变现，虽然具有欺诈的成分，但不能以合同诈骗罪论处。实践中，部分法院直接将借款数额认定为合同诈骗数额，实质上是将民事欺诈行为与合同诈骗行为相混同，混淆了罪与非罪的界限，这种做法值得商榷。

六、参阅案例

最高人民法院指导案例62号：王新明合同诈骗案。该案裁判要旨为：在数额犯中，犯罪既遂部分与未遂部分分别对应不同法定刑幅度的，应当先决定对未遂部分是否减轻处罚，确定未遂部分对应的法定刑幅度，再与既遂部分对应的法定刑幅度进行比较，选择适用处罚较重的法定刑幅度，并酌情从重处罚；二者对应同一量刑幅度的，以犯罪既遂酌情从重处罚。

七、关联规定

1.《最高人民检察院、公安部关于公安机关管辖的刑事案件立案追诉标准的规定（二）》（2022年，公通字〔2022〕12号）第69条；

2.《最高人民检察院办公厅关于对合同诈骗、侵犯知识产权等经济犯罪案件依法正确适用逮捕措施的通知》（2002年）第1条至第5条；

3.《最高人民法院关于充分发挥审判职能作用切实加强产权司法保护的意见》（2016年，法发〔2016〕27号）第5条、第6条、第7条、第8条、第12条；

4.最高人民法院《关于依法妥善处理历史形成的产权案件工作实施意见》（2016年，法发〔2016〕28号）第6条、第7条、第8条、第9条、第13条、第14条、第15条；

5.《最高人民法院关于充分发挥审判职能作用为企业家创新创业营造良好法治环境的通知》（2017年，法〔2018〕1号）第2条、第7条、第8条、第9条、第10条；

6.《最高人民法院关于在审理经济纠纷案件中涉及经济犯罪嫌疑若干问题的规定》（2020年，法释〔2020〕17号）第2条、第3条、第4条、第5条、第6条、第10条、第11条、第12条；

7.《最高人民法院、最高人民检察院关于常见犯罪的量刑指导意见（试行）》（2021年，法发〔2021〕21号）第4条第6项；

8.《最高人民检察院关于全面履行检察职能推动民营经济发展壮大的意见》（2023年，高检发〔2023〕9号）第2条、第3条、第5条、第11条、第12条、第15条、第18条、第19条、第20条。

组织、领导传销活动罪

一、刑法规定

第二百二十四条之一：组织、领导以推销商品、提供服务等经营活动为名，要求参加者以缴纳费用或者购买商品、服务等方式获得加入资格，并按照一定顺序组成层级，直接或者间接以发展人员的数量作为计酬或者返利依据，引诱、胁迫参加者继续发展他人参加，骗取财物，扰乱经济社会秩序的传销活动的，处五年以下有期徒刑或者拘役，并处罚金；情节严重的，处五年以上有期徒刑，并处罚金。

第二百三十一条：单位犯本节第二百二十一条至第二百三十条规定之罪的，对单位判处罚金，并对其直接负责的主管人员和其他直接责任人员，依照本节各该条的规定处罚。

二、罪名解读

组织、领导传销活动罪，是指组织、领导以推销商品、提供服务等经营活动为名，要求参加者以缴纳费用或者购买商品、服务等方式获得加入资格，并按照一定顺序组成层级，直接或者间接以发展人员的数量作为计酬或者返利依据，引诱、胁迫参加者继续发展他人参加，骗取财物，扰乱经济社会秩序的传销活动的行为。本罪的具体构成要件如下所述：

（一）主体要件

本罪的主体是一般主体，但仅限于传销活动的组织者、领导者。根据《刑法》第231条的规定，单位也可以构成本罪的主体。

（二）客体要件

本罪侵犯的是复杂客体，包括国家对市场经济的管理秩序和公私财产所有权。传销，是指组织者或者经营者发展人员，通过对被发展人员以其直接或者间接发展的人员数量或者销售业绩为依据计算和给付报酬，或者要求被发展人员以缴纳一定费用为条件取得加入资格等方式牟取非法利益，扰乱经济秩序，影响社会稳定的行为。

（三）主观要件

本罪的主观方面只能是故意，并且具有骗取他人财物的目的。实践中，关于"骗取财物"的具体认定标准如下：传销活动的组织者、领导者采取编造、歪曲国家政策，虚构、夸大经营、投资、服务项目及盈利前景，掩饰计酬、返利真实来源或者其他欺诈手段，实施《刑法》第224条之一规定的行为，从参与传销活动人员缴纳的费用或者购买商品、服务的费用中非法获利的，应当认定为骗取财物。至于参与传销活动人员是否认为被骗，不影响骗取财物的认定。

（四）客观要件

本罪的客观方面表现为实施了组织、领导传销活动的行为。关于"传销行为"的认定，《禁止传销条例》第7条规定，下列行为，属于传销行为：（1）组织者或者经营者通过发展人员，要求被发展人员发展其他人员加入，对发展的人员以其直接或者间接滚动发展的人员数量为依据计算和给付报酬（包括物质奖励和其他经济利益，下同），牟取非法利益的；（2）组织者或者经营者通过发展人员，要求被发展人员缴纳费用或者以认购商品等方式变相缴纳费用，取得加入或者发展其他人员加入的资格，牟取非法利益的；（3）组织者或者经营者通过发展人员，要求被发展人员发展其他人员加入，形成上下线关系，并以下线的销售业绩为依据计算和给付上线报酬，牟取非法利益的。需要说明的是，《刑法》第224条之一的规定，主要涵盖了前两种情形，即"拉人头传销"和"收取入门费传销"，而对于第三种情形，即"团队计酬传销"，虽为行政法规所禁止，但由于其存在真实的销售商品的销售业绩，因此不宜以犯罪论处。

传销活动的组织者、领导者，是指在传销活动中起组织、领导作用的发起人、决策人、操纵人，以及在传销活动中担负策划、指挥、布置、协调等重要职责，或者在传销活动实施中起关键作用的人员。

三、罪与非罪

准确认定本罪的罪与非罪，还应注意把握以下三个方面的内容：（1）直销，是指直销企业招募直销员，由直销员在固定营业场所之外直接向最终消费者推销产品的经销方式。因此，直销属于合法的营销方式，而传销则是法律禁止的违法行为。（2）本罪处罚的对象限于组织者、领导者，并不包括一般参与者。以单位名义实施组织、领导传销活动犯罪的，对于受单位指派，仅从事劳务性工作的人员，一般不予追究刑事责任。（3）对于以销售商品为目的、以销售业绩为计酬依据的单纯的"团队计酬"式传销活动，不作为犯罪处理。

关于本罪的刑事立案追诉标准，修订后的《立案追诉标准（二）》第70条第1款规定，组织、领导以推销商品、提供服务等经营活动为名，要求参加者以缴纳费用或者购买商品、服务等方式获得加入资格，并按照一定顺序组成层级，直接或者间接以发展人员的数量作为计酬或者返利依据，引诱、胁迫参加者继续发展他人参加，骗取财物，扰乱经济社会秩序的传销活动，涉嫌组织、领导的传销活动人员在30人以上且层级在3级以上的，对组织者、领导者，应予立案追诉。

关于"情节严重"的具体认定标准，《最高人民法院、最高人民检察院、公安部关于办理组织领导传销活动刑事案件适用法律若干问题的意见》第4条规定，具有下列情形之一的，应当认定为《刑法》第224条之一规定的"情节严重"：（1）组织、领导的参与传销活动人员累计达120人以上的；（2）直接或者间接收取参与传销活动人员缴纳的传销资金数额累计达250万元以上的；（3）曾因组织、领导传销活动受过刑事处罚，或者1年以内因组织、领导传销活动受过行政处罚，又直接或者间接发展参与传销活动人员累计达60人以上的；（4）造成参与传销活动人员精神失常、自杀等严重后果的；（5）造成其他严重后果或者恶劣社会影响的。

四、注意事项

1.关于传销活动有关人员的认定和处理问题。司法实践中，下列人员可以认定为传销活动的组织者、领导者：（1）在传销活动中起发起、策划、操纵作用的人员；（2）在传销活动中承担管理、协调等职责的人员；（3）在传销活动中承担宣传、培训等职责的人员；（4）因组织、领导传销活动受过刑事追究，或者1年内因组织、领导传销活动受过行政处罚，又直接或者间接发展参与传销活动人员在15人以上且层级在3级以上的人员；（5）其他对传销活动的实施及传销组织的建立、扩大等起关键作用的人员。在此，需要说明的是，以单位名义实施组织、领导传销活动犯罪的，对于受单位指派，仅从事劳务性工作的人员，一般不予追究刑事责任。

2.关于传销组织层级及人数的认定问题。以推销商品、提供服务等经营活动为名，要求参加者以缴纳费用或者购买商品、服务等方式获得加入资格，并按照一定顺序组成层级，直接或者间接以发展人员的数量作为计酬或者返利依据，引诱、胁迫参加者继续发展他人参加，骗取财物，扰乱经济社会秩序的传销组织，其组织内部参与传销活动人员在30人以上且层级在3级以上的，应当对组织者、领导者追究刑事责任。组织、领导多个传销组织，单个或者多个传销组织中的层级已达3级以上的，可将在各个传销组织中发展的人数合并计算。组织者、领导者形式上脱离原传销组织后，继续从原传销组织获取报酬或者返利的，原传销组织在其脱离后发展人员的人数和层级数，应当计算为其发展的人数和层级数。此处所称"层级"，指组织者、领导者和参与传销活动人员之间的上下线关系层次，而非组织者、领导者在传销组织中的身份等级。在此，需要说明的是，对传销组织内部人数和层级数的计算，以及对组织者、领导者直接或者间接发展参与传销活动人员人数和层级数的计算，包括组织者、领导者本人及其本层级在内。

3.关于"团队计酬"行为的处理问题。传销活动的组织者或者领导者通过发展人员，要求传销活动的被发展人员发展其他人员加入，形成上下线关系，并以下线的销售业绩为依据计算和给付上线报酬，牟取非法利益的，是"团队计酬"式传销活动。对于以销售商品为目的、以销售业绩为计酬依据的单纯的"团队计酬"式传销活动，不作为犯罪处理。而对于形式上采取"团队计酬"方式，但实质上属于"以发展人员的数量作为计酬或者返利依据"的传销活动，则应当依照《刑法》第224条之一的规定，对其组织者、领导者以组织、领导传销活动罪定罪处罚。

4.关于新型传销的主要表现形式问题。现实生活中，为诈骗财物，传销分子的传销手段亦不断翻新，采用的新型传销模式如下：（1）披着"国家扶持""企业受政策保护"等外衣，以"自愿连锁经营业""项目众筹""纯资本运作""金融创新"等为幌子，从事传销活动。（2）打着"扶贫项目""产业联盟""农业发展平台"等旗号，以"发展代理""建立工作站"等方式，从事传销活动。（3）打着"微商营销""电子商务"等旗号，以销售保健品、化妆品等为噱头，诱骗"微信朋友圈"的亲朋好友或网民，实际上是利用其发展下线，以多级分销计算报酬的方式，从事传销活动。（4）打着"消费返利"的旗号，以"购物返本""消费等于赚钱""你消费我还钱""增值消费"为噱头，实际上是拉人头诱骗民众，从事传销活动。（5）打着"投资创业"的旗号，以"金融创新""虚拟货币""网络资本运作""区块链""原始股"为幌子，以"低投资高收益"诱使投资人，从事传销活动。（6）以"玩网络游戏"为幌子，先诱使加入者办理游戏充值卡之类的业务，即变相缴纳会费，再利用各种奖项鼓励加入者吸收新会员或者宣称只要点击广告就能获利，从事传销活动。（7）打着"感恩回馈""互助投资""慈善救助"等旗号，以资助留守儿童、消费防老等"慈善"为幌子，鼓励发展会员给予奖励，从事传销活动。（8）打着"旅游直销""低价旅游""边旅游边赚钱"等旗号，以赚取佣金、旅行积分和免除月费为诱饵，鼓动参与者发展下线，从事传销活动。

5.关于本罪与集资诈骗罪的界限问题。本罪与集资诈骗罪都是典型的涉众型犯罪，本质上都是诈骗罪的特殊形式，并且在行为对象、主体、目的等方面基本相同。但是，两者客观方面的手段行为存在排斥关系。传销手段与集资手段存在本质上的区别，具体表现为：一种行为如果被认定属于集资，就不可能同时属于传销。在集资犯罪中，行为人与受害人之间属于投资关系，投资人仅履行投资义务，并期待以行为人的资本运作获取收益，具有消极性和被动性。而传销活动的参与人在"投资"后会亲自实施传销行为，以自己的"努力"获取收益，具有积极性和主动性，其与组织者、领导者之间不是投资关系而是违法层面的共犯关系。因此，可以借助参与人给付资金的行为性质是否属于"投资"来区分集资手段与传销手段。在不属于"投资"的情况下，应当将参与人所给付的资金认定为加入传销组织缴纳的"入门费"，因此，该种行为应属于传销手段，而不能将其认定为集资手段。

五、风险提示

传销与直销存在本质上的不同。传销是非法行为，而直销则是合法行为。现实生活中，一些传销分子披着"直销"的外衣，号称有真实的产品和服务，实际上从事的是非法传销的勾当，社会各界要对此给予足够的重视，以免上当受骗。直销，是指直销企业招募直销员，由直销员在固定营业场所之外直接向最终消费者推销产品的一种合法的经销方式。直销员，是指在固定营业场所之外将产品直接推销给消费者的人员。根据法律规定，企业取得直销经营资格，必须依照《直销管理条例》的有关规定经行政主管部门依法审批，直销企业被批准获得直销牌照后，才能采取直销方式销售产品。实践中，区分传销与直销，可以从以下方面进行综合判断：是否有直销牌照、是否有入门费、是否依托优质产品、产品是否流通、是否有退货保障、是否有店铺经营以及收益是否来源于产品销售等。

传销活动本质上是一种诈骗行为，传销组织实际上是一种诈骗组织。不管自身的认知如何，传销参与者一旦加入传销组织，就会成为诈骗组织的一部分，其不断发展下线的活动只会导致更多的人被卷入传销组织，从而骗取更多的财物。由此可知，传销和变相传销不仅会造成参与者重大财产损失、严重扰乱正常的经济社会秩序、严重危害社会的和谐稳定，同时也会对市场经济诚信体系和社会伦理道德体系造成巨大破坏，还会滋生其他一系列的刑事犯罪活动，因此必须依法予以打击和严惩。对于实践中出现的，以非法占有为目的，组织、领导传销活动，同时构成组织、领导传销活动罪和集资诈骗罪的，依照处罚较重的规定定罪处罚。犯组织、领导传销活动罪，并实施故意伤害、非法拘禁、敲诈勒索、妨害公务、聚众扰乱社会秩序、聚众冲击国家机关、聚众扰乱公共场所秩序及交通秩序等行为，构成犯罪的，依照数罪并罚的规定处罚。

六、参阅案例

最高人民检察院指导性案例第 41 号：叶经生等组织、领导传销活动案。该案裁判要旨为：组织者或者经营者利用网络发展会员，要求被发展人员以缴纳或者变相缴纳"入门费"为条件，获得提成和发展下线的资格。通过发展人员组成层级关系，并以直接或者间接发展的人员数量作为计酬或者返利的依据，引诱被发展人员继续发展他人参加，骗取财物，扰乱经济社会秩序的，以组织、领导传销活动罪追究刑事责任。

七、关联规定

1.《禁止传销条例》（2005 年）第 2 条、第 7 条、第 9 条、第 10 条、第 13 条、第 24 条、第 28 条；

2.《国务院办公厅对〈禁止传销条例〉中传销查处认定部门解释的函》（2007 年，国办函〔2007〕65 号）；

3.《最高人民检察院、公安部关于公安机关管辖的刑事案件立案追诉标准的规定（二）》（2022 年，公通字〔2022〕12 号）第 70 条；

4.最高人民法院、最高人民检察院、公安部、司法部《关于依法惩治拐卖妇女儿童犯罪的意见》（2010 年，法发〔2010〕7 号）第 20 条第 5 项；

5.《最高人民法院、最高人民检察院、公安部关于办理组织领导传销活动刑事案件适用法律若干问题的意见》（2013 年，公通字〔2013〕37 号）第 1 条至第 7 条；

6.《最高人民法院关于审理非法集资刑事案件具体应用法律若干问题的解释》（2022 年）第 13 条。

非法经营罪

一、刑法规定

第二百二十五条：违反国家规定，有下列非法经营行为之一，扰乱市场秩序，情节严重的，处五年以下有期徒刑或者拘役，并处或者单处违法所得一倍以上五倍以下罚金；情节特别严重的，处五年以上有期徒刑，并处违法所得一倍以上五倍以下罚金或者没收财产：

（一）未经许可经营法律、行政法规规定的专营、专卖物品或者其他限制买卖的物品的；

（二）买卖进出口许可证、进出口原产地证明以及其他法律、行政法规规定的经营许可证或者批准文件的；

（三）未经国家有关主管部门批准非法经营证券、期货、保险业务的，或者非法从事资金支付结算业务的；

（四）其他严重扰乱市场秩序的非法经营行为。

第二百三十一条：单位犯本节第二百二十一条至第二百三十条规定之罪的，对单位判处罚金，并对其直接负责的主管人员和其他直接责任人员，依照本节各该条的规定处罚。

二、罪名解读

非法经营罪，是指违反国家规定，从事非法经营活动，扰乱市场秩序，情节严重的行为。本罪的具体构成要件如下所述：

（一）主体要件

本罪的主体为一般主体，包括自然人和单位。

（二）客体要件

本罪侵犯的客体是国家的市场交易秩序和管理秩序。市场交易和管理秩序是国家通过法律、法规加以规范的稳定、有序的经济状态，是保证市场经济健康发展的必要条件。因此，对于扰乱商品交易市场管理秩序，情节严重的非法经营行为，必须依法惩处。

（三）主观要件

本罪的主观方面为故意，即行为人明知其行为会扰乱市场秩序而进行非法经营。过失不构成本罪。

（四）客观要件

本罪的客观方面表现为违反国家规定，从事非法经营活动，扰乱市场秩序，情节严重的行为。《刑法》中所称"违反国家规定"，是指违反全国人民代表大会及其常务委员会制定的法律和决定，国务院制定的行政法规、规定的行政措施、发布的决定和命令。由此可知，地方各级人民代表大会及其常务委员会制定的地方性法规、国务院部委制定的部门规章以及发布的决定和命令都不属于"国家规定"。本罪的具体行为方式包括：（1）未经许可经营法律、行政法规规定的专营、专卖物品或者其他限制买卖的物品。（2）买卖进出口许可证、进出口原产地证明以及其他法律、行政法规规定的经营许可证或者批准文件。（3）未经国家有关主管部门批准非法经营证券、期货、保险业务，或者非法从事资金支付结算业务。(4)其他严重扰乱市场秩序的非法经营行为。

这里的"未经许可"，是指未经国家有关主管部门的批准。这里的"专营、专卖物品"，是指国家的法律、行政法规明确规定必须由专门的机构经营、销售的物品，如食盐、烟草等。这里的"其他限制买卖的物品"，是指国家根据经济发展和维护国家及社会公众利益的需要，规定在一定时期实行限制性经营的物品，如化肥、农药等。这些物品的范围会随着经济社会的发展而不断调整。这里的"进出口许可证"，是指由国家许可对外贸易经营者进出口某种货物或技术的证明。这里的"进出口原产地证明"，是指用来证明进出口货物、技术原产地的有效凭证。这里的"其他法律、行政法规规定的经营许可证或批准文件"，是指经营某些特定被限制买卖或禁止自由买卖的物品时应由有关行政主管部门依照法律、行政法规核定签发的经营许可证明文件或批准文件。这里的"非法从事资金支付结算业务"，是指不具有法定的从事资金支付结算业务的资格，非法为他人办理资金支付结算业务和外币兑换的行为。这里的"其他严重扰乱市场秩序的非法经营行为"系兜底规定，本条款的适用应当根据相关行为是否具有与《刑法》第225条前三项规定的非法经营行为相当的社会危害性、刑事违法性和刑事处罚必要性进行判断。对于虽然违反行政管理有关规定，但尚未严重扰乱市场秩序的经营行为，依法不应当认定为非法经营罪。

三、罪与非罪

本罪属于情节犯，根据《刑法》第225条的规定，非法经营的行为，必须达到"情节严重"的程度，才能构成犯罪。而对于情节轻微的一般违法行为，则由市场监督管理部门依法处理。司法实践中，"情节严重"一般应以非法经营数额、违法所得数额、造成损失数额等为基础，并综合考虑其他情节加以认定。

关于本罪的刑事立案追诉标准，修订后的《立案追诉标准（二）》第71条规定，违反国家规定，进行非法经营活动，扰乱市场秩序，涉嫌下列情形之一的，应予立案追诉：

（一）违反国家烟草专卖管理法律法规，未经烟草专卖行政主管部门许可，无烟草专卖生产企业许可证、烟草专卖批发企业许可证、特种烟草专卖经营企业许可证、烟草专卖零售许可证等许可证明，非法经营烟草专卖品，具有下列情形之一的：1.非法经营数额在5万元以上，或者违法所得数额在2万元以上的。2.非法经营卷烟20万支以上的。3.3年内因非法经营烟草专卖品受过2次以上行政处罚，又非法经营烟草专卖品且数额在 3 万元以上的。

（二）未经国家有关主管部门批准，非法经营证券、期货、保险业务，或者非法从事资金支付结算业务，具有下列情形之一的：1.非法经营证券、期货、保险业务，数额在 100 万元以上，或者违法所得数额在 10 万元以上的。2.非法从事资金支付结算业务，数额在 500 万元以上，或者违法所得数额在 10 万元以上的。3.非法从事资金支付结算业务，数额在 250 万元以上不满 500 万元，或者违法所得数额在 5 万元以上不满 10 万元，且具有下列情形之一的：（1）因非法从事资金支付结算业务犯罪行为受过刑事追究的；（2）2 年内因非法从事资金支付结算业务违法行为受过行政处罚的；（3）拒不交代涉案资金去向或者拒不配合追缴工作，致使赃款无法追缴的；（4）造成其他严重后果的。4.使用销售点终端机具（POS 机）等方法，以虚构交易、虚开价格、现金退货等方式向信用卡持卡人直接支付现金，数额在 100 万元以上的，或者造成金融机构资金 20 万元以上逾期未还的，或者造成金融机构经济损失 10 万元以上的。

（三）实施倒买倒卖外汇或者变相买卖外汇等非法买卖外汇行为，扰乱金融市场秩序，具有下列情形之一的：1.非法经营数额在 500 万元以上的，或者违法所得数额在 10 万元以上的。2.非法经营数额在 250 万元以上，或者违法所得数额在 5 万元以上，且具有下列情形之一的：（1）因非法买卖外汇犯罪行为受过刑事追究的；（2）2 年内因非法买卖外汇违法行为受过行政处罚的；（3）拒不交代涉案资金去向或者拒不配合追缴工作，致使赃款无法追缴的；（4）造成其他严重后果的。3.公司、企业或者其他单位违反有关外贸代理业务的规定，采用非法手段，或者明知是伪造、变造的凭证、商业单据，为他人向外汇指定银行骗购外汇，数额在 500 万美元以上或者违法所得数额在 50 万元以上的。4.居间介绍骗购外汇，数额在 100 万美元以上或者违法所得数额在 10 万元以上的。

（四）出版、印刷、复制、发行严重危害社会秩序和扰乱市场秩序的非法出版物，具有下列情形之一的：1.个人非法经营数额在 5 万元以上的，单位非法经营数额在 15 万元以上的。2.个人违法所得数额在 2 万元以上的，单位违法所得数额在 5 万元以上的。3.个人非法经营报纸 5000 份或者期刊 5000 本或者图书 2000 册或者音像制品、电子出版物 500 张（盒）以上的，单位非法经营报纸 15000 份或者期刊 15000 本或者图书 5000 册或者音像制品、电子出版物 1500 张（盒）以上的。4.虽未达到上述数额标准，但具有下列情形之一的：（1）2 年内因出版、印刷、复制、发行非法出版物受过 2 次以上行政处罚，又出版、印刷、复制、发行非法出版物的；（2）出版、印刷、复制、发行非法出版物造成恶劣社会影响或者其他严重后果的。

（五）非法从事出版物的出版、印刷、复制、发行业务，严重扰乱市场秩序，具有下列情形之一的：1.个人非法经营数额在15万元以上的，单位非法经营数额在50万元以上的。2.个人违法所得数额在5万元以上的，单位违法所得数额在15万元以上的。3.个人非法经营报纸15000份或者期刊15000本或者图书5000册或者音像制品、电子出版物1500张（盒）以上的，单位非法经营报纸50000份或者期刊50000本或者图书15000册或者音像制品、电子出版物5000张（盒）以上的。4.虽未达到上述数额标准，2年内因非法从事出版物的出版、印刷、复制、发行业务受过2次以上行政处罚，又非法从事出版物的出版、印刷、复制、发行业务的。

（六）采取租用国际专线、私设转接设备或者其他方法，擅自经营国际电信业务或者涉港澳台电信业务进行营利活动，扰乱电信市场管理秩序，具有下列情形之一的：1.经营去话业务数额在100万元以上的。2.经营来话业务造成电信资费损失数额在100万元以上的。3.虽未达到上述数额标准，但具有下列情形之一的：（1）2年内因非法经营国际电信业务或者涉港澳台电信业务行为受过2次以上行政处罚，又非法经营国际电信业务或者涉港澳台电信业务的；（2）非法经营国际电信业务或者涉港澳台电信业务行为造成其他严重后果的。

（七）以营利为目的，通过信息网络有偿提供删除信息服务，或者明知是虚假信息，通过信息网络有偿提供发布信息等服务，扰乱市场秩序，具有下列情形之一的：1.个人非法经营数额在5万元以上，或者违法所得数额在2万元以上的。2.单位非法经营数额在15万元以上，或者违法所得数额在5万元以上的。

（八）非法生产、销售"黑广播"、"伪基站"、无线电干扰器等无线电设备，具有下列情形之一的：1.非法生产、销售无线电设备3套以上的。2.非法经营数额在5万元以上的。3.虽未达到上述数额标准，但2年内因非法生产、销售无线电设备受过2次以上行政处罚，又非法生产、销售无线电设备的。

（九）以提供给他人开设赌场为目的，违反国家规定，非法生产、销售具有退币、退分、退钢珠等赌博功能的电子游戏设施设备或者其专用软件，具有下列情形之一的：1.个人非法经营数额在5万元以上，或者违法所得数额在1万元以上的。2.单位非法经营数额在50万元以上，或者违法所得数额在10万元以上的。3.虽未达到上述数额标准，但2年内因非法生产、销售赌博机行为受过2次以上行政处罚，又进行同种非法经营行为的。4.其他情节严重的情形。

（十）实施下列危害食品安全行为，非法经营数额在10万元以上，或者违法所得数额在5万元以上的：1.以提供给他人生产、销售食品为目的，违反国家规定,生产、销售国家禁止用于食品生产、销售的非食品原料的。2. 以提供给他人生产、销售食用农产品为目的,违反国家规定,生产、销售国家禁用农药、食品动物中禁止使用的药品及其他化合物等有毒、有害的非食品原料,或者生产、销售添加上述有毒、有害的非食品原料的农药、兽药、饲料、饲料添加剂、饲料原料的。3. 违反国家规定,私设生猪屠宰厂(场),从事生猪屠宰、销售等经营活动的。

(十一)未经监管部门批准,或者超越经营范围,以营利为目的,以超过36%的实际年利率经常性地向社会不特定对象发放贷款,具有下列情形之一的:1. 个人非法放贷数额累计在200万元以上的,单位非法放贷数额累计在1000万元以上的。2. 个人违法所得数额累计在80万元以上的,单位违法所得数额累计在400万元以上的。3. 个人非法放贷对象累计在50人以上的,单位非法放贷对象累计在150人以上的。4. 造成借款人或者其近亲属自杀、死亡或者精神失常等严重后果的。5. 虽未达到上述数额标准,但具有下列情形之一的:(1)2年内因实施非法放贷行为受过2次以上行政处罚的;(2)以超过72%的实际年利率实施非法放贷行为10次以上的。黑恶势力非法放贷的,按照第1、2、3项规定的相应数额、数量标准的50%确定。同时具有第5项规定情形的,按照相应数额、数量标准的40%确定。

(十二)从事其他非法经营活动,具有下列情形之一的:1. 个人非法经营数额在5万元以上,或者违法所得数额在1万元以上的。2. 单位非法经营数额在50万元以上,或者违法所得数额在10万元以上的。3. 虽未达到上述数额标准,但2年内因非法经营行为受过2次以上行政处罚,又从事同种非法经营行为的。4. 其他情节严重的情形。

需要说明的是,上述立案追诉标准中所称的"虽未达到上述数额标准",一般是指接近上述数额标准且已达到该数额的80%以上。

关于"情节严重""情节特别严重"的具体认定标准,由于非法经营行为的复杂性,针对不同的非法经营行为,有关司法解释和规范性文件中已分别作出明确规定,不再一一赘述。

四、注意事项

1. 关于"违法所得"的认定问题。对此,《最高人民法院研究室关于非法经营罪中"违法所得"认定问题的研究意见》认为,非法经营罪中的"违法所得",应是指获利数额,即以行为人违法生产、销售商品或者提供服务所获得的全部收入(即非法经营数额),扣除其直接用于经营活动的合理支出部分后剩余的数额。

2. 关于"非法从事资金支付结算业务"的认定问题。对此,《最高人民法院、最高人民检察院关于办理非法从事资金支付结算业务、非法买卖外汇刑事案件适用法律若干问题的解释》第 1 条规定，违反国家规定，具有下列情形之一的，属于《刑法》第 225 条第 3 项规定的"非法从事资金支付结算业务"：（1）使用受理终端或者网络支付接口等方法，以虚构交易、虚开价格、交易退款等非法方式向指定付款方支付货币资金的；（2）非法为他人提供单位银行结算账户套现或者单位银行结算账户转个人账户服务的；（3）非法为他人提供支票套现服务的；（4）其他非法从事资金支付结算业务的情形。

3. 关于兜底条款的准确适用问题。对于《刑法》第 225 条第 4 项兜底条款的适用，应当严格加以限制：首先是程序限制。依照《最高人民法院关于准确理解和适用刑法中"国家规定"的有关问题的通知》第 3 条的规定，通过最高人民法院的审核，使《刑法》第 225 条第 4 项兜底条款的适用受到严格的程序限制。其次是实体限制。对于《刑法》第 225 条第 4 项规定的适用，应当根据相关行为是否具有与第 225 条前三项规定的非法经营行为相当的社会危害性、刑事违法性和刑事处罚必要性进行判断。判断违反行政管理有关规定的经营行为是否构成非法经营罪，应当考虑该经营行为是否严重扰乱市场秩序。只有从程序和实体两个方面收缩"口袋罪"的入罪条件，才能尽可能地将非法经营罪限制在合理范围内，从而践行罪刑法定原则。鉴于此，为明确刑法的适用边界和便于实践操作，笔者认为，最高司法机关应当专门对这一兜底条款作出明确的司法解释，以统一法律的适用和正确定罪量刑。

4. 关于兜底条款中的 15 种确定行为问题。根据现行司法解释和规范性文件的规定，下列 15 种行为已经被确定为《刑法》第 225 条第 4 项规定的"其他严重扰乱市场秩序的非法经营行为"：（1）非法经营出版物；（2）非法经营外汇；（3）非法经营电信业务；（4）在生产、销售的饲料中添加"瘦肉精"等禁止在饲料和动物饮用水中使用的药品，或者销售添加该类药品的饲料；（5）特定灾害期间，哄抬物价，牟取暴利；（6）擅自发行、销售彩票；（7）擅自发行基金份额募集资金；（8）非法放贷；（9）生产、销售用于赌博的电子游戏设施设备或者其专用软件；（10）非法经营互联网业务；（11）非法采挖、销售、收购麻黄草；（12）有偿提供删除信息服务；（13）非法生产、销售"伪基站"设备；（14）生产、销售非法电视网络接收设备及提供相关服务；（15）非法经营非国家重点保护野生动物及其制品。在此，需要说明的是，除了上述 15 种非法经营行为，有关司法解释和规范性文件还明确了"利用信用卡套现""非法贩卖麻醉药品或者精神药品""非法经营兴奋剂目录所列物质""私设生猪屠宰厂（场）从事生猪屠宰、销售等危害食品安全行为"等 4 种行为，按照《刑法》第 225 条第 1 项或者第 3 项的规定，以非法经营罪论处。囿于篇幅，不再对上述 19 种非法经营行为所涉内容一一详列。

五、风险提示

"非法经营罪"源自计划经济时代政治色彩浓厚的"投机倒把罪"，1997 年《刑法》废除"投机倒把罪"之后，其部分内容以"非法经营罪"的名义被保留下来。关于非法经营罪，如果严格遵循罪刑法定原则，当然不会引起普遍关注，但该罪名中却有一条兜底条款，即"其他扰乱市场秩序的非法经营行为"，这就给非法经营罪留下一个可以被任意解释的理由，使得本罪成为可以模糊定罪、模糊入罪的"口袋罪"。司法实践中，关于罪与非罪的界限以及其他非法经营行为的认定争议较多，非法经营罪也因此成为社会各界广泛关注的热点和重点罪名。

1997 年《刑法》施行以来，非法经营罪确有扩大化的趋势。为防止不当扩大处罚范围，这就需要对《刑法》第 225 条第 4 项"其他严重扰乱市场秩序的非法经营行为"进行合理解释。目前，理论界对"其他严重扰乱市场秩序的非法经营行为"的理解仍有两种观点：第一种观点认为，"其他严重扰乱市场秩序的非法经营行为"的具体内容，应通过立法或者司法解释逐一加以明确，未予明确的，应依照"法无明文规定不为罪"的原则不予认定。从我国立法和司法实践看，对于何种行为可以被认定为"其他严重扰乱市场秩序的非法经营行为"，都是通过专门的立法或者司法解释加以具体明确的，以防止该法律规定被滥用。另一种观点则认为，将"其他严重扰乱市场秩序的非法经营行为"作为非法经营罪的兜底条款，是因为法律不能对此类行为作穷尽式的列举，故只要严重扰乱市场秩序就可以认定为非法经营罪。笔者认为，第一种观点更具合理性，更能体现罪刑法定原则和保持刑法的谦抑性。

此外，需要强调的是，《刑法修正案（十一）》增设了第 134 条之一，即危险作业罪，其中规定：涉及安全生产的事项未经依法批准或者许可，擅自从事矿山开采、金属冶炼、建筑施工，以及危险物品生产、经营、储存等高度危险的生产作业活动，具有发生重大伤亡事故或者其他严重后果的现实危险的，处 1 年以下有期徒刑、拘役或者管制。可以说，《刑法修正案（十一）》的这一修改，也能有效防止非法经营罪"口袋化"扩张。司法实践中，对于非法经营汽油、柴油等成品油以及"笑气"等危化品的行为，均不宜再认定为非法经营罪，而应考虑适用危险作业罪处理。

六、参阅案例

最高人民法院指导案例 97 号：王力军非法经营再审改判无罪案。该案裁判要旨为：(1) 对于《刑法》第 225 条第 4 项规定的"其他严重扰乱市场秩序的非法经营行为"的适用，应当根据相关行为是否具有与《刑法》第 225 条前三项规定的非法经营行为相当的社会危害性、刑事违法性和刑事处罚必要性进行判断。(2) 判断违反行政管理有关规定的经营行为是否构成非法经营罪，应当考虑该经营行为是否严重扰乱市场秩序。对于虽然违反行政管理有关规定，但尚未严重扰乱市场秩序的经营行为，不应当认定为非法经营罪。

七、关联规定

1.《全国人民代表大会常务委员会关于惩治骗购外汇、逃汇和非法买卖外汇犯罪的决定》(1998 年) 第 4 条；

2.《中华人民共和国烟草专卖法》(2015 年) 第 2 条、第 3 条、第 35 条；

3.《中华人民共和国就业促进法》(2015 年) 第 40 条、第 41 条、第 64 条、第 68 条；

4.《中华人民共和国电子商务法》(2018 年) 第 2 条、第 75 条、第 88 条；

5.《中华人民共和国行政许可法》(2019 年) 第 2 条、第 80 条、第 81 条；

6.《中华人民共和国种子法》(2021 年) 第 2 条、第 32 条、第 33 条、第 34 条、第 76 条、第 89 条；

7.《中华人民共和国对外贸易法》(2022 年) 第 2 条、第 33 条、第 60 条、第 61 条、第 62 条；

8.《金融违法行为处罚办法》(1999 年) 第 2 条、第 9 条、第 18 条；

9.《中华人民共和国外资保险公司管理条例》(2019 年) 第 2 条、第 3 条、第 31 条、第 32 条、第 38 条、第 39 条；

10.《中华人民共和国技术进出口管理条例》(2020 年) 第 2 条、第 3 条、第 43 条、第 44 条、第 45 条；

11.《中华人民共和国货物进出口管理条例》(2024 年) 第 2 条、第 65 条、第 66 条、第 68 条；

12.《互联网上网服务营业场所管理条例》(2024 年) 第 2 条、第 3 条、第 27 条；

13.最高人民法院、最高人民检察院、公安部《办理骗汇、逃汇犯罪案件联席会议纪要》(1999 年，公通字〔1999〕39 号) 第 1 条至第 6 条；

14.《公安部经济犯罪侦查局关于对既涉嫌非法经营又涉嫌偷税的经济犯罪案件如何适用法律的请示的批复》(2001 年，公经〔2001〕253 号)；

15. 最高人民法院、最高人民检察院、公安部《办理非法经营国际电信业务犯罪案件联席会议纪要》（2003年，公通字〔2002〕29号）第1条至第6条；

16.《最高人民法院、最高人民检察院、公安部、中国证券监督管理委员会关于整治非法证券活动有关问题的通知》（2008年，证监发〔2008〕1号）第2条第3项、第4项、第5项；

17.《最高人民检察院、公安部关于公安机关管辖的刑事案件立案追诉标准的规定（二）》（2022年，公通字〔2022〕12号）第71条；

18.《最高人民法院关于审理骗购外汇、非法买卖外汇刑事案件具体应用法律若干问题的解释》（1998年，法释〔1998〕20号）第3条、第4条、第5条、第6条、第7条；

19.《最高人民法院关于审理非法出版物刑事案件具体应用法律若干问题的解释》（1998年，法释〔1998〕30号）第11条至第18条；

20.《最高人民法院关于审理扰乱电信市场管理秩序案件具体应用法律若干问题的解释》（2000年，法释〔2000〕12号）第1条、第2条、第3条、第4条、第5条、第10条；

21.《最高人民法院、最高人民检察院关于办理生产、销售伪劣商品刑事案件具体应用法律若干问题的解释》（2001年，法释〔2001〕10号）第10条、第12条；

22.《最高人民检察院关于非法经营国际或港澳台地区电信业务行为法律适用问题的批复》（2002年，高检发释字〔2002〕1号）；

23.《最高人民法院、最高人民检察院关于办理非法生产、销售、使用禁止在饲料和动物饮用水中使用的药品等刑事案件具体应用法律若干问题的解释》（2002年，法释〔2002〕26号）第1条、第2条、第5条、第6条；

24.《最高人民检察院法律政策研究室关于非法经营行为界定有关问题的复函》（2002年，〔2002〕高检研发第24号）；

25.《最高人民法院、最高人民检察院关于办理妨害预防、控制突发传染病疫情等灾害的刑事案件具体应用法律若干问题的解释》（2003年，法释〔2003〕8号）第6条、第17条、第18条；

26. 最高人民法院、最高人民检察院、公安部、国家烟草专卖局《关于办理假冒伪劣烟草制品等刑事案件适用法律问题座谈会纪要》（2003年，商检会〔2003〕4号）第3条、第4条、第5条、第10条、第11条；

27.《最高人民法院、最高人民检察院关于办理赌博刑事案件具体应用法律若干问题的解释》（2005年，法释〔2005〕3号）第6条；

28.《最高人民法院关于被告人缪绿伟非法经营一案的批复》（2008年，〔2008〕刑他字第86号）；

29.《最高人民法院、最高人民检察院关于办理非法生产、销售烟草专卖品等刑事案件具体应用法律若干问题的解释》（2010年，法释〔2010〕7号）第1条、第3条、第4条、第5条、第6条、第7条、第9条；

30.《最高人民法院关于准确理解和适用刑法中"国家规定"的有关问题的通知》（2011年，法发〔2011〕155号）第1条、第2条、第3条；

31.《最高人民法院关于被告人李明华非法经营请示一案的批复》（2011年，〔2011〕刑他字第21号）；

32.《最高人民法院关于被告人何伟光、张勇泉等非法经营案的批复》（2012年，〔2012〕刑他字第136号）；

33.《最高人民法院、最高人民检察院关于办理利用信息网络实施诽谤等刑事案件适用法律若干问题的解释》（2013年，法释〔2013〕21号）第7条、第8条、第9条、第10条；

34.《最高人民检察院法律政策研究室关于买卖银行承兑汇票行为如何适用法律问题的答复意见》（2013年，高检研函字〔2013〕58号）；

35.《最高人民法院、最高人民检察院、公安部关于办理利用赌博机开设赌场案件适用法律若干问题的意见》（2014年，公通字〔2014〕17号）第4条、第6条、第7条；

36.《最高人民检察院关于办理涉互联网金融犯罪案件有关问题座谈会纪要》（2017年，高检诉〔2017〕14号）第5条、第18条、第19条；

37.《最高人民法院、最高人民检察院关于办理扰乱无线电通讯管理秩序等刑事案件适用法律若干问题的解释》（2017年，法释〔2017〕11号）第4条、第5条、第6条、第9条；

38.《最高人民法院、最高人民检察院关于办理妨害信用卡管理刑事案件具体应用法律若干问题的解释》（2018年，法释〔2018〕19号）第12条、第13条；

39.《最高人民法院、最高人民检察院关于办理非法从事资金支付结算业务、非法买卖外汇刑事案件适用法律若干问题的解释》（2019年，法释〔2019〕1号）第1条至第12条；

40.《最高人民法院、最高人民检察院、公安部、司法部关于办理非法放贷刑事案件若干问题的意见》（2019年，法发〔2019〕24号）第1条至第8条；

41.《最高人民法院关于审理走私、非法经营、非法使用兴奋剂刑事案件适用法律若干问题的解释》(2019年,法释〔2019〕16号)第2条、第7条、第8条;

42.《最高人民法院、最高人民检察院关于办理危害食品安全刑事案件适用法律若干问题的解释》(2021年,法释〔2021〕24号)第16条、第17条、第18条;

43.《最高人民法院关于审理非法集资刑事案件具体应用法律若干问题的解释》(2022年,法释〔2022〕5号)第11条;

44.《最高人民法院、最高人民检察院关于办理环境污染刑事案件适用法律若干问题的解释》(2023年,法释〔2023〕7号)第7条、第12条、第13条;

45.《最高人民法院关于审理破坏森林资源刑事案件适用法律若干问题的解释》(2023年,法释〔2023〕8号)第10条、第16条。

强迫交易罪

一、刑法规定

第二百二十六条:以暴力、威胁手段,实施下列行为之一,情节严重的,处三年以下有期徒刑或者拘役,并处或者单处罚金;情节特别严重的,处三年以上七年以下有期徒刑,并处罚金:

(一)强买强卖商品的;

(二)强迫他人提供或者接受服务的;

(三)强迫他人参与或者退出投标、拍卖的;

(四)强迫他人转让或者收购公司、企业的股份、债券或者其他资产的;

(五)强迫他人参与或者退出特定的经营活动的。

第二百三十一条:单位犯本节第二百二十一条至第二百三十条规定之罪的,对单位判处罚金,并对其直接负责的主管人员和其他直接责任人员,依照本节各该条的规定处罚。

二、罪名解读

强迫交易罪,是指以暴力、胁迫手段强迫他人交易,或者强迫他人参与或者退出投标、拍卖、特定的经营活动,情节严重的行为。本罪的具体构成要件如下所述:

（一）主体要件

本罪的主体为一般主体，包括自然人和单位。一般认为，本罪的主体以相对交易主体为原则，以非相对交易主体为例外。非相对交易主体可以构成本罪的共犯。

（二）客体要件

本罪侵犯的客体是正常的市场交易秩序和交易相对方的合法权益。市场交易应当是在自愿、平等、公正、诚信的原则下进行的，交易双方基于自由意志进行等价有偿的交易活动。而本罪的行为人是使用暴力、威胁手段强买强卖，强迫他人提供服务或者强迫他人接受服务等，不仅破坏了市场交易的基本准则，而且侵害了交易相对方的人身、财产等合法权益。

（三）主观要件

本罪的主观方面为故意，而且只能是直接故意。间接故意与过失不构成本罪。

（四）客观要件

本罪的客观方面表现为以暴力、威胁手段，实施下列五种行为之一，情节严重：（1）强买强卖商品的；（2）强迫他人提供服务或者接受服务的；（3）强迫他人参与或者退出招标、拍卖的；（4）强迫他人转让或者收购公司、企业的股份、债券或者其他资产的；（5）强迫他人参与或者退出特定的经营活动的。这里的"暴力"，是指对交易相对方的身体实施强制和打击的行为。这里的"威胁"，是指对交易相对方实施精神强制的行为，以加害其人身、毁坏其财物、揭露其隐私、破坏其名誉、加害其亲属等相要挟。现实生活中，无论是暴力还是威胁，都意在使交易相对方不敢反抗而被迫答应交易。

这里的"强迫他人提供服务"，是指行为人在享受服务性消费时，不遵守公平自愿的原则，不顾提供服务方是否同意，以暴力、威胁手段，强迫对方提供某种服务的行为。这里的"强迫他人接受服务"，是指餐饮、旅游、娱乐、美容、维修等服务性质的行业，在营业中违反法律、法规，违背商业道德及公平自愿的原则，不顾消费者是否同意，以暴力、威胁手段强迫消费者接受其服务的行为。这里的"参与或者退出特定的经营活动"，是指在行为人指定的经营范围内，被害人因屈从于暴力、威胁的强制手段，不得已选择从事或者退出特定的经营活动。

三、罪与非罪

根据刑法规定，强迫交易的行为，必须达到"情节严重"的程度，才构成犯罪。强迫交易的行为，如果情节不严重的，则属一般违法行为，应由公安机关或市场监管部门给予行政处罚。所谓"情节严重"，一般是指多次强迫交易、强迫交易数额巨大、以强迫交易手段推销伪劣产品、造成被强迫者人身伤害及财产损失等后果、造成恶劣社会影响或者其他严重后果等情形。如果强迫交易过程中采取的暴力手段致人重伤、死亡，则应按照牵连犯的处罚原则定故意伤害或者故意杀人罪。如果行为人以市场交易为借口，以暴力或者威胁手段取得的财物远远超过正常交易情况下被害人应给付的财物，则可以按照抢劫罪的规定定罪处罚。

关于本罪的刑事立案追诉标准，《立案追诉标准（一）的补充规定》第5条规定，以暴力、威胁手段强买强卖商品，强迫他人提供服务或者接受服务，涉嫌下列情形之一的，应予立案追诉：（1）造成被害人轻微伤的；（2）造成直接经济损失2000元以上的；（3）强迫交易3次以上或者强迫3人以上交易的；（4）强迫交易数额1万元以上，或者违法所得数额2000元以上的；（5）强迫他人购买伪劣商品数额5000元以上，或者违法所得数额1000元以上的；（6）其他情节严重的情形。以暴力、威胁手段强迫他人参与或者退出投标、拍卖，强迫他人转让或者收购公司、企业的股份、债券或者其他资产，强迫他人参与或者退出特定的经营活动，具有多次实施、手段恶劣、造成严重后果或者恶劣社会影响等情形之一的，应予立案追诉。

四、注意事项

1. 关于"强迫借贷行为"的法律适用问题。对此，《最高人民检察院关于强迫借贷行为适用法律问题的批复》规定，以暴力、胁迫手段强迫他人借贷，属于《刑法》第226条第2项规定的"强迫他人提供或者接受服务"，情节严重的，以强迫交易罪追究刑事责任；同时构成故意伤害罪等其他犯罪的，依照处罚较重的规定定罪处罚。以非法占有为目的，以借贷为名采用暴力、胁迫手段获取他人财物，符合《刑法》第263条或者第274条规定的，以抢劫罪或者敲诈勒索罪追究刑事责任。

2. 关于"情节特别严重"的正确理解问题。本罪中，"情节严重"是入罪的前提条件，而"情节特别严重"则是加重刑罚适用的条件。但关于"情节特别严重"的界定标准，目前司法解释尚未作出具体规定，司法实务中对于"情节特别严重"的理解也莫衷一是，从而影响了强迫交易罪法律适用的统一性。对此，笔者认为，在认定"情节特别严重"时，应重点把握行为人强迫他人交易的强迫手段、强迫交易的次数或者人数、强迫交易的价格以及造成的恶劣社会影响等因素。在具体办案过程中，还应当针对案件的具体情况具体分析判断。根据惯例，一般可按照"情节严重"标准的5—10倍幅度予以把握，也可参照敲诈勒索罪"数额巨大或者其他严重情节"的标准执行。

3.强迫金融机构工作人员贷款的行为定性问题。行为人以暴力、威胁手段强迫他人为其贷款的行为如何定性，往往会涉及抢劫罪、敲诈勒索罪、强迫交易罪等罪名的适用争议。对此，笔者认为，强迫金融机构工作人员贷款的行为，是扰乱市场交易秩序的行为，情节严重的，应以强迫交易罪定罪处罚。主要理由如下：为了维护公平的市场交易秩序，刑法规定了强迫交易罪，不仅意在惩处发生在商品交换过程中的强买强卖行为，也旨在惩处服务行业中强迫他人提供服务或者强迫他人接受服务的行为。金融服务业是市场经济的重要组成部分，贷款是银行或者非银行金融机构提供的一种有偿服务，也是金融市场的一种商业行为，借贷双方都应当遵循平等、自愿、公平、等价有偿和诚实信用的原则。行为人强迫他人提供贷款或者强迫他人接受贷款，情节严重的行为，都是《刑法》第226条强迫交易罪的打击对象。

4.本罪与相关犯罪的界限问题。强迫交易罪必须发生在商品交易或服务交易中，行为人与被害人之间有交易事实存在，虽然这种不平等交易是一方强求另一方接受的非法交易。司法实践中，强迫交易罪与敲诈勒索罪、抢劫罪的手段均可表现为一定的暴力强迫行为，结果都体现为获取一定的非法利益。因此，在具体认定时，需要从是否存在交易事实、交易是否只是行为人非法获取财物的幌子、行为人使用暴力的方式和程度以及行为人的主观方面等四个角度进行综合分析。从手段行为来讲，抢劫罪的暴力、胁迫程度在三者中最高，达到了完全压制被害人反抗的程度，远远高于强迫交易罪和敲诈勒索罪中的暴力、威胁程度，甚至可以采用故意杀人的方法。而敲诈勒索罪的威胁和暴力程度较为轻微，仅达到使被害人产生恐惧心理的程度。从强迫交易罪的法定刑设置方面来分析，其程度应当低于抢劫罪和敲诈勒索罪中的"暴力"和"胁迫"。司法实践中，敲诈勒索罪和强迫交易罪在某些情况下的确难以区分，两罪都允许使用轻微暴力和胁迫手段，而且行为人也都是为了获取非法利益。因此，在区分这两个罪名时，特别需要对行为人的主观方面进行分析，并重点考察行为人究竟只是为了非法占有他人财物，还是为了促成不公平的交易进而从中获取非法利益。这就需要对行为人付出的交易成本和其实施犯罪行为的具体方式进行分析判断。

五、风险提示

在商品交易过程中，应当遵循自愿和公平的原则。《民法典》《消费者权益保护法》《反不正当竞争法》等多部法律法规中，均把自愿和公平原则作为民商事活动的基本原则。但是，在现实经济生活中，市场交易主体违反市场交易原则，强买强卖、强迫他人提供服务或者强迫他人接受服务的现象经常发生，甚至成为黑恶势力攫取社会财富和资源的惯用手段。强迫交易的行为破坏了正常的市场交易秩序，侵犯了消费者、经营者的平等交易权及交易自由选择权，而且该行为常常伴有暴力、威胁手段，也侵犯了公民的人身安全。因此，法律法规禁止强迫交易行为，以维护正常的市场交易秩序和公民的人身财产安全。对此，《治安管理处罚法》第46条规定，强买强卖商品，强迫他人提供服务或者强迫他人接受服务的，处5日以上10日以下拘留，并处200元以上500元以下罚款；情节较轻的，处5日以下拘留或者500元以下罚款。由此可知，对于情节轻微的强迫交易行为，尚未达到刑事处罚标准的，应按照《治安管理处罚法》进行行政处罚。而对于情节严重的强迫交易行为，则需要依法追究刑事责任。

为深入贯彻落实中央关于开展扫黑除恶专项斗争的决策部署，依法惩处各类黑恶势力犯罪行为和维护正常的社会秩序，最高人民法院、最高人民检察院、公安部、司法部先后制定了一系列扫黑除恶规范性文件。根据文件规定，"软暴力"，是指行为人为谋取不法利益或形成非法影响，对他人或者在有关场所进行滋扰、纠缠、哄闹、聚众造势等，足以使他人产生恐惧、恐慌进而形成心理强制，或者足以影响、限制人身自由，危及人身财产安全，影响正常生活、工作、生产、经营的违法犯罪手段。对于雇用、指使他人有组织地采用"软暴力"手段强迫交易、敲诈勒索，构成强迫交易罪、敲诈勒索罪的，对雇佣者、指使者，一般应当以共同犯罪中的主犯论处。为强索不受法律保护的债务或者因其他非法目的，雇用、指使他人有组织地采用"软暴力"手段寻衅滋事，构成寻衅滋事罪的，对雇佣者、指使者，一般应当以共同犯罪中的主犯论处；为追讨合法债务或者因婚恋、家庭、邻里纠纷等民间矛盾而雇用、指使，没有造成严重后果的，一般不作为犯罪处理，但经有关部门批评制止或者处理处罚后仍继续实施的除外。采用"软暴力"手段，同时构成两种以上犯罪的，依法按照处罚较重的犯罪定罪处罚，法律另有规定的除外。

六、参阅案例

《最高人民法院公报》（2006年第4期）案例：朱波伟、雷秀平抢劫案。该案裁判要旨为：出租车驾驶员在正常营运过程中，为谋取非法利益，采用暴力、威胁手段，强行向乘客索取与合理价格相差悬殊的高额出租车服务费，情节严重的，其行为构成《刑法》第226条规定的强迫交易罪，不应以抢劫罪定罪处罚。

七、关联规定

1.《中华人民共和国保险法》（2015年）第131条、第165条、第179条；

2.《中华人民共和国农民专业合作社法》（2017年）第2条、第4条、第7条、

第8条、第69条；

3.《中华人民共和国种子法》(2021年) 第43条、第88条、第89条；

4.《最高人民检察院、公安部关于公安机关管辖的刑事案件立案追诉标准的规定(一)的补充规定》(2017年, 公通字〔2017〕12号) 第5条；

5.《最高人民法院关于审理抢劫、抢夺刑事案件适用法律若干问题的意见》(2005年, 法发〔2005〕8号) 第9条第2款；

6.《最高人民检察院关于强迫借贷行为适用法律问题的批复》(2014年, 高检发释字〔2014〕1号)；

7.《最高人民法院、最高人民检察院、公安部、司法部关于办理黑恶势力犯罪案件若干问题的指导意见》(2018年, 法发〔2018〕1号) 第14条、第15条、第16条、第17条、第20条；

8.《最高人民法院、最高人民检察院、公安部、司法部关于办理"套路贷"刑事案件若干问题的意见》(2019年, 法发〔2019〕11号) 第4条、第5条；

9.《最高人民法院、最高人民检察院、公安部、司法部关于办理实施"软暴力"的刑事案件若干问题的意见》(2019年) 第1条、第2条、第3条、第5条、第9条、第10条、第11条；

10.《最高人民法院、最高人民检察院、公安部、司法部关于办理利用信息网络实施黑恶势力犯罪刑事案件若干问题的意见》(2019年) 第5条、第8条、第13条、第14条。

提供虚假证明文件罪

一、刑法规定

第二百二十九条第一款：承担资产评估、验资、验证、会计、审计、法律服务、保荐、安全评价、环境影响评价、环境监测等职责的中介组织的人员故意提供虚假证明文件，情节严重的，处五年以下有期徒刑或者拘役，并处罚金；有下列情形之一的，处五年以上十年以下有期徒刑，并处罚金：

(一) 提供与证券发行相关的虚假的资产评估、会计、审计、法律服务、保荐等证明文件，情节特别严重的；

(二) 提供与重大资产交易相关的虚假的资产评估、会计、审计等证明文件，情节特别严重的；

（三）在涉及公共安全的重大工程、项目中提供虚假的安全评价、环境影响评价等证明文件，致使公共财产、国家和人民利益遭受特别重大损失的。

第二款：有前款行为，同时索取他人财物或者非法收受他人财物构成犯罪的，依照处罚较重的规定定罪处罚。

第二百三十一条：单位犯本节第二百二十一条至第二百三十条规定之罪的，对单位判处罚金，并对其直接负责的主管人员和其他直接责任人员，依照本节各该条的规定处罚。

二、罪名解读

提供虚假证明文件罪，是指承担资产评估、验资、验证、会计、审计、法律服务、保荐、安全评价、环境影响评价、环境监测等职责的中介组织的人员故意提供虚假证明文件，情节严重的行为。本罪的具体构成要件如下所述：

（一）主体要件

本罪的主体为特殊主体，仅限于承担资产评估、验资、验证、会计、审计、法律服务、保荐、安全评价、环境影响评价、环境监测等职责的中介组织的人员。本罪属于身份犯，犯罪主体具有特殊身份，但无身份者可以构成本罪的共犯。单位也可以构成本罪主体。

（二）客体要件

本罪侵犯的客体是国家对中介服务市场的管理秩序以及社会公众或者相关人员的知情权、财产权等相关权利。

（三）主观要件

本罪的主观方面为故意，包括直接故意和间接故意，即明知自己提供的有关证明文件有虚假内容而仍予以提供。本罪的犯罪动机可能是多种多样的，但动机如何不影响本罪的成立。过失不构成本罪。出具证明文件重大失实罪的主观方面是过失，这也是两罪的关键区别所在。

（四）客观要件

本罪的客观方面表现为故意提供虚假证明文件，情节严重的行为。本罪的客观行为包括两个方面：一是行为人实施了提供虚假证明文件的行为；二是行为人的行为达到了情节严重的程度。这里的"提供"，不仅指单纯的交付行为，还包括制作（无形伪造）与交付。这里的"中介组织"，是指依法承担相关中介服务职责的资产评估机构、验资机构、验证机构、会计师事务所、审计师事务所、律师事务所、保荐机构、安全评价机构、环境影响评价机构、环境监测机构等。这里的"人员",是指在上述中介机构中,具有国家认可的专业资质的负有相关职责的从业人员。这里的"虚假证明文件",既包括伪造的证明文件,也包括内容虚假或有重大遗漏、误导性内容的文件。这些证明文件的载体呈现多样化,包括但不限于资产评估报告、验资证明、验证证明、财务会计报告、审计报告、法律意见书、保荐意见、安全评估报告、环境影响评估报告、环境监测报告等。

三、罪与非罪

根据刑法规定,提供虚假证明文件,必须达到"情节严重"的程度,才构成本罪。如果情节并不严重的,则属于一般的违法行为,给予行政处罚即可。

关于本罪的刑事立案追诉标准,修订后的《立案追诉标准(二)》第73条规定,承担资产评估、验资、验证、会计、审计、法律服务、保荐、安全评价、环境影响评价、环境监测等职责的中介组织的人员故意提供虚假证明文件,涉嫌下列情形之一的,应予立案追诉:(1)给国家、公众或者其他投资者造成直接经济损失数额在50万元以上的;(2)违法所得数额在10万元以上的;(3)虚假证明文件虚构数额在100万元以上且占实际数额30%以上的;(4)虽未达到上述数额标准(一般是指接近上述数额标准且已达到该数额的80%以上),但2年内因提供虚假证明文件受过2次以上行政处罚,又提供虚假证明文件的;(5)其他情节严重的情形。

关于"情节严重"的具体认定标准,《危害生产安全解释(二)》第7条第1款规定,承担安全评价职责的中介组织的人员故意提供虚假证明文件,有下列情形之一的,属于《刑法》第229条第1款规定的"情节严重":(1)造成死亡1人以上或者重伤3人以上安全事故的;(2)造成直接经济损失50万元以上安全事故的;(3)违法所得数额10万元以上的;(4)2年内因故意提供虚假证明文件受过2次以上行政处罚,又故意提供虚假证明文件的;(5)其他情节严重的情形。

四、注意事项

1.关于"虚假证明文件"的具体认定问题。对此,《危害生产安全解释(二)》第6条第1款和第2款规定,承担安全评价职责的中介组织的人员提供的证明文件有下列情形之一的,属于《刑法》第229条第1款规定的"虚假证明文件":(1)故意伪造的;(2)在周边环境、主要建(构)筑物、工艺、装置、设备设施等重要内容上弄虚作假,导致与评价期间实际情况不符,影响评价结论的;(3)隐瞒生产经营单位重大事故隐患及整改落实情况、主要灾害等级等情况,影响评价结论的;(4)伪造、篡改生产经营单位相关信息、数据、技术报告或者结论等内容,影响评价结论的；(5)故意采用存疑的第三方证明材料、监测检验报告，影响评价结论的；(6)有其他弄虚作假行为，影响评价结论的情形。生产经营单位提供虚假材料、影响评价结论，承担安全评价职责的中介组织的人员对评价结论与实际情况不符无主观故意的，不属于《刑法》第229条第1款规定的"故意提供虚假证明文件"。

2. 关于"致使公共财产、国家和人民利益遭受特别重大损失"的具体认定问题。"特别重大损失"，包括特别重大的经济损失、造成人员重大伤亡、环境受到特别严重破坏等情形。这里的"致使"，要求提供虚假证明文件的行为与"公共财产、国家和人民利益遭受特别重大损失"之间具有紧密的因果关系。对此，《危害生产安全解释（二）》第7条第2款规定，在涉及公共安全的重大工程、项目中提供虚假的安全评价文件，有下列情形之一的，属于《刑法》第229条第1款第3项规定的"致使公共财产、国家和人民利益遭受特别重大损失"：（1）造成死亡3人以上或者重伤10人以上安全事故的；（2）造成直接经济损失500万元以上安全事故的；（3）其他致使公共财产、国家和人民利益遭受特别重大损失的情形。

3. 关于本罪与出具证明文件重大失实罪的界限。中介组织人员犯罪本质上是违反客观、专业、尽职的从业职责，因主观恶性程度不同可区分为故意犯罪与过失犯罪。对明知委托事项与客观事实不符，为营利仍然提供虚假证明文件的，以本罪论处；对怠于履职，放松要求，不负责任，因而出具重大失实的证明文件造成严重后果的，以出具证明文件重大失实罪论处。两罪的客观行为较为相似，均表现为出具不符合实际的证明文件，区别的关键在于中介组织人员的主观方面是故意还是过失。实践中，在适用罪名时存在区分不够精确的现象。结合实际办案的情况，可以从以下角度出发准确查明行为人的主观心态，以做到罪责相符、罚当其罪：（1）有客观证据充分证明中介组织人员明确知晓所提供的材料系伪造、变造，仍然据此出具相关证明文件的，应当认定其系故意提供虚假证明文件。例如：材料造假痕迹明显，以职业常识不可能辨别不出；多次为同一对象提供虚假证明文件，且无合理理由解释。（2）有主观证据充分证明在制作证明文书的过程中，中介组织人员知晓交易人员之间有关虚假交易的对话交流内容，或者虚假交易人、被害人明确指证其明确知晓交易虚假，且其无合理辩解的，应当认定为故意提供虚假证明文件。（3）在前述两种情形之外，案涉证据存在疑点或者矛盾，无法排除中介组织人员是在不知情的情况下不慎出具失实证明文件的，此时应本着存疑有利于被告人的原则，依法认定为出具证明文件重大失实罪。

五、风险提示

《刑法修正案（十一）》对本罪名进行了修改完善，主要体现在以下三个方面：一是进一步扩大了本罪的主体范围，对承担保荐、安全评价、环境影响评价、环境监测等职责的中介组织的人员适用本罪作出了明确规定。二是增加了一档刑罚，即"处五年以上十年以下有期徒刑，并处罚金"，同时对加重处罚的情形作出了明确规定，具体包括以下三种情形：（1）提供与证券发行相关的虚假的资产评估、会计、审计、法律服务、保荐等证明文件，情节特别严重；（2）提供与重大资产交易相关的虚假的资产评估、会计、审计等证明文件，情节特别严重；（3）在涉及公共安全的重大工程、项目中提供虚假的安全评价、环境影响评价等证明文件，致使公共财产、国家和人民利益遭受特别重大损失。三是完善了中介组织人员受贿以提供虚假证明文件的处罚条款，即将原来的法定刑"处五年以上十年以下有期徒刑，并处罚金"修改为"依照处罚较重的规定定罪处罚"。

需要说明的是，如果中介组织人员索取他人财物或者非法收受他人财物而故意提供虚假证明文件，其社会危害性只会更大。司法实践中，该类人员一般为非国家工作人员，其受贿行为往往还会涉嫌非国家工作人员受贿罪。当然，个别人员还可能具有国家工作人员身份，此种情况下可能涉嫌受贿罪。为贯彻罪责刑相适应原则，根据《刑法》第229条第2款规定，有前款行为，同时索取他人财物或者非法收受他人财物构成犯罪的，依照处罚较重的规定定罪处罚。需要强调的是，如果中介组织人员受贿后故意提供虚假证明文件，还有可能构成相关犯罪的共同犯罪，此种情况下，仍应当依照处罚较重的规定定罪处罚。但是，中介组织人员在提供虚假证明文件后，索取、收受他人财物构成犯罪的，因为不符合《刑法》第229条第2款的规定，故应当实行数罪并罚。

六、参阅案例

人民法院案例库参考案例：余某等八人提供虚假证明文件案（入库编号2024-11-1-174-002）。该案裁判要旨为：（1）承担环境影响评价职责的中介组织的人员，故意提供具有遗漏关键内容等情形的虚假环境影响评价文件，情节严重的，应当以提供虚假证明文件罪定罪处罚。（2）对于注册环境影响评价公司并出售环境影响评价资质的人员，授意他人冒用资质的环境影响评价工程师，以及通过购买环境影响评价资质编制虚假环境影响评价文件的人员，应当认定为《刑法》第229条规定的承担环境影响评价职责的中介组织的人员。

七、关联规定

1.《中华人民共和国注册会计师法》（2014年）第20条、第21条、第22条、第39条、第42条；

2.《中华人民共和国证券投资基金法》（2015年）第143条、第149条、第150条；

3.《中华人民共和国资产评估法》（2016年）第2条、第4条、第11条、第13条、第14条、第44条、第45条；

4.《中华人民共和国公证法》（2017年）第13条、第23条、第42条、第43条；

5.《中华人民共和国环境影响评价法》（2018年）第2条、第3条、第9条、第32条；

6.《中华人民共和国药品管理法》（2019年）第114条、第138条；

7.《中华人民共和国证券法》（2019年）第163条、第219条；

8.《中华人民共和国消防法》（2021年）第69条、第72条；

9.《中华人民共和国安全生产法》（2021年）第2条、第92条；

10.《中华人民共和国种子法》（2021年）第71条、第89条；

11.《中华人民共和国农产品质量安全法》（2022年）第2条、第7条、第65条、第78条、第79条；

12.《中华人民共和国公司法》（2023年）第257条、第264条；

13.《最高人民检察院、公安部关于公安机关管辖的刑事案件立案追诉标准的规定（二）》（2022年，公通字〔2022〕12号）第73条；

14.《最高人民检察院关于地质工程勘测院和其他履行勘测职责的单位及其工作人员能否成为刑法第二百二十九条规定的有关犯罪主体的批复》（2015年，高检发释字〔2015〕4号）；

15.《最高人民法院、最高人民检察院关于办理妨害信用卡管理刑事案件具体应用法律若干问题的解释》（2018年，法释〔2018〕19号）第4条、第13条；

16.《最高人民法院、最高人民检察院关于办理危害生产安全刑事案件适用法律若干问题的解释（二）》（2022年，法释〔2022〕19号）第6条、第7条、第8条、第9条、第11条；

17.《最高人民法院、最高人民检察院关于办理环境污染刑事案件适用法律若干问题的解释》（2023年，法释〔2023〕7号）第10条、第12条、第13条；

18.《最高人民法院、最高人民检察院关于办理危害税收征管刑事案件适用法律若干问题的解释》（2024年，法释〔2024〕4号）第9条、第21条。

出具证明文件重大失实罪

一、刑法规定

第二百二十九条第一款：承担资产评估、验资、验证、会计、审计、法律服务、保荐、安全评价、环境影响评价、环境监测等职责的中介组织的人员故意提供虚假证明文件，情节严重的，处五年以下有期徒刑或者拘役，并处罚金；有下列情形之一的，处五年以上十年以下有期徒刑，并处罚金：

（一）提供与证券发行相关的虚假的资产评估、会计、审计、法律服务、保荐等证明文件，情节特别严重的；

（二）提供与重大资产交易相关的虚假的资产评估、会计、审计等证明文件，情节特别严重的；

（三）在涉及公共安全的重大工程、项目中提供虚假的安全评价、环境影响评价等证明文件，致使公共财产、国家和人民利益遭受特别重大损失的。

第三款：第一款规定的人员，严重不负责任，出具的证明文件有重大失实，造成严重后果的，处三年以下有期徒刑或者拘役，并处或者单处罚金。

第二百三十一条：单位犯本节第二百二十一条至第二百三十条规定之罪的，对单位判处罚金，并对其直接负责的主管人员和其他直接责任人员，依照本节各该条的规定处罚。

二、罪名解读

出具证明文件重大失实罪，是指承担资产评估、验资、验证、会计、审计、法律服务、保荐、安全评价、环境影响评价、环境监测等职责的中介组织的人员，严重不负责任，出具的证明文件有重大失实，造成严重后果的行为。本罪的具体构成要件如下所述：

（一）主体要件

本罪的主体为特殊主体，仅限于承担资产评估、验资、验证、会计、审计、法律服务、保荐、安全评价、环境影响评价、环境监测等职责的中介组织的人员。本罪属于身份犯，犯罪主体具有特殊身份，但无身份者可以构成本罪的共犯。单位也可以构成本罪主体。

（二）客体要件

本罪侵犯的客体是国家对中介服务市场的管理秩序以及社会公众或者相关人员的知情权、财产权等相关权利。

（三）主观要件

本罪的主观方面必须为过失，即应当预见自己严重不负责任的行为可能造成证明文件的重大失实，并产生严重后果，因疏忽大意没有预见，或者虽预见但轻信能够避免，因而造成证明文件的重大失实并产生了严重后果。

（四）客观要件

本罪的客观方面表现为严重不负责任，出具的证明文件有重大失实，造成严重后果的行为。本罪是结果犯，以造成严重后果为构成要件。同时，因严重不负责任而出具的证明文件有重大失实与造成严重后果之间必须具有刑法上的因果关系。证明文件有瑕疵不等于存在重大失实，只有当证明文件的内容与事实存在重大出入时，才能认定为重大失实。行为人出具证明文件是为他人实施某种行为提供依据的，他人依据有重大失实的证明文件实施行为进而造成严重后果的，应当认定为出具证明文件的行为造成了严重后果。但是，他人明知证明文件有重大失实，仍然依照该证明文件实施行为的，不得将严重后果归属于出具证明文件的行为。

这里的"严重不负责任"，是指行为人严重违反《公司法》《会计法》《审计法》等有关法律法规，不履行应尽的法定职责，应当审查检验有关文件却不审查或者审查检验不认真的行为，即不遵守规定或者能为而不为。值得注意的是，不同性质的中介组织因职责各异而有不同的判断标准。这里的"出具的证明文件有重大失实"，是指中介组织证明文件所载的内容与事实有重大出入，存在内容虚假或者重大错误。需要补充说明的是，这里的证明文件与《刑法》第229条第1款规定的证明文件的内容和范围均相同。

三、罪与非罪

根据刑法规定，出具有重大失实的证明文件，还需造成严重后果，才构成本罪。本罪为过失犯罪，行为人的主观恶性较提供虚假证明文件罪要轻，因此在处刑设置上也较轻。根据《刑法》第229条第3款的规定，对于造成严重后果的，处3年以下有期徒刑或者拘役，并处或者单处罚金。换言之，实践中，法院可对触犯本罪者只判处罚金，而犯罪分子的人身自由可以不被剥夺。

关于本罪的刑事立案追诉标准，修订后的《立案追诉标准（二）》第74条规定，承担资产评估、验资、验证、会计、审计、法律服务、保荐、安全评价、环境影响评价、环境监测等职责的中介组织的人员严重不负责任，出具的证明文件有重大失实，涉嫌下列情形之一的，应予立案追诉：(1)给国家、公众或者其他投资者造成直接经济损失数额在100万元以上的；(2)其他造成严重后果的情形。这里的"造成严重后果"，一般指给国家、单位或者个人造成严重经济损失，出现人员伤亡以及产生恶劣社会影响等情形。

四、注意事项

1.关于"造成严重后果"的具体认定问题。对此，《危害生产安全解释（二）》第8条规定，承担安全评价职责的中介组织的人员，严重不负责任，出具的证明文件有重大失实，有下列情形之一的，属于《刑法》第229条第3款规定的"造成严重后果"：(1)造成死亡1人以上或者重伤3人以上安全事故的；(2)造成直接经济损失100万元以上安全事故的；(3)其他造成严重后果的情形。由此可知，本罪中造成严重后果不仅包括造成直接经济损失巨大，还包括发生重大人员伤亡事故以及其他严重后果的情形。

2.关于"自评自建"的建设单位自行开展的有关环境影响评价行为是否可以构成本罪的问题。《环境影响评价法》第19条第1款规定，建设单位可以委托技术单位对其建设项目开展环境影响评价，编制建设项目环境影响报告书、环境影响报告表；建设单位具备环境影响评价技术能力的，可以自行对其建设项目开展环境影响评价，编制建设项目环境影响报告书、环境影响报告表。此外，根据《环境影响评价法》第32条的规定，对于接受委托编制建设项目环境影响报告书、环境影响报告表的技术单位违反国家有关环境影响评价标准和技术规范等规定，致使其编制的建设项目环境影响报告书、环境影响报告表存在基础资料明显不实，内容存在重大缺陷、遗漏或者虚假，环境影响评价结论不正确或者不合理等严重质量问题，构成犯罪的，依法追究刑事责任。而对这类"自评自建"的建设单位而言，由于其本身不属于法定的承担环境影响评价职责的中介组织，相关人员实施篡改、伪造环境影响报告书（表）的行为，不属于本罪规定的中介组织人员提供虚假证明文件的情况，但其篡改、伪造环境影响报告书（表）的行为构成刑法规定的其他犯罪的，应当依照相应规定处理。如果相关环境影响评价涉及的项目造成环境污染的，对实施相关证明文件造假的行为人可以按照污染环境罪的共犯论处。

五、风险提示

实践中，提供虚假证明文件罪与出具证明文件重大失实罪的犯罪客体和犯罪主体相同，两者在构成要件上的区别如下所述：(1)前者主观上是出于故意，是明知故犯的行为；而后者在主观上则是出于过失，是工作严重不负责任所造成的。（2）前者达到情节严重的就可以构成犯罪；而后者需要造成严重后果才构成犯罪。（3）前者提供的文件为虚假文件；而后者则是证明文件有重大失实。

司法实践中，关于出具有重大失实的证明文件的几种特殊情形如何处理，有关司法解释和批复作出了明确规定，现逐一分述如下：（1）关于实施妨害信用卡管理特定行为的定性。《最高人民法院、最高人民检察院关于办理妨害信用卡管理刑事案件具体应用法律若干问题的解释》第4条第2款规定，承担资产评估、验资、验证、会计、审计、法律服务等职责的中介组织或其人员，为信用卡申请人提供虚假的财产状况、收入、职务等资信证明材料，应当追究刑事责任的，依照《刑法》第229条的规定，分别以提供虚假证明文件罪和出具证明文件重大失实罪定罪处罚。（2）关于出具有重大失实公证书行为的定性。《最高人民检察院关于公证员出具公证书有重大失实行为如何适用法律问题的批复》规定，《公证法》施行以后，公证员在履行公证职责过程中，严重不负责任，出具的公证书有重大失实，造成严重后果的，依照《刑法》第229条第3款的规定，以出具证明文件重大失实罪追究刑事责任。（3）关于履行勘测职责的单位及其工作人员有关行为的定性。《最高人民检察院关于地质工程勘测院和其他履行勘测职责的单位及其工作人员能否成为刑法第二百二十九条规定的有关犯罪主体的批复》规定，地质工程勘测院和其他履行勘测职责的单位及其工作人员在履行勘察、勘查、测绘职责过程中，故意提供虚假工程地质勘察报告等证明文件，情节严重的，依照《刑法》第229条第1款和第231条的规定，以提供虚假证明文件罪追究刑事责任；地质工程勘测院和其他履行勘测职责的单位及其工作人员在履行勘察、勘查、测绘职责过程中，严重不负责任，出具的工程地质勘察报告等证明文件有重大失实，造成严重后果的，依照《刑法》第229条第3款和第231条的规定，以出具证明文件重大失实罪追究刑事责任。

六、参阅案例

杨安杰等四人出具证明文件重大失实案[上海市高级人民法院（2018）沪刑终9号]。该案裁判要旨为：审理出具证明文件重大失实罪案件，一般应当将出具证明文件的法律主体作为单位犯罪的适格主体；应当严格依据在案证据查明行为人的主观故意，明知是虚假证明文件而故意出具的，应当认定为提供虚假证明文件罪，确无法查明的应以存疑有利于被告人的原则认定为出具证明文件重大失实罪；应当根据行为人违反相关工作准则的行为对严重后果的影响作用大小来判断是否符合严重不负责任的入罪标准。

七、关联规定

1.《最高人民检察院、公安部关于公安机关管辖的刑事案件立案追诉标准的规定（二）》（2022年，公通字〔2022〕12号）第74条；

2.《最高人民检察院关于公证员出具公证书有重大失实行为如何适用法律问题的批复》（2009年，高检发释字〔2009〕1号）；

3.《最高人民检察院关于地质工程勘测院和其他履行勘测职责的单位及其工作人员能否成为刑法第二百二十九条规定的有关犯罪主体的批复》（2015年，高检发释字〔2015〕4号）；

4.《最高人民法院、最高人民检察院关于办理妨害信用卡管理刑事案件具体应用法律若干问题的解释》（2018年，法释〔2018〕19号）第4条、第13条；

5.《最高人民法院、最高人民检察院关于办理危害生产安全刑事案件适用法律若干问题的解释（二）》（2022年，法释〔2022〕19号）第6条、第7条、第8条、第9条、第11条；

6.《最高人民法院、最高人民检察院关于办理环境污染刑事案件适用法律若干问题的解释》（2023年，法释〔2023〕7号）第10条、第12条、第13条；

7.《最高人民法院、最高人民检察院关于办理危害税收征管刑事案件适用法律若干问题的解释》（2024年，法释〔2024〕4号）第9条、第21条。

逃避商检罪

一、刑法规定

第二百三十条：违反进出口商品检验法的规定，逃避商品检验，将必须经商检机构检验的进口商品未报经检验而擅自销售、使用，或者将必须经商检机构检验的出口商品未报经检验合格而擅自出口，情节严重的，处三年以下有期徒刑或者拘役，并处或者单处罚金。

第二百三十一条：单位犯本节第二百二十一条至第二百三十条规定之罪的，对单位判处罚金，并对其直接负责的主管人员和其他直接责任人员，依照本节各该条的规定处罚。

二、罪名解读

逃避商检罪，是指违反进出口商品检验法的规定，逃避商品检验，将必须经商检机构检验的进口商品未报经检验而擅自销售、使用，或者将必须经商检机构检验的出口商品未报经检验合格而擅自出口，情节严重的行为。本罪的具体构成要件如下所述：

（一）主体要件

本罪的主体为特殊主体，即有义务报商检机构检验进出口商品的个人和单位。本罪为身份犯，没有报检义务者不构成本罪，但无身份者可以构成本罪的共犯。

（二）客体要件

本罪侵犯的客体是国家的进出口贸易秩序。根据《进出口商品检验法》的有关规定，列入目录的进出口商品，由商检机构实施检验。列入目录的进口商品未经检验的，不准销售、使用；列入目录的出口商品未经检验合格的，不准出口。违反规定，将必须经商检机构检验的进口商品未报经检验而擅自销售或者使用的，或者将必须经商检机构检验的出口商品未报经检验合格而擅自出口的，由商检机构作出行政处罚；构成犯罪的，追究刑事责任。本罪的行为对象为必须实施检验的进出口商品目录中的进出口商品，以及其他法律、行政法规规定必须经商检机构检验的进出口商品。

（三）主观要件

本罪的主观方面为故意，包括直接故意和间接故意，既包括积极追求必检商品不检验的后果，也包括放任不如实报检而导致品质低劣、数量不符、包装存在瑕疵等商品进出境的后果发生。

（四）客观要件

本罪的客观方面表现为违反进出口商品检验法的规定，逃避商品检验，将必须经商检机构检验的进口商品未报经检验而擅自销售、使用，或者将必须经商检机构检验的出口商品未报经检验合格而擅自出口，情节严重的行为。其主要包括两种情形：一是在进口环节，违反进出口商品检验法的规定，不如实申报或者拒不申报，逃避检验，将必须经检验合格的商品未报经检验而擅自销售、使用，情节严重的行为。二是在出口环节，违反进出口商品检验法的规定，不如实申报或者拒不申报，将必须经检验合格的商品未报经检验而擅自出口，情节严重的行为。实践中，行为人逃避商检的主要行为方式，包括但不限于伪报贸易方式、伪报品名、骗取通关单、伪造检验检疫单证、绕关逃检等情形。

这里的"商检机构"，是指中国海关。这里的"进出口商品检验法"，是指《进出口商品检验法》《进出口商品检验法实施条例》等法律法规。这里的"未报经检验而擅自销售、使用"，是指行为人将进口商品未报经商检机构检验，就自行将该商品在境内销售或者自行使用的情况。这里的"未报经检验合格而擅自出口",是指行为人将出口商品没有经商检机构检验合格就自行出口的行为。出口商品是否符合国家规定的出口条件,只有经过商检机构的检验才能确定。从法律意义上讲,任何出口商品在报经商检机构检验之前,均应被视为未报经检验合格。

三、罪与非罪

行为人在进出口环节逃避法定的检验商品目录所列明商品的检验义务,擅自销售、使用进口商品,或擅自出口商品,情节严重的,构成逃避商检罪。实践中,认定本罪的关键在于涉案商品是否为"必须经商检机构检验的进出口商品";对于由当事人选择可检可不检的商品,则不构成本罪。逃避商检罪属于行政犯,进出口商品检验法律法规,包括法定的检验商品目录的修改,都会使构成本罪的法律前提发生变化。对于行为时构成犯罪,但审判时涉案进出口商品已不需要检验的,按照"从旧兼从轻"原则,不能认定为犯罪。如果行为人逃避检验的商品并不是法定的检验目录中列明的必须检验的商品,则依法不构成本罪。

关于本罪的刑事立案追诉标准,修订后的《立案追诉标准(二)》第75条规定,违反进出口商品检验法的规定,逃避商品检验,将必须经商检机构检验的进口商品未报经检验而擅自销售、使用,或者将必须经商检机构检验的出口商品未报经检验合格而擅自出口,涉嫌下列情形之一的,应予立案追诉:(1)给国家、单位或者个人造成直接经济损失数额在50万元以上的;(2)逃避商检的进出口货物货值金额在300万元以上的;(3)导致病疫流行、灾害事故的;(4)多次逃避商检的;(5)引起国际经济贸易纠纷,严重影响国家对外贸易关系,或者严重损害国家声誉的;(6)其他情节严重的情形。

四、注意事项

1.关于本罪中"销售、使用"的正确理解。本罪中的"销售、使用"并不是必需的犯罪构成要件要素,而是主观的超过要素。换言之,"销售、使用"并不是构成本罪的必要条件,也不是判断犯罪既未遂的标准。从本罪立法的原意考察,"销售、使用"是立法机关对逃避商检后续再销售牟利或者传播、使用行为作出的否定性评价,仅仅具有规范评价的意义,并没有将"销售、使用"作为必需的犯罪构成要件要素,即并不要求行为人在逃避商检后,又实际地实施了销售或者使用行为。而且,从立案追诉标准规定看,在需要立案追究刑事责任的情形中,并无销售、使用数量或者数额的规定。因此,只要涉案未经检验的商品具有进入市场流通的可能性,不管是否已经实际销售或者使用,均应当将涉案商品的价值计入犯罪既遂金额。实践中，鉴于逃避商检罪属于行为犯，行为人实施了拒不履行或者不如实履行申报检验义务的行为，且符合追诉标准规定的特定情形的，就已经完整地侵害了国家通过进出口商品检验制度形成的对市场管理的秩序。当然，如果行为人能够举证证明其主观上并无销售、使用的目的，则可认定此类行为不具有扰乱市场秩序的社会危害性，不认定为犯罪。

2.关于本罪的既未遂形态问题。在逃避商检犯罪过程中，自行为人采取拒不申报（比如绕关、夹藏走私等）或者不如实申报（比如伪造单证、伪报品名等）行为开始，就可以认定行为人着手实施本罪实行行为，此时，如果被他人或者海关商检部门发觉，则可以认定为犯罪未遂。如果行为人拒不申报而被海关商检部门或者其他执法主体当场查获的，因其逃避商检的实行行为已经实施，并且符合追诉标准所规定的情形之一，其犯罪行为已然侵害了本罪所保护的法益，犯罪停止形态即属既遂。如果行为人已经申报，但是弄虚作假，伪造、变造单证或者隐瞒报检商品的品名的，其向商检部门申报即实行行为已经实行终了，即使海关商检部门在海关监管区将涉案商品查获，其客观上亦侵害了本罪所保护的法益，犯罪停止形态也属既遂。

五、风险提示

2018年"关检合并"后，海关对通关作业实行"一次申报、一次查验、一次放行"的改革，监管检查设备统一使用，货物、物品只接受一次查验。按照海关新监管措施，行为人只需通过向海关"一次申报"一个行为，即完成了之前的向原检验机构"报检"和向原海关"报关"两个行为。如果行为人通过不实申报既逃避商检又偷逃国家税款的，究竟是择一重罪处罚，还是构成逃避商检罪和走私普通货物罪两个罪名？对此，一般认为，逃避商检犯罪行为与走私犯罪行为因犯罪对象、行为方式、保护法益等不同，在刑法上属于不同犯罪构成的实行行为，侵害数个法益，且不存在牵连关系或者伴随关系，应当认定为数罪，并依法实行并罚。

逃避商检行为发生在商品的进出口环节，一般同时会伴随着走私货物、非法经营、行贿等其他违法犯罪活动，行为人如果既侵犯了逃避商检的法益，又侵害了其他法益的，则有可能被数罪并罚。司法实践中，逃避商检罪和走私普通货物罪的主要区别有二：首先，犯罪对象不同。逃避商检罪的对象是被列入法定的检验商品目录以及其他法律法规中规定的必须检验的商品；而走私犯罪的对象是禁止进出口、限制进出口的商品和应当缴纳关税及在进出口环节代征税的商品。其次，行为方式不同。逃避商检罪的行为方式是违反进出口商品检验法的规定，逃避商检，拒不履行申报检验义务或者不如实履行申报检验义务；而走私犯罪的行为方式是违反海关法的规定，逃避海关监管，通过运输、携带、邮寄等方式将禁止、限制进出口以及应当缴纳税款而未缴税的物品偷运进出境。

六、参阅案例

周某等走私普通货物、逃避商检案［上海市第三中级人民法院（2022）沪03刑初46号］。该案裁判要旨为：（1）海关查验征税、商检检验行为之间既不相互隶属，也不相互交叉，更无法替代，二者之间不存在从属、主次之分，即不存在原因与结果或者手段与目的的牵连关系，不能认定为牵连犯。（2）不管是实施逃避商检行为，还是实施走私行为，都无法将另一行为解释为实施一行为而伴随发生的行为，二者之间不存在伴随关系，无法认定为想象竞合犯。因此，逃避商检犯罪行为与走私犯罪行为的构成要件不同，不管是根据构成要件符合性进行形式判断，还是根据法益保护进行实质判断，逃避商检行为与走私行为均属于不同性质的两个行为，两罪无法作为实质的一罪、包括的一罪或者处断的一罪，而应当实行数罪并罚。

七、关联规定

1.《中华人民共和国消费者权益保护法》（2013年）第56条、第57条；

2.《中华人民共和国进出口商品检验法》（2021年）第32条、第33条、第34条；

3.《最高人民检察院、公安部关于公安机关管辖的刑事案件立案追诉标准的规定（二）》（2022年，公通字〔2022〕12号）第75条。

第九章　侵犯公民人身权利类犯罪

强迫劳动罪

一、刑法规定

第二百四十四条：以暴力、威胁或者限制人身自由的方法强迫他人劳动的，处三年以下有期徒刑或者拘役，并处罚金；情节严重的，处三年以上十年以下有期徒刑，并处罚金。

明知他人实施前款行为，为其招募、运送人员或者有其他协助强迫他人劳动行为的，依照前款的规定处罚。

单位犯前两款罪的，对单位判处罚金，并对其直接负责的主管人员和其他直接责任人员，依照第一款的规定处罚。

二、罪名解读

强迫劳动罪，是指以暴力、威胁或者限制人身自由的方法强迫他人劳动，或者明知他人以暴力、威胁或者限制人身自由的方法强迫他人劳动，而为其招募、运送人员或者以其他方式协助强迫他人劳动的行为。本罪的具体构成要件如下所述：

（一）主体要件

本罪的主体为一般主体，自然人和单位均可构成本罪。

（二）客体要件

本罪侵犯的客体是劳动者的休息权、健康权和人身自由权。《宪法》规定：公民的人身自由不受侵犯；公民有劳动的权利和义务；劳动者有休息的权利。因此，任何人都不能强迫他人劳动。

（三）主观要件

本罪的主观方面为故意，过失不构成本罪。犯罪动机大多是通过强迫劳动获取高额利润，但动机不影响犯罪的成立。

（四）客观要件

本罪的客观方面表现为以暴力、威胁或者限制人身自由的方法强迫他人劳动，或者明知他人以暴力、威胁或者限制人身自由的方法强迫他人劳动，而为其招募、运送人员或者以其他方式协助强迫他人劳动的行为。本罪的客观方面表现为两种方式：一是直接强迫劳动的行为，即以暴力、威胁或者限制人身自由的方法强迫他人劳动。二是协助强迫劳动的行为，即明知他人以暴力、威胁或者限制人身自由的方法强迫他人劳动，而为其招募、运送人员或者有其他协助强迫他人劳动的行为。

这里的"暴力"，是指直接对被害人实施殴打、伤害等危及其人身安全的行为，使其不能反抗或者逃跑。这里的"威胁"，是指对被害人进行恐吓、精神强制，使其不敢反抗或者逃跑。这里的"限制人身自由的方法"，是指以限制离开、不让回家，甚至雇用打手看管等方法非法限制被害人的人身自由，强迫其参加劳动。这里的"明知他人实施前款行为"，是指行为人对其所招募、运送的人员要被送往强迫劳动的场所心里是清楚的。这里的"招募"，是指通过所谓"合法"或非法途径，面向特定或者不特定的群体招雇、征召、招聘、募集人员的行为。这里的"运送"，是指用各种交通工具运输人员。"其他协助强迫他人劳动行为"，是指除招募、运送人员外，为强迫劳动的单位和个人转移、窝藏或接收人员等行为。

需要说明的是，对人身自由的剥夺是本罪的当然结果，故不再另行以非法拘禁罪定罪处罚。对于行为人在强迫他人劳动的过程中使用暴力，致使被害人伤残、死亡的，应当实行数罪并罚。

三、罪与非罪

本罪为行为犯，并不要求造成严重后果或者达到情节严重的程度才构成犯罪。但在司法实践中，也并非只要有强迫劳动的行为就构成犯罪，因为根据《刑法》第13条"但书"条款的规定，需要综合全案进行考虑，如果认定强迫劳动的行为属于"情节显著轻微危害不大的，不认为是犯罪"的情形，则完全可以不作为犯罪处理。此外，需要说明的是，如果用人单位并没有使用暴力、威胁等法定的行为方式，只是对职工进行严格要求，或者职工自感超时间、超负荷劳动，而用人单位实际上并未对其进行强迫的，则不能以犯罪论处。

关于本罪的刑事立案追诉标准，《立案追诉标准（一）的补充规定》第6条规定，以暴力、威胁或者限制人身自由的方法强迫他人劳动的，应予立案追诉。明知他人以暴力、威胁或者限制人身自由的方法强迫他人劳动，为其招募、运送人员或者有其他协助强迫他人劳动行为的，应予立案追诉。

根据司法实践和办案经验总结，行为人强迫他人劳动，具有下列情形之一的，一般应当追究其刑事责任：（1）强迫3人以上劳动的，或者虽未达到3人，但强迫劳动持续时间长的；（2）强迫未成年人、严重残疾人、精神智力障碍达到限制民事行为能力程度的人或者其他处于特别脆弱状况的人劳动的；（3）采取殴打、多次体罚虐待、严重威胁、非法限制人身自由等正常人通常无法抗拒、难以抗拒的方式强迫劳动的；（4）从强迫他人劳动中获利数额较大的（数额较大的标准具体可以参考盗窃罪数额较大的规定执行）。

四、注意事项

1. 关于本罪与一般行政违法的区别问题。司法实践中，区分强迫劳动犯罪行为与一般行政违法行为的关键在于，应从社会一般观念、伦理道德角度考察行为人实施的强迫行为是否足以使他人陷入无法或者难以抗拒和自由选择，而不得不进行劳动的境地。对于那些偶尔强迫他人劳动、持续时间较短、被强迫的人数较少、强迫程度较轻、被强迫者虽然不情愿但尚有选择自由的情形，可不予追究刑事责任，而是通过劳动仲裁、民事诉讼或者行政处罚等途径予以妥善处理。

2. 关于本罪的罪数形态问题。现实生活中，强迫劳动使用的暴力、威胁或者限制人身自由手段往往容易侵害公民其他人身权利从而构成其他犯罪，因此在强迫劳动案件处理过程中，应当准确区分一罪与数罪。行为人以限制人身自由的方法强迫他人劳动的，限制人身自由属于强迫劳动的手段行为，对行为人仍应以强迫劳动罪一罪进行定罪处罚；行为人强迫劳动本身已构成强迫劳动罪，又在日常工作中实施暴力导致被害人人身严重伤害、死亡的，则分别构成强迫劳动罪和故意伤害罪、故意杀人罪，应当实行数罪并罚。

3. 关于本罪"情节严重"的具体认定标准。所谓"情节严重"，一般是指强迫多人劳动、长时间强迫他人进行重体力劳动或者以非人道手段对待被强迫劳动者等情形。关于本罪"情节严重"的具体认定标准，目前我国法律法规和司法解释均未作出明确规定。根据司法实践经验总结，可以参照以下标准执行：（1）被强迫劳动者人数在10人以上的；（2）被强迫劳动者属于未成年人、严重残疾人、精神智力障碍达到限制民事行为能力程度的人或者其他处于特别脆弱状况的人，且人数在3人以上的；（3）以非人道的恶劣手段对他人进行摧残、精神折磨，强迫其劳动的；（4）强迫他人在爆炸性、易燃性、放射性、毒害性等危险环境下从事劳动或从事常人难以忍受的超强度体力劳动的；（5）强迫劳动造成被害人自残、自杀、精神失常等严重后果，但尚不构成故意杀人罪、故意伤害罪等其他严重犯罪的；（6）强迫劳动持续时间较长的；（7）因强迫劳动被劳动行政部门、公安机关处理、处罚过，又实施强迫劳动构成犯罪的；（8）强迫他人无偿劳动，或所支付的报酬与他人劳动付出明显不成比例，行为人从中获利数额巨大的（数额巨大的标准具体可参考盗窃罪数额巨大的标准确定）；（9）其他能够反映行为人主观恶性大、动机卑劣、强迫程度高、对被害人身心伤害深的情形。

五、风险提示

根据法律规定，用人单位在劳动用工的过程中，需要切实履行自身法定义务，完善劳动用工管理制度，依法保障劳动者的合法权益，从而建立起健康有序的用工关系。实践中，企业劳动用工合规管理是企业经营管理体系中极其重要的环节。合法合规的用工管理制度能够最大限度地保护用人单位和劳动者的合法权益，提高生产、工作效率，也能尽可能地避免劳动纠纷的产生，从而实现"双赢"的局面。反之，如果企业的劳动用工不能做到合法合规，就可能因此产生大量的法律纠纷，甚至碰触刑事法律底线，导致承担刑事责任的严重后果，从而危及企业的生存和发展。我国现行刑法中，涉及保护劳动者人身、财产等合法权益的罪名主要有7个：重大责任事故罪；强令、组织他人违章冒险作业罪；重大劳动安全事故罪；不报、谎报安全事故罪；强迫劳动罪；雇用童工从事危重劳动罪；拒不支付劳动报酬罪。

2011年《刑法修正案（八）》对本罪进行了全面修改和完善，主要涉及内容如下：（1）删除了"用人单位"，将犯罪主体扩大至个人和单位在内的一般主体，将强迫劳动的对象由"职工"改为"他人"；（2）完善了犯罪行为的规定，加重了法定刑；（3）不再将"情节严重"作为构成本罪必须具备的要件，从而降低了入罪门槛；（4）将为强迫劳动的单位和个人招募、运送人员或者有其他协助强迫他人劳动的行为规定为犯罪。可以说，针对实践中出现的新情况和新问题，为了惩治该类犯罪和落实国际公约的要求，《刑法修正案（八）》对本罪从定罪到量刑均作了全面修正，这无疑加大了对强迫劳动行为的惩处力度。需要说明的是，根据《劳动法》《劳动合同法》的相关规定，对于用人单位以暴力、威胁或者非法限制人身自由的手段强迫劳动的行为，尚不构成刑事犯罪的，由公安机关对责任人员处以15日以下拘留、罚款或者警告，给劳动者造成损害的，还应当承担民事赔偿责任。

六、参阅案例

《刑事审判参考》（2013年第3辑，总第92辑）第867号：朱斌等强迫劳动案。该案裁判要旨为：区分强迫劳动犯罪行为与一般行政违法行为的关键在于，从社会一般观念、伦理道德角度考察行为人实施的强迫行为是否足以使他人陷入无法或者难以抗拒和自由选择，而不得不进行劳动的境地。具体而言，可以从"强迫手段与社会一般观念相背离的程度"和"劳动者非自愿性的程度"两个角度，判断强迫行为是否足以使劳动者陷入不能自由选择的境地而需要刑法介入和干预。对于强迫劳动情节显著轻微，刑法干预的必要性不强的，则宜采用非刑罚制裁方式处理。

七、关联规定

1.《中华人民共和国劳动合同法》（2012年）第88条；

2.《中华人民共和国精神卫生法》（2018年）第4条、第75条、第81条；

3.《中华人民共和国劳动法》（2018年）第96条；

4.《最高人民检察院、公安部关于公安机关管辖的刑事案件立案追诉标准的规定（一）的补充规定》（2017年，公通字〔2017〕12号）第6条。

雇用童工从事危重劳动罪

一、刑法规定

第二百四十四条之一：违反劳动管理法规，雇用未满十六周岁的未成年人从事超强度体力劳动的，或者从事高空、井下作业的，或者在爆炸性、易燃性、放射性、毒害性等危险环境下从事劳动，情节严重的，对直接责任人员，处三年以下有期徒刑或者拘役，并处罚金；情节特别严重的，处三年以上七年以下有期徒刑，并处罚金。

有前款行为，造成事故，又构成其他犯罪的，依照数罪并罚的规定处罚。

二、罪名解读

雇用童工从事危重劳动罪，是指违反劳动管理法规，雇用未满16周岁的未成年人从事超强度体力劳动，或者从事高空、井下作业，或者在爆炸性、易燃性、放射性、毒害性等危险环境下从事劳动，情节严重的行为。本罪的具体构成要件如下所述：

（一）主体要件

本罪的主体为一般主体，自然人和单位均可构成本罪。需要说明的是，本罪中的单位犯罪是指实行"单罚制"的单位犯罪，刑法并不处罚涉案单位，只追究"直接责任人员"的刑事责任，包括本单位直接负责的主管人员和其他直接责任人员。

（二）客体要件

本罪侵犯的客体是未成年人的身心健康权。本罪的行为对象是童工。我国劳动法规把未成年人分为未成年工和童工。这里的"童工"，是指不满16周岁的未成年人。"未成年工"，是指年满16周岁、未满18周岁的劳动者。《劳动法》第15条规定，禁止用人单位招用未满16周岁的未成年人。文艺、体育和特种工艺单位招用未满 16 周岁的未成年人，必须遵守国家有关规定，并保障其接受义务教育的权利。国家立法明令禁止使用童工。为此，国务院还颁布了《禁止使用童工规定》，目的是保护未成年人的身心健康，促进义务教育制度的实施，维护未成年人的合法权益。

（三）主观要件

本罪的主观方面为故意，即行为人明知是未满 16 周岁的未成年人而雇用其从事危重劳动。过失不构成本罪。

（四）客观要件

本罪的客观方面表现为违反劳动管理法规，雇用未满 16 周岁的未成年人从事超强度体力劳动，或者从事高空、井下作业，或者在爆炸性、易燃性、放射性、毒害性等危险环境下从事劳动，情节严重的行为。本罪的具体行为方式有三种：（1）从事超强度体力劳动；（2）从事高空、井下作业；（3）在爆炸性、易燃性、放射性、毒害性等危险环境下从事劳动。司法实践中，行为人只要实施了法定的上述三种行为之一，且达到了情节严重的程度，就构成本罪。

这里的"违反劳动管理法规"，是指违反《劳动法》《劳动合同法》以及劳动行政法规。这里的"雇用"，是指行为人与童工之间形成了一定的劳动关系，但并不要求以签订书面的劳动合同为条件。这里的"超强度体力劳动"，是指劳动强度超过劳动者正常体能所能承受程度的体力劳动。关于劳动强度，劳动保护部门有专门的规定和测算依据。根据该规定，体力劳动强度的测定是通过测量某劳动工种的平均劳动时间率和能量代谢率，计算出其劳动强度指数，然后根据指数将体力劳动按照强度由低到高分为四级。这里的"直接责任人员"，是指对非法雇用童工负有直接责任的人员，既包括本单位直接负责的主管人员和其他直接责任人员，也包括个体户、农户、城镇居民等。

需要说明的是，虽然刑法只规定了爆炸性、易燃性、放射性、毒害性等危险环境，但除法条中列明的上述环境外，非法雇用童工在与上述环境具有相当危险性的环境下劳动的，也可以构成本罪。比如，在严重的粉尘、极端低温或者高温等环境下进行劳动。

三、罪与非罪

雇用童工从事超强度体力劳动，或者从事高空、井下作业，或者在爆炸性、易燃性、放射性、毒害性等危险环境下从事劳动，本身在危害性上就比一般的非法雇用童工行为要严重。但是，根据刑法规定，并非只要实施上述行为就一律以犯罪追究刑事责任。具体情节是否严重，可以结合非法雇用童工的数量、童工所从事的劳动的具体强度、童工的年龄、童工的身体发育状况、劳动安全设施和劳动保护措施的状况、童工从事劳动的环境所具有的危险性高低等因素，进行综合判断。

行为人雇用未满 16 周岁的未成年人从事劳动，都属于违法行为，但并非都属于犯罪行为。本罪仅限于非法雇用童工从事刑法明确禁止的对未成年人身心健康危害较大的特定劳动行为，且必须达到"情节严重"的程度，才构成犯罪。所谓"情节严重"，一般是指雇用多名童工；多次非法雇用童工；长时间非法雇用童工从事法律禁止的危重劳动；以及从事法律禁止的危重劳动造成严重后果，影响未满 16 周岁未成年人的身心健康和正常发育；等等。实践中，何谓"情节特别严重"，尚有待国家立法和司法解释作出进一步规定。

关于本罪的刑事立案追诉标准，《立案追诉标准（一）》第 32 条规定，违反劳动管理法规，雇用未满 16 周岁的未成年人从事国家规定的第四级体力劳动强度的劳动，或者从事高空、井下劳动，或者在爆炸性、易燃性、放射性、毒害性等危险环境下从事劳动，涉嫌下列情形之一的，应予立案追诉：（1）造成未满 16 周岁的未成年人伤亡或者对其身体健康造成严重危害的；（2）雇用未满 16 周岁的未成年人 3 人以上的；（3）以强迫、欺骗等手段雇用未满 16 周岁的未成年人从事危重劳动的；（4）其他情节严重的情形。实践中，对于情节不严重，依法不构成犯罪的行政违法行为，可以由劳动行政部门或者公安机关给予相应的行政处罚。

四、注意事项

1.关于本罪与强迫劳动罪的界限问题。实践中，两者的主要区别在于：（1）犯罪对象不同。前者的犯罪对象是童工，即不满 16 周岁的未成年人；而后者的犯罪对象则没有特殊限制。（2）犯罪手段不同。前者需要与童工形成劳动关系，通常以支付报酬的方式让童工从事危重劳动；而后者采取的是暴力、胁迫或者限制人身自由的方式，以及明知他人强迫劳动，而为其招募、运送人员或者有其他协助行为。（3）从事的劳动内容不完全相同。前者从事的劳动具有特殊性，具体为超强度体力劳动，高空、井下作业，或在易燃性、爆炸性、放射性、毒害性等危险环境下作业；而后者则对从事的劳动内容没有特别限制。（4）入罪情节不同。前者要求具备情节严重才构成犯罪；而后者在入罪条件上没有情节严重的要求。（5）单位犯罪责任主体不同。前者中单位实施相关行为的，仅处罚直接负责的主管人员和其他直接责任人员；而后者中单位犯罪的，对单位判处罚金，并对其直接负责的主管人员和其他直接责任人员进行处罚。

2. 关于本罪的罪数形态问题。本罪中的"造成事故",是指过失造成被雇用的童工人身伤害、死亡等严重后果。对于采取暴力、胁迫等手段强迫童工劳动,体罚、虐待童工,造成童工人身伤害、死亡后果的,不属于此处所讲的"事故",此种情形应当按照刑法的有关规定处理。在此,还应当注意区分一罪与数罪的问题。根据《刑法》第244条之一第2款的规定,对于有前款行为,造成事故,又构成其他犯罪的,依照数罪并罚的规定处罚。有关此点,需要说明的是,对行为人进行数罪并罚的条件有三个:(1)存在非法雇用童工的犯罪行为。(2)造成了有关事故。而且,即使非法雇用童工的行为与造成事故之间没有直接联系,但只要发生了重大责任事故或者安全事故,造成童工人身伤亡,符合《刑法》第244条之一第2款规定的,即应当实行数罪并罚。(3)造成事故的行为构成了新的犯罪。这里的其他犯罪,主要是指刑法中有关安全生产事故的犯罪。

五、风险提示

对童工和未成年工给予特殊法律保护,是最先受到现代世界各国劳动立法重视的问题。对此,我国在劳动法律中也有明确规定。然而,在实践中,一些用人单位在经济利益的驱使下,不顾国家法律法规的禁止性规定,非法雇用童工,甚至让童工从事矿山、井下、高空、高压或超强度体力劳动的现象依然时有发生,且屡禁不绝。之所以如此,除我国执法、司法实践的现状不尽如人意外,一个很重要的原因是这些法律规定本身尚存在许多不完善的地方,不足以威慑、遏制上述违法犯罪行为的发生。鉴于此,为加大对非法雇用童工行为的打击力度,2002年通过的《刑法修正案(四)》专门增加了本条的规定,及时弥补了这一法律漏洞。自此之后,雇用童工从事危重劳动的行为独立成罪,填补了我国在童工保护上的刑事立法空白。

实践中,用人单位雇用童工并安排其从事超强度体力劳动或者从事高空、井下作业或者在爆炸性、易燃性、放射性、毒害性等危险环境下从事劳动时,因劳动强度过大或环境过于危险,被雇用的童工往往不愿意从事所安排的工作。在这种情况下,为牟取非法利益,用人单位及其相关人员常常采取暴力、威胁、要挟或限制人身自由等方法强迫童工劳动。因此,该种强迫行为又有可能同时构成故意伤害、故意杀人、过失致人死亡、强迫劳动等其他罪名,进而与雇用童工从事危重劳动罪形成牵连关系。根据刑法关于牵连犯从一重罪处断的原则,这种情况下,应当按照两罪中法定处罚较重的一个罪名定罪处罚。

六、参阅案例

陈彪雇用童工从事危重劳动案〔广东省汕头市龙湖区人民法院(2014)汕龙

法刑初字第 126 号]。该案裁判要旨为：被告人陈彪作为企业负责人，违反劳动管理法规，雇用未满 16 周岁的未成年人在易燃性危险环境下从事劳动，致被害人三级伤残，其行为已触犯刑律，构成雇用童工从事危重劳动罪，属于情节特别严重。公诉机关指控被告人陈彪犯雇用童工从事危重劳动罪的罪名成立。鉴于被告人陈彪是初犯，归案后如实供述自己的罪行，当庭自愿认罪，并已对被害人进行赔偿，取得被害人的谅解，主动向国家预缴罚金，有悔罪表现，符合法律规定的可以适用非监禁刑的条件，对其依法可以从轻处罚并宣告缓刑。

七、关联规定

1.《全国人民代表大会常务委员会关于批准〈准予就业最低年龄公约〉的决定》(1998 年)；

2.《中华人民共和国义务教育法》(2018 年) 第 59 条、第 60 条；

3.《禁止使用童工规定》(2002 年) 第 1 条、第 2 条、第 4 条、第 11 条；

4.《最高人民检察院、公安部关于公安机关管辖的刑事案件立案追诉标准的规定（一）》(2008 年，公通字〔2008〕36 号) 第 32 条。

侵犯公民个人信息罪

一、刑法规定

第二百五十三条之一：违反国家有关规定，向他人出售或者提供公民个人信息，情节严重的，处三年以下有期徒刑或者拘役，并处或者单处罚金；情节特别严重的，处三年以上七年以下有期徒刑，并处罚金。

违反国家有关规定，将在履行职责或者提供服务过程中获得的公民个人信息，出售或者提供给他人的，依照前款的规定从重处罚。

窃取或者以其他方法非法获取公民个人信息的，依照第一款的规定处罚。

单位犯前三款罪的，对单位判处罚金，并对其直接负责的主管人员和其他直接责任人员，依照各该款的规定处罚。

二、罪名解读

侵犯公民个人信息罪，是指违反国家有关规定，向他人出售或者提供公民个人信息，窃取或者以其他方法非法获取公民个人信息，情节严重的行为。本罪的具体构成要件如下所述：

(一) 主体要件

本罪的主体是一般主体，既可以是单位，也可以是自然人。单位犯本罪的依法实行"双罚制"，对单位判处罚金，并对其直接负责的主管人员和其他直接责任人员，依照《刑法》第253条之一各款的规定处罚。

(二) 客体要件

本罪侵犯的客体是公民个人信息的自由和安全。本罪的行为对象是公民个人信息。这里的"公民个人信息"，是指以电子或者其他方式记录的，能够单独或者与其他信息结合识别特定自然人身份或者反映特定自然人活动情况的各种信息，包括姓名、身份证号码、通信联系方式、住址、账号密码、财产状况、行踪轨迹等。但是，经过处理无法识别特定自然人且不能复原的信息，虽然也可能反映自然人的活动情况，但与特定自然人无直接关联，不属于公民个人信息的范畴。关于"公民个人信息"的主体范围，应当进行宽泛理解，不仅应包括中国公民的个人信息，也应包括外国公民和其他无国籍人的个人信息。在此，需要说明的是，必须公开的个人资料不属于本罪的行为对象，比如公职人员根据规定依法公示的家庭住址、电话号码、家庭财产以及子女工作情况等个人资料。

(三) 主观要件

本罪的主观方面为故意，包括直接故意和间接故意。过失不构成本罪。犯罪动机一般是获利，但动机不影响犯罪的成立。

(四) 客观要件

本罪的客观方面表现为违反国家有关规定，向他人出售或者提供公民个人信息，窃取或者以其他方法非法获取公民个人信息，情节严重的行为。这里的"违反国家有关规定"，是指违反法律、行政法规、部门规章有关公民个人信息保护的规定。根据《刑法》第96条的规定，"国家规定"仅限于全国人大及其常委会制定的法律和决定，国务院制定的行政法规、规定的行政措施、发布的决定和命令。而"国家有关规定"还包括部门规章。有关公民个人信息保护的规定散见于金融、电信、交通、教育、医疗、统计、邮政等领域的法律、行政法规或部门规章中。

这里的"他人"，包括单位和个人。这里的"出售"，是指以获得商业对价为目的而进行出卖的行为。这里的"非法提供"，是指不以获得商业对价为目的，但违反国家规定而提供。关于"非法提供"的两种情形：一是行为人向特定人提供公民个人信息，以及通过信息网络或者其他途径发布公民个人信息的，应当认定为"提供公民个人信息"。二是行为人未经被收集者同意，将合法收集的公民个人信息向他人提供的，属于刑法规定的"提供公民个人信息"，但是经过处理无法识别特定个人且不能复原的除外。这里的"窃取",是指采用秘密的方法或者不为人知的方法取得公民个人信息的行为。这里的"以其他方法非法获取公民个人信息",是指除"窃取"以外,违反国家有关规定,通过购买、收受、交换、欺骗等方式获取公民个人信息,或者在履行职责、提供服务过程中收集公民个人信息的行为。

三、罪与非罪

根据刑法规定,构成本罪应当达到"情节严重"的程度。所谓"情节严重",一般是指大量出售公民个人信息、多次出售公民个人信息、出售公民个人信息获利数额较大、多次窃取或者非法获取公民个人信息后再出售牟利、公民个人信息被他人使用后给公民造成经济上的重大损失或者严重影响公民个人的正常生活等情况。出售、非法提供公民个人信息的行为,如果情节并不严重,如出售或者非法提供公民个人信息数量不大、获利不多等,则属于行政违法行为,不构成犯罪,可由公安机关通过行政处罚来解决。此外,实施侵犯公民个人信息犯罪,不属于"情节特别严重",行为人系初犯,全部退赃,并确有悔罪表现的,可以认定为情节轻微,不起诉或者免予刑事处罚;确有必要判处刑罚的,应当从宽处罚。

关于本罪的刑事立案追诉标准,具体可参见《最高人民法院、最高人民检察院关于办理侵犯公民个人信息刑事案件适用法律若干问题的解释》(以下简称《侵犯公民个人信息解释》)的有关规定,下文将逐一进行详述。

四、注意事项

1. 关于"公民个人信息"的分类标准问题。刑法上的公民个人信息分类采用三分法,即敏感信息、重要信息、一般信息。对此,《侵犯公民个人信息解释》第5条中有明确规定,其中行踪轨迹信息、通信内容、征信信息、财产信息属于敏感信息;住宿信息、通信记录、健康生理信息、交易信息等其他可能影响人身、财产安全的公民个人信息属于重要信息;除此之外的其他信息则属于一般信息。对于不同的信息等级类型,本罪的定罪起刑点并不相同,具体区别如下:非法获取、出售或者提供行踪轨迹信息、通信内容、征信信息、财产信息50条以上;非法获取、出售或者提供住宿信息、通信记录、健康生理信息、交易信息等其他可能影响人身、财产安全的公民个人信息500条以上;非法获取、出售或者提供前述信息以外的公民个人信息5000条以上的,属于情节严重,可以构成本罪。

2. 关于"非法获取、出售或者提供公民个人信息"的具体认定标准问题。对此,《侵犯公民个人信息解释》第5条规定,非法获取、出售或者提供公民个人信息,具有下列情形之一的,应当认定为《刑法》第253条之一规定的"情节严重":

（1）出售或者提供行踪轨迹信息，被他人用于犯罪的；（2）知道或者应当知道他人利用公民个人信息实施犯罪，向其出售或者提供的；（3）非法获取、出售或者提供行踪轨迹信息、通信内容、征信信息、财产信息50条以上的；（4）非法获取、出售或者提供住宿信息、通信记录、健康生理信息、交易信息等其他可能影响人身、财产安全的公民个人信息500条以上的；（5）非法获取、出售或者提供第3项、第4项规定以外的公民个人信息5000条以上的；（6）数量未达到第3项至第5项规定标准，但是按相应比例合计达到有关数量标准的；（7）违法所得5000元以上的；（8）将在履行职责或者提供服务过程中获得的公民个人信息出售或者提供给他人，数量或者数额达到第3项至第7项规定标准一半以上的；（9）曾因侵犯公民个人信息受过刑事处罚或者2年内受过行政处罚，又非法获取、出售或者提供公民个人信息的；（10）其他情节严重的情形。实施前款规定的行为，具有下列情形之一的，应当认定为《刑法》第253条之一第1款规定的"情节特别严重"：（1）造成被害人死亡、重伤、精神失常或者被绑架等严重后果的；（2）造成重大经济损失或者恶劣社会影响的；（3）数量或者数额达到前款第3项至第8项规定标准10倍以上的；（4）其他情节特别严重的情形。

3. 关于"为合法经营活动而非法购买、收受公民个人信息"的具体认定标准问题。对此，《侵犯公民个人信息解释》第6条规定，为合法经营活动而非法购买、收受本解释第5条第1款第3项、第4项规定以外的公民个人信息，具有下列情形之一的，应当认定为《刑法》第253条之一规定的"情节严重"：（1）利用非法购买、收受的公民个人信息获利5万元以上的；（2）曾因侵犯公民个人信息受过刑事处罚或者2年内受过行政处罚，又非法购买、收受公民个人信息的；（3）其他情节严重的情形。实施前款规定的行为，将购买、收受的公民个人信息非法出售或者提供的，定罪量刑标准适用本解释第5条的规定。

在此，需要说明的是，针对为合法经营活动而购买、收受公民个人信息的行为，在适用《侵犯公民个人信息解释》第6条的定罪量刑标准时需同时满足三个条件：一是为了合法经营活动，对此可以综合全案证据认定，但主要应当由犯罪嫌疑人一方提供相关证据；二是限于普通公民个人信息，即不包括可能影响人身、财产安全的敏感信息；三是信息没有再流出扩散，即行为方式限于购买、收受。如果将购买、收受的公民个人信息非法出售或者提供的，定罪量刑标准应当依法适用《侵犯公民个人信息解释》第5条的规定。

4. 关于涉案公民个人信息数量的认定问题。对此，《侵犯公民个人信息解释》第11条规定：非法获取公民个人信息后又出售或者提供的，公民个人信息的条数不重复计算；向不同单位或者个人分别出售、提供同一公民个人信息的，公民个人信息的条数累计计算；对批量出售、提供公民个人信息的条数，根据查获的数量直接认定，但是有证据证明信息不真实或者重复的除外。由此可知，在办案实践中，如果犯罪嫌疑人多次获取同一条公民个人信息的，一般认定为1条，不进行重复累计，但是获取的该公民个人信息内容发生了变化的除外。

5. 关于违法所得数额的认定问题。违法所得，是指犯罪嫌疑人因实施违法犯罪活动而取得的全部财产。对于违法所得，可以直接以犯罪嫌疑人出售公民个人信息的收入予以认定，不必扣减其购买信息的犯罪成本。同时，在审查认定违法所得数额过程中，应当以查获的银行交易记录、第三方支付平台交易记录、聊天记录、犯罪嫌疑人供述、证人证言综合予以认定。对于犯罪嫌疑人无法说明合法来源的用于专门实施侵犯公民个人信息犯罪的银行账户或第三方支付平台账户内的资金收入，可综合全案证据认定为违法所得。

6. 关于本罪的立案管辖问题。侵害公民个人信息犯罪网络覆盖面大，关系错综复杂，犯罪行为发生地、犯罪结果发生地、犯罪分子所在地等往往不在同一地点。同时，由于犯罪行为大多依托互联网、移动电子设备，通过即时通信工具、电子邮件等多种方式实施，调查取证难度很大，因此，对查获的应当及时立案侦查。对于几个公安机关都有权管辖的案件，由最初受理的公安机关管辖。必要时，可以由主要犯罪地的公安机关管辖。对管辖不明确或者有争议的刑事案件，可以由公安机关协商。协商不成的，由共同上级公安机关指定管辖。

五、风险提示

在互联网信息时代，公民个人信息所承载的人格利益、公共利益和经济利益得到前所未有的凸显。与此同时，公民个人信息泄露问题亦日趋严重。当前，一些犯罪分子为追求不法利益，利用互联网大肆倒卖公民个人信息，已逐渐形成庞大的"地下产业"和黑色利益链。买卖的公民个人信息包括户籍、银行及电信开户资料等，涉及公民个人生活的方方面面。实践中，侵犯公民个人信息犯罪被称为"百罪之源"，除其本身的严重社会危害性外，还滋生了大规模电信诈骗、敲诈勒索、绑架、盗刷信用卡、非法讨债等各类违法犯罪活动，社会危害尤为严重，群众反响十分强烈。因此，国家机关有必要对侵犯公民个人信息的违法犯罪行为依法惩处，精准打击。

在处理侵犯公民个人信息案件过程中，还应重视侵犯公民个人信息罪与关联罪名的认定问题。有关此点，探讨四个方面的内容：（1）此罪与彼罪的认定问题。

设立用于实施非法获取、出售或者提供公民个人信息违法犯罪活动的网站、通信群组，情节严重的，应当依照《刑法》第287条之一的规定，以非法利用信息网络罪定罪处罚；同时构成侵犯公民个人信息罪的，依照侵犯公民个人信息罪定罪处罚。（2）多种犯罪行为并存的定罪问题。以出售为目的非法获取公民个人信息，或者非法获取公民个人信息后又出售或者非法提供给他人的，因两种行为均触犯侵犯公民个人信息罪，故对行为人只认定侵犯公民个人信息罪一罪。（3）依照牵连犯原则处罚问题。以非法方法获取公民个人信息，如果该非法方法又构成其他犯罪的，如侵犯通信自由罪、非法侵入计算机信息系统罪，则手段行为与目的行为之间存在牵连关系，构成牵连犯，应从一重罪处罚，法律另有规定的除外。（4）关于数罪并罚问题。非法获取公民个人信息，利用公民个人信息实施其他犯罪行为，构成犯罪的，应当数罪并罚。如非法调查公司获取公民个人信息，利用相关信息进行诈骗犯罪的，应当分别以侵犯公民个人信息罪和诈骗罪定罪，并实行数罪并罚。

六、参阅案例

最高人民法院指导案例193号：闻巍等侵犯公民个人信息案。该案裁判要旨为：居民身份证包含自然人姓名、人脸识别信息、身份证号码、户籍地址等多种个人信息，属于《最高人民法院、最高人民检察院关于办理侵犯公民个人信息刑事案件适用法律若干问题的解释》第5条第1款第4项规定的"其他可能影响人身、财产安全的公民个人信息"。非法获取、出售或者提供居民身份证信息，情节严重的，依照《刑法》第253条之一第1款规定，构成侵犯公民个人信息罪。

七、关联规定

1.《中华人民共和国居民身份证法》（2011年）第3条、第19条、第20条；

2.《中华人民共和国出境入境管理法》（2012年）第85条、第88条、第89条；

3.《中华人民共和国电子商务法》（2018年）第2条、第5条、第79条、第88条；

4.《中华人民共和国数据安全法》（2021年）第3条、第51条、第52条；

5.《中华人民共和国个人信息保护法》（2021年）第4条、第66条、第71条、第73条；

6.《中华人民共和国医师法》（2021年）第56条、第63条；

7.《最高人民法院、最高人民检察院、公安部关于依法惩处侵害公民个人信息犯罪活动的通知》（2013年，公通字〔2013〕12号）第1条至第4条；

8.《最高人民法院、最高人民检察院、公安部关于办理电信网络诈骗等刑事案件适用法律若干问题的意见》（2016年，法发〔2016〕32号）第1条、第3条第2项；

9.《最高人民法院、最高人民检察院关于办理侵犯公民个人信息刑事案件适用法律若干问题的解释》（2017年，法释〔2017〕10号）第1条至第13条；

10.《最高人民法院研究室关于侵犯公民个人信息罪有关法律适用问题征求意见的复函》（2018年，法研〔2018〕11号）；

11.《检察机关办理侵犯公民个人信息案件指引》（2018年，高检发侦监字〔2018〕13号）；

12.《最高人民法院、最高人民检察院、公安部关于办理电信网络诈骗等刑事案件适用法律若干问题的意见（二）》（2021年，法发〔2021〕22号）第5条、第13条、第14条、第15条；

13.《最高人民法院、最高人民检察院、公安部关于依法惩治网络暴力违法犯罪的指导意见》（2023年，法发〔2023〕14号）第4条、第8条。

打击报复会计、统计人员罪

一、刑法规定

第二百五十五条：公司、企业、事业单位、机关、团体的领导人，对依法履行职责、抵制违反会计法、统计法行为的会计、统计人员实行打击报复，情节恶劣的，处三年以下有期徒刑或者拘役。

二、罪名解读

打击报复会计、统计人员罪，是指公司、企业、事业单位、机关、团体的领导人，对依法履行职责，抵制违反会计法、统计法行为的会计、统计人员实行打击报复，情节恶劣的行为。本罪的具体构成要件如下所述：

（一）主体要件

本罪的主体为特殊主体，仅限于公司、企业、事业单位、机关、团体的领导人，上述人员以外的其他人对会计、统计人员实施报复行为的，不构成本罪，应根据其报复的行为及后果等作其他处理。需要说明的是，单位的领导人不仅包括行政领导，也包括业务主管。

（二）客体要件

本罪侵犯的客体属于复杂客体，既侵犯了会计、统计人员的人身权利，又侵犯了国家会计、统计管理制度。本罪的行为对象为依法履行职责，抵制违反会计法、统计法行为的会计、统计人员。

（三）主观要件

本罪的主观方面为直接故意，间接故意和过失不构成本罪。行为人的犯罪动机如何，不影响本罪的成立。

（四）客观要件

本罪的客观方面表现为对依法履行职责，抵制违反会计法、统计法行为的会计、统计人员实行打击报复，情节恶劣的行为。这里的"依法履行职责"，是指会计人员、统计人员依照《会计法》《统计法》的有关规定履行自身的法定职责。比如：会计人员依法进行会计核算、实行会计监督等；统计人员依法组织、协调本单位的统计工作，完成国家统计调查、部门统计调查和地方统计调查任务等。"违反会计法行为"，主要指伪造、变造、故意毁灭会计凭证、会计账簿、会计报表和其他会计资料，利用虚假的会计凭证、会计账簿、会计报表和其他会计资料偷税或者损害国家利益、社会公众利益，对不真实、不合法的原始凭证予以受理，对违法的收支不提出书面意见或者不报告，等等。"违反统计法行为"，主要指虚报、瞒报统计资料，伪造、篡改统计资料，编造虚假数据，等等。

这里的"抵制违反会计法、统计法的行为"，是指会计人员、统计人员对于不符合《会计法》《统计法》的行为，依法加以拒绝、揭露、向有关领导反映、提出批评意见等行为。司法实践中，通常表现为会计人员、统计人员对本单位有关领导违反会计法、统计法的命令、授意等予以抵制，拒绝服从或者进行检举、揭发、控告。这里的"打击报复"，主要是对依法履行职责，抵制违反会计法、统计法行为的会计、统计人员，通过调动其工作、撤换其职务、作出处分、进行处罚或采取其他方法进行打击报复的行为。

三、罪与非罪

本罪属于情节犯。根据刑法规定，打击报复会计、统计人员的行为必须达到情节恶劣，才构成犯罪。但何谓"情节恶劣"，目前尚无明确的司法解释加以界定。司法实践中，一般是指：（1）打击报复致被害人的人身、民主权利受到严重损害的；（2）打击报复致使国家利益遭受重大损失的；（3）打击报复造成被害人自杀、精神失常等严重后果的；（4）多次或者对多人进行打击报复的；（5）打击报复造成恶劣影响的。只要行为人对依法履行职责，抵制违反会计法、统计法的会计、统计人员实施打击报复，符合上述任一情形，就构成本罪；具有两种以上情形的，不实行并罚，但可作为量刑情节予以考虑。实践中，虽然行为人实施了打击报复的行为，但不属于"情节恶劣"的，依法不应认定为犯罪，可以按有关法律法规的规定，作出相应处理。

关于本罪的刑事立案追诉标准，根据《国家监察委员会管辖规定（试行）》的规定，本罪属于滥用职权犯罪案件范畴并由监察委员会统一管辖。目前，鉴于本罪名尚无明确的立案追诉标准，实践中可参照《最高人民检察院关于渎职侵权犯罪案件立案标准的规定》中关于报复陷害罪的立案追诉标准进行确定。

四、注意事项

1. 关于会计人员、统计人员的权利保护问题。根据《会计法》的规定，任何单位或者个人不得以任何方式授意、指使、强令会计机构、会计人员伪造、变造会计凭证、会计账簿和其他会计资料，提供虚假财务会计报告。任何单位或者个人不得对依法履行职责、抵制违反本法规定行为的会计人员实行打击报复。根据《统计法》的规定，统计机构和统计人员依照本法规定独立行使统计调查、统计报告、统计监督的职权，不受侵犯。地方各级人民政府、政府统计机构和有关部门以及各单位的负责人，不得自行修改统计机构和统计人员依法搜集、整理的统计资料，不得以任何方式要求统计机构、统计人员及其他机构、人员伪造、篡改统计资料，不得对依法履行职责或者拒绝、抵制统计违法行为的统计人员实行打击报复。此外，根据法律规定，如果行为人对依法履行职责，抵制违反会计法、统计法行为的会计、统计人员实行打击报复的，给予行政处分，构成犯罪的，依法追究刑事责任。

2. 关于本罪与报复陷害罪的界限问题。实践中，两者存在以下区别：（1）本罪的主体是公司、企业、事业单位、机关、团体的领导人，既包括国家机关工作人员，也包括非国家机关工作人员；而后者则为国家机关工作人员，且无是否为"领导人"的限制。（2）本罪的行为对象为依法履行职责，抵制违反会计法、统计法行为的会计人员、统计人员；而后者则为控告人、申诉人、批评人、举报人。（3）本罪的行为既可以利用职权实施，也可以不利用职权实施；而后者则要求必须滥用职权进行报复。尽管如此，有时候会计人员、统计人员在对领导人行为进行抵制的同时，又在公共场合如某会议上提出了批评甚或对其他违法犯罪行为提出了控告，而行为人如果滥用职权报复且为国家机关工作人员，则会同时触犯本罪与报复陷害罪，此时应按照想象竞合从一重罪处罚，即按照报复陷害罪进行定罪处罚。

五、风险提示

根据我国会计法和统计法的规定，会计、统计人员必须严格依法履行各自的法定职责，任何单位和个人不得非法干预和打击报复。然而，实践中，往往会出现单位领导人对依法履职和抵制违法的会计、统计人员进行打击报复的现象，并对会计、统计人员的正常工作、事业发展和身心健康等方面造成严重的危害后果。因此，有必要通过法律法规予以制止，并保护会计、统计人员的各项合法权益。考虑到"行刑衔接"问题，凸显刑法"最后一道防线"的保护作用，1997年《刑法》根据会计法和统计法的有关规定，增加了打击报复会计、统计人员罪。

有关公司、企业、事业单位、机关、团体的领导人对依法履行职责，抵制违反会计法、统计法的会计、统计人员实行打击报复的行为方式是多种多样的，常见的表现形式主要有：利用职权篡改人事档案，出具假政审材料；克扣工资、奖金、罚款，停止工作，降职降级，压制晋级晋职；调离原工作岗位；在大小会议上进行批判、斗争、羞辱；编造材料报送公安机关对其进行行政拘留；等等。总之，既可以是对有关会计、统计人员进行肉体、精神上的摧残、迫害，也可以是对其在经济上进行制裁，还可以是政治上的迫害。值得注意的是，司法实践中，公司、企业、事业单位、机关、团体的领导人对抵制违反会计法、统计法的会计、统计人员，通常都是利用手中的职权，假公济私，实施打击报复行为的。但是，《刑法》第255条中并没有明文规定行为人必须利用了职权才能构成本罪，因此对于一些领导人员没有利用职权对有关会计、统计人员实行报复打击，情节恶劣的，也应认定为打击报复会计、统计人员罪。

六、参阅案例

湖北省纪委监委网站发布的典型案例：张某打击报复统计人员案。该案裁判要旨为：本案中，张某作为A县统计局局长，对依法履行职责、实事求是开展工作的统计人员实行打击报复，侵害了统计人员的人身权利，同时也损害了国家经济管理制度在基层一线的落实，造成了恶劣的社会影响，符合《刑法》第255条规定的"打击报复会计、统计人员罪"。

七、关联规定

1.《中华人民共和国审计法》（2021年）第5条、第56条；
2.《中华人民共和国会计法》（2024年）第5条、第43条、第48条；
3.《中华人民共和国统计法》（2024年）第40条、第50条、第51条。

第十章 侵犯财产类犯罪

职务侵占罪

一、刑法规定

第二百七十一条：公司、企业或者其他单位的工作人员，利用职务上的便利，将本单位财物非法占为己有，数额较大的，处三年以下有期徒刑或者拘役，并处罚金；数额巨大的，处三年以上十年以下有期徒刑，并处罚金；数额特别巨大的，处十年以上有期徒刑或者无期徒刑，并处罚金。

国有公司、企业或者其他国有单位中从事公务的人员和国有公司、企业或者其他国有单位委派到非国有公司、企业以及其他单位从事公务的人员有前款行为的，依照本法第三百八十二条、第三百八十三条的规定定罪处罚。

二、罪名解读

职务侵占罪，是指公司、企业或者其他单位的工作人员，利用职务上的便利，将本单位的财物非法占为己有，数额较大的行为。本罪的具体构成要件如下所述：

（一）主体要件

本罪的主体为特殊主体，限于公司、企业或者其他单位的工作人员，包括正式工、合同工和临时工。本罪的主体为自然人，单位不能构成本罪。实践中，下列两类人员实施《刑法》第271条第1款规定的行为的，应当依照贪污罪定罪处罚：一是国有公司、企业或者其他国有单位中从事公务的人员；二是国有公司、企业或者其他国有单位委派到非国有公司、企业以及其他单位从事公务的人员。

在此，补充说明两点：一是村民小组组长利用职务便利侵吞公共财物，数额较大的，应以职务侵占罪定罪处罚。二是在国有资本控股、参股的股份有限公司从事管理工作的人员，除受国家机关及国有公司、企业、事业单位委派从事公务的以外，不属于国家工作人员。对其利用职务上的便利，将本单位财物非法占为己有，数额较大的，应当依照《刑法》第271条第1款的规定，以职务侵占罪定罪处罚。

（二）客体要件

本罪侵犯的客体是公司、企业或者其他单位的财产所有权。本罪的行为对象为本单位所有的各种财物，包括动产和不动产，既包括本单位控制下的财物，也包括应归本单位收入的财物。在本单位管理、使用或者运输中的私人财产，应以本单位财产论处。这里的"公司"，是指按照《公司法》规定设立的非国有的有限责任公司和股份有限公司。这里的"企业"，是指除上述公司以外的非国有的，经过行政主管部门批准设立的，拥有一定数量注册资金以及从业人员的营利性经济组织。这里的"其他单位"，是指除上述公司、企业以外的非国有的社会团体或经济组织，包括集体或者民办的事业单位，以及各类团体，如村委会、居委会等。

（三）主观要件

本罪的主观方面为直接故意，且故意的内容为将本单位的财物非法占为己有。行为人是否已经实际取得本单位的财物，并不影响本罪的成立。过失不构成本罪。

（四）客观要件

本罪的客观方面表现为利用职务上的便利，将本单位财物非法占为己有，数额较大的行为。本罪的客观行为包括以下三个方面：一是必须利用职务上的便利；二是必须有侵占的行为；三是必须达到数额较大的标准。实践中，是否构成职务侵占罪，关键在于公司、企业或者其他单位的工作人员非法占有单位财物是否利用了职务上的便利，而非行为人在本单位中的身份。需要强调的是，当行为人的名义职务与实际职务范围不一致时，应当以实际职务为标准判断行为人是否利用了职务之便。

这里的"利用职务上的便利"，是指利用职权以及与职务有关的便利条件。职权，是指本人职务、岗位范围内的权力。与职务有关的便利条件，是指虽然不是直接利用职务或岗位上的权限，但利用了本人的职权或地位所形成的便利条件，或者通过其他人员利用职务或地位上的便利条件。需要注意的是，"利用职务便利"不等于"利用工作便利"。所谓"利用工作便利"，指利用从事某种工作的时机、对工作环境的熟悉、在工作过程中建立的人际关系、在工作单位偶然获得的某种信息等。与职务侵占罪中职务上的便利不同，工作便利本质上与本人职务无关，既没有利用职权，也没有利用职务或地位形成的制约力，只不过这种便利或人与人之间的关系是在工作中建立的。因此，对于不是利用职务上的便利，而是利用工作便利实施侵占本单位财物行为的，即使取得了财物，也不构成本罪；构成犯罪的，应当以他罪论处，比如盗窃罪等。

职务侵占实质上就是将本单位的财物非法占为己有。实践中，常见的职务侵占行为主要有以下四种：（1）侵吞型非法占有。侵吞，是指行为人利用职务上的便利，将合法管理、使用、经手的本单位财物非法占为己有的行为。比如，私自用掉、转卖、赠人、扣留，应上交而隐匿不交，应支付而不支付，应入账而不入账，等等。（2）窃取型非法占有。窃取，是指行为人利用职务上的便利，用秘密窃取的方法，将自己合法管理使用的本单位财物非法占为己有的行为，即监守自盗。（3）骗取型非法占有。骗取，是指行为人利用职务上的便利，使用欺骗的方法，虚构事实，隐瞒真相，非法占有本单位财物的行为。比如，会计出纳开假支票到银行提取现金，出差人员伪造、涂改单据虚报冒领差旅费，等等。（4）其他类型的非法占有。其他类型的非法占有，是指行为人利用职务上的便利，采用除侵吞、窃取、骗取以外的其他方法非法占有本单位财物的行为。实践中，绝大部分的职务侵占行为都已为侵吞、窃取、骗取所包容。比如，非国有公司、企业或其他单位的领导集体私分本单位财产。

在此，需要特别说明的是，职务侵占罪中的"侵占"与侵占罪中的"侵占"具有完全不同的含义。前者是广义的，即非法占有的意思，并不要求行为人以合法持有为前提；而后者是狭义的，仅指非法占有"代为保管的他人财物"或者"他人的遗忘物或埋藏物"。

三、罪与非罪

职务侵占行为必须达到"数额较大"的标准才构成犯罪，这也是区分罪与非罪的重要条件。凡是侵占本单位财物数额未达到3万元的，不能以本罪定罪处罚。但是，不能反过来讲，凡是侵占本单位财物数额达到3万元的，一律以职务侵占罪定罪处罚。我国《刑法》第13条的"但书"条款同样适用于职务侵占罪，即侵占本单位财物达到数额较大标准，但情节显著轻微危害不大的，可以不认为是犯罪。

关于本罪的刑事立案追诉标准，修订后的《立案追诉标准（二）》第76条规定，公司、企业或者其他单位的人员，利用职务上的便利，将本单位财物非法占为己有，数额在3万元以上的，应予立案追诉。鉴于《最高人民法院、最高人民检察院关于办理贪污贿赂刑事案件适用法律若干问题的解释》规定的职务侵占罪中"数额较大""数额巨大"的数额起点与《刑法修正案（十一）》的立法精神不符，也与修订后的《立案追诉标准（二）》第76条的规定不一致，因此笔者认为应当不再适用。至于本罪中"数额巨大""数额特别巨大"的数额起点，尚需有关司法解释进一步作出明确规定，以确保法律的统一适用和罚当其罪。

四、注意事项

1. 关于"其他单位"是否包括个人独资企业的问题。对此,《最高人民法院研究室关于个人独资企业员工能否成为职务侵占罪主体问题的复函》认为,《刑法》第 271 条第 1 款规定中的"单位"包括"个人独资企业"。主要理由如下:《刑法》第 30 条规定的单位犯罪的"单位"与《刑法》第 271 条职务侵占罪的单位概念不尽一致,前者是指作为犯罪主体应当被追究刑事责任的"单位",后者是指财产被侵害需要刑法保护的"单位",责任追究针对的是该"单位"中的个人。有关司法解释之所以规定,不具有法人资格的独资企业不能成为单位犯罪的主体,主要是考虑到此类企业因无独立财产、个人行为与企业行为有时难以区分,不具备独立承担刑事责任的能力。《刑法》第 271 条第 1 款立法的目的基于保护单位财产,惩处单位内工作人员利用职务便利,侵占单位财产的行为,因此该款规定的"单位"应当也包括独资企业。在此,需要特别说明的是,根据法律规定和司法实践,个体工商户、合伙企业不属于职务侵占罪中的"其他单位"。

2. 关于股份能否成为本罪的犯罪对象问题。财产犯罪的对象是财物,由于股份具有经济价值,具备财物的一般属性,故应当被纳入财产犯罪的对象范围。我国《刑法》第 92 条规定:"本法所称公民私人所有的财产,是指下列财产……(四)依法归个人所有的股份、股票、债券和其他财产。"《全国人民代表大会常务委员会法制工作委员会在关于公司人员利用职务上的便利采取欺骗等手段非法占有股东股权的行为如何定性处理的批复意见》指出,根据《刑法》第 92 条规定,股份属于财产,采用各种非法手段侵吞、占有他人依法享有的股份,构成犯罪的,适用刑法有关非法侵犯他人财产的犯罪规定。由此可知,公司股份属于刑法意义上的财产,完全可以成为职务侵占罪的犯罪对象。实践中,当公司作为股东拥有其他公司的股份时,该股份就属于公司财产,可以成为职务侵占罪的犯罪对象。此外,由本公司代为管理的其他公司的股份也应当被视为本公司财产,亦可成为职务侵占罪的犯罪对象。而对于公司股份属于股东个人持有的情形,根据《刑法》第 271 条的规定,职务侵占罪的犯罪对象是"本单位财物",在此种情况下,由于股份属于个人财产而非公司财产,故行为人侵占股东个人股份的行为通常不构成职务侵占罪。但是,如果行为人利用所侵占的股份进一步侵占公司财产的,则依然构成职务侵占罪。

3. 关于本罪中共同犯罪的认定问题。行为人与公司、企业或者其他单位的工作人员勾结,利用公司、企业或者其他单位工作人员的职务便利,共同将该单位财物非法占为己有,数额较大的,以职务侵占罪共犯论处。需要说明的是,对于行为人事前与职务侵占的犯罪分子通谋,帮助其掩饰、隐瞒犯罪所得的,也应以职务侵占罪共犯论处。此外，根据 2003 年《全国法院审理经济犯罪案件工作座谈会纪要》第 2 条第 3 款的规定，对于在公司、企业或者其他单位中，非国家工作人员与国家工作人员勾结，分别利用各自的职务便利，共同将本单位财物非法占有的，应当尽量区分主从犯，按照主犯的犯罪性质定罪。司法实践中，如果根据案件的实际情况，各共同犯罪人在共同犯罪中的地位、作用相当，难以区分主从犯的，可以贪污罪定罪处罚。

4. 关于本罪与贪污罪的界限问题。本罪与贪污罪存在密切的关系，极易产生混淆，两者的相同点有二：客观方面都表现为利用职务上的便利，非法占有本单位财物；主观上均为故意。司法实践中，两者的主要区别有二：一是犯罪主体不同。这也是两者最主要、最本质的区别。本罪的主体是非国家工作人员；而贪污罪的主体是国家机关工作人员以及受国家机关、国有公司、企业、事业单位、人民团体委托管理、经营国有财产的人员。二是犯罪对象不同。本罪的犯罪对象是本单位的财物，既可能是公共财物，也可能是私有财物；而贪污罪的犯罪对象则只能是公共财物。

5. 关于本罪与侵占罪的界限问题。本罪和侵占罪都是以非法占有财物为目的，侵犯财产所有权的犯罪，两者的主要区别在于：一是犯罪主体不同。本罪的主体是特殊主体，仅限于公司、企业或者其他单位的工作人员；而侵占罪的主体则是代为保管他人财物的人或者他人财物的占有者。二是犯罪对象不同。本罪的犯罪对象只能是本单位的财物；而侵占罪的犯罪对象则是代为保管的他人财物或者他人的埋藏物或遗忘物。三是客观方面不同。本罪是利用职务便利侵占实际掌管的本单位财物，行为方式包括窃取、骗取、侵吞等多种；而侵占罪则是将代为保管的他人财物非法占为己有，数额较大，拒不退还，或者将他人的埋藏物或遗忘物非法占为己有，数额较大，拒不交出。此外，根据刑法规定，侵占罪属于告诉才处理的犯罪，且行为人在他人提起自诉之前主动退还或者交出的，不构成犯罪，而职务侵占罪则没有此要求，即便在立案前主动退还仍构成犯罪。

6. 关于本罪与盗窃罪的界限问题。实践中，两者都属于侵犯财产犯罪，主观上都具有非法占有的目的，且在犯罪手段上也有相同之处。两者的主要区别在于：一是犯罪主体不同。本罪的主体是特殊主体，仅限于公司、企业或者其他单位的工作人员；而盗窃罪的主体则是一般主体。二是是否利用职务便利不同。本罪必须是利用经手、管理财物的职务上的便利而不是工作上的便利；而盗窃罪不是利用职务便利，可能会利用工作上的便利。三是侵占的对象不同。本罪侵占的对象只限于本单位的财物并且是本人经手、管理的财物；而盗窃罪非法占有的对象可以是任何公私财物。值得注意的是，在处理单位内部人员"窃取"本单位财物案件时，区分是利用职务之便还是利用一般的工作之便尤为关键：如果是利用职务之便，则定性为职务侵占罪；如果是利用一般的工作之便，则定性为盗窃罪。

五、风险提示

职务侵占是近年来企业内部较为多发的刑事案件。目前，职务侵占罪是企业家犯罪中仅次于非法吸收公众存款罪、虚开增值税专用发票、用于骗取出口退税、抵扣税款发票罪、单位行贿罪之后的多发罪名。应该说，职务侵占行为的发生不仅损害了单位的财产利益，也扰乱了正常的企业管理秩序，损害了社会的诚信体系。特别是，企业内部人员利用职务之便单独或者伙同他人实施的"监守自盗"行为，让单位"防不胜防"，且有愈演愈烈之势。更有甚者，一些不法分子利用职务上的便利采取欺骗等手段非法占有股东股权，这无疑会对公司的正常经营管理活动以及有关股东的利益造成严重损害。根据有关规定，对于行为人采用各种非法手段侵吞、占有他人依法享有的股份，构成犯罪的，适用刑法有关侵犯他人财产的犯罪规定，如以侵占罪或者职务侵占罪论处。鉴于此，为维护正常的经济秩序和单位的合法财产权益，有必要对侵害公司利益的犯罪分子依法制止，并严加惩处。

出于对非公经济刑法保护力度的考量，立法机关对本罪名的法定刑，特别是最高法定刑进行了适当调整，同时增加了罚金刑作为财产惩罚措施。《刑法修正案（十一）》对职务侵占罪作了两处修改：一是调整了法定刑。将原来的两档法定刑调整为三档法定刑，对于数额特别巨大的，处10年以上有期徒刑或者无期徒刑，并处罚金。二是调整了罚金刑。对三档法定刑的财产刑均修改为"并处罚金"的规定。可以说，此次修法对打击职务侵占犯罪行为将起到巨大的威慑作用，一些不法分子利用职务便利侵占本单位财物数额达到"特别巨大"标准的，将有可能被处以无期徒刑。从此次修法可以看出，市场经济就是法治经济，法治是最好的营商环境，国家通过立法平等保护公有制经济和非公有制经济等所有市场主体的决心不仅没有任何改变，反而更加坚定不移，非公有制经济的发展将受到刑法的有力保护。

六、参阅案例

人民法院案例库参考案例：王某1职务侵占案（入库编号2023-04-1-226-002）。该案裁判要旨为：股份属于股东的财产性利益，可以成为刑法意义上的财物，侵占他人股份的行为构成财产犯罪。股权属于股东个人财产而非公司财产，公司职员利用职务便利侵占股权的行为通常不构成职务侵占罪，但如果侵占股权后进一步侵占公司财产的，则构成职务侵占罪。具体来说，就是通过侵占其他股东的股权使自己的股份比例得以增加，进而改变公司的股权结构，然后就可以通过合法的程序，如通过董事会、股东会会议作出违背公司利益的决议，将公司利益向自己转移。故其侵占股权的行为属于侵占公司财产行为的一部分，应当将该行为定性为职务侵占行为。

七、关联规定

1.《中华人民共和国个人独资企业法》（1999年）第2条、第20条、第40条；

2.《全国人民代表大会常务委员会法制工作委员会对关于公司人员利用职务上的便利采取欺骗等手段非法占有股东股权的行为如何定性处理的批复的意见》（2005年，法工委发函〔2005〕105号）；

3.《中华人民共和国合伙企业法》（2006年）第2条、第96条、第101条、第105条；

4.《中华人民共和国农民专业合作社法》（2017年）第2条、第69条；

5.《中华人民共和国土地管理法》（2019年）第2条、第7条、第80条；

6.《中华人民共和国公司法》（2023年）第179条、第180条、第181条、第264条、第265条；

7.《公安部经济犯罪侦查局关于宗教活动场所工作人员能否构成职务侵占或挪用资金犯罪主体的批复》（2004年，公经〔2004〕643号）；

8.《公安部经侦局关于对非法占有他人股权是否构成职务侵占罪问题的工作意见》（2005年）；

9.《公安部经济犯罪侦查局关于对居民小组下设生产队认定问题的批复》（2007年，公经〔2007〕938号）；

10.《最高人民检察院、公安部关于公安机关管辖的刑事案件立案追诉标准的规定（二）》（2022年，公通字〔2022〕12号）第76条；

11.《最高人民法院关于村民小组组长利用职务便利非法占有公共财物行为如何定性问题的批复》（1999年，法释〔1999〕12号）；

12.《全国法院维护农村稳定刑事审判工作座谈会纪要》（1999年，法〔1999〕217号）第3条第3项；

13.《最高人民法院关于审理贪污、职务侵占案件如何认定共同犯罪几个问题的解释》（2000年，法释〔2000〕15号）第2条、第3条；

14.《最高人民法院关于在国有资本控股、参股的股份有限公司中从事管理工作的人员利用职务便利非法占有本公司财物如何定罪问题的批复》（2001年，法释〔2001〕17号）；

15.《最高人民法院关于如何认定国有控股、参股股份有限公司中的国有公司、企业人员的解释》（2005年，法释〔2005〕10号）；

16.《最高人民法院研究室关于对通过虚假验资骗取工商营业执照的"三无"企业能否成为职务侵占罪客体问题征求意见的复函》（2008年，法研〔2008〕79号）；

17.《最高人民法院研究室关于个人独资企业员工能否成为职务侵占罪主体问题的复函》（2011年，法研〔2011〕20号）；

18.《最高人民法院、最高人民检察院关于办理贪污贿赂刑事案件适用法律若干问题的解释》（2016年，法释〔2016〕9号）第11条、第12条；

19.《最高人民法院、最高人民检察院、公安部、司法部关于依法惩治妨害新型冠状病毒感染肺炎疫情防控违法犯罪的意见》（2020年，法发〔2020〕7号）第2条第7项、第10项；

20.《最高人民法院、最高人民检察院关于常见犯罪的量刑指导意见（试行）》（2021年，法发〔2021〕21号）第4条第14项。

挪用资金罪

一、刑法规定

第二百七十二条：公司、企业或者其他单位的工作人员，利用职务上的便利，挪用本单位资金归个人使用或者借贷给他人，数额较大、超过三个月未还的，或者虽未超过三个月，但数额较大、进行营利活动的，或者进行非法活动的，处三年以下有期徒刑或者拘役；挪用本单位资金数额巨大的，处三年以上七年以下有期徒刑；数额特别巨大的，处七年以上有期徒刑。

国有公司、企业或者其他国有单位中从事公务的人员和国有公司、企业或者其他国有单位委派到非国有公司、企业以及其他单位从事公务的人员有前款行为的，依照本法第三百八十四条的规定定罪处罚。

有第一款行为，在提起公诉前将挪用的资金退还的，可以从轻或者减轻处罚。其中，犯罪较轻的，可以减轻或者免除处罚。

二、罪名解读

挪用资金罪，是指公司、企业或者其他单位的工作人员，利用职务上的便利，挪用本单位资金归个人使用或者借贷给他人，数额较大、超过3个月未还，或者虽未超过3个月，但数额较大、进行营利活动，或者进行非法活动的行为。本罪的具体构成要件如下所述：

（一）主体要件

本罪的主体为特殊主体，即公司、企业或者其他单位中的非国家工作人员。本罪的主体既可以是从事管理活动的人员，也可以是从事劳务活动的人员。合伙企业的合伙人可以成为本罪主体。个人独资企业中的工作人员可以成为本罪主体，但投资人不能成为本罪主体。

对于国有公司、企业或者其他国有单位中从事公务的人员和国有公司、企业或者其他国有单位委派到非国有公司、企业以及其他单位从事公务的人员有前款行为的，依照挪用公款罪的规定定罪处罚。对于受国家机关、国有公司、企业、事业单位、人民团体委托，管理、经营国有财产的非国家工作人员，利用职务上的便利，挪用国有资金归个人使用构成犯罪的，依照挪用资金罪的规定定罪处罚。

（二）客体要件

本罪侵犯的客体是公司、企业或者其他单位的财产权，具体侵犯的是单位对财产的占有权、使用权和收益权。本罪的行为对象仅限于本单位的资金，而不包括其他财物。这里的"资金"，是指以货币形式表现的单位财产，既包括本单位所有的资金，也包括本单位实际控制使用中的资金。比如，本单位在经济往来中所涉及的暂收、预收其他单位或个人的款项，或者对方支付的货款，如果接收人已经以单位名义履行接收手续的，则所接收的款项应被视为本单位资金。实践中，筹建公司的工作人员在公司登记注册前，利用职务上的便利，挪用准备设立的公司在银行开设的临时账户内的资金，归个人使用或者借贷给他人，数额较大、超过3个月未还的，或者虽未超过3个月，但数额较大、进行营利活动的，或者进行非法活动的，应当按照挪用资金罪定罪处罚。

（三）主观要件

本罪的主观方面只能是直接故意，即行为人明知是本单位资金而非法挪用，其目的是暂时取得对本单位资金的使用权，而且准备以后归还，如果无法归还的，应作为从重情节进行处罚。

（四）客观要件

本罪的客观方面表现为利用职务上的便利，挪用本单位资金，数额较大的行为。这里的"挪用"，是指行为人利用职务上的便利，擅自动用本单位资金归个人使用、借贷给他人、进行营利或者非法活动，但准备日后归还。本罪的具体行为方式包括以下三种：一是挪用本单位资金归个人使用或者借贷给他人，数额较大、超过3个月未还；二是挪用本单位资金归个人使用或者借贷给他人，虽未超过3个月，但数额较大、进行营利活动；三是挪用本单位资金进行非法活动。

这里的"归个人使用"，是指归本人或者交由其他人使用。具有下列情形之一的，属于"归个人使用"：（1）将本单位资金供本人、亲友或者其他自然人使用的；（2）以个人名义将本单位资金供其他单位使用的；（3）个人决定以单位名义将本单位资金供其他单位使用，谋取个人利益的。这里的"借贷给他人"，是指挪用人以个人名义将所挪用的资金借给其他自然人和单位。这里的"超过3个月未还"，是指挪用资金的时间已经超过3个月并且未归还。

这里的"进行营利活动"，是指用所挪用的资金进行经营或者其他获取利润的行为，至于行为人是否实际获得利润，并不影响本罪的成立。这里的"非法活动"是广义的，既包括一般的违法行为，如赌博、嫖娼等，也包括犯罪行为，如走私、贩毒等。

三、罪与非罪

挪用本单位的资金，并非只要挪用就构成犯罪，只有情节严重、数额较大的才构成犯罪。对于情节轻微危害不大的挪用行为，可以作为一般违法行为通过民事途径进行处理。挪用资金的行为是否构成犯罪，应当根据挪用的数额、时间、用途进行具体判定。

挪用资金罪的具体行为方式有以下三种：一是挪用资金归个人使用或者借贷给他人，数额较大、超过3个月未还。在这种情况下，构成本罪必须同时具备三个条件：（1）数额较大，此处数额较大的标准为5万元。（2）挪用时间超过3个月。（3）尚未归还，指案发前，即被司法机关、主管部门或者有关单位发现前，尚未归还。二是挪用资金虽未超过3个月，但数额较大、进行营利活动。在这种情况下，并没有挪用时间和是否归还的限制，但数额较大和进行营利活动则是必备要件。此处数额较大的标准为5万元。无论是否归还，只要挪用数额较大的资金进行了营利活动，就可构成本罪。如果被发现时已归还的，一般也不影响本罪的成立，只是在具体量刑时予以酌情考虑。三是挪用资金进行非法活动。在这种情况下，并没有特别设定还与不还的条件限制，只要挪用数额较大的资金并用于进行非法活动，即可构成本罪。此处数额较大的标准为3万元，且不论挪用的资金是被用于一般违法活动还是犯罪活动。以上"超期未还型""营利活动型""非法活动型"等表现形式，是构成本罪的三种具体情形，司法实践中，只要行为人利用职务之便，实施了上述三种情形之一的行为，即已经涉嫌挪用资金罪。

关于本罪的刑事立案追诉标准，修订后的《立案追诉标准（二）》第 77 条规定，公司、企业或者其他单位的工作人员，利用职务上的便利，挪用本单位资金归个人使用或者借贷给他人，涉嫌下列情形之一的，应予立案追诉：（1）挪用本单位资金数额在 5 万元以上，超过 3 个月未还的；（2）挪用本单位资金数额在 5 万元以上，进行营利活动的；（3）挪用本单位资金数额在 3 万元以上，进行非法活动的。鉴于《最高人民法院、最高人民检察院关于办理贪污贿赂刑事案件适用法律若干问题的解释》规定的挪用资金罪中"数额较大""数额巨大""进行非法活动"的数额起点与《刑法修正案（十一）》的立法精神不符，也与修订后的《立案追诉标准（二）》第 77 条的规定不一致，应当不再适用。至于本罪中"数额巨大""数额特别巨大"的数额起点，尚需有关司法解释作出进一步明确规定，以确保法律的统一适用和罚当其罪。

四、注意事项

1. 关于"其他单位"是否包括村民小组的问题。对此，《最高人民法院研究室关于村民小组是否属于刑法第二百七十二条规定的"其他单位"问题的研究意见》认为，《刑法》第 272 条规定的"其他单位"包括村民小组，村民小组组长可以成为挪用资金罪的犯罪主体。村民小组组长利用职务上的便利，挪用本单位资金归个人使用或者借贷给他人，数额较大、超过 3 个月未还的，或者虽未超过 3 个月，但数额较大、进行营利活动的，或者进行非法活动的，应当依照《刑法》第 272 条第 1 款的规定，以挪用资金罪定罪处罚。

2. 关于本罪的既未遂形态问题。司法实践中，挪用资金罪同样存在既遂与未遂的问题。有关此点，笔者认为，区分挪用资金罪既遂与未遂的标准，一般应坚持"挪"与"用"相统一原则，"挪"是前提，"用"是目的，但"挪而未用"并不影响成立犯罪既遂。换言之，只要行为人或者他人实际控制了被挪用的资金，即成立犯罪既遂。而对于行为人虽然已经着手实施犯罪，但因意志以外的因素而没有能够实际控制和使用资金的，依法成立犯罪未遂。

3. 关于本罪与职务侵占罪的界限问题。本罪与职务侵占罪都表现为公司、企业或者其他单位的工作人员，利用职务上的便利，侵犯本单位财产的行为。实践中，本罪与职务侵占罪的主要区别有三：一是侵犯的对象不同。本罪侵犯的是单位对资金的占有权、使用权、收益权；而职务侵占罪侵犯的则是单位财物的所有权。二是主观目的不同。本罪主观上是故意暂时使用资金，用后打算归还；而职务侵占罪主观上则是故意占有财物，完全不打算归还。三是客观方面不同。本罪的行为方式是挪用，即未经合法批准或许可而擅自挪用本单位资金归自己使用或者借贷给他人；而职务侵占罪的行为方式则是侵占，即行为人利用职务上的便利，侵吞、窃取、骗取或者以其他手段非法占有本单位财物。

实践中，两罪的转化问题是认定难点，应当注意两点：一是区分主观上不愿归还与客观上不能归还。如果是主观上不愿归还，则行为人具有非法占有的主观故意；而如果因客观因素不能归还，则不影响犯罪性质，更不能认定存在转化行为。在案发前未将挪用的单位资金归还的情况下，行为人虽称其只是为了挪用并非不还，但却无任何确凿的证据证明行为人不是出于暂时挪用的目的而占有单位资金的，应当认定行为人主观上具有非法占有的目的，以职务侵占罪论处。但是，如果行为人是出于暂时挪用的目的，案发时客观无能力归还或拒不归还挪用资金的，则不能把不归还理解为非法占有的目的，不能认定为转化犯罪，仍应以挪用资金罪论处。二是考察犯意的变化问题。实践中，行为人在实施犯罪过程中发生犯意的转化、另起犯意等，必然会导致其犯罪性质发生变化，从而影响犯罪定性。如果行为人在挪用资金过程中主观上不想归还的，则其犯罪目的已经由先前的挪用转化为非法占有，此时，行为人的主观恶性及客观危害性已经发生变化，应当认定犯罪性质已经发生变化，以职务侵占罪论处。

4. 关于本罪的特别从宽情节问题。《刑法》第272条第3款规定，有第1款行为，在提起公诉前将挪用的资金退还的，可以从轻或者减轻处罚。其中，犯罪较轻的，可以减轻或者免除处罚。退赃情节以往都是一种酌定从宽情节，而本罪中将其规定为特别从宽情节，可以说，已经将其上升为一种法定从宽处罚情节。这不仅有利于及时为被害单位挽回经济损失，而且契合了认罪认罚从宽制度的精神，具有积极的现实意义。根据上述条款内容，只要行为人在提起公诉前将挪用的资金退还的，就可以获得从宽处理，对于犯罪较轻的，甚至还可以免予处罚。因此，在办案实践中，要充分考虑行为人是部分退赃还是全部退赃，并将此作为对其适用从轻、减轻或者免除处罚的一个重要参考因素。

五、风险提示

挪用资金罪实际上属于一种滥用职权类的犯罪，是具有一定职权的人利用职务上的便利，挪用资金归个人使用或者借贷给他人的行为。实践中，挪用资金的危害主要体现在三个方面：一是给本单位资金安全造成现实的危险。因为资金一旦流出被他人控制，就会对本单位的正常生产经营造成实质影响，同时也会增加该笔资金因失控而损失的可能性。二是对投资人、股东乃至其他职工的不利影响。因为资金一旦外流，就不受单位控制，单位自然无法正常使用，也无法从中受益，这会对投资人、股东造成损害，如果造成严重后果的，也会进而影响职工的工资报酬和福利待遇。三是对市场活动产生潜在的风险。挪用资金归个人使用，无非是进行经营活动或者违法活动，从现实发生的案件看，主要是用于个人经营活动，即为自己谋取私利。由于其资金来自单位，会造成其他主体相应的错误判断和市场行为，进而会影响后者的实际利益，也会扰乱正常的市场经济秩序。因此，加大对市场主体资金安全的保护，不仅是单位领导层需要考虑的事情，也是国家层面必须作出的现实回应。

出于加大对非公经济刑法保护力度的考虑，立法机关对本罪的法定刑进行了适当调整，并提高了刑罚；同时，出于保障被害单位追回资金和挽回经济损失的考虑，还增加了退赃从宽处理的规定。《刑法修正案（十一）》对挪用资金罪进行了三处修改：一是删除了第1款第二档中"或者数额较大不退还的"情形。二是调整了第1款法定刑，将第二档法定刑调整为"三年以上七年以下有期徒刑"，并增加一档法定刑为"数额特别巨大的，处七年以上有期徒刑"。三是增加一款作为第3款："有第一款行为，在提起公诉前将挪用的资金退还的，可以从轻或者减轻处罚。其中，犯罪较轻的，可以减轻或者免除处罚。"笔者认为，从刑法的修改内容可以看出，立法者通过提高本罪法定刑以及鼓励退赃从宽的方式，意在落实国家对各类产权进行平等保护的精神。

六、参阅案例

人民法院案例库参考案例：姚某某挪用资金案（入库编号2023-16-1-227-001）。该案裁判要旨为：挪用资金罪保护的是单位对资金的使用收益权，指向的是侵害公司权益、谋取个人利益的行为。办理挪用资金案件，不应仅审查行为是否具有挪用资金的形式要件，而应对行为正当性及是否损害企业合法权益进行实质性审查。行为人将企业资金转入他人账户，虽然在形式上具有"资金从单位到个人的流转过程"，但是，如果无论从其运作资金的主观目的、客观行为抑或行为结果上看，行为人运作资金是为"盘活"企业资金，保障合伙企业权益的，不构成挪用资金罪。

七、关联规定

1.《全国人民代表大会常务委员会法制工作委员会刑法室关于挪用资金罪有关问题的答复》(2004年,法工委刑发〔2004〕第28号);

2.《公安部关于村民小组组长以本组资金为他人担保贷款如何定性处理问题的批复》(2001年,公法〔2001〕83号);

3.《公安部经济犯罪侦查局关于对挪用资金罪有关问题请示的答复》(2002年,公经〔2002〕1604号);

4.《公安部经济犯罪侦查局关于对挪用资金罪中"归个人使用"有关问题的批复》(2004年,公经〔2004〕1455号);

5.《最高人民检察院、公安部关于公安机关管辖的刑事案件立案追诉标准的规定(二)》(2022年,公通字〔2022〕12号)第77条;

6.《最高人民法院关于对受委托管理、经营国有财产人员挪用国有资金行为如何定罪问题的批复》(2000年,法释〔2000〕5号);

7.《最高人民法院关于如何理解刑法第二百七十二条规定的"挪用本单位资金归个人使用或者借贷给他人"问题的批复》(2000年,法释〔2000〕22号);

8.《最高人民检察院关于挪用尚未注册成立公司资金的行为适用法律问题的批复》(2000年,高检发研字〔2000〕19号);

9.《最高人民法院、最高人民检察院关于办理妨害预防、控制突发传染病疫情等灾害的刑事案件具体应用法律若干问题的解释》(2003年,法释〔2003〕8号)第14条、第17条、第18条;

10.《最高人民法院研究室关于挪用退休职工社会养老金行为如何适用法律问题的复函》(2004年,法研〔2004〕102号);

11.《最高人民法院、最高人民检察院关于办理国家出资企业中职务犯罪案件具体应用法律若干问题的意见》(2010年,法发〔2010〕49号)第3条、第5条、第6条、第7条;

12.《最高人民法院、最高人民检察院关于办理贪污贿赂刑事案件适用法律若干问题的解释》(2016年,法释〔2016〕9号)第11条、第12条;

13.《最高人民法院、最高人民检察院、公安部、司法部关于依法惩治妨害新型冠状病毒感染肺炎疫情防控违法犯罪的意见》(2020年,法发〔2020〕7号)第2条第7项、第10项;

14.《最高人民检察院关于充分发挥检察职能服务保障"六稳""六保"的意见》(2020年,高检发〔2020〕10号)第3条、第11条。

故意毁坏财物罪

一、刑法规定

第二百七十五条：故意毁坏公私财物，数额较大或者有其他严重情节的，处三年以下有期徒刑、拘役或者罚金；数额巨大或者有其他特别严重情节的，处三年以上七年以下有期徒刑。

二、罪名解读

故意毁坏财物罪，是指故意毁灭或者损坏公私财物，数额较大或者有其他严重情节的行为。本罪的具体构成要件如下所述：

（一）主体要件

本罪的主体是一般主体，凡达到刑事责任年龄且具备刑事责任能力的自然人均可构成本罪。单位不构成本罪的主体。

（二）客体要件

本罪侵犯的客体是公私财物的所有权。本罪的行为对象是各种形式的公私财物，包括生产资料、生活资料，动产、不动产，等等。既可以是国家、集体所有的财物，也可以是个人所有的财物。如果行为人故意毁坏的是刑法另有规定的特定财物，侵犯了其他犯罪客体的，则应当按照刑法有关规定进行处罚。

（三）主观要件

本罪的主观方面表现为故意，并且具有毁坏公私财物的目的。本罪中，行为人没有非法占有他人财物的目的，而是使某项财物的价值或者使用价值完全或者部分丧失。这是侵犯财产罪中毁财型犯罪与其他贪利型犯罪的根本区别。行为人的犯罪动机多种多样，一般是出于报复、泄愤、嫉妒、逞强好胜等扭曲心理，但犯罪动机如何均不影响犯罪构成。过失毁坏公私财物的，不构成本罪。

（四）客观要件

本罪的客观方面表现为毁灭或者损坏公私财物，数额较大或者有其他严重情节的行为。这里的"故意毁坏公私财物"，是指出于某种个人动机和目的，非法毁灭或者损坏公共财物或者私人所有财物的行为。这里的"毁坏"，包括毁灭和损坏，指使用各种方法故意使公私财物的价值和使用价值全部丧失，或者将公私财物部分毁坏，使其价值和使用价值部分丧失。毁坏的方法多种多样，包括砸毁、撕毁、压毁等，也可以是物的本身并未损坏，但根本无法使用，包括完全丢失，如抛入海中等。但是，如果行为人以放火、决水、爆炸等危险方法破坏公私财物，危害公共安全的，则应当以危害公共安全犯罪论处。这里的"其他严重情节"，一般是指毁灭重要财物或者物品、造成严重后果、动机和手段特别恶劣等。

三、罪与非罪

根据刑法规定，故意毁坏公私财物的行为，必须达到数额较大或有其他严重情节的才构成犯罪。情节较轻的，仅属于一般违反治安管理的行为。如果故意毁坏财物的数额较小，且犯罪情节也不严重，则不构成本罪；如果数额已经达到了较大标准，即使犯罪情节不严重，也应当按本罪论处。

关于本罪的刑事立案追诉标准，《立案追诉标准（一）》第33条规定，故意毁坏公私财物，涉嫌下列情形之一的，应予立案追诉：（1）造成公私财物损失5000元以上的；（2）毁坏公私财物3次以上的；（3）纠集3人以上公然毁坏公私财物的；（4）其他情节严重的情形。司法实践中，"其他严重情节"的情形主要包括：（1）毁坏重要物品损失严重的；（2）毁坏手段特别恶劣的；（3）毁坏急需物品引起严重后果的；（4）动机卑鄙企图嫁祸于人的；（5）毁坏救灾、抢险、防汛、救济、优抚、国防、战时支前、中小学校、医院、鳏寡孤独财物的。关于"数额巨大""其他特别严重情节"的认定标准，尚需司法解释作出明确规定。

四、注意事项

1.关于"碰瓷"毁坏财物的定性问题。所谓"碰瓷"，是指行为人故意制造或者编造其被害假象，采取诈骗、敲诈勒索等方式非法索取财物的行为。现实生活中，"碰瓷"行为已严重地侵犯公民的生命、财产安全，行为性质恶劣，危害后果严重，败坏社会风气，且易滋生黑恶势力，故必须依法予以惩治。目前，无论是刑法理论界还是司法实务部门，关于"碰瓷"案件的定性一直存有争议。对于"碰瓷"行为的定性，司法机关往往在诈骗罪、敲诈勒索罪、抢劫罪、以危险方法危害公共安全罪等关联罪名之间进行选择适用。有关此点，笔者认为，应当结合行为人的具体犯罪事实和涉案情节，并参照《最高人民法院、最高人民检察院、公安部关于依法办理"碰瓷"违法犯罪案件的指导意见》予以认定。如果行为人实施"碰瓷"，故意造成他人财物毁坏，符合《刑法》第275条规定的，应当以故意毁坏财物罪定罪处罚。而对于行为人实施"碰瓷"，尚不构成犯罪，但违反治安管理的，可以依照《治安管理处罚法》给予治安管理处罚。

2.关于本罪与毁坏财物型寻衅滋事罪的界限问题。实践中，两罪在主观和客观方面均存在一定的交叉重合。比如：主观方面都是故意，希望或放任某种结果的发生；客观方面都造成了财物的毁坏，侵犯了公私财物所有权。两罪的主要区别在于：一是侵害的法益不同。本罪属于侵犯财产类犯罪，具体属于毁弃型财产犯罪；而寻衅滋事罪属于妨害社会管理秩序类犯罪，其保护的法益是正常的社会公共秩序。二是犯罪目的不同。本罪以故意毁坏财物为目的；而寻衅滋事罪只是把毁坏财物作为手段之一，以寻求精神刺激、藐视国家法纪、破坏公共秩序为目的。因此，构成本罪需要毁坏财物数额较大，而构成寻衅滋事罪一般只需具备情节恶劣即可。三是入罪的标准不同。本罪中毁坏财物的入罪门槛是5000元；而寻衅滋事罪中毁坏财物的入罪门槛是2000元。司法实践中，准确区分两罪，还应当充分关注《最高人民法院、最高人民检察院关于办理寻衅滋事刑事案件适用法律若干问题的解释》的有关规定，对于行为人因婚恋、家庭、邻里、债务等纠纷，实施殴打、辱骂、恐吓他人或者损毁、占用他人财物等行为的，一般不认定为"寻衅滋事"，但经有关部门批评制止或者处理处罚后，继续实施前列行为，破坏社会秩序的除外。

3. 关于本罪与破坏生产经营罪的界限问题。在我国刑法体系中，本罪与破坏生产经营罪都属于毁坏财产犯罪，即以毁坏为目的而不是以占有为目的。本罪是一般法规定，而破坏生产经营罪是特别法规定，按照特别法优于一般法的原则，在两者发生法条竞合的情况下，应当适用破坏生产经营罪。实践中，两者的主要区别有二：一是侵犯的客体不同。本罪侵犯的客体是公私财物的所有权，犯罪对象可以是各种形式的公私财物。而破坏生产经营罪侵犯的客体是生产经营的正常活动，其犯罪对象与生产经营具有直接的联系。因此，行为人破坏尚未使用或者保存中的机器设备的，构成本罪。但是，破坏已经或者准备投入生产的机器设备的，则构成破坏生产经营罪。二是犯罪行为的具体表现不同。本罪只能表现为积极的作为。而破坏生产经营罪既可以表现为积极的作为，也可以表现为消极的不作为，而且破坏行为只要足以使生产无法正常进行或者使已经进行的生产归于失败即可。此外，本罪所造成的损失只有被毁损的财物本身的价值，而破坏生产经营罪对生产经营所造成的实际损失往往大于被毁坏的机器设备或者被残害的耕畜等财产本身的价值。

五、风险提示

现实生活中，行为人出于报复、泄愤、嫉妒、逞强好胜等扭曲心理，对公私财物进行肆意毁损，不仅侵害了他人的财产所有权，还会对正常的生产、生活秩序造成破坏。实践中，行为人故意毁坏他人财物的行为，往往还会导致被害人的反抗和报复，如果矛盾处置不当，则会进一步产生新的违法犯罪活动，不利于构建和谐稳定的社会秩序。因此，故意毁坏财物的行为，不仅仅是"赔钱"这么简单，轻则遭受治安管理处罚，重则触犯刑律，可能会涉嫌故意毁坏财物罪、破坏生产经营罪或者危害公共安全罪中的有关犯罪。由此可知，不能将毁坏他人财物的行为简单地理解为一种民事侵权，其同样受到国家行政管理法规和刑事法律的规制。

关于本罪认定时的几种特殊情形，现逐一介绍如下：（1）关于破坏公用电信设施行为的定性。《最高人民法院关于审理破坏公用电信设施刑事案件具体应用法律若干问题的解释》第3条第1款规定，故意破坏正在使用的公用电信设施尚未危害公共安全，或者故意毁坏尚未投入使用的公用电信设施，造成财物损失，构成犯罪的，依照《刑法》第275条规定，以故意毁坏财物罪定罪处罚。（2）关于毁坏窨井盖行为的定性。《最高人民法院、最高人民检察院、公安部关于办理涉窨井盖相关刑事案件的指导意见》第4条第2款规定，故意毁坏本意见第1条、第2条规定以外的其他场所的窨井盖，且不属于本意见第3条规定的情形，数额较大或者有其他严重情节的，依照《刑法》第275条的规定，以故意毁坏财物罪定罪处罚。（3）关于侵害他人股票权益行为的定性。股票作为一种权利凭证，具有经济价值，代表着持有人的财产权利，可以成为故意毁坏财物罪的犯罪对象。行为人出于泄愤目的侵入他人股票账户后，高进低出进行股票买卖造成他人资金损失数额较大的行为，侵犯了他人私有财物的所有权，并且行为人主观上具有对他人财产造成毁损的故意，故符合故意毁坏财物罪的犯罪构成。（4）关于偷开他人车辆造成损失行为的定性。对此，笔者认为，偷开机动车导致车辆丢失的，以盗窃罪定罪处罚。为盗窃其他财物，偷开机动车作为犯罪工具使用后非法占有车辆，或者将车辆遗弃导致丢失的，被盗车辆的价值计入盗窃数额。为实施其他犯罪，偷开机动车作为犯罪工具使用后非法占有车辆，或者将车辆遗弃导致丢失的，以盗窃罪和其他犯罪数罪并罚；将车辆送回未造成丢失的，按照其所实施的其他犯罪从重处罚。盗窃行为未构成犯罪，但损毁财物构成其他犯罪的，以其他犯罪定罪处罚。对于行为人不具有非法占有车辆的目的，而是出于其他目的偷开机动车辆造成车辆损坏的，应以故意毁坏财物罪论处。

六、参阅案例

人民法院案例库参考案例：孔某某寻衅滋事案（入库编号2023-05-1-269-002）。该案裁判要旨为：故意毁坏财物罪主观目的仅为毁损财物，侵犯的客体是财产的所有权，没有对社会管理秩序造成破坏。而寻衅滋事的犯罪动机多是基于某种扭曲的心理，为发泄负面情绪而对不特定的对象实施的行为。行为人针对特定人和物实施报复，主观上并没有寻求精神刺激、填补精神空虚、发泄不良情绪等一般的寻衅滋事罪所要求的心态的，不宜认定为寻衅滋事罪。

七、关联规定

1.《最高人民检察院、公安部关于公安机关管辖的刑事案件立案追诉标准的规定（一）》（2008年，公通字〔2008〕36号）第33条；

2.《最高人民法院、最高人民检察院、公安部关于依法办理"碰瓷"违法犯罪案件的指导意见》（2020年，公通字〔2020〕12号）第5条、第9条、第10条；

3.最高人民法院、最高人民检察院、公安部《办理跨境赌博犯罪案件若干问题的意见》（2020年，公通字〔2020〕14号）第4条第4项、第8条；

4.《最高人民法院关于审理破坏公用电信设施刑事案件具体应用法律若干问题的解释》（2004年，法释〔2004〕21号）第3条、第4条；

5.《最高人民法院关于审理破坏广播电视设施等刑事案件具体应用法律若干问题的解释》（2011年，法释〔2011〕13号）第6条、第7条；

6.《最高人民法院、最高人民检察院、公安部、司法部、国家卫生和计划生育委员会关于依法惩处涉医违法犯罪维护正常医疗秩序的意见》（2014年，法发〔2014〕5号）第2条第1项；

7.《最高人民法院、最高人民检察院、公安部、司法部关于办理黑恶势力犯罪案件若干问题的指导意见》（2018年，法发〔2018〕1号）第16条、第19条；

8.《最高人民法院、最高人民检察院、公安部关于办理涉窨井盖相关刑事案件的指导意见》（2020年，高检发〔2020〕3号）第1条、第2条、第3条、第4条、第12条。

拒不支付劳动报酬罪

一、刑法规定

第二百七十六条之一：以转移财产、逃匿等方法逃避支付劳动者的劳动报酬或者有能力支付而不支付劳动者的劳动报酬，数额较大，经政府有关部门责令支付仍不支付的，处三年以下有期徒刑或者拘役，并处或者单处罚金；造成严重后果的，处三年以上七年以下有期徒刑，并处罚金。

单位犯前款罪的，对单位判处罚金，并对其直接负责的主管人员和其他直接责任人员，依照前款的规定处罚。

有前两款行为，尚未造成严重后果，在提起公诉前支付劳动者的劳动报酬，并依法承担相应赔偿责任的，可以减轻或者免除处罚。

二、罪名解读

拒不支付劳动报酬罪，是指以转移财产、逃匿等方法逃避支付劳动者的劳动报酬或者有能力支付而不支付劳动者的劳动报酬，数额较大，经政府有关部门责令支付仍不支付的行为。本罪的具体构成要件如下所述：

（一）主体要件

本罪的主体为特殊主体，仅限于负有向劳动者支付劳动报酬义务的自然人或者单位。这里的"单位"，包括具备合法经营资格的用人单位、不具备合法经营资格的用人单位以及劳务派遣单位。对于个人承包经营者犯罪的，应当以个人犯罪追究其刑事责任。此外，需要说明的是，用人单位的实际控制人也可以构成本罪的主体。

（二）客体要件

本罪侵犯的是复杂客体，即国家的劳动管理秩序和劳动者获得劳动报酬的权利。本罪的行为对象是劳动者的劳动报酬。这里的"劳动报酬"，是指劳动者依照《劳动法》和《劳动合同法》等法律的规定应得的劳动报酬，包括工资、奖金、津贴、补贴、延长工作时间的工资报酬及特殊情况下支付的工资等。据此，"劳动报酬"不包括用人单位应当支付给劳动者的社保福利和劳动保护等费用。

此外，需要说明的是，劳务关系、雇佣关系、承揽关系中的合同相对人不属于拒不支付劳动报酬罪中的劳动者，行为人故意不履行合同，拒不支付相应报酬的，属于民事法律关系调整的范畴。立法规定拒不支付劳动报酬罪，是为了强化对处于弱势地位劳动者的保护，严惩恶意欠薪行为，而对于平等民事主体之间的劳务报酬纠纷，则应通过民事诉讼程序予以解决。

（三）主观要件

本罪的主观方面只能是直接故意，间接故意和过失不构成本罪。至于行为人的犯罪动机如何，并不影响本罪的成立。

（四）客观要件

本罪的客观方面表现为以转移财产、逃匿等方法逃避支付劳动者的劳动报酬或者有能力支付而不支付劳动者的劳动报酬，数额较大，并经政府有关部门责令支付仍不支付的行为。构成本罪在客观方面必须同时满足以下三个条件：一是行为人以转移财产、逃匿等方法逃避支付劳动者的劳动报酬或者有能力支付而不支付劳动者的劳动报酬；二是数额较大；三是经政府有关部门责令支付仍不支付。本罪的具体行为方式有二：一是以转移财产、逃匿等方法逃避支付劳动者的劳动报酬；二是有能力支付而不支付劳动者的劳动报酬。

这里的"转移财产"，是指行为人为了逃避支付劳动报酬，将所经营的收益转移至他处，以使行政机关、司法机关或被欠劳动报酬者无法查找。在转移财产逃避支付中，行为人显然有支付能力或者有部分支付能力。这里的"逃匿"，是指行为人为了逃避支付劳动报酬或者为躲避行政机关或司法机关的追究而逃离当地或躲藏起来，脱离劳动者视线或者劳动监察部门的监管。以逃匿等方法逃避支付劳动报酬的，行为人可能具有支付能力，也可能丧失支付能力。

这里的"有能力支付而不支付"，是指行为人本身有经济能力支付而故意长期拖欠劳动者的劳动报酬不予支付。这里的"政府有关部门"，是指县级以上地方人民政府劳动行政部门。这里的"责令支付仍不支付"，是指经政府劳动行政部门责令支付1次仍没有支付的情况。这里的"数额较大"，包括以下情形：（1）拒不支付1名劳动者3个月以上的劳动报酬且数额在5000元至2万元以上的；（2）拒不支付10名以上劳动者的劳动报酬且数额累计在3万元至10万元以上的。这里的"造成严重后果"，包括以下情形：（1）造成劳动者或者其被赡养人、被扶养人、被抚养人的基本生活受到严重影响、重大疾病无法及时医治或者失学的；（2）对要求支付劳动报酬的劳动者使用暴力或者进行暴力威胁的；（3）造成其他严重后果的。需要说明的是，"造成严重后果"是本罪的加重处罚情节，而结果加重犯的成立必须以符合基本犯罪构成为前提。这里的"提起公诉前支付劳动者的劳动报酬"，是指在人民检察院提起公诉之前，涉案欠薪单位或者个人全额支付了拖欠的劳动报酬。

三、罪与非罪

根据刑法规定，行为人采取转移财产、逃匿等方法逃避支付劳动者的劳动报酬或者有能力支付而不支付劳动者的劳动报酬，都必须达到数额较大且经政府有关部门责令支付仍不支付的法定标准，才能构成本罪。如果行为人的行为仅符合数额较大或者经政府有关部门责令支付仍不支付条件之一，则不构成本罪。

《最高人民法院关于审理拒不支付劳动报酬刑事案件适用法律若干问题的解释》（以下简称《拒付劳动报酬解释》）第6条第1款规定，拒不支付劳动者的劳动报酬，尚未造成严重后果，在刑事立案前支付劳动者的劳动报酬，并依法承担相应赔偿责任的，可以认定为情节显著轻微危害不大，不认为是犯罪；在提起公诉前支付劳动者的劳动报酬，并依法承担相应赔偿责任的，可以减轻或者免除刑事处罚；在一审宣判前支付劳动者的劳动报酬，并依法承担相应赔偿责任的，可以从轻处罚。这里的"尚未造成严重后果"，一般是指虽然欠薪，但没有影响劳动者的家庭生活、生存，没有造成劳动者自伤、精神失常或者实施犯罪行为，没有引发群体性事件，等等。

关于本罪的刑事立案追诉标准，《立案追诉标准（一）的补充规定》第7条规定，以转移财产、逃匿等方法逃避支付劳动者的劳动报酬或者有能力支付而不支付劳动者的劳动报酬，经政府有关部门责令支付仍不支付，涉嫌下列情形之一的，应予立案追诉：（1）拒不支付1名劳动者3个月以上的劳动报酬且数额在5000元至2万元以上的；（2）拒不支付10名以上劳动者的劳动报酬且数额累计在3万元至10万元以上的。不支付劳动者的劳动报酬，尚未造成严重后果，在刑事立案前支付劳动者的劳动报酬，并依法承担相应赔偿责任的，可以不予立案追诉。

四、注意事项

1. 关于"恶意欠薪"和"一般欠薪"的界限问题。实践中，正确认定本罪必须厘清"恶意欠薪"和"一般欠薪"之间的界限。部分用人单位因在经营中遇到困难、资金周转不开或经营不善等暂时无法支付劳动者劳动报酬的，属于"一般欠薪"，鉴于其主观上并不具有故意或恶意，故不宜按照本罪进行处理，劳动者可以通过法定救济途径进行维权和解决争议。而"恶意欠薪"，是指以转移财产、逃匿等方法逃避支付劳动者的劳动报酬或者有能力支付而不支付劳动者的劳动报酬，数额较大，经政府有关部门责令支付仍不支付的行为。鉴于恶意欠薪者主观上具有恶意逃避支付劳动报酬的故意，客观上又实施了逃避支付的犯罪行为，故应当依法追究其刑事责任。

2. 关于"恶意逃避"的具体认定标准问题。对此，《拒付劳动报酬解释》第2条规定，以逃避支付劳动者的劳动报酬为目的，具有下列情形之一的，应当认定为《刑法》第276条之一第1款规定的"以转移财产、逃匿等方法逃避支付劳动者的劳动报酬"：（1）隐匿财产、恶意清偿、虚构债务、虚假破产、虚假倒闭或者以其他方法转移、处分财产的；（2）逃跑、藏匿的；（3）隐匿、销毁或者篡改账目、职工名册、工资支付记录、考勤记录等与劳动报酬相关的材料的；（4）以其他方法逃避支付劳动报酬的。实践中，用人单位具有支付薪资能力而故意不支付或拖延支付的，也属于"恶意欠薪"。

3. 关于"经政府有关部门责令支付仍不支付"的认定问题。《拒付劳动报酬解释》第 4 条规定，经人力资源社会保障部门或者政府其他有关部门依法以限期整改指令书、行政处理决定书等文书责令支付劳动者的劳动报酬后，在指定的期限内仍不支付的，应当认定为《刑法》第 276 条之一第 1 款规定的"经政府有关部门责令支付仍不支付"，但有证据证明行为人有正当理由未知悉责令支付或者未及时支付劳动报酬的除外。行为人逃匿，无法将责令支付文书送交其本人、同住成年家属或者所在单位负责收件的人的，如果有关部门已通过在行为人的住所地、生产经营场所等地张贴责令支付文书等方式责令支付，并采用拍照、录像等方式记录的，应当视为"经政府有关部门责令支付"。在此，需要说明的是，经政府有关部门责令支付规定时间或者劳资双方约定的期限届满后，行为人"仍不支付"的，公安机关可以立案查处。

4. 关于"以逃匿方法逃避支付劳动者的劳动报酬"的认定问题。实践中，对于行为人拖欠劳动者劳动报酬后，人力资源社会保障部门通过书面、电话、短信等能够确认其收悉的方式，通知其在指定的时间到指定的地点配合解决问题，但其在指定的时间未到指定的地点配合解决问题或明确表示拒不支付劳动报酬的，视为《刑法》第 276 条之一第 1 款规定的"以逃匿方法逃避支付劳动者的劳动报酬"。但是，行为人有证据证明其因自然灾害、突发重大疾病等非人力所能抗拒的因素无法在指定的时间到指定的地点配合解决问题的除外。由此可知，行为人欠薪后，在收到人力资源社会保障部门的通知后明确拒绝或者不予配合的，可以据此认定为其"以逃匿方法逃避支付劳动者的劳动报酬"。但行为人能够举证证实其主观上不具有逃匿故意，确系因不能抗拒的因素无法及时配合解决问题的，不能认定行为人具有恶意逃避的故意和行为。

5. 关于违法用工者恶意欠薪的行为定性问题。对此，《拒付劳动报酬解释》第 7 条规定，不具备用工主体资格的单位或者个人，违法用工且拒不支付劳动者的劳动报酬，数额较大，经政府有关部门责令支付仍不支付的，应当依照《刑法》第 276 条之一的规定，以拒不支付劳动报酬罪追究刑事责任。实践中，还会涉及企业将工程、业务违法分包或者转包中的恶意欠薪责任承担和追究问题。根据有关指导意见的精神，对于上述问题应按照以下程序进行处理：首先，人力资源社会保障部门应向具备用工主体资格的企业下达限期整改指令书或行政处理决定书，责令该企业限期支付劳动者劳动报酬。其次，如果该企业有充足证据证明其已向不具备用工主体资格的单位或个人支付了劳动者全部的劳动报酬，该单位或个人仍未向劳动者支付的，人力资源社会保障部门应向不具备用工主体资格的单位或个人下达限期整改指令书或行政处理决定书，并要求企业监督该单位或个人向劳动者发放到位。由此可知，虽然小包工头不具备用工主体资格，但由于其违法用工且恶意欠薪行为客观存在，根据有关规定，仍应当按照拒不支付劳动报酬罪论处。

五、风险提示

近些年，一些用工单位恶意欠薪现象比较突出，不仅严重侵犯了劳动者的合法权益，还引发了很多群体性事件和诸多社会矛盾，已经成为影响社会稳定的重要隐患。为加强民生保护、促进社会和谐稳定和严惩劳动领域违法犯罪行为，2011年，《刑法修正案（八）》将"拒不支付劳动报酬罪"纳入了刑法体系。2013年，最高人民法院出台了《拒付劳动报酬解释》，进一步提升了拒不支付劳动报酬罪的可操作性。2014年，《最高人民法院、最高人民检察院、人力资源和社会保障部、公安部关于加强涉嫌拒不支付劳动报酬犯罪案件查处衔接工作的通知》发布，进一步完善了人力资源社会保障行政执法和刑事司法衔接制度。2021年，人力资源和社会保障部又专门制定了《拖欠农民工工资失信联合惩戒对象名单管理暂行办法》，将恶意欠薪的用人单位及其法定代表人或者主要负责人、直接负责的主管人员和其他直接责任人员列入失信联合惩戒名单。应该说，这一系列法律、司法解释、规范性文件和规章制度的颁布实施，有效打击和震慑了拒不支付劳动报酬违法犯罪行为，维护了劳动者的合法权益和社会稳定。

实践中，本罪的犯罪主体情况比较复杂。一般而言，具备用工主体资格的单位或者个人才存在与劳动者签订劳动合同从而产生支付劳动报酬的义务，劳动者也是根据《劳动法》《劳动合同法》等法律的规定取得应得的劳动报酬。但是，在司法实践中，也有些单位和个人，虽然不具备用工主体资格，但违法用工，在这种情况下，劳动者的劳动报酬也应当得到法律保护。基于上述考虑，《拒付劳动报酬解释》规定，对于不具备用工主体资格的单位或者个人，违法用工且拒不支付劳动者的劳动报酬，数额较大，经政府有关部门责令支付仍不支付的，应当以拒不支付劳动报酬罪论处。现实中，有的用人单位名义管理人和实际控制人相互分离，即单位的实质性事务由实际控制人决定。考虑到该种特殊情形，《拒付劳动报酬解释》规定，对于用人单位的实际控制人实施拒不支付劳动报酬行为，构成犯罪的，应当以拒不支付劳动报酬罪论处。由此可知，不管行为人是否具备法定的用工主体资格，也不管行为人是否为企业工商登记中的股东或者负责人，只要其存在支配用工行为和恶意欠薪的事实，同时符合本罪构成要件的，均应当以本罪定罪处罚。

六、参阅案例

最高人民法院指导案例28号：胡克金拒不支付劳动报酬案。该案裁判要旨为：

（1）不具备用工主体资格的单位或者个人（包工头），违法用工且拒不支付劳动者劳动报酬，数额较大，经政府有关部门责令支付仍不支付的，应当以拒不支付劳动报酬罪追究刑事责任。（2）不具备用工主体资格的单位或者个人（包工头）拒不支付劳动报酬，即使其他单位或者个人在刑事立案前为其垫付了劳动报酬的，也不影响追究该用工单位或者个人（包工头）拒不支付劳动报酬罪的刑事责任。

七、关联规定

1.《中华人民共和国教师法》（2009年）第7条、第38条、第40条、第41条；

2.《中华人民共和国劳动法》（2018年）第50条、第91条、第105条；

3.《最高人民检察院、公安部关于公安机关管辖的刑事案件立案追诉标准的规定（一）的补充规定》（2017年，公通字〔2017〕12号）第7条；

4.《最高人民法院、最高人民检察院、人力资源和社会保障部、公安部关于加强对拒不支付劳动报酬案件查处工作的通知》（2012年，人社部发〔2012〕3号）第1条至第5条；

5.《最高人民法院关于审理拒不支付劳动报酬刑事案件适用法律若干问题的解释》（2013年，法释〔2013〕3号）第1条至第9条；

6.《最高人民法院、最高人民检察院、人力资源和社会保障部、公安部关于加强涉嫌拒不支付劳动报酬犯罪案件查处衔接工作的通知》（2014年，人社部发〔2014〕100号）第1条至第3条；

7.《最高人民检察院关于充分发挥检察职能服务保障"六稳""六保"的意见》（2020年，高检发〔2020〕10号）第3条、第9条。

第十一章　妨害社会管理秩序类犯罪

伪造公司、企业、事业单位、人民团体印章罪

一、刑法规定

第二百八十条第二款：伪造公司、企业、事业单位、人民团体的印章的，处三年以下有期徒刑、拘役、管制或者剥夺政治权利，并处罚金。

二、罪名解读

伪造公司、企业、事业单位、人民团体印章罪，是指伪造公司、企业、事业单位、人民团体印章的行为。本罪的具体构成要件如下所述：

（一）**主体要件**

本罪的主体为一般主体，即凡年满16周岁且具备刑事责任能力的自然人均能构成本罪。单位不能构成本罪。

（二）**客体要件**

本罪侵犯的客体是公司、企业、事业单位、人民团体印章的正常管理活动和信誉。本罪的行为对象为公司、企业、事业单位、人民团体的印章，不包括上述单位的文件与证件。印章，通常是指在一定载体上刻制文字与图记，表明主体同一性的图章。一般认为，印章包括印形与印影。印形，是指以实物形态独立存在的印章，就是传统概念中的实物印章。印影，是指为了证明一定的事项而显示在物体上的印章影迹。本罪中，"伪造"的对象既包括实物印章，也包括印影等非实物印章。需要说明的是，这里的公司、企业、事业单位、人民团体，并没有所有制性质方面的限制。

（三）**主观要件**

本罪的主观方面只能是故意，过失不构成本罪。至于行为人伪造印章的犯罪动机和目的如何，均不影响本罪的成立。

（四）**客观要件**

本罪的客观方面表现为伪造公司、企业、事业单位、人民团体印章的行为。

这里的"伪造"，是指无制作权的人自己或者指使、默许他人，冒用单位名义，制作虚假的印章（印形，即固体印章），或者在有关文件、证件上直接伪造印影的行为。而且，本罪中的"伪造"不必然要求行为人本人伪造，也可以是行为人"委托"他人伪造，实践中多表现为"购买"，即行为人出钱，刻制人制作；还可以是指使、默许他人伪造，如行为人指派下属等刻制假章。此外，"伪造"本身并不等同于"刻制假印章"，"伪造"不限于伪造印形，还包括伪造印影。"伪造"行为既包括实际进行刻制，也包括采用抠图技术等套印印影。

本罪属于选择性罪名，只要行为人实施了伪造印章的行为就可构成本罪，具体罪名可根据所伪造单位印章的实际情况予以认定。

三、罪与非罪

本罪属于行为犯，行为人只要实施了伪造单位印章的行为就可构成本罪，并不需要造成实际的危害后果。实践中，只要行为人伪造印章的行为实施完毕，即构成犯罪既遂。如果行为人同时伪造公司、企业、事业单位、人民团体的印章或者伪造同一单位的多枚印章，仍然属于一罪而不是数罪。如果行为人为了实施诈骗等违法犯罪活动而伪造印章的，其行为将涉嫌数个罪名，按照牵连犯处理原则，只需择一重罪进行处罚即可。如果行为人实施了变造、盗窃公司、企业、事业单位、人民团体的文件、证件、印章的行为，则不构成本罪。实践中，行为人伪造合同专用章、工程项目专用章等行为也成立本罪。

关于"使用"是否被涵括在"伪造"的含义之内，笔者认为，从刑法条文本身的含义可以看出，设置本罪的目的在于打击伪造印章的行为，而不是伪造印章后的使用行为。因为《刑法》第280条规定的多个罪名中，都只规定了"伪造"等行为，并未规定"使用"，而对于"使用"行为，多在其他罪名中出现。因此，从刑法体系解释的角度来看，后续的使用行为并不是构成本罪的必要前提，只要伪造印章的行为对刑法所保护的法益具有侵害的现实危险性，就可以成立本罪，而不论伪造印章后是否进行实际使用。

关于本罪的刑事立案追诉标准，并无相关司法解释作出明确规定。考虑到本罪属于行为犯，根据《刑法》第280条第2款的规定，行为人伪造公司、企业、事业单位、人民团体印章的，应予立案追诉。

四、注意事项

1.关于村委会印章是否属于伪造印章罪的犯罪对象问题。对此，各地司法机关的认识并不统一，导致大量同案不同判现象。有的认为构成伪造人民团体印章罪；有的认为构成伪造国家机关印章罪；有的认为构成伪造事业单位印章罪；有的则认为村委会印章不是伪造印章罪的犯罪对象，不构成犯罪。对此，笔者认为，根据《村民委员会组织法》和《民法典》的有关规定，村民委员会是村民自我管理、自我教育、自我服务的基层群众性自治组织，且具有基层群众性自治组织法人资格，可以从事为履行职能所需要的民事活动。由此可知，村民委员会属于特别法人，其本身既不属于国家机关，也不属于公司、企业、事业单位、人民团体，因此村委会印章不是伪造印章罪的犯罪对象，对伪造村委会印章的行为不能以伪造印章罪定罪处罚。实践中，行为人伪造并使用村委会印章的行为无疑会破坏正常的社会管理秩序，具有一定的社会危害性，甚至会造成严重的社会后果，确有必要通过法律手段予以规制和制止。《民法典》颁布实施之后，村委会的法律属性也更加明确，并与机关法人、农村集体经济组织法人、城镇农村的合作经济组织法人等并列为特别法人，其主体类别的独立性不应再有争议，因此根据罪刑法定原则，村委会印章不能成为伪造印章罪的犯罪对象。笔者认为，不能以某种行为存在严重的社会危害性，又苦于无明确的刑法条款可以适用，便适用现行刑事法律中最相类似的条文处断，这显然与罪刑法定原则的内容和基本精神相悖。当然，如果行为人伪造村委会印章，并在使用伪造的村委会印章过程中涉嫌其他罪名的，则完全可以依照刑法有关规定定罪处罚。

2. 关于社会团体印章是否属于伪造印章罪的犯罪对象问题。《社会团体登记管理条例》第2条规定，社会团体是指中国公民自愿组成，为实现会员共同意愿，按照其章程开展活动的非营利性社会组织。第3条规定，成立社会团体，应当经其业务主管单位审查同意，并依照本条例的规定进行登记。社会团体应当具备法人条件。下列团体不属于本条例规定登记的范围：（1）参加中国人民政治协商会议的人民团体；（2）由国务院机构编制管理机关核定，并经国务院批准免予登记的团体；（3）机关、团体、企业事业单位内部经本单位批准成立、在本单位内部活动的团体。根据上述规定，另结合《刑法》第280条的规定可知，社会团体属于依法登记成立的非营利性社会组织，系具有独立从事民事活动和承担民事责任的社团法人，其法律性质完全不同于国家机关、公司、企业、事业单位、人民团体等单位，因此社会团体印章不属于伪造印章罪的犯罪对象，对伪造社会团体印章的行为不能以本罪论处。

3. 关于单纯使用伪造的印章行为是否构成本罪的问题。我国刑法并未规定非法使用印章方面的犯罪，对伪造印章罪也仅规定了"伪造"行为，并未规定"使用"伪造的印章的行为，而且"使用"显然不同于"伪造"。《公安部关于对伪造学生证及贩卖、使用伪造学生证的行为如何处理问题的批复》中有关于"使用伪造的印章"的规定,但该批复规定:"对使用伪造的学生证购买半价火车票,数额较大的,应当依照《中华人民共和国刑法》第266条的规定,以诈骗罪立案侦查。"参照该批复的精神,单纯地使用伪造的印章行为不构成伪造印章罪。实践中,如果行为人自己或者指使、委托、默许他人伪造了印章又使用的,或者行为人仅使用了伪造的印章但与伪造印章者同谋的,可以认定为伪造印章罪。如果行为人自己并没有伪造印章,也没有指使、委托、默许他人伪造印章,或者行为人虽然使用了伪造的印章,但是并没有与伪造印章者同谋的,则不成立伪造印章罪。明知是伪造的印章而使用的,固然具有一定的社会危害性,但根据罪刑法定原则,不能将其认定为伪造印章罪,如果构成其他犯罪的,按照其他犯罪论处。而对于根本不知道所使用的印章系伪造的,或者受欺骗使用了伪造的印章的,或者只是使用了加盖伪造的印章的有关材料的,更不能成立伪造印章罪。

五、风险提示

首先,关于伪造、贩卖伪造的高等院校学历、学位证明的行为如何定性处理。高等院校是大学、学院、独立学院、高等职业技术大学、高等职业技术学院、高等专科学校的统称,简称"高校"。从学历和培养层次上讲,包括专科、本科、硕士研究生、博士研究生。高等院校属于国家认可的事业单位,由其颁发的学历、学位证明代表了高等院校对特定学员学历和学位的认可,不仅具有国家公信力和社会权威性,而且具有法律效力。因此,任何人都不得伪造文凭和贩卖伪造的文凭,否则将会受到法律的严惩。就该类问题如何定性处理,《最高人民法院、最高人民检察院关于办理伪造、贩卖伪造的高等院校学历、学位证明刑事案件如何适用法律问题的解释》规定:对于伪造高等院校印章制作学历、学位证明的行为,以伪造事业单位印章罪定罪处罚;明知是伪造高等院校印章制作的学历、学位证明而贩卖的,以伪造事业单位印章罪的共犯论处。

其次,关于伪造学生证及贩卖、使用伪造的学生证的行为如何定性处理。伪造和贩卖假学生证,不仅扰乱了社会秩序,还损害了诚实信用的社会环境,性质严重的,还可能构成犯罪。根据《公安部关于对伪造学生证及贩卖、使用伪造学生证的行为如何处理问题的批复》的规定:对伪造高等院校印章制作学生证的行为,应当依照《刑法》第280条第2款的规定,以伪造事业单位印章罪立案侦查;对明知是伪造高等院校印章制作的学生证而贩卖的,应当以伪造事业单位印章罪的共犯立案侦查;对使用伪造的学生证购买半价火车票,数额较大的,应当依照《刑法》第

266 条的规定，以诈骗罪立案侦查。此外，对于贩卖、使用伪造的学生证的行为，尚不够刑事处罚的，依照治安管理进行处理。

六、参阅案例

人民法院案例库参考案例：许某东伪造公司、事业单位印章案（入库编号 2024-03-1-239-001）。该案裁判要旨为：企业、事业单位同时使用的实体印章和电子印章，均属于《刑法》第 280 条第 2 款规定的"企业、事业单位的印章"。

七、关联规定

1.《公安部关于对伪造学生证及贩卖、使用伪造学生证的行为如何处理问题的批复》（2002 年，公刑〔2002〕1046 号）；

2.《最高人民法院、最高人民检察院关于办理伪造、贩卖伪造的高等院校学历、学位证明刑事案件如何适用法律问题的解释》（2001 年，法释〔2001〕22 号）；

3.《最高人民检察院法律政策研究室关于通过伪造证据骗取法院民事裁判占有他人财物的行为如何适用法律问题的答复》（2002 年，〔2002〕高检研发第 18 号）；

4.《最高人民法院、最高人民检察院关于办理妨害信用卡管理刑事案件具体应用法律若干问题的解释》（2018 年，法释〔2018〕19 号）第 4 条第 1 款。

虚假诉讼罪

一、刑法规定

第三百零七条之一：以捏造的事实提起民事诉讼，妨害司法秩序或者严重侵害他人合法权益的，处三年以下有期徒刑、拘役或者管制，并处或者单处罚金；情节严重的，处三年以上七年以下有期徒刑，并处罚金。

单位犯前款罪的，对单位判处罚金，并对其直接负责的主管人员和其他直接责任人员，依照前款的规定处罚。

有第一款行为，非法占有他人财产或者逃避合法债务，又构成其他犯罪的，依照处罚较重的规定定罪从重处罚。

司法工作人员利用职权，与他人共同实施前三款行为的，从重处罚；同时构成其他犯罪的，依照处罚较重的规定定罪从重处罚。

二、罪名解读

虚假诉讼罪，是指以捏造的事实提起民事诉讼，妨害司法秩序或者严重侵害他人合法权益的行为。本罪的具体构成要件如下所述：

（一）主体要件

本罪的主体是一般主体，包括自然人和单位，既包括诉讼当事人，也包括当事人之外的其他人。本罪的主体一般为原告、有独立请求权的第三人，如果被告提出反诉或者与原告串通的，也可以成为本罪主体。此外，其他诉讼参与人也可以与原告成立共同犯罪。

（二）客体要件

本罪侵犯的客体是国家的司法秩序和他人的合法权益。虚假诉讼罪中的诉讼仅限于民事诉讼，不包括刑事诉讼与行政诉讼，但应包括刑事附带民事诉讼。行为人向仲裁机构提起虚假仲裁的行为，不适用本罪的规定。从《刑法》第 307 条之一的法条表述可知，司法秩序与他人的合法权益是虚假诉讼罪的选择性保护法益。针对司法秩序而言，虚假诉讼罪是行为犯；针对他人的合法权益而言，虚假诉讼罪是结果犯。

这里的"妨害司法秩序"，是指对国家司法机关进行审判活动、履行法定职责的正常程序造成妨害，既包括导致司法机关作出错误裁判，也包括提起虚假诉讼占用了司法资源，影响了司法机关的正常活动。这里的"严重侵害他人合法权益"，是指虚假诉讼活动给被害人的财产权等合法权益造成了严重损害后果。

（三）主观要件

本罪的主观方面是故意，包括直接故意和间接故意，是否具有谋取不正当利益的目的不影响本罪的成立。本罪中，行为人具有提起虚假的民事诉讼，欺骗国家司法机关，意图通过获得司法机关的裁判文书实现其非法目的的主观故意。所谓"裁判文书"，是指人民法院依照民事诉讼法、企业破产法等民事法律作出的判决、裁定、调解书、支付令等文书。司法实践中，从行为人的具体犯罪目的分析，可以将虚假诉讼划分为两种类型：一类是骗财类虚假诉讼，企图通过诉讼侵占他人财产或者逃避合法债务；另一类是出于谋财以外的其他目的的虚假诉讼。过失不构成本罪。

（四）客观要件

本罪的客观方面表现为以捏造的事实提起民事诉讼，妨害司法秩序或者严重侵害他人合法权益的行为。构成虚假诉讼罪在客观方面必须具备以下条件：一是行为人以捏造的事实提起民事诉讼；二是造成了妨害司法秩序或者严重侵害他人合法权益的后果。

这里的"民事诉讼",是指适用民事诉讼程序的一切诉讼,包括提起刑事附带民事诉讼与提出反诉,具体包括起诉、立案、开庭、审判、审判监督、执行等法律程序。这里的"捏造的事实",是指凭空编造的不存在的事实和法律关系。此处"捏造的事实"既包括行为人自行捏造的事实,也包括利用他人捏造的事实,但均要求"捏造的事实"足以影响公正裁决。比如,捏造根本不存在的债权债务关系或者从未发生过的商标侵权行为等。如果民事纠纷客观存在,行为人对具体数额、期限等事实作夸大、隐瞒或虚假陈述的,不属于此处的"捏造"。这里的"以捏造的事实提起民事诉讼",是指通过伪造书证或物证、恶意串通、指使证人作假证等手段,以凭空捏造的根本不存在的事实为基础,向法院提出诉讼请求,要求法院作出裁判。因此,应将虚假诉讼罪中的"捏造"严格限定为"无中生有"。如果行为人对既有民事法律关系进行"部分篡改"的,则不应认定为虚假诉讼罪。所谓"部分篡改",是指民事法律关系和民事纠纷客观存在,行为人只是对具体的诉讼标的额、履行方式等部分事实作夸大或者隐瞒。当然,如果该行为构成其他犯罪的,则以他罪论处,比如以妨害作证罪等罪名定罪处罚。

三、罪与非罪

本罪规定的是以凭空捏造的事实提起民事诉讼,妨害司法秩序或者严重侵害他人合法权益的犯罪。对于行为人隐瞒债务已经全部清偿的事实,向人民法院提起民事诉讼,要求他人履行债务的,则以"以捏造的事实提起民事诉讼"论。实践中,只要虚假诉讼行为妨害司法秩序或者严重侵害他人合法权益,就可以构成本罪,并不要求诉讼程序已经终结。作为行为犯的虚假诉讼罪,以行为人提起的虚假诉讼被法院受理为既遂标准;作为结果犯的虚假诉讼罪,以严重侵害了他人的合法权益为既遂标准,其中的合法权益不限于财产权益。需要说明的是,对于提起诉讼的基本事实是真实的,但在一些证据材料上弄虚作假,企图欺骗人民法院,以获取有利于自己的裁判文书的行为,不属于"以捏造的事实提起民事诉讼",不构成虚假诉讼罪。对该种行为可以依照民事诉讼法的有关规定进行罚款或者拘留,如果涉嫌妨害作证、伪造证据等其他犯罪的,另行依法处理。

关于本罪的刑事立案追诉标准,修订后的《立案追诉标准(二)》第78条规定,单独或者与他人恶意串通,以捏造的事实提起民事诉讼,涉嫌下列情形之一的,应予立案追诉:(1)致使人民法院基于捏造的事实采取财产保全或者行为保全措施的;(2)致使人民法院开庭审理,干扰正常司法活动的;(3)致使人民法院基于捏造的事实作出裁判文书、制作财产分配方案，或者立案执行基于捏造的事实作出的仲裁裁决、公证债权文书的；（4）多次以捏造的事实提起民事诉讼的；（5）因以捏造的事实提起民事诉讼被采取民事诉讼强制措施或者受过刑事追究的；（6）其他妨害司法秩序或者严重侵害他人合法权益的情形。

关于"情节严重"的具体认定标准，《最高人民法院、最高人民检察院关于办理虚假诉讼刑事案件适用法律若干问题的解释》（以下简称《虚假诉讼刑事案件解释》）第3条规定，以捏造的事实提起民事诉讼，有下列情形之一的，应当认定为《刑法》第307条之一第1款规定的"情节严重"：（1）有本解释第2条第1项情形，造成他人经济损失100万元以上的；（2）有本解释第2条第2项至第4项情形之一，严重干扰正常司法活动或者严重损害司法公信力的；（3）致使义务人自动履行生效裁判文书确定的财产给付义务或者人民法院强制执行财产权益，数额达到100万元以上的；（4）致使他人债权无法实现，数额达到100万元以上的；（5）非法占有他人财产，数额达到10万元以上的；（6）致使他人因为不执行人民法院基于捏造的事实作出的判决、裁定，被采取刑事拘留、逮捕措施或者受到刑事追究的；（7）其他情节严重的情形。

四、注意事项

1.关于"虚假诉讼"的正确理解问题。单独或者与他人恶意串通，采取伪造证据、虚假陈述等手段，捏造民事案件基本事实，虚构民事纠纷，向人民法院提起民事诉讼，损害国家利益、社会公共利益或者他人合法权益，妨害司法秩序的，构成虚假诉讼。向人民法院申请执行基于捏造的事实作出的仲裁裁决、调解书及公证债权文书，在民事执行过程中以捏造的事实对执行标的提出异议、申请参与执行财产分配的，也属于虚假诉讼。诉讼代理人、证人、鉴定人、公证人等诉讼参与人与他人串通，共同实施虚假诉讼的，属于虚假诉讼行为人。根据司法实践经验，诉讼代理人、证人等诉讼参与人实施下列行为的，涉嫌虚假诉讼：（1）诉讼代理人违规接受对方当事人或者案外人给付的财物或者其他利益，与对方当事人或者案外人恶意串通，侵害委托人合法权益的；（2）故意提供虚假证据，指使、引诱他人伪造、变造证据，提供虚假证据或者隐匿、毁灭证据的；（3）采取其他不正当手段干扰民事诉讼活动正常进行的。

2.关于虚假诉讼目的的类型划分问题。司法实践中，行为人提起虚假诉讼的目的多种多样，大致可以分为"欺诈侵财型"、"逃避债务型"和"其他目的型"三种情形。就"欺诈侵财型"而言，虚假诉讼行为可能构成诈骗罪、职务侵占罪和贪污罪等侵财型犯罪，形成行为竞合关系。该种虚假诉讼同时侵犯司法秩序和他人合法权益两方面客体，故社会危害性相对较大。就"逃避债务型"而言，其所造成的危害后果主要体现为导致他人债权无法实现。此种情形与被害人所有的财产直接被他人非法占有相比，社会危害性相对较小。就"其他目的型"而言，行为人出于其他目的实施虚假诉讼行为的情形与"逃避债务型"类似，均不存在被害人将自己所有的财产直接交付他人的情况，故社会危害性亦相对较小。

3. 关于虚假诉讼行为的类型划分问题。司法实践中，虚假诉讼罪包括"单方欺诈"和"双方串通"两种类型。"单方欺诈"，是指一方当事人提起虚假诉讼，侵害另一方当事人合法权益，双方当事人之间存在实质的利益对抗关系。"双方串通"，是指双方当事人恶意串通进行虚假诉讼，侵害案外第三人合法权益，损害国家利益、社会公共利益，或者逃避履行法定义务、规避相关管理义务，双方当事人之间不存在实质的利益对抗关系。对此，《虚假诉讼刑事案件解释》明确规定，虚假诉讼包括单方或者与他人恶意串通，捏造身份、合同、侵权、继承等民事法律关系的行为。此外，结合《民事诉讼法》的有关规定可知，刑法规制的是"单方欺诈"和"双方串通"两种虚假诉讼行为，在具体范围上要广于民事诉讼法的规制范围。

4. 关于"以捏造的事实提起民事诉讼"的具体认定问题。虚假诉讼罪中的"捏造"，是指无中生有、凭空虚构。捏造的"事实"应当足以对起诉能否获得人民法院受理以及人民法院作出何种裁判结果产生影响，属于民事案由范围内的事实。对此，《虚假诉讼刑事案件解释》第1条规定，采取伪造证据、虚假陈述等手段，实施下列行为之一，捏造民事法律关系，虚构民事纠纷，向人民法院提起民事诉讼的，应当认定为《刑法》第307条之一第1款规定的"以捏造的事实提起民事诉讼"：(1) 与夫妻一方恶意串通，捏造夫妻共同债务的；(2) 与他人恶意串通，捏造债权债务关系和以物抵债协议的；(3) 与公司、企业的法定代表人、董事、监事、经理或者其他管理人员恶意串通，捏造公司、企业债务或者担保义务的；(4) 捏造知识产权侵权关系或者不正当竞争关系的；(5) 在破产案件审理过程中申报捏造的债权的；(6) 与被执行人恶意串通，捏造债权或者对查封、扣押、冻结财产的优先权、担保物权的；(7) 单方或者与他人恶意串通，捏造身份、合同、侵权、继承等民事法律关系的其他行为。隐瞒债务已经全部清偿的事实，向人民法院提起民事诉讼，要求他人履行债务的，以"以捏造的事实提起民事诉讼"论。向人民法院申请执行基于捏造的事实作出的仲裁裁决、公证债权文书，或者在民事执行过程中以捏造的事实对执行标的提出异议、申请参与执行财产分配的，属于《刑法》第307条之一第1款规定的"以捏造的事实提起民事诉讼"。

5. 关于"部分篡改型"虚假诉讼行为的定性问题。如前所述,"部分篡改型"虚假诉讼不属于刑法规定的虚假诉讼罪的范畴。实践中,从坚持主客观相一致和刑法谦抑性原则考虑,对"部分篡改型"虚假诉讼行为一般不宜以诈骗罪、职务侵占罪等侵财类犯罪定性处理。对于"部分篡改型"虚假诉讼行为中的手段行为构成犯罪的,依照刑法相关规定处理。比如,行为人伪造证据时伪造了单位的印章或者行为人有指使他人作伪证的行为,对此,可以依照《刑法》第280条第2款、第307条第1款等规定定罪处罚。有关此点,2002年《最高人民检察院法律政策研究室关于通过伪造证据骗取法院民事裁判占有他人财物的行为如何适用法律问题的答复》规定,以非法占有为目的,通过伪造证据骗取法院民事裁判占有他人财物的行为所侵害的主要是人民法院正常的审判活动,可以由人民法院依照民事诉讼法的有关规定作出处理,不宜以诈骗罪追究行为人的刑事责任。如果行为人伪造证据时,实施了伪造公司、企业、事业单位、人民团体印章的行为,构成犯罪的,应当依照《刑法》第280条第2款的规定,以伪造公司、企业、事业单位、人民团体印章罪追究刑事责任;如果行为人有指使他人作伪证行为,构成犯罪的,应当依照《刑法》第307条第1款的规定,以妨害作证罪追究刑事责任。笔者认为,《刑法修正案(九)》增设虚假诉讼罪后,2002年最高人民检察院上述答复的效力仅及于虚假诉讼罪以外的情形,主要是"部分篡改型"虚假诉讼行为。

6. 关于本罪共同犯罪的认定和处理问题。关于本罪中的"共犯",既可以由自然人共同构成,也可以由单位共同构成,亦可以由自然人与单位共同构成。换言之,凡是参与制造虚假诉讼者均可构成本罪,两人以上共同参与犯罪的均应作为共犯处理。在此,需要特别关注以下两种特殊情形:一是司法工作人员参与虚假诉讼的处理。司法工作人员利用职权,与他人共同实施虚假诉讼犯罪行为的,从重处罚;同时构成滥用职权罪,民事枉法裁判罪,执行判决、裁定滥用职权罪等犯罪的,依照处罚较重的规定定罪从重处罚。二是诉讼参与人参与虚假诉讼的处理。诉讼代理人、证人、鉴定人等诉讼参与人与他人通谋,代理提起虚假民事诉讼、故意作虚假证言或者出具虚假鉴定意见,共同实施虚假诉讼犯罪行为的,依照共同犯罪的规定定罪处罚;同时构成妨害作证罪,帮助毁灭、伪造证据罪等犯罪的,依照处罚较重的规定定罪从重处罚。

7. 关于本罪的从宽处罚情节问题。对此,《虚假诉讼刑事案件解释》第9条规定:实施虚假诉讼犯罪行为,未达到情节严重的标准,行为人系初犯,在民事诉讼过程中自愿具结悔过,接受人民法院处理决定,积极退赃、退赔的,可以认定为犯罪情节轻微,不起诉或者免予刑事处罚;确有必要判处刑罚的,可以从宽处罚。司法工作人员利用职权,与他人共同实施虚假诉讼犯罪行为的,对司法工作人员不适用本条第1款的规定。

8.关于虚假诉讼刑事案件的管辖问题。对此,《虚假诉讼刑事案件解释》第10条规定,虚假诉讼刑事案件由虚假民事诉讼案件的受理法院所在地或者执行法院所在地人民法院管辖。有《刑法》第307条之一第4款情形的,上级人民法院可以指定下级人民法院将案件移送其他人民法院审判。上述司法解释之所以如此规定,主要是考虑到便于侦办机关及时调取和固定证据,同时避免部分民事诉讼当事人故意利用刑事手段恶意干扰民商事案件的正常审理。此外,在司法工作人员利用职权与他人共同实施虚假诉讼犯罪行为的情况下,可以实行异地管辖,以确保对此类案件能够做到公正审理。

9.关于本罪适用的时间效力问题。对此,《最高人民法院关于〈中华人民共和国刑法修正案(九)〉时间效力问题的解释》第7条规定,对于2015年10月31日以前以捏造的事实提起民事诉讼,妨害司法秩序或者严重侵害他人合法权益,根据修正前《刑法》应当以伪造公司、企业、事业单位、人民团体印章罪或者妨害作证罪等追究刑事责任的,适用修正前《刑法》的有关规定。但是,根据修正后《刑法》第307条之一的规定处刑较轻的,适用修正后《刑法》的有关规定。实施第1款行为,非法占有他人财产或者逃避合法债务,根据修正前《刑法》应当以诈骗罪、职务侵占罪或者贪污罪等追究刑事责任的,适用修正前《刑法》的有关规定。需要强调的是,此处所称的"处刑较轻",是指刑法规定的法定刑较轻,而非被告人可能实际被判处的刑罚较轻。

五、风险提示

众所周知,民商事诉讼中存在的虚假诉讼现象,不仅严重侵害案外人合法权益,破坏社会诚信,也扰乱了正常的诉讼秩序,损害司法权威和司法公信力,社会各界对此反映强烈。因此,各级司法机关正在通过多种有效措施防范和制裁虚假诉讼行为。司法实践中,虚假诉讼一般包含以下要素:(1)以规避法律、法规或谋取非法利益为目的;(2)双方当事人存在恶意串通;(3)虚构事实;(4)借用合法的民事程序;(5)侵害国家利益、社会公共利益或者案外人的合法权益。办案实践中,经仔细甄别和初步判断,民事诉讼当事人具有下列情形之一的,极有可能涉嫌虚假诉讼犯罪:(1)原告起诉依据的事实、理由不符合常理,存在伪造证据、虚假陈述可能的;(2)原告诉请司法保护的诉讼标的额与其自身经济状况严重不符的;(3)在可能影响案外人利益的案件中,当事人之间存在近亲属关系或者关联企业等共同利益关系的;(4)当事人之间不存在实质性民事权益争议和实质性诉辩对抗的;(5)一方当事人对于另一方当事人提出的对其不利的事实明确表示承认,且不符合常理的;(6)认定案件事实的证据不足,但双方当事人主动迅速达成调解协议,请求人民法院制作调解书的;(7)当事人自愿以价格明显不对等的财产抵付债务的;(8)民事诉讼过程中存在其他异常情况的。

虚假诉讼罪与其他罪名的选择适用。司法实践中,虚假诉讼行为符合刑法和司法解释规定的定罪标准的,要依法认定为虚假诉讼罪等罪名,从严追究行为人的刑事责任。对于实施虚假诉讼行为,非法占有他人财产或者逃避合法债务,又构成诈骗罪,职务侵占罪,拒不执行判决、裁定罪,贪污罪等犯罪的,依照处罚较重的罪名定罪并从重处罚。对于多人结伙实施的虚假诉讼共同犯罪中罪责最突出的主犯、有虚假诉讼违法犯罪前科再次实施虚假诉讼犯罪的被告人,要充分体现从严精神,控制缓刑、免予刑事处罚的适用范围。具体办案中,至于如何择一重罪从重处罚,需要考虑以下两个层面:一是要比较本罪规定的刑罚和《刑法》其他条文规定的刑罚,适用处罚较重的法条。《刑法》有关本罪和诈骗罪、贪污罪、职务侵占罪及拒不执行判决、裁定罪等犯罪的条文均规定了多个量刑幅度,对此,在适用时要根据案件事实和规定,首先确定适用于某一犯罪的具体量刑幅度,然后进行比较,选择处罚较重的罪名进行定罪。二是要根据确定适用的具体罪名和量刑幅度进行从重处罚。这样规定体现了国家对虚假诉讼行为从严惩处的立法精神,实为"双从重"。

六、参阅案例

《刑事审判参考》(2021年第1辑,总第124辑)第1375号:胡群光妨害作证、王荣炎帮助伪造证据案。该案裁判要旨为:根据《刑法》第307条之一的规定,虚假诉讼罪的惩治对象,是在不存在民事法律关系的情况下凭空捏造民事法律关系、虚构民事纠纷并向人民法院提起民事诉讼的"无中生有型"行为。"部分篡改型"行为不符合虚假诉讼罪的构成要件,依法不应认定为虚假诉讼罪。但是,行为人分别为民事诉讼的被告和原告,相互恶意串通,在提起民事诉讼之前和民事诉讼过程中,共同实施伪造证据、虚假陈述等弄虚作假行为,骗取人民法院裁判文书的,构成妨害作证罪或者帮助伪造证据罪。

七、关联规定

1.《中华人民共和国民事诉讼法》(2023年)第115条、第116条;
2.《最高人民法院、最高人民检察院、公安部关于依法办理"碰瓷"违法犯罪案件的指导意见》(2020年,公通字〔2020〕12号)第1条、第9条、第10条；

3.《最高人民检察院、公安部关于公安机关管辖的刑事案件立案追诉标准的规定(二)》(2022年,公通字〔2022〕12号)第78条；

4.《最高人民法院关于〈中华人民共和国刑法修正案(九)〉时间效力问题的解释》(2015年,法释〔2015〕19号)第7条、第9条；

5.《最高人民法院关于防范和制裁虚假诉讼的指导意见》(2016年,法发〔2016〕13号)第1条、第2条、第11条、第12条、第14条、第15条、第16条；

6.《最高人民法院、最高人民检察院、公安部、司法部关于办理黑恶势力犯罪案件若干问题的指导意见》(2018年,法发〔2018〕1号)第2条、第3条、第14条、第15条、第20条；

7.《最高人民法院、最高人民检察院关于办理虚假诉讼刑事案件适用法律若干问题的解释》(2018年,法释〔2018〕17号)第1条至第12条；

8.《最高人民法院、最高人民检察院、公安部、司法部关于办理"套路贷"刑事案件若干问题的意见》(2019年,法发〔2019〕11号)第1条、第2条、第3条、第4条、第11条；

9.《最高人民法院关于审理民间借贷案件适用法律若干问题的规定》(2020年,法释〔2020〕17号)第19条、第31条；

10.《最高人民法院、最高人民检察院、公安部、司法部关于进一步加强虚假诉讼犯罪惩治工作的意见》(2021年,法发〔2021〕10号)第2条、第4条、第9条、第22条、第23条、第24条、第25条；

11.《最高人民法院关于深入开展虚假诉讼整治工作的意见》(2021年,法〔2021〕281号)第2条、第17条、第18条、第19条、第20条。

扰乱法庭秩序罪

一、刑法规定

第三百零九条：有下列扰乱法庭秩序情形之一的,处三年以下有期徒刑、拘役、管制或者罚金：

(一)聚众哄闹、冲击法庭的；

(二)殴打司法工作人员或者诉讼参与人的；

（三）侮辱、诽谤、威胁司法工作人员或者诉讼参与人，不听法庭制止，严重扰乱法庭秩序的；

（四）有毁坏法庭设施，抢夺、损毁诉讼文书、证据等扰乱法庭秩序行为，情节严重的。

二、罪名解读

扰乱法庭秩序罪，是指聚众哄闹、冲击法庭，或者以侵犯司法工作人员或者诉讼参与人人身权利等方式扰乱法庭秩序，情节严重的行为。本罪的具体构成要件如下所述：

（一）主体要件

本罪的主体是一般主体，且仅限于自然人，包括诉讼参与人、旁听人员和媒体记者等。

（二）客体要件

本罪侵犯的客体是人民法院审理案件的正常秩序。法庭是人民法院代表国家依法审判各类案件的专门场所，既包括专门用于审理案件的正规固定场所，也包括非正规的临时审理案件的场所；既包括设在室内的开庭场所，也包括设在室外的开庭场所。开庭审理的案件，既包括民事案件，也包括行政案件和刑事案件。关于审判组织，既可以是合议庭进行审理，也可以是独任庭进行独任审理。

（三）主观要件

本罪的主观方面为故意，即明知自己的行为可能会导致危害社会的结果而仍然实施该行为，对结果的发生持希望或者放任的态度。行为人的动机多种多样，但无论出于何种动机均不影响本罪的成立。

（四）客观要件

本罪的客观方面表现为聚众哄闹、冲击法庭，或者以其他非法方式严重扰乱法庭秩序的行为。本罪的具体行为方式有四：一是聚众哄闹、冲击法庭。二是殴打司法工作人员或者诉讼参与人。三是侮辱、诽谤、威胁司法工作人员或者诉讼参与人，不听法庭制止，严重扰乱法庭秩序。四是有毁坏法庭设施，抢夺、损毁诉讼文书、证据等扰乱法庭秩序行为，情节严重。这里的"聚众哄闹"，是指纠集多人，在法庭内外以起哄、喧闹等方式干扰审判活动的正常进行。这里的"冲击法庭"，是指纠集多人，在未得到法庭许可的情况下，进入法庭或者在法庭进行破坏，导致法庭秩序混乱的行为。这里的"殴打司法工作人员"，是指殴打审判人员、法警、书记员、公诉人等司法工作人员。

这里的"侮辱",是指公然诋毁他人人格,破坏他人名誉的行为。这里的"诽谤",是指故意捏造事实,损害他人人格和名誉的行为。这里的"威胁",是指以作出对他人人身、名誉或者社会公共利益不利的行为进行胁迫的行为。这里的"严重扰乱法庭秩序",是指造成法庭秩序严重混乱,导致案件无法继续审理或者审判中断等情形。这里的"情节严重",也是指对法庭的秩序造成严重破坏。需要强调的是,扰乱法庭秩序罪必须发生在人民法院开庭审理案件的过程中,且限于从宣布开庭起到宣布闭庭止的整个审判过程。此外,对于行为人的行为未发生在法庭内部或法庭场所范围内,但是行为人通过法庭外的行为扰乱正在审理案件的法庭秩序的,同样应当予以认定。对于行为人在庭审以外的人民法院履职活动中扰乱秩序的行为,依法不构成本罪。

三、罪与非罪

严重扰乱法庭秩序是构成本罪的必要条件,也是区别一般扰乱法庭秩序行为和扰乱法庭秩序罪的关键。对于扰乱法庭秩序情节轻微,经制止、劝阻而停止实施干扰行为的,或者因情绪激动等出现言语过激、行为失当的,不宜认定为犯罪行为。此外,在认定行为人违反法庭规则情节轻重与否的过程中,还应结合《民事诉讼法》《人民法院法庭规则》等有关法律和司法解释的具体规定分别进行处理:对于情节较轻的,予以警告、训诫、责令退出法庭;对于情节较重的,予以罚款、拘留;对于情节严重,构成犯罪的,依法追究刑事责任。

四、注意事项

1. 本罪与聚众扰乱社会秩序罪的界限。聚众扰乱社会秩序罪,是指聚众扰乱社会秩序,情节严重,致使工作、生产、营业和教学、科研、医疗无法进行,造成严重损失的行为。从广义上讲,法庭秩序也是社会秩序的一种,因此干扰法庭秩序本质上也是扰乱社会秩序的一种表现形式。但是,《刑法》将扰乱法庭秩序行为从扰乱社会秩序行为中分离出来,单独进行了定罪。实践中,二者的主要区别如下:一是犯罪客体不同。本罪侵犯的客体为法庭秩序;而扰乱社会秩序罪侵犯的客体则是社会公共秩序。二是刑罚处罚范围不同。对于聚众扰乱法庭秩序构成犯罪的,对全部行为人都要予以处罚;而对于聚众扰乱社会秩序的,则只处罚首要分子和积极参加者。

2. 本罪与妨害公务罪的界限。妨害公务罪,是指以暴力、威胁方法阻碍国家机关工作人员、人大代表依法执行职务,或者在自然灾害和突发事件中,使用暴力、威胁方法阻碍红十字会工作人员依法履行职责,或者故意阻碍国家安全机关、公安机关依法执行国家安全工作任务，虽未使用暴力，但造成严重后果的行为。实践中，二者的主要区别如下：一是侵犯的客体不同。本罪侵犯的客体为法庭秩序；而妨害公务罪侵犯的客体是国家工作人员的公务活动，既包括人民法院审理案件的法庭秩序，也包括其他国家工作人员的公务活动。二是客观方面不同。本罪的客观方面表现为行为人聚众哄闹、冲击法庭，或者以其他非法方式严重扰乱法庭秩序的行为，既包括采用暴力或威胁方式，也包括采用非暴力的方式；而妨害公务罪客观方面的表现仅限于以暴力、威胁的方法阻碍国家工作人员依法执行职务的行为。三是犯罪发生的时间、空间不同。本罪发生在从开庭起到宣布闭庭止的审判过程中且场所限于法庭范围内；而妨害公务罪发生在国家工作人员依法执行职务期间且场所没有特别限制。因此，妨害公务罪发生的时空范围实际上比扰乱法庭秩序罪要广。

五、风险提示

司法是维护社会公平正义的最后一道防线，庭审是人民法院行使国家审判权的重要环节。良好的法庭秩序既是保证诉讼活动顺利进行的需要，也是彰显国家法治尊严和维护司法权威的需要。只有通过规范的法庭秩序和严格的法庭纪律，才能充分保障庭审活动的顺利进行，使诉讼参与人的合法权益得到保障。因此，在庄严的法庭中，诉讼参与人及旁听人员都应当遵守法庭纪律和规则，服从审判人员的统一指挥。对于扰乱法庭秩序，藐视司法权威的行为，法律根据情节轻重规定了不同的罚则。为了有力保障各项法庭审判活动的顺利进行，1997年修订《刑法》时还专门规定了扰乱法庭秩序罪。

为加大对扰乱法庭秩序行为的打击力度和维护司法权威，2015年《刑法修正案（九）》对本罪的构成要件进行了修改完善，并规定本罪的具体行为方式包括以下四个方面：（1）聚众哄闹、冲击法庭的；（2）殴打司法工作人员或者诉讼参与人的；（3）侮辱、诽谤、威胁司法工作人员或者诉讼参与人，不听法庭制止，严重扰乱法庭秩序的；（4）有毁坏法庭设施，抢夺、损毁诉讼文书、证据等扰乱法庭秩序行为，情节严重的。此外，需要说明的是，最高人民法院制定的《人民法院法庭规则》第20条除规定上述成立犯罪的四种特定行为外，还另行规定了"非法携带枪支、弹药、管制刀具或者爆炸性、易燃性、放射性、毒害性、腐蚀性物品以及传染病病原体进入法庭"以及"其他危害法庭安全或扰乱法庭秩序的行为"，具体由人民法院视违法行为人危及法庭安全或者扰乱法庭秩序的情节轻重和社会危害性大小，依法作出罚款、拘留决定；对于构成犯罪的，依法追究其刑事责任。

六、参阅案例

人民法院案例库参考案例：唐某某、张某甲、张某乙扰乱法庭秩序案（入库编号 2024-05-1-297-001）。该案裁判要旨为：在庭审过程中，旁听人员聚众哄闹、冲击法庭，侮辱、诽谤、威胁司法工作人员或者诉讼参与人，不听法庭制止，严重扰乱法庭秩序的，属于《刑法》第 309 条规定的扰乱法庭秩序行为。

七、关联规定

1.《中华人民共和国行政诉讼法》（2017 年）第 58 条、第 59 条；

2.《中华人民共和国律师法》（2017 年）第 2 条、第 49 条；

3.《中华人民共和国刑事诉讼法》（2018 年）第 199 条；

4.《中华人民共和国民事诉讼法》（2023 年）第 113 条、第 114 条；

5.《中华人民共和国人民法院法庭规则》（2016 年，法释〔2016〕7 号）第 9 条、第 17 条、第 19 条、第 20 条、第 26 条；

6.《最高人民法院关于适用〈中华人民共和国行政诉讼法〉的解释》（2018 年，法释〔2018〕1 号）第 82 条、第 83 条；

7.《最高人民法院、司法部关于依法保障律师诉讼权利和规范律师参与庭审活动的通知》（2018 年，司发通〔2018〕36 号）第 1 条、第 2 条、第 3 条、第 5 条；

8.《最高人民法院关于适用〈中华人民共和国刑事诉讼法〉的解释》（2021 年，法释〔2021〕1 号）第 306 条、第 307 条、第 308 条、第 309 条、第 310 条；

9.《最高人民法院关于适用〈中华人民共和国民事诉讼法〉的解释》（2022 年，法释〔2022〕11 号）第 176 条至第 189 条。

掩饰、隐瞒犯罪所得、犯罪所得收益罪

一、刑法规定

第三百一十二条：明知是犯罪所得及其产生的收益而予以窝藏、转移、收购、代为销售或者以其他方法掩饰、隐瞒的，处三年以下有期徒刑、拘役或者管制，并处或者单处罚金；情节严重的，处三年以上七年以下有期徒刑，并处罚金。

单位犯前款罪的，对单位判处罚金，并对其直接负责的主管人员和其他直接责任人员，依照前款的规定处罚。

二、罪名解读

掩饰、隐瞒犯罪所得、犯罪所得收益罪，指明知是犯罪所得及其产生的收益而予以窝藏、转移、收购、代为销售或者以其他方法掩饰、隐瞒的行为。本罪的具体构成要件如下所述：

（一）主体要件

本罪的主体是一般主体，包括自然人和单位。

（二）客体要件

本罪侵犯的客体是司法机关的正常活动。本罪的行为对象是犯罪所得及其产生的收益。犯罪所得，是指他人通过犯罪活动直接获得的赃款、赃物，即狭义的赃物。犯罪所得产生的收益，是指上游犯罪的行为人对犯罪所得进行处理后得到的孳息、租金等，即广义的赃物。

（三）主观要件

本罪的主观方面为故意，包括直接故意和间接故意。行为人知道或者应当知道其行为对象是违法所得物品，而无须认识到该物品系某一具体犯罪所得，即只需认识到可能是赃物即可，包括确定性认识和可能性认识。

司法实践中，具有下列情形之一的，可以认定被告人明知系犯罪所得及其收益，但有证据证明确实不知道的除外：（1）知道他人从事犯罪活动，协助转换或者转移财物的；（2）没有正当理由，通过非法途径协助转换或者转移财物的；（3）没有正当理由，以明显低于市场的价格收购财物的；（4）没有正当理由，协助转换或者转移财物，收取明显高于市场的"手续费"的；（5）没有正当理由，协助他人将巨额现金散存于多个银行账户或者在不同银行账户之间频繁划转的；（6）协助近亲属或者其他关系密切的人转换或者转移与其职业或者财产状况明显不符的财物的；（7）其他可以认定行为人明知的情形。

（四）客观要件

本罪的客观方面表现为窝藏、转移、收购、代为销售或者以其他方法掩饰、隐瞒犯罪所得及其产生的收益的行为。这里的"窝藏"，是指接受上游犯罪行为人的委托藏匿和保管犯罪所得及其收益，使司法机关不能或难以发现犯罪所得及其收益的行为。开始不知道是犯罪所得及其收益而加以受领，后来在保管过程中知道了是犯罪所得及其收益，却继续代为保管的行为，也是窝藏。窝藏是一种典型的隐瞒，是以作为的方式来实现对犯罪所得及其收益的隐瞒，单纯的知情不举不是窝藏。这里的"转移"，是指改变赃物存放地的行为。实践中，行为人可以自己转移，也可以同上游犯罪行为人一起转移，还可以通过指挥毫不知情的第三人搬运、转移。这里的"收购",是指行为人购买犯罪所得及其产生的收益。行为人明知是他人犯罪所得及其收益而仍然购买的,不管其目的是不是再次出售,购买行为都体现出行为人为上游犯罪人掩饰、隐瞒的主观故意。"收购"的行为中包含"自用"和"先购后卖"两种类型。

这里的"代为销售",是指行为人代犯罪分子出售犯罪所得及其产生的收益的行为。这里的"其他方法",是指除窝藏、转移、收购、代为销售以外的方法,如居间介绍买卖,收受,持有,使用,加工,提供资金账户,协助将财物转换为现金、金融票据、有价证券,协助将资金转移、汇往境外,等等。

三、罪与非罪

实践中,对于行为人将犯罪所得或者犯罪所得收益误认为合法所得的,此种情形下,行为人没有犯罪故意,不应以犯罪处理。但是,行为人将犯罪所得或者犯罪所得收益误认为一般违法所得的,不影响本罪的认定。关于本罪的入罪情节和定罪标准,刑法并未作出明确规定。司法实践中,应当综合考虑上游犯罪的性质,掩饰、隐瞒犯罪所得及其收益的情节、后果及社会危害程度等,依法定罪处罚。

关于本罪的刑事立案追诉标准,2021年修正的《最高人民法院关于审理掩饰、隐瞒犯罪所得、犯罪所得收益刑事案件适用法律若干问题的解释》(以下简称《掩饰、隐瞒犯罪所得案件解释》)第1条第1款规定,明知是犯罪所得及其产生的收益而予以窝藏、转移、收购、代为销售或者以其他方法掩饰、隐瞒,具有下列情形之一的,应当依照《刑法》第312条第1款的规定,以掩饰、隐瞒犯罪所得、犯罪所得收益罪定罪处罚:(1)1年内曾因掩饰、隐瞒犯罪所得及其产生的收益行为受过行政处罚,又实施掩饰、隐瞒犯罪所得及其产生的收益行为的;(2)掩饰、隐瞒的犯罪所得系电力设备、交通设施、广播电视设施、公用电信设施、军事设施或者救灾、抢险、防汛、优抚、扶贫、移民、救济款物的;(3)掩饰、隐瞒行为致使上游犯罪无法及时查处,并造成公私财物损失无法挽回的;(4)实施其他掩饰、隐瞒犯罪所得及其产生的收益行为,妨害司法机关对上游犯罪进行追究的。

关于"情节严重"的具体认定标准,《掩饰、隐瞒犯罪所得案件解释》第3条规定,掩饰、隐瞒犯罪所得及其产生的收益,具有下列情形之一的,应当认定为《刑法》第312条第1款规定的"情节严重":(1)掩饰、隐瞒犯罪所得及其产生的收益价值总额达到10万元以上的;(2)掩饰、隐瞒犯罪所得及其产生的收益10次以上,或者3次以上且价值总额达到5万元以上的;(3)掩饰、隐瞒的犯罪所得系电力设备、交通设施、广播电视设施、公用电信设施、军事设施或者救灾、抢险、防汛、优抚、扶贫、移民、救济款物，价值总额达到 5 万元以上的；（4）掩饰、隐瞒行为致使上游犯罪无法及时查处，并造成公私财物重大损失无法挽回或其他严重后果的；（5）实施其他掩饰、隐瞒犯罪所得及其产生的收益行为，严重妨害司法机关对上游犯罪予以追究的。司法解释对掩饰、隐瞒涉及机动车、计算机信息系统数据、计算机信息系统控制权的犯罪所得及其产生的收益行为认定"情节严重"已有规定的，审理此类案件依照该规定。

四、注意事项

1. 关于"犯罪所得及其收益"的数额计算问题。对此，《掩饰、隐瞒犯罪所得案件解释》第 4 条规定，掩饰、隐瞒犯罪所得及其产生的收益的数额，应当以实施掩饰、隐瞒行为时为准。收购或者代为销售财物的价格高于其实际价值的，以收购或者代为销售的价格计算。多次实施掩饰、隐瞒犯罪所得及其产生的收益行为，未经行政处罚，依法应当追诉的，犯罪所得、犯罪所得收益的数额应当累计计算。由此可知，司法解释显然确立了以行为时的市场价为基准，以收购或者销赃价格为补充的计价方法。实践中，当掩饰、隐瞒犯罪所得、犯罪所得收益案中的不同犯罪嫌疑人实施掩饰、隐瞒行为的时间不同时，掩饰、隐瞒犯罪所得的数额也应以各自实施行为时为准，且应由价格鉴定机构分别作出价格鉴定意见，而不能将上游犯罪中的相关价格鉴定意见作为掩饰、隐瞒犯罪所得、犯罪所得收益案中的证据直接使用。此外，对于掩饰、隐瞒犯罪所得及其产生的收益行为实施后产生的"孳息"，不计入犯罪数额，但可以作为违法所得予以没收。因为本罪中的"收益"是指上游犯罪既遂后在上游犯罪人处产生的"收益"，在掩饰、隐瞒行为人处产生的所谓"收益"不是本罪中的"收益"。

2. 关于"事前通谋"的认定及处理问题。本罪中的行为实际上属于事后帮助行为，如果双方存在"事前通谋"的，则应认定为上游犯罪的共犯。实践中，只要收赃行为人在上游犯罪人实行犯罪前承诺事后收购、销售所得赃物的，就应当认定双方存在"事前通谋"，而不要求收赃行为人对上游犯罪的时间、地点、方法、对象、目标等具体情节全面了解或参与共谋。对此，《掩饰、隐瞒犯罪所得案件解释》第 5 条规定，事前与盗窃、抢劫、诈骗、抢夺等犯罪分子通谋，掩饰、隐瞒犯罪所得及其产生的收益的，以盗窃、抢劫、诈骗、抢夺等犯罪的共犯论处。此外，对于收赃行为人事先并未与上游犯罪人通谋，而是在上游犯罪尚未完成时介入，但其并未直接参与上游犯罪，而是以掩饰、隐瞒的方式协助上游犯罪人完成犯罪的，也应当以上游犯罪的共犯论处。

3. 关于"上游犯罪事实成立"的认定问题。对此,《掩饰、隐瞒犯罪所得案件解释》第 8 条规定,认定掩饰、隐瞒犯罪所得、犯罪所得收益罪,以上游犯罪事实成立为前提。上游犯罪尚未依法裁判,但查证属实的,不影响掩饰、隐瞒犯罪所得、犯罪所得收益罪的认定。上游犯罪事实经查证属实,但因行为人未达到刑事责任年龄等依法不予追究刑事责任的,不影响掩饰、隐瞒犯罪所得、犯罪所得收益罪的认定。在此,需要说明的是,这里的"犯罪事实"概念,不能完全从犯罪构成齐备的角度来理解,而应当从上游犯罪行为是否具有社会危害性和刑事违法性角度予以理解。至于行为是否具有刑事可罚性,并不影响对上游犯罪事实是否成立的判断。因此,"上游犯罪事实成立"指的是上游犯罪行为确实存在,至于被告人是否归案、是否被判处刑罚,均不影响上游犯罪事实的成立,更不应影响掩饰、隐瞒犯罪所得、犯罪所得收益罪的认定。

4. 关于本罪中"单位犯罪"的认定问题。单位犯罪,是指公司、企业、事业单位、机关、团体为本单位牟取非法利益,经集体研究决定或者主要负责人员决定,实施《刑法》分则中规定为单位犯罪的行为。根据刑法和《最高人民法院关于审理单位犯罪案件具体应用法律有关问题的解释》规定,以单位名义实施犯罪,违法所得归单位所有的,是单位犯罪。根据《刑法》第 312 条第 2 款的规定,本罪的主体包括单位。但是,并非一切以单位名义实施的掩饰、隐瞒犯罪所得、犯罪所得收益行为均成立单位犯罪,还应当结合单位犯罪的构成要件和具体案情进行具体分析。对此,《掩饰、隐瞒犯罪所得案件解释》第 9 条规定,盗用单位名义实施掩饰、隐瞒犯罪所得及其产生的收益行为,违法所得由行为人私分的,依照刑法和司法解释有关自然人犯罪的规定定罪处罚。根据该规定可知,此种情形下,行为人犯罪的出发点是为了参与犯罪的自然人利益,而不是单位利益。如果犯罪所得被纳入单位财务体系和分配体系的,可以认定为犯罪所得归属于单位,同时符合单位犯罪的其他条件的,可以认定为单位犯罪。对于仅仅由参与行为人包括决策人员对犯罪所得进行私分的,则不能认定为犯罪所得归属于单位,只能依照自然人犯罪进行处理。

5. 关于本罪与关联犯罪的界限问题。本罪与窝藏、包庇罪同属妨害司法罪的范畴,均妨害了司法机关正常的司法活动,在客观方面都包括"窝藏"这一行为方式,主观上都要求是故意犯罪,因此极易产生混淆。两者的主要区别在于:一是犯罪主体不同。本罪的犯罪主体包括自然人和单位;而窝藏、包庇罪的犯罪主体只能是自然人。二是犯罪对象不同。本罪的犯罪对象是他人的犯罪所得及其产生的收益;而窝藏、包庇罪的犯罪对象则是犯罪的人。三是具体行为方式不同。本罪的行为方式是对犯罪所得及其收益实施窝藏、转移、收购、代为销售以及其他掩饰、隐瞒行为；而窝藏、包庇罪的行为方式仅包括窝藏行为（即隐匿犯罪人）和包庇行为（即作假证明包庇）。四是犯罪动机不同。本罪行为人的犯罪动机一般是出于牟取非法利益或者帮助犯罪人逃避法律制裁；而窝藏、包庇罪的犯罪动机一般是出于为犯罪人掩盖罪行，使其逃避刑事制裁，主观上并不具备牟取非法利益的目的。此外，需要说明的是，洗钱罪与本罪系特殊罪名与一般罪名的关系，两者属于法条竞合关系，竞合时应优先适用《刑法》第 191 条洗钱罪的规定处理。两罪的主要区别在于上游犯罪的类型以及主观明知的内容不同。洗钱罪的上游犯罪应为《刑法》第 191 条规定的七类特殊犯罪，且要求行为人对上游犯罪的类型存在概括性的明知；而本罪对上游犯罪的类型并没有特殊要求，主观方面仅要求行为人明知是犯罪所得及其收益即可。

五、风险提示

首先，关于"竞合关系"的处理。对此，《掩饰、隐瞒犯罪所得案件解释》第 7 条规定，明知是犯罪所得及其产生的收益而予以掩饰、隐瞒，构成《刑法》第 312 条规定的犯罪，同时构成其他犯罪的，依照处罚较重的规定定罪处罚。由此可知，不管是法条竞合关系，还是想象竞合关系，或者是牵连关系，均应依照处罚较重的规定处罚，而不实行数罪并罚。

其次，关于本罪罪名的正确选择和适用问题。对此，《掩饰、隐瞒犯罪所得案件解释》第 11 条规定，掩饰、隐瞒犯罪所得、犯罪所得收益罪是选择性罪名，审理此类案件，应当根据具体犯罪行为及其指向的对象，确定适用的罪名。在此，需要说明的是，本罪名属于单一性选择性罪名，即只有犯罪对象之间存在选择，而在掩饰和隐瞒行为之间不存在选择，因此在具体办案过程中，可以根据案件事实分别认定为"掩饰、隐瞒犯罪所得、犯罪所得收益罪""掩饰、隐瞒犯罪所得罪""掩饰、隐瞒犯罪所得收益罪"。此外，需要注意，当犯罪对象既有犯罪所得，又有犯罪所得收益时，也只认定"掩饰、隐瞒犯罪所得、犯罪所得收益罪"一个罪名，而不能认定"掩饰、隐瞒犯罪所得罪"和"掩饰、隐瞒犯罪所得收益罪"两个罪名，更不能以两个罪名实行数罪并罚。

六、参阅案例

人民法院案例库参考案例：万某非法采矿，掩饰、隐瞒犯罪所得案（入库编号 2023-11-1-349-001）。该案裁判要旨为：行为人在上游犯罪实施前或实施中与上游犯罪人通谋，实施掩饰、隐瞒犯罪所得、犯罪所得收益的，成立上游犯罪的共犯；反之，在上游犯罪实施完毕之后明知系犯罪所得及其产生的收益而予以窝藏、转移、收购、代为销售或者以其他方法掩饰、隐瞒的，则成立掩饰、隐瞒犯罪所得、犯罪所得收益罪。

七、关联规定

1.《全国人民代表大会常务委员会关于〈中华人民共和国刑法〉第三百四十一条、第三百一十二条的解释》（2014年）；

2.《最高人民法院、最高人民检察院、公安部、国家工商行政管理局关于依法查处盗窃、抢劫机动车案件的规定》（1998年，公通字〔1998〕31号）第2条、第3条、第4条、第5条、第12条、第17条；

3.最高人民法院、最高人民检察院、公安部、农业农村部《依法惩治长江流域非法捕捞等违法犯罪的意见》（2020年，公通字〔2020〕17号）第2条第3项、第6项、第7项；

4.最高人民法院、最高人民检察院、公安部、国家烟草专卖局《关于办理假冒伪劣烟草制品等刑事案件适用法律问题座谈会纪要》（2003年，商检会〔2003〕4号）第7条、第10条、第11条；

5.《最高人民法院、最高人民检察院关于办理盗窃油气、破坏油气设备等刑事案件具体应用法律若干问题的解释》（2007年，法释〔2007〕3号）第5条、第8条；

6.《最高人民法院、最高人民检察院关于办理与盗窃、抢劫、诈骗、抢夺机动车相关刑事案件具体应用法律若干问题的解释》（2007年，法释〔2007〕11号）第1条、第4条、第5条、第6条；

7.《最高人民法院、最高人民检察院关于办理危害计算机信息系统安全刑事案件应用法律若干问题的解释》（2011年，法释〔2011〕19号）第7条、第11条；

8.《最高人民法院、最高人民检察院关于办理妨害文物管理等刑事案件适用法律若干问题的解释》（2015年，法释〔2015〕23号）第9条、第14条、第15条、第16条；

9.《最高人民法院、最高人民检察院关于办理非法采矿、破坏性采矿刑事案件适用法律若干问题的解释》（2016年，法释〔2016〕25号）第7条、第13条、第14条；

10.《最高人民法院、最高人民检察院、公安部关于办理电信网络诈骗等刑事案件适用法律若干问题的意见》（2016年，法发〔2016〕32号）第1条、第3条第5项；

11.《最高人民法院、最高人民检察院、公安部关于办理盗窃油气、破坏油气设备等刑事案件适用法律若干问题的意见》(2018年，法发〔2018〕18号)第5条、第6条、第7条；

12.《最高人民法院、最高人民检察院、公安部关于办理涉窨井盖相关刑事案件的指导意见》(2020年，高检发〔2020〕3号)第7条、第12条；

13.《最高人民法院、最高人民检察院、公安部关于办理洗钱刑事案件若干问题的意见》(2020年，法发〔2020〕41号)第4条、第11条、第12条、第13条、第14条、第15条、第17条；

14.《最高人民法院关于审理掩饰、隐瞒犯罪所得、犯罪所得收益刑事案件适用法律若干问题的解释》(2021年，法释〔2021〕8号)第1条至第11条；

15.《最高人民法院、最高人民检察院关于常见犯罪的量刑指导意见（试行）》(2021年，法发〔2021〕21号)第4条第19项；

16.《最高人民法院、最高人民检察院、公安部关于办理电信网络诈骗等刑事案件适用法律若干问题的意见（二）》(2021年，法发〔2021〕22号)第11条、第12条、第13条、第14条；

17.《最高人民法院、最高人民检察院关于办理危害药品安全刑事案件适用法律若干问题的解释》(2022年，高检发释字〔2022〕1号)第9条、第13条；

18.《最高人民法院、最高人民检察院关于办理破坏野生动物资源刑事案件适用法律若干问题的解释》(2022年，法释〔2022〕12号)第9条、第13条、第14条、第15条；

19.《最高人民法院、最高人民检察院、中国海警局依法打击涉海砂违法犯罪座谈会纪要》(2023年，法发〔2023〕9号)第2条、第4条、第5条、第6条、第7条；

20.《最高人民法院、最高人民检察院关于办理洗钱刑事案件适用法律若干问题的解释》(2024年，法释〔2024〕10号)第6条、第13条。

拒不执行判决、裁定罪

一、刑法规定

第三百一十三条：对人民法院的判决、裁定有能力执行而拒不执行，情节严重的，处三年以下有期徒刑、拘役或者罚金；情节特别严重的，处三年以上七年以下有期徒刑，并处罚金。

单位犯前款罪的，对单位判处罚金，并对其直接负责的主管人员和其他直接责任人员，依照前款的规定处罚。

二、罪名解读

拒不执行判决、裁定罪，是指对人民法院已经发生法律效力的判决、裁定有能力执行而拒不执行，情节严重的行为。本罪的具体构成要件如下所述：

（一）主体要件

本罪的主体是特殊主体，即负有执行人民法院判决、裁定义务的自然人和单位。根据有关立法解释，本罪的主体具体包括被执行人、担保人、协助执行义务人等负有执行义务的人。

此外，需要说明的是，被执行人、担保人、协助执行义务人与国家机关工作人员通谋，利用国家机关工作人员的职权妨害执行，致使判决、裁定无法执行的，对国家机关工作人员，以拒不执行判决、裁定罪的共犯追究刑事责任。

（二）客体要件

本罪侵犯的客体是人民法院裁判的权威。本罪的行为对象是人民法院依法作出的具有执行内容并已发生法律效力的判决、裁定。这里的"人民法院的判决、裁定"，是指人民法院依法作出的具有执行内容并已发生法律效力的判决、裁定。人民法院为依法执行支付令、生效的调解书、仲裁裁决、公证债权文书等所作的裁定属于该条规定的裁定。此处"人民法院的判决、裁定"不包括人民法院的调解书，因此对于行为人拒不执行人民法院调解书的行为，不能依照《刑法》第313条的规定处罚。实践中，作为本罪犯罪对象的判决、裁定，主要是指民事案件的判决、裁定，但从法律规定上讲，行政案件和刑事案件的判决、裁定也属于本条规定的判决、裁定。

需要注意的是，《刑法》第37条之一第2款规定，被禁止从事相关职业的人违反人民法院依照前款规定作出的决定的，由公安机关依法给予处罚；情节严重的，依照本法第313条的规定定罪处罚。

（三）主观要件

本罪的主观方面为直接故意，即行为人明知自己的行为会造成妨害法院裁判正常执行或者致使法院裁判不能执行的结果而希望这种结果的发生。行为人的犯罪动机多种多样，如逃避履行债务或者对法院裁判具有抵触情绪，但动机不影响本罪的成立。

（四）客观要件

本罪的客观方面表现为对人民法院已经发生法律效力的判决、裁定，有能力执行而拒不执行，情节严重的行为。本罪的具体行为方式包括以下三个方面：一是行为人侵犯的对象为人民法院的判决、裁定；二是行为人有能力执行而拒不执行；三是必须达到情节严重的标准。

这里的"有能力执行"，是指根据查实的证据，负有执行人民法院判决、裁定义务的人有可供执行的财产或者具有履行特定行为义务的能力。如果行为人确实没有能力执行的，则不构成本罪。这里的"拒不执行"，是指行为人对人民法院已经发生法律效力的判决、裁定所确定的义务采取各种手段拒绝执行，既可以是积极的作为，也可以是消极的不作为。这里的"情节严重"，主要是指行为人有能力执行而拒不执行，致使判决、裁定无法执行的各种情况。司法实践中，致使判决、裁定无法执行的情况，既包括全部无法执行，也包括部分无法执行；既包括永久性无法执行，也包括在一定阶段内无法执行。

三、罪与非罪

准确认定本罪，首先要考察行为人是否确有能力执行人民法院的判决、裁定，如果因为客观因素行为人确实无力履行生效裁判内容的，则不能认定为本罪。此外，需要说明的是，拒不执行判决、裁定的行为在犯罪形态上属于情节犯，并非这种行为一经实施即构成犯罪，还必须达到"情节严重"的程度，才能追究行为人的刑事责任。如果行为人的违法情节尚未达到严重程度的，即使具有拒不执行的行为，也只属于一般违法行为，不能以本罪论处。

司法实践中，"有能力执行"是一种客观事实，行为人主观上认为其不具有执行能力的不影响认定。认定行为人"有能力执行"应当综合全部案情加以判断，要考虑行为人自身的收入、支出情况等。对给付的执行义务，则要考虑行为人实施给付行为的能力及现实的可能性等。在对财产的执行中，"有能力执行"是指有可供执行的财产，既包括有可供全部执行的财产，也包括只有可供部分执行的财产。即使行为人没有能力一次性全部履行执行义务，但有能力分次履行、部分履行执行义务的，仍可以认定行为人"有能力执行"。

关于本罪的刑事立案追诉标准，《全国人民代表大会常务委员会关于〈中华人民共和国刑法〉第三百一十三条的解释》规定，下列情形属于《刑法》第313条规定的"有能力执行而拒不执行，情节严重"的情形：（1）被执行人隐藏、转移、故意毁损财产或者无偿转让财产、以明显不合理的低价转让财产，致使判决、裁定无法执行的；（2）担保人或者被执行人隐藏、转移、故意毁损或者转让已向人民法院提供担保的财产，致使判决、裁定无法执行的；（3）协助执行义务人接到人民法院协助执行通知书后，拒不协助执行，致使判决、裁定无法执行的；（4）被执行人、担保人、协助执行义务人与国家机关工作人员通谋，利用国家机关工作人员的职权妨害执行，致使判决、裁定无法执行的；（5）其他有能力执行而拒不执行，情节严重的情形。

四、注意事项

1.关于"有能力执行"的正确理解问题。根据法律规定，行为人因没有执行能力而没有执行的，自然不构成本罪。实践中，关于"有能力执行"应当从以下三个方面进行把握：一是认定"有能力执行"的时间从判决、裁定生效时起算，不限于执行期间或刑事案件审理期间。二是"有能力执行"是一种客观事实，不以行为人的主观认识为要件，且不受执行情况的制约。简言之，除行为人及其家庭生活必需外，如果行为人有非必要性支出的，即使名下无财产，仍可视情认定其"有能力执行"。三是"有能力执行"包括有部分执行能力。即使行为人没有能力一次性全部履行执行义务，但有能力分次履行、部分履行执行义务的，也可以认定行为人"有能力执行"。之所以这样理解，是为了防止行为人以不能全部履行义务为由拒不履行法定义务。

2.关于"有能力执行而拒不执行"的行为起算时间问题。司法实践中，只有具有执行内容的判决、裁定发生法律效力后，其才有法律约束力和强制执行力，义务人才有及时、积极履行生效法律文书确定义务的责任。生效法律文书的强制执行力不是在进入强制执行程序后才产生的，而是自法律文书生效之日起即产生。而且，本罪的立法目的在于解决法院生效判决、裁定的"执行难"问题。将判决、裁定生效后立案执行前逃避履行义务的行为纳入本罪的调整范围，是法律设定本罪的应有之义。将判决、裁定生效之日确定为本罪中拒不执行行为的起算时间点，能有效地促使义务人在判决、裁定生效后即迫于刑罚的威慑力而主动履行生效裁判确定的义务，避免生效裁判沦为一纸空文，从而使社会公众真正尊重司法裁判，从根本上解决"执行难"问题，实现本罪的立法目的。因此，拒不执行裁判的行为应当从判决、裁定发生法律效力时起算，是否进入强制执行程序并不是构成拒不执行判决、裁定罪的要件和前提。

3.关于"其他有能力执行而拒不执行，情节严重的情形"的认定问题。对此，《最高人民法院、最高人民检察院关于办理拒不执行判决、裁定刑事案件适用法律若干问题的解释》(以下简称《拒执案件司法解释》)第 3 条规定,负有执行义务的人有能力执行而拒不执行,且具有下列情形之一,应当认定为全国人民代表大会常务委员会关于《刑法》第 313 条的解释中规定的"其他有能力执行而拒不执行,情节严重的情形":(1)以放弃债权、放弃债权担保等方式恶意无偿处分财产权益,或者恶意延长到期债权的履行期限,或者以虚假和解、虚假转让等方式处分财产权益,致使判决、裁定无法执行的;(2)实施以明显不合理的高价受让他人财产、为他人的债务提供担保等恶意减损责任财产的行为,致使判决、裁定无法执行的;(3)伪造、毁灭、隐匿有关履行能力的重要证据,以暴力、威胁、贿买方法阻止他人作证或者指使、贿买、胁迫他人作伪证,妨碍人民法院查明负有执行义务的人财产情况,致使判决、裁定无法执行的;(4)具有拒绝报告或者虚假报告财产情况、违反人民法院限制消费令等拒不执行行为,经采取罚款、拘留等强制措施后仍拒不执行的;(5)经采取罚款、拘留等强制措施后仍拒不交付法律文书指定交付的财物、票证或者拒不迁出房屋、退出土地,致使判决、裁定无法执行的;(6)经采取罚款、拘留等强制措施后仍拒不履行协助行使人身权益等作为义务,致使判决、裁定无法执行,情节恶劣的;(7)经采取罚款、拘留等强制措施后仍违反人身安全保护令、禁止从事相关职业决定等不作为义务,造成被害人轻微伤以上伤害或者严重影响被害人正常的工作生活的;(8)以恐吓、辱骂、聚众哄闹、威胁等方法或者以拉拽、推搡等消极抗拒行为,阻碍执行人员进入执行现场,致使执行工作无法进行,情节恶劣的;(9)毁损、抢夺执行案件材料、执行公务车辆和其他执行器械、执行人员服装以及执行公务证件,致使执行工作无法进行的;(10)其他有能力执行而拒不执行,情节严重的情形。

4. 关于本罪与非法处置查封、扣押、冻结的财产罪的界限问题。实践中,两罪在行为目的和行为内容方面具有相同之处,但也存在如下明显区别:一是犯罪主体不同。本罪的主体是特殊主体,即负有执行法院判决、裁定确定义务的自然人和单位,而后者则是一般主体。二是犯罪对象不同。本罪侵犯的对象是人民法院作出的生效判决、裁定,而后者侵犯的对象则是被司法机关查封、扣押、冻结的财产。三是行为表现不同。本罪中的行为包括任何有能力执行而拒不执行的行为,而后者的行为仅限于非法隐藏、转移、变卖、毁损已被司法机关查封、扣押、冻结的财产。四是犯罪故意不同。尽管两罪都是故意犯罪,但本罪具有拒不执行法院裁判的目的,而后者并不要求有特殊的犯罪目的。需要强调的是,实践中,区分两罪的关键在于行为人是否具有拒不执行法院裁判的目的。如果行为人是在法院判决、裁定生效之前,非法处置已被司法机关查封、扣押、冻结的财产的,则构成非法处置查封、扣押、冻结的财产罪。

5. 关于本罪自诉案件的控告和受理问题。根据《最高人民法院关于拒不执行判决、裁定罪自诉案件受理工作有关问题的通知》的有关规定，对于本罪自诉案件的控告和受理，应当注意以下三个方面的内容：（1）申请执行人向公安机关控告负有执行义务的人涉嫌拒不执行判决、裁定罪，公安机关不予接受控告材料或者在接受控告材料后60日内不予书面答复，申请执行人有证据证明该拒不执行判决、裁定行为侵犯了其人身、财产权利，应当依法追究刑事责任的，人民法院可以自诉案件立案审理。（2）人民法院向公安机关移送拒不执行判决、裁定罪线索，公安机关决定不予立案或者在接受案件线索后60日内不予书面答复，或者人民检察院决定不起诉的，人民法院可以向申请执行人释明；申请执行人有证据证明负有执行义务的人拒不执行判决、裁定侵犯了其人身、财产权利，应当依法追究刑事责任的，人民法院可以自诉案件立案审理。（3）公安机关接受申请执行人的控告材料或者人民法院移送的拒不执行判决、裁定罪线索，经过60日之后又决定立案的，对于申请执行人的自诉，人民法院未受理的，裁定不予受理；已经受理的，可以向自诉人释明让其撤回起诉或者裁定终止审理。此后再出现公安机关或者人民检察院不予追究情形的，申请执行人可以依法重新提起自诉。

五、风险提示

"执行难"是一个长期困扰当事人、法院，社会反响比较强烈并为各界广泛关注的焦点问题。党的十八届四中全会提出了"切实解决执行难""依法保障胜诉当事人及时实现权益"的目标。为贯彻党中央会议精神，2016年3月，最高人民法院在十二届全国人大四次会议上提出"用两到三年时间，基本解决执行难问题"。近年来，最高人民法院为实现"基本解决执行难"的目标，制定了一系列的强制执行规定和措施，提升了执行财产查控力度，加大了对拒不履行义务的被执行人的惩戒力度。虽然法院执行工作成效有目共睹，但截至目前，执行难、执行乱，被执行人等负有履行义务的人员规避执行、抗拒执行等问题仍然存在。可以说，切实解决执行难问题，仍需要依法打击和惩处各种拒不执行判决、裁定的犯罪行为。

关于拒不执行判决、裁定罪，申请执行人可以通过两种途径追究负有执行义务的人的刑事责任：一是公诉程序；二是自诉程序。就自诉程序而言，该制度可以在一定程度上解决执行难的问题。对"拒执罪"案件的追诉程序由单一的公诉程序改为公诉与自诉并行，有利于形成依法打击的合力，强化对失信行为的震慑作用。

《拒执案件司法解释》第 14 条明确规定，申请执行人有证据证明同时具有下列情形，人民法院认为符合《刑事诉讼法》第 210 条第 3 项规定的，以自诉案件立案审理：（1）负有执行义务的人拒不执行判决、裁定，侵犯了申请执行人的人身、财产权利，应当依法追究刑事责任的；（2）申请执行人曾经提出控告，而公安机关或者人民检察院对负有执行义务的人不予追究刑事责任的。据此，申请执行人对于负有执行义务的人拒不执行判决、裁定，侵犯自身人身、财产权利的行为涉嫌拒不执行判决、裁定罪的，可以依法向公安机关或者检察机关提出刑事控告，如果有关机关不予追究负有执行义务的人拒不执行判决、裁定的刑事责任的，申请执行人可以凭借有关证据材料依法向执行法院所在地人民法院提起刑事自诉。

六、参阅案例

最高人民法院指导案例 71 号：毛建文拒不执行判决、裁定案。该案裁判要旨为：有能力执行而拒不执行判决、裁定的时间从判决、裁定发生法律效力时起算。具有执行内容的判决、裁定发生法律效力后，负有执行义务的人有隐藏、转移、故意毁损财产等拒不执行行为，致使判决、裁定无法执行，情节严重的，应当以拒不执行判决、裁定罪定罪处罚。

七、关联规定

1.《中华人民共和国海事诉讼特别程序法》（1999 年）第 57 条、第 58 条、第 59 条；

2.《全国人民代表大会常务委员会关于〈中华人民共和国刑法〉第三百一十三条的解释》（2002 年）；

3.《中华人民共和国行政诉讼法》（2017 年）第 59 条、第 96 条；

4.《中华人民共和国民事诉讼法》（2023 年）第 114 条、第 115 条、第 116 条；

5.《最高人民法院研究室关于拒不执行人民法院调解书的行为是否构成拒不执行判决、裁定罪的答复》（2000 年，法研〔2000〕117 号）；

6.《最高人民法院、最高人民检察院、公安部关于依法严肃查处拒不执行判决裁定和暴力抗拒法院执行犯罪行为有关问题的通知》（2007 年，法发〔2007〕29 号）第 1 条至第 12 条；

7.《最高人民法院关于拒不执行判决、裁定罪自诉案件受理工作有关问题的通知》（2018 年，法〔2018〕147 号）第 1 条、第 2 条、第 3 条；

8.《最高人民法院关于办理人身安全保护令案件适用法律若干问题的规定》（2022 年，法释〔2022〕17 号）第 1 条、第 12 条；

9.《最高人民法院、最高人民检察院关于办理拒不执行判决、裁定刑事案件适用法律若干问题的解释》（2024年，法释〔2024〕13号）第1条至第16条。

非法处置查封、扣押、冻结的财产罪

一、刑法规定

第三百一十四条：隐藏、转移、变卖、故意毁损已被司法机关查封、扣押、冻结的财产，情节严重的，处三年以下有期徒刑、拘役或者罚金。

二、罪名解读

非法处置查封、扣押、冻结的财产罪，是指隐藏、转移、变卖、故意毁损已被司法机关查封、扣押、冻结的财产，情节严重的行为。本罪的具体构成要件如下所述：

（一）主体要件

本罪的主体为一般主体，主要是被查封、扣押、冻结的财产的所有人、保管人。其他自然人如果出于妨害司法机关查封、扣押、冻结活动的意图实施上述行为的，也可以构成本罪。单位不能成为本罪的主体。

（二）客体要件

本罪侵犯的客体是司法机关的正常活动。本罪的行为对象是已被司法机关查封、扣押、冻结的财产。"查封"，是指被司法机关签封，这种签封应载明查封日期、查封单位并盖章。物品一经司法机关查封，未经查封机关批准不得私自开封、使用，更不得变卖、转移。"扣押"，是指司法机关因办案需要将与案件有关的物品暂时扣留。这种扣押一般是将物品扣在司法机关，但对于一些大宗物品也可扣押在仓库等地。"冻结"，主要是指冻结与案件相关的资金账户。账户一旦被冻结，未经解封，不得私自使用该项资金，更不得转移。

司法机关查封、扣押、冻结财产的行为是司法机关在诉讼过程中，为了保证诉讼的正常进行，对有关财产采取的保全措施。如果行为人侵害的对象不是已被司法机关查封、扣押、冻结的财产，则不构成本罪，而可能构成其他罪。至于已被司法机关查封、扣押、冻结的财产是在司法机关内部，还是在行为人控制的范围内或者其他场所，对构成本罪没有影响。这里的"财产"包括动产和不动产，既可以是实物形态，也可以货币、有价证券等形态存在。

（三）主观要件

本罪的主观方面为故意，且属于直接故意，即明知财产已被司法机关查封、扣押、冻结，仍然决定予以非法处置。

（四）客观要件

本罪的客观方面表现为隐藏、转移、变卖、故意毁损已被司法机关查封、扣押、冻结的财产，情节严重的行为。根据《刑法》第314条的规定，本罪的具体行为方式包括隐藏、转移、变卖、故意毁损等四种。

这里的"隐藏"，是指将已被司法机关查封、扣押、冻结的财产隐蔽、藏匿起来，意图使其不被司法机关发现的行为。这里的"转移"，是指将已被司法机关查封、扣押、冻结的财产改变位置，从一处移至另一处，意图使司法机关难以查找、查找不到或者使其失去本应具有的证明效力的行为。这里的"变卖"，是指违反规定，将已被司法机关查封、扣押、冻结的财产出卖以换取现金或其他等价物的行为。这里的"毁损"，是指损伤、损毁已被司法机关查封、扣押、冻结的财产，使之失去财物或者证据价值的行为。实践中，不管是在民事诉讼过程中，还是在行政诉讼或者刑事诉讼过程中，行为人只要实施了隐藏、转移、变卖、故意毁损等四种行为方式中的任何一种或者数种，且达到了情节严重程度的，都构成本罪。

三、罪与非罪

本罪是情节犯，非法处置被司法机关查封、扣押、冻结的财产，必须达到"情节严重"的程度，才构成犯罪。所谓"情节严重"，一般是指隐藏、转移、变卖、故意毁坏的财产数额巨大，致使判决、裁定的财产部分无法执行，造成了恶劣的社会影响，严重干扰了案件的侦查、起诉活动，等等。

四、注意事项

1.关于盗取自己被司法机关扣押的车辆的定性问题。实践中，被司法机关依法扣押的车辆并没有改变所有权归属，仍属于原所有人所有，司法机关只是暂时保管涉案车辆，对涉案车辆不具有所有权，但依照法律规定具有合法占有权。因此，在司法机关合法占有、控制期间，涉案车辆能够成为盗窃罪的犯罪对象。如果行为人具有非法占有的目的，在司法机关合法占有、控制车辆期间秘密取回车辆并索赔的，其行为构成盗窃罪；如果同时妨害了司法机关的正常诉讼活动，情节严重，又构成非法处置扣押的财产罪的，属于一个自然行为触犯数个罪名的想象竞合，应从一重罪处断。如果行为人不具有非法占有的目的，而是出于其他犯罪目的，则虽有秘密取回车辆的行为，但不能构成盗窃罪，此种情况下，其涉嫌非法处置扣押的财产罪。

2.关于本罪与盗窃罪的界限问题。司法实践中，本罪与盗窃罪一般不容易产生混淆，但是当盗窃的对象是司法机关依法查封、扣押、冻结的财产时，两罪在具体的外在表现上就存在一定的交叉，容易造成定性上的混淆。两罪的主要区别在于：第一，从犯罪客体方面看，本罪侵犯的客体是司法机关的正常活动；而盗窃罪侵犯的客体则是公私财物的所有权。第二，从犯罪对象方面看，本罪的犯罪对象必须是特定的，是已被司法机关查封、扣押、冻结的财产；而盗窃罪的犯罪对象则是不特定的，包括有体物和无体物。第三，从客观行为方面看，本罪主要表现为隐藏、转移、变卖、故意毁损等四种行为方式；而盗窃罪则主要表现为以秘密窃取手段侵犯公私财产。第四，从主观方面看，本罪的主观方面必须是故意，即明知侵害的是已被司法机关查封、扣押、冻结的财产，但其犯罪目的是否明确并不影响本罪的成立，也不是构成本罪的必备要件；而以非法占有为目的则是构成盗窃罪的必备主观要件。第五，从犯罪主体方面看，本罪的主体只限于被查封、扣押、冻结的财产的所有人、保管人；而盗窃罪的主体则主要是被查封、扣押、冻结的财产的所有人、保管人以外的其他主体。

五、风险提示

为了保证诉讼的正常进行，刑事诉讼法、民事诉讼法等程序法中都对查封、扣押、冻结财产作了规定。比如，《刑事诉讼法》第245条第1款规定："公安机关、人民检察院和人民法院对查封、扣押、冻结的犯罪嫌疑人、被告人的财物及其孳息，应当妥善保管，以供核查，并制作清单，随案移送。任何单位和个人不得挪用或者自行处理。对被害人的合法财产，应当及时返还。对违禁品或者不宜长期保存的物品，应当依照国家有关规定处理。"因此，正确执行查封、扣押、冻结的财产对于保全证据，顺利处理案件都具有重要意义。司法实践中，有些案件的当事人隐藏、转移、变卖、故意损毁已被司法机关查封、扣押、冻结的财产，这种行为不仅严重破坏了国家司法机关的正常诉讼活动，而且可能导致司法机关的裁判无法得到执行，造成国家、集体或者公民个人的财产损失。因此，对情节严重的行为，追究违法行为人的刑事责任是非常必要的。

司法实践中，行为人常常隐藏、转移、变卖、故意毁损已被依法查封、扣押或者被清点并责令其保管的财产，转移已被冻结的财产，以逃避法院生效判决、裁定所确定的义务，这便产生了本罪与拒不执行判决、裁定罪的交叉与重合。笔者认为，在此种情形下，行为人基于一个犯罪故意（即明知自己的行为会产生妨碍法院判决、裁定执行的危害后果而仍希望该危害后果的发生）实施了一个犯罪行为（即非法处置被查封、扣押的财产），但同时触犯了两个罪名，即拒不执行法院判决、裁定罪和非法处置查封、扣押、冻结的财产罪，构成两罪的想象竞合，应当遵循"从一重罪处断"原则予以论处。

六、参阅案例

《刑事审判参考》（2007年第1辑，总第54辑）第428号：罗扬非法处置查封的财产案。该案裁判要旨为：区分非法处置查封、扣押、冻结的财产罪与拒不执行判决、裁定罪的关键就在于行为人是否具有拒不执行法院裁判的目的。因为从构成要件上看，非法处置查封、扣押、冻结的财产罪不要求有特殊目的，而拒不执行判决、裁定罪则要求行为人必须具有拒不执行法院裁判的目的。因此，如果在执行程序中负有执行生效裁判义务的人实施了此种行为，但并没有拒不执行法院生效裁判目的的，应当以非法处置查封、扣押、冻结的财产罪定罪；反之，如果行为人具有拒不执行法院生效裁判目的的，因为该行为系作为拒不执行法院裁判的手段实施，两罪法定刑相同，以拒不执行判决、裁定罪定罪更为适当。

七、关联规定

1.《中华人民共和国禁毒法》（2007年）第2条、第60条、第69条；

2.《中华人民共和国行政诉讼法》（2017年）第59条；

3.《中华人民共和国民事诉讼法》（2023年）第114条；

4.《最高人民法院关于适用财产刑若干问题的规定》（2000年，法释〔2000〕45号）第10条、第11条第2款。

污染环境罪

一、刑法规定

第三百三十八条：违反国家规定，排放、倾倒或者处置有放射性的废物、含传染病病原体的废物、有毒物质或者其他有害物质，严重污染环境的，处三年以下有期徒刑或者拘役，并处或者单处罚金；情节严重的，处三年以上七年以下有期徒刑，并处罚金；有下列情形之一的，处七年以上有期徒刑，并处罚金：

（一）在饮用水水源保护区、自然保护地核心保护区等依法确定的重点保护区域排放、倾倒、处置有放射性的废物、含传染病病原体的废物、有毒物质，情节特

别严重的;

（二）向国家确定的重要江河、湖泊水域排放、倾倒、处置有放射性的废物、含传染病病原体的废物、有毒物质，情节特别严重的;

（三）致使大量永久基本农田基本功能丧失或者遭受永久性破坏的;

（四）致使多人重伤、严重疾病，或者致人严重残疾、死亡的。

有前款行为，同时构成其他犯罪的，依照处罚较重的规定定罪处罚。

第三百四十六条：单位犯本节第三百三十八条至第三百四十五条规定之罪的，对单位判处罚金，并对其直接负责的主管人员和其他直接责任人员，依照本节各该条的规定处罚。

二、罪名解读

污染环境罪，是指违反国家规定，排放、倾倒或者处置有放射性的废物、含传染病病原体的废物、有毒物质或者其他有害物质，严重污染环境的行为。本罪的具体构成要件如下所述：

（一）主体要件

本罪的主体为一般主体，包括自然人和单位。实践中，对于行为人无危险废物经营许可证从事收集、贮存、利用、处置危险废物经营活动，严重污染环境的，按照本罪定罪处罚；对于行为人明知他人无危险废物经营许可证，向其提供或者委托其收集、贮存、利用、处置危险废物，严重污染环境的，以共同犯罪论处。

（二）客体要件

本罪侵犯的客体是国家对环境保护和污染防治的管理秩序。本罪的行为对象为有放射性的废物、含传染病病原体的废物、有毒物质或者其他有害物质。这里的"环境"，是指影响人类生存和发展的各种天然的及经过人工改造的自然因素的总体，包括大气、水、海洋、土地、矿藏、森林、草原、湿地、野生生物、自然遗迹、人文遗迹、自然保护区、风景名胜区、城市和乡村等。

（三）主观要件

本罪的主观方面一般为故意，但也可以是过失。司法实践中，判断行为人是否具有环境污染犯罪的故意，应当依据行为人的任职情况、职业经历、专业背景、培训经历、因同类行为受到行政处罚或者刑事追究情况以及污染物种类、污染方式、资金流向等证据，结合其供述，进行综合分析判断。

根据《最高人民法院、最高人民检察院、公安部、司法部、生态环境部关于办理环境污染刑事案件有关问题座谈会纪要》（以下简称《环境污染刑事案件纪要》)的规定,具有下列情形之一,犯罪嫌疑人、被告人不能作出合理解释的,可以认定其故意实施环境污染犯罪,但有证据证明确系不知情的除外:(1)企业没有依法通过环境影响评价,或者未依法取得排污许可证,排放污染物,或者已经通过环境影响评价并且防治污染设施验收合格后,擅自更改工艺流程、原辅材料,导致产生新的污染物质的;(2)不使用验收合格的防治污染设施或者不按规范要求使用的;(3)防治污染设施发生故障,发现后不及时排除,继续生产放任污染物排放的;(4)生态环境部门责令限制生产、停产整治或者予以行政处罚后,继续生产放任污染物排放的;(5)将危险废物委托第三方处置,没有尽到查验经营许可的义务,或者委托处置费用明显低于市场价格或者处置成本的;(6)通过暗管、渗井、渗坑、裂隙、溶洞、灌注等逃避监管的方式排放污染物的;(7)通过篡改、伪造监测数据的方式排放污染物的;(8)其他足以认定的情形。

(四)客观要件

本罪的客观方面表现为违反国家规定,排放、倾倒或者处置有放射性的废物、含传染病病原体的废物、有毒物质或者其他有害物质,严重污染环境的行为。具体而言,本罪的客观行为包括三个方面:一是违反了国家有关环境保护的法律、行政法规规定;二是实施了排放、倾倒或者处置有放射性的废物、含传染病病原体的废物、有毒物质或者其他有害物质的行为;三是严重污染环境。这里的"严重污染环境",既包括发生了造成财产损失或者人身伤亡的环境污染事故,也包括虽然还未造成环境污染事故,但已经使环境受到严重污染或者破坏的情形。

这里的"违反国家规定",主要是指违反国家关于环境保护的法律和行政法规的规定。这里的"排放",是指将有害物质排向水体、土地、大气等的行为。这里的"倾倒",是指通过船舶、航空器、平台或者其他运载工具,向水体、滩涂、森林、草原以及大气等处置有害物质的行为。这里的"处置",是指以焚烧、填埋等方式处理有害物质或者向江河湖泊等水体处理有害物质,且并不限于对固体废物的处理。这里的"有放射性的废物",是指含有放射性核素或者被放射性核素污染,其浓度或者比活度大于国家确定的清洁解控水平,预期不再使用的废弃物。这里的"含传染病病原体的废物",是指含有传染病病菌、病毒的废弃物。实践中,可以根据《放射性污染防治法》《传染病防治法》中的有关规定对两类物质进行认定。

这里的"有毒物质"具体包括:(1)危险废物,是指被列入国家危险废物名录,或者根据国家规定的危险废物鉴别标准和鉴别方法认定的具有危险特性的固体废物;(2)《关于持久性有机污染物的斯德哥尔摩公约》附件所列物质;(3)重金属含量超过国家或者地方污染物排放标准的污染物;(4)其他具有毒性,可能污染环境的物质。这里的"其他有害物质"具体包括：（1）工业危险废物以外的其他工业固体废物；（2）未经处理的生活垃圾；（3）有害大气污染物、受控消耗臭氧层物质和有害水污染物；（4）在利用和处置过程中必然产生有毒有害物质的其他物质；（5）国务院生态环境保护主管部门会同国务院卫生主管部门公布的有毒有害污染物名录中的有关物质；等等。

实践中，行为人只要实施了排放、倾倒或者处置有害物质的任一行为，即可构成本罪，实施两种以上行为的，仍然只认定为一罪。

三、罪与非罪

根据刑法规定，违反国家规定，排放、倾倒或者处置有放射性的废物、含传染病病原体的废物、有毒物质或者其他有害物质的行为，只有严重污染环境的，才构成犯罪。司法实践中，对于实施《刑法》第338条规定的行为，行为人认罪认罚，积极修复生态环境，开展有效合规整改的，可以从宽处罚；犯罪情节轻微的，可以不起诉或者免予刑事处罚；情节显著轻微危害不大的，不作为犯罪处理。

关于本罪的刑事立案追诉标准，《最高人民法院、最高人民检察院关于办理环境污染刑事案件适用法律若干问题的解释》（以下简称《环境污染刑事案件解释》）第1条规定，实施《刑法》第338条规定的行为，具有下列情形之一的，应当认定为"严重污染环境"：（1）在饮用水水源保护区、自然保护地核心保护区等依法确定的重点保护区域排放、倾倒、处置有放射性的废物、含传染病病原体的废物、有毒物质的；（2）非法排放、倾倒、处置危险废物3吨以上的；（3）排放、倾倒、处置含铅、汞、镉、铬、砷、铊、锑的污染物，超过国家或者地方污染物排放标准3倍以上的；（4）排放、倾倒、处置含镍、铜、锌、银、钒、锰、钴的污染物，超过国家或者地方污染物排放标准10倍以上的；（5）通过暗管、渗井、渗坑、裂隙、溶洞、灌注、非紧急情况下开启大气应急排放通道等逃避监管的方式排放、倾倒、处置有放射性的废物、含传染病病原体的废物、有毒物质的；（6）2年内曾因在重污染天气预警期间，违反国家规定，超标排放二氧化硫、氮氧化物等实行排放总量控制的大气污染物受过2次以上行政处罚，又实施此类行为的；（7）重点排污单位、实行排污许可重点管理的单位篡改、伪造自动监测数据或者干扰自动监测设施，排放化学需氧量、氨氮、二氧化硫、氮氧化物等污染物的；（8）2年内曾因违反国家规定，排放、倾倒、处置有放射性的废物、含传染病病原体的废物、有毒物质受过2次以上行政处罚，又实施此类行为的；（9）违法所得或者致使公私财产损失30万元以上的；（10）致使乡镇集中式饮用水水源取水中断12小时以上的；

(11) 其他严重污染环境的情形。

关于"情节严重"的认定标准,《环境污染刑事案件解释》第 2 条规定,实施《刑法》第 338 条规定的行为,具有下列情形之一的,应当认定为"情节严重":(1) 在饮用水水源保护区、自然保护地核心保护区等依法确定的重点保护区域排放、倾倒、处置有放射性的废物、含传染病病原体的废物、有毒物质,造成相关区域的生态功能退化或者野生生物资源严重破坏的;(2) 向国家确定的重要江河、湖泊水域排放、倾倒、处置有放射性的废物、含传染病病原体的废物、有毒物质,造成相关水域的生态功能退化或者水生生物资源严重破坏的;(3) 非法排放、倾倒、处置危险废物 100 吨以上的;(4) 违法所得或者致使公私财产损失 100 万元以上的;(5) 致使县级城区集中式饮用水水源取水中断 12 小时以上的;(6) 致使永久基本农田、公益林地 10 亩以上,其他农用地 20 亩以上,其他土地 50 亩以上基本功能丧失或者遭受永久性破坏的;(7) 致使森林或者其他林木死亡 50 立方米以上,或者幼树死亡 2500 株以上的;(8) 致使疏散、转移群众 5000 人以上的;(9) 致使 30 人以上中毒的;(10) 致使 1 人以上重伤、严重疾病或者 3 人以上轻伤的;(11) 其他情节严重的情形。

四、注意事项

1. 关于本罪的司法管辖问题。对此,《环境污染刑事案件纪要》第 12 条规定,跨区域环境污染犯罪案件由犯罪地的公安机关管辖。如果由犯罪嫌疑人居住地的公安机关管辖更为适宜的,可以由犯罪嫌疑人居住地的公安机关管辖。犯罪地包括环境污染行为发生地和结果发生地。"环境污染行为发生地"包括环境污染行为的实施地、预备地、开始地、途经地、结束地以及排放、倾倒污染物的车船停靠地、始发地、途经地、到达地等地点;环境污染行为有连续、持续或者继续状态的,相关地方都属于环境污染行为发生地。"环境污染结果发生地"包括污染物排放地、倾倒地、堆放地、污染发生地等。多个公安机关都有权立案侦查的,由最初受理的或者主要犯罪地的公安机关立案侦查,管辖有争议的,按照有利于查清犯罪事实、有利于诉讼的原则,由共同的上级公安机关协调确定的公安机关立案侦查,需要提请批准逮捕、移送审查起诉、提起公诉的,由该公安机关所在地的人民检察院、人民法院受理。

2. 关于本罪单位犯罪的认定问题。对此,《环境污染刑事案件纪要》第 1 条规定,为了单位利益,实施环境污染行为,并具有下列情形之一的,应当认定为单位犯罪:(1) 经单位决策机构按照决策程序决定的;(2) 经单位实际控制人、主要负责人或者授权的分管负责人决定、同意的；（3）单位实际控制人、主要负责人或者授权的分管负责人得知单位成员个人实施环境污染犯罪行为，并未加以制止或者及时采取措施，而是予以追认、纵容或者默许的；（4）使用单位营业执照、合同书、公章、印鉴等对外开展活动，并调用单位车辆、船舶、生产设备、原辅材料等实施环境污染犯罪行为的。单位犯罪中的"直接负责的主管人员"，一般是指对单位犯罪起决定、批准、组织、策划、指挥、授意、纵容等作用的主管人员，包括单位实际控制人、主要负责人或者授权的分管负责人、高级管理人员等；"其他直接责任人员"，一般是指在直接负责的主管人员的指挥、授意下积极参与实施单位犯罪或者对具体实施单位犯罪起较大作用的人员。对于应当认定为单位犯罪的环境污染犯罪案件，公安机关未作为单位犯罪移送审查起诉的，人民检察院应当退回公安机关补充侦查。对于应当认定为单位犯罪的环境污染犯罪案件，人民检察院只作为自然人犯罪起诉的，人民法院应当建议人民检察院对犯罪单位补充起诉。此外，《环境污染刑事案件解释》第 13 条规定，单位实施本解释规定的犯罪的，依照本解释规定的定罪量刑标准，对直接负责的主管人员和其他直接责任人员定罪处罚，并对单位判处罚金。

3. 关于本罪"犯罪未遂"的认定与处理问题。对此，《环境污染刑事案件纪要》第 2 条规定，当前环境执法工作形势比较严峻，一些行为人拒不配合执法检查、接受检查时弄虚作假、故意逃避法律追究的情形时有发生，因此对于行为人已经着手实施非法排放、倾倒、处置有毒有害污染物的行为，由于有关部门查处或者其他意志以外的因素未得逞的情形，可以污染环境罪（未遂）追究刑事责任。需要说明的是，司法实践中，对于因地震、泥石流等客观因素发生的环境污染事件，即使造成重大财产损失或者人员伤亡，严重污染环境的，由于缺乏本罪的主客观要件，也不能以犯罪论处。

4. 关于无证经营危险废物行为的定性问题。实践中，"无危险废物经营许可证"，是指未取得危险废物经营许可证，或者超出危险废物经营许可证的经营范围。对此，《环境污染刑事案件解释》第 7 条规定，无危险废物经营许可证从事收集、贮存、利用、处置危险废物经营活动，严重污染环境的，按照污染环境罪定罪处罚；同时构成非法经营罪的，依照处罚较重的规定定罪处罚。实施前款规定的行为，不具有超标排放污染物、非法倾倒污染物或者其他违法造成环境污染的情形的，可以认定为非法经营情节显著轻微危害不大，不认为是犯罪；构成生产、销售伪劣产品等其他犯罪的，以其他犯罪论处。第 8 条规定，明知他人无危险废物经营许可证，向其提供或者委托其收集、贮存、利用、处置危险废物，严重污染环境的，以共同犯罪论处。

5. 关于环境污染专门性问题的鉴定问题。对此，《环境污染刑事案件解释》第 16 条规定，对案件所涉的环境污染专门性问题难以确定的，依据鉴定机构出具的鉴定意见，或者国务院环境保护主管部门、公安部门指定的机构出具的报告，结合其他证据作出认定。此外，《环境污染刑事案件纪要》还规定，对涉及案件定罪量刑的核心或者关键专门性问题难以确定的，由司法鉴定机构出具鉴定意见。实践中，这类核心或者关键专门性问题主要是案件具体适用的定罪量刑标准涉及的专门性问题，比如公私财产损失数额、超过排放标准倍数、污染物性质判断等。对案件的其他非核心或者关键专门性问题，或者可鉴定也可不鉴定的专门性问题，一般不委托鉴定。涉及案件定罪量刑的核心或者关键专门性问题难以鉴定或者鉴定费用明显过高的，司法机关可以结合案件其他证据，并参考生态环境部门意见、专家意见等作出认定。

6. 关于本罪从重处罚情形的问题。一是"应当从重处罚"的具体情形。对此，《环境污染刑事案件解释》第 5 条规定，实施《刑法》第 338 条规定的犯罪行为，具有下列情形之一的，应当从重处罚：（1）阻挠环境监督检查或者突发环境事件调查，尚不构成妨害公务等犯罪的；（2）在医院、学校、居民区等人口集中地区及其附近，违反国家规定排放、倾倒、处置有放射性的废物、含传染病病原体的废物、有毒物质或者其他有害物质的；（3）在突发环境事件处置期间或者被责令限期整改期间，违反国家规定排放、倾倒、处置有放射性的废物、含传染病病原体的废物、有毒物质或者其他有害物质的；（4）具有危险废物经营许可证的企业违反国家规定排放、倾倒、处置有放射性的废物、含传染病病原体的废物、有毒物质或者其他有害物质的；（5）实行排污许可重点管理的企业事业单位和其他生产经营者未依法取得排污许可证，排放、倾倒、处置有放射性的废物、含传染病病原体的废物、有毒物质或者其他有害物质的。

二是"可以从重处罚"的具体情形。对此，《环境污染刑事案件纪要》第 10 条规定，实践中，对于发生在长江经济带十一省（直辖市）的下列环境污染犯罪行为，可以从重处罚：（1）跨省（直辖市）排放、倾倒、处置有放射性的废物、含传染病病原体的废物、有毒物质或者其他有害物质的；（2）向国家确定的重要江河、湖泊或者其他跨省（直辖市）江河、湖泊排放、倾倒、处置有放射性的废物、含传染病病原体的废物、有毒物质或者其他有害物质的。

7. 关于本罪第三档刑罚的适用问题。对此，《环境污染刑事案件解释》第 3 条规定，实施《刑法》第 338 条规定的行为，具有下列情形之一的，应当处 7 年以上有期徒刑,并处罚金:1.在饮用水水源保护区、自然保护地核心保护区等依法确定的重点保护区域排放、倾倒、处置有放射性的废物、含传染病病原体的废物、有毒物质,具有下列情形之一的:(1)致使设区的市级城区集中式饮用水水源取水中断12小时以上的;(2)造成自然保护地主要保护的生态系统严重退化,或者主要保护的自然景观损毁的;(3)造成国家重点保护的野生动植物资源或者国家重点保护物种栖息地、生长环境严重破坏的;(4)其他情节特别严重的情形。2.向国家确定的重要江河、湖泊水域排放、倾倒、处置有放射性的废物、含传染病病原体的废物、有毒物质,具有下列情形之一的:(1)造成国家确定的重要江河、湖泊水域生态系统严重退化的;(2)造成国家重点保护的野生动植物资源严重破坏的;(3)其他情节特别严重的情形。3.致使永久基本农田50亩以上基本功能丧失或者遭受永久性破坏的。4.致使3人以上重伤、严重疾病,或者1人以上严重残疾、死亡的。

五、风险提示

党中央、国务院历来高度重视生态环境保护工作。20世纪80年代,我国将环境保护确定为基本国策;90年代,将可持续发展战略确定为国家战略。进入21世纪,我国大力推进资源节约型、环境友好型社会建设,将节约资源确定为基本国策。因为环境污染不仅会对生态系统造成直接的破坏和影响,也会给人类社会造成间接的危害。现实中,环境污染最直接、最容易被人们所感受到的后果就是使人类生存环境的质量下降。因此,守护生态环境已成全球共识。然而,实践中,一些单位和个人任意非法排放、倾倒、处置危险废物,以降低生产成本和牟取不法利益,且已经形成了"一条龙"作业,这对社会造成的危害不言而喻。为强化生态环境法治建设、共同守护人类的家园,2018年5月18日,习近平总书记在全国生态环境保护大会上的讲话中指出:"用最严格制度最严密法治保护生态环境,加快制度创新,强化制度执行,让制度成为刚性的约束和不可触碰的高压线。"2018年6月16日,《中共中央、国务院关于全面加强生态环境保护坚决打好污染防治攻坚战的意见》发布。2018年7月10日,《全国人民代表大会常务委员会关于全面加强生态环境保护依法推动打好污染防治攻坚战的决议》通过。2019年2月20日,最高人民法院、最高人民检察院、公安部、司法部、生态环境部联合发布了《环境污染刑事案件纪要》。

为深入贯彻落实习近平生态文明思想和"绿水青山就是金山银山"的科学理念,为守护绿水青山蓝天、建设美丽中国提供有力刑事司法保障和进一步加大对污染环境行为的惩治力度,《刑法修正案(十一)》对污染环境罪进行了修改和完善,主要涉及以下三个方面：一是对第二档刑罚的适用条件进行了修改，将"后果特别严重"修改为"情节严重"；二是增加了第三档刑罚，规定对部分严重污染环境犯罪"处七年以上有期徒刑，并处罚金"；三是增加了第2款，规定"有前款行为，同时构成其他犯罪的，依照处罚较重的规定定罪处罚"。《刑法修正案（十一）》对污染环境罪的重大修改，体现了坚持最严格的制度、最严密的法治保护生态环境，把生态环境保护法网织得更严谨、更严密。

需要说明的是，根据《刑法》第383条第2款的规定，行为人实施污染环境的行为同时构成污染环境罪、非法处置进口的固体废物罪、投放危险物质罪等犯罪的，依照处罚较重的规定定罪处罚。考虑到实践中，环境污染犯罪案件的刑罚适用直接关系加强生态环境保护、打好污染防治攻坚战的实际效果，《环境污染刑事案件纪要》规定，具有下列情形之一的，一般不适用不起诉、缓刑或者免予刑事处罚：（1）不如实供述罪行的；（2）属于共同犯罪中情节严重的主犯的；（3）犯有数个环境污染犯罪依法实行并罚或者以一罪处理的；（4）曾因环境污染违法犯罪行为受过行政处罚或者刑事处罚的；（5）其他不宜适用不起诉、缓刑、免予刑事处罚的情形。对于情节恶劣、社会反映强烈的环境污染犯罪，不得适用缓刑、免予刑事处罚。但是，对行为人不适用缓刑或者免予刑事处罚，不等于不可以从宽处罚。实践中，不少环境污染犯罪由单位实施，故本着惩罚犯罪与修复生态并重原则，考虑到涉案企业合规改革的政策和法律，对于行为人自愿认罪认罚，积极修复生态环境并开展有效合规整改的，依法可以从宽处罚。

六、参阅案例

人民法院案例库参考案例：白某等污染环境案（入库编号2023-11-1-340-014）。该案裁判要旨为：1.对《最高人民法院、最高人民检察院关于办理环境污染刑事案件适用法律若干问题的解释》（法释〔2023〕7号）第7条规定的无危险废物经营许可证从事收集、贮存、利用、处置危险废物经营活动"严重污染环境"的判定，可以根据非法处置、利用的危险废物的数量，结合超标排放污染物、倾倒污染物等情节加以判断。行为人在无危险废物经营许可证的情况下，收集、贮存、清洗、切割含有矿物油的包装桶，非法处置的危险废物在3吨以上并将清洗废水排放至外环境的，可以认定为"严重污染环境"。2.行为人明知处置危险废物需要相应资质，虽未与他人共谋经营危险废物，但在明知他人无危险废物经营许可证的情况下，向其出售提供危险废物，致使所涉危险废物被非法倾倒、处置，严重污染环境的，以污染环境罪的共同犯罪论处。

七、关联规定

1.《中华人民共和国放射性污染防治法》（2003 年）第 52 条至第 57 条；

2.《中华人民共和国海岛保护法》（2009 年）第 49 条、第 55 条；

3.《中华人民共和国环境保护法》（2014 年）第 2 条、第 59 条、第 63 条、第 65 条、第 69 条；

4.《中华人民共和国水污染防治法》（2017 年）第 82 条至第 95 条、第 101 条；

5.《中华人民共和国土壤污染防治法》（2018 年）第 2 条、第 87 条、第 88 条、第 89 条、第 98 条；

6.《中华人民共和国大气污染防治法》（2018 年）第 99 条、第 100 条、第 102 条、第 105 条、第 106 条、第 107 条、第 108 条、第 114 条、第 115 条、第 116 条、第 117 条、第 118 条、第 119 条、第 120 条、第 123 条、第 127 条；

7.《中华人民共和国森林法》（2019 年）第 74 条、第 82 条；

8.《中华人民共和国固体废物污染环境防治法》（2020 年）第 2 条、第 102 条、第 107 条、第 108 条、第 111 条、第 112 条、第 113 条、第 114 条、第 118 条、第 119 条、第 120 条、第 123 条；

9.《中华人民共和国农产品质量安全法》（2022 年）第 2 条、第 3 条、第 66 条、第 78 条、第 79 条；

10.《中华人民共和国海洋环境保护法》（2023 年）第 2 条、第 93 条、第 113 条、第 114 条、第 119 条、第 120 条；

11.《最高人民检察院、公安部关于公安机关管辖的刑事案件立案追诉标准的规定（一）的补充规定》（2017 年，公通字〔2017〕12 号）第 10 条；

12.《最高人民法院、最高人民检察院关于办理妨害预防、控制突发传染病疫情等灾害的刑事案件具体应用法律若干问题的解释》（2003 年，法释〔2003〕8 号）第 13 条、第 17 条、第 18 条；

13.《最高人民法院、最高人民检察院、公安部、司法部、生态环境部关于办理环境污染刑事案件有关问题座谈会纪要》（2019 年）第 1 条至第 15 条；

14.《最高人民法院服务保障黄河流域生态保护和高质量发展工作推进会会议纪要》（2021 年，法〔2021〕305 号）第 5 条、第 6 条、第 11 条；

15.《最高人民法院、最高人民检察院关于办理环境污染刑事案件适用法律若干问题的解释》（2023 年，法释〔2023〕7 号）第 1 条至第 20 条。

非法占用农用地罪

一、刑法规定

第三百四十二条：违反土地管理法规，非法占用耕地、林地等农用地，改变被占用土地用途，数量较大，造成耕地、林地等农用地大量毁坏的，处五年以下有期徒刑或者拘役，并处或者单处罚金。

第三百四十六条：单位犯本节第三百三十八条至第三百四十五条规定之罪的，对单位判处罚金，并对其直接负责的主管人员和其他直接责任人员，依照本节各该条的规定处罚。

二、罪名解读

非法占用农用地罪，是指违反土地管理法规，非法占用耕地、林地等农用地，改变被占用土地用途，数量较大，造成耕地、林地等农用地大量毁坏的行为。本罪的具体构成要件如下所述：

（一）主体要件

本罪的主体为一般主体，包括自然人和单位。

（二）客体要件

本罪侵犯的客体是国家的土地管理制度。本罪的行为对象是农用地。根据《土地管理法》的规定，按照用途不同，可将土地分为农用地、建设用地和未利用地。这里的"农用地"，是指直接用于农业生产的土地，包括耕地、林地、草地、农田水利用地、养殖水面等。

这里的"耕地"，是指种植农作物的土地，包括熟地，新开发、复垦、整理地，休闲地（含轮歇地、轮作地）；以种植农作物（含蔬菜）为主，间有零星果树、桑树或其他树木的土地；临时种植药材、草皮、花卉、苗木等的耕地，以及其他临时改变用途的耕地。这里的"林地"，是指县级以上人民政府规划确定的用于发展林业的土地，包括郁闭度0.2以上的乔木林地以及竹林地、灌木林地、疏林地、采伐迹地、火烧迹地、未成林造林地、苗圃地等。

（三）主观要件

本罪的主观方面为故意，即行为人明知是耕地、林地等农用地，仍为出卖地皮谋利或者利用其建住房等而非法占用。

（四）客观要件

本罪的客观方面表现为违反土地管理法规，非法占用耕地、林地等农用地，改变被占用土地用途，数量较大，造成耕地、林地等农用地大量毁坏的行为。本罪的客观行为包括以下三个方面：一是行为人必须违反土地管理法规；二是行为人实施了非法占用耕地、林地等农用地，改变被占用土地用途的行为；三是必须达到数量较大，造成耕地、林地等农用地大量毁坏的严重后果。

这里的"违反土地管理法规"，是指违反《土地管理法》《森林法》《草原法》等法律以及有关行政法规中关于土地管理的规定。这里的"非法占用农用地"，是指未经国家土地管理部门审核批准而擅自占用农用地，或者超过批准的用地数量占用农用地，或者采取欺骗手段骗取批准而占用农用地。这里的"改变被占用土地用途"，是指行为人将土地管理部门批准专用的土地擅自改作他用。这里的"造成耕地、林地等农用地大量毁坏"，是指非法占用农用地后非法改变农用地用途，致使耕地、林地等农用地原有的农用条件遭到严重破坏，原有的农用地效用功能丧失，无法或者短期内难以恢复原有功能等情形。

三、罪与非罪

本罪属于结果犯，违反土地管理法规，非法占用农用地，改变被占用土地用途的行为，必须达到"数量较大"并"造成耕地、林地等农用地大量毁坏"的结果，才构成犯罪。如果行为人只是非法占用农用地但未改变土地用途的，无论数量多少，均不构成本罪。如果行为人未改变土地用途但导致农用地大量毁坏的，或者行为人合法占用农用地但擅自改变土地用途，并导致农用地大量毁坏的，也不构成本罪。对于在农村宅基地、责任田上违法建房进行出售的，由于涉及面广、政策性强，在相关文件出台前，不宜以本罪论处。此外，需要说明的是，行为人多次实施非法占用农用地的行为，依法应当追诉且未经处理的，应当按照累计的数量、数额计算。

关于本罪的刑事立案追诉标准，《立案追诉标准（一）》第67条规定，违反土地管理法规，非法占用耕地、林地等农用地，改变被占用土地用途，造成耕地、林地等农用地大量毁坏，涉嫌下列情形之一的，应予立案追诉：（1）非法占用基本农田5亩以上或者基本农田以外的耕地10亩以上的；（2）非法占用防护林地或者特种用途林地数量单种或者合计5亩以上的；（3）非法占用其他林地10亩以上的；（4）非法占用本款第（2）项、第（3）项规定的林地，其中一项数量达到相应规定的数量标准的50%以上，且两项数量合计达到该项规定的数量标准的；（5）非法占用其他农用地数量较大的情形。违反土地管理法规，非法占用耕地建窑、建坟、建房、挖沙、采石、采矿、取土、堆放固体废弃物或者进行其他非农业建设，造成耕地种植条件严重毁坏或者严重污染，被毁坏耕地数量达到以上规定的，属于本条规定的"造成耕地大量毁坏"。违反土地管理法规，非法占用林地，改变被占用林地用途，在非法占用的林地上实施建窑、建坟、建房、挖沙、采石、采矿、取土、种植农作物、堆放或者排泄废弃物等行为或者进行其他非林业生产、建设，造成林地的原有植被或者林业种植条件严重毁坏或者严重污染，被毁坏林地数量达到以上规定的，属于本条规定的"造成林地大量毁坏"。

四、注意事项

1. 关于"数量较大""大量毁坏"的具体认定标准。一是非法占用耕地部分。对此，《最高人民法院关于审理破坏土地资源刑事案件具体应用法律若干问题的解释》第3条规定，非法占用耕地"数量较大"，是指非法占用基本农田5亩以上或者非法占用基本农田以外的耕地10亩以上。非法占用耕地"造成耕地大量毁坏"，是指行为人非法占用耕地建窑、建坟、建房、挖沙、采石、采矿、取土、堆放固体废弃物或者进行其他非农业建设，造成基本农田5亩以上或者基本农田以外的耕地10亩以上种植条件严重毁坏或者严重污染。

二是非法占用林地部分。对此，《最高人民法院关于审理破坏森林资源刑事案件适用法律若干问题的解释》第1条规定，违反土地管理法规，非法占用林地，改变被占用林地用途，具有下列情形之一的，应当认定为《刑法》第342条规定的造成林地"毁坏"：（1）在林地上实施建窑、建坟、建房、修路、硬化等工程建设的；（2）在林地上实施采石、采砂、采土、采矿等活动的；（3）在林地上排放污染物、堆放废弃物或者进行非林业生产、建设，造成林地被严重污染或者原有植被、林业生产条件被严重破坏的。实施前款规定的行为，具有下列情形之一的，应当认定为《刑法》第342条规定的"数量较大，造成耕地、林地等农用地大量毁坏"：（1）非法占用并毁坏公益林地5亩以上的；（2）非法占用并毁坏商品林地10亩以上的；（3）非法占用并毁坏的公益林地、商品林地数量虽未分别达到第1项、第2项规定标准，但按相应比例折算合计达到有关标准的；（4）2年内曾因非法占用农用地受过2次以上行政处罚，又非法占用林地，数量达到第1项至第3项规定标准一半以上的。

三是非法占用草原部分。对此，《最高人民法院关于审理破坏草原资源刑事案件应用法律若干问题的解释》第2条规定，非法占用草原，改变被占用草原用途，数量在20亩以上的，或者曾因非法占用草原受过行政处罚，在3年内又非法占用草原，改变被占用草原用途，数量在10亩以上的，应当认定为《刑法》第342条规定的"数量较大"。"造成草原大量毁坏"是指：（1）开垦草原种植粮食作物、经济作物、林木的；（2）在草原上建窑、建房、修路、挖砂、采石、采矿、取土、剥取草皮的；（3）在草原上堆放或者排放废弃物，造成草原的原有植被严重毁坏或者严重污染的；（4）违反草原保护、建设、利用规划种植牧草和饲料作物，造成草原沙化或者水土严重流失的；（5）其他造成草原严重毁坏的情形。

2.关于本罪的既未遂形态问题。如前所述，本罪属于结果犯，行为人实施了非法占用农用地，改变被占用土地用途的行为，还必须达到数量较大并造成耕地、林地等农用地大量毁坏的结果，才成立犯罪既遂。对于行为人实施了非法占用农用地并改变土地用途，足以导致大量农用地毁损的行为，但由于意志以外的因素而未得逞的，应成立犯罪未遂。

3.关于单位构成本罪的入刑标准问题。如前所述，本罪的主体包括自然人和单位。根据《刑法》第346条的规定，单位犯本节规定之罪的，对单位判处罚金，并对其直接负责的主管人员和其他直接责任人员，依照本节各该条的规定处罚。根据上述关于审理破坏土地、森林、草原资源刑事案件的三个司法解释的规定，对于单位犯非法占用农用地罪的，依照个人犯罪的定罪量刑标准定罪处罚。

五、风险提示

十分珍惜、合理利用土地和切实保护耕地是我国的基本国策。近年来，在广大农村地区，违反规划非法占用耕地、改变耕地用途进行违法建设，造成土地沙化、土壤肥力消失等问题一直比较严重。此类违法行为无视国家土地管理和城乡规划法规，造成农用地大量毁坏，生态环境破坏。司法实践中，部分民营企业在生产经营过程中，违规租用村委会、居委会等的集体土地，用于建设厂房、宿舍、食堂及堆场等，造成原有耕作层种植功能丧失且难以复原，耕地遭到严重破坏的后果，并在社会上产生了不良影响。对此，司法机关严厉查处，并依法以非法占用农用地罪追究被告单位及其直接责任人员的刑事责任，对于遏制此类犯罪行为具有重要现实意义。

近年来，随着传统农业向产业化、规模化的现代农业转变，以温室大棚为代表的设施农业快速发展。一些地区出现了假借发展设施农业之名，擅自或者变相改变农用地用途，在耕地甚至永久基本农田上建设"大棚房""生态园""休闲农庄"等现象，造成土地资源被大量非法占用和毁坏，严重侵害农民权益和农业农村的可持续发展,在社会上造成了恶劣影响。2018年,自然资源部和农业农村部在全国开展了"大棚房"问题专项整治行动,推进落实永久基本农田保护制度和最严格的耕地保护政策。在基本农田上建设"大棚房"予以出租出售,违反我国《土地管理法》,属于破坏耕地或者非法占地的违法行为。因此,非法占用耕地数量较大或者造成耕地大量毁坏的,应当以非法占用农用地罪追究实际建设者、经营者的刑事责任。

六、参阅案例

最高人民检察院指导性案例第60号:刘强非法占用农用地案。该案裁判要旨为:行为人违反土地管理法规,在耕地上建设"大棚房""生态园""休闲农庄"等,非法占用耕地数量较大,造成耕地等农用地大量毁坏的,应当以非法占用农用地罪追究实际建设者、经营者的刑事责任。

七、关联规定

1.《全国人民代表大会常务委员会关于〈中华人民共和国刑法〉第二百二十八条、第三百四十二条、第四百一十条的解释》(2009年);

2.《中华人民共和国水土保持法》(2010年)第2条、第49条、第50条、第51条、第55条、第58条;

3.《中华人民共和国土地管理法》(2019年)第75条、第77条;

4.《中华人民共和国森林法》(2019年)第73条、第74条、第82条;

5.《中华人民共和国草原法》(2021年)第65条、第66条;

6.《基本农田保护条例》(2011年)第2条、第17条、第33条;

7.《最高人民检察院、公安部关于公安机关管辖的刑事案件立案追诉标准的规定(一)》(2008年,公通字〔2008〕36号)第67条;

8.《最高人民法院关于审理破坏土地资源刑事案件具体应用法律若干问题的解释》(2000年,法释〔2000〕14号)第3条、第8条、第9条;

9.《最高人民法院关于个人违法建房出售行为如何适用法律问题的答复》(2010年,法〔2010〕395号);

10.《最高人民法院关于审理破坏草原资源刑事案件应用法律若干问题的解释》(2012年,法释〔2012〕15号)第1条、第2条、第5条、第6条、第7条;

11.《最高人民检察院法律政策研究室关于对〈"在禁牧区偷牧造成草场大量毁坏"行为性质的认定和法律适用问题的请示〉的答复》(2018年,高检研〔2018〕18号);

12.《最高人民法院关于审理破坏森林资源刑事案件适用法律若干问题的解释》（2023年，法释〔2023〕8号）第1条、第9条、第12条、第13条。

破坏自然保护地罪

一、刑法规定

第三百四十二条之一：违反自然保护地管理法规，在国家公园、国家级自然保护区进行开垦、开发活动或者修建建筑物，造成严重后果或者有其他恶劣情节的，处五年以下有期徒刑或者拘役，并处或者单处罚金。

有前款行为，同时构成其他犯罪的，依照处罚较重的规定定罪处罚。

第三百四十六条：单位犯本节第三百三十八条至第三百四十五条规定之罪的，对单位判处罚金，并对其直接负责的主管人员和其他直接责任人员，依照本节各该条的规定处罚。

二、罪名解读

破坏自然保护地罪，是指违反自然保护地管理法规，在国家公园、国家级自然保护区进行开垦、开发活动或者修建建筑物，造成严重后果或者有其他恶劣情节的行为。本罪的具体构成要件如下所述：

（一）主体要件

本罪的主体为一般主体，包括自然人和单位。

（二）客体要件

本罪侵犯的客体是国家对自然保护地的管理秩序。本罪的行为对象是国家公园和国家级自然保护区。自然保护地，是由各级政府依法划定或确认，对重要的自然生态系统、自然遗迹、自然景观及其所承载的自然资源、生态功能和文化价值实施长期保护的陆域或海域。根据有关规定，按照生态价值和保护强度高低，可将自然保护地依次分为国家公园、自然保护区、自然公园（包括森林公园、地质公园、海洋公园、湿地公园等各类自然公园）。

（三）主观要件

本罪的主观方面只能是故意，过失不构成本罪。

（四）客观要件

本罪的客观方面表现为违反自然保护地管理法规，在国家公园、国家级自然保护区进行开垦、开发活动或者修建建筑物，造成严重后果或者有其他恶劣情节的行为。本罪的具体行为方式有三：（1）进行开垦活动；（2）进行开发活动；（3）修建建筑物。这里的"违反自然保护地管理法规"，是指违反有关自然保护地管理、保护的法律、行政法规，包括《自然保护区条例》以及其他法律法规。

这里的"国家公园"，是指由国家批准设立并主导管理，以保护具有国家代表性的自然生态系统为主要目的，实现自然资源科学保护和合理利用的特定陆域或者海域。国家公园是我国自然保护地较为重要的类型之一，属于全国主体功能区规划中的禁止开发区域，被纳入全国生态保护红线区域管控范围，实行最严格的保护。国家公园被划分为核心保护区和一般控制区，并实行分区管控。国家公园核心保护区原则上禁止人为活动；国家公园一般控制区禁止开发性、生产性建设活动。我国首批10个国家公园体制试点包括三江源国家公园、东北虎豹国家公园、大熊猫国家公园、祁连山国家公园、海南热带雨林国家公园、神农架国家公园、武夷山国家公园、钱江源国家公园、南山国家公园、普达措国家公园，共涉及12个省份，总面积超过22万平方千米。

这里的"自然保护区"，是指对有代表性的自然生态系统、珍稀濒危野生动植物物种的天然集中分布区、有特殊意义的自然遗迹等保护对象所在的陆地、陆地水体或者海域，依法划出一定面积予以特殊保护和管理的区域。自然保护区分为国家级自然保护区和地方级自然保护区。在国内外有典型意义、在科学上有重大国际影响或者有特殊科学研究价值的自然保护区，被列为国家级自然保护区。截至目前，中国国家级自然保护区的数量为474个。需要说明的是，未来国家级自然保护区将进行重新整合，部分将被整合设立国家公园。

这里的"开垦"，是指对林地、耕地等土地的开荒、种植、砍伐、放牧等活动。开垦行为会导致自然生态体系破坏或者退化。这里的"开发"，不仅包括生产经营活动，还包括科学研究、科学试验等活动，比如修路、挖土、采矿、采砂、捕捞、采药等。这里的"修建建筑物"，是指修建供人们进行生产、生活、经营或者其他活动的房屋或者场所。

三、罪与非罪

根据刑法规定，构成本罪必须达到"造成严重后果或者有其他恶劣情节"的程度，否则不构成本罪。对于出于生产、生活需要，非法开发建设一些设施，但未对生态环境造成严重后果的，不得作为犯罪处理。此外，需要注意的是，因历史因素或者因后来被划为国家公园、国家级自然保护区而仍在国家公园、国家级自然保护区居住生活的，对其必要的开发建设行为，亦不得作为本罪处理。

关于本罪的刑事立案追诉标准，目前最高人民法院对于本罪中"严重后果"和"恶劣情节"尚无明确的解释，实践中应根据现有法律法规、司法解释进行综合认定。对此，笔者认为，根据《刑法》第342条之一的规定，违反自然保护地管理法规，在国家公园、国家级自然保护区进行开垦、开发活动或者修建建筑物，造成严重后果或者有其他恶劣情节的，应予立案追诉。所谓"造成严重后果"，主要表现为开垦行为、开发活动和修建建筑物占用自然保护地达到一定的面积，导致自然保护地内的森林、其他林木、幼苗、野生动物死亡，对自然保护地的修复费用达到一定数额或者造成一定经济损失，等等。所谓"其他恶劣情节"，主要表现为违法所得或者经营达到一定数额或者规模，在自然保护区内禁止人为活动的核心保护区从事开垦、开发活动或者修建建筑物等情形。笔者通过对《刑法》第六章第六节16个罪名规定的"情节""后果"类型进行分析发现，破坏环境资源类犯罪在"情节"和"后果"方面包含"资源破坏""财产损失""人身伤亡""环境损害"等四种类型。因此，本罪规定的"严重后果"和"恶劣情节"，应当围绕上述四种类型综合予以认定。

四、注意事项

1.关于单位构成本罪的入刑标准问题。如前所述，本罪的主体包括自然人和单位。根据《刑法》第346条的规定，单位犯本节规定之罪的，对单位判处罚金，并对其直接负责的主管人员和其他直接责任人员，依照本节各该条的规定处罚。由此可知，对于单位犯破坏自然保护地罪的，依照个人犯罪的定罪量刑标准进行定罪处罚。

2.关于法条竞合时的定罪量刑问题。《刑法》第342条之一第2款规定，有前款行为，同时构成其他犯罪的，依照处罚较重的规定定罪处罚。实践中，行为人在对自然保护地进行开垦、开发活动和修建建筑物的过程中，可能会对自然保护地内生态环境的各种载体进行破坏，如盗伐林木、狩猎、捕捞、采矿、采砂等，这些行为可能构成盗伐林木罪、非法狩猎罪、非法采矿罪等，还可能会使整体生态环境受到严重污染或者破坏，甚至发生造成财产损失或者人身伤亡的环境事故，构成污染环境罪。当出现法条竞合时，应适用本款的规定依法从一重罪论处。

五、风险提示

实践中，国家重点生态保护区域、生态脆弱敏感区域的破坏情况仍然存在，有的还非常恶劣和严重。同时，中共中央办公厅、国务院办公厅印发的《建立国家公园体制总体方案》《关于建立以国家公园为主体的自然保护地体系的指导意见》以及国务院发布的《自然保护区条例》等政策法规就对国家公园、自然保护区进行分类管理管控，依法依规严格禁止非法开发建设等作了规定。针对上述实际情况，以及考虑到与有关政策法规进一步衔接，《刑法修正案（十一）》增设了第342条之一的规定。本罪的设立，将严重破坏国家公园、国家级自然保护区的行为纳入刑法规制范围，这与现有的《森林法》《草原法》《野生动物保护法》《野生植物保护条例》《湿地保护管理规定》等一系列法律法规共同构筑了更加科学、完备的涉自然保护地的立法、司法保护体系。实践中，全国鲜有适用该罪名的案件，直至2022年9月23日，成都铁路运输第二法院审理了全国首例涉国家公园破坏自然保护地罪刑事案件，案发地为大熊猫国家公园核心保护区，该案的宣判激活了该罪名，是一次有益的探索，体现了国家对国家公园实行最严格司法保护的理念。

此外，需要说明的是，构成本罪的前提条件为"违反自然保护地管理法规"，因此并非在国家公园、国家级自然保护区进行的一切活动都会被禁止并受到相应惩治。根据法律规定，建设和管理自然保护区，应当妥善处理与当地经济建设和居民生产生活的关系。司法实践中，对于符合现行国家政策和《自然保护区条例》、《国家公园管理暂行办法》等要求的开发建设行为，则不能以违法犯罪追究责任。比如，《自然保护区条例》第26条规定：禁止在自然保护区内进行砍伐、放牧、狩猎、捕捞、采药、开垦、烧荒、开矿、采石、挖沙等活动；但是，法律、行政法规另有规定的除外。再如，根据《国家公园管理暂行办法》第17条、第18条的规定，国家公园管理机构对国家公园实行分区管控，核心保护区原则上禁止人为活动，一般控制区禁止开发性、生产性建设活动。但是，在确保主要保护对象和生态环境不受损害的情况下，可以按照有关法律法规政策，开展或者允许开展一些活动，以实现对保护生态环境和开展经济活动、生产生活的统筹兼顾。

六、参阅案例

最高人民法院发布的"2022年度人民法院环境资源审判典型案例"之四：赵某强、辛某宝破坏自然保护地案。该案裁判要旨为：被告人赵某强、辛某宝违反自然保护地保护法律法规，破碎国家公园入口挡路石、砍伐道路周边植物，用碎石、混凝土硬化路面，使用汽油、煤气等化石燃料，擅自开启矿洞并盗采铅锌矿石，引发矿洞坍塌，不仅造成自然资源破坏及人员伤亡，而且增加了地质灾害风险，对大熊猫国家公园核心保护区野生动物栖息地及植被造成直接影响，严重破坏了大熊猫国家公园核心保护区生态环境，均构成破坏自然保护地罪。赵某强、辛某宝盗采铅锌矿石，同时构成非法采矿罪，但根据本案具体情节，依照破坏自然保护地罪处罚较重。

七、关联规定

1.《国家级自然保护区调整管理规定》（2013 年，国函〔2013〕129 号）第 2 条、第 3 条、第 5 条、第 6 条、第 7 条、第 8 条、第 16 条；

2.《中华人民共和国自然保护区条例》（2017 年）第 2 条、第 26 条、第 27 条、第 32 条、第 34 条、第 35 条、第 40 条；

3.《国家级自然保护区监督检查办法》（2021 年）第 2 条、第 3 条、第 12 条、第 13 条、第 20 条、第 21 条。

非法采矿罪

一、刑法规定

第三百四十三条第一款：违反矿产资源法的规定，未取得采矿许可证擅自采矿，擅自进入国家规划矿区、对国民经济具有重要价值的矿区和他人矿区范围采矿，或者擅自开采国家规定实行保护性开采的特定矿种，情节严重的，处三年以下有期徒刑、拘役或者管制，并处或者单处罚金；情节特别严重的，处三年以上七年以下有期徒刑，并处罚金。

第三百四十六条：单位犯本节第三百三十八条至第三百四十五条规定之罪的，对单位判处罚金，并对其直接负责的主管人员和其他直接责任人员，依照本节各该条的规定处罚。

二、罪名解读

非法采矿罪，是指违反矿产资源法的规定，未取得采矿许可证擅自采矿，擅自进入国家规划矿区、对国民经济具有重要价值的矿区和他人矿区范围采矿，或者擅自开采国家规定实行保护性开采的特定矿种，情节严重的行为。本罪的具体构成要件如下所述：

（一）主体要件

本罪的主体为一般主体，包括自然人和单位。

（二）客体要件

本罪侵犯的客体是国家对矿产资源的管理制度。矿产资源，是指由地质作用形成的，具有利用价值，呈固态、液态、气态的自然资源。矿产资源属于国家所有，地表或者地下矿产资源的国家所有权，不因其所依附的土地所有权或者使用权的不同而改变。矿产资源对于人们的生产和生活意义重大，系非可再生资源，储备量十分有限，法律给予特别保护。采矿权，是指在依法取得的采矿许可证规定的范围内，开采矿产资源和获得所开采的矿产品的权利。取得采矿许可证的单位或者个人被称为采矿权人。本罪的行为对象是一切矿产资源。

（三）主观要件

本罪的主观方面为故意，包括直接故意和间接故意。

（四）客观要件

本罪客观方面表现为违反矿产资源法的规定，未取得采矿许可证擅自采矿，擅自进入国家规划矿区、对国民经济具有重要价值的矿区和他人矿区范围采矿，或者擅自开采国家规定实行保护性开采的特定矿种，情节严重的行为。由此可知，本罪的具体行为方式包括以下五种：一是未取得采矿许可证擅自采矿；二是擅自进入国家规划矿区采矿；三是擅自在对国民经济具有重要价值的矿区采矿；四是擅自在他人矿区范围采矿；五是擅自开采国家规定实行保护性开采的特定矿种。行为人实施上述任何一种行为，情节严重的，即构成本罪。

这里的"违反矿产资源法的规定"，是指违反《矿产资源法》《水法》等法律、行政法规有关矿产资源开发、利用、保护和管理的规定。这里的"采矿许可证"，是指矿产资源主管部门经个人或单位的申请，依照法定条件和程序向符合规定条件的个人、单位发放的允许其开采矿产资源的证明文件。需要说明的是，"采矿许可证"是一种特别行政许可，其本身不是权利证书，它只能证明采矿行为的合法性，不能证明采矿权的权属，没有采矿许可证则无权开采矿产资源。这里的"未取得采矿许可证"，是指无许可证的，许可证被注销、吊销、撤销，超越许可证规定的矿区范围或者开采范围的，超出许可证规定的矿种的（共生、伴生矿种除外），以及其他未取得许可证的情形。

这里的"国家规划矿区"，是指国家根据建设规划和矿产资源规划，为建设大、中型矿山划定的矿产资源分布区域。国家规划矿区内规划矿种的探矿权、采矿权的设立由自然资源部决定。这里的"对国民经济具有重要价值的矿区"，是指国家根据国民经济发展需要划定的，尚未被列入国家建设规划的，储量大、质量好、具有开发前景的矿产资源保护区域。这里的"国家规定实行保护性开采的特定矿种"，是指国务院根据国民经济建设和高科技发展的需要，以及资源稀缺、贵重程度确定的，由国务院有关主管部门按照国家计划批准开采的矿种。特定矿种的范围包括黄金、钨、锡、锑、离子型稀土矿产。

三、罪与非罪

非法采矿的行为，必须达到"情节严重"的程度，才构成犯罪。如果情节较轻，则不应追究行为人的刑事责任。实践中，在采矿许可证被依法暂扣期间擅自采矿的，不属于"未取得采矿许可证"。此外，在采矿许可证到期后继续开采的，不能一律认定为"未取得采矿许可证"。需要说明的是，采挖河砂、海砂的，是否属于"未取得采矿许可证"，应当适用特别规定。采挖河砂、海砂不仅受到《矿产资源法》的规制，还受到《水法》《海域使用管理法》等法律的调整。

实践中，对于受雇佣为非法采矿犯罪提供劳务的人员，除参与利润分成或者领取高额固定工资的以外，一般不以犯罪论处，但曾因非法采矿受过处罚的除外。此外，对于实施非法采矿犯罪行为，不属于"情节特别严重"，行为人系初犯，全部退赃退赔，积极修复环境，并确有悔改表现的，可以认定为犯罪情节轻微，依法不起诉或者免予刑事处罚。

关于本罪的刑事立案追诉标准，《立案追诉标准（一）的补充规定》第11条规定，违反矿产资源法的规定，未取得采矿许可证擅自采矿，或者擅自进入国家规划矿区、对国民经济具有重要价值的矿区和他人矿区范围采矿，或者擅自开采国家规定实行保护性开采的特定矿种，涉嫌下列情形之一的，应予立案追诉：（1）开采的矿产品价值或者造成矿产资源破坏的价值在10万元至30万元以上的；（2）在国家规划矿区、对国民经济具有重要价值的矿区采矿，开采国家规定实行保护性开采的特定矿种，或者在禁采区、禁采期内采矿，开采的矿产品价值或者造成矿产资源破坏的价值在5万元至15万元以上的；（3）2年内曾因非法采矿受过2次以上行政处罚，又实施非法采矿行为的；（4）造成生态环境严重损害的；（5）其他情节严重的情形。

在河道管理范围内采砂，依据相关规定应当办理河道采砂许可证而未取得河道采砂许可证，或者应当办理河道采砂许可证和采矿许可证，既未取得河道采砂许可证又未取得采矿许可证，具有本条第1款规定的情形之一，或者严重影响河势稳定危害防洪安全的，应予立案追诉。

采挖海砂，未取得海砂开采海域使用权证且未取得采矿许可证，具有本条第1款规定的情形之一，或者造成海岸线严重破坏的，应予立案追诉。

具有下列情形之一的，属于本条规定的"未取得采矿许可证"：（1）无许可证的；（2）许可证被注销、吊销、撤销的；（3）超越许可证规定的矿区范围或者开采范围的;(4)超出许可证规定的矿种的(共生、伴生矿种除外);(5)其他未取得许可证的情形。

多次非法采矿构成犯罪,依法应当追诉的,或者2年内多次非法采矿未经处理的,价值数额累计计算。

非法开采的矿产品价值,根据销赃数额认定;无销赃数额,销赃数额难以查证,或者根据销赃数额认定明显不合理的,根据矿产品价格和数量认定。

矿产品价值难以确定的,依据价格认证机构,省级以上人民政府国土资源、水行政、海洋等主管部门,或者国务院水行政主管部门在国家确定的重要江河、湖泊设立的流域管理机构出具的报告,结合其他证据作出认定。

四、注意事项

1. 关于"情节严重""情节特别严重"的具体认定标准。对此,《最高人民法院、最高人民检察院关于办理非法采矿、破坏性采矿刑事案件适用法律若干问题的解释》(以下简称《办理采矿刑事案件解释》)第3条规定,实施非法采矿行为,具有下列情形之一的,应当认定为《刑法》第343条第1款规定的"情节严重":(1)开采的矿产品价值或者造成矿产资源破坏的价值在10万元至30万元以上的;(2)在国家规划矿区、对国民经济具有重要价值的矿区采矿,开采国家规定实行保护性开采的特定矿种,或者在禁采区、禁采期内采矿,开采的矿产品价值或者造成矿产资源破坏的价值在5万元至15万元以上的;(3)2年内曾因非法采矿受过2次以上行政处罚,又实施非法采矿行为的;(4)造成生态环境严重损害的;(5)其他情节严重的情形。实施非法采矿行为,具有下列情形之一的,应当认定为《刑法》第343条第1款规定的"情节特别严重":(1)数额达到前款第1项、第2项规定标准5倍以上的;(2)造成生态环境特别严重损害的;(3)其他情节特别严重的情形。

2. 关于非法开采的矿产品价值认定问题。对此,《办理采矿刑事案件解释》第13条规定,非法开采的矿产品价值,根据销赃数额认定;无销赃数额,销赃数额难以查证,或者根据销赃数额认定明显不合理的,根据矿产品价格和数量认定。矿产品价值难以确定的,依据下列机构出具的报告,结合其他证据作出认定:(1)价格认证机构出具的报告;(2)省级以上人民政府国土资源、水行政、海洋等主管部门出具的报告;(3)国务院水行政主管部门在国家确定的重要江河、湖泊设立的流域管理机构出具的报告。此外,需要说明的是,为获取非法利益而对矿产品进行加工、保管、运输的,其成本支出一般不从销赃数额中扣除。对于销赃数额与评估、鉴定的矿产品价值不一致的,则需要结合案件的具体事实、情节作出合理认定。

3. 关于非法采矿中有关专门性问题的认定问题。对此,《办理采矿刑事案件解释》第 14 条规定,对案件所涉的有关专门性问题难以确定的,依据下列机构出具的鉴定意见或者报告,结合其他证据作出认定:(1)司法鉴定机构就生态环境损害出具的鉴定意见;(2)省级以上人民政府国土资源主管部门就造成矿产资源破坏的价值、是否属于破坏性开采方法出具的报告;(3)省级以上人民政府水行政主管部门或者国务院水行政主管部门在国家确定的重要江河、湖泊设立的流域管理机构就是否危害防洪安全出具的报告;(4)省级以上人民政府海洋主管部门就是否造成海岸线严重破坏出具的报告。

4. 关于非法采矿共同犯罪的认定问题。实践中,对于明知他人盗采矿产资源,而为其提供重要资金、工具、技术、单据、证明、手续等便利条件或者居间联络,结合全案证据可以认定为形成通谋的,以共同犯罪论处。需要说明的是,对于行为人明知是犯罪所得的矿产品及其产生的收益,而予以窝藏、转移、收购、代为销售或者以其他方法掩饰、隐瞒的,以掩饰、隐瞒犯罪所得、犯罪所得收益罪定罪处罚,但行为人实施上述犯罪行为,经事前通谋的,以共同犯罪论处。

5. 关于正确适用数罪并罚的问题。对此,《危害生产安全意见》规定,对严重危害生产安全犯罪,尤其是相关职务犯罪,必须始终坚持严格依法、从严惩处。以行贿方式逃避安全生产监督管理,或者非法、违法生产、作业,导致发生重大生产安全事故,构成数罪的,依照数罪并罚的规定处罚。违反安全生产管理规定,非法采矿、破坏性采矿或排放、倾倒、处置有害物质严重污染环境,造成重大伤亡事故或者其他严重后果,同时构成危害生产安全犯罪和破坏环境资源保护犯罪的,依照数罪并罚的规定处罚。

6. 关于正确适用缓刑的问题。对此,还应准确理解和把握《刑法》第 72 条的规定精神。司法实践中,对于盗采矿产资源犯罪分子具有"涉黑""涉恶"性质或者属于"沙霸""矿霸",曾因非法采矿或者破坏性采矿受过刑事处罚,与国家工作人员相互勾结实施犯罪或者以行贿等非法手段逃避监管,毁灭、伪造、隐藏证据或者转移财产逃避责任,或者数罪并罚等情形的,要从严把握缓刑适用。对于依法宣告缓刑的,可以根据犯罪情况,同时禁止犯罪分子在缓刑考验期内从事与开采矿产资源有关的特定活动。

五、风险提示

受河湖砂石资源减少和各地禁采、限采政策的影响,当前我国河道砂石市场供给量，尤其是合法河砂供给量，已经大幅减少。加上机制砂石矿山因环保整顿，关停现象时有发生，我国砂石出现大面积短缺现象。砂石短缺导致非法采砂抬头，海砂和劣质砂石滥用等问题层出不穷。

关于非法采挖河砂、海砂的行为如何定性的问题，《办理采矿刑事案件解释》第 4 条规定，在河道管理范围内采砂，具有下列情形之一，符合《刑法》第 343 条第 1 款和本解释第 2 条、第 3 条规定的，以非法采矿罪定罪处罚：（1）依据相关规定应当办理河道采砂许可证，未取得河道采砂许可证的；（2）依据相关规定应当办理河道采砂许可证和采矿许可证，既未取得河道采砂许可证，又未取得采矿许可证的。实施前款规定行为，虽不具有本解释第 3 条第 1 款规定的情形，但严重影响河势稳定，危害防洪安全的，应当认定为《刑法》第 343 条第 1 款规定的"情节严重"。此外，《办理采矿刑事案件解释》第 5 条还规定，未取得海砂开采海域使用权证，且未取得采矿许可证，采挖海砂，符合《刑法》第 343 条第 1 款和本解释第 2 条、第 3 条规定的，以非法采矿罪定罪处罚。需要说明的是，行为人违反矿产资源法的规定，非法开采或者破坏性开采石油、天然气资源的，应以本罪论处。

根据有关规范性文件规定，对盗采矿产资源犯罪的违法所得及其收益、用于盗采矿产资源犯罪的专门工具和供犯罪所用的本人财物，坚决依法追缴、责令退赔或者没收。对在盗采、运输、销赃等环节使用的机械设备、车辆、船舶等大型工具，要综合考虑案件的具体事实、情节及工具的属性、权属等因素，依法妥善认定是否用于盗采矿产资源犯罪的专门工具。办案实践中，国家综合运用刑事、民事、行政法律手段惩治盗采矿产资源犯罪，形成"组合拳"。国家鼓励根据不同环境要素的修复需求，依法适用劳务代偿、补种复绿、替代修复等多种修复责任承担方式，以及代履行、公益信托等执行方式；支持各方依法达成调解协议，鼓励盗采行为人主动、及时承担民事责任。

六、参阅案例

最高人民法院指导案例 212 号：刘某桂非法采矿刑事附带民事公益诉讼案。该案裁判要旨为：（1）跨行政区划的非法采砂刑事案件，可以由非法开采行为实施地及矿产品运输始发地、途经地、目的地等与犯罪行为相关的人民法院管辖。（2）对于采售一体的非法采砂共同犯罪，应当按照有利于查明犯罪事实、便于生态环境修复的原则，确定管辖法院。该共同犯罪中一人犯罪或一环节犯罪属于管辖法院审理的，则该采售一体非法采砂刑事案件均可由该法院审理。（3）非法采砂造成流域生态环境损害，检察机关在刑事案件中提起附带民事公益诉讼，请求被告人承担生态环境修复责任、赔偿损失和有关费用的，人民法院依法予以支持。

七、关联规定

1.《中华人民共和国海岛保护法》（2009年）第2条、第47条、第55条；

2.《中华人民共和国水法》（2016年）第2条、第3条、第39条、第72条、第77条、第79条；

3.《中华人民共和国煤炭法》（2016年）第2条、第3条、第5条、第24条、第58条；

4.《中华人民共和国长江保护法》（2020年）第2条、第28条、第91条、第94条、第95条；

5.《中华人民共和国矿产资源法》（2024年）第2条、第4条、第67条、第75条；

6.《中华人民共和国矿产资源法实施细则》（1994年）第2条、第3条、第4条、第6条、第42条、第44条；

7.《国务院法制办公室对〈关于执行《中华人民共和国矿产资源法实施细则》有关问题的请示〉的复函》（2002年，国法秘函〔2002〕174号）；

8.《矿产资源开采登记管理办法》（2014年）第2条、第3条、第17条、第23条、第32条；

9.《长江河道采砂管理条例》（2023年）第2条、第9条、第12条、第18条、第19条；

10.《地质矿产部关于〈对《矿产资源法实施细则》第四十四条作进一步解释的请示〉的复函》（1994年，地函〔1994〕192号）；

11.《最高人民检察院、公安部关于公安机关管辖的刑事案件立案追诉标准的规定（一）的补充规定》（2017年，公通字〔2017〕12号）第11条；

12.《最高人民法院、最高人民检察院关于办理盗窃油气、破坏油气设备等刑事案件具体应用法律若干问题的解释》（2007年，法释〔2007〕3号）第6条、第8条；

13.《最高人民法院、最高人民检察院关于办理非法采矿、破坏性采矿刑事案件适用法律若干问题的解释》（2016年，法释〔2016〕25号）第1条至第16条；

14.《最高人民法院贯彻实施〈长江保护法〉工作推进会会议纪要》（2021年，法〔2021〕304号）第1条、第15条；

15.《最高人民法院关于充分发挥环境资源审判职能作用依法惩处盗采矿产资

源犯罪的意见》（2022 年，法发〔2022〕19 号）第 5 条至第 14 条；

16.《最高人民法院、最高人民检察院、中国海警局依法打击涉海砂违法犯罪座谈会纪要》（2023 年，法发〔2023〕9 号）第 1 条、第 2 条、第 4 条、第 8 条、第 9 条、第 10 条、第 11 条、第 12 条。

破坏性采矿罪

一、刑法规定

第三百四十三条第二款：违反矿产资源法的规定，采取破坏性的开采方法开采矿产资源，造成矿产资源严重破坏的，处五年以下有期徒刑或者拘役，并处罚金。

第三百四十六条：单位犯本节第三百三十八条至第三百四十五条规定之罪的，对单位判处罚金，并对其直接负责的主管人员和其他直接责任人员，依照本节各该条的规定处罚。

二、罪名解读

破坏性采矿罪，是指违反矿产资源法的规定，采取破坏性的开采方法开采矿产资源，造成矿产资源严重破坏的行为。本罪的具体构成要件如下所述：

（一）主体要件

本罪的主体为特殊主体，包括自然人和单位。本罪的行为主体是采矿权人，即已经依法取得采矿许可证的单位或者个人。

（二）客体要件

本罪侵犯的客体是国家对矿产资源的管理制度。矿产资源对于人们的生产和生活有着重要意义，系非可再生资源，储备量十分有限，法律给予特别保护。本罪的行为对象是一切矿产资源。

（三）主观要件

本罪的主观方面为故意，包括直接故意和间接故意。

（四）客观要件

本罪客观方面表现为违反矿产资源法的规定，采取破坏性的开采方法开采矿产资源，造成矿产资源严重破坏的行为。

这里的"违反矿产资源法的规定"，是指违反《矿产资源法》《水法》等法律、行政法规有关矿产资源开发、利用、保护和管理的规定。这里的"采取破坏性的开采方法开采矿产资源",是指采矿权人未按照自然资源主管部门审查认可的矿产资源开发利用方案或者矿山开采设计开采矿产资源,并造成矿产资源严重破坏的行为。实践中,破坏性的开采方法以及造成矿产资源严重破坏的价值,可以由省级以上人民政府国土资源主管部门出具报告,并结合其他证据作出认定。

三、罪与非罪

根据刑法规定,采取破坏性的开采方法采矿,必须达到"造成矿产资源严重破坏"的程度,才构成本罪。因此,对于行为人破坏性采矿造成矿产资源破坏的价值不高或者情节显著轻微的,不以犯罪处理。司法实践中,对于受雇佣为破坏性采矿犯罪提供劳务的人员,除参与利润分成或者领取高额固定工资的以外,一般不以犯罪论处,但曾因破坏性采矿受过处罚的除外。此外,对于实施破坏性采矿犯罪,行为人系初犯,全部退赃退赔,积极修复环境,并确有悔改表现的,可以认定为犯罪情节轻微,依法不起诉或者免予刑事处罚。

关于本罪的刑事立案追诉标准,《办理采矿刑事案件解释》第6条规定,造成矿产资源破坏的价值在50万元至100万元以上,或者造成国家规划矿区、对国民经济具有重要价值的矿区和国家规定实行保护性开采的特定矿种资源破坏的价值在25万元至50万元以上的,应当认定为《刑法》第343条第2款规定的"造成矿产资源严重破坏"。第8条规定,多次破坏性采矿构成犯罪,依法应当追诉的,或者2年内多次破坏性采矿未经处理的,价值数额累计计算。根据上述司法解释的规定可知,对于多次破坏性采矿构成犯罪,依法应当追诉的,此种情形的数额累计不受2年的限制,而应当适用犯罪追诉时效的规定;对于破坏性采矿违法行为,每次均未达到法定的定罪量刑标准,未经处理的,应当以2年为限进行累计计算,如果累计数额构成犯罪的,则应当依法定罪处罚。

四、注意事项

1.关于"破坏性采矿"的具体认定问题。实践中,所谓"破坏性采矿",是指采矿权人未按照自然资源主管部门审查认可的矿产资源开发利用方案或者矿山开采设计开采矿产资源,并造成矿产资源严重破坏的行为。关于何谓"破坏性采矿"这一实务问题,目前我国刑法及相关司法解释并未作出明确规定。根据实践经验,采矿权人未按照自然资源主管部门审查认可的矿产资源开发利用方案或者矿山开采设计开采矿产资源,具有下列情形之一的,可以认定为"破坏性采矿":开采顺序或开采方法不合理;开采回采率或采矿贫化率达不到设计要求;选矿工艺不合理或选矿回收率达不到设计要求；对暂时不能综合开采的矿产、采出而暂时还不能综合利用的矿产或含有有用组分的尾矿，应当但没有采取有效保护措施防止损失破坏；等等。

2. 关于本罪与非法采矿罪的界限问题。本罪与非法采矿罪在犯罪主体、犯罪客体和主观方面具有一致性，实践中，两者区别的关键在于客观方面：本罪的客观方面表现为行为方法的违法性，即采取破坏性方法开采；而非法采矿罪的客观方面表现为行为的违法性，即无权开采而擅自开采。具体而言，破坏性采矿罪的前提是有权采矿，即取得了采矿许可证，并且也是在采矿许可证的授权范围内采矿，但行为人未按照自然资源主管部门审查批准的矿产资源开发利用方案开采矿产资源，且造成矿产资源严重破坏。而非法采矿罪的前提是无权采矿，包括未取得采矿许可证，但有特定的范围限制：（1）擅自进入国家规划矿区采矿；（2）擅自在对国民经济具有重要价值的矿区和他人矿区范围采矿；（3）擅自开采国家规定实行保护性采矿的特定矿种。实践中，正确理解两者的区别还应当关注"合理性采矿"与"破坏性采矿"以及"合法采矿"与"非法采矿"的界限问题。对于符合《矿产资源法》第39条规定的采矿行为，属于合理性采矿，反之，则属于破坏性采矿。非法采矿包括两种情况：一是无证开采；二是不按证开采。总之，非法采矿系无权开采而擅自开采。与此相对，依法获取采矿许可证并按照采矿许可证授权范围实施的采矿行为则属于合法采矿。由上可知，非法采矿既可能采用合理方法，也可能采用破坏性方法，而破坏性方法既可被用于合法采矿过程中，也可被用于非法采矿过程中。因此，实践中，破坏性采矿罪行为方法的违法性与非法采矿罪行为前提的违法性并不是区分两者的唯一标准。

五、风险提示

与非法采矿一样，破坏性采矿同样会对国家矿产资源造成严重破坏，也会对社会生态环境造成严重破坏，而且该种破坏一般具有不可逆转性，因此其危害性不言而喻。鉴于此，《矿产资源法》及其实施细则均规定，国家对矿产资源的开采实行许可证制度。开采矿产资源，必须依法申请登记，领取采矿许可证，取得采矿权。开采矿产资源，必须采取合理的开采顺序、开采方法和选矿工艺。而且，单位或者个人开采矿产资源前，应当委托持有相应矿山设计证书的单位进行可行性研究和设计。开采零星分散矿产资源和用作建筑材料的砂、石、黏土的，可以不进行可行性研究和设计，但是应当有开采方案和环境保护措施。根据上述法律规定，采矿权人应当履行下列义务：（1）在批准的期限内进行矿山建设或者开采；（2）有效保护、合理开采、综合利用矿产资源；（3）依法缴纳资源税和矿产资源补偿费；（4）遵守国家有关劳动安全、水土保持、土地复垦和环境保护的法律、法规；（5）接受地质矿产主管部门和有关主管部门的监督管理，按照规定填报矿产储量表和矿产资源开发利用情况统计报告。实践中，对于采取破坏性的开采方法开采矿产资源的，处以罚款，可以吊销采矿许可证；造成矿产资源严重破坏的，还需要依法追究刑事责任。

无证采矿和破坏性采矿并不是相互排斥的，二者存在交叉关系。因为非法采矿既可能采用合理方法，也可能采用破坏性方法，而破坏性采矿方法既可能被用于合法采矿过程中，也可能被用于非法采矿过程中。司法实践中，如果拥有合法采矿权证的行为人在自己的采矿区采用了破坏性的采矿方法，同时又越界采用破坏性方法开采矿产的，则行为人实施了两个非法行为，即有证破坏性采矿和无证破坏性采矿，同时构成两罪的，依法实行数罪并罚。此外，基于严惩破坏矿产资源犯罪和切实保护矿产资源的双重考虑，《办理采矿刑事案件解释》第9条规定，单位犯《刑法》第343条规定之罪的，依照本解释规定的相应自然人犯罪的定罪量刑标准，对直接负责的主管人员和其他直接责任人员定罪处罚，并对单位判处罚金。由此可知，单位犯本罪的，应当适用与自然人犯罪相同的定罪量刑标准。

六、参阅案例

张冰玮破坏性采矿案［甘肃省高级人民法院（2017）甘刑终141号］。该案裁判要旨为：经查，涉案煤矿经地质矿产管理部门确定的开采方式为地下开采。虽然矿权人已经向确定部门申请变更煤矿开采方式，但是按照确定部门要求的实质要件，变更手续尚未完成，故被许可的开采方式仍为地下开采。林小清明知矿权人的变更手续并未办理完结，仍将煤矿划分标段，采取对外转包、合作开采、买断经营等形式，投入大量人员、设备、资金对煤矿进行大规模的破坏性露天开采和越界开采活动，其行为违反了矿产资源法的规定，造成了煤炭资源破坏。经甘肃省国土资源厅召开非法采矿、破坏性采矿造成矿产资源破坏价值鉴定委员会鉴定，造成煤炭资源破坏价值达到严重破坏的标准。其间，上诉人张冰玮接受林小清的雇佣，积极协助林小清实施破坏性采矿行为，并领取高额固定工资、获取巨额非法利益，与林小清构成共同犯罪；在共同犯罪中，张冰玮起帮助和辅助作用，是从犯。原判以破坏性采矿罪对张冰玮判处缓刑，对其违法所得依法予以追缴，符合法律规定。张冰玮的上诉理由不能成立。

七、关联规定

1.《中华人民共和国矿产资源法》（2024 年）第 2 条、第 4 条、第 68 条、第 75 条；

2.《中华人民共和国矿产资源法实施细则》（1994 年）第 2 条、第 3 条、第 4 条、第 6 条、第 42 条、第 44 条；

3.《最高人民检察院、公安部关于公安机关管辖的刑事案件立案追诉标准的规定（一）》（2008 年，公通字〔2008〕36 号）第 69 条；

4.《最高人民法院、最高人民检察院关于办理盗窃油气、破坏油气设备等刑事案件具体应用法律若干问题的解释》（2007 年，法释〔2007〕3 号）第 6 条、第 8 条；

5.《最高人民法院、最高人民检察院关于办理非法采矿、破坏性采矿刑事案件适用法律若干问题的解释》（2016 年，法释〔2016〕25 号）第 1 条、第 6 条至第 16 条。

第十二章　贪污贿赂类犯罪

行贿罪

一、刑法规定

第三百八十九条：为谋取不正当利益，给予国家工作人员以财物的，是行贿罪。

在经济往来中，违反国家规定，给予国家工作人员以财物，数额较大的，或者违反国家规定，给予国家工作人员以各种名义的回扣、手续费的，以行贿论处。

因被勒索给予国家工作人员以财物，没有获得不正当利益的，不是行贿。

第三百九十条：对犯行贿罪的，处三年以下有期徒刑或者拘役，并处罚金；因行贿谋取不正当利益，情节严重的，或者使国家利益遭受重大损失的，处三年以上十年以下有期徒刑，并处罚金；情节特别严重的，或者使国家利益遭受特别重大损失的，处十年以上有期徒刑或者无期徒刑，并处罚金或者没收财产。

有下列情形之一的，从重处罚：

（一）多次行贿或者向多人行贿的；

（二）国家工作人员行贿的；

（三）在国家重点工程、重大项目中行贿的；

（四）为谋取职务、职级晋升、调整行贿的；

（五）对监察、行政执法、司法工作人员行贿的；

（六）在生态环境、财政金融、安全生产、食品药品、防灾救灾、社会保障、教育、医疗等领域行贿，实施违法犯罪活动的；

（七）将违法所得用于行贿的。

行贿人在被追诉前主动交待行贿行为的，可以从轻或者减轻处罚。其中，犯罪较轻的，对调查突破、侦破重大案件起关键作用的，或者有重大立功表现的，可以减轻或者免除处罚。

二、罪名解读

行贿罪，是指为谋取不正当利益，给予国家工作人员以财物的行为，含在经济往来中，违反国家规定，给予国家工作人员以财物，数额较大，或者违反国家规定，给予国家工作人员以各种名义的回扣、手续费的行为。本罪的具体构成要件如下所述：

（一）主体要件

本罪的主体为一般主体，但仅限于自然人，并不包括单位。

（二）客体要件

本罪侵犯的客体是国家工作人员的职务廉洁性。本罪的行为对象仅限于国家工作人员，这与受贿罪的主体是一致的。刑法所称"国家工作人员"，是指国家机关中从事公务的人员。国有公司、企业、事业单位、人民团体中从事公务的人员和国家机关、国有公司、企业、事业单位委派到非国有公司、企业、事业单位、社会团体从事公务的人员，以及其他依照法律从事公务的人员，以国家工作人员论。

（三）主观要件

本罪的主观方面为故意，且具有谋取不正当利益的目的。这里的"谋取不正当利益"，是指行贿人谋取的利益违反法律、法规、规章、政策规定，或者要求国家工作人员违反法律、法规、规章、政策、行业规范的规定，为自己提供帮助或者方便条件。违背公平、公正原则，在经济、组织人事管理等活动中，谋取竞争优势的，应当认定为"谋取不正当利益"。如果行为人谋取的是正当利益，则不构成本罪。另外，如果行为人谋取的是不正当利益，只是因种种因素而没有获得不正当利益的，也构成本罪。因此，行贿本身不能代表谋取的利益是不正当利益，还是应回到所谋取的利益本身进行具体判断。

（四）客观要件

本罪的客观方面表现为为谋取不正当利益，给予国家工作人员以财物的行为，或者违反国家规定，在经济往来中给予国家工作人员以各种名义财物的行为。实践中，本罪的具体行为方式有四：一是为了利用国家工作人员的职务行为，主动给予国家工作人员财物；二是在有求于国家工作人员的职务行为时，被国家工作人员索取而给予财物；三是与国家工作人员约定，以满足自己的要求为条件而给予国家工作人员以财物；四是在国家工作人员利用职务上的便利为自己谋取利益时或者谋取利益之后，给予相应的财物作为酬谢。

这里的"违反国家规定"，是指违反全国人民代表大会及其常务委员会制定的法律和决定，国务院制定的行政法规、规定的行政措施、发布的决定和命令。这里的"被勒索",是指被索要或者被敲诈勒索。这里的"没有获得不正当利益",是指行为人虽然给付了财物,但没有获得不正当利益,包括获取了合法利益,也包括根本没有获得任何利益。这里的"多次""多人",一般是指3次(含3次)以上、3人(含3人)以上。这里的"国家重点工程、重大项目",可以参考国家发展改革委每年发布的有关重点项目清单等认定。这里的"实施违法犯罪活动",不是指行贿本身获取不正当利益属于"实施违法犯罪活动",而是指行贿所从事的事项本身属于"实施违法犯罪活动"。这里的"将违法所得用于行贿",是指行为人将通过实施其他违法犯罪活动获得的财物用于行贿的情况。

这里的"被追诉前",是指监察机关对行贿人的行贿行为刑事立案前。这里的"犯罪较轻",是指根据行贿犯罪的事实、情节,可能被判处3年有期徒刑以下刑罚的情形。这里的"重大案件",是指根据犯罪的事实、情节,已经或者可能被判处10年有期徒刑以上刑罚的案件或者案件在本省、自治区、直辖市或者全国范围内有较大影响。这里的"重大立功",根据《刑法》第68条等规定,包括下列情形:(1)有检举、揭发他人重大犯罪行为,经查证属实;(2)提供侦破其他重大案件的重要线索,经查证属实;(3)阻止他人重大犯罪活动;(4)协助司法机关抓捕其他重大犯罪嫌疑人(包括同案犯);(5)对国家和社会有其他重大贡献等表现。需要说明的是,此处所称"重大犯罪""重大案件""重大犯罪嫌疑人"的标准,一般是指犯罪嫌疑人、被告人可能被判处无期徒刑以上刑罚或者案件在本省、自治区、直辖市或者全国范围内有较大影响等情形。

三、罪与非罪

我国刑法对行贿罪的构成没有规定任何情节或者行贿数额的限制,但从司法实践看,认定本罪应从行贿数额、情节等方面予以综合判断,同时还应当考虑行为人是否具有谋取不正当利益的目的。在此,需要强调两点:一是多次行贿未经处理的,按照累计行贿数额处罚;二是行贿人谋取不正当利益的行为构成犯罪的,应当与行贿罪实行数罪并罚。对于因被勒索给予国家工作人员以财物,没有获得不正当利益的,不论给予国家工作人员财物数额大小,均不构成行贿罪。但是,对于因被勒索给予国家工作人员以财物,已经获得不正当利益的,以行贿罪追究刑事责任。

关于本罪的刑事立案追诉标准,《最高人民法院、最高人民检察院关于办理贪污贿赂刑事案件适用法律若干问题的解释》(以下简称《贪污贿赂刑事案件解释》)第7条规定,为谋取不正当利益,向国家工作人员行贿,数额在3万元以上的,应当依照《刑法》第390条的规定以行贿罪追究刑事责任。行贿数额在1万元以上不满3万元，具有下列情形之一的，应当依照《刑法》第390条的规定以行贿罪追究刑事责任：（1）向3人以上行贿的；（2）将违法所得用于行贿的；（3）通过行贿谋取职务提拔、调整的；（4）向负有食品、药品、安全生产、环境保护等监督管理职责的国家工作人员行贿，实施非法活动的；（5）向司法工作人员行贿，影响司法公正的；（6）造成经济损失数额在50万元以上不满100万元的。

关于"情节严重"的具体认定标准，《贪污贿赂刑事案件解释》第8条规定，犯行贿罪，具有下列情形之一的，应当认定为《刑法》第390条第1款规定的"情节严重"：（1）行贿数额在100万元以上不满500万元的；（2）行贿数额在50万元以上不满100万元，并具有本解释第7条第2款第1项至第5项规定的情形之一的；（3）其他严重的情节。为谋取不正当利益，向国家工作人员行贿，造成经济损失数额在100万元以上不满500万元的，应当认定为《刑法》第390条第1款规定的"使国家利益遭受重大损失"。

关于"情节特别严重"的具体认定标准，《贪污贿赂刑事案件解释》第9条规定，犯行贿罪，具有下列情形之一的，应当认定为《刑法》第390条第1款规定的"情节特别严重"：（1）行贿数额在500万元以上的；（2）行贿数额在250万元以上不满500万元，并具有本解释第7条第2款第1项至第5项规定的情形之一的；（3）其他特别严重的情节。为谋取不正当利益，向国家工作人员行贿，造成经济损失数额在500万元以上的，应当认定为《刑法》第390条第1款规定的"使国家利益遭受特别重大损失"。

四、注意事项

1.关于"为谋取不正当利益"的范围界定问题。办案实践中，有观点认为，只有谋取的利益本身是非法的，才构成行贿罪。对此，笔者认为，上述观点就"为谋取不正当利益"的理解过于狭隘，也与从严治理行贿犯罪的刑事司法政策不符。"谋取不正当利益"，既包括谋取各种形式的不正当利益，也包括以不正当手段谋取合法利益；既包括实体违规，也包括程序违规。所谓"实体违规"，是指行贿人企图谋取的利益本身违反有关规定，即利益本身不正当，通常表现为国家禁止性的利益和特定义务的不当免除两种情形。所谓"程序违规"，是指国家工作人员或者有关单位为行贿人提供违法、违规或违反国家政策的帮助或者便利条件，即利益取得方式不正当，其可罚性基础并不在于利益本身的违法，而在于为谋取利益所提供的"帮助或者便利条件"是违规的。即便行为人获取的利益本身可能是合法的，但其通过行贿手段要求国家工作人员或者有关单位为其获取该利益所提供的"帮助或者便利条件"是违反相关法律法规等规定的，就属于在程序上不符合规定，仍然应当被认定为程序违法所导致的"谋取不正当利益"。具体包括两种情况：一是本不具备获取某种利益的条件，通过行贿而取得该利益；二是需要经过竞争才可能取得的利益，通过行贿而取得该利益。

2. 关于"对侦破重大案件起关键作用"的认定问题。对此，《贪污贿赂刑事案件解释》第14条第3款规定，具有下列情形之一的，可以认定为《刑法》第390条第2款规定的"对侦破重大案件起关键作用"：（1）主动交代办案机关未掌握的重大案件线索的；（2）主动交代的犯罪线索不属于重大案件的线索，但该线索对于重大案件侦破有重要作用的；（3）主动交代行贿事实，对于重大案件的证据收集有重要作用的；（4）主动交代行贿事实，对于重大案件的追逃、追赃有重要作用的。

3. 关于行贿人立功的认定问题。司法实践中，行贿人检举揭发受贿人与其行贿无关的其他犯罪行为，经查证属实的，依照《刑法》第68条关于立功的规定，可以从轻、减轻或者免除处罚。但是，因行贿人在被追诉前主动交代行贿行为而破获相关受贿案件的，对行贿人不适用《刑法》第68条关于立功的规定，而是依照《刑法》第390条第3款的规定，并根据案件具体情况，予以从轻、减轻或者免除处罚。在此，需要说明的是，对于后一种情形，行贿人的行为实际上构成了《刑法》第67条规定的自首，但由于《刑法》第390条第3款对行贿罪的自首已经作出了特别规定，因此不再以一般自首进行对待，而是应当直接引用本条款的特别规定，并根据案件的具体情形，依法从宽处罚。

4. 关于商业贿赂与合理馈赠的界限问题。司法实践中，办理商业贿赂犯罪案件，如何有效区分贿赂与馈赠，除了要查明行为人是否具有谋取不正当利益的目的，还应当结合以下因素全面分析、综合判断：（1）发生财物往来的背景，如双方是否存在亲友关系及历史上交往的情形和程度；（2）往来财物的价值大小；（3）财物往来的缘由、时机和方式，提供财物方对于接受方有无职务上的请托；（4）接受方是否利用职务上的便利为提供方谋取利益。对于行为人出于谋取正当利益而给予财物或者为了感谢而给予少量的财物，可以按照不当馈赠认定，如果构成违纪违法的，则按照相关规定进行处理。

5. 关于"严重行贿犯罪"的认定问题。严肃惩处行贿犯罪，对于全面落实党中央反腐败工作部署，把反腐败斗争引向深入，从源头上遏制和预防受贿犯罪具有重要意义。根据《最高人民法院、最高人民检察院关于在办理受贿犯罪大要案的同时要严肃查处严重行贿犯罪分子的通知》（以下简称《关于查处严重行贿犯罪分子的通知》）的规定，对于严重行贿犯罪行为要依法严惩，主要情形包括：（1）行贿数额巨大、多次行贿或者向多人行贿的;(2)向党政干部和司法工作人员行贿的;(3)为进行走私、偷税、骗税、骗汇、逃汇、非法买卖外汇等违法犯罪活动,向海关、工商、税务、外汇管理等行政执法机关工作人员行贿的;(4)为非法办理金融、证券业务,向银行等金融机构、证券管理机构工作人员行贿,致使国家利益遭受重大损失的;(5)为非法获取工程、项目的开发、承包、经营权,向有关主管部门及其主管领导行贿,致使公共财产、国家和人民利益遭受重大损失的;(6)为制售假冒伪劣产品,向有关国家机关、国有单位及国家工作人员行贿,造成严重后果的;(7)其他情节严重的行贿犯罪行为。

6. 关于本罪中从重处罚情节的理解问题。《刑法》第 390 条第 2 款规定了犯行贿罪七种从重处罚的情形,属于在行为人行为构成行贿罪的前提下适用的情节。实践中,增加第 2 款的意义不仅在于在量刑上从重处罚,更在于对上述七种严重行贿要重点查处,该立案的坚决予以立案,该处罚的坚决作出处罚。通过对比可知,虽然《刑法修正案(十二)》合理吸收了《贪污贿赂刑事案件解释》第 7 条的有关规定内容,但并没有将上述七种情形作为法定刑升格的情节。由此可知,行为人只有单独具备了法定刑升格的情节,并具有上述七种情形之一的,对其才能在适用升格法定刑的同时予以从重处罚。笔者认为,在《刑法修正案(十二)》施行之后,《贪污贿赂刑事案件解释》第 7 条关于上述情节导致构成行贿罪的犯罪数额降低的规定,不应再继续适用。所以,未来在办理行贿犯罪案件中,只能将上述七种情形作为从重处罚的情节对待,而不能作为定罪情节或者法定刑升格情节。

五、风险提示

实践证明,行贿不查,受贿不止。行贿和受贿是一体两面。行贿人不择手段"围猎",是腐败增量仍在发生的重要原因。因此,加大对行贿行为的惩处力度,是斩断"围猎"与甘于被"围猎"利益链、破除权钱交易关系网的有效途径,也是从源头预防和遏制腐败犯罪的重要举措。"坚持受贿行贿一起查",是党的十九大作出的重要决策部署。党的二十大报告进一步强调,"以零容忍态度反腐惩恶,更加有力遏制增量,更加有效清除存量","坚持受贿行贿一起查"。根据《关于进一步推进受贿行贿一起查的意见》《关于加强行贿犯罪案件办理工作的指导意见》等规范性文件精神,要从严追究性质恶劣的行贿犯罪,从严提出量刑建议,包括适用财产刑的建议,以有力惩治行贿犯罪。为加强对相关贿赂犯罪的惩治和落实"受贿行贿一起查"的政策精神,《刑法修正案(十二)》对《刑法》第 390 条作出以下修改完善:一是调整行贿罪的起点刑和刑罚档次,并与受贿罪刑罚相衔接;二是增加行从重处罚的七种情形；三是与国家监察体制改革相适应，在之前的"侦破"前增加"调查突破"表述。当然，在具体执法办案中，还应准确把握法律与政策的界限，依法保护民营企业和企业家权益以及正常经济活动。对于企业为开展正常经营活动而给付"回扣""好处费"的行为，既要在法律允许范围内讲政策、给出路，又要防止片面强调保护企业经营而放纵犯罪。坚持宽严相济刑事政策，对涉嫌行贿犯罪的，要区分个人犯罪和单位犯罪，从起因目的、行贿数额、次数、时间、对象、谋利性质及用途等方面综合考虑其社会危害性。行贿人认罪认罚，可以依法适用认罪认罚从宽制度的，根据具体情况依法处理。对涉行贿犯罪的企业，符合适用涉案企业合规监管条件的，要按照规定认真做好相关工作，并通过第三方监督评估机制严格督促企业合规整改，对于不认真落实整改要求的要依法提起公诉，从严处理。

根据《最高人民法院、最高人民检察院关于办理行贿刑事案件具体应用法律若干问题的解释》的有关规定，行贿人多次行贿未经处理的，按照累计行贿数额处罚；行贿人谋取不正当利益的行为构成犯罪的，应当与行贿罪实行数罪并罚。因行贿犯罪取得的不正当财产性利益应当依照《刑法》第64条的规定予以追缴、责令退赔或者返还被害人；因行贿犯罪取得财产性利益以外的经营资格、资质或者职务晋升等其他不正当利益，建议有关部门依照相关规定予以处理。需要说明的是，办案实践中，行贿人实施行贿犯罪，具有下列情形之一的，一般不适用缓刑和免予刑事处罚：（1）向3人以上行贿的；（2）因行贿受过行政处罚或者刑事处罚的；（3）为实施违法犯罪活动而行贿的；（4）造成严重危害后果的；（5）其他不适用缓刑和免予刑事处罚的情形。但是，行贿人具有《刑法》第390条第2款规定的情形的，不受前述规定的限制。

六、参阅案例

人民法院案例库参考案例：袁某行贿案（入库编号2023-05-1-407-001）。该案裁判要旨为：（1）在配合检察机关侦办受贿案件时主动交代自己的行贿事实，属于在追诉前主动交代行贿行为。行贿人在纪检监察部门查处他人受贿案件时，交代（承认）向他人行贿的事实，属于被追诉前主动交代行贿行为的情形。（2）行贿犯罪中"不正当利益"既包括谋取各种形式的不正当利益，也包括以不正当手段谋取合法利益。"谋取不正当利益"既包括谋取各种形式的不正当利益，也包括以不正当手段谋取合法利益；既包括实体违规，也包括程序违规。其中，程序违规是指国家工作人员或有关单位为行贿人提供违法、违规或违反国家政策的帮助或者便利条件，即利益取得方式不正当，其可罚性基础并不在于利益本身的违法，而是基于为谋取利益所提供的"帮助或者便利条件"违规。

七、关联规定

1.《中华人民共和国政府采购法》(2014年)第2条、第77条、第78条；

2.《中华人民共和国行政许可法》(2019年)第2条、第79条；

3.《中华人民共和国反不正当竞争法》(2019年)第7条、第19条、第31条；

4.《中华人民共和国海关法》(2021年)第90条、第100条；

5.《最高人民法院、最高人民检察院关于在办理受贿犯罪大要案的同时要严肃查处严重行贿犯罪分子的通知》(1999年，高检会〔1999〕1号)第1条至第6条；

6.《最高人民法院、最高人民检察院关于办理赌博刑事案件具体应用法律若干问题的解释》(2005年，法释〔2005〕3号)第7条；

7.《最高人民法院、最高人民检察院关于办理商业贿赂刑事案件适用法律若干问题的意见》(2008年，法发〔2008〕33号)第7条、第8条、第9条、第10条；

8.《最高人民法院、最高人民检察院关于办理行贿刑事案件具体应用法律若干问题的解释》(2012年，法释〔2012〕22号)第1条至第13条；

9.《最高人民法院、最高人民检察院关于办理贪污贿赂刑事案件适用法律若干问题的解释》(2016年，法释〔2016〕9号)第7条、第8条、第9条、第10条、第12条、第14条、第18条；

10.《最高人民法院关于被告人林少钦受贿请示一案的答复》(2017年，〔2016〕最高法刑他5934号)。

对有影响力的人行贿罪

一、刑法规定

第三百九十条之一：为谋取不正当利益，向国家工作人员的近亲属或者其他与该国家工作人员关系密切的人，或者向离职的国家工作人员或者其近亲属以及其他与其关系密切的人行贿的，处三年以下有期徒刑或者拘役，并处罚金；情节严重的，或者使国家利益遭受重大损失的，处三年以上七年以下有期徒刑，并处罚金；情节特别严重的，或者使国家利益遭受特别重大损失的，处七年以上十年以下有期徒刑，并处罚金。

单位犯前款罪的，对单位判处罚金，并对其直接负责的主管人员和其他直接责任人员，处三年以下有期徒刑或者拘役，并处罚金。

二、罪名解读

对有影响力的人行贿罪，是指为谋取不正当利益，向国家工作人员的近亲属或者其他与该国家工作人员关系密切的人，或者向离职的国家工作人员或者其近亲属以及其他与其关系密切的人行贿的行为。本罪的具体构成要件如下所述：

（一）主体要件

本罪的主体为一般主体，包括自然人和单位。

（二）客体要件

本罪侵犯的客体是国家工作人员的职务廉洁性。本罪的行贿对象为"有影响力的人"，具体包括：（1）国家工作人员的近亲属；（2）其他与该国家工作人员关系密切的人；（3）离职的国家工作人员；（4）离职的国家工作人员的近亲属；（5）其他与离职的国家工作人员关系密切的人。这里的"近亲属"，是指夫、妻、父、母、子、女、同胞兄弟姊妹。这里的"离职的国家工作人员"，是指离开现任职务的国家工作人员，包括离休、退休、调离、辞职、撤职等人员。这里的"其他关系密切的人"，是指除近亲属以外，与国家工作人员或者离职的国家工作人员有血缘、亲属、恋人、情人、同学、战友、朋友、同事、老乡等关系，可以间接及以特殊方式对国家工作人员或者离职的国家工作人员行为、决定施加影响的人，在范围上要大于"特定关系人"。

（三）主观要件

本罪的主观方面为直接故意，并且具有谋取不正当利益的目的。行为人之所以向有影响力的人行贿，目的是利用其影响力为自己谋取不正当利益。这里的"不正当利益"与行贿罪中"不正当利益"的含义一致，不再赘述。

（四）客观要件

本罪的客观方面表现为为谋取不正当利益，向国家工作人员的近亲属或者其他与该国家工作人员关系密切的人，或者向离职的国家工作人员或者其近亲属以及其他与其关系密切的人行贿的行为。这里的"行贿"，是指行为人将具有金钱价值的物质利益送给有影响力的人，而不是向国家工作人员（含离职）行贿。虽然上述"有影响力的人"并没有直接的职务便利，但可以利用国家工作人员职务上的便利，或者利用该国家工作人员职权或者地位形成的便利条件，通过其他国家工作人员职务上的便利，为行贿人谋取不正当利益。

三、罪与非罪

本罪属于《刑法修正案（九）》增设的罪名，虽然我国《刑法》没有对构成本罪规定具体的数额和情节，但根据《贪污贿赂刑事案件解释》的有关规定，对有影响力的人行贿必须达到一定的数额或者具备相应的情节，才能构成本罪。对于情节显著轻微或者数额不大的，则不以犯罪论处。

关于本罪的刑事立案追诉标准，《贪污贿赂刑事案件解释》第10条第2款规定，《刑法》第390条之一规定的对有影响力的人行贿罪的定罪量刑适用标准，参照本解释关于行贿罪的规定执行。据此可知，为谋取不正当利益，对有影响力的人行贿，数额在3万元以上的，应当追究刑事责任。行贿数额在1万元以上不满3万元，具有下列情形之一的，应当追究刑事责任：（1）向3人以上行贿的；（2）将违法所得用于行贿的；（3）通过行贿谋取职务提拔、调整的；（4）向负有食品、药品、安全生产、环境保护等监督管理职责的国家工作人员行贿，实施非法活动的；（5）向司法工作人员行贿，影响司法公正的；（6）造成经济损失数额在50万元以上不满100万元的。在此，需要说明的是，单位对有影响力的人行贿数额在20万元以上的，应当依照本罪追究刑事责任。

关于"情节严重""使国家利益遭受重大损失""情节特别严重""使国家利益遭受特别重大损失"的具体认定标准，可以参见《贪污贿赂刑事案件解释》第8条、第9条的规定，不再一一赘述。

四、注意事项

1.关于本罪与行贿罪的界限问题。实践中，两者的主要区别在于：一是犯罪对象不同。这是两者最主要的区别。行贿罪的犯罪对象是国家工作人员，非国家工作人员不能单独构成受贿罪；而对有影响力的人行贿罪的犯罪对象是国家工作人员之外的特殊主体，即国家工作人员的近亲属或者其他与该国家工作人员关系密切的人，离职的国家工作人员或者其近亲属以及其他与其关系密切的人。二是犯罪主体不同。本罪的主体包括自然人和单位；而行贿罪的主体仅限于自然人，如果是单位向国家工作人员行贿的，则构成单位行贿罪。三是其他方面。行为人为了谋取不正当利益，经在职的国家工作人员授意，由国家工作人员的近亲属或者其他关系密切的人收受财物的，应当认定为行贿罪，而国家工作人员及其近亲属或者其他关系密切的人，均构成受贿罪。行为人为了谋取不正当利益，向在职的国家工作人员的近亲属或者其他关系密切的人行贿，该在职国家工作人员知情，且行贿人知道该在职国家工作人员知情的，也应当认定为行贿罪，国家工作人员及其近亲属或者其他关系密切的人，均构成受贿罪。

2. 关于本罪与对非国家工作人员行贿罪的界限问题。实践中，两者的主要区别在于：一是犯罪客体不同。本罪侵犯的客体是国家工作人员的职务廉洁性；而对非国家工作人员行贿罪侵犯的客体是公司、企业、其他单位的正常管理制度及其工作人员职务行为的廉洁性。二是犯罪对象不同。本罪的犯罪对象是国家工作人员的近亲属或者其他与该国家工作人员关系密切的人，离职的国家工作人员或者其近亲属以及其他与其关系密切的人；而对非国家工作人员行贿罪的犯罪对象是非国家工作人员，即公司、企业或者其他单位的工作人员。由此可知，二者在犯罪对象方面存在重合，即国家工作人员的近亲属或者其他与该国家工作人员关系密切的人，离职的国家工作人员或者其近亲属以及其他与其关系密切的人，只要不具有国家工作人员的身份，均可成为对非国家工作人员行贿罪的潜在犯罪对象。三是入罪标准不同。根据《贪污贿赂刑事案件解释》的有关规定，本罪的定罪量刑标准应参照行贿罪的规定执行，即入罪标准采取的是"数额+情节"模式；而对非国家工作人员行贿罪的数额起点应按照行贿罪数额标准的2倍执行，且入罪标准采取的是唯数额论。由此可知，本罪的社会危害性、入罪门槛均高于对非国家工作人员行贿罪。

3. 关于本罪的从宽处罚问题。《刑法》第390条第3款规定，行贿人在被追诉前主动交代行贿行为的，可以从轻或者减轻处罚。其中，犯罪较轻的，对调查突破、侦破重大案件起关键作用的，或者有重大立功表现的，可以减轻或者免除处罚。笔者认为，虽然该条款是对普通行贿犯罪的从宽处罚规定，但是，本着宽严相济刑事政策以及《贪污贿赂刑事案件解释》第10条规定的有关精神，在具体办案过程中，也应考虑对向有影响力的人行贿者依法适用该条款，并结合案件的具体数额、犯罪情节、行为人悔罪表现等实际情况，依法从轻、减轻或者免除处罚。

五、风险提示

腐败是危害党的生命力和战斗力的最大毒瘤，反腐败是最彻底的自我革命。近年来，一些国家工作人员的配偶、子女等近亲属，以及其他与该国家工作人员关系密切的人，通过该国家工作人员职务上的行为，或者利用该国家工作人员职权或者地位形成的便利条件，通过其他国家工作人员职务上的行为，为请托人谋取不正当利益，而自己则从中索取或者收受财物的现象逐渐增多。同时，一些离职的国家工作人员，虽已不具有国家工作人员的身份，但利用其在职时形成的影响力，通过其他国家工作人员的职务行为为请托人谋取不正当利益，而自己则从中索取或者收受财物。由此可见，一些特定关系人利用影响力受贿对国家和社会产生了巨大危害与恶劣影响。只要存在腐败问题产生的土壤和条件，反腐败斗争就一刻不能停，必须永远吹响冲锋号。

行贿与受贿，原本就是一根藤上结出的两个毒瓜。如果让行贿犯罪人逍遥法外，有的继续实施行贿行为，不仅会形成一种"负面激励"，还会使社会形成"受贿有罪而行贿无罪"的错误印象，因此要坚持"惩办行贿与惩办受贿并重""行贿受贿一起查"的刑事政策。《刑法修正案（九）》对行贿犯罪作出了一系列修正，比如限定了行贿犯罪特别自首制度的从宽幅度，将行贿犯罪特别自首制度分为"可以从轻或者减轻处罚"与"可以减轻或者免除处罚"两种情况。这一规定将使行贿人与受贿人之间形成"囚徒困境"，由此加大了对贿赂犯罪人同盟关系的分化、瓦解力度。党的二十大报告指出，"腐败是危害党的生命力和战斗力的最大毒瘤，反腐败是最彻底的自我革命"，要"深化整治权力集中、资金密集、资源富集领域的腐败，坚决惩治群众身边的'蝇贪'，严肃查处领导干部配偶、子女及其配偶等亲属和身边工作人员利用影响力谋私贪腐问题，坚持受贿行贿一起查，惩治新型腐败和隐性腐败"。在此，需要强调的是，随着《监察法》等法律法规的颁布实施，对涉嫌行贿犯罪或者共同职务犯罪的涉案人员可以采取留置措施，以形成稳定的证据链。办案实践中，用足用好惩处行贿这一"撒手锏"，加大对"围猎者"的查处力度，形成强大威慑力，才能取得良好的社会治理效果。

六、参阅案例

朱旭洪对有影响力的人行贿案［广西壮族自治区龙胜各族自治县人民法院（2018）桂0328刑初24号］。该案裁判要旨为：实践中，部分行贿人为谋取不正当利益，向国家工作人员的近亲属或者其他与该国家工作人员关系密切的人，或者向离职的国家工作人员或者其近亲属以及其他与其关系密切的人行贿，间接造成国家职权的不公正性，将该行为犯罪化，有利于进一步打击行贿行为，惩治腐败蔓延与侵蚀，严密正风反腐刑事法网，维护社会公平正义。本案中，朱旭洪与柳荣之间的钱权交易，将他和柳荣、植琳都推向犯罪的深渊，也教育广大国家工作人员以身作则，切实教好管好身边人。

七、关联规定

1.《中华人民共和国反不正当竞争法》（2019年）第7条、第19条、第31条；

2.《最高人民法院、最高人民检察院关于办理商业贿赂刑事案件适用法律若干问题的意见》（2008年，法发〔2008〕33号）第7条、第8条、第9条、第10条；

3.《最高人民法院、最高人民检察院关于办理贪污贿赂刑事案件适用法律若干问题的解释》（2016 年，法释〔2016〕9 号）第 7 条至第 10 条、第 12 条、第 14 条、第 18 条、第 19 条；

4.《最高人民法院关于被告人林少钦受贿请示一案的答复》（2017 年，〔2016〕最高法刑他 5934 号）。

对单位行贿罪

一、刑法规定

第三百九十一条：为谋取不正当利益，给予国家机关、国有公司、企业、事业单位、人民团体以财物的，或者在经济往来中，违反国家规定，给予各种名义的回扣、手续费的，处三年以下有期徒刑或者拘役，并处罚金；情节严重的，处三年以上七年以下有期徒刑，并处罚金。

单位犯前款罪的，对单位判处罚金，并对其直接负责的主管人员和其他直接责任人员，依照前款的规定处罚。

二、罪名解读

对单位行贿罪，是指为谋取不正当利益，给予国家机关、国有公司、企业、事业单位、人民团体以财物，或者在经济往来中，违反国家规定，给予各种名义的回扣、手续费的行为。本罪的具体构成要件如下所述：

（一）主体要件

本罪的主体为一般主体，包括自然人和单位。

（二）客体要件

本罪侵犯的客体是国家机关、国有公司、企业、事业单位、人民团体的廉政制度和正常管理秩序。本罪的行贿对象仅限于国家机关、国有公司、企业、事业单位、人民团体等国有单位，而行贿罪的行为对象则为国家工作人员。向上述以外的其他单位行贿则不构成本罪。

（三）主观要件

本罪的主观方面为直接故意，且具有谋取不正当利益的目的。行为人向单位行贿的目的是利用上述国有单位职务上的便利，为自己谋取不正当利益。行贿犯罪中的"谋取不正当利益"，是指行贿人谋取的利益违反法律、法规、规章、政策规定，或者要求国家工作人员违反法律、法规、规章、政策、行业规范的规定，为自已提供帮助或者方便条件。违背公平、公正原则，在经济、组织人事管理等活动中，谋取竞争优势的，应当认定为"谋取不正当利益"。

（四）客观要件

本罪的客观方面表现为为谋取不正当利益，向上述国有单位行贿的行为。本罪的行为方式有二：一是为谋取不正当利益，给予上述国有单位以财物；二是为谋取不正当利益，在经济往来中，违反国家规定，给予上述国有单位各种名义的回扣、手续费。本罪并不以对方明确作出承诺或者帮助行为人实现了不正当利益为构成要件，即使行为人所追求的不正当利益最终没有实现，也不影响本罪的成立。需要补充说明的是，《刑法》第391条第2款规定的"单位"，包括任何所有制形式的单位，如果单位犯本罪的，则采取"双罚制"。同时，在具体量刑时，依法适用本条第1款同样的刑罚。

三、罪与非罪

对单位行贿罪，虽然刑法没有明确规定构成犯罪的数额或者情节标准，但并不意味着只要对单位行贿，一概构成本罪。在区分本罪的罪与非罪时，主要看谋取的利益是正当利益还是不正当利益。如果行为人是为了谋取正当合法的利益，则依法不构成本罪。而且，对于行贿情节较轻、数额较小的，可不作为犯罪处理。对于行为人为了谋取不正当利益，即使是在被索要甚至是被勒索的情况下，给予有关单位以财物的，仍应以对单位行贿罪论处。需要说明的是，对于行为人个人假借单位名义，为了个人利益而向国有单位行贿的，此种情况下，应以自然人犯罪论处，而不能认定为单位犯罪。

关于本罪的刑事立案追诉标准，《最高人民检察院关于行贿罪立案标准的规定》（以下简称《行贿罪立案标准》）第2条第2款规定，涉嫌下列情形之一的，应予立案：1.个人行贿数额在10万元以上、单位行贿数额在20万元以上的。2.个人行贿数额不满10万元、单位行贿数额在10万元以上不满20万元，但具有下列情形之一的：（1）为谋取非法利益而行贿的；（2）向3个以上单位行贿的；（3）向党政机关、司法机关、行政执法机关行贿的；（4）致使国家或者社会利益遭受重大损失的。至于本罪中"情节严重"的具体情形，仍待出台有关司法解释予以明确。

四、注意事项

1. 关于本罪与单位行贿罪的界限问题。实践中，两者的主要区别在于：一是犯罪主体不同。本罪的犯罪主体既可以是自然人，也可以是单位；而单位行贿罪的犯罪主体则只能是单位，即公司、企业、事业单位、机关、团体。二是犯罪对象不同。本罪的犯罪对象仅限于国家机关、国有公司、企业、事业单位、人民团体等国有单位；而单位行贿罪的犯罪对象只能是国家工作人员，不可能是国有单位。三是入罪标准不同。本罪的入罪标准为个人行贿数额在 10 万元以上、单位行贿数额在 20 万元以上；而单位行贿罪的入罪标准为单位行贿数额在 20 万元以上。此外，对于行为人在经济往来中，违反国家规定，给予各种名义的回扣、手续费的行为，构成本罪时只有数额要求而没有情节要求，但是在构成单位行贿罪时则需要达到情节严重的程度。

2. 关于本罪与行贿罪的界限问题。实践中，两者的主要区别在于：一是犯罪主体不同。本罪的犯罪主体既包括自然人，也包括单位；而行贿罪的犯罪主体只包括自然人。二是犯罪对象不同。本罪的犯罪对象仅限于国家机关、国有公司、企业、事业单位、人民团体等国有单位；而行贿罪的犯罪对象则是国家工作人员。换言之，两罪的行贿对象不同，前者针对的是单位，后者针对的是个人。三是入罪标准不同。本罪的入罪标准为个人行贿数额在 10 万元以上、单位行贿数额在 20 万元以上；而行贿罪的入罪标准为行贿数额在 3 万元以上。

五、风险提示

司法实践中，商业贿赂犯罪一般会涉及《刑法》规定的以下十种罪名：非国家工作人员受贿罪；对非国家工作人员行贿罪；对外国公职人员、国际公共组织官员行贿罪；受贿罪；单位受贿罪；行贿罪；对有影响力的人行贿罪；对单位行贿罪；介绍贿赂罪；单位行贿罪。对单位行贿罪与其他行贿类犯罪最显著的区别是行贿的对象有所不同，本罪的行贿对象为上述国有单位，而其他行贿类犯罪的对象都是自然人，包括非国家工作人员、国家工作人员、有影响力的人、外国公职人员、国际公共组织官员等，但都不包括单位。实践中，对单位行贿过程中，上述国有单位自身不可能直接收受有关贿赂，仍然需要代表其单位意志的有关自然人与行贿人进行具体沟通、联络和对接，才能推进和完成行贿与受贿行为。由此可知，对单位行贿罪与单位受贿罪之间属于对合犯关系，即收受贿赂的主体同时也是行贿的对象。为加大对单位行贿犯罪的惩治力度，《刑法修正案（十二）》对第 391 条作出如下修改完善：增加一档"三年以上七年以下有期徒刑，并处罚金"的刑罚，修改为两档刑罚，提高了本罪的法定刑，实现了与单位受贿罪的刑罚平衡。

在市场经济往来活动中，一些民营企业或者民企经营管理者出于获得某种竞争优势、开拓业务市场、扩大或者提升市场业务量等不正当目的，往往会根据所谓的市场活动"潜规则"，给予有关国有单位一定业务比例的回扣、手续费，而有关个别单位也对此欣然接受并作为本单位的一种收入来源,甚至另设"账外账"或者"小金库"进行处理。实际上,该种行为已经为现行法律所明令禁止,并受到刑法的严格规制。在实践中,对单位行贿罪的案例虽然较之一般的行贿罪、单位行贿罪明显较少,但也时有发生,绝不容忽视,确有规制打击之必要。现实中,部分民营企业和经营者甚至一度认为,给予有关国有单位一定数额的回扣、手续费属于"公对公"的行为,有关资金和款物并未流入国有单位中有关领导干部或者具体经办人的个人口袋,因此不属于行贿行为,更不会构成犯罪。这种认识显然是对法律的无知和误解。因为根据《刑法》第391条的规定,行为人为了谋取不正当利益,给予国有单位以财物,或者在经济往来中,违反国家规定,给予各种名义的回扣、手续费的,已经涉嫌对单位行贿罪。无论是个人犯罪还是单位犯罪,均应当依照《刑法》第391条第1款的规定处罚。

六、参阅案例

齐某某对单位行贿案〔山东省沂水县人民法院(2022)鲁1323刑初107号〕。该案裁判要旨为:被告人齐某某为谋取不正当利益,在经济往来中,违反国家规定给予事业单位回扣,其行为构成对单位行贿罪,依法应予惩处。公诉机关的指控成立。被告人到案后如实供述,认罪认罚,可从轻处罚;缴纳罚金,可酌情从轻处罚。综合被告人犯罪的事实、性质、情节、悔罪表现和社会危害程度,决定对被告人齐某某从轻处罚,并可适用缓刑。

七、关联规定

1.《最高人民检察院关于人民检察院直接受理立案侦查案件立案标准的规定(试行)》(1999年,高检发释字〔1999〕2号)第1条第6项;

2.《最高人民检察院关于行贿罪立案标准的规定》(2000年)第2条;

3.《最高人民法院、最高人民检察院关于办理商业贿赂刑事案件适用法律若干问题的意见》(2008年,法发〔2008〕33号)第7条、第8条、第9条、第10条;

4.《最高人民法院、最高人民检察院关于办理行贿刑事案件具体应用法律若干问题的解释》(2012年,法释〔2012〕22号)第11条、第12条;

5.《最高人民法院、最高人民检察院关于办理贪污贿赂刑事案件适用法律若干问题的解释》(2016年,法释〔2016〕9号)第18条、第19条;

6.《最高人民法院关于被告人林少钦受贿请示一案的答复》(2017年,〔2016〕最高法刑他5934号)。

介绍贿赂罪

一、刑法规定

第三百九十二条：向国家工作人员介绍贿赂，情节严重的，处三年以下有期徒刑或者拘役，并处罚金。

介绍贿赂人在被追诉前主动交待介绍贿赂行为的，可以减轻处罚或者免除处罚。

二、罪名解读

介绍贿赂罪，是指向国家工作人员介绍贿赂，情节严重的行为。本罪的具体构成要件如下所述：

（一）主体要件

本罪的主体为一般主体，任何年满16周岁且具有刑事责任能力的自然人均可构成本罪。

（二）客体要件

本罪侵犯的客体是国家工作人员的职务廉洁性和不可收买性。本罪中的行贿对象仅限于国家工作人员。

（三）主观要件

本罪的主观方面为故意，包括直接故意和间接故意，即行为人主观上必须有向国家工作人员介绍贿赂的故意。

（四）客观要件

本罪的客观方面表现为向国家工作人员介绍贿赂，情节严重的行为。这里的"介绍贿赂"，是指在行贿人与受贿人之间沟通关系、撮合条件，使贿赂行为得以实现的行为。司法实践中，介绍贿赂的行为通常表现为两种方式：一是受行贿人之托，为其物色行贿对象，向国家工作人员介绍贿赂；二是按照受贿人的意图，为其物色行贿人，居间介绍。办案实践中，行为人介绍贿赂，不论是从行贿人处还是从受贿的国家工作人员处拿到"好处费"，也不论是否已经得到"好处费"，更不论拿到多少"好处费"，均不影响本罪的成立。

在此，需要说明的是，介绍人的"介绍"行为并非一定表现为介绍行受贿双方当面认识，其只要使双方明确知道对方存在、促成二者贿赂即可。但是，如果行贿人不知受贿人，受贿人亦不知行贿人的，则与介绍贿赂罪的基本特征不符，依法不构成介绍贿赂罪。

三、罪与非罪

根据刑法规定，介绍贿赂的行为，必须达到"情节严重"的程度，才构成犯罪。如果介绍贿赂的行为情节显著轻微危害不大的，则不认为是犯罪。司法实践中，介绍贿赂人一般都是作为行贿、受贿双方的中介身份出现，通常会想方设法创造条件让双方认识、联系，或者代为传递信息，帮助双方完成行贿、受贿行为，至于贿赂结果是否达成，并不影响本罪的成立。

办案实践中，区分介绍贿赂与合法居间行为的关键在于：如果居间介绍的双方经济往来关系体现的是"权钱交易"本质，则该介绍行为应被定性为介绍贿赂；反之，则该介绍行为应被评价为合法的居间行为。

关于本罪的刑事立案追诉标准，《最高人民检察院关于人民检察院直接受理立案侦查案件立案标准的规定（试行）》第1条第7项规定，涉嫌下列情形之一的，应予立案：1. 介绍个人向国家工作人员行贿，数额在2万元以上的；介绍单位向国家工作人员行贿，数额在20万元以上的。2. 介绍贿赂数额不满上述标准，但具有下列情形之一的：（1）为使行贿人获取非法利益而介绍贿赂的；（2）3次以上或者为3人以上介绍贿赂的；（3）向党政领导、司法工作人员、行政执法人员介绍贿赂的；（4）致使国家或者社会利益遭受重大损失的。

四、注意事项

1. 关于介绍贿赂与行贿、受贿共犯的认定问题。介绍贿赂罪是一种特殊形式的犯罪，其本质上系行贿罪帮助犯和受贿罪帮助犯的结合。介绍人地位中立、代表双方，扮演着"中间人"的角色。介绍贿赂罪与行受贿共犯区别的关键在于介绍人介入贿赂的程度的深浅。如其行为未超出"介绍"的范围，则构成介绍贿赂罪；如其行为超出了"介绍"的范围，则构成行受贿共犯。是否超出"介绍"的范围，应从以下两个方面认定：一是主观故意方面。因介绍人的介绍行为可能使行受贿双方产生犯意，故笔者认为不能因介绍人的教唆行为而将其认定为行受贿的共犯，但确有证据证明介绍人与行贿人或受贿人共谋的，如为共同利益而介绍贿赂的，介绍人构成行贿罪或受贿罪的共犯。二是客观行为方面。介绍人如超出"介绍"的范围，参与到行受贿双方的行为中，则构成行受贿的共犯。例如，介绍人帮助行贿人转交财物，或帮助受贿人接收财物的，因该传递财物的行为突破了介绍的范围，已实际参与到贿赂的过程中，其行为更加符合行受贿犯罪的构成要件，故一般认定其为行贿罪或受贿罪的共犯。需要说明的是，如果介绍人既构成行贿罪的共犯，又构成受贿罪的共犯的，此时会出现一个犯罪主体既构成行贿罪又构成受贿罪的特殊现象，依法应实行数罪并罚。

2. 关于本罪既遂与未遂的界限问题。司法实践中，关于本罪的既遂认定一直存在不同的认识。对此，笔者认为，完全可以从犯罪客体的角度进行分析。介绍贿赂罪所侵犯的客体与其他贿赂犯罪侵犯的客体一致，均为国家工作人员的职务廉洁性和不可收买性，故本罪应以贿赂行为的完成为既遂。换句话说，在受贿人收受财物后，国家工作人员的职务廉洁性和不可收买性就受到了侵犯，介绍贿赂罪即既遂，至于受贿人是否实际为行贿人谋取了利益，并不影响介绍贿赂罪的认定。实践中，对于国家工作人员收受请托人财物后及时退还或上交的，鉴于国家工作人员不具有收受他人财物的主观故意，故不构成受贿罪。在此种情形下，介绍贿赂罪并非既遂，而是犯罪未遂。

3. 关于"截贿"行为的评价问题。实践中，介绍人往往会以骗取、侵吞等形式将贿款部分或者全部截留。对此，笔者认为，虽然"截贿"行为发生在介绍贿赂过程中，但是其具有独立的犯意和行为，应在介绍贿赂行为之外进行单独评价。现据实逐一分析评价如下：（1）如果介绍人在受贿人确定的数额基础上另行增加一定的数额并从行贿人处骗取虚增部分的，则介绍人的行为涉嫌诈骗罪。（2）如果介绍人在收到行贿人的款物后，擅自截留部分款物并据为己有，但向行贿人谎称已经全部送出，行贿人据此而不再追索的，则介绍人的行为仍然涉嫌诈骗罪。（3）如果介绍人截留的是其单位委托其行贿的款物的，则应当根据介绍人身份的不同，依法认定为贪污罪或职务侵占罪。（4）如果介绍人将行贿人的款物给予国家工作人员但遭到拒绝，介绍人谎称已将款物全部或者部分送出，自己截留了全部款项或者仅退还行贿人部分款项的，其行为涉嫌诈骗罪。当然，如果介绍人明确告知行贿人自己截留的事实而不予归还的，则其行为涉嫌侵占罪。

4. 关于本罪的从宽处罚问题。对此，《关于查处严重行贿犯罪分子的通知》第4条规定，在查处严重行贿、介绍贿赂犯罪案件中，既要坚持从严惩处的方针，又要注意体现政策。行贿人、介绍贿赂人具有《刑法》第390条第2款、第392条第2款规定的在被追诉前主动交代行贿、介绍贿赂犯罪情节的，依法分别可以减轻或者免除处罚；行贿人、介绍贿赂人在被追诉后如实交代行贿、介绍贿赂行为的，也可以酌情从轻处罚。在此，需要说明的是，介绍贿赂人在被追诉之前主动交代介绍贿赂犯罪行为，实际上等于检举揭发了行贿和受贿犯罪行为，鉴于其主动交代介绍贿赂行为的举动，对于司法机关及时掌握、收集、固定贿赂犯罪事实和依法严惩危害性更大的贿赂犯罪行为具有重大实务价值，因此，不管介绍贿赂人主动投案或者揭发他人贿赂犯罪行为的动机如何，均可依法对其适用减轻或者免除处罚。

五、风险提示

介绍贿赂与行贿、受贿行为都属于贿赂犯罪的范畴，同样具有严重的社会危害性和应受刑罚处罚性。由于介绍贿赂是行贿与受贿之间的中介和桥梁，实践中，正是介绍贿赂人的居间斡旋和沟通协调等一系列的非法行为，才使得行贿人和受贿人的"权钱交易"犯罪活动得以顺利对接、实施和实现，因此，从一定程度上讲，介绍贿赂行为对于行贿、受贿行为的产生具有很大的"推波助澜"作用，很有必要将其单独入刑规制和予以严厉打击。虽然介绍贿赂与行贿、受贿行为很容易发生混淆，但鉴于介绍贿赂罪具有独立的犯罪构成要件和刑事处罚条款，这足以说明介绍贿赂人不能被简单地认定为行贿或者受贿的共犯。

司法实践中，本罪与行贿罪、受贿罪共犯的区别与联系主要体现为：首先，从客观方面看，介绍贿赂人必须与行贿、受贿双方都有联系，从中沟通撮合，如果行为人只与其中一方有联系，为一方出谋划策，则构成一方的共犯。其次，从主观方面看，如果行贿、受贿双方本就有贿赂意图，介绍贿赂人只是为行贿人、受贿人进行沟通联系或代为传递钱物，则应认定行为人构成介绍贿赂罪。如果他人本无行贿或受贿的意思，只是在行为人的怂恿、劝说、诱导等之下才产生行贿、受贿意图，那么行为人便不是介绍贿赂，而是行贿、受贿的教唆犯。实践中，对于行为人介绍贿赂的同时又实施了行贿、受贿教唆犯罪行为的，应按照牵连犯的处罚原则从一重罪处断，以受贿罪论处。

六、参阅案例

人民法院案例库参考案例：徐某受贿、贪污、滥用职权案（入库编号2023-03-1-404-018）。该案裁判要旨为：行为人受行贿人之托，为其物色行贿对象、引荐受贿人、疏通行贿渠道等，或者按照受贿人意图，为其寻找索贿对象、转告索贿人要求，使行贿受贿得以实现的，均应以介绍贿赂论处。介绍贿赂与共同受贿的区别在于，介绍贿赂人要对自己在整个行贿受贿过程中的地位有明确的认识，即行为人知道自己是处于第三者的地位介绍行贿受贿。如果行为人偏向于受贿方，与受贿方达成合谋，主要为受贿方谋取利益并从中获利的，则构成共同受贿。

七、关联规定

1.《最高人民检察院关于人民检察院直接受理立案侦查案件立案标准的规定（试行）》（1999年，高检发释字〔1999〕2号）第1条第7项；

2.《最高人民法院、最高人民检察院关于办理贪污贿赂刑事案件适用法律若干问题的解释》(2016年,法释〔2016〕9号)第18条、第19条;

3.《最高人民法院关于被告人林少钦受贿请示一案的答复》(2017年,〔2016〕最高法刑他5934号)。

单位行贿罪

一、刑法规定

第三百九十三条:单位为谋取不正当利益而行贿,或者违反国家规定,给予国家工作人员以回扣、手续费,情节严重的,对单位判处罚金,并对其直接负责的主管人员和其他直接责任人员,处三年以下有期徒刑或者拘役,并处罚金;情节特别严重的,处三年以上十年以下有期徒刑,并处罚金。因行贿取得的违法所得归个人所有的,依照本法第三百八十九条、第三百九十条的规定定罪处罚。

二、罪名解读

单位行贿罪,是指公司、企业、事业单位、机关、团体为谋取不正当利益而行贿,或者违反国家规定,给予国家工作人员以回扣、手续费,情节严重的行为。本罪的具体构成要件如下所述:

(一)主体要件

本罪的主体为特殊主体,只有单位才能构成本罪。这里的"单位",是指公司、企业、事业单位、机关、团体。

(二)客体要件

本罪侵犯的客体是国家工作人员的职务廉洁性。本罪的行为对象仅限于国家工作人员。

(三)主观要件

本罪的主观方面为直接故意,且具有谋取不正当利益的目的。这种故意是经单位决策机构授权或者同意,并由其直接负责的主管人员和其他直接责任人员代表单位意志以故意行贿的行为表现出来,且必须具有谋取不正当利益的目的,这也是构成本罪的前提条件。至于"谋取不正当利益"的认定,可参见行贿罪中的分析。

(四)客观要件

本罪的客观方面表现为单位为谋取不正当利益而行贿,或者违反国家规定,给予国家工作人员以回扣、手续费，情节严重的行为。本罪的行为方式包括两种：一是为谋取不正当利益而向国家工作人员行贿；二是违反国家规定，给予国家工作人员以回扣、手续费。这里的"情节严重"，一般是指给回扣或手续费数额巨大、给国家利益造成较大损失、多次给予国家工作人员以回扣或手续费、屡教不改等情形。

需要补充说明的是，行为人借用单位名义行贿，因行贿取得的违法所得归个人所有的，由于实质上仍属于个人行贿，因此应当依照个人行贿罪定罪处罚，最高可判处无期徒刑。

三、罪与非罪

单位为谋取不正当利益而行贿构成犯罪的，虽然刑法未规定具体的情节，但并不意味着只要单位为谋取不正当利益而行贿，就一概要追究其刑事责任。司法实践中，对这类行贿行为，仍应当结合所谋取不正当利益的性质、行贿财物数额的大小和因行贿给国家或集体利益造成的损失大小等情况综合判定是否应当追究行贿单位的刑事责任。但是，行为人为实施行贿犯罪而设立单位或者盗用单位名义实施行贿犯罪活动的，单位实际上仅为犯罪工具，不能认定为单位行贿罪。

关于本罪的刑事立案追诉标准，《行贿罪立案标准》第3条第2款和第3款规定，涉嫌下列情形之一的，应予立案：1. 单位行贿数额在20万元以上的；2. 单位为谋取不正当利益而行贿，数额在10万元以上不满20万元，但具有下列情形之一的：（1）为谋取非法利益而行贿的；（2）向3人以上行贿的；（3）向党政领导、司法工作人员、行政执法人员行贿的；（4）致使国家或者社会利益遭受重大损失的。因行贿取得的违法所得归个人所有的，依照本规定关于个人行贿的规定立案，追究其刑事责任。

四、注意事项

1. 关于单位行贿犯罪的认定问题。根据有关司法解释的规定，以单位名义实施犯罪，违法所得归单位所有的，是单位犯罪。单位行贿罪是由单位集体研究决定或者由其负责人决定以单位名义实施，获取的不正当利益也归属于单位的犯罪。实践中，单位犯罪的行为事实上都是由自然人实施的，之所以能够将自然人实施的危害行为归责于单位，是因为自然人能够代表单位的意志，以单位的名义实施犯罪行为且主观目的是为单位谋利，获取的利益亦确实归属于单位。具体办案中，区分单位行贿罪与行贿罪的标准有二：一是主观上是否代表单位的意志；二是客观上因行贿取得的违法所得是否归单位所有。对于以单位名义实施行贿，获得的不正当利益归个人所有的，应当认定为个人行贿。实践中，需要注意的是，认定单位行贿罪，并不以使用单位财产为必要条件，只要行为人代表的是单位意志，主观上为单位谋取不正当利益，客观上因行贿产生的利益归单位所有，即便行贿的资金由个人提供，仍然构成单位行贿罪。

2. 关于一人公司行贿行为的定性问题。毫无疑问，单位行贿罪的主体应当包括一人公司，但因一人公司的特殊性，公司的决策常常会被个人行为所取代，公司财产与个人财产也极易产生混同。这种情况下，一人公司的行贿行为是否构成单位行贿罪，关键要看该公司是否具有独立的公司人格。具体而言，应从以下两个方面进行判断：一是考察一人公司是否有独立的财产，即公司的财务制度是否完整，与个人财产是否混同，因行贿所得利益是否归属于公司。二是考察一人公司是否具有独立的意志自由，即公司的决策、运营、行为是否依照公司章程和规章制度作出，是否代表了公司的意志和意愿。对于行贿取得的违法所得归个人所有的，依照行贿罪定罪处罚。

3. 关于挂靠经营中行贿行为的定性问题。挂靠经营，是指自然人、企业与其他经营主体达成挂靠协议，然后挂靠方以被挂靠方的名义对外从事经营活动，被挂靠方提供资质、技术、管理等方面的服务并定期向挂靠方收取一定管理费用的经营方式。现实生活中，挂靠经营的形式主要有两种：一是个人"挂靠"单位；二是单位"挂靠"单位。对于第一种情形，挂靠方实质上仍然属于个人经营，其所实施的行贿行为并不能代表被挂靠单位的意志，实施行贿所谋取的不正当利益并未归属于被挂靠单位，故其所实施的行贿行为系个人行贿而非单位行贿。而对于第二种情形，挂靠经营实际上是为单位谋取利益，代表的是单位意志，只要符合单位犯罪的条件，其直接负责的主管人员和其他直接责任人员所实施的行贿行为就应当依法被认定为单位行贿罪。

4. 关于承包经营中行贿行为的定性问题。承包经营，一般是指承包人通过与发包单位签订承包合同，从发包单位处取得经营管理权，并以该单位的名义从事商事经营活动。在承包经营活动中，对承包人所实施的行贿行为应如何定性处理，需要具体情况具体分析。如果发包单位在发包期间，实际参与了承包人的经营管理，并根据承包人的盈利状况收取承包费用，此种情况下，承包人的行为、利益与发包单位的行为、利益挂钩，承包人因行贿所谋取的不正当利益也与发包单位的利益密切相关，因此应认定为单位行贿罪。但是，如果发包单位在发包期间没有实际出资，没有实际参与经营管理，而只是按照双方承包合同的约定收取固定的承包费，经营所得利润均归承包人所有，此时，虽然承包人仍以发包单位的名义从事经营活动，但实质上是一种个人经营行为，故应将发包单位剥离出来，对承包人的行为进行单独评价。此种情况下，承包人的行为、利益与发包单位不存在实质性利害关系，承包人因行贿所谋取的不正当利益也与发包单位无关，因此应认定为个人行贿罪，而不能以单位行贿罪论处。

5. 关于本罪直接责任人员的认定与处理问题。根据《全国法院审理金融犯罪案件工作座谈会纪要》的规定精神，在具体办案过程中，应当注意以下问题：一是直接责任人员的认定问题。此处的"直接责任人员"，包括直接负责的主管人员和其他直接责任人员。所谓"直接负责的主管人员"，是在单位实施的犯罪中起决定、批准、授意、纵容、指挥等作用的人员，一般是单位的主管负责人，包括法定代表人。所谓"其他直接责任人员"，是在单位犯罪中具体实施犯罪并起较大作用的人员，既可以是单位的经营管理人员，也可以是单位的职工，包括聘任、雇用的人员。需要注意的是，在单位犯罪中，对于受单位领导指派或奉命而参与实施了一定犯罪行为的人员，一般不宜作为直接责任人员追究刑事责任。二是关于直接责任人员的处理问题。具体办案中，对单位犯罪中直接负责的主管人员和其他直接责任人员，应根据其在单位犯罪中的地位、作用和犯罪情节，分别处以相应的刑罚。需要注意的是，在个案中，主管人员与直接责任人员不是当然的主、从犯关系，有的案件中主管人员与直接责任人员在实施犯罪行为时的主从关系不明显的，可不分主、从犯。但是，具体案件可以分清主、从犯，且不分清主、从犯在同一法定刑档次、幅度内量刑无法做到罪刑相适应的，应当分清主、从犯，依法处罚。

6. 关于单位自首的认定问题。根据《刑法》第 67 条的规定，犯罪以后自动投案，如实供述自己的罪行的，是自首。由此可知，自首制度不仅适用于个人犯罪，同样适用于单位犯罪。实践中，单位自首的成立要件有三：一是自动投案；二是主动投案者必须能够代表单位的整体意志；三是如实供述自己的主要犯罪事实。结合单位自首的成立条件，笔者认为，对于以下情形应认定为单位自首：（1）单位犯罪是经由集体研究决定实施的，犯罪单位又经由集体研究决定委派他人去投案并如实交代罪行的。（2）犯罪单位的法定代表人、直接负责的主管人员投案自首，如实供述罪行的（不论其是否参与了单位犯罪，均应认定为单位自首）。（3）直接责任人员在单位法定代表人或负责人不知情的情况下实施单位犯罪，该直接责任人员自动投案且如实交代罪行的。根据《最高人民法院、最高人民检察院关于办理行贿刑事案件具体应用法律若干问题的解释》第 7 条第 2 款的规定：单位行贿的，在被追诉前，单位集体决定或者单位负责人决定主动交代单位行贿行为的，依照《刑法》第 390 条第 3 款的规定，对单位及相关责任人员可以减轻处罚或者免除处罚；受委托直接办理单位行贿事项的直接责任人员在被追诉前主动交代自己知道的单位行贿行为的，对该直接责任人员可以依照《刑法》第 390 条第 3 款的规定减轻处罚或者免除处罚。这里的"被追诉前"，是指监察机关对行贿人的行贿行为刑事立案前。因此，单位犯罪案件中，在被追诉前，单位集体决定或者单位负责人决定主动交代单位行贿行为的，对犯罪单位和相关责任人员均应认定为自首。只是考虑到《刑法》第 390 条第 3 款的特别自首规定，不再以一般自首对待，而是直接援引上述特别规定，并依法从宽处罚。

五、风险提示

众所周知，行贿犯罪是受贿犯罪的重要诱因。行贿不查，受贿不止。据 2024 年 3 月最高人民检察院工作报告，2023 年，全国检察机关落实受贿行贿一起查，起诉行贿犯罪 2593 人，同比上升 18.9%。[1] 2022 年 12 月，最高人民检察院印发了《关于加强行贿犯罪案件办理工作的指导意见》，强调以"遏源""断流"的坚定决心和务实举措，依法精准有力惩治行贿犯罪。该意见同时指出，要准确区分个人行贿与单位行贿。对以单位名义实施行贿、获得的不正当利益归个人所有的，应当认定为个人行贿。行贿人谋取不正当利益的相关行为单独构成犯罪的，应当依法与行贿犯罪数罪并罚。要从严追究性质恶劣的行贿犯罪，从严提出量刑建议，包括适用财产刑的建议，有力惩治行贿犯罪。实践中，只有从根本上压缩行贿空间，才能实现"查处一案、警示一片、治理一域"的社会治理效果。考虑到单位行贿与个人行贿法定刑相差悬殊，对单位行贿惩处力度不足的现状，《刑法修正案（十二）》对《刑法》第 393 条作出如下修改完善：将原来最高刑期为 5 年有期徒刑的一档刑罚，修改为"三年以下有期徒刑或者拘役，并处罚金"和"三年以上十年以下有期徒刑，并处罚金"两档刑罚，以适应惩治此类犯罪的实践需要。

鉴于单位行贿罪与行贿罪的立案标准和量刑幅度均不同，因此，如何准确判断是单位行贿还是个人行贿尤为重要。笔者认为，两者的主要区别有三：一是看体现了谁的意志。单位行贿罪体现的是单位意志，即由单位集体研究决定或者由其负责的主管人员批准；而行贿罪体现的是个人意志，行贿决策的形成过程与单位无关。二是看行贿是为了谁的利益。如果行贿的出发点是为了单位的业务、经营、发展等利益，则认定为为单位谋取利益；反之，则属于为个人谋取利益，与单位无

---

[1] 应勇：《最高人民检察院工作报告——2024 年 3 月 8 日在第十四届全国人民代表大会第二次会议上》，载最高人民检察院网 2024 年 3 月 15 日，https://www.spp.gov.cn/spp/jcjgxxgc2024lh/202403/t20240315_650040.shtml。

关。三是看行贿取得的违法所得归谁所有。若归单位所有，则应认定为单位行贿罪；若归个人所有，则应认定为行贿罪。需要说明的是，上述三点是区分单位行贿与个人行贿的重要标志，是一个内在联系紧密的有机整体。此外，对于实践中行贿人盗用单位公务活动名义，从单位支取资金后为个人谋利或者把行贿的违法所得投入单位公账后又以各种名义或手段转化为个人所有的，仍然认定为行贿罪。

六、参阅案例

人民法院案例库参考案例：马某某等单位行贿案（入库编号 2023-03-1-411-001）。该案裁判要旨为：（1）对于单位负责人实施的行贿行为，应当注意区分单位行贿和个人行贿。行贿款来源于单位还是个人，不是区分单位行贿和个人行贿的关键因素。两者的区分，关键要看行贿行为体现的是单位意志还是个人意志，谋取的利益归属于单位还是个人。（2）判断单位负责人实施的行贿行为是否代表单位意志，要注意审查通过行贿获得的利益与本单位业务之间是否具有关联性，如果获得的利益与单位业务没有关联性，则不能认定为代表单位意志。（3）对于单位负责人实施的行贿行为，判断谋取的利益归属，关键要看是单位还是个人对利益有处分支配权，要注意区分利益归属于单位后单位又向个人进行分配与利益归属于个人后个人又将违法所得用于单位支出两种情形。对于违法所得被打入单位账户，单位根据奖励政策对单位负责人予以一定奖励的，应当认定为归单位所有。对于违法所得被打入个人账户，个人又全部上缴单位，或者抵扣单位欠个人的工资或者奖金的，应当认定为归单位所有。如果违法所得归属于个人后，个人将违法所得投入单位的，则应当视为违法所得归属于个人。

七、关联规定

1.《最高人民检察院关于人民检察院直接受理立案侦查案件立案标准的规定（试行）》（1999年，高检发释字〔1999〕2号）第1条第8项；

2.《最高人民检察院关于行贿罪立案标准的规定》（2000年）第3条；

3.《最高人民法院、最高人民检察院关于办理商业贿赂刑事案件适用法律若干问题的意见》（2008年，法发〔2008〕33号）第7条、第8条、第9条、第10条；

4.《最高人民法院、最高人民检察院关于办理贪污贿赂刑事案件适用法律若干问题的解释》（2016年，法释〔2016〕9号）第18条、第19条；

5.《最高人民法院关于被告人林少钦受贿请示一案的答复》（2017年，〔2016〕最高法刑他5934号）。

私分国有资产罪

一、刑法规定

第三百九十六条第一款：国家机关、国有公司、企业、事业单位、人民团体，违反国家规定，以单位名义将国有资产集体私分给个人，数额较大的，对其直接负责的主管人员和其他直接责任人员，处三年以下有期徒刑或者拘役，并处或者单处罚金；数额巨大的，处三年以上七年以下有期徒刑，并处罚金。

二、罪名解读

私分国有资产罪，是指国家机关、国有公司、企业、事业单位、人民团体，违反国家规定，以单位名义将国有资产集体私分给个人，数额较大的行为。本罪的具体构成要件如下所述：

（一）主体要件

本罪的主体为特殊主体，仅限于国家机关、国有公司、企业、事业单位、人民团体。本罪是单位犯罪，但根据法律规定只处罚私分国有资产的直接负责的主管人员和其他直接责任人员。

（二）客体要件

本罪侵犯的客体是国有资产的管理制度及其所有权。本罪的行为对象为国有资产。这里的"国有资产"，是指国家依法取得和认定的，或者国家以各种形式对企业投资和投资收益、国家向行政事业单位拨款等形成的资产。国有资产除国有资金外，还包括国有的生产资料乃至属于国有的产品、商品等，因此，本罪私分的对象既可以是国有的钱、股份、其他有价证券，也可以是国有的其他资产。

需要说明的是，公共财产不等同于国有资产，国有资产的范围较公共财产的范围要小。根据《刑法》第91条的规定，公共财产包括国有财产、劳动群众集体所有的财产以及用于扶贫和其他公益事业的社会捐助或者专项基金的财产。在国家机关、国有公司、企业、集体企业和人民团体管理、使用或者运输中的私人财产，以公共财产论。

（三）主观要件

本罪的主观方面为直接故意，间接故意和过失不构成本罪。

（四）客观要件

本罪在客观方面表现为违反国家规定，以单位名义将国有资产集体私分给个人，数额较大的行为。这里的"违反国家规定"，是指违反国家有关管理、使用、保护国有资产方面的法律、行政法规的规定。这里的"以单位名义将国有资产私分给个人"，是指由单位负责人决定，或者单位决策机构集体讨论决定，将国有资产分给单位所有职工或者绝大多数职工。实践中，如果仅仅是单位内部少数几个人暗中私分国有资产的，则属于贪污行为。

三、罪与非罪

根据刑法规定，构成本罪，私分国有资产必须达到"数额较大"的程度。这里的"数额较大"，是指集体私分的国有资产数额较大，而不是私分以后个人分得的数额较大。对于行为人集体私分的国有资产数额不大或者情节显著轻微的，不构成本罪。司法实践中，对以下五种情形应认定为私分国有资产罪：（1）在国企改制过程中，将瞒报资产转为职工集体持股后的公司、企业所有的；（2）国有事业单位的内设部门以单位名义将单位收入集体私分的；（3）国有企业直接负责的主管人员和直接责任人员，采用制作假账的方式虚报利润，骗取公司的资金后，以单位名义进行集体私分的；（4）国家机关工作人员通过集体讨论、决定，将单位的违法收入进行私分的行为；（5）国有单位由单位集体决定使用公款用于职工个人开支的。

关于本罪的刑事立案追诉标准，《最高人民检察院关于人民检察院直接受理立案侦查案件立案标准的规定（试行）》第1条第11项规定，涉嫌私分国有资产，累计数额在10万元以上的，应予立案。这一立案标准可供人民法院在审理此类案件时参照适用。

四、注意事项

1.关于本罪共犯的认定和处理问题。从定罪角度分析，非适格主体可以成为由适格主体实施犯罪的共犯。刑法所规定的特定犯罪必须具备特定的主体要素，仅是针对单独犯而言的，对于教唆犯、帮助犯则不需要具备特定的主体要素。根据共同犯罪成立理论中的行为共同说（事实共同说），共同犯罪应当是指数人共同实施了犯罪构成要件的行为，而不是共同实施特定的犯罪。质言之，不要求行为人共同实施特定的犯罪，只要行为具有共同性就可以成立共同犯罪。因而，对于非适格主体，只要其与适格单位共同实施了私分国有资产的行为，就可以成立共同犯罪。至于共犯人的责任大小问题，则需要个别认定。实践中，对于共犯中非适格主体的量刑，一般按照普通主体适用刑罚或者以从犯身份适用刑罚。

2. 关于单位私分"小金库"的定性问题。根据有关规定，"小金库"是指违反法律法规及其他有关规定，应列入而未列入符合规定的单位账簿的各项资金（含有价证券）及其形成的资产。实践中，"小金库"不仅包括相关资金及其形成的资产，也包括有价证券及其形成的资产。毫无疑问，任何单位设立"小金库"均涉嫌违反相关国家法律法规中的禁止性规定。对单位私分"小金库"行为的定性，关键在于"小金库"中的财产是否属于国有资产。如果"小金库"中的财产属于国有资产，行为人以单位名义进行私分，体现的是单位意志，其行为涉嫌私分国有资产罪；但是，行为人仅在少数人范围内进行私分，体现的则是个人意志，其行为涉嫌贪污罪。如果"小金库"中的财产并不属于国有资产，则不能将该私分行为认定为私分国有资产罪，可按照一般违反财经纪律进行处理。

3. 关于本罪与贪污罪的界限问题。本罪与贪污罪有许多相同或相近之处，两罪同时被规定在《刑法》分则第八章贪污贿赂罪之中。由于本罪在主体上肯定不是一人而是数人所为，所以本罪与数个国家工作人员共同构成贪污罪容易产生混淆。实践中，区分本罪与贪污罪，具体可以从以下三个方面把握：（1）从犯罪主体和主观方面分析，私分国有资产罪的主体只能是单位，表现为一种群体犯罪意志；而共同贪污的主体则是国家工作人员，并且还可以是受国家机关、国有公司、企业、事业单位、人民团体委托管理、经营国有财产的人员，体现的是贪污人的个体犯罪意志，是为了个人中饱私囊，具有将公共财产非法据为己有的目的。（2）从行为方式方面分析，私分国有资产罪系单位犯罪，私分行为是在单位意志的支配下集体共同进行的，在单位内部相对公开实施，受益人员具有多数性的特征，有的还做了详细的财务记录；而共同贪污通常表现为非法占有公共财物的人共同利用职务上的便利，共同实施，一般是秘密进行的，并且想方设法将有关账目抹平，以掩盖非法占有公共财物的事实。（3）从犯罪对象方面分析，私分国有资产罪的犯罪对象是国有资产，侵犯的是国有资产所有权；而贪污罪的犯罪对象则是公共财物，其范围要大于国有资产。

五、风险提示

随着市场经济的不断发展，一些国有单位出于个人或者小集体利益的考虑，违反国家规定，以单位名义，采取发奖金、劳务费、提成等各种方式集体将国有资产私分给个人的现象时有发生。这实际上是一种侵吞国有资产的行为，严重损害了国家利益，也造成分配领域的不公正，社会影响极大，因此确有必要通过各种手段予以制止和惩处。特别是在国有公司、企业改制过程中，有关单位和人员利用各种职务便利条件，采用各种方法，将国有资产以集体名义进行私分或者借此中饱私囊，不仅侵害了国有资产，还造成了恶劣的社会影响。鉴于此，1997年在修订《刑法》时，立法机关综合各方面的意见和建议增加了私分国有资产罪，意在加强对此类行为的法律惩治。

根据《国家出资企业中职务犯罪案件意见》的规定，国有公司、企业违反国家规定，在改制过程中隐匿公司、企业财产，转为职工集体持股的改制后公司、企业所有的，对其直接负责的主管人员和其他直接责任人员，依照《刑法》第396条第1款的规定，以私分国有资产罪定罪处罚。国家出资企业中的国家工作人员在公司、企业改制或者国有资产处置过程中徇私舞弊，将国有资产低价折股或者低价出售给特定关系人持有股份或者本人实际控制的公司、企业，致使国家利益遭受重大损失，依照《刑法》第382条、第383条的规定，以贪污罪定罪处罚。贪污数额以国有资产的损失数额计算。需要说明的是，还有一种情形值得关注，对于国家工作人员利用职务上的便利，在国家出资企业改制过程中隐匿公司、企业财产，在其不再具有国家工作人员身份后将所隐匿财产据为己有的，依照《刑法》第382条、第383条的规定，以贪污罪定罪处罚。

六、参阅案例

人民法院案例库参考案例：王某庚贪污、私分国有资产案（入库编号2023-03-1-402-007）。该案裁判要旨为：（1）违规使用国有资金炒股所得收益属于国有资产。（2）违反国家有关管理、使用、保护国有资产的相关规定，以单位名义将国有资产及国有资产产生的收益集体私分给个人的，构成私分国有资产罪。

七、关联规定

1.《中华人民共和国企业国有资产法》（2008年）第2条、第5条、第26条、第68条、第69条、第75条；

2.《中华人民共和国出境入境管理法》（2012年）第85条、第88条；

3.《中华人民共和国行政许可法》（2019年）第2条、第75条；

4.《最高人民检察院关于人民检察院直接受理立案侦查案件立案标准的规定（试行）》（1999年，高检发释字〔1999〕2号）第1条第11项；

5.《最高人民法院、最高人民检察院关于办理国家出资企业中职务犯罪案件具体应用法律若干问题的意见》（2010年，法发〔2010〕49号）第2条、第7条、第8条；

6.最高人民法院、最高人民检察院《关于办理职务犯罪案件严格适用缓刑、

免予刑事处罚若干问题的意见》(2012年,法发〔2012〕17号)第1条至第5条;

7.《最高人民法院、最高人民检察院关于办理贪污贿赂刑事案件适用法律若干问题的解释》(2016年,法释〔2016〕9号)第18条、第19条;

8.《最高人民法院关于被告人林少钦受贿请示一案的答复》(2017年,〔2016〕最高法刑他5934号)。

后 记

本书自 2020 年就开始构思，而创作的基本内容则来源于我为涉案企业和企业家进行辩护时的一些思考。众所周知，我国《刑法》中关于单位犯罪的罪名众多，并采取了"以双罚制为主、单罚制为辅"的立法模式。在"双罚制"的立法模式下，不仅追究涉案单位的刑事责任，还要对其直接负责的主管人员和其他直接责任人员判处刑罚。实践中，与自然人犯罪相比，单位犯罪具有以下显著特征：一是犯罪主体的法定性，即单位犯罪的主体范围由法律进行明确规定；二是犯罪意志的整体性，即单位犯罪集中体现的是单位的整体意志，而非单位中个别人的意思；三是利益归属的特定性，即单位犯罪的违法所得只能归属于单位，单位对利益拥有最终的处分支配权。应当说，刑法意义上的单位主体范围较广，既包括法人单位和非法人单位，也包括单位的分支机构或者内设机构、部门。虽然单位犯罪的主体包括公司、企业、事业单位、机关、团体，但从司法实践来看，涉嫌单位犯罪的主体多为公司、企业，而且涉案数量最多的还是民营企业。基于上述考虑，本书选择探讨的 100 个罪名中，大多为涉民营企业、民营企业家犯罪。

本书对有关罪名进行详细梳理和深度解析的过程，实际上也是对个罪中的构成要件、追诉标准、罪与非罪、此罪与彼罪等重大问题进行探讨的过程。甚至从某种程度上讲，也是站在辩护律师的角度，思考如何发现辩点、挖掘辩点和运用辩点的过程。值得一提的是，随着《最高人民法院关于统一法律适用加强类案检索的指导意见（试行）》的实施和人民法院案例库的运行，司法机关会更加重视类案检索工作，这无疑对统一裁判尺度和防止"类案不同判"具有重大价值。具体来说，如果检索到的类案为指导（性）案例，则人民法院应当参照作出裁判；如果检索到的类案为参考案例，则人民法院可以参照作出裁判。基于上述考虑，本书在创作过程中，将与具体罪名密切相关的指导（性）案例、参考案例及其他典型案例择优收录，以便读者更好地理解个罪的构成要件、罪与非罪的界限及此罪与彼罪的区别。

20 年很短，弹指一挥间。作为一名刑事律师，我经常在办案之余思考一个问题：如何对刑法原理、法条理解、办案经验、罪名适用、类案同判等方面的内容进行一番梳理与归纳，并形成一本兼具理论探讨、实务经验和办案指引的书籍？事实上，由于刑法的博大精深和刑事司法的复杂深奥，我也只能凭借自己有限的认知、浅薄的知识和不成熟的经验，就刑法所涉单位犯罪特别是涉及企业、企业家犯罪中的 100 个罪名进行整理。每当看到刑法学者和律界大咖推出新的学术专著和实务作品时，我都会羡慕不已，也梦想着有朝一日能把自己的所学、所思、所悟、所得付诸笔端。可能在别人看来，我的职业是律师，专业是刑事辩护，但并没有期待办理一批大案、要案，反而一直想着著书立说，多少有点"不务正业"。然而，我一直认为，写作之乐和专研之苦总是相伴而行的，只有经过苦乐交织、苦中作乐，才能体会到乐从苦中来的真谛并收获真实的人生。

由于本人能力有限，书中难免存在一些不足，尤其是个别看法和观点，还需要进一步商榷。在书稿交付出版之前，我虽反复推敲和修改，但总是难以满意。对读者而言，也许本书无法实现期待的价值，但对我来讲，我已尽力。在此，谨以本书献给养育我的父母、支持我的妻子和女儿，也诚挚感谢一直以来关心我成长进步的领导和老师们。在这里，我还要特别感谢出版社的编辑和排版人员为本书顺利出版提供的帮助和付出的努力，他们的严谨让我获益匪浅。

最后，恳请各位专家、同人、读者给予批评指正。

2025 年 4 月 30 日于江苏省常州市